Geschäftsleiterpflichten und -haftung in der Insolvenz
im deutschen und spanischen Recht

Schriften der Deutsch-Spanischen Juristenvereinigung

Band 49

PL ACADEMIC RESEARCH

Sven Hendrik Haumesser

Geschäftsleiterpflichten und -haftung in der Insolvenz im deutschen und spanischen Recht

PL ACADEMIC RESEARCH

Bibliografische Information der Deutschen Nationalbibliothek
Die Deutsche Nationalbibliothek verzeichnet diese Publikation in der Deutschen Nationalbibliografie; detaillierte bibliografische Daten sind im Internet über http://dnb.d-nb.de abrufbar.

Zugl.: Berlin, Freie Univ., Diss., 2016

Umschlagabbildung:
Logo der Deutsch-Spanischen Juristenvereinigung e.V.
Abdruck mit freundlicher Genehmigung der
Deutsch-Spanischen Juristenvereinigung e.V.

D 188
ISSN 1433-884X
ISBN 978-3-631-70109-6 (Print)
E-ISBN 978-3-631-70104-1 (E-PDF)
E-ISBN 978-3-631-70105-8 (EPUB)
E-ISBN 978-3-631-70106-5 (MOBI)
DOI 10.3726/978-3-631-70104-1

PL Academic Research ist ein Imprint der Peter Lang GmbH.

Peter Lang – Frankfurt am Main · Bern · Bruxelles · New York · Oxford · Warszawa · Wien

Diese Publikation wurde begutachtet.

www.peterlang.com

Vorwort

Die vorliegende Arbeit wurde im Sommersemester 2016 vom Fachbereich Rechtswissenschaft der Freien Universität Berlin als Dissertation angenommen. Rechtsprechung und Schrifttum beider Länder konnten bis Ende Februar 2016 berücksichtigt werden.

Mein Dank gilt in erster Linie meinem Betreuer Prof. Dr. Gregor Bachmann für die Bereitschaft, ein rechtsvergleichendes Thema zum spanischen Recht zu betreuen, für den bei der Erstellung der Arbeit gewährten Freiraum und wertvolle Hinweise zum Abschluss der Arbeit. Herrn Prof. Dr. Christian Armbrüster gilt der Dank für die rasche Erstellung des Zweitgutachtens.

Darüber hinaus möchte ich meinen Eltern Dr. Winfried und Esther Haumesser für jedwede Unterstützung im Rahmen der Promotion und insbesondere die Übernahme des Korrekturlesens danken. Dank gilt auch Herrn Prof. Fernando Carbajo Cascón von der Universidad de Salamanca, Spanien für seine Hinweise zum spanischen Recht und den Mitarbeitern der Bibliotheken des Ibero-Amerikanischen Instituts in Berlin, des Max-Planck-Instituts für ausländisches und internationales Privatrecht in Hamburg und der rechtswissenschaftlichen Fakultät der Universidad de Salamanca für vielfältige Hilfe bei der Literaturrecherche.

Zuletzt danke ich der Deutsch-Spanischen Juristenvereinigung in Person von Herrn Moratinos Meissner für die Aufnahme der Arbeit in ihre Schriftenreihe.

Berlin, im August 2016

Inhaltsverzeichnis

Abkürzungsverzeichnis

AAP	Auto de la Audiencia Provincial (Beschluss der Audiencia Provincial)
ADCo	Anuario de Derecho Concursal (spanische Zeitschrift)
AJA	Actualidad Jurídica Aranzadi (spanische Zeitschrift)
AP	Audiencia Provincial (entspricht etwa dem deutschen Landgericht)
BOE	Boletín Oficial del Estado (offizielles spanisches Gesetzblatt)
Cc	Código Civil (Spanisches Zivilgesetzbuch)
Ccom	Código de Comercio (Spanisches Handelsgesetzbuch)
CE	Constitución Española (Spanische Verfassung)
CCJC	Cuadernos Civitas de Jurisprudencia Civil (spanische Zeitschrift)
CP	Código Penal (Spanisches Strafgesetzbuch)
D. F.	Disposición Final (Schlussbestimmung)
DSR	Direito das Sociedades em Revista (portugiesische Zeitschrift)
EdD	Estudios de Deusto (spanische Zeitschrift)
ESUG	Gesetz zur weiteren Erleichterung der Sanierung von Unternehmen vom 7. 12. 2011 (BGBl. I S. 2582)
InDret	Revista para el Análisis del Derecho (spanische Zeitschrift)
JM	Juzgado de lo Mercantil (Handelsgericht)
LC	Ley Concursal (Spanisches Konkursgesetz)
LH	Libro Homenaje (Festschrift)
LMV	Ley del Mercado de Valores (Spanisches Gesetz über den Wertpapiermarkt)
LSA	Ley de Sociedades Anónimas (Spanisches Gesetz über die Aktiengesellschaften)
LSC	Ley de Sociedades de Capital (Spanisches Gesetz über die Kapitalgesellschaften)
LSRL	Ley de Sociedades de Responsabilidad Limitada (Spanisches Gesetz über die Gesellschaften mit beschränkter Haftung)
MoMiG	Gesetz zur Modernisierung des GmbH-Rechts und zur Bekämpfung von Missbräuchen vom 23.10. 2008 (BGBl. I S. 2026)
RCP	Revista de Derecho Concursal y Paraconcursal (spanische Zeitschrift)
RDM	Revista de Derecho Mercantil (spanische Zeitschrift)
RdS	Revista de Derecho de Sociedades (spanische Zeitschrift)
RDL	Real Decreto-ley (Königliches Gesetzesdekret)
RJCat	Revista Jurídica de Catalunya (spanische Zeitschrift)

ROJ	Repertitorio Oficial de Jurisprudencia (Offizielles Rechtsprechungsverzeichnis des Spanischen Generalrates der rechtsprechenden Gewalt, *Consejo General del Poder Judicial*)
RRM	Reglamento del Registro Mercantil (Spanische Verordnung über das Handelsregister)
S. A.	Sociedad Anónima (spanische Aktiengesellschaft)
SAP	Sentencia de la Audiencia Provincial (Urteil der Audiencia Provincial)
SJM	Sentencia del Juzgado de lo Mercantil (Urteil des Juzgado de lo Mercantil)
SRL	Sociedad de Responsabilidad Limitada (spanische Gesellschaft mit beschränkter Haftung)
STS	Sentencia del Tribunal Supremo (Urteil des Tribunal Supremo)
TS	Tribunal Supremo (oberstes spanisches Gericht)
u. a.	unter anderem/und andere
v. a.	vor allem
Vol.	Volumen (Band)

Bezüglich aller übrigen verwendeten Abkürzungen wird auf *Kirchner, Hildebert,* Abkürzungsverzeichnis der Rechtssprache, 7. Auflage 2012 verwiesen.

Die Zitierung spanischer Urteile erfolgt unter Rückgriff auf das Offizielle Rechtsprechungsverzeichnis des Spanischen Generalrates der rechtsprechenden Gewalt (*Consejo General del Poder Judicial,* ROJ) und die dort für jedes Urteil vergebene Referenz, die sich aus der Bezeichnung der Art der Entscheidung (A für *auto*=Beschluss, S für *sentencia*=Urteil), der Abkürzung der jeweiligen Gerichtsbezeichnung (wie sie in diesem Abkürzungsverzeichnis aufgeführt werden) und einer Kombination aus Nummer sowie Jahreszahl zusammensetzt. Um hier trotz der nicht vorhandenen Seitenzahlen genau zitieren zu können, wird der in Bezug genommene Rechtsgrund des Urteils ebenfalls genannt (insoweit wird der Zitierweise spanischer Urteile von *Rösner,* Verlust des Stammkapitals und Geschäftsführerhaftung in der GmbH, S. XV gefolgt).

I. Einführung

1. Die Problemstellung: Geschäftsleiterpflichten und effektiver Gläubigerschutz in der Insolvenz

Im April 2013 stellte die London School of Economics eine im Auftrag der EU-Kommission ausgearbeitete Studie zur Organhaftung in Europa vor, die sich der vergleichenden Untersuchung dieser Regelungsmaterie in der EU widmet.[1] Der Anhang enthält die entsprechenden Länderberichte für alle Mitgliedsstaaten (zum damaligen Zeitpunkt betrug deren Anzahl noch 27; aber auch das zum 1. Juli 2013 beigetretene Kroatien fand bereits Berücksichtigung). Im Rahmen der Untersuchung wird neben vielen anderen Aspekten auch der Haftung der Geschäftsleiter[2] von Kapitalgesellschaften in der Insolvenzsituation ein eigener Abschnitt gewidmet, der sich mit der in einer Reihe von Mitgliedsstaaten bestehenden Insolvenzantragspflicht, dem *wrongful-trading*-Ansatz des englischen Rechts und weiteren die Krisensituation betreffenden Regelungsmechanismen (wie der Regel „Rekapitalisiere oder liquidiere") beschäftigt.[3] Die vorgelegte Arbeit will diesen Abschnitt der Studie zum Anlass nehmen, die rechtlichen Regelungen in Bezug auf Unternehmenskrisen und die Insolvenzsituation rechtsvergleichend anhand des deutschen und spanischen Rechts zu untersuchen.

Das zu lösende Grundproblem liegt darin, einen wirksamen Gläubigerschutz in der Insolvenzsituation zu gewährleisten, v. a. durch geeignete Haftungsfolgen für die gar nicht oder zu spät handelnden Geschäftsleiter von Kapitalgesellschaften in Krisensituationen.[4] Hier ist den Gläubigern aufgrund der Haftungsbeschränkung auf das Gesellschaftsvermögen der Zugriff auf das persönliche Gesellschaftervermögen verwehrt. Insbesondere die Insolvenzverschleppung als rechtspolitisches Problem ist kein neues, beschäftigte sie doch bereits im Jahr 2006 den deutschen Juristentag, der in seinen Beschlüssen auch die Forderung zur Regelung eines einheitlichen,

1 *Gerner-Beuerle/Paech/Schuster*, LSE-Studie.

2 Da die Organmitglieder der AG als Vorstände und diejenigen der GmbH als Geschäftsführer bezeichnet werden, wird zur Vereinfachung der Oberbegriff Geschäftsleiter verwendet, soweit beide Gesellschaftsformen gemeinsam behandelt werden. Im spanischen Recht werden die Organmitglieder als *„administradores"* bezeichnet. Die deutsche Übersetzung dafür lautet Verwalter, so dass dieser Begriff bei der Behandlung des spanischen Rechts Verwendung findet. In den rechtsvergleichenden Abschnitten findet ebenfalls der Oberbegriff des Geschäftsleiters Verwendung.

3 *Gerner-Beuerle/Paech/Schuster*, LSE-Studie, S. 208 ff.

4 Zur Bedeutung der Organhaftung siehe *Haas*, GmbHR 2006, 505 („Eckpfeiler eines jeden Gläubigerschutzsystems").

rechtsformneutralen Insolvenzhaftungstatbestandes erhob.[5] Alternativvorschläge zum geltenden System der Verschleppungshaftung liegen bereits seit längerer Zeit auf dem Tisch.[6] Noch immer fehlt es aber an einem kohärenten Haftungssystem und an einer einheitlichen gesetzlichen Regelung der Folgen der Insolvenzverschleppung.

Häufig wird die Stellung des Eröffnungsantrages für das Insolvenzverfahren um mehrere Monate hinausgeschoben oder gänzlich unterlassen, weil die Geschäftsleiter noch die Hoffnung hegen, die Krise überwinden zu können. Darunter leiden in erster Linie die Gesellschaftsgläubiger, deren oft ohnehin schon niedrige Insolvenzquote dann noch geringer ausfallen wird. Dass für dieses Rechtsproblem nach wie vor keine zufriedenstellende gesetzliche Lösung gefunden wurde, deutet darauf hin, dass seine Behandlung für die Politik, konkret die jeweilige Regierung, unabhängig von ihrer politischen Zusammensetzung, nur eine untergeordnete Rolle spielt. Man mag darüber spekulieren, worin die genauen Gründe dafür liegen. Auch in jüngster Zeit wird im Schrifttum erneut die Reform der Insolvenzhaftung angemahnt.[7]

Für eine rechtsvergleichende Untersuchung, die sich dieses Themas annehmen will, weckt Spanien besonderes Interesse, da sich das Land in den letzten Jahren quasi im Dauerzustand der Krise befunden hat. Dies drückte sich auch in den Zahlen der Unternehmensinsolvenzen aus.[8] Mehrere Darstellungen nahmen sich bereits der Problematik der Insolvenzverschleppungshaftung isoliert für das deutsche Recht an.[9] Zur Thematik der Organhaftung ist bereits eine Arbeit erschienen, die das deutsche Haftungsregime mit seinen allgemeinen Regelungsgehalten mit dem spanischen (und daneben auch dem argentinischen und brasilianischen) vergleicht.[10] Eine rechtsvergleichende Untersuchung zu den spezifischen Geschäftsleiterpflichten in der Insolvenz und insbesondere zur Verschleppungshaftung, die die deutsche Rechtsordnung der spanischen gegenüberstellt, steht dagegen noch aus.[11] Ziel dieser Arbeit ist zum einen, die relevanten Regelungen und den derzeitigen Stand von Rechtsprechung und Schrifttum zur Insolvenzhaftung in beiden Ländern zuverlässig zu ermitteln und mit seinen wesentlichen Inhalten darzustellen, v. a. hinsichtlich der zu den einzelnen Bereichen in der jeweiligen Rechtsordnung vertretenen h. M., um

---

5 Beschluss Nr. 24 der Abteilung Wirtschaftsrecht des 66. DJT, in: Verhandlungen des 66. DJT, Bd. II/1, 2006, S. P 144.

6 Zum einen *K. Schmidt,* ZHR 175 (2011), 433 ff.; zum anderen *Altmeppen,* ZIP 2001, 2201 ff.

7 So bei *Bachmann,* Gutachten E zum 70. DJT, S. E 124.

8 Siehe den Überblick zur Entwicklung der Unternehmensinsolvenzen ab dem Jahr 2005 bei *Fries/Mateo/von Wolffersdorff,* Ley Concursal, S. 1.

9 *Poertzgen,* Organhaftung; *Eckhoff,* Die Haftung der Geschäftsleiter wegen Insolvenzverschleppung; *Biehl,* Geschäftsführer- und Gesellschafterhaftung.

10 *Lotz,* Haftung des Vorstandes der Aktiengesellschaft.

11 Siehe aber zur Haftung im spanischen Recht bei Verlust der Hälfte des Stammkapitals und in Ansätzen auch zur spanischen Insolvenzhaftung *Rösner,* Verlust des Stammkapitals und Geschäftsführerhaftung in der GmbH.

diese Regelungen anschließend einer vergleichenden Betrachtung und Bewertung zuführen zu können. Zum anderen soll anhand der Darstellung des spanischen Rechts erörtert werden, inwiefern sich aus diesem u. U. neue Impulse zur Lösung insbesondere der Problematik der Verschleppungshaftung im deutschen Recht ergeben können.

2. Themenbegrenzung

Diese Arbeit konzentriert sich auf die Pflichten und die Haftung der Geschäftsleiter der beiden großen Kapitalgesellschaften AG und GmbH (für das deutsche Recht) bzw. der Verwalter in der SA und in der SRL (für das spanische Recht). Beide Rechtsformen werden dabei gemeinsam behandelt. Im spanischen Recht besteht mit der LSC ohnehin eine Norm, die das Recht der Kapitalgesellschaften insgesamt regelt. Sofern sich hinsichtlich bestimmter Regelungen Unterschiede ergeben, wird an den entsprechenden Stellen darauf hingewiesen werden. Ausgeklammert bleiben damit die Regelungen zur KGaA und zur Genossenschaft sowie die Behandlung grenzüberschreitender Sachverhalte bzw. die Anwendbarkeit der deutschen Normen auf Auslandsgesellschaften mit Verwaltungssitz in Deutschland.

3. Methodik und Gang der Untersuchung

Die Untersuchung wird auf der Grundlage der funktionalen Rechtsvergleichung[12] durchgeführt, sodass für beide Rechtsordnungen diejenigen Regelungen ermittelt werden sollen, die das gleiche Regelungsproblem adressieren. Zu diesem Zweck wird eine Einteilung in drei Krisenstadien[13] vorgenommen, die die Oberbegriffe bilden und die damit die Struktur der Untersuchung vorgeben: Zunächst werden die Pflichten und Haftungsfolgen der Geschäftsleiter vor Insolvenzreife behandelt, die auch bereits einen gewissen Bezug zum Insolvenzstadium aufweisen können. Anschließend erfolgt eine Untersuchung der Pflichten und der gläubigerschützenden Regelungen ab Eintritt eines Insolvenzgrundes. Das dritte Krisenstadium schließlich konzentriert sich auf die Insolvenzantragspflicht und die Folgen eines verspäteten oder nicht erfolgten Geschäftsleiterhandelns. Durch die Betrachtung dieser drei Stadien wird ein rechtsvergleichender Überblick über das Gesamtsystem der Krisen- bzw. Insolvenzhaftung ermöglicht. Trotz der im Grundsatz vorgenommenen getrennten Betrachtung der Krisenstadien sollen jeweils die Wechselwirkungen und Bezüge der einzelnen Stadien zueinander Berücksichtigung finden.

Für jedes Krisenstadium soll dann zunächst, über den allgemeinen Problemaufriss in dieser Einleitung hinaus, in einigen kurzen Sätzen das sich jeweils stellende

---

12 Die Funktionalität stellt die Grundmethode der Rechtsvergleichung dar, siehe *Zweigert/Kötz,* Rechtsvergleichung, S. 33 ff.

13 Siehe zur Abfolge der Krisenstadien *Fleischer,* in: Fleischer, Hdb VorstandsR, § 20 Rn. 1 (wenn auch in anderer Reihenfolge).

Regelungsproblem behandelt werden. Anschließend erfolgt die Darstellung der Pflichten und möglichen Haftungsfolgen, zunächst nach deutschem, dann nach spanischem Recht. Die rechtsvergleichende Betrachtung bildet dann den letzten Teil der Untersuchung jedes Krisenstadiums. Diese Arbeit richtet sich insoweit nicht nach dem „klassischen" Aufbau für rechtsvergleichende Untersuchungen, d. h. der Darstellung aller Regelungsgehalte aus den betrachteten Rechtsordnungen in Länderberichten mit dem sich erst daran anschließenden Vergleich der gesamten Materie.[14] Der Schwerpunkt der Untersuchung soll auf dem dritten Stadium und der Problematik der Insolvenzverschleppungshaftung liegen. Beide untersuchten Rechtsordnungen kennen das Regelungsinstrument der Insolvenz- bzw. Konkursantragspflicht. Im deutschen Recht ergibt sich aus § 15a Abs. 1 S. 1 InsO, im spanischen Recht aus Art. 5 Abs. 1 LC für die Organe juristischer Personen die Pflicht, bei Vorliegen der dort beschriebenen Voraussetzungen einen Eröffnungsantrag für das Insolvenz- bzw. Konkursverfahren zu stellen. Ihre grundsätzliche Berechtigung soll in dieser Arbeit nicht infrage gestellt werden. In diesem Zusammenhang sollen im letzten Teil der Arbeit auch einige rechtspolitische Anmerkungen erfolgen. Eine Zusammenfassung der wichtigsten Ergebnisse der Untersuchung in Thesenform schließt die Arbeit ab.

14 Siehe zur Gegenüberstellung der Gliederungsmöglichkeiten für rechtsvergleichende Untersuchungen *H. Koch/Magnus/Winkler von Mohrenfels,* IPR und Rechtsvergleichung, § 13 Rn. 50.

II. Geschäftsleiterpflichten und Gläubigerschutz vor Eintritt der Insolvenzreife

Den ersten in die Betrachtung einfließenden Krisenabschnitt bildet der Zeitraum noch vor Eintritt der Insolvenzreife. In den Blickpunkt rücken damit die Pflichten, die den Geschäftsführern vor Insolvenzreife auferlegt werden und die – wenn sie auch im Grundsatz eine gewisse Eigenständigkeit aufweisen[15] – bereits in einem Zusammenhang zum Insolvenzstadium sowie dessen Pflichten stehen können.[16] Daher rechtfertigt sich ihre Einbeziehung in diese Betrachtung. Auch im Schrifttum werden die Krisenstadien Insolvenz und Vorfeld der Insolvenz häufig im Zusammenhang betrachtet.[17]

1. Das Regelungsproblem

Es fragt sich, ob bereits vor Eintritt der Insolvenzreife, so z.B. bei Eintreten bestimmter Verlustschwellen, spezifische Handlungsanweisungen für Geschäftsführer von Kapitalgesellschaften gesetzlich statuiert werden sollen. Weiterhin ist zu fragen, unter welchen konkreten Voraussetzungen diese Pflichten eintreten sollen und welche Haftungsfolgen sich für die Geschäftsführer bei ihrer Nichtbeachtung ergeben können. Zu klären ist in diesem Zusammenhang insbesondere, inwieweit der Gläubigerschutz bereits in diesem Stadium zum Bezugspunkt des Geschäftsleiterhandelns werden und ob dem Geschäftsleiter bei Verstößen u. U. eine direkte Haftung gegenüber den Gläubigern auferlegt werden soll. Zu untersuchen ist ferner, inwieweit die Insolvenzprävention gezielt eine Rolle spielen soll.

2. Geschäftsleiterpflichten und Gläubigerschutz vor Eintritt der Insolvenzreife im deutschen Recht

Zunächst sollen die Geschäftsleiterpflichten und die Reichweite des Gläubigerschutzes für das erste Krisenstadium im deutschen Recht untersucht werden. Das deutsche Recht beantwortet die für dieses Stadium aufgeworfenen Fragen mit zwei Regelungskomplexen: zum einen durch die Festlegung einer gesetzlichen Pflicht zur Einberufung der Haupt- bzw. Gesellschafterversammlung bei hälftigem Verlust des

---

15 *Priester,* ZGR 1999, 533, 538.

16 In diesem Sinne *Mertens/Cahn,* in: Kölner Komm AktG, § 92 Rn. 4 („zwei Phasen einer Krise der Gesellschaft").

17 So z.B. unter der Bezeichnung „Krisenrecht" bei *Reuter,* BB 2003, 1797 ff.; ebenso bei *Klappstein,* in: Gerner-Beuerle/Paech/Schuster, Annex zur LSE-Studie, S. A 323, A 346 ff.

Grund- bzw. Stammkapitals nach den §§ 92 Abs. 1 AktG, 49 Abs. 3 GmbHG, zum anderen durch die Statuierung der sog. Insolvenzverursachungsverbote in den §§ 92 Abs. 2 S. 3 AktG, 64 S. 3 GmbHG.

a. Die Pflicht zur Einberufung der Haupt- bzw. Gesellschafterversammlung (§§ 92 Abs. 1 AktG, 49 Abs. 3 GmbHG)

Nach dem Norminhalt des § 92 Abs. 1 AktG muss unverzüglich die Hauptversammlung einberufen werden, wenn sich bei Aufstellung der Jahres- oder einer Zwischenbilanz ein Verlust in Höhe der Hälfte des Grundkapitals ergibt. Gleiches gilt nach § 49 Abs. 3 GmbHG für die Einberufung der Gesellschafterversammlung, wenn die Hälfte des Stammkapitals verloren ist. Der Wortlaut beider Normen ist damit weitgehend kongruent, sodass sie häufig im Schrifttum[18] und daher auch hier als parallele Regelungen gemeinsam behandelt werden. § 92 Abs. 1 AktG nennt bei den Tatbestandsmerkmalen neben der Jahres- oder Zwischenbilanz noch die Möglichkeit, dass sich die Feststellung des Verlustes nach pflichtgemäßem Ermessen ergibt, und verlangt neben der Einberufung der Hauptversammlung auch die Anzeige des Verlustes an die Aktionäre. Im GmbHG findet die Pflicht zur Verlustanzeige in § 84 Abs. 1 Erwähnung. Für die aktienrechtliche Norm ist in europarechtlicher Hinsicht die Richtlinie 2012/30/EU[19] zu beachten, die in ihrem Art. 19 Abs. 1 die Einberufung der Hauptversammlung bei Eintritt eines schweren Verlusts innerhalb einer zu bestimmenden Frist festlegt und in Abs. 2 bestimmt, dass das nationale Recht den schweren Verlust nicht auf mehr als die Hälfte des Grundkapitals festsetzen darf. Mit § 92 Abs. 1 AktG bestand im deutschen Recht bereits eine den Anforderungen der Richtlinie entsprechende gesetzliche Regelung. Die Einberufungspflicht weist im deutschen Recht eine lange Tradition auf: Bereits das ADHGB aus dem Jahr 1861 sah in Art. 240 Abs. 1 eine Pflicht zur Verlustanzeige vor, und § 83 Abs. 1 des AktG von 1937 enthielt eine Anzeige- und Einberufungspflicht für den Vorstand bei hälftigem Verlust des Grundkapitals.[20]

aa. Normzweck

Der Regelungszweck des § 92 Abs. 1 AktG und des § 49 S. 3 GmbHG liegt darin, die Aktionäre bzw. die Gesellschafter – in ihrer Rolle als Anteilseigner – rechtzeitig bezüglich der nahenden Krisensituation zu unterrichten.[21] Die Aktionäre sollen in

---

18 So beispielsweise bei *Förschle/Hoffmann*, in: Budde/Förschle/Winkeljohann, Sonderbilanzen, Rn. P 1 ff.; *W. Müller*, ZGR 1985, 191 ff.; *Veit/Grünberg*, DB 2006, 2644, 2645 ff.

19 Richtlinie 2012/30/EU des Europäischen Parlaments und des Rates v. 25. 10. 2012, ABl. der EU Nr. L 315/74; zuvor Art. 17 der Richtlinie 77/91/EWG des Rates v. 13. 12. 1976, ABl. der EG Nr. L 26, 1.

20 Hinweis auf diesen historischen Kontext bei *Fleischer*, in: Spindler/Stilz, AktG, § 92 Rn. 5.

21 Statt vieler *Veit/Grünberg*, DB 2006, 2644, 2646.

die Lage versetzt werden, auf der Hauptversammlung über Maßnahmen zur Krisenabwehr beraten und diesbezügliche Entscheidungen (v. a. Kapitalveränderungen in Form der Kapitalerhöhung oder -herabsetzung) treffen zu können.[22] Aus diesem Grund wird auch von einer aktienrechtlichen „Alarmglocke“[23] gesprochen. Ein unmittelbarer Schutzzweck der Normen zugunsten der Gesellschaftsgläubiger besteht dagegen nicht.[24] Sofern es sich im Falle der AG um börsennotierte Gesellschaften handelt, wird der Informationszweck gegenüber dem Kapitalmarkt ohnehin nach § 15 WpHG verwirklicht, der damit die gesellschaftsrechtliche Norm des § 92 Abs. 1 AktG in kapitalmarktrechtlicher Hinsicht ergänzt.[25] Im Fall des § 49 Abs. 3 GmbHG lässt sich gegen den Schutz von Drittinteressen als systematisches Argument anführen, dass es sich bei Abs. 3 um einen Unterfall des Abs. 2 der gleichen Norm handelt, der ausdrücklich vom Interesse der Gesellschaft spricht und damit ebenfalls keinen Schutz Dritter vermittelt.[26]

Im Schrifttum gab es vereinzelte Versuche, § 92 Abs. 1 AktG darüber hinaus als eine dem Schutz des Aktienmarktes dienende Publizitätsnorm auszulegen und darin einen weiteren unmittelbaren Normzweck anzusehen.[27] Bei Erteilung der Verlustanzeige müssen die Aktionäre nach dieser Auffassung die Entwicklung zum Anlass nehmen, u. U. durch Ver- oder Zukäufe auf dem Aktienmarkt tätig zu werden und so auf die Krise zu reagieren.[28] Ein solches Verständnis gerät aber in Widerspruch zur parallelen Ausgestaltung von 92 Abs. 1 AktG und § 49 Abs. 3 GmbHG, weil im Fall der GmbH die Öffentlichkeit von der Einberufung der Gesellschafterversammlung keine Kenntnis erlangen wird.[29] Teile des Schrifttums vertreten darüber hinaus die Auffassung, dass der auf die Sicherung der Kapitalaufbringung und -erhaltung bedachte Gesetzgeber eine Aufzehrung des Kapitals zwar nicht verhindern könne, aber mit der Statuierung dieser Norm für den Fall des Verlustes der Hälfte des Grundkapitals seine Missbilligung dieser Kapitalstruktur ausdrücken wolle.[30] Da der Gesetzgeber der Hauptversammlung keine Handlungsanweisungen vorgegeben hat, kann von einer gesetzlich missbilligten Kapitalstruktur aber nicht ausgegangen werden.[31]

---

22 Siehe nur *Fleischer*, in: Spindler/Stilz, AktG, § 92 Rn. 4.

23 *Fleischer*, in: Fleischer, Hdb VorstandsR, § 20 Rn. 4. *Lutter*, BB 1980, 737, 739 spricht von einem Krisenwarnsignal.

24 Für die AG siehe nur BGH, Urt. v. 9. 7. 1979 (Az. II ZR 211/76), NJW 1979, 1829, 1831; für die GmbH statt vieler *T. Liebscher*, in: MünchKommGmbHG, § 49 Rn. 7. Die Gläubiger können aber zumindest als mittelbare Adressaten der Verlustanzeige angesehen werden, siehe *Veit/Grünberg*, DB 2006, 2644, 2646.

25 Siehe nur *Habersack/Foerster*, in: Großkomm AktG, § 92 Rn. 2.

26 *T. Liebscher*, in: MünchKommGmbHG, § 49 Rn. 7.

27 *Martens*, ZGR 1972, 254, 271.

28 *Martens*, ZGR 1972, 254, 271.

29 *Mertens*, AG 1983, 173, 175.

30 *W. Müller*, ZGR 1985, 191, 195; zustimmend *Mertens/Cahn*, in: Kölner Komm AktG, § 92 Rn. 7.

31 Kühnberger, DB 2000, 2077, 2078; *Fleischer*, in: Spindler/Stilz, AktG, § 92 Rn. 4.

bb. Adressatenkreis

§ 92 Abs. 1 AktG verpflichtet den Vorstand zur Einberufung der Hauptversammlung und zur Verlustanzeige. Dies schließt fehlerhaft bestellte Vorstandsmitglieder, nicht aber solche Personen ein, die faktisch die Funktionen eines Vorstandes ausüben.[32] § 121 Abs. 2 S. 1 AktG bestimmt, dass der Vorstand mit einfacher Mehrheit über die Einberufung beschließt. Kann das Mitglied einen derartigen Vorstandsbeschluss nicht herbeiführen, so besteht die Pflicht, sich an den Aufsichtsrat zu wenden, der den Vorstand wegen § 111 Abs. 1 AktG zur Pflichterfüllung anhalten kann oder u. U. wegen § 111 Abs. 3 AktG selbst die Einberufung vorzunehmen hat.[33] § 49 Abs. 1 GmbHG bestimmt die Zuständigkeit der Geschäftsführer für die Einberufung der Gesellschafterversammlung, die unabhängig von der Regelung der Geschäftsführung und Vertretung durch jeden einzelnen und auch durch den fehlerhaft bestellten Geschäftsführer erfolgen kann.[34]

cc. Materielle Voraussetzung: Der hälftige Kapitalverlust

Aus dem Wortlaut des § 92 Abs. 1 AktG und des § 49 S. 3 GmbHG ergibt sich als materielle Voraussetzung der Einberufungspflicht der Eintritt eines Verlustes in Höhe der Hälfte des Grund- bzw. Stammkapitals. Diese Voraussetzung ist nach der ganz h. M. erfüllt, wenn das Gesellschaftsvermögen höchstens noch den Betrag der Hälfte des Nennkapitals erreicht.[35] Entscheidend ist die Ziffer des in der Satzung festgelegten Betrages, sodass es nicht darauf ankommt, ob dieses bereits voll eingezahlt wurde oder nicht.[36] Zur Ermittlung des Gesellschaftsvermögens muss eine Summe gebildet werden, die die folgenden Beträge umfasst: Rücklagen (Kapitalrücklagen, gesetzliche und satzungsmäßige Rücklagen sowie andere Gewinnrücklagen), Bilanzgewinn samt Gewinnvortrag und Eigenkapitalanteil in den Sonderposten samt Rücklageanteil; davon ist der Bilanzverlust (Verlust und Verlustvortrag) abzuziehen.[37]

(1) Bewertung des Vermögens

Bei der Ermittlung des Verlustes ist das Vermögen nach den Ansatz- und Bewertungsregeln aus dem Handelsrecht gemäß §§ 252 ff. HGB zu bewerten, was sich v. a. auch aus der Erwähnung des Begriffes „Jahresbilanz" in den Normen zur

---

32 Statt vieler *Habersack/Foerster*, in: Großkomm AktG, § 92 Rn. 29.

33 Siehe nur *Fleischer*, in: Spindler/Stilz, AktG, § 92 Rn. 14. Bei entsprechender Ermächtigung in der Satzung muss das Vorstandsmitglied selbst die Einberufung vornehmen, siehe *Mertens/Cahn*, in: Kölner Komm AktG, § 92 Rn. 19.

34 Statt vieler *Zöllner*, in: Baumbach/Hueck, GmbHG, § 49 Rn. 3.

35 Siehe z.B. *Fleischer*, in: Fleischer, Hdb VorstandsR, § 20 Rn. 7.

36 *Förschle/Hoffmann*, in: Budde/Förschle/Winkeljohann, Sonderbilanzen, Rn. P 40.

37 Siehe nur *Müller-Michaels*, in: Hölters, AktG, § 92 Rn. 4.

Einberufungspflicht ergibt.[38] Dabei sind grundsätzlich Fortführungswerte (Going-Concern-Prinzip nach § 252 Abs. 1 Nr. 2 HGB) und nur bei Vorliegen einer negativen Fortbestehensprognose Liquidationswerte anzusetzen.[39] Für den Fall, dass die Fortführungsprognose kein eindeutiges Ergebnis zulässt, soll den Geschäftsleitern ein Ermessensspielraum dahingehend zuzugestehen sein, ob die Bilanzierung zu Fortführungs- oder Liquidationswerten erfolgt.[40] Unklarheiten bestehen hinsichtlich der Behandlung stiller Reserven bzw. der Möglichkeit von deren Auflösung zur Verlustdeckung. Nach der ganz h. M. darf deren Auflösung nur in dem Umfang erfolgen, wie es auch im Jahresabschluss geschehen dürfte, denn eine vollständige Auflösung stiller Reserven widerspricht dem Zweck der Normen zur Einberufungspflicht, die Gesellschafter über die wirkliche Lage zu informieren.[41] Der BGH entschied, dass die Verlustanzeigepflicht nicht besteht, „.... solange der Verlust noch aus gesetzlichen oder freien, offenen oder stillen Rücklagen unter Zuhilfenahme von weniger als der Hälfte des Grundkapitals gedeckt werden könne".[42] Auch wenn das Urteil keine genauere Erklärung für den Begriff der „stillen Rücklagen" enthielt, kann die Bezugnahme der gesetzlichen Regelungen zur Einberufungspflicht auf die Jahresbilanz nur dafür sprechen, dass auch der BGH nur die Auflösung der stillen Reserven nach den Regeln für die Erstellung des Jahresabschlusses meinte.[43] Aus der Anwendung der Regelungen über den Jahresabschluss für die Verlustermittlung ergibt sich für Rückstellungen, dass sie wegen § 249 Abs. 2 S. 2 HGB auch hier nur aufgelöst werden dürfen, wenn der Grund für ihre Bildung nicht mehr besteht.[44] Drückt sich im hälftigen Verlust des Grundkapitals tatsächlich eine Krisensituation aus, so sollten Ansprüche auf Rückgewähr nachrangiger Gesellschafterdarlehen (§ 39 Abs. 1 Nr. 5 InsO) im Rahmen der Verlustanzeige berücksichtigt werden, nicht dagegen in den Fällen, in denen die finanzielle Situation der Gesellschaft durch die Finanzierung mit diesen Darlehen gesichert ist.[45]

(2) Zeitpunkt der Verlustfeststellung

Die Einberufungspflicht greift, wenn sich der Verlust bei Aufstellung der Jahresbilanz, einer Zwischenbilanz oder – so zumindest nach dem Wortlaut des § 92 Abs. 1 AktG – bei Anwendung pflichtgemäßen Ermessens ergibt. Der Vorstand muss daher

---

38 Statt vieler *Förschle/Hoffmann,* in: Budde/Förschle/Winkeljohann, Sonderbilanzen, Rn. P 30.

39 Statt vieler *Fleischer,* in: Fleischer, Hdb VorstandsR, § 20 Rn. 7.

40 *W. Müller,* ZGR 1985, 191 203; zustimmend *Wiesner,* in: MünchHdb AG, § 25 Rn. 56.

41 *Römermann,* in: Michalski, GmbHG, § 49 Rn. 109 f.

42 BGH, Urt. v. 9. 10. 1958 (Az. II ZR 348/56), WM 1958, 1416, 1417.

43 *Förschle/Hoffmann,* in: Budde/Förschle/Winkeljohann, Sonderbilanzen, P 31. Anders *Zitzmann,* Vorlagepflichten, S. 134, der das Urteil so versteht, dass der BGH die vollständige Auflösung stiller Reserven zulassen wollte.

44 *Mertens/Cahn,* in: Kölner Komm AktG, § 92 Rn. 9.

45 Unter Rückgriff auf den Normzweck *Mertens/Cahn,* in: Kölner Komm AktG, § 92 Rn. 11.

fortwährend prüfen, ob der hälftige Kapitalverlust droht, erforderlichenfalls auch mittels externen Sachverstandes.[46] Auch im Recht der GmbH besteht aber nach der ganz h. M. über den Wortlaut des § 49 S. 3 GmbHG hinaus die Einberufungspflicht in den Fällen, in denen die Geschäftsführer vom Kapitalverlust erfahren, ohne dass dieser aus einer förmlichen Bilanz hervorgeht.[47] Stichtag für die Verlustanzeigebilanz kann damit jeder Zeitpunkt sein, zu dem die Geschäftsleiter nach der Anwendung pflichtgemäßen Ermessens nicht mehr ausschließen können, dass die zur Anzeige verpflichtende Verlustschwelle möglicherweise erreicht ist.[48]

(3) Relevanz des Jahresfehlbetrages?

Eine a. A. will die Norm dagegen – zumindest im Fall der AG -- so verstehen, dass ein Jahresfehlbetrag (i. S. von § 266 Abs. 3 lit A Nr. V) in Höhe der Hälfte des Grundkapitals die Einberufungspflicht auslöst.[49] Für ein solches Verständnis des § 92 Abs. 1 AktG spreche dessen Wortlaut, der einen hälftigen Verlust des Grundkapitals und damit den Vergleich zweier getrennt zu ermittelnder Bilanzposten, nicht aber – wie § 49 Abs. 3 GmbHG -- die Aufzehrung des Gesellschaftsvermögens voraussetze.[50] Außerdem verlangen der Schutzzweck des Art. 19 der Kapitalrichtlinie, der den Aktionären eine effektive Reaktion auf die Krise in einem frühen Stadium ermöglichen wolle, und der europarechtliche Grundsatz des *effet utile* die Vorverlagerung der Einberufungspflicht.[51] Eine solche Auffassung widerspricht aber dem Wortlaut des § 92 Abs. 1 AktG, der den Begriff des Jahresfehlbetrages gerade nicht erwähnt.[52] Zudem sollte die Pflicht zur Einberufung nicht von der Eigenkapitalstruktur abhängig gemacht werden, was aber bei Ausklammerung der Rücklagen von der Verlustermittlung geschehen würde.[53]

dd. Frist und Form der Einberufung

Die Einberufung durch die Vorstands- bzw. Geschäftsführungsmitglieder muss „unverzüglich“ erfolgen. Dieses Tatbestandsmerkmal ist wie in § 121 Abs. 1 BGB zu verstehen.[54] Die Einberufung hat also ohne schuldhaftes Zögern zu erfolgen.

---

46 *Knebel/Schmidt,* BB 2009, 430, 434.

47 Statt vieler *Fischer/Schmidt,* in: Beck'sches Hdb GmbH, § 4 Rn. 13; a. A. *Meyer-Landrut,* in: Meyer-Landrut/Miller/Niehus, GmbHG, § 49 Rn. 13: Ein solches Verständnis überdehne den Wortlaut der Norm.

48 *Förschle/Hoffmann,* in: Budde/Förschle/Winkeljohann, Sonderbilanzen, Rn. P 22.

49 *Habersack/Foerster,* in: Großkomm AktG, § 92 Rn. 15.

50 *Habersack/Foerster,* in: Großkomm AktG, § 92 Rn. 17.

51 *Habersack/Verse,* Europäisches GesR, § 6 Rn. 53; zustimmend *Grundmann,* Europäisches GesR, Rn. 345; kritisch wegen einer Überdehnung des Schutzzweckes der Richtlinie und des *„effet utile“* dagegen *Grigoleit/Tomasic,* in: Grigoleit, AktG, § 92 Rn. 5.

52 *Fleischer,* in: Spindler/Stilz, AktG, § 92 Rn. 7.

53 *J. Koch,* in: Hüffer, AktG, § 92 Rn. 2.

54 Siehe z. B. *Plagemann,* NZG 2014, 207.

Obligatorisch ist dabei die unmissverständliche Aufnahme der Verlustanzeige in die Tagesordnung der Hauptversammlung.[55] Dies muss vor allem auch deshalb geschehen, damit die Hauptversammlung wegen § 124 Abs. 4 S. 1 AktG zu einer Beschlussfassung gelangen kann.[56] Für den Vorstand wird sich bereits bei drohenden Verlusten die Pflicht zur Vorlage sachgerechter Sanierungsvorschläge zur Beseitigung des Kapitalverlustes ergeben, damit im Zeitpunkt der Einberufung ein Sanierungskonzept vorhanden ist.[57] Eine Bindung der Hauptversammlung an diese Vorschläge kommt aber nicht in Betracht.[58] Wenn der Vorstand die Einberufungspflicht einmal erfüllt hat, muss er die Hauptversammlung nicht nochmals einberufen, wenn der hälftige Kapitalverlust bei Aufstellung des nächsten Jahresabschlusses weiterhin vorhanden ist.[59] Für das Recht der GmbH regelt § 51 GmbHG die formellen Anforderungen an die Einberufung. Außerdem hat eine Mitteilung der Vermögenssituation an die Gesellschafter zu erfolgen, weshalb die Geschäftsführer bei Vorhandensein einer den Verlust darstellenden Bilanz den Gesellschaftern vor Abhaltung der Gesellschafterversammlung Abschriften derselben zuleiten müssen.[60] Damit die Gesellschafter in der Versammlung auch sachdienliche Entscheidungen treffen können, sollten sie von den Geschäftsführern zusätzlich in ausführlicher Form über die Ursachen der Krise, mögliche Lösungskonzepte und über die erforderliche Finanzierung informiert werden.[61]

ee. Ausnahmen

Durch § 92 Abs. 1 AktG wird der sich grundsätzlich aus § 121 Abs. 1 AktG ergebende Ermessensspielraum des Vorstandes ausgeschaltet, so dass er bei Vorliegen der Tatbestandsvoraussetzungen zur Einberufung der Hauptversammlung verpflichtet ist.[62] Insoweit trifft bereits das Gesetz selbst die Entscheidung, dass die unverzügliche Einberufung dem Aktionärsinteresse dient.[63] Das aktienrechtliche Schrifttum diskutiert aber Ausnahmen der Einberufungspflicht für bestimmte Situationen: Bei bereits gestelltem Insolvenzantrag besteht die Einberufungspflicht nach ganz h. M. nicht mehr, da dann ohnehin keine krisenabwehrenden Maßnahmen mehr

---

55 Siehe nur *Huber*, ZIP 1995, 1740, 1741.

56 Statt vieler *Fleischer*, in: Fleischer, Hdb VorstandsR, § 20 Rn. 14; zweifelnd *Krieger/Sailer-Coceani*, in: Schmidt/Lutter, AktG, § 92 Rn. 8.

57 *Mertens*, in: FS Forster, S. 415, 420.

58 Siehe nur *Pelz*, in: Bürgers/Körber, AktG, § 92 Rn. 7.

59 Siehe nur *Grigoleit/Tomasic*, in: Grigoleit, AktG, § 92 Rn. 7.

60 *Römermann*, in: Michalski, GmbHG, § 49 Rn. 122.

61 *Nowotny*, in: FS Semler, S. 231, 238.

62 *Mertens/Cahn*, in: Kölner Komm AktG, § 92 Rn. 14.

63 *Göcke*, AG 2014, 119, 121; Begründung einer Ausnahme bei Gefährdung des Gesellschaftswohls unter Rückgriff auf den Rechtsgedanken des § 34 StGB bei *Mertens*, AG 1983, 173, 176 f.

beschlossen werden können.[64] Ist die Gesellschaft bereits aufgelöst, muss ebenfalls keine Einberufung mehr erfolgen, wobei die Einberufungspflicht jedoch bestehen bleiben soll, wenn es letztendlich doch zu einer Fortführung des Unternehmens kommt.[65] Außerdem hält die h. M. im Schrifttum die Aufschiebung der Einberufung bei Vorhandensein von Sanierungschancen für möglich, wobei aber vorauszusetzen sein soll, dass derartige Maßnahmen erfolgversprechend sind und schnell realisiert werden können.[66] Teile des Schrifttums stellen hier eine Analogie zur Dreiwochenfrist bei der Insolvenzantragspflicht her, die auch in diesem Zusammenhang als Höchstfrist Anwendung finden könne.[67] Auch bei dieser Ausnahme ist allerdings wegen der Konzeption der Einberufungspflicht als „ermessensfreies Krisensignal" Vorsicht geboten.[68] Handelt es sich lediglich um einen vorübergehenden Verlust in Höhe der Hälfte des Grundkapitals, der durch eine Kapitalmaßnahme – spätestens bei Stattfinden der Hauptversammlung – wieder beseitigt wird, soll unter Zugrundelegung des Normzwecks keine andauernde Informationspflicht bestehen.[69] Ferner ist auch ein Verzicht der Aktionäre (vor allem in Fällen der Ein-Personen-AG) auf die Erfüllung der Pflichten nach § 92 Abs. 1 AktG möglich, was sich mit dem auf die Anteilseigner ausgerichteten Schutzzweck der Norm begründen lässt.[70] Regelungen in der Satzung, die die Vorschrift des § 49 Abs. 3 GmbHG einschränken sollen, sind nicht zulässig.[71]

ff. Rechtsfolgen der Verletzung der Einberufungspflicht

Hinsichtlich der Rechtsfolgen der Verletzung der Einberufungspflicht muss zwischen der Haftung gegenüber der Gesellschaft, den Aktionären bzw. Gesellschaftern und den Gläubigern unterschieden werden. Ferner sind mögliche strafrechtliche Konsequenzen zu berücksichtigen.

Verletzen die Geschäftsleiter ihrer Einberufungspflicht in schuldhafter Weise, so entsteht eine Schadensersatzpflicht gegenüber der AG nach § 93 Abs. 2 S. 1 AktG bzw. der GmbH nach § 43 Abs. 2 GmbHG.[72] Die Schadensersatzpflicht ist auf den

---

64 Statt vieler *Fleischer*, in: Fleischer, Hdb VorstandsR, § 20 Rn. 10.
65 Siehe nur *Fleischer*, in: Spindler/Stilz, AktG, § 92 Rn. 11.
66 Statt vieler *Spindler*, in: MünchKommAktG, § 92 Rn. 16.
67 *Habersack/Foerster*, in: Großkomm AktG, § 92 Rn. 28.
68 *Kühnberger*, DB 2000, 2077, 2085.
69 So zumindest *Krieger/Sailer-Coceani*, in: Schmidt/Lutter, AktG, § 92 Rn. 6; kritisch zur Möglichkeit der Absage der bereits einberufenen Hauptversammlung bei Ausgleich des Verlustes vor deren Abhalten *Göcke*, AG 2014, 119, 121 ff. und *Plagemann*, NZG 2014, 207, 209.
70 *Krieger/Sailer-Coceani*, in: Schmidt/Lutter, AktG, § 92 Rn. 11. Gleichermaßen für § 49 Abs. 3 GmbHG bei Verzicht aller Gesellschafter auf die Einberufung *Seibt*, in: Scholz, GmbHG, § 49 Rn. 33.
71 *Wicke*, GmbHG § 49 Rn. 6.
72 Statt vieler *Fleischer*, in: Spindler/Stilz, AktG, § 92 Rn. 16; für die GmbH siehe nur *Zöllner*, in: Baumbach/Hueck, GmbHG, § 49 Rn. 23.

Ausgleich des Schadens gerichtet, der bei rechtzeitiger Gelegenheit zum Handeln für die Versammlung nicht eingetreten wäre, der aber in der Praxis nur schwer nachgewiesen werden kann.[73] Die Gesellschaft muss den Schadenseintritt, das Verschulden und die Kausalität beweisen.[74] Eine Beweislastumkehr tritt nicht ein, denn es besteht kein typischer Geschehensablauf dahingehend, dass die Gesellschafterversammlung durch ihr Eingreifen die Krise hätte beseitigen können.[75] Als Konsequenz der Verletzung der Einberufungspflicht können Geschäftsführer darüber hinaus u. U. aus wichtigem Grund abberufen bzw. es kann der Anstellungsvertrag gekündigt werden.[76] Bezüglich § 49 Abs. 3 GmbHG bestehen Unklarheiten dahingehend, inwiefern die Einberufungspflicht mit einem entsprechenden Anspruch korrespondiert und wie ein solcher durchgesetzt werden kann. Weite Teile des Schrifttums bejahen die Klagemöglichkeit jedes einzelnen Gesellschafters, wenn auch innerhalb dieser Ansicht Uneinigkeit darüber besteht, wem gegenüber der entsprechende Anspruch besteht.[77] Nach der Gegenmeinung ist die Klagemöglichkeit abzulehnen, da so die sich aus § 50 Abs. 1 GmbHG ergebende Wertung unterlaufen würde, nach der nur Gesellschaftern mit einer Beteiligung von 10 % oder mehr ein solcher Anspruch zustehen soll.[78]

Die h.M. schreibt § 92 Abs. 1 AktG und § 49 Abs. 3 GmbHG die Funktion eines Schutzgesetzes zugunsten der Anteilseigner i. S. d. § 823 Abs. 2 BGB zu.[79] Einen Schaden, der über den bereits der Gesellschaft entstandenen hinausgeht, erleiden sie aber nicht.[80] Teile des Schrifttums zweifeln die Eigenschaft als Schutzgesetz für die Anteilseigner an, da die Geschäftsleiter Pflichten wie derjenigen zur Einberufung der Gesellschaft allein gegenüber der Gesellschaft unterliegen.[81] Auch § 92 Abs. 1 AktG wolle zwar zur Herstellung der Handlungsfähigkeit der Hauptversammlung beitragen, nicht aber die Aktionäre individuell schützen.[82] Dagegen spricht aber, dass die Einberufungspflicht gerade auch den Aktionären dienen soll, damit diese z.B. ihr Stimmrecht sinnvoll einsetzen können.[83]

---

73 *T. Liebscher*, in: MünchKommGmbHG, § 49 Rn. 65.

74 *Römermann*, in: Michalski, GmbHG, § 49 Rn. 133.

75 So für die GmbH *T. Liebscher*, in: MünchKommGmbHG, § 49 Rn. 65.

76 Siehe nur *Geißler*, GmbHR 2010, 457, 461.

77 *Hüffer/Schürnbrand*, in: Ulmer, GmbHG, § 49 Rn. 30 gehen von einer actio pro socio aus, mit der der Anspruch der Gesellschaft geltend gemacht werden soll, denn die GmbH schulde die Einberufung nicht, sondern sei vielmehr Gläubigerin dieser Pflicht; ebenso *Bayer*, in: Lutter/Hommelhoff, GmbHG, § 49 Rn. 21 und *T. Liebscher*, in: MünchKommGmbHG, § 49 Rn. 67. Nach *Seibt*, in: Scholz, GmbHG, § 49 Rn. 34 richtet sich der Anspruch dagegen gegen die GmbH.

78 *Römermann*, in: Michalski, GmbHG, § 49 Rn. 132.

79 Statt vieler *Fleischer*, in: Fleischer, Hdb VorstandsR, § 20 Rn. 10; für § 49 Abs. 3 GmbHG siehe nur *Bayer*, in: Lutter/Hommelhoff, GmbHG, § 49 Rn. 22.

80 *Spindler*, in: MünchKommAktG, § 92 Rn. 20.

81 Für § 49 S. 3 GmbHG *U. H. Schneider*, GmbHR 2010, 57, 59.

82 *J. Koch*, in: Hüffer, AktG, § 92 Rn. 7.

83 *Habersack/Foerster*, in: Großkomm AktG, § 92 Rn. 31.

Nach der h. M. ist weder § 49 Abs. 3 GmbHG noch § 92 Abs. 1 AktG als Schutzgesetz i. S. d. §823 Abs. 2 BGB zugunsten der Gesellschaftsgläubiger anzusehen, sodass ein diesbezüglicher Anspruch gegen den Vorstand bzw. die Geschäftsführer ausscheidet.[84] Dies ergibt sich daraus, dass die Verlustanzeigepflicht nicht die Gesellschaftsgläubiger vor dem herabsinkenden Eigenkapital schützen wolle.[85] Damit spiegelt sich die fehlende unmittelbare Schutzfunktion zugunsten der Gläubiger auch in den nicht vorhandenen Haftungsfolgen wider.

Vorstandsmitglieder, die die Einberufungs- und Anzeigepflicht verletzen, unterliegen der Strafbarkeit nach § 401 AktG. Danach droht bei vorsätzlicher Zuwiderhandlung eine Geldstrafe oder eine Freiheitsstrafe bis zu drei Jahren, bei zumindest fahrlässiger Nichteinberufung bzw. Nichtanzeige eine Freiheitsstrafe bis zu einem Jahr oder Geldstrafe. Die strafrechtliche Sanktion mit den gleichen Strafandrohungen für jeweils Vorsatz und Fahrlässigkeit findet sich für die Geschäftsführer in § 84 GmbHG, der zwar nicht die unterlassene Einberufung der Gesellschafterversammlung, zumindest aber die fehlende Anzeige eines Verlustes in Höhe der Hälfte des Stammkapitals unter Strafe stellt. Die Möglichkeit, die Anzeigepflicht durch Festsetzung eines Zwangsgeldes durchzusetzen, besteht dagegen nicht.[86]

gg. *Kritik des Schrifttums*

Teile des Schrifttums kritisieren die Regelung zur Verlustanzeigepflicht unter ökonomischen Gesichtspunkten und werfen die Frage auf, ob Wertverluste eines Unternehmens rechtzeitig oder überhaupt erkannt werden können, wenn man sich bei der Bewertung im Rahmen der Verlustanzeigepflicht am Jahresabschluss bzw. an Buchwerten orientiert, die sich insbesondere bei sich über einen längeren Zeitraum entwickelnden Unternehmenskrisen als ungeeignet erweisen.[87] Da Jahresabschlüsse schon den Gläubigerschutz nicht vollständig gewährleisten können, müsse erst recht angezweifelt werden, ob sie – wie im Fall der Verlustanzeige – die Anteilseigner schützen können, die ihre Verluste in ökonomischer (in Form von Kurs- und Dividendenverlusten) bzw. bilanzieller Hinsicht (Verluste des buchmäßigen Eigenkapitals) noch vor den Gläubigern erleiden.[88] Darüber hinaus kam rechtspolitische Kritik auf. Die Regelung sei unzureichend, da zum Zeitpunkt des hälftigen Kapitalverlustes das Eintreten eines Insolvenzgrundes kaum noch effektiv abgewendet werden könne.[89] Insoweit müsse der Gesetzgeber die Höhe des Schwellenwertes

84 Für die AG siehe nur BGH, Urt. v. 9. 7. 1979 (Az.: II ZR 211/76), NJW 1979, 1829, 1831; für die GmbH statt vieler *Hüffer/Schürnbrand*, in: Ulmer, GmbHG, § 49 Rn. 31.

85 BGH, Urt. v. 9. 7. 1979 (Az.: II ZR 211/76), NJW 1979, 1829, 1831.

86 *Spindler*, in: MünchKommAktG, § 92 Rn. 21.

87 Kühnberger, DB 2000, 2077, 2080.

88 *Kühnberger*, DB 2000, 2077, 2080.

89 *Veil*, ZGR 2006, 374, 381; *Geißler*, DZWIR 2011, 309, 310; *Axhausen/Rieser*, in: Beck'sches Hdb GmbH, § 15 Rn. 39.

überprüfen.[90] In diesem Zusammenhang weist das Schrifttum auch auf den Unterschied zwischen AG und GmbH hin, da der Vorstand bei der AG wegen § 91 Abs. 2 AktG zumindest zur Einrichtung eines Frühwarnsystems angehalten wird.[91] Diese Regelung soll wegen der gleichen Problemlage aber zumindest auf das Recht der GmbH und die Geschäftsführerpflichten ausstrahlen.[92] Es fehle der Regelung zudem an konkreten Handlungsanweisungen an die Anteilseigner etwa in der Form, zur Lösung der Krise alternativ entweder die Sanierung oder die Liquidation der Gesellschaft zu betreiben.[93]

Im Ergebnis ist die praktische Bedeutung der Einberufungspflicht als gering anzusehen.[94] Das lässt sich wohl v. a. durch die fehlende Funktion der Normen als Gläubigerschutzbestimmungen erklären.[95] Daneben dürfte auch die Tatsache eine Rolle spielen, dass zumindest im Falle der AG die konsequente Einhaltung der Einberufungspflicht aufgrund der zwangsweisen Publizitätswirkung erhebliche negative Konsequenzen für das Unternehmen mit sich bringen kann.[96] Insoweit zeigt sich das Spannungsverhältnis des § 92 Abs. 1 AktG: Obwohl die Einberufungspflicht dem Gesellschaftswohl dienen soll, kann ihre Beachtung eine Gefährdung dieses Wohls bedeuten.[97]

b. Die Insolvenzverursachungsverbote (§§ 92 Abs. 2 S. 3 AktG, 64 S. 3 GmbHG)

Als zweites Regelungsinstrument für den Zeitraum noch vor Insolvenzreife legte der deutsche Gesetzgeber neben der Einberufungspflicht Insolvenzverursachungsverbote[98] für die Geschäftsleiter fest. § 92 Abs. 2 S. 3 AktG bestimmt, dass der Vorstand

---

90 *Veil*, ZGR 2006, 374, 382.

91 *Geißler*, DZWIR 2011, 309, 310.

92 Statt vieler *Axhausen/Rieser*, in: Beck'sches Hdb GmbH, § 15 Rn. 40.

93 *Geißler*, DZWIR 2011, 309, 310.

94 So im Ergebnis *Kühnberger*, DB 2000, 2077, 2085. Siehe aber auch die Fälle aus der jüngeren Vergangenheit: Ad-hoc-Mitteilung der SolarWorldAG v. 17. 4. 2013 (abrufbar unter http://www.dgap.de/dgap/News/adhoc/solarworld-hauptversammlung-ausserordentliche-wertberichtigungen-verlustanzeige/?companyID=760&newsID=752429, Abruf v. 21. 6. 2015) und Ad-hoc-Mitteilung der Loewe AG v. 11. 6. 2013 (abrufbar unter http://www.dgap.de/dgap/News/adhoc/loewe-verlust-hoehe-der-haelfte-des-grundkapitals-kapitalherabsetzung-kapitalerhoehung/?newsID=759487, Abruf v. 21. 6. 2015).

95 *Veil*, ZGR 2006, 374, 375.

96 *W. Müller*, ZGR 1985, 191. Nach *Plagemann*, NZG 2014, 207, 209 kann die kurzfristige Beseitigung der Verlustsituation nach Einberufung, aber vor Abhaltung der Versammlung für eine positive Publizität nutzbar gemacht werden.

97 *Mertens*, AG 1983, 173, 176.

98 Im Schrifttum werden diese Normen teils unter der Überschrift „Zahlungsverbot" behandelt (so z. B. bei *Krieger/Sailer-Coceani*, in: Schmidt/Lutter, AktG, § 92 Rn. 21), zumeist aber als „Insolvenzverursachungsverbote" bezeichnet (siehe nur *Fleischer*,

keine Zahlungen an die Aktionäre leisten darf, soweit diese zur Zahlungsunfähigkeit der Gesellschaft führen mussten, es sei denn, dies war auch bei Beachtung der in § 93 Abs. 1 S. 1 AktG bezeichneten Sorgfalt nicht erkennbar. Nach § 64 S. 3 GmbHG trifft die Geschäftsführer die gleiche Verpflichtung, keine Zahlungen an die Gesellschafter zu leisten, soweit diese zur Zahlungsunfähigkeit der Gesellschaft führen mussten, es sei denn, dies war auch bei Beachtung der in § 64 S. 2 bezeichneten Sorgfalt nicht erkennbar. Beide Normen finden ihre Grundlage im MoMiG, welches zum 1. November 2008 in Kraft trat.

aa. Normzweck

Durch die Regelungen findet eine Vorverlagerung der in § 92 Abs. 2 S. 1 AktG und § 64 S. 1 GmbHG geregelten Zahlungsverbote statt.[99] Zweck der Normen ist die Statuierung einer „Insolvenzpräventionshaftung"[100] zugunsten der Gesellschaftsgläubiger. Verhindert werden sollen Zahlungen, durch die das zum Erhalt des Stammkapitals erforderliche Gesellschaftsvermögen nicht berührt wird, die aber die Herbeiführung der Zahlungsunfähigkeit der Gesellschaft bewirken.[101] Insoweit geht es also um einen Liquiditätsschutz im Gegensatz zum Vermögensschutz.[102] Die Norm nimmt damit v. a. auch Ausplünderungen der Gesellschaft in Krisenzeiten in den Blick.[103] Es soll ein ergänzender Schutz zu den Bestimmungen geschaffen werden, die die Gläubiger davor schützen, dass es zu Vermögensverlagerungen von

---

in: Spindler/Stilz, AktG, § 92 Rn. 38). Da es sich in der Sache zwar um Zahlungsverbote handelt, die in dieser Darstellung noch zu behandelnden §§ 64 S. 1 GmbHG, 92 Abs. 2 S. 1 AktG aber ebenfalls Zahlungsverbote enthalten, wird im Folgenden zur besseren Abgrenzung zwischen beiden Normkomplexen für die §§ 64 S. 3 GmbHG, 92 Abs. 2 S. 3 AktG der Terminus „Insolvenzverursachungsverbote" und für die §§ 64 S. 1 GmbHG, 92 Abs. 2 S. 1 AktG der Begriff „Zahlungsverbote" verwendet.

99 Ganz h.M., aus der Rechtsprechung OLG München, Urt. v. 6. 5. 2010 (Az. 23 U 1564/10), DZWIR 2010, 437, 438, aus dem Schrifttum siehe nur *Kleindiek,* in: FS K. Schmidt, S. 893, 901; a. A. *K. Schmidt,* in: Scholz, GmbHG, § 64 Rn. 18: „Rechtsnorm sui generis"; zustimmend *M. Brand,* ZIP 2012, 1010, 1013 f.

100 *Willemsen/Rechel,* GmbHR 2010, 349, 351. Die gläubigerschützende Funktion der Vorschriften wird im Schrifttum an vielen Stellen hervorgehoben, siehe z. B. *Hirte,* NZG 2008, 761, 765 und *Utsch/Utsch,* ZInsO 2009, 2271, 2274.

101 Begründung zu § 64 S. 3 GmbHG im Reg-E MoMiG vom 25. 7. 2007, BT-Drucksache 16/6140, S. 46.

102 *M. Brand,* ZIP 2012, 1010, 1012.

103 Auch auf diesen Normzweck wird im Schrifttum häufig hingewiesen, so z. B. bei *Greulich/Rau,* NZG 2008, 284, 289, *Hoffmann,* GmbHR 2010, 203, 204 und *Rodewald,* GmbHR 2009, 1301, 1305: „Ausplünderungsschutz". Bedeutung hat dies v. a. in den Fällen „organisierter Firmenbestattungen", siehe *Kleindiek,* in: Lutter/Hommelhoff, GmbHG, § 64 Rn. 22.

der Gesellschaft zu den Anteilseignern kommt.[104] Nach dem ebenfalls durch das MoMiG geänderten § 30 GmbHG gilt nach dessen Abs. 1 S. 2 das Auszahlungsverbot des Abs. 1 S. 1 nicht bei Leistungen, die bei Bestehen eines Beherrschungs- oder Gewinnabführungsvertrags (§ 291 AktG) erfolgen oder die durch einen vollwertigen Gegenleistungs- oder Rückgewähranspruch gegen den Gesellschafter gedeckt sind. Parallel dazu bestimmt § 57 Abs. 1 S. 3 AktG, dass das Verbot der Einlagenrückgewähr bei Leistungen nicht gilt, die bei Bestehen eines Beherrschungs- oder Gewinnabführungsvertrags erfolgen oder durch einen vollwertigen Gegenleistungs- oder Rückgewähranspruch gegen den Aktionär gedeckt sind. Somit erfolgte durch das MoMiG eine Rückkehr zur bilanziellen Betrachtungsweise, nach der ein Tausch von Aktiven in bilanzieller wie in haftungsrechtlicher Hinsicht als neutral zu bewerten ist.[105] Diese aufgeweichte Vermögensbindung wird durch die hinzu getretene Insolvenzverursachungshaftung kompensiert.[106] Das Aktienrecht lässt nach § 57 Abs. 3 AktG nur die Verteilung des Bilanzgewinns an die Aktionäre zu, während das Recht der GmbH in § 30 GmbHG die Grenze für Auszahlungen an Gesellschafter beim für den Erhalt des Stammkapitals erforderlichen Vermögen zieht. Da somit im Recht der GmbH die Vermögensbindung eine deutlich schwächere Ausprägung erfährt als im Recht der AG, bestehen im Falle der GmbH auch mehr Gefahren dafür, dass es zu die Liquidität beeinträchtigenden Zahlungen an Gesellschafter kommt.[107] Die Regelungen des MoMiG sind insoweit vorwiegend auf die Probleme im Recht der GmbH ausgerichtet.[108] Mit der parallelen Regelung im Aktienrecht soll aber der Schutz der Gläubiger einer AG vor Vermögensverschiebungen und damit der Gleichklang zwischen AG und GmbH gewahrt werden.[109]

Die Gesetzesbegründung betont darüber hinaus, dass die Insolvenzverursachungsverbote die Weggabe von Vermögenswerten verhindern sollen, die die Gesellschaft objektiv betrachtet benötigt, um ihre Verbindlichkeiten zu erfüllen, so dass ein Teilbereich des existenzvernichtenden Eingriffes einer gesetzlichen Regelung zugeführt wird.[110] Die Insolvenzverursachungshaftung setzt diesbezüglich bei den die Zahlung leistenden Geschäftsleitern in ihrer Rolle als Auslöser bzw. Gehilfen an und nicht bei den Gesellschaftern, die diese Zahlung empfangen.[111]

---

104 Begründung zu § 64 S. 3 GmbHG im Reg-E MoMiG vom 25. 7. 2007, BT-Drucksache 16/6140, S. 46.

105 So zu § 30 GmbHG *K. Schmidt,* GmbHR 2007, 1072, 1075.

106 *Habersack* ZIP 2008 2385, 2386; ebenso *Schall,* Kapitalgesellschaftsrechtlicher Gläubigerschutz, S. 195: „Kompensat der bilanziellen Betrachtung".

107 *Fleischer,* in: Spindler/Stilz, AktG, § 92 Rn. 40.

108 *Knapp,* DStR 2008, 2371, 2375.

109 Begründung zu § 92 Abs. 2 S. 3 AktG im Reg-E MoMiG vom 25. 7. 2007, BT-Drucksache 16/6140, S. 52.

110 Begründung zu § 64 S. 3 GmbHG im Reg-E MoMiG vom 25. 7. 2007, BT-Drucksache 16/6140, S. 46.

111 Begründung zu § 64 S. 3 GmbHG im Reg-E MoMiG vom 25. 7. 2007, BT-Drucksache 16/6140, S. 46.

Aufgrund der §§ 129 ff. InsO und den Regelungen im AnfG können unter den dort genannten Voraussetzungen bestimmte, die Gläubiger benachteiligende Handlungen angefochten werden. Da sich hier Schutzlücken auftun können, wenn die teils kurze Fristen dieser Regelungen abgelaufen sind oder Beweisschwierigkeiten hinsichtlich des Vorsatzes zur Gläubigerbenachteiligung und der entsprechenden Kenntnis des Empfängers bestehen, wird mit dem Insolvenzverursachungsverbot ein über diese Normen hinausgehender Schutz gewährleistet.[112]

Den Geschäftsleitern wird mit der von ihnen vorzunehmenden Prognose hinsichtlich der Zahlungsunfähigkeit ein Prüfprogramm ähnlich eines Solvenztests auferlegt.[113] Die doppelte Funktion dieser Zahlungsverbote liegt darüber hinaus darin, dass neben der ausdrücklich in ihnen statuierten Haftungssanktion gleichzeitig die Handlungsanordnung an die Geschäftsleiter enthalten ist, ihre Pflichten wie ein ordnungsgemäß handelnder Geschäftsleiter auszuüben.[114]

bb. Gesellschafts- oder insolvenzrechtlicher Charakter?

Die Begründung zum RegE weist auf den „starken insolvenzrechtlichen Bezug" des Insolvenzverursachungsverbotes hin.[115] Auch eine Reihe von Stimmen im Schrifttum will den Insolvenzverursachungsverboten aufgrund ihrer Schutzfunktion für die Insolvenzgläubiger einen insolvenzrechtlichen Charakter zuschreiben.[116] Nach anderen dagegen bilden die Normen Bestandteile des Gesellschaftsrechts, da der Gesetzgeber die Insolvenzantragspflicht rechtsformunabhängig in § 15a InsO verlagert, die Insolvenzverursachungsverbote aber gerade in den Gesetzen zur jeweiligen Rechtsform geregelt habe.[117] Die für den Anwendungsbereich der Insolvenzverursachungsverbote zentrale und daher in einem späteren Zusammenhang noch zu behandelnde Entscheidung des BGH vom 9. Oktober 2012[118] lässt diese Frage zwar offen, wird aber wegen ihrer deutlichen Bezugnahmen auf das Insolvenzrecht stellenweise im Schrifttum in dem Sinne interpretiert, dass der BGH zu einer insolvenzrechtlichen Qualifikation tendiert.[119] Die Frage der insolvenz- oder gesellschaftsrechtlichen Qualifikation der Normen weist eine erhebliche praktische

---

112 Begründung zu § 64 S. 3 GmbHG im Reg-E MoMiG vom 25. 7. 2007, BT-Drucksache 16/6140, S. 46.

113 Bereits zum Ref-E MoMiG *K. Schmidt,* GmbHR 2007, 1, 5.

114 Zum Reg-E MoMiG *Hölzle,* GmbHR 2007, 729, 731.

115 Begründung zu § 64 S. 3 GmbHG im Reg-E MoMiG vom 25. 7. 2007, BT-Drucksache 16/6140, S. 47.

116 *Greulich/Rau,* NZG 2008, 565, 566 f. mit dem Argument, dass der Tatbestand der Insolvenzverursachungsverbote den Insolvenzgrund der Zahlungsunfähigkeit aus § 17 InsO als Bezugspunkt nimmt; ebenso *W. Müller,* in: Liber amicorum Winter, S. 487, 492.

117 *K. Schmidt,* in: Scholz, GmbHG, § 64 Rn. 80.

118 BGH, Urt. v. 9. 10. 2012 (Az. II ZR 298/11), BGHZ 195, 42.

119 *Greulich/Nolting-Hauff,* GmbHR 2013, 169, 175.

Relevanz für die hier nicht weiter behandelte Problematik ihrer Anwendbarkeit auf Auslandsgesellschaften mit Verwaltungssitz in Deutschland auf.[120]

cc. Tatbestandliche Voraussetzungen

Ihrem Tatbestand nach setzen beide Normen zunächst eine Zahlung durch einen Geschäftsleiter voraus. Diese Zahlung muss an einen Aktionär bzw. an einen Gesellschafter erfolgen. Weiterhin musste die Zahlung zur Zahlungsunfähigkeit der Gesellschaft führen.

(1) Der Begriff der Zahlungsunfähigkeit

Die Normen regeln nicht die Herbeiführung der Überschuldung, sondern nur die Verursachung der Zahlungsunfähigkeit.[121] Da der Begriff der Zahlungsunfähigkeit für die Auslegung der Insolvenzverursachungsverbote und insbesondere für die Frage des Anwendungsbereiches der Vorschriften eine zentrale Rolle spielt, soll eine kurze und für die Zwecke dieser Betrachtung erforderliche Darstellung des Tatbestandsmerkmals mit seinen Grundlagen an erster Stelle erfolgen.

Der Begriff der Zahlungsunfähigkeit wird in den Insolvenzverursachungsverboten selbst nicht definiert. Nach der gesetzlichen Regelung in der InsO ist der Schuldner zahlungsunfähig, wenn er nicht in der Lage ist, seine fälligen Zahlungspflichten zu erfüllen (§ 17 Abs. 2 S. 1 InsO). Dies wird nach § 17 Abs. 2 S. 2 InsO bei Einstellung der Zahlungen vermutet.

Die Bestimmung der Zahlungsunfähigkeit wird allein nach den objektiven Tatbestandsmerkmalen vorgenommen, die in der Norm selbst Erwähnung finden: „Zahlungspflichten", „Fälligkeit" und „Erfüllbarkeit" dieser fälligen Zahlungspflichten.[122] Unter den Begriff der Zahlungspflichten werden die persönlichen Schuldnerverbindlichkeiten nach dem zweiten Abschnitt des achten Buches der ZPO gefasst.[123] Verpflichtungen anderer Art werden nur bei Umwandlung in eine Zahlungspflicht (wie z. B. in einen Schadensersatzanspruch) berücksichtigt.[124] Die Fälligkeit im insolvenzrechtlichen Sinne bestimmt sich im Grundsatz nach § 271 BGB.[125] Nach der Rechtsprechung des BGH ist für die Fälligkeit im Regelfall darüber hinaus erforderlich, dass eine Gläubigerhandlung vorliegt, „..., aus der sich der Wille, vom Schuldner Erfüllung zu verlangen, im Allgemeinen ergibt".[126] Der Schuldner ist zur Erfüllung dieser fälligen Verbindlichkeiten nicht imstande, wenn es ihm objektiv

120 Siehe dazu bereits unter I. 2.; ausführlich zu diesem Aspekt *Greulich/Rau,* NZG 2008, 565 ff.
121 Siehe nur *Seulen/Osterloh,* ZInsO 2010, 881, 882; a. A. *Casper,* in Ulmer, GmbHG Erg.-Band, § 64 Rn. 117.
122 *Eilenberger,* in: MünchKommInsO, § 17 Rn. 6.
123 *Kirchhof,* in: Kreft, InsO, § 17 Rn. 6.
124 Statt vieler *Uhlenbruck,* in: K. Schmidt/Uhlenbruck, Die GmbH in Krise, Rn. 5.24.
125 *Foerste,* InsolvenzR, Rn. 109.
126 BGH, Bschl. v. 19. 7. 2007 (Az. IX ZB 36/07), BGHZ 173, 286, 293.

betrachtet an den entsprechenden Zahlungsmitteln fehlt.[127] Eine Konkretisierung der gesetzlichen Voraussetzungen mittels eines konkreten Zahlenwertes erfolgte durch eine Grundsatzentscheidung des BGH im Jahr 2005: „Beträgt die Liquiditätslücke des Schuldners 10 % oder mehr, ist regelmäßig von Zahlungsunfähigkeit auszugehen, sofern nicht ausnahmsweise mit an Sicherheit grenzender Wahrscheinlichkeit zu erwarten ist, dass die Liquiditätslücke demnächst vollständig oder fast vollständig beseitigt werden wird und den Gläubigern ein Zuwarten nach den besonderen Umständen des Einzelfalls zuzumuten ist."[128] Dieser Fall ist von der bloßen Zahlungsstockung abzugrenzen, bei der die Illiquidität innerhalb eines bestimmten Zeitraumes wieder behoben werden kann; dafür steht dem Schuldner ein Zeitraum von bis zu drei Wochen zu.[129] Die Zahlungsunfähigkeit wird regelmäßig für einen konkreten Stichtag geprüft, wenn sie auch zeitraumbezogenen Charakter dadurch aufweist, dass sie an diesem Stichtag beginnt und als Zustand fortdauert.[130] Ermittelt wird sie über einen Liquiditätsstatus, der die Zahlungsmittel des Schuldners seinen in diesem Zeitpunkt fälligen Zahlungsverpflichtungen gegenüberstellt.[131] Auf der Aktivseite werden nach der Rechtsprechung des BGH neben den im Prüfungszeitpunkt verfügbaren Zahlungsmitteln auch die „kurzfristig verfügbar werdenden Mittel" (d.h. innerhalb eines Zeitraums von drei Wochen) berücksichtigt, auf der Passivseite dagegen nur die am Stichtag bereits fälligen Forderungen.[132] Die Zahlungsverpflichtungen werden unabhängig ihrer Vollwertigkeit mit ihrem Nennwert eingestellt.[133] Letztlich bestimmt sich das Vorliegen der Zahlungsunfähigkeit zum Prüfungszeitpunkt danach, ob mit den innerhalb eines Zeitraumes von drei Wochen zur Verfügung stehenden Zahlungsmitteln die aktuell fälligen Zahlungsverpflichtungen wenigstens zu 90 % bedient werden können.[134]

Auch die §§ 92 Abs. 2 S. 3 AktG und 64 S. 3 GmbHG verwenden den Terminus der Zahlungsunfähigkeit. Nach der h.M. im Schrifttum ist der Begriff dort gleichermaßen auszulegen wie in § 17 Abs. 2 InsO.[135] Letztlich schloss sich auch der BGH dieser Auffassung mit der Begründung an, für ein abweichendes Verständnis des Begriffes der Zahlungsunfähigkeit in den Insolvenzverursachungsverboten bestehe kein Anlass.[136]

---

127 Siehe nur *Kirchhof*, in: Kreft, InsO, § 17 Rn. 13.

128 BGH, Urt. v. 24. 5. 2005 (Az. IX ZR 123/04), BGHZ 163, 134 f. (Leitsatz des Gerichts).

129 BGH, Urt. v. 24. 5. 2005 (Az. IX ZR 123/04), BGHZ 163, 134, 139.

130 *K. Schmidt*, in K. Schmidt, InsO, § 17 Rn. 5.

131 Statt vieler *Leithaus*, in: *Andres/Leithaus*, InsO, § 17 Rn. 2. Beispiel für eine solche Liquiditätsbilanz bei *Eilenberger*, in: MünchKommInsO, § 17 Rn. 20.

132 BGH, Urt. v. 24. 5. 2005 (Az. IX ZR 123/04), BGHZ 163, 134, 138.

133 *K. Schmidt*, in K. Schmidt, InsO, § 17 Rn. 8.

134 *K. Schmidt*, in K. Schmidt, InsO, § 17 Rn. 34.

135 Statt vieler *Haas*, in: Baumbach/Hueck, GmbHG, § 64 Rn. 33.

136 BGH, Urt. v. 9. 10. 2012 (Az. II ZR 298/11), GmbHR 2013, 31, 32 (für § 64 S. 3 GmbHG). Für § 92 Abs. 2 S. 3 AktG dürfte dann nichts anderes gelten.

(2) Normadressaten

Neben den rechtlich wirksam bestellten Vorstandsmitgliedern bzw. Geschäftsführern sind nach der h. M. auch die sog. faktischen Geschäftsleiter Adressaten der Insolvenzverursachungsverbote.[137] Unter die Normen fallen aber nicht nur Zahlungen der Geschäftsleiter selbst, sondern ihnen werden auch diejenigen Zahlungen zugerechnet, die andere Mitarbeitern der Gesellschaft vornehmen werden und gegenüber denen die Geschäftsleiter keine hinreichenden Schutzvorkehrungen getroffen haben.[138]

(3) Der Zahlungsbegriff

Nach der Gesetzesbegründung ist das Tatbestandsmerkmal „Zahlung" im Grundsatz weit zu verstehen und nicht auf Fälle reiner Geldzahlungen zu begrenzen.[139] Erfasst werden im Hinblick auf den Normzweck des Liquiditätsschutzes alle Vorgänge, die der Gesellschaft auf unmittelbarem oder mittelbarem Wege Liquidität entziehen.[140] Dazu gehören Aufrechnungen, Verrechnungsverträge und Leistungen an Erfüllungs statt.[141] Zur Vermeidung von Schutzlücken soll auch ein Unterlassen des Geschäftsführers als Zahlung anzusehen sein, so z. B. dann, wenn er nichts gegen den Griff „in die Kasse" durch einen Gesellschafter unternimmt[142] oder wenn er eine Forderung gegen einen Gesellschafter nicht geltend macht.[143] Ein eindeutiger Verstoß gegen das Insolvenzverursachungsverbot liegt vor, wenn die Gesellschafter Zahlungen erhalten, auf die sie keinen fälligen Anspruch haben, beispielsweise die Tilgung von Darlehens- und Zinsforderungen noch vor deren Fälligkeit oder überhöhte Beraterhonorare.[144] Auch Zahlungen auf Forderungen, bezüglich derer eine Einrede der Gesellschaft besteht, fallen unter die Normen, denn die Gesellschaft schuldet diese Zahlung nicht.[145]

---

137 *Kleindiek,* in: Lutter/Hommelhoff, GmbHG, § 64 Rn. 23.

138 Für das Aktienrecht *Cahn* Der Konzern 2009 7, 10; für § 64 S. 3 GmbHG *Poertzgen/B. Meyer,* ZInsO 2012, 249, 250 (Fall der Verletzung der Überwachungspflicht durch die Geschäftsführer).

139 Begründung zu § 64 S. 3 GmbHG im Reg-E MoMiG vom 25. 7. 2007, BT-Drucksache 16/6140, S. 46.

140 Siehe nur *Poertzgen/B. Meyer,* ZInsO 2012, 249, 252.

141 *Seulen/Osterloh,* ZInsO 2010, 881, 882.

142 Für § 64 S. 3 GmbHG *Haas,* in: Baumbach/Hueck, GmbHG, § 64 Rn. 96.

143 Dies ist strittig; dafür (noch zum Ref-E MoMiG) *Greulich/Bunnemann,* NZG 2006, 681, 684 mit dem Argument des Schutzzwecks zur Vorbeugung der Insolvenz. Strenger dagegen *Casper,* in Ulmer, GmbHG Erg.-Band, § 64 Rn. 113: „....allenfalls dann...., wenn dadurch die spätere Durchsetzung der bisher werthaltigen Forderungen nachhaltig gefährdet wird, etwa da sich abzeichnet, dass der Gesellschafter dann insolvent ist." Gänzlich ablehnend ohne weitere Begründung dagegen *H. F. Müller,* in: MünchKommGmbHG, § 64 Rn. 159.

144 *Poertzgen/B. Meyer,* ZInsO 2012, 249, 252.

145 *Poertzgen/B. Meyer,* ZInsO 2012, 249, 252.

Besonders umstritten war darüber hinaus seit Inkrafttreten der Normen die Frage, ob auch Zahlungen auf bereits fällige Forderungen von Anteilseignern, insbesondere im Falle von Aktionärs- bzw. Gesellschafterdarlehen, vom Anwendungsbereich der Normen umfasst sein können.[146] Da dies über einen langen Zeitraum hinweg die zentrale Problematik der §§ 92 Abs. 2 S. 3 AktG, 64 S. 3 GmbHG darstellte, soll an dieser Stelle ausführlicher auf sie eingegangen werden.

Das Grundproblem in diesem Zusammenhang liegt darin, dass die Zahlungsunfähigkeit ihrem Wesen nach einen bestehenden Zustand beschreibt, der entweder vorliegt oder nicht, der aber nicht durch die Begleichung einer fälligen Forderung verursacht werden kann.[147] Die fällig gestellte Forderung des Aktionärs oder Gesellschafters muss bereits bei Prüfung der Illiquidität der Gesellschaft Berücksichtigung finden, denn in einem Fall kann die Gesellschaft die Forderung zurückzahlen, ohne dass daraufhin eine Zahlungsunfähigkeit eintritt und im anderen Fall liegt die Zahlungsunfähigkeit der Gesellschaft ohnehin schon vor, falls und weil die Gesellschafterforderung dabei nicht ausgeklammert werden darf.[148]

Eine Auffassung wollte die fälligen Gesellschafterforderungen bei der Ermittlung der Zahlungsunfähigkeit ausblenden, sodass das Zahlungsverbot nur dann zum Zuge komme, wenn wegen Zahlungen an die Gesellschafter keine Bedienung gerade der Forderungen externer Gesellschaftsgläubiger mehr erfolgen kann, denn nur so könne die Vorschrift einen sinnvollen Anwendungsbereich erhalten.[149]

Andere wollten die Zahlung auf fällige und durchsetzbare Gesellschafterdarlehen erfassen, sofern die Rückzahlung der Gesellschafterforderung eine bereits bestehende, aber unwesentliche (da unter der vom BGH genannten Schwelle von 10 % liegende) Deckungslücke in eine wesentliche verwandelt.[150] Als Beispiel für einen solchen Vorgang nannte diese Auffassung die Situation einer Gesellschaft, die über Zahlungsmittel mit dem Wert 92 verfügt und sich Verbindlichkeiten in einer Höhe von 100 ausgesetzt sieht; wenn diese Gesellschaft dann eine Gesellschafterverbindlichkeit in Höhe von 30 zurückzahlt, sinken ihre Zahlungsmittel auf den Wert 62 herab, während die Verbindlichkeiten weiterhin den Wert 70 aufweisen und die Deckungslücke damit über 10 % beträgt.[151] Zwar reduzieren sich bei Zahlung auf

146 Überblick zu diesem Streitstand für § 64 S. 3 GmbHG bei *Kleindiek*, in: Lutter/Hommelhoff, GmbHG, § 64 Rn. 29 ff; der diese Problematik als Frage des Anwendungsbereiches des § 64 S. 3 GmbHG diskutiert. Teilweise erfolgt die Darstellung auch unter dem Tatbestandsmerkmal „Zahlung“, siehe z. B. *Haas,* in: Baumbach/Hueck, GmbHG, § 64 Rn. 99. Der letztgenannten Darstellung wird hier gefolgt, da es bereits um die Zahlung auf die fällige Gesellschafterforderung geht.

147 *Spliedt,* ZIP 2009, 149, 159; ebenso *Dahl/Schmitz,* NZG 2009 567, 569.

148 *Altmeppen,* in: FS Hüffer, S. 1, 5 für die Rückzahlung fälliger Gesellschafterdarlehen; S. 1, 7 mit der gleichen Argumentation für Zahlungen auf fällige Forderungen aufgrund Austauschverträgen.

149 *Spliedt,* ZIP 2009, 149, 159 f.

150 *Haas,* GmbHR 2010, 1, 6; *Desch,* BB 2010, 2586, 2589.

151 *Desch,* in: *Bunnemann/Zirngibl,* Die GmbH in der Praxis, § 8 Rn. 86.

eine fällige und durchsetzbare Gesellschafterforderung gleichermaßen die liquiden Mittel wie auch die Verbindlichkeiten der Gesellschaft, sodass im Prinzip ein neutraler Vorgang gegeben sei.[152] Der Fall der Verwandlung einer unwesentlichen in eine wesentliche Deckungslücke müsse aber als Ausnahme von dieser Betrachtung angesehen werden.[153]

Eine weitere Auffassung wollte zur Bestimmung des Anwendungsbereiches gerade die Vorgänge mit Auswirkungen auf die Zahlungsfähigkeit als Zahlungen ansehen, bei denen es nicht zu einem Abfluss von Aktiva kommt (wie beispielsweise die unterlassene Kündigung durch einen Geschäftsführer, die die Begründung weiterer Verbindlichkeiten zur Folge hat), denn das Insolvenzverursachungsverbot solle die Vorschriften zur Kapitalerhaltung ergänzen und dort sei die Begründung einer Verbindlichkeit gegenüber einem Dritten nach der Rechtslage vor dem MoMiG als Zahlung qualifiziert worden, sofern die Gesellschaft dabei im Interesse des Gesellschafters handelte.[154]

Unter Ablehnung aller aufgeführten Ansätze wollte eine weitere Auffassung Zahlungen auf fällige Gesellschafterforderungen dann erfassen, wenn dadurch die erst zu einem späteren Zeitpunkt fällig werdenden und daher im momentanen Liquiditätsstatus noch gar nicht zu berücksichtigenden Verbindlichkeiten nicht mehr bedient werden können, da durch eine solche Betrachtung der gesetzgeberische Wille zur Begrenzung des Anwendungsbereiches der Vorschriften beachtet werde.[155]

Manche wollten aufgrund der dargestellten Schwierigkeiten den Vorschriften komplett ihren Anwendungsbereich absprechen, da § 92 Abs. 2 S. 3 AktG und § 64 S. 3 GmbHG nur dann einen sinnvollen eigenständigen Anwendungsbereich erhalten könnten, wenn man, wie von der hier erstgenannten Auffassung vorgeschlagen, den fälligen Rückzahlungsanspruch des Gesellschafters bei Prüfung der Zahlungsunfähigkeit ausblendete, was aber gerade im Widerspruch zu den Zielen des Insolvenzverfahrens, nämlich der schnellen Überführung einer Gesellschaft in das Verfahren im Interesse der Gläubiger, stehe, so dass auch die in diesem Verfahren zur Verfügung stehenden Sanierungsmöglichkeiten nicht genutzt werden können.[156]

Schließlich nahm der BGH im Oktober 2012 in einer Grundsatzentscheidung Stellung zu dieser Problematik.[157] Der zugrunde liegende Sachverhalt betraf das Darlehen eines Klägers und seiner später von ihm geschiedenen Ehefrau, die als alleinige Gesellschafterin und Geschäftsführerin der beklagten GmbH fungierte. Als der Kläger den Rückzahlungsanspruch geltend machte, verweigerte die beklagte Gesellschaft die Zahlung mit der Begründung, dass diese zu ihrer Zahlungsunfähigkeit führen würde. Der BGH stellte klar, dass bei einer bereits zahlungsunfähigen

152 *Desch,* BB 2010 2586; ebenso *Strohn,* NZG 2011, 1161, 1168.
153 *Desch,* BB 2010, 2586.
154 Für die §§ 30 Abs. 1, 64 S. 3 GmbHG *Haas,* GmbHR 2010, 1, 6.
155 So für § 64 S. 3 GmbHG *Kleindiek,* GWR 2010 75, 76.
156 *Altmeppen,* in: FS Hüffer, S. 1, 6.
157 BGH, Urt. v. 9. 10. 2012 (Az. II ZR 298/11), BGHZ 195, 42.

Gesellschaft die Zahlung an einen Gesellschafter die Zahlungsunfähigkeit nach § 64 S. 3 GmbHG nicht herbeiführen kann und dass die fällige Gesellschafterforderung in die der Ermittlung der Zahlungsunfähigkeit dienende Liquiditätsbilanz eingestellt werden muss.[158] Da der Begriff der Zahlungsunfähigkeit in § 17 Abs. 2 S. 1 InsO und § 64 S. 3 GmbHG übereinstimme, gebe es keine Gründe dafür, die fälligen Gesellschafterforderungen in der Liquiditätsbilanz unberücksichtigt zu lassen.[159] Auch der damit geringer werdende Anwendungsbereich der Insolvenzverursachungsverbote spreche nicht gegen ein solches Verständnis, da dies der Intention des Gesetzgebers entspreche.[160] Anwendungsfälle des § 64 S. 3 GmbHG seien die Vergrößerung der Deckungslücke auf 10 % oder mehr, Zahlungen auf eine aus der Perspektive des Insolvenzrechts nicht fällige Forderung („.... etwa eine tatsächlich nicht ernsthaft eingeforderte oder einem Rangrücktritt unterliegende Gesellschafterforderung") und Zahlungen auf Gesellschafterforderungen, die für externe Fremdkapitalgeber in ihrem Bestand von solcher Bedeutung sind, dass diese ihre Kreditgewährung oder -verlängerung davon abhängig machen.[161] Da das streitgegenständliche Darlehen fällig war und die Vorinstanz mangels Aufstellen einer Liquiditätsbilanz nicht festgestellt hatte, ob erst seine Rückzahlung zur Verursachung der Zahlungsunfähigkeit führen würde, verwies der BGH den Rechtsstreit an das Berufungsgericht zurück.[162]

Diese Entscheidung ist im Schrifttum auf breite Zustimmung gestoßen.[163] Die Klarstellung hinsichtlich der Berücksichtigung von Gesellschafterforderungen in der Liquiditätsbilanz und die Ausführungen zum Leistungsverweigerungsrecht tragen zu Rechtssicherheit für die Geschäftsführer bei der Normanwendung bei.[164]

Eng mit der Problematik der Zahlung auf fällige Gesellschafterforderungen verbunden ist die Frage, ob für den Geschäftsführer aus § 64 S. 3 GmbHG über das Zahlungsverbot hinaus im Hinblick auf die Zahlungsaufforderung durch den Gesellschafter ein Leistungsverweigerungsrecht erwächst. Aus dem Wortlaut der Vorschrift geht ein solches nicht hervor. Daher war auch diese Frage seit Inkrafttreten der Norm umstritten.

Wenn man Rückzahlungen auf fällige Gesellschafterforderungen nicht als Zahlungen ansieht, ergibt sich auch für die Annahme eines Leistungsverweigerungsrechts

---

158 BGH, Urt. v. 9. 10. 2012 (Az. II ZR 298/11), BGHZ 195, 42, 45 f. Die Formulierung des Leitsatzes „Die Zahlungsunfähigkeit wird durch eine Zahlung an den Gesellschafter nicht .... verursacht" deutet auf eine Prüfung im Rahmen des Tatbestandsmerkmals der Kausalität hin.

159 BGH, Urt. v. 9. 10. 2012 (Az. II ZR 298/11), BGHZ 195, 42, 46.

160 BGH, Urt. v. 9. 10. 2012 (Az. II ZR 298/11), BGHZ 195, 42, 47.

161 BGH, Urt. v. 9. 10. 2012 (Az. II ZR 298/11), BGHZ 195, 42, 47.

162 BGH, Urt. v. 9. 10. 2012 (Az. II ZR 298/11), BGHZ 195, 42, 48.

163 Zustimmende Stellungnahmen finden sich bei *M. Brand*, NZG 2012, 1374, 1375, sowie bei *Wenzler*, GmbHR 2013 33 f. und im Wesentlichen ebenfalls bei *Kleindiek*, BB 2013, 19.

164 *Schult*, GWR 2012, 540, 551.

keine Notwendigkeit.[165] Die h. M. im Schrifttum und Teile der Rechtsprechung wollten dem Geschäftsführer (sofern die Eröffnung des Anwendungsbereiches bei Zahlungen auf Gesellschafterforderungen als eröffnet angesehen wurde) ein Leistungsverweigerungsrecht gewähren.[166] Die diesbezügliche Begründung lautete dahingehend, dass es einen Widerspruch darstelle, wenn der Gesellschafter seine Forderung gegen die Gesellschaft geltend machen und der Geschäftsführer kein Leistungsverweigerungsrecht erheben kann, er bei Vornahme der Zahlung dann aber haften muss.[167] Erkennt man ein solches Leistungsverweigerungsrecht an, kann der Geschäftsführer als Folge dem Verlangen des Gesellschafters aus § 64 S. 3 GmbHG eine Einrede entgegenhalten.[168] Die a. A. sprach sich dagegen aus, da das Insolvenzverursachungsverbot als Haftungsvorschrift für die Geschäftsleiter ausgestaltet sei, aber gerade keine Regelungen in Bezug auf die gegen die Gesellschaft bestehenden Forderungsrechte treffen wolle.[169] Auch zu dieser Frage erfolgte durch das Urteil des BGH vom 9. Oktober 2012 dahingehend eine Klarstellung, dass sich der BGH der herrschenden Auffassung anschloss und § 64 S. 3 GmbHG grundsätzlich ein Leistungsverweigerungsrecht entnimmt.[170]

Ein besonderes Problem ergibt sich, wenn statt nur eines Gesellschafters mehrere ihren fälligen Rückzahlungsanspruch gegen die Gesellschaft verfolgen und eine Verletzung des § 64 S. 3 GmbHG droht.[171] In dieser Situation kommen als Lösungsmöglichkeiten neben einer Hinterlegung auch die Auszahlung unter Berücksichtigung der Priorität, der Ausgleich aller Ansprüche auf ein einheitliches Niveau und eine Befriedigung nach Quoten (entweder nach der Höhe der Beteiligung oder des vom Gesellschafter übernommenem Finanzierungsrisikos) in Betracht.[172] Eine Hinterlegung muss wohl bereits aus dem Grund ausscheiden, dass für den Geschäftsführer hier keine Ungewissheit über die Person des Gläubigers i. S. d. § 372 S. 2 Fall 2 BGB besteht.[173] Gegen die Anwendung des Prioritätsgrundsatzes spricht v. a., dass aufgrund der Nähe des § 64 S. 3 GmbHG zum Insolvenzrecht das Prioritätsprinzip

165 *Desch,* BB 2010, 2586, 2589.

166 Aus dem Schrifttum statt vieler *Winstel,* DZWIR 2010, 438, 440; aus der Rechtsprechung LG Berlin, Beschl. v. 16. 12. 2009–100 O 75/09, GmbHR 2010, 201, 202.

167 *Spliedt,* ZIP 2009, 149, 160; zustimmend *Desch/Bunnemann,* BB 2010, 1882 und *Winstel,* DZWIR 2010, 438, 44.

168 *Poertzgen/B. Meyer,* ZInsO 2012, 249, 254.

169 *W. Müller,* in: Liber amicorum Winter, S. 487, 492. Aus der Rechtsprechung sprach sich das OLG München, Urt. v. 6. 5. 2010 (Az. 23 U 1564/10), DZWIR 2010, 437, 438 gegen ein Leistungsverweigerungsrecht aus; zustimmend *Olk/Nikoleyczik,* GWR 2010, 271; zweifelnd auch *Petrovicki,* GWR 2010, 274.

170 BGH, Urt. v. 9. 10. 2012 (Az. II ZR 298/11), BGHZ 195, 42, 48 f.

171 Ausführlich dazu *Winstel/Skauradszun,* GmbHR 2011, 185 ff. Insoweit muss man unterstellen, dass es sich um einen der Anwendungsfälle der Vorschrift handelt, die der BGH benannte.

172 *Winstel/Skauradszun,* GmbHR 2011, 185, 187.

173 *Winstel/Skauradszun,* GmbHR 2011, 185, 188.

keine Anwendung mehr finden sollte.[174] Das Zurückführen aller Forderungen auf den gleichen Betrag (und zwar auf den geringsten aller geltend gemachten) steht im Widerspruch zum Grundsatz der Gleichbehandlung der Gesellschafter.[175] Daher sollte eine quotale Befriedigung vorgenommen werden, die sich an der Höhe der jeweils fälligen Forderung orientiert.[176]

Einen weiteren, umfassenden Problemkreis im Rahmen des Zahlungsbegriffes bilden Sicherheiten, die gegenüber Dritten für Verbindlichkeiten der Anteilseigner gewährt werden. Werden solche Sicherheiten eingeräumt, kann hinsichtlich des relevanten Zeitpunktes zwischen demjenigen der Bestellung der Sicherheit und demjenigen ihrer Inanspruchnahme bzw. Verwertung und hinsichtlich der Art der Sicherheit zwischen persönlichen und dinglichen Sicherheiten differenziert werden.[177]

In weiten Teilen des Schrifttums wird bereits die Bestellung einer Sicherheit zugunsten der Verbindlichkeit eines Gesellschafters bzw. Aktionärs als Zahlung angesehen, wenn zwei Bedingungen erfüllt sind: Wenn ein liquider Regressanspruch in gleicher Höhe nicht gegeben ist und die Inanspruchnahme der Sicherheit schon im Zeitpunkt ihrer Bestellung absehbar ist.[178]

Andere wollen die Bestellung von Personalsicherheiten wie Bürgschaft und Garantie unabhängig von der Wahrscheinlichkeit der Inanspruchnahme als Zahlung verstehen, da damit zwar kein Liquiditätsabfluss verbunden sei, die Gesellschaft aber bereits verpflichtet werde und sich nicht mehr beliebig von dieser Verpflichtung lösen könne.[179] Für dingliche Sicherheiten soll das Gleiche gelten, da auch durch die Belastung von Gesellschaftseigentum mit Sicherungsrechten nicht unmittelbar ein Verlust liquider Mittel bewirkt werde, aber die Gesellschaft die belasteten Gegenstände dann nicht mehr zur zusätzlichen Liquiditätsbeschaffung einsetzen könne.[180]

---

174 *Winstel/Skauradszun,* GmbHR 2011, 185, 188 f.

175 *Winstel/Skauradszun,* GmbHR 2011, 185, 189.

176 *Hoffmann,* GmbHR 2010, 203, 204; zustimmend *Winstel/Skauradszun,* GmbHR 2011, 185, 190.

177 *Greulich/Nolting-Hauff,* GmbHR 2013, 169, 174; auch *M. Brand,* ZIP 2012, 1010, 1011 weist darauf hin, dass sich die Problematik der Sicherheiten im Rahmen der Insolvenzverursachungsverbote weniger als eine des Vorliegens einer Zahlung an sich, sondern vielmehr als eine der Wahl desjenigen Zeitpunktes darstellt, den man als maßgeblich für die Annahme einer Zahlung ansehen will.

178 Statt vieler *Theusinger/Kapteina,* NZG 2011, 881, 885.

179 Aus dem Schrifttum zur AG *Cahn,* Der Konzern 2009 7, 9. Ob die Inanspruchnahme der Sicherheit wahrscheinlich ist, sei eine Frage der Prognose darüber, ob es infolge der Zahlung zur Zahlungsunfähigkeit kommt, siehe *Cahn,* Der Konzern 2009 7, 9.

180 *Cahn,* Der Konzern 2009, 7, 10. *Freitag,* Der Konzern 2011, 330, 337 will die vollständige Belastung „des betriebsnotwendigen Anlage- oder Umlaufvermögens“ mit dinglichen Sicherheiten unter das Insolvenzverursachungsverbot subsumieren, sofern sich nicht nach gewissenhafter Prüfung durch die Geschäftsleiter ergibt, dass bei Bedarf hinsichtlich dieser Vermögensgegenstände eine Abwendung der

Nach einer weiteren Auffassung ist erst in der tatsächlichen Verwertung der Sicherheit die Zahlung zu sehen.[181] Würde man bereits die Bestellung einer Sicherheit zur Tatbestandserfüllung ausreichen lassen, erhielten die Insolvenzverursachungsverbote den Charakter von Vermögensschutzvorschriften, was nicht im Sinne des Gesetzgebers liege.[182]

Schließlich wird von einem weiteren Ansatz der Versuch unternommen, § 64 S. 3 GmbHG hinsichtlich der Bestellung von Sicherheiten parallel zur Rechtsprechung des BGH zur Bestellung von Sicherheiten im Rahmen der Existenzvernichtungshaftung auszulegen und einen Liquiditätsabfluss dann anzunehmen, wenn infolge der Bestellung der besicherte Vermögensgegenstand nicht weiter verwendet werden kann und es dadurch zu einer Beeinträchtigung der Betriebsfortführung kommt.[183] Für dieses Verständnis soll sprechen, dass sowohl Existenzvernichtungshaftung als auch Insolvenzverursachungsverbot auf den Liquiditätschutz ausgerichtet sind.[184] Als Beispiel für eine nicht unter § 64 S. 3 GmbHG fallende Zahlung nennt diese Auffassung die Sicherungsübereignung von Teilen des Fuhrparks durch eine Spedition an eine Bank, als Gegenbeispiel die Verpfändung der Fuhrparksgegenstände, da hier im Gegensatz zur Sicherungsübereignung eine Übergabe an den Gläubiger erfolgen muss.[185]

Einen Sonderfall im Bereich der Sicherheiten stellen die sog. *upstream securities* dar. So werden durch Tochtergesellschaften im Konzern gewährte Sicherheiten bezeichnet, mit denen Verbindlichkeiten der Muttergesellschaft abgesichert werden sollen. Wie im Fall der „gewöhnlichen" Sicherheiten sehen hier einige bereits in der Bestellung solcher *upstream securities* eine Zahlung.[186]

Auch die Problematik der Bestellung von Sicherheiten ist mittlerweile im Lichte des Urteils des BGH vom 9. Oktober 2012 zu betrachten, wonach fällige

---

Verwertung durch Zahlung erfolgen oder innnerhalb eines kurzfristigen Zeitraums Ersatz beschafft werden kann.

181 *Winkler/Becker,* ZIP 2009, 2361, 2366; zumindest für Personalsicherheiten auch *Schall,* Kapitalgesellschaftsrechtlicher Gläubigerschutz, S. 199; nicht eindeutig *Kollmorgen/Santelmann/Weiß,* BB 2009, 1818, 1820, die in der Bestellung einer Sicherheit keinen Liquiditätsabfluss sehen, gleichzeitig aber den Geschäftsleitern die Pflicht zur Vereinbarung von Maßnahmen zur Vermeidung der Zahlungsunfähigkeit im Sicherheitenvertrag auferlegen wollen.

182 *M. Brand,* ZIP 2012, 1010, 1012.

183 *M. Brand,* ZIP 2012, 1010, 1012 f.

184 Unter Bezugnahme auf die Rechtsprechung des BGH zum existenzvernichtenden Eingriff *M. Brand,* ZIP 2012, 1010, 1013 (betriebsorientiertes Liquiditätsverständnis).

185 *M. Brand,* ZIP 2012, 1010, 1013.

186 *Komo,* GmbHR 2010, 231, 235, der zusätzlich die Wahrscheinlichkeit der Inanspruchnahme und das Fehlen eines liquiden Rückgriffsanspruches verlangt; weitergehend wohl *Mahler,* GmbHR 2012, 504, die allein auf die Bestellung abstellt, da der Tochtergesellschaft dadurch zumindest vorerst die Dispositionsmöglichkeit über ihre Vermögensgegenstände entzogen werde.

Gesellschafterforderungen in der Liquiditätsbilanz zu berücksichtigen sind.[187] Insoweit ist zu berücksichtigen, dass alle fälligen Bürgschafts- und Garantieforderungen sowie die fälligen Grundschulden in den Liquiditätsstatus einzustellen sind, so dass ihre anschließende Verwertung keine Zahlungsunfähigkeit mehr herbeiführen kann.[188] Verwandelt ihre Verwertung aber eine unwesentliche in eine wesentliche Deckungslücke, liegt eine verbotene Zahlung vor.[189]

Als im Rahmen des § 64 S. 3 GmbHG relevante Zahlungen werden auch Ausschüttungen an Gesellschafter in offener oder verdeckter Form genannt.[190] Parallel dazu weist das Schrifttum zu § 92 Abs. 2 S. 3 AktG auf Gewinnausschüttungen in Form von Dividenden hin.[191]

Infolge der bereits erwähnten Neuerungen der §§ 30 GmbHG, 57 AktG und der Rückkehr zur bilanziellen Betrachtungsweise hat das Cash-Pooling ein rechtliches Fundament erhalten.[192] Die im Aktienrecht durch § 57 Abs. 1 S. 3 AktG zulässig gewordenen Zahlungen können aber unter das Insolvenzverursachungsverbot fallen.[193] Gleichermaßen bemisst sich die Geschäftsleiterhaftung in der GmbHG bei Auszahlungen in den Cash-Pool nunmehr im Besonderen nach § 64 S. 3 GmbHG.[194] Die im Cash-Pool stattfindenden Verrechnungen sind als Auszahlungen (in Form von Darlehen) der Tochter- an die Muttergesellschaft anzusehen, und zwar als Gewährung oder Rückzahlung eines Darlehens abhängig davon, ob ein Ausgleich positiver oder negativer Salden vorliegt.[195] Bei auf einem Zielkonto der Muttergesellschaft gutgeschriebenen Guthaben, die sich aus einer Verrechnung der Salden der jeweiligen Gesellschaftskonten ergeben (sog. physisches Pooling) und bei denen eine Glattstellung zugunsten des Zielkontos gegeben ist, liegt ein Darlehen der Tochter- an die Muttergesellschaft vor, das als *upstream-loan* bzw. als aufsteigendes

---

187 *M. Brand,* NZG 2012, 1374, 1375 f.

188 *M. Brand,* NZG 2012, 1374, 1375 f.

189 So ebenfalls unter Bezugnahme auf das Grundsatzurteil des BGH *Nolting-Hauff/Greulich,* GmbHR 2013, 169, 175. Nach *M. Brand,* NZG 2012, 1374,1376 soll das dem Geschäftsleiter nach der Rechtsprechung des BGH gewährte Leistungsverweigerungsrecht in diesen Fällen auch gegenüber dem Dritten bestehen, der die Verwertung der Sicherheit betreibt; zustimmend *Nolting-Hauff/Greulich,* GmbHR 2013, 169, 175.

190 Siehe nur *Arnold,* in: *Henssler/Strohn,* GesR, § 64 GmbHG Rn. 50; a. A. *Altmeppen,* in: FS Hüffer, S. 1, 13, da bei insolvenzauslösenden Ausschüttungen bereits die allgemeine Organhaftung nach § 43 GmbHG greife.

191 *Thümmel/Burkhardt,* AG 2009, 885, 891; a. A. wiederum *Altmeppen,* in: FS Hüffer, S. 1, 8: Gewinnausschüttungen, in deren Folge die AG zahlungsunfähig wird, können nicht unter § 92 Abs. 2 S. 3 AktG subsumiert werden, da auch ein solcher Vorgang bereits von der allgemeinen Organhaftung nach § 93 AktG erfasst werde.

192 Für das Aktienrecht *Knapp,* DStR 2008, 2371 f.

193 Statt vieler *J. Koch,* in: Hüffer, AktG, § 92 Rn. 38.

194 *Willemsen/Rechel,* GmbHR 2010, 349, 350.

195 *Willemsen/Rechel,* GmbHR 2010, 349.

Darlehen bezeichnet wird.[196] Geschäftsleiter einer Tochtergesellschaft haften nach dem Insolvenzverursachungsverbot, wenn eine Auszahlung an den Cash-Pool erfolgt und es infolgedessen zur Zahlungsunfähigkeit dieser Tochtergesellschaft kommt.[197] Es ist dabei die Aufgabe der Geschäftsleiter der Tochtergesellschaft, für die Funktionsfähigkeit des Cash-Pools zu sorgen, so dass die Tochtergesellschaft im Falle von Zahlungsschwierigkeiten direkte Zahlungen aus dem Cash-Pool erhalten kann.[198] Somit wird der Pflichtenkreis der Geschäftsführer der Tochtergesellschaft, die die Liquidität der eigenen Gesellschaft im Auge behalten müssen, auf eine Beobachtung der Liquidität des Cash-Pools ausgeweitet.[199] Unklarheiten bestehen aber hinsichtlich der konkreten Reichweite dieser inhaltlichen Prüfung, die vom Einzelfall abhängen dürfte.[200] Die Geschäftsleiter der Tochtergesellschaft sollten daher aus Gründen der Rechtssicherheit darauf hinwirken, in der Cash-Management-Vereinbarung Informationspflichten für die Muttergesellschaft oder für die für den Cash-Pool verantwortliche Bank aufzunehmen.[201] Bezüglich der danebenstehenden Problematik des zeitlichen Prüfungsumfangs erscheint eine Verpflichtung der Geschäftsleiter als sinnvoll, mindestens alle zwei Wochen Informationen zur Entwicklung der Zahlungsfähigkeit im Cash-Pool einzuholen, da auf diesem Wege die Insolvenzantragspflicht, die nach § 15 a Abs. 1 InsO spätestens drei Wochen nach Eintritt der Zahlungsunfähigkeit besteht, im Auge behalten werden kann.[202]

Als weiterer Anwendungsfall der Insolvenzverursachungsverbote werden bestimmte Zahlungen der Geschäftsführer der Zielgesellschaft im Rahmen sog. *Leveraged Buy-outs* genannt.[203] Solche Transaktionen sind dadurch gekennzeichnet, dass der für den Erwerb des Zielunternehmens erforderliche Kaufpreis zu großen Teilen aus Fremdmitteln finanziert wird, wobei zur Finanzierung häufig das Vermögen der Zielgesellschaft selbst herangezogen wird.[204]

---

196 *Willemsen/Rechel,* GmbHR 2010, 349, 350.

197 *Willemsen/Rechel,* GmbHR 2010, 349, 351; a. A. *Altmeppen,* in: FS Hüffer, S. 1, 4 für § 92 Abs. 2 S. 3 AktG, da ein zur Zahlungsunfähigkeit führendes upstream-loan auch nach § 57 Abs. 1 S. 3 AktG n. F. nicht gewährt werden dürfe; für § 30 Abs. 1 S. 2 GmHG ebenfalls *Altmeppen,* in: FS Hüffer, S. 1, 12: Hier soll bei zur Zahlungsunfähigkeit führenden Darlehensgewährungen die allgemeine Organhaftung nach § 43 GmbHG greifen.

198 *Willemsen/Rechel,* GmbHR 2010, 349, 352.

199 Schon zum Ref-E für das MoMiG *Greulich/Bunnemann,* NZG 2006, 681, 686.

200 *Willemsen/Rechel* GmbHR 2010 349, 352.

201 *Willemsen/Rechel* GmbHR 2010 349, 352 f.

202 *Willemsen/Rechel* GmbHR 2010 349, 353.

203 Für § 92 Abs. 2 S. 3 AktG *Knapp,* DStR 2008, 2371, 2374; für § 64 S. 3 GmbHG siehe nur *Knof,* DStR 2007, 1580, 1586.

204 *Knapp,* DStR 2008, 2371, 2374, der dabei auf den Fall der Übernahme der Hugo Boss AG durch das Private-Equity-Unternehmen Permira aus dem Jahr 2007 hinweist, bei dem Permira als Großaktionär Druck auf das Management der Hugo Boss AG ausübte, eine Sonderdividende von 345 Mio. € auszuzahlen, die Permira dann

Nicht als Zahlung angesehen werden können alle Vorgänge, die keinen Einfluss darauf haben, ob die Gesellschaft ihre fälligen Zahlungsverpflichtungen spätestens innerhalb eines Zeitraumes von 3 Wochen begleichen kann.[205] Nicht ausreichend für das Vorliegen einer Zahlung soll daher die bloße Begründung einer Verbindlichkeit sein.[206] Gegenleistungen des Zahlungsempfängers sind zugunsten des Geschäftsleiters zu berücksichtigen, sofern die Gesellschaft dadurch gleichermaßen liquide Mittel erhält.[207] Da die Gesetzesbegründung selbst auf den existenzvernichtenden Eingriff Bezug nimmt, kann es bei der Berücksichtigung der Gegenleistung nicht auf die bilanzielle Sichtweise ankommen, sondern die Gegenleistung muss vielmehr gewährleisten, dass es infolge der Zahlung nicht zu einer Beeinträchtigung der Liquidität kommt.[208]

(4) Zahlungsempfänger

Empfänger der jeweiligen Zahlung muss nach dem jeweiligen Normwortlaut ein Aktionär bzw. ein Gesellschafter sein. Diese Eigenschaft muss zu dem Zeitpunkt vorliegen, zu dem auch die Zahlung erfolgt.[209] Die Höhe der Beteiligung ist für die Erfüllung des Tatbestandes unmaßgeblich, da das Zahlungsverbot im Grundsatz keine Einflussmöglichkeit des Zahlungsempfängers auf das Geschäftsleiterhandeln voraussetzt.[210] Im aktienrechtlichen Schrifttum wollen manche Stimmen Zahlungen an Aktionäre nur dann von § 92 Abs. 2 S. 3 AktG umfasst sehen, wenn die Zahlung ihren Grund in einem Rechtsgeschäft oder sonstigem Tatbestand findet, das bzw. der von der Stellung als Aktionär abhängt (*causa societatis*), da nur so vermieden werden könne, dass der Vorstand bei Verkehrsgeschäften die Zahlung unter Verweis auf das Insolvenzverursachungsverbot verweigert und damit Pflichten gegenüber dem Aktionär als Gläubiger verletzt.[211]

---

wiederum zur Refinanzierung des überwiegend aus Fremdmitteln finanzierten Kaufs der Hugo Boss AG einsetzte.

205 Statt vieler *Haas,* in: Baumbach/Hueck, GmbHG, § 64 Rn. 98, der als Beispiel für einen nicht haftungsrelevanten Vorgang die Gewährung von Sachleistungen nennt.

206 Ebenfalls ganz h. M., statt vieler *Schall,* Kapitalgesellschaftsrechtlicher Gläubigerschutz, S. 191.

207 Begründung zu § 64 S. 3 GmbHG im Reg-E MoMiG vom 25. 7. 2007, BT-Drucksache 16/6140, S. 46. Die Einzelheiten sind im Schrifttum umstritten. *Greulich/Rau,* NZG 2008, 284, 287 verlangen keinen unmittelbaren Zufluss von Liquidität durch die Gegenleistung; strenger dagegen *Haas,* in: Baumbach/Hueck, GmbHG, § 64 Rn. 100.

208 Für § 92 Abs. 2 S. 3 AktG *Thümmel/Burkhardt,* AG 2009, 885, 891.

209 Für § 64 S. 3 GmbHG *Casper,* in Ulmer, GmbHG Erg.-Band, § 64 Rn. 116; zustimmend *K. Schmidt,* in: Scholz, GmbHG, § 64 Rn. 92.

210 Für § 92 Abs. 2 S. 3 *Cahn,* Der Konzern 2009 7, 10; für § 64 S. 3 GmbHG statt vieler *H. F. Müller,* in: MünchKommGmbG, § 64 Rn. 163.

211 *Cahn,* Der Konzern 2009 7, 11 f.: Der Aktionär müsse solche sich aus seiner Stellung ergebenden Nachteile akzeptieren. Kritisch unter Bezugnahme auf § 39 Abs. 5

Zur Wahrung des Schutzzweckes der Normen sind über den Wortlaut hinaus auch Zahlungen an mit dem Aktionär bzw. Gesellschafter auf wirtschaftlichem bzw. rechtlichem Wege verbundenen Dritten von den Zahlungsverboten umfasst.[212] Solche den Anteilseignern gleichgestellte Dritte müssen daher von sonstigen Dritten abgegrenzt werden. Für diese Abgrenzung sollen im Rahmen des § 64 S. 3 GmbHG die Regeln zum Einsatz kommen, die im Rahmen der Kapitalerhaltungsvorschriften angewendet werden, um dort bestimmte Gruppen mit den Gesellschaftern gleichzustellender Dritter zu erfassen.[213] Dies lässt sich damit begründen, dass die Insolvenzverursachungshaftung das Kapitalerhaltungsrecht und die durch die bilanzielle Betrachtungsweise in § 30 GmbHG entstandenen Lücken ergänzen soll.[214] Zu den mit den Aktionären gleichzustellenden Dritten zählt das aktienrechtliche Schrifttum faktische Aktionäre, konkret z.B. den Treugeber von Aktionären, den durch Gesetz oder aufgrund Rechtsgeschäft bestellten Aktionärsvertreter und den Nießbraucher.[215] Außerdem fallen unter die Norm dem Aktionär zuzurechnende Zahlungen an Dritte, wenn sie für Rechnung des Aktionärs erfolgen oder von ihm veranlasst werden, und wenn an nahestehende Angehörige oder an ein verbundenes Unternehmen gezahlt wird.[216] Auch Leistungen an frühere oder zukünftige Aktionäre können erfasst sein.[217]

(5) Kausalzusammenhang zur Zahlungsunfähigkeit

Sowohl § 92 Abs. 2 S. 3 AktG als auch § 64 S. 3 GmbHG verlangt, dass die an die Aktionäre bzw. an die Gesellschafter geleisteten Zahlungen zur Zahlungsunfähigkeit der Gesellschaft führen mussten. Der Kausalzusammenhang bildet das wohl unbestimmteste Tatbestandsmerkmal der Vorschriften[218], stellt aber gleichzeitig dessen „entscheidende Stellschraube“[219] dar. Nach wie vor ist unklar, wie das Erfordernis des Zurechnungszusammenhanges konkret zu verstehen ist. Die bloße Eignung einer Zahlung zur Herbeiführung der Zahlungsunfähigkeit soll nicht ausreichend

---

InsO *Kleindiek*, in: Lutter/Hommelhoff, GmbHG, § 64 Rn. 25, der eine „Bereichsausnahme für Verkehrsgeschäfte“ allenfalls bei Zahlungen an Gesellschafter für möglich hält, deren Beteiligung an der Gesellschaft 10 % oder weniger beträgt.

212 Siehe nur *Utsch/Utsch*, ZInsO 2009, 2271, 2274.

213 Ganz h. M., statt vieler (bereits zum Ref-E für das MoMiG) *Greulich/Bunnemann*, NZG 2006, 681, 685; ähnlich *K. Schmidt*, in: K. Schmidt/Uhlenbruck, Die GmbH in Krise, Rn. 11.95, der Dritte erfassen will, die im Bereich des § 39 Abs. 1 Nr. 5 InsO (§ 32a Abs. 3 S. 1 GmbHG a. F.) den Gesellschaftern gleichgestellt werden.

214 Siehe nur *Poertzgen/B. Meyer*, ZInsO 2012, 249, 255.

215 *Fleischer*, in: Spindler/Stilz, AktG, § 92 Rn. 43.

216 *Fleischer*, in: Spindler/Stilz, AktG, § 92 Rn. 43.

217 *Fleischer*, in: Spindler/Stilz, AktG, § 92 Rn. 43.

218 *Rodewald*, GmbHR 2009, 1301, 1306.

219 *Fleischer*, NJW 2009, 2337, 2341 f.; in diesem Sinne auch *Grigoleit/Rieder*, GmbH-Recht nach dem MoMiG, Rn. 294: „Das zentrale Kriterium der Insolvenzverursachung“.

sein.[220] Nach der Gesetzesbegründung muss es sich um einen sehr engen Zusammenhang zwischen Zahlungsunfähigkeit und Zahlung handeln, denn es sind nur solche Zahlungen verboten, die „ohne Hinzutreten weiterer Kausalbeiträge zur Zahlungsunfähigkeit der Gesellschaft führen".[221] Dabei muss nicht unmittelbar im Moment der Zahlung auch die Zahlungsunfähigkeit eintreten, es muss aber bereits zu diesem Zeitpunkt klar vorauszusehen sein, dass eine Erfüllung der Verbindlichkeiten durch die Gesellschaft unter gewöhnlichem Verlauf der Dinge nicht mehr wird erfolgen können.[222] Der Kausalzusammenhang kann nicht allein auf Grundlage der Äquivalenztheorie bestimmt werden, sondern es muss auch auf die Wertungen der Adäquanztheorie zurückgegriffen werden, so dass sich dann v. a. die Frage stellt, wann ein adäquater Kausalverlauf vorliegt.[223]

Nach der überwiegenden Meinung im Schrifttum ist der Kausalzusammenhang gegeben, wenn der Geschäftsleiter im Rahmen seiner Prüfung zum Zeitpunkt der Zahlung mit überwiegender Wahrscheinlichkeit davon ausgehen musste, dass diese zur späteren Zahlungsunfähigkeit führt.[224] Anhand dieses Kriteriums werde eine flexible Handhabung des Tatbestandsmerkmals im Einzelfall ermöglicht.[225]

Eine weitere Auffassung will es als ausreichend ansehen, dass die Zahlung eine Eignung zur Herbeiführung der Zahlungsunfähigkeit aufweist, denn bei einem zu engen Verständnis des Kausalzusammenhanges würden viele Zahlungsvorgänge bereits im Rahmen des Kausalzusammenhanges ausscheiden, so dass die Entlastungsmöglichkeit praktisch keine Bedeutung mehr hätte.[226]

Andere Teile des Schrifttums wollen dagegen eine enge Auslegung dieses Tatbestandsmerkmals vornehmen, so dass eine an Sicherheit grenzende Wahrscheinlichkeit vorauszusetzen sein soll.[227] Nur eine solche restriktive Handhabung des

---

220 *Kleindiek*, in: FS K. Schmidt, S. 893, 905.

221 Begründung zu § 64 S. 3 GmbHG im Reg-E MoMiG vom 25. 7. 2007, BT-Drucksache 16/6140, S. 46.

222 Begründung zu § 64 S. 3 GmbHG im Reg-E MoMiG vom 25. 7. 2007, BT-Drucksache 16/6140, S. 47.

223 *Niesert/Hohler*, NZI 2009, 345, 350.

224 Siehe nur *Niesert/Hohler*, NZI 2009, 345, 350. Häufig wird in diesem Zusammenhang der Zahlenwert von über 50 % genannt, siehe z.B. *Knof*, DstR 2007, 1536, 1540 und *Komo*, GmbHR 2010 230, 235.

225 *Niesert/Hohler*, NZI 2009, 345, 350.

226 Für § 64 S. 3 GmbHG *Casper*, in: Ulmer, GmbHG Erg.-Band, § 64 Rn. 119; ähnlich *Haas*, in: Baumbach/Hueck, GmbHG, § 64 Rn. 105: Es soll genügen, wenn die Zahlung an den Gesellschafter dazu beiträgt, „dass die Zahlungsunfähigkeit der Ges herbeigeführt oder deren Eintritt beschleunigt wird".

227 *Greulich/Rau*, NZG 2008, 284, 288 („Weichenstellung ins Aus"); *Schall*, Kapitalgesellschaftsrechtlicher Gläubigerschutz, S. 201; für § 92 Abs. 2 S. 3 AktG unter Bezugnahme auf die Gesetzesbegründung *Mertens/Cahn*, in: Kölner Komm AktG, § 92 Rn. 52; ebenso *H. F. Müller*, in: MünchKommGmbHG, § 64 Rn. 170.

Tatbestandsmerkmals ermögliche es, dem gesetzgeberischen Willen eines engen Anwendungsbereiches der Vorschriften Rechnung zu tragen.[228]

Im Ergebnis verlangen die Insolvenzverursachungsverbote im Rahmen des Kausalzusammenhanges von den Geschäftsleitern eine Entscheidung über die Zulässigkeit der konkreten Zahlung aufgrund einer Prognose, die wiederum auf einer fortlaufenden Finanzplanung basiert.[229] Entscheidend für diese Prognosenentscheidung ist der Zeitpunkt der Ausführung der Zahlung, denn im Zeitraum nach dem Zahlungsvorgang auftretenden Umständen kommt für die Beurteilung der Zulässigkeit der Zahlung keine Relevanz mehr zu.[230] Um einer Haftung nach § 64 S. 3 GmbHG bei Zahlungen auf Gesellschafterforderungen zu entgehen, muss ein Geschäftsleiter unter Berücksichtigung der Grundsatzentscheidung des BGH zunächst bei Vorliegen von Anhaltspunkten für eine mögliche Zahlungsunfähigkeit schnellstmöglich eine Liquiditätsbilanz erstellen, in der auch die fälligen und durchsetzbaren Gesellschafterforderungen zu berücksichtigen sind.[231] § 64 S. 3 GmbHG kommt nicht zur Anwendung, wenn nach dieser Aufstellung bereits eine Zahlungsunfähigkeit vorliegt.[232] Wenn dies nicht der Fall ist, es aber bei einer Zahlung auf die Gesellschafterforderung zur Vergrößerung einer Deckungslücke von unter 10 % auf 10 % oder mehr und damit zur Zahlungsunfähigkeit käme, muss der Geschäftsleiter die Zahlung unterlassen und kann sich dem Gesellschafter gegenüber auch auf das Leistungsverweigerungsrecht berufen.[233] Wenn die Zahlung zwar nicht zur Verwandlung einer unwesentlichen in eine wesentliche Deckungslücke führt, aber den Rückzug externer Kreditgeber aus der Gesellschaft zur Folge hat, so ist die Zahlung ebenfalls zu unterlassen.[234]

(6) Verschuldenserfordernis und Ausnahmetatbestand

Voraussetzung für eine Haftung nach den §§ 64 S. 3 GmbHG, 92 Abs. 2 S. 3 AktG ist außerdem das Verschulden des Geschäftsleiters, wobei einfache Fahrlässigkeit genügt, die vorliegt, wenn der Geschäftsleiter erkennen konnte, dass aufgrund seiner Zahlung die Zahlungsunfähigkeit eintreten musste.[235] Nach § 92 Abs. 2 S. 3 a. E. AktG bzw. § 64 S. 3 a. E. GmbHG haften die Geschäftsleiter aber für Zahlungen, die zur Zahlungsunfähigkeit der Gesellschaft führen mussten, dann nicht, wenn dies für

---

228 *Greulich/Rau,* NZG 2008, 284, 288.

229 Wicke, GmbHG, § 64 Rn. 29. Stellenweise wird hier von normspezifischer Cash-Flow-Planung gesprochen, siehe *Hoffmann,* GmbHR 2010, 203.

230 *Schall,* Kapitalgesellschaftsrechtlicher Gläubigerschutz, S. 200.

231 *Nolting-Hauff/Greulich,* GmbHR 2013, 169, 173.

232 *Nolting-Hauff/Greulich,* GmbHR 2013, 169, 173.

233 *Nolting-Hauff/Greulich,* GmbHR 2013, 169, 173.

234 Den Geschäftsführern wird somit durch die Rechtsprechung des BGH eine Prognose darüber auferlegt, wie sich die externen Kreditgeber bei Zahlung auf die Gesellschafterforderung verhalten werden, siehe *Nolting-Hauff/Greulich,* GmbHR 2013, 169, 174.

235 Zu § 64 S. 3 GmbHG *Poertzgen/B. Meyer,* ZInsO 2012, 249, 256.

sie auch bei Beachtung der in § 64 S. 2 GmbHG bzw. in § 93 Abs. 1 S. 1 AktG bezeichneten Sorgfalt nicht erkennbar war. Liegen diese Voraussetzungen vor, so entfällt nicht die Pflichtverletzung, sondern das Verschulden.[236] Gemeint sind hier Fälle, in denen besondere Umstände verhindern, dass der Geschäftsführer die Verursachung der Illiquidität erkennt.[237] Umstritten ist im Bereich des § 64 S. 3 GmbHG, ob die Norm nur auf den Sorgfaltsmaßstab in S. 2 oder auf die gesamte Regelung verweist, denn von dieser Frage hängt die Reichweite der Exkulpationsmöglichkeit ab.[238] Nach der h. M. soll die Exkulpationsmöglichkeit allein auf die Vorhersehbarkeit der Zahlungsunfähigkeit beschränkt werden.[239] Dafür spreche in erster Linie der Wortlaut der Vorschrift, denn die Erkennbarkeit („dies") beziehe sich eindeutig auf die zur Insolvenz führende Zahlung.[240] Außerdem spreche auch die Gesetzesbegründung für dieses Verständnis.[241] Die a. A. will – im Sinne einer Rechtsgrundverweisung – den gesamten § 64 S. 2 GmbHG auf S. 3 der Vorschrift anwenden mit der Folge, dass auch keine Haftung für Zahlungen in Betracht kommt, die erkennbar die Insolvenz auslösen, die sich aber mit der „Sorgfalt eines ordentlichen Geschäftsmannes" vereinbaren lassen, denn der Wortlaut der Vorschrift schließe eine solche Auslegung nicht aus.[242] Außerdem seien nach Eintritt der Insolvenzreife Zahlungen, die im Grundsatz gegen S. 1 der Vorschrift verstoßen, bei Vorliegen der privilegierenden Voraussetzungen des S. 2 zulässig, so dass dieses Privileg erst recht für zur Illiquidität führende Zahlungen gelten müsse.[243]

---

236 Für § 92 Abs. 2 S. 3 AktG *Mertens/Cahn,* in: Kölner Komm AktG, § 92 Rn. 55 mit dem Hinweis darauf, dass die Möglichkeit zur Entlastung im Aktienrecht ohnehin schon aus § 93 Abs. 1 S. 2 AktG folgt.

237 So ohne weitere Konkretisierung die Begründung zu § 64 S. 3 GmbHG im Reg-E MoMiG vom 25. 7. 2007, BT-Drucksache 16/6140, S. 47.

238 *Seulen/Osterloh,* ZInsO 2010, 881, 885 f.

239 Statt vieler *Seulen/Osterloh,* ZInsO 2010, 881, 885.

240 *Seulen/Osterloh,* ZInsO 2010, 881, 885 f.

241 *Seulen/Osterloh,* ZInsO 2010, 881, 886. Die Begründung zu § 64 S. 3 GmbHG im Reg-E MoMiG vom 25. 7. 2007, BT-Drucksache 16/6140, S. 47 lautet wie folgt: „Satz 2 gibt dem Geschäftsführer eine Entlastungsmöglichkeit, wenn er die Tatbestandsmerkmale des Zahlungsverbots, also insbesondere ihre Geeignetheit, die Zahlungsunfähigkeit herbeizuführen, auch unter Anwendung der Sorgfalt eines ordentlichen Kaufmanns nicht erkennen konnte. Da die Herbeiführung der künftigen Zahlungsunfähigkeit zu den objektiven Bedingungen des Tatbestandes gehört, betrifft der Entlastungsbeweis Fälle, in denen der Geschäftsführer diese subjektiv aufgrund besonderer Umstände nicht erkennen konnte."

242 *K. Schmidt,* in: Scholz, GmbHG, § 64 Rn. 103.

243 *K. Schmidt,* in: Scholz, GmbHG, § 64 Rn. 103.

dd. Beweislast

Der Insolvenzverwalter als Anspruchsteller muss den Kausalzusammenhang zwischen Zahlung und Zahlungsunfähigkeit beweisen.[244] Hier können sich Schwierigkeiten hinsichtlich der Beweisführung ergeben, falls dem Insolvenzverwalter keine oder nur unzureichende Unterlagen über die Finanzplanung der Gesellschaft zur Verfügung stehen.[245] Ein verbreiteter Ansatz im Schrifttum will dem Insolvenzverwalter dadurch helfen, dass zu seinen Gunsten die Regeln der sekundären Darlegungslast Anwendung finden, sodass der Geschäftsleiter darlegen muss, dass die jeweilige Zahlung keine Verursachung der Zahlungsunfähigkeit bewirkt hat.[246] Teile des Schrifttums wollen hier den Zurechnungszusammenhang für alle wesentlichen Zahlungen an Anteilseigner im Zeitraum von sechs Monaten vor Stellung des Eröffnungsantrages annehmen.[247] Will sich der Geschäftsleiter entlasten, so muss er mittels eines Liquiditätsplanes darlegen, dass er mit überwiegender Wahrscheinlichkeit nicht vom Eintritt der Zahlungsunfähigkeit ausging.[248] Hinsichtlich des Verschuldens besteht eine widerlegliche Vermutung für die Erkennbarkeit der Auslösung der Zahlungsunfähigkeit, was bereits aus dem Wortlaut in § 64 S. 3 GmbHG und § 92 Abs. 2 S. 3 AktG folgt („es sei denn").[249]

ee. Rechtsfolgen

Im Fall eines Verstoßes gegen das Insolvenzverursachungsverbot ist zwischen gesellschafts-, zivil- und strafrechtlichen Rechtsfolgen zu unterscheiden.

Die Geschäftsführer der GmbH sind der Gesellschaft bei Vorliegen der Tatbestandsvoraussetzungen nach § 64 S. 3 GmbHG zum Ersatz der geleisteten Zahlungen verpflichtet. Es handelt sich mithin um einen Fall der Innenhaftung. Die Zahlungen müssen in voller Höhe und Zug um Zug gegen die Abtretung möglicher Ersatzansprüche der Insolvenzmasse erstattet werden.[250] Der Anspruch weist nicht den Charakter eines Schadensersatz-, sondern den eines Erstattungsanspruches auf.[251]

---

244 Siehe nur *Strohn,* ZInsO 2009, 1417, 1422.

245 *Knof,* DstR 2007, 1580, 1585.

246 Für § 64 S. 3 GmbHG *Knof,* DstR 2007, 1580, 1585; *Kleindiek,* GWR 2010, 75, 77; *Poertzgen/B. Meyer,* ZInsO 2012, 249, 258; für eine Erleichterung auch *Greulich/Rau,* NZG 2998, 284, 288 f., ohne sich aber ausdrücklich auf die sekundäre Darlegungslast zu beziehen.

247 *Haas,* in: Baumbach/Hueck, GmbHG, § 64 Rn. 108.

248 *Utsch/Utsch,* ZInsO 2009, 2271, 2275.

249 Für § 64 S. 3 GmbHG *Kleindiek,* GWR 2010, 75, 77; für § 92 Abs. 2 S. 3 AktG *Fleischer,* in: Spindler/Stilz, AktG, § 92 Rn. 45.

250 Bereits zum Ref-E MoMiG *Greulich/Bunnemann,* NZG 2006, 681, 686.

251 Ganz h. M., statt vieler *Grigoleit/Rieder,* GmbH-Recht nach dem MoMiG, Rn. 296. Ein abweichendes Verständnis legt *K. Schmidt,* in: Scholz, GmbHG, § 64 Rn. 109 zugrunde: Der Haftung soll zwar Schadensersatzcharakter zuzuschreiben sein, die Rechtsfolge aber – wie nach der h. M. – in der Erstattung der Zahlung liegen.

Daraus ergibt sich, dass für seine Geltendmachung kein Schadensnachweis erbracht werden muss.[252] Er ist hinsichtlich seiner Höhe auf die geleisteten Zahlungen beschränkt.[253] Da § 43 Abs. 3 GmbHG nach § 64 S. 4 GmbHG auf den Ersatzanspruch Anwendung findet, kann weder die Befolgung eines Gesellschafterbeschlusses die Geschäftsführer entlasten, noch kann die Gesellschaft sich vergleichen oder auf den Anspruch verzichten. Dem Insolvenzverwalter ist aber die Möglichkeit zum Verzicht und zum Vergleich mit dem Geschäftsführer einzuräumen, sofern nicht der Zweck des Insolvenzverfahrens entgegensteht.[254] Nach der h.M. kann sich der Geschäftsführer auch nicht auf den Einwand rechtmäßigen Alternativverhaltens berufen.[255] Teile des Schrifttums erwägen, die Geschäftsleiterhaftung wieder entfallen zu lassen, wenn es zu einer Wiederherstellung der Zahlungsfähigkeit der Gesellschaft kommt.[256]

Die Verjährungsfrist für den Ersatzanspruch beträgt nach § 64 S. 4 GmbHG i. V. m. § 43 Abs. 4 GmbHG fünf Jahre. Der Zeitpunkt des Verjährungsbeginns ist im Schrifttum umstritten.[257] Im Aktienrecht ist die Haftungsfolge nicht direkt in § 92 Abs. 2 S. 3 AktG geregelt, sondern explizit in § 93 Abs. 3 Nr. 6 AktG, der aktienrechtliche Pflichtverletzungen aufzählt, enthalten. Danach sind die Vorstandsmitglieder der Gesellschaft zum Ersatz verpflichtet, wenn Zahlungen entgegen § 92 Abs. 2 AktG geleistet werden. Die Gesellschaft muss so gestellt werden muss, als sei keine Zahlung geleistet worden, so dass neben dem ausgegebenen Zahlungsbetrag auch alle Schäden zu ersetzen sind, die der AG aufgrund der Zahlungsunfähigkeit entstehen.[258] Die Voraussetzungen für Verzicht und Vergleich finden sich in § 93 Abs. 4 S. 2 AktG. Die Verjährungsfrist beträgt nach § 93 Abs. 6 AktG ebenfalls fünf Jahre.

Die Geschäftsleiter haften nur dann, wenn es später auch wirklich zum Eintritt der Zahlungsunfähigkeit kommt.[259] Im eröffneten Insolvenzverfahren verfolgt der Insolvenzverwalter den Erstattungsanspruch.[260] Kommt es zur Einstellung des Insolvenzverfahrens oder zur Ablehnung seiner Eröffnung, kann der Ersatzanspruch der Gesellschaft von den Gläubigern gepfändet und ihnen zur Einziehung überwiesen

---

252 *K. Schmidt,* in: Scholz, GmbHG, § 64 Rn. 108.

253 Siehe nur *Poertzgen/B. Meyer,* ZInsO 2012, 249, 257.

254 *Haas,* in: Baumbach/Hueck, GmbHG, § 64 Rn. 15.

255 Siehe nur *Poertzgen/B. Meyer,* ZInsO 2012, 249, 257.

256 Böcker/Poertzgen, WM 2007, 1203, 1208.

257 Teilweise wird der Zeitpunkt der Zahlung als für den Verjährungsbeginn maßgeblich angesehen, denn der Ersatzanspruch soll bereits dann entstehen, siehe für diese Auffassung nur *Kleindiek,* in: Lutter/Hommelhoff, GmbHG, § 64 Rn. 41. Nach anderen fällt der Verjährungsbeginn mit der Eröffnung des Insolvenzverfahrens bzw. der Ablehnung des Eröffnungsantrages wegen fehlender Masse zusammen, statt vieler *Kolmann,* in: Saaenger/Inhester, GmbHG, §64 Rn. 99, 64. Eine h. M. lässt sich hier nicht ausmachen.

258 *Mertens/Cahn,* in: Kölner Komm AktG, § 92 Rn. 57.

259 *Görg,* in: FS Streck, S. 823, 824.

260 *Arnold,* in: *Henssler/Strohn,* GesR, § 64 GmbHG Rn. 66.

werden.[261] Über die speziellen Haftungsnormen hinaus ist bei Vorliegen der entsprechenden Voraussetzungen eine Inanspruchnahme aus allgemeiner Organhaftung möglich.[262] Dieser Haftung kommt Relevanz zu, wenn die Gesellschaft einen über den Wert der Zahlung hinausgehenden Schaden erleidet, wobei dann sowohl das Verschulden der Geschäftsführer als auch die konkrete Schadenshöhe bewiesen werden müssen.[263] Im Aktienrecht wird der Anspruch aus allgemeiner Organhaftung aber wegen der nicht vorhandenen Vermutung eines Mindestschadens und der Entlastungsmöglichkeit über die *Business Judgement Rule* praktisch nicht ins Gewicht fallen.[264]

Im Schrifttum wird als weitere zivilrechtliche Anspruchsgrundlage gegen die Geschäftsleiter § 826 BGB genannt.[265] Eine Haftung nach § 823 Abs. 2 BGB i V. m. § 266 StGB kann ebenfalls gegeben sein.[266] Nicht in Betracht als Anspruchsgrundlage kommt dagegen § 823 Abs. 2 BGB i. V. m. § 64 S. 3 GmbHG, da insoweit § 64 S. 3 GmbHG die spezielle Haftungsnorm darstellt.[267]

Fraglich ist, ob im Falle eines Verstoßes gegen das Insolvenzverursachungsverbot auch eine Strafbarkeit des Geschäftsleiters nach § 266 Abs. 1 StGB gegeben ist. Auch wenn die Geschäftsleiter unabhängig von der konkreten wirtschaftlichen Situation der Gesellschaft über ein Treueverhältnis mit ihr verbunden sind, hängt es von dieser wirtschaftlichen Situation ab, wann die Treuepflicht verletzt wird.[268] Da sich die Gesellschaft in der von § 64 S. 3 GmbHG vorgestellten Situation noch nicht im Zustand der Zahlungsunfähigkeit und auch nicht in einer Überschuldung befindet, bedarf die Annahme eines treuwidrigen Verhaltens einer besonderen Begründung.[269] Die zur Tatbestandserfüllung erforderliche Verletzung der Vermögensbetreuungspflicht ergibt sich daraus, dass gegen das Insolvenzverursachungsverbot verstoßende Zahlungen existenzgefährdenden oder sogar existenzvernichtenden Charakter aufweisen.[270] Ein Vermögensnachteil soll sich unter Rückgriff auf die Rechtsprechung des BGH zum individuellen Schadenseinschlag begründen lassen, da bei einem Verstoß gegen § 64 S. 3 GmbHG eine Zahlungsunfähigkeit herbeigeführt wird und die Gesellschaft dadurch nicht mehr über die für die ordnungsgemäße Erfüllung der Verbindlichkeiten unerlässlichen Mittel verfügt.[271] Die Strafbarkeit

---

261 *Bitter,* ZInsO 2010, 1505, 1518.

262 Für 64 S. 3 GmbHG *K. Schmidt,* in: Scholz, GmbHG, § 64 Rn. 112; für das Aktienrecht *Thümmel/Burkhardt,* AG 2009, 885, 893.

263 *Poertzgen/B. Meyer,* ZInsO 2012, 249, 257.

264 So *Thümmel/Burkhardt,* AG 2009, 885, 893.

265 *Kleindiek,* in: Lutter/Hommelhoff, GmbHG, § 64 Rn. 20.

266 Statt vieler *Haas,* in: Baumbach/Hueck, GmbHG, § 64 Rn. 175.

267 *K. Schmidt,* in: Scholz, GmbHG, § 64 Rn. 114.

268 *Weiß,* GmbHR 2011, 350, 356.

269 *Weiß,* GmbHR 2011, 350, 356.

270 *Weiß,* GmbHR 2011, 350, 356.

271 *Weiß,* GmbHR 2011, 350, 357.

der Geschäftsleiter tritt dann bei Vorliegen eines Vorsatzes ein, der mindestens eine Billigung des Eintritts der Zahlungsunfähigkeit voraussetzt.[272]

ff. Kritik des Schrifttums

Teile des Schrifttums begrüßen die Einführung der Insolvenzverursachungshaftung, da sie ein Instrument zur Verbesserung des Gläubigerschutzes darstelle.[273]

Bereits vor Inkrafttreten der Normen regte sich aber auch Kritik, da sich die Haftungsfolgen der Insolvenzverursachungsverbote allein an die Geschäftsleiter richten und die Gesellschafter als Zahlungsempfänger nicht in den Blick nehmen, sodass die Haftung der Geschäftsführer drastisch verschärft werde.[274] Es stelle einen Widerspruch dar, dass im Falle eines Verstoßes gegen § 30 GmbHG sowohl der Geschäftsführer aus allgemeiner Organhaftung als auch der Gesellschafter über den Rückgewähranspruch des § 31 Abs. 1 GmbHG in Anspruch genommen werden können, während sich die Insolvenzverursachungshaftung allein gegen den Geschäftsführer richtet und der Gesellschafter, in dessen Vermögen die Zahlung fließt, außen vor bleibt.[275] Diese Schlechterstellung der Geschäftsleiter im Verhältnis zu den Gesellschaftern setze sich auch dadurch fort, dass als Haftungsvoraussetzung des Insolvenzverursachungsverbotes bereits die leichte Fahrlässigkeit des Geschäftsführers ausreicht, während für die Gesellschafterhaftung im Fall des existenzvernichtenden Eingriffs Vorsatz erforderlich ist.[276] Den Geschäftsleitern werde neben der fortwährenden Kontrolle der Überschuldung, die sich bei laufender Geschäftstätigkeit ohnehin schon schwierig gestalte, zusätzlich die Prognose hinsichtlich der Liquidität aufgebürdet.[277]

Von Teilen des Schrifttums werden die Insolvenzverursachungsverbote neben dem allgemeinen Haftungsregime als überflüssig angesehen, denn wer als Geschäftsleiter die Insolvenz verursacht, verletze dabei ohnehin gleichzeitig seine Geschäftsleiterpflichten.[278] Da die Geschäftsleiter im Rahmen eines Schadensersatzanspruches bei allgemeiner Organhaftung auf Ausgleich des Insolvenzschadens und

---

272 *Weiß*, GmbHR 2011, 350, 357 unter Hinweis auf den Unterschied zur subjektiven Voraussetzung der gesellschaftsrechtlichen Norm.

273 So z. B. *Schall*, Kapitalgesellschaftsrechtlicher Gläubigerschutz, S. 183, der hervorhebt, dass mit dem Bezug zur Insolvenzverursachung eine „grundlegende Schwäche des deutschen Gläubigerschutzes" überwunden worden sei.

274 *K. Schmidt*, GmbHR 2007, 1072, 1079; ebenso *Poertzgen*, NZI 2008, 9, 11.

275 *Goette*, GmbH-Recht, S. 30; *Strohn*, ZHR 173 (2009), 589; siehe auch *K. Schmidt*, in: Liber amicorum Winter, 601, 607: „Asymmetrie auf der Sanktionsseite", die wohl hinzunehmen sei.

276 *Strohn*, ZHR 173 (2009), 589, 590.

277 *K. Schmidt*, GmbHR 2008, 449, 453; zustimmend *Hirte*, ZInsO 2008, 689, 698.

278 Für § 64 S. 3 GmbHG *Grigoleit/Rieder*, GmbH-Recht nach dem MoMiG, Rn. 302. Siehe dazu auch die bereits an verschiedenen Stellen im Rahmen des Zahlungsbegriffes dargestellte Kritik von *Altmeppen*, der infolgedessen für § 92 Abs. 2 S. 3 AktG „überhaupt keinen sinnvollen Anwendungsbereich" (*Altmeppen*, in: FS Hüffer,

nicht nur auf Erstattung der geleisteten Zahlungen in Anspruch genommen werden können, ergeben sich Widersprüche im Haftungsregime.[279]

Die Unklarheiten bezüglich der Tatbestandsmerkmale erschweren das Handeln der Geschäftsleiter bei der Normanwendung.[280] Entgegen der Erwartungen des Gesetzgebers sei es nicht gelungen, eine v. a. hinsichtlich ihrer Tatbestandsmerkmale rechtssichere Norm zu schaffen.[281]

Schließlich kam insoweit Kritik auf, als dass die Insolvenzverursachungsverbote Lücken aufweisen, da bestimmte Fälle wie z.B. die Rückgabe von der Gesellschaft zur Nutzung überlassener Gegenstände an die Anteilseigner und Zahlungen an in wirtschaftlicher Hinsicht den Anteilseignern gleichstehende Dritte nicht von ihnen erfasst werden.[282]

c. Zwischenergebnis

Pflichten und Haftung der Geschäftsleiter mit Bezug zur Insolvenz vor Eintritt der Insolvenzreife werden im deutschen Recht durch zwei Normkomplexe geregelt: zum einen durch die Pflicht zur Einberufung der Haupt- bzw. Gesellschafterversammlung bei Eintritt des hälftigen Kapitalverlustes nach §§ 92 Abs. 1 AktG, 49 Abs. 3 GmbHG, zum anderen durch die Insolvenzverursachungsverbote (§§ 92 Abs. 2 S. 3 AktG, 64 S. 3 GmbHG). Es zeigt sich, dass der Gedanke des Gläubigerschutzes in diesem Stadium im deutschen Recht nur eine sehr geringe Rolle spielt. Bezüglich der Verlustanzeige- und Einberufungspflicht, die sich hinsichtlich der Bewertungsfragen an der Handelsbilanz orientiert, besteht allenfalls eine mittelbare Wirkung für die Gesellschaftsgläubiger. Sie weist zudem eine geringe Praxisrelevanz auf. Anlässlich der an ihr geäußerten, insbesondere rechtspolitischen Kritik wird zu fragen sein, ob die derzeitigen Regelungen ausreichen und welche weitergehenden Handlungsmöglichkeiten an dieser Stelle bestehen, gerade auch im Vergleich mit dem spanischen Recht. Die Insolvenzverursachungshaftung stellt eine Regelung dar, die auf den Liquiditätsschutz abzielt, Parallelen zum (zukunftsbezogenen) Solvenztest aufweist und spezifisch eine mögliche Verursachung der Insolvenz aufgrund von Zahlungsunfähigkeit in den Blick nimmt. Sie zielt zwar auf den Gläubigerschutz ab. Doch ist ihr Anwendungsbereich nach der Auffassung des Schrifttums und nicht zuletzt auch nach dem Grundsatzurteil des BGH aus dem Jahr 2012 auf bestimmte Einzelfälle begrenzt. Damit spielt der Gläubigerschutz bei diesen Regelungen durchaus eine Rolle, wenn auch eine geringe und nur spezifisch hinsichtlich eine zukünftige Insolvenz verursachender Zahlungen. Ob und welche Konsequenzen aus den teilweise noch ungeklärten Auslegungsfragen zu einzelnen Tatbestandsmerkmalen wie des

S. 1, 9) sieht und § 64 S. 3 GmbHG als „überflüssig, aufgesetzt und dogmatisch unschlüssig“ (*Altmeppen*, in: FS Hüffer, S. 1, 13) bezeichnet.

279 *Grigoleit/Rieder*, GmbH-Recht nach dem MoMiG, Rn. 302.

280 *S. Meyer*, BB 2008, 1742, 1745.

281 *Roth*, GmbHR 2008, 1184, 1190.

282 *Spliedt*, ZIP 2009, 149, 159.

Kausalzusammenhanges und aus der geäußerten Kritik (v. a. zur Asymmetrie der Haftung im Vergleich von Geschäftsleitern und Gesellschaftern) zu ziehen sind, wird in der sich anschließenden vergleichenden Betrachtung zu beantworten sein, die die funktionalen Äquivalente des spanischen Rechts mit einbeziehen wird.

3. Geschäftsleiterpflichten und Gläubigerschutz vor Eintritt der Insolvenzreife im spanischen Recht

Auch für das spanische Recht soll wiederum mit den Pflichten und Haftungsfolgen für die Verwalter begonnen werden, die in Insolvenznähe bzw. vor Eintritt der Insolvenz greifen und die bereits einen Insolvenzbezug aufweisen können.

Die zentrale gesellschaftsrechtliche Norm für die hier zu untersuchende Regelungsmaterie stellt das spanische Gesetz über die Kapitalgesellschaften (*Ley de Sociedades de Capital,* LSC) dar. Die LSC trat zum 1. September 2010 in Kraft und regelt sowohl die spanische Aktiengesellschaft als auch die spanische Gesellschaft mit beschränkter Haftung.[283] Das Gesetz hat seitdem eine Reihe von Änderungen erfahren. Die letzte im spanischen Gesetzblatt (*Boletín Oficial del Estado,* BOE) veröffentlichte Änderung datiert auf den 21. Juli 2015. Die gesetzlichen Regelungen zur Aktiengesellschaft befanden sich zuvor im spanischen Aktiengesetz (*Ley de Sociedades Anónimas,* LSA).[284] Die spanische Gesellschaft mit beschränkter Haftung wurde durch das spanische Gesetz über die Gesellschaften mit beschränkter Haftung (*Ley de Sociedades de Responsabilidad Limitada,* LSRL) geregelt.[285] Geplant ist bereits der Erlass eines neuen Handelsgesetzbuches (*Código Mercantil),* das das seit dem Jahr 1885 geltende Handelsgesetzbuch ersetzen und die Regelungen zu den Handelsgesellschaften enthalten soll. Damit werden auch die für die hier untersuchte Materie relevanten Regelungen des Kapitalgesellschaftsrechts in dieser Norm enthalten sein. Der Gesetzesvorschlag basierte auf den Überlegungen der Abteilung Handelsrecht der Generalkommission für Gesetzgebung, die ihren diesbezüglichen Entwurf am 20. Juni 2013 vorstellte.[286] Die von der spanischen Volkspartei (*Partido Popular*) getragene Regierung beschloss die (im Vergleich mit dem Kommissionsentwurf

283 Königliches Gesetzesdekret Nr. 1/2010 vom 2. 7. 2010, durch das der überarbeitete Text der LSC verabschiedet wurde, BOE Nr. 161 vom 3. 7. 2010, S. 58472–58594.

284 Königliches Gesetzesdekret Nr. 1564/1989 vom 22. 12. 1989, durch das der überarbeitete Text der LSA verabschiedet wurde, BOE Nr. 310 vom 27. 12. 1989, S. 40012–40034.

285 Gesetz 2/1995 vom 23. 3. 1995, BOE Nr. 71 vom 24. 3. 1995, S. 9181–9206.

286 Vorschlag der Abteilung Handelsrecht der Generalkommission für Gesetzgebung, abrufbar unter http://www.mjusticia.gob.es/cs/Satellite/1292404268990?blobheader=application%2Fpdf&blobheadername1=Content-Disposition&blobheadername2=Medios&blobheadervalue1=attachment%3B+filename%3DPropuesta_codigo_mercantil_1.pdf&blobheadervalue2=1288780618794 (Abruf vom 14. 2. 2016).

mit einer Reihe von Änderungen versehene) Gesetzesvorlage am 30. Mai 2014.[287] Die Verabschiedung des Gesetzes war ursprünglich für den Sommer 2015 geplant. Zum jetzigen Zeitpunkt (Februar 2016) ist gerade auch angesichts des schwierigen Ergebnisses der spanischen Parlamentswahlen vom 20. Dezember 2015 und vom 26. Juni 2016 unklar, wie es mit diesem Projekt weitergehen wird. Auf die Änderungen der Vorschriften zu den hier behandelten Regelungsbereichen anhand der Fassung des Vorentwurfes wird an entsprechender Stelle kurz eingegangen werden.

Zum anderen bestimmen sich Verwalterpflichten und -haftung in der Insolvenz nach dem spanischen Konkursgesetz (*Ley Concursal*, LC).[288] Die LC trat zum 1. September 2004 in Kraft. Vor diesem Zeitpunkt waren die Regelungen des Konkursrechts nicht in einer zentralen Norm enthalten, sondern es bestand eine Vielzahl von Einzelregelungen. Seit ihrem Inkrafttreten hat die LC einen fortwährenden Reformprozess durchlaufen. Eine Hervorhebung verdient in diesem Zusammenhang die Reform durch das Gesetz 38/2011[289], die auch den in dieser Untersuchung noch zu behandelnden konkursrechtlichen Haftungstatbestand betraf. Die letzte im BOE veröffentlichte Änderung datiert auf den 2. Oktober 2015.

a. Die Pflicht zur Einberufung der Haupt- bzw. Gesellschafterversammlung nach Arts. 363 Abs. 1 Nr. e), 365 LSC

Das erste hier zu untersuchende Regelungsinstrument bilden die Art. 363 Abs. 1 Nr. e), 365 LSC.[290] In Art. 363 LSC werden gesetzliche Auflösungsgründe für Kapitalgesellschaften aufgeführt. In dieser Norm legt das spanische Recht fest, dass die Kapitalgesellschaft bei Absinken des Reinvermögens auf einen unter der Hälfte des Grundkapitals liegenden Betrag aufzulösen ist, es sei denn, das Grundkapital wird erhöht oder reduziert, oder die Stellung des Konkursantrages ist angebracht. Die weiteren, für diese Untersuchung nicht weiter relevanten Auflösungsgründe sind: Aufgabe der Tätigkeit, die den Gesellschaftsgegenstand bildet; Schließung des Unternehmens, das den Gegenstand bildet; Unmöglichkeit zur Erreichung des Gesellschaftszwecks; Handlungsunfähigkeit der Gesellschaftsorgane, die ihr Funktionieren unmöglich machen; Abfallen des Grundkapitals unter den gesetzlichen

287 Vorentwurf für das Handelsgesetzbuch, abrufbar unter http://www.mjusticia.gob.es/cs/Satellite/1292427023422?blobheader=application%2Fpdf&blobheadername1=Content-Disposition&blobheadername2=Medios&blobheadervalue1=attachment%3B+filename%3DAnteproyecto_de_Ley_de_Código_Mercantil.pdf&blobheadervalue2=1288788719402 (Abruf vom 14. 2. 2016).

288 Gesetz 22/2003 vom 9. 7. 2003, Konkursgesetz, BOE Nr. 164 vom 10. 7. 2003, S. 26905–26965.

289 Gesetz 38/2011 vom 10. 10. 2011, BOE Nr. 245 vom 11. 10. 2011, S. 106745.

290 Dazu und zum darauf basierenden Haftungstatbestand siehe bereits *Rösner*, Verlust des Stammkapitals und Geschäftsführerhaftung in der GmbH, S. 53 ff. (allerdings noch zu den Regelungen vor Inkrafttreten der LSC).

Mindestbetrag; Nennwert der Anteile ohne Stimmrecht übersteigt die Hälfte des einbezahlten Grundkapitals und das Verhältnis wird nicht innerhalb von zwei Jahren wiederhergestellt; jeder weitere in der Satzung festgelegte Grund. Die Auflösung erfolgt in allen diesen Fällen durch einen Beschluss der Versammlung der Aktionäre bzw. der Gesellschafter der Kapitalgesellschaft (Art. 364 LSC). Die Einberufungspflicht basiert auf dem Auflösungsgrund des Art. 363 Abs. 1 Nr. e) LSC, denn nach Art. 365 LSC müssen die Verwalter die Versammlung einberufen, damit diese den Auflösungsbeschluss fasst, oder, falls die Gesellschaft insolvent ist, diese auf den Konkurs hinwirkt.

Der Auflösungsgrund des hälftigen Kapitalverlustes soll sicherstellen, dass die Kapitalgesellschaft jederzeit über ausreichende Vermögensbestände verfügt, da die Gesellschaftsgläubiger auf dieses Vermögen angewiesen sind.[291] Zur Erreichung dieses Zweckes werden die drei Elemente des Auflösungsgrundes, der darauf basierenden Einberufungspflicht und der Haftung der Verwalter bei Nichterfüllung miteinander zu einem System verbunden. Nach der h. M. kommt diesem Auflösungsgrund und dem darauf basierenden System aus Pflichten und Haftung ein „vorkonkurslicher" bzw. präventiver Zweck dergestalt zu, dass durch diese Regelungen der Eintritt der Insolvenz verhindert werden soll.[292]

aa. Hälftiger Kapitalverlust als gesetzlicher Auflösungsgrund (Art. 363 Abs. 1 Nr. e) LSC)

In Art. 363 Abs. 1 Nr. e) LSC erklärt das spanische Recht den hälftigen Kapitalverlust grundsätzlich zum Auflösungsgrund und nennt gleichzeitig zwei Ausnahmen. Die Vorschrift basiert auf Art. 19 der bei der Betrachtung des deutschen Rechts bereits erwähnten Kapitalrichtlinie und dient ihrer Umsetzung. Das gesellschaftsrechtliche Instrument des Auflösungsgrundes bei Eintritt einer bestimmten Verlustsituation ist dem spanischen Recht seit langem bekannt: Bereits Art. 150 Nr. 3 des (noch aus der vordemokratischen Zeit stammenden) spanischen Gesetzes über die rechtlichen Regelungen zu den Aktiengesellschaften aus dem Jahr 1951 enthielt die Regelung, dass sich die Gesellschaft auflösen musste, wenn das Vermögen aufgrund von Verlusten auf einen Betrag von unter einem Drittel des Grundkapitals fiel, sodass sich der spanische Gesetzgeber aufgrund des Beitritts Spaniens zur EU zum 1. Januar 1986 mit der Aufgabe konfrontiert sah, das Aktienrecht hinsichtlich des Aspektes

---

291 Siehe nur *Bataller,* in: Rojo/Beltrán, Comentario LSC, Art. 363, S. 2555.

292 Aus der Rechtsprechung TS, Urt. v. 20. 2. 2007 (ROJ: STS 2229/2007), Rechtsgrund Drittens; aus dem Schrifttum statt vieler *Machado Plazas,* Pérdida del capital social, S. 32; kritisch *González Vázquez,* in: Sánchez-Calero Guilarte/Guilarte Gutiérrez, Comentarios, D. F. Vigésima, S. 3869; ebenso *Roncero Sánchez,* RCP 2005, Nr. 3, 485, da die Haftung auch bei Vorliegen der anderen Auflösungsgründe zum Tragen komme; ablehnend wegen der nicht vorhandenen Vergleichbarkeit beider Situationen auch *Sequeira Martín,* in: Arroyo/Embid/Górriz, Comentarios LSA, Art. 260, S. 2485.

der schweren Verluste an die Vorgaben des Gemeinschaftsrechts bzw. die durch die Kapitalrichtlinie gezogenen Grenzen anzupassen.[293] Vor Inkrafttreten der LSC befand sich die überarbeitete Regelung zum Auflösungsgrund des hälftigen Kapitalverlustes im Recht der Aktiengesellschaft in Art. 260 Abs. 1 Nr. 4 LSA in der Fassung von 1989. Im Recht der Gesellschaft mit beschränkter Haftung regelte Art. 104 Abs. 1 Nr. e) LSRL diesen Auflösungsgrund. Diese beiden Normen sprachen in ihren ursprünglichen Fassungen noch vom „Vermögen", das unter den hälftigen Betrag des Grundkapitals absinken musste. Durch das Gesetz 16/2007 wurde statt dieser Bezeichnung der Begriff „Reinvermögen" in die Vorschriften eingefügt.[294] Auf die übrigen, mit dem Inkrafttreten der LC verbundenen Änderungen des Normtextes, die zu einer Reihe von Auslegungsproblemen führten, wird an anderer Stelle noch einzugehen sein. Beim Auflösungsgrund des hälftigen Kapitalverlustes handelt es sich um den Auflösungsgrund mit der höchsten praktischen Relevanz im Recht der Kapitalgesellschaften.

Die Normanalyse kann in drei unterschiedliche, aber miteinander in Verbindung stehende Aspekte unterteilt werden: Die genaue Bestimmung der Voraussetzungen des Auflösungsgrundes, die Möglichkeiten der Vermeidung der Auflösung und der Zusammenhang zwischen dem Auftreten der qualifizierten Verluste und der Stellung des Konkursantrages.[295]

(1) *Sachliche Voraussetzung: Absinken des Reinvermögens unter den hälftigen Betrag des Grundkapitals*

Art. 363 Abs. 1 Nr. e) LSC setzt voraus, dass der Betrag des Reinvermögens der Kapitalgesellschaft unter die Hälfte des Betrages des Grundkapitals absinkt. Der Auflösungsgrund adressiert eine Situation, in der ein Ungleichgewicht zwischen Grundkapital und Reinvermögen vorhanden ist, das durch den in der Norm festgelegten Schwellenwert gekennzeichnet ist.[296] Dabei darf diese Situation nicht zwingend mit derjenigen gleichgesetzt werden, in der die Kapitalgesellschaft an einer Unterkapitalisierung leidet, auch wenn dies beim Eintreten der qualifizierten Verluste als wahrscheinlich erscheint.[297] Die Satzung der Gesellschaft kann strengere Regelungen dahingehend aufstellen, dass auch bereits ein geringerer Verlust einen Auflösungsgrund darstellt.[298] Der Begriff des Grundkapitals bezieht sich auf den in

293 Zu diesem historischen Hintergrund *Rojo*, in: LH Sánchez Calero, S. 1437, 1443 f.

294 Gesetz 16/2007 vom 4. 7. 2007, BOE Nr. 160 vom 5. 7. 2007, S. 29016. In der Sache ergibt sich daraus aber kein Unterschied, siehe *Hierro Anibarro*, in: Jiménez Sánchez/Díaz Moreno, Lecciones de Derecho Mercantil, S. 284, 314.

295 *Sequeira Martín*, in: Arroyo/Embid/Górriz, Comentarios LSA, Art. 260, S. 2484.

296 *De Eizaguirre*, in: Sánchez Calero, Comentarios LSA, Art. 260, S. 42.

297 *Sequeira Martín*, in: Arroyo/Embid/Górriz, Comentarios LSA, Art. 260, S. 2485.

298 *Moya Ballester*, La responsabilidad de los administradores, S. 67.

der Satzung der jeweiligen Gesellschaft festgelegten Betrag, unabhängig davon, ob dieser auch voll einbezahlt wurde.[299]

(a) Der Begriff des Reinvermögens

Bezüglich des Begriffes des Reinvermögens sind nach der Konzeption des Ccom, der in den Regelungen zum Jahresabschluss die entsprechenden Legaldefinitionen enthält, zwei Begriffe zu unterscheiden.

Der Begriff „Reinvermögen" wird zunächst in Art. 36 Abs. 1 Nr. c) S. 1 *Código de Comercio* (Ccom) – neben den Begriffen der Aktiva und Passiva – als Bestandteil der Bilanz definiert. Danach handelt es sich um den Betrag, der sich ergibt, wenn von den Aktiva der Gesellschaft alle Passiva abgezogen werden. Das Reinvermögen beinhaltet nach der Legaldefinition die im Gründungszeitpunkt oder zu einem späteren Zeitpunkt erbrachten Einlagen der Aktionäre bzw. der Gesellschafter, die nicht als Passiva angesehen werden, ebenso wie die kumulierten Ergebnissse und andere Veränderungen, die seinen Wert beeinflussen (Art. 36 Abs. 1 Nr. c) S. 2 Ccom).

Allerdings bezieht sich die dargestellte Definition nur auf den Begriff des Reinvermögens als Teil der Bilanz. Der auf diese Definition in Art. 36 Abs. 1 c) Ccom folgende Normtext enthält eine spezielle Legaldefinition des Begriffes des Reinvermögens für bestimmten Situationen: für die Gewinnverteilung, für die verpflichtende Absenkung des Grundkapitals und für die verpflichtende Auflösung von Kapitalgesellschaften im Falle von Verlusten. Der bilanzielle Begriff des Reinvermögens bildet dabei den Ausgangspunkt der speziellen Definition. Sie dient dazu, den strengeren bilanziellen Maßstab in Bezug auf das Reinvermögen für die Bestimmung der Voraussetzungen des Auflösungsgrundes anzupassen.[300] Nach Art. 36 Abs. 1 Nr. c) S. 3 Ccom wird als Reinvermögen für die Bestimmung der Voraussetzungen des Auflösungsgrundes derjenige Betrag angesehen, der nach den Kriterien für die Erstellung des Jahresabschlusses als Reinvermögen qualifiziert wird und der dann um zwei Beträge erhöht wird: erstens um den Betrag des gezeichneten, aber nicht eingeforderten Grundkapitals; und zweitens um den Nennwertbetrag und das Agio des gezeichneten Grundkapitals, das in bilanzieller Hinsicht als Passivposten behandelt wird. Nicht zum Reinvermögen für diese besonderen Situationen zählt das Gesetz dagegen Anpassungen für Wertveränderungen, die auf Vorgängen zur Absicherung von Zahlungsvorgängen beruhen und deren Verbuchung in der Gewinn- und Verlustrechnung noch aussteht (Art. 36 Abs. 1 Nr. c) S. 4 Ccom).

Die Erhöhung des Reinvermögens um den Betrag des gezeichneten, aber nicht eingeforderten Grundkapitals hat zur Folge, dass Forderungsrechte der Gesellschaft gegenüber den Anteilseignern in Bezug auf nicht eingezahlte Einlagen in das Reinvermögen miteinbezogen werden.[301] Die Erwähnung des gezeichneten, nicht eingeforderten Grundkapitals in Art. 36 Abs. 1 c) Ccom bedeutet gleichzeitig die

---

299 Siehe nur *Machado Plazas,* Pérdida del capital social, S. 197.

300 *Sequeira Martín,* in: Arroyo/Embid/Górriz, Comentarios LSA, Art. 260, S. 2487.

301 *Moya Ballester,* La responsabilidad de los administradores, S. 68.

Nichtberücksichtigung des bereits eingeforderten Grundkapitals bei der Erhöhung des Reinvermögens.[302] Für Geldeinlagen stellt dies kein Problem dar, da ihr Wert ohnehin zum Reinvermögen hinzugerechnet wird, sobald sie eingefordert werden können.[303] Das Problem entsteht aber in Bezug auf die bereits eingeforderten, noch nicht erbrachten Sacheinlagen, da diese bei wortlautgetreuer Anwendung der Norm den Betrag des Reinvermögens nicht erhöhen können.[304] Um dem Zweck des Art. 36 Abs. 1 Nr. c) S. 3 Ccom Rechnung zu tragen und diese das Verhältnis von Grundkapital und Reinvermögen stabilisierenden Aktiva zu berücksichtigen, sollte die Norm über ihren Wortlaut hinaus auch auf die bereits eingeforderten, aber noch nicht erbrachten Sacheinlagen entsprechend angewendet werden.[305]

Der zweite das Reinvermögen erhöhende Betrag liegt im Nennwert und im Agio desjenigen Grundkapitals, das in bilanzieller Hinsicht als Passivposten betrachtet wird. Mit diesem in bilanzieller Hinsicht als Passivposten behandelten Grundkapital sind rückkäufliche Aktien und stimmrechtslose Aktien bzw. Anteile gemeint.[306] Rückkäufliche Aktien können nach Art. 500 Abs. 1 LSC von börsennotierten Aktiengesellschaften mit einem Volumen von nicht mehr als 25 % des Grundkapitals ausgegeben werden und müssen auf Verlangen der sie ausgebenden Gesellschaft (oder ihres Inhabers oder beider) zurückgegeben werden. Bei den rückkäuflichen Aktien handelt es sich um als Passivposten zu behandelndes Grundkapital, da hier eine Rückgewährpflicht der Gesellschaft für die von den Anteilseignern auf diese Aktien erbrachten Einlagen besteht.[307] Die Ausgabe stimmrechtsloser Beteiligungen ist dagegen nach Art. 98 LSC sowohl bei Gesellschaften mit beschränkter Haftung als auch bei Aktiengesellschaften möglich. Sie dürfen nur bis zu einem Nennwert ausgegeben werden, der nicht über der Hälfte des Grundkapitals liegt. Die Einordnung dieser stimmrechtslosen Aktien bzw. Anteile unter das als Passivposten zu behandelnde Grundkapital überrascht insoweit, als dass das spanische Recht eine Rückgewähr des eingezahlten Kapitals grundsätzlich nicht vorsieht.[308] Der Grund für die Berücksichtigung beider Typen von Beteiligungen bei diesem spezifischen Begriff des Reinvermögens liegt darin, dass bei der Bestimmung der Voraussetzungen des Auflösungsgrundes die Parameter Grundkapital und Reinvermögen gegenüberzustellen sind und sowohl rückkäufliche Aktien als auch stimmrechtslose Beteiligungen zum Grundkapital gehören, sodass sie auch auf der Seite des Reinvermögens berücksichtigt werden müssen.[309]

---

302 *Muñoz García*, RDM 2008, 1435, 1444.
303 *Muñoz García*, RDM 2008, 1435, 1444.
304 *Muñoz García*, RDM 2008, 1435, 1444.
305 So im Ergebnis *Muñoz García*, RDM 2008, 1435, 1444.
306 *Moya Ballester*, La responsabilidad de los administradores, S. 68.
307 *Muñoz García*, RDM 2008, 1435, 1444.
308 *Muñoz García*, RDM 2008, 1435, 1444 f., der sie im Ergebnis aber dennoch dem Reinvermögen zurechnen will.
309 *Moya Ballester*, La responsabilidad de los administradores, S. 68.

(b) Bewertung des Vermögens und Behandlung von Rücklagen

Bei der Bewertung ist nach den gleichen Kriterien vorzugehen, die auch bei der Erstellung des Jahresabschlusses maßgeblich sind.[310] Art. 38 a) Ccom legt insoweit das Going-Concern-Prinzip fest und bestimmt, dass bei der Bewertung der einzelnen Vermögensbestandteile grundsätzlich davon auszugehen ist, dass das Unternehmen weiter betrieben wird.

Art. 274 Abs. 1 LSC regelt die Verpflichtung, einen Betrag von zehn Prozent des jeweiligen Gewinns in eine gesetzliche Rücklage einzustellen, bis diese mindestens 20 % des Grundkapitals erreicht. Die gesetzliche Rücklage darf, solange sie die aufgestellte Grenze nicht überschreitet, nur dann zur Deckung von Verlusten verwendet werden, wenn keine anderen verfügbaren Rücklagen für diesen Zweck vorhanden sind. Einige Stimmen im Schrifttum führen aus, dass als qualifizierte Verluste nur diejenigen anzusehen seien, die nicht durch Rücklagen gedeckt werden können und infolgedessen das Reinvermögen unter den hälftigen Betrag des Grundkapitals drücken.[311] Andere halten diese Aussage für irritierend, da so hinsichtlich des Auflösungsgrundes die Betonung auf die Verlustsumme gelegt werde, während das Gesetz nur die Bewertung des Gesellschaftsvermögens entsprechend der in Art. 36 Ccom festgelegten Berechnung verlange.[312]

(c) Besonderheiten bei der Verlustbestimmung

Bei der Verlustbestimmung wurden nach der einzigen Ergänzungsbestimmung des Königlichen Gesetzesdekrets (*Real Decreto-ley*, RDL) 10/2008[313] solche im Jahresabschluss festgestellte Verluste nicht berücksichtigt, die auf Wertminderungen des Anlagevermögens, der Immobilieninvestitionen und der Lagerbestände beruhen. Durch diese Regelung sollte verhindert werden, dass eine Vielzahl von Unternehmen – insbesondere solche des außerordentlich von der Wirtschaftskrise betroffenen Immobiliensektors – unter den Tatbestand des Auflösungsgrundes wegen Verlusten fällt.[314] Diese Regelung galt zunächst nur für die zwei nach Inkrafttreten dieser Regelung abzuschließenden Geschäftsjahre, d.h. diejenigen der Jahre 2008 und 2009. Die Geltung dieser Bestimmung wurde anschließend durch Art. 1 des RDL 5/2010[315] verlängert, sodass sie auch auf die Geschäftsjahre 2010 und 2011 Anwendung fand. Weitere Verlängerungen erfolgten durch die fünfte Zusatzbestimmung des RDL 2/2012[316] für das Geschäftsjahr 2012, durch die dritte Schlussbestimmung

---

310 Siehe nur *Pérez Millán*, in: Gobierno corporativo y crisis empresariales, S. 199, 202.

311 *De Eizaguirre*, in: Sánchez Calero, Comentarios LSA, Art. 260, S. 43; *Cerdá Albero*, Administradores, S. 104.

312 *Moya Ballester*, La responsabilidad de los administradores, S. 71. Gemeint ist hier wohl, dass (alle Arten von) Rücklagen ohnehin zum Reinvermögen gehören.

313 RDL 10/2008 vom 12.12.2008, BOE Nr. 300 vom 13.12.2008, S. 50094–50095.

314 *Morales Barceló*, La responsabilidad de los administradores, S. 327.

315 RDL 5/2010 vom 31.3.2010, BOE Nr. 79 vom 1.4.2010, S. 30222–302226.

316 RDL 2/2012 vom 3.2.2012, BOE Nr. 30 vom 4.2.2012, S. 9889–9913.

des RDL 3/2013[317] für das Geschäftsjahr 2013 und durch die siebte Schlussbestimmung des RDL 4/2014[318] für das Geschäftsjahr 2014. Letzteres brachte aber nicht nur die Verlängerung der Ausnahmeregelung mit sich, sondern dehnte diese darüber hinaus auf Verluste aus, die auf Wertminderungen von Darlehen und Forderungen beruhen. Eine weitere Verlängerung der Ausnahmeregelung durch die spanische Regierung ist nicht mehr erfolgt.

Unerheblich ist, ob der Verlust plötzlich oder über einen längeren Zeitraum entstanden ist und auf welchen Gründen er beruht.[319] Das Gesetz selbst legt nicht fest, ob der Vermögensverlust für einen bestimmten Mindestzeitraum bestehen muss. Dem Vermögensverlust muss ein gewisser dauerhafter Charakter innewohnen, sodass vorübergehenden Vermögensschwankungen keine Relevanz zukommen kann.[320] Kann die Verlustsituation durch Verhandlungen mit den Gesellschaftsgläubigern zügig überwunden werden, kommt der Auflösungsgrund nicht zum Tragen.[321] Die Tatsache des hälftigen Kapitalverlusts ist für börsennotierte Gesellschaften als relevante und mitteilungspflichtige Information nach Art. 229 des spanischen Gesetzes über den Wertpapiermarkt (*Ley del Mercado de Valores,* LMV[322]) anzusehen.[323]

(2) Rechtsfolge

Das Gesetz formuliert in Art. 363 LSC, dass die Kapitalgesellschaft in der Konsequenz der qualifizierten Verluste grundsätzlich aufgelöst werden muss. Die Auflösung erfolgt aber nicht von Gesetzes wegen, sondern erfordert nach Art. 364 LSC einen Beschluss der Haupt- bzw. Gesellschafterversammlung. Allerdings bestehen zwei Ausnahmen zu dieser Auflösungsverpflichtung, die im Folgenden näher betrachtet werden sollen.

(3) Vermeidung der Auflösung durch Anpassung des Grundkapitals

Die Kapitalgesellschaft muss sich nach Art. 363 Abs. 1 Nr. e) LSC nicht auflösen, wenn das Grundkapital in ausreichendem Maße erhöht (nach Art. 295 ff. LSC) oder herabgesetzt (nach Art. 317 ff. LSC) wird. Beide Instrumente dienen der Wiederherstellung des Gleichgewichts von Grundkapital und Reinvermögen.[324] Wird das Grundkapital erhöht, so kommt es zur Wiederherstellung des Reinvermögens

---

317 RDL 3/2013 vom 22.2.2013, BOE Nr. 47 vom 23.2.2013, S. 15205–15218.

318 RDL 4/2014 vom 7.3.2014, BOE Nr. 58 vom 8.3.2014, S. 21944–21964.

319 *Beltrán,* in: Rojo/Beltrán, La responsabilidad de los administradores, S. 249, 260.

320 Statt vieler *Bataller,* in: Rojo/Beltrán, Comentario LSC, Art. 363, S. 2556.

321 *De Eizaguirre,* in: Sánchez Calero, Comentarios a la LSA, Art. 260, S. 45 (unter Bezugnahme auf das deutsche Schrifttum).

322 Königliches Gesetzesdekret Nr. 4/2015 vom 23. 10. 2015, durch das der überarbeitete Text der LMV verabschiedet wurde, BOE Nr. 255 vom 24. 10. 2015, S. 100365–100541.

323 *Muñoz García,* RDM 2008, 1435, 1471 (noch zum davor geltenden Art. 82 LMV).

324 *De Eizaguirre,* in: Sánchez Calero, Comentarios LSA, Art. 260, S. 45 f.

durch die Erbringung neuer Einlagen, während die Kapitalherabsetzung die Verluste abmildert und das Grundkapital dem Stand des Reinvermögens anpasst.[325] Die Kapitalerhöhung bzw. -herabsetzung kann vor Einleitung des Verfahrens zur Auflösung, aber auch noch währenddessen vorgenommen werden, und zwar durch eine Reaktivierung der Gesellschaft in Auflösung nach Art. 242 der spanischen Verordnung über das Handelsregister (*Reglamento del Registro Mercantil,* RRM).[326] Auch wenn nur die Kapitalerhöhung bzw. -herabsetzung ausdrückliche Erwähnung im Gesetz finden, so bedeutet dies keine Beschränkung auf diese beiden Vorgehensweisen, sodass z. B. auch eine gleichzeitige Absenkung und Erhöhung des Grundkapitals vorgenommen werden kann.[327] Auch kann – ohne dass die Ziffer des Grundkapitals in der Satzung verändert wird – das Reinvermögen durch Einlagen von Anteilseignern erhöht werden, die zu einem solchen Vorgehen bereit sind.[328] Nach der Rechtsprechung des TS müssen Kapitalerhöhung bzw. -reduktion nicht nur beschlossen, sondern auch tatsächlich durchgeführt werden.[329] Beide Maßnahmen müssen aber nur in dem Maße erfolgen, wie es zur Wiederherstellung des Gleichgewichts von Grundkapital und Reinvermögen erforderlich ist, sodass die Absenkung nicht die kompletten Verluste ausgleichen muss.[330] Da die Kapitalerhöhung wegen der Ausgabe und Zeichnung der neuen Aktien einen gewissen Zeitraum beansprucht und bei ihrer Beendigung bereits die den Verwaltern für die Einberufung der Versammlung auferlegte zweimonatige Frist abgelaufen sein kann, empfiehlt es sich, gleichzeitig zum Kapitalerhöhungsbeschluss den Auflösungsbeschluss zu fassen und diesen unter eine aufschiebende Bedingung (die Verzögerung oder das Scheitern der Kapitalerhöhung) zu stellen.[331]

---

325 *Iglesias Prada/García de Enterría,* in: Menéndez/Rojo, Lecciones de Derecho Mercantil, Vol. I, S. 595, 599.

326 *Sequeira Martín,* in: Arroyo/Embid/Górriz, Comentarios LSA, Art. 260, S. 2494.

327 *Salelles,* in: Arroyo/Embid/Górriz, Comentarios LSRL, Arts. 104–108, S. 1162 (mit weiteren Beispielen). *Rojo* in: LH Sánchez Calero, S. 1437, 1480 f. teilt die Instrumente zur Aufhebung der Verlustsituation in wirtschaftliche (Aufhebung durch Gewinne) und juristische (Aufhebung durch Gesellschaftsbeschlüsse) ein, wobei er bei letzteren wiederum zwischen direkten (wie der im Gesetz genannten Erhöhung bzw. Absenkung des Grundkapitals) und indirekten (Mittel, die – wie die Umwandlung – als Hauptziel nicht die Verhinderung der Auflösung verfolgen) differenziert.

328 TS, Urt. v. 5. 2. 2008 (ROJ: STS 2550/2008), Rechtsgrund Zweitens.

329 TS, Urt. v. 23. 2. 2004 (ROJ: STS 1163/2004), Rechtsgrund Erstens.

330 *Beltrán,* in: Rojo/Beltrán, La responsabilidad de los administradores, S. 249, 269, der auch darauf hinweist, dass die Absenkung im Vergleich zur Erhöhung zwar die einfachere Maßnahme darstellt, die aber durch die Versammlung beschlossen werden muss, während bei der Erhöhung die Geschäftsleiter zur Zeitersparnis über das autorisierte Kapital vorgehen können.

331 *Beltrán,* in: Rojo/Beltrán, La responsabilidad de los administradores, S. 249, 269 f.

(4) *Der Zusammenhang zwischen Auflösungsgrund und Stellung des Konkursantrages*

Nach Art. 363 Abs. 1 Nr. e) LSC ist die Gesellschaft aufzulösen, vorausgesetzt, dass nicht die Stellung des Konkursantrages angebracht ist. Damit wird eine zweite Ausnahme zum Auflösungsgrund festgelegt. Die Vorgängernormen Art. 260 Abs. 1 Nr. 4 LSA und Art. 104 Abs. 1 Nr. e) LRSL bezogen sich zunächst allein auf den Kapitalverlust und eine mögliche Rekapitalisierung als Alternative zur Auflösung der Gesellschaft. Ein Bezug zum Konkurs war dagegen noch nicht enthalten. So bestimmte Art. 260 Abs. 1 Nr. 4 LSA für die spanische Aktiengesellschaft (Art. 104 Abs. 1 Nr. e) LSRL enthielt die entsprechende Regelung für die spanische Gesellschaft mit beschränkter Haftung), dass die Gesellschaft bei Abfallen des Vermögens auf einen unter der Hälfte des Grundkapitals liegenden Betrages aufgelöst werden musste, außer das Grundkapital wurde entsprechend erhöht oder reduziert. Die zwanzigste (für die *Sociedad Anónima,* S. A.) bzw. einundzwanzigste (für die *Sociedad de Responsabilidad Limitada,* SRL) Schlussbestimmung der LC führte dann Änderungen bezüglich des letzten Teils dieser Normen ein, sodass sie mit Inkrafttreten der LC zum 1. September 2004 einen anderen Wortlaut erhielten und der Bezug zum Konkurs der Gesellschaft geschaffen wurde. Art. 260 Abs. 1 Nr. 4 LSA verlangte nunmehr weiterhin die Auflösung der Aktiengesellschaft für den Fall, dass das Reinvermögen unter den hälftigen Betrag des Grundkapitals fällt und keine Kapitalanpassung stattfindet, aber nur dann, wenn nicht die Stellung des Konkursantrages nach der LC angebracht ist. Die entsprechende Änderung erfolgte auch in Art. 104 Abs. 1 Nr. e) LSRL. Diese Fassung wies also bereits den gleichen Wortlaut auf wie der heutige Art. 363 Abs. 1 Nr. e) LSC. In diesem Zusammenhang ergibt sich das Auslegungsproblem, was der Normwortlaut im letzten Teil des Art. 363 Abs. 1 Nr. e) LSC meint, in welchen Situationen also die Stellung des Konkursantrages „angebracht" i. S. der Vorschrift ist.

Hierbei ist zu berücksichtigen, dass im spanischen Recht zwei Insolvenzgründe bestehen: Zum einen regelt Art. 2 Abs. 2 LC die Zahlungsunfähigkeit (*insolvencia actual*). Der zweite Insolvenzgrund liegt in der drohenden Zahlungsunfähigkeit (*insolvencia inminente)* nach Art. 2 Abs. 3 LC. Die Überschuldung einer Kapitalgesellschaft bildet dagegen keinen Insolvenzgrund. Es besteht auch eine Pflicht zur Stellung des Konkursantrages nach Art. 5 Abs. 1 LC. Diese Norm bestimmt, dass bei Eintreten der Insolvenz innerhalb von zwei Monaten ab Kenntniserlangung der Insolvenz bzw. zu unterstellender Kenntnis der Konkursantrag gestellt werden muss. Der Normtext in Art. 5 Abs. 1 LC spricht zwar lediglich von „Insolvenz", was das Schrifttum aber in dem Sinne versteht, dass die Antragspflicht nur bei Vorliegen der Zahlungsunfähigkeit nach Art. 2 Abs. 2 LC und nicht bei drohender Zahlungsunfähigkeit greift.[332] Insoweit fragt sich, ob die Stellung des Konkursantrages nur

332 Statt aller *Rubio,* ADCo 2010, Nr. 21, 81, 85. Da der Insolvenzgrund der Überschuldung nicht existiert, besteht auch keine diesbezügliche Antragspflicht, kritisch dazu *Fernández-Ballesteros,* in: Garnica-Martín, La nueva Ley Concursal, S. 21, 76.

dann „angebracht“ ist, wenn eine entsprechende Pflicht besteht (bei Zahlungsunfähigkeit), oder auch dann, wenn sie sich lediglich als Möglichkeit darstellt (bei drohender Zahlungsunfähigkeit).[333]

Im Regelfall kommt es zu einer stufenweisen Entwicklung vom hälftigen Kapitalverlust hin zur drohenden Zahlungsunfähigkeit und zur Zahlungsunfähigkeit, was aber nicht zwingend ist.[334] Eine Beziehung zwischen Kapitalverlust und Zahlungsunfähigkeit in der Weise, dass der Vermögensverlust automatisch zugleich eine Insolvenzsituation mit sich bringt, ist nicht gegeben, da die jeweiligen Voraussetzungen nach unterschiedlichen Kriterien bestimmt werden.[335] Eine Gesellschaft kann sich in der Insolvenzreife befinden, ohne dass gleichzeitig der hälftige Kapitalverlust gegeben ist, so z.B. dann, wenn die Gesellschaft keinen Kredit erhält, obwohl das Reinvermögen das Grundkapital deutlich übersteigt.[336] Möglich ist gleichermaßen das Vorliegen der umgekehrten Situation, d.h. das Bestehen der qualifizierten Verluste, die aber keine Insolvenz aufgrund Zahlungsunfähigkeit mit sich bringen, wenn die Gesellschaft dennoch genügend Kredit erhält, um die Zahlungsunfähigkeit zu vermeiden.[337] Die Formulierung „vorausgesetzt, dass nicht die Stellung des Konkursantrages angebracht ist“ deutet darauf hin, dass – alternativ – entweder die gesellschaftsrechtlichen Regeln über die Auflösung (bei Vorliegen der qualifizierten Verluste ohne gleichzeitige Zahlungsunfähigkeit) oder diejenigen des Konkursrechts (bei Vorliegen qualifizierter Verluste mit gleichzeitiger Zahlungsunfähigkeit) zur Anwendung kommen, wobei darüber hinaus noch eine dritte Variante in Betracht kommt: die Wahlmöglichkeit zwischen der Einleitung des Auflösungsprozesses und der Stellung des Konkursantrages (bei Eintreten der qualifizierten Verluste und einer gleichzeitigen drohenden Zahlungsunfähigkeit).[338] Insoweit ist zwischen dem gleichzeitigen Auftreten von Auflösungsgrund und Zahlungsunfähigkeit einerseits und dem gleichzeitigen Auftreten von Auflösungsgrund und drohender Zahlungsunfähigkeit andererseits zu unterscheiden.

(a) Das Verhältnis von Auflösungsgrund und Zahlungsunfähigkeit

Die qualifizierten Verluste stellen dann keinen gesetzlichen Auflösungsgrund mehr dar, wenn gleichzeitig der Insolvenzgrund der Zahlungsunfähigkeit gegeben ist.[339] Zentrales Argument in diesem Zusammenhang ist, dass im Fall der

---

333 *Perdices Hueto,* InDret, 2005, Nr. 3, 1, 3.

334 *Alcover Garau,* RCP 2006, Nr. 4, 81, 84 f. mit Beispielsfällen, in denen es direkt zur Insolvenzsituation kommt.

335 *Pérez Millán,* in: Gobierno corporativo y crisis empresariales, S. 199, 208.

336 *Sequeira Martin/Sacristán Bergia/Muñoz García,* in: LH García Villaverde, S. 2185, 2191.

337 *Sequeira Martin/Sacristán Bergia/Muñoz García,* in: LH García Villaverde, S. 2185, 2191.

338 *Perdices Hueto,* InDret, 2005, Nr. 3, 1, 2.

339 Statt aller *Alcover Garau,* RCP 2006, Nr. 4, 81, 86.

Zahlungsunfähigkeit die Stellung des Konkursantrages zur Pflicht wird.[340] In einer solchen Situation ist es nicht mehr zweckmäßig, nach den Vorschriften über den Auflösungsgrund wegen Verlusten vorzugehen, der – durch eine freiwillige Liquidation oder durch eine andere Maßnahme – das Eintreten dieser Insolvenzsituation gerade verhindern soll.[341] In Zweifelsfällen müssen die Verwalter die Situation prüfen und entscheiden, ob der hälftige Kapitalverlust vorliegt, ohne dass gleichzeitig eine Zahlungsunfähigkeit gegeben ist, oder ob bereits (unabhängig vom Auftreten der qualifizierten Verluste) die Zahlungsunfähigkeit eingetreten ist.[342]

(b) Das Verhältnis von Auflösungsgrund und drohender Zahlungsunfähigkeit

Der Begriff „Insolvenz“ in Art. 363 Abs. 1 Nr. e) LSC ist so auszulegen, dass er sich nur auf die Zahlungsunfähigkeit, nicht aber auch auf die drohende Zahlungsunfähigkeit bezieht, sodass die qualifizierten Verluste bei gleichzeitiger drohender Zahlungsunfähigkeit weiterhin einen Auflösungsgrund darstellen.[343] In einer solchen Situation besteht wegen der qualifizierten Verluste eine Auflösungspflicht, während die Stellung des Konkursantrages lediglich eine mögliche Handlung darstellt.[344] Im Ergebnis bleibt in dieser Fallkonstellation also die Pflicht zur Auflösung bestehen. Es stellt sich dann im Hinblick auf die Einberufungspflicht die weitergehende Frage, welches Handeln der Verwalter im Falle des gleichzeitigen Auftretens von hälftigem Kapitalverlust und drohender Zahlungsunfähigkeit zur Vermeidung einer Haftung erforderlich ist, konkret, ob die Verwalter trotz im Grundsatz gesetzlich vorgeschriebener Auflösung als Alternative zur Einberufung der Versammlung den Konkursantrag stellen können. Auf diese Problematik wird bei der Behandlung der Einberufungspflicht einzugehen sein.

bb. Die Einberufungspflicht (Art. 365 Abs. 1 LSC)

Die auf dem Auflösungsgrund des hälftigen Kapitalverlustes basierende Einberufungspflicht für die Verwalter ist in Art. 365 LSC geregelt. Relevanz kommt ihr nicht nur für diesen, sondern auch für alle anderen in Art. 363 LSC genannten Auflösungsgründe zu. Mit dieser Pflicht, die Auflösung der Gesellschaft aktiv voranzutreiben,

---

340 Siehe nur *Rodríguez Artigas,* in: Pulgar Ezquerra/Alonso Ledesma/Alonso Ureba/Alcover Garau, Comentarios, Disp. Final 20ª y 21ª, S. 1896.

341 *Beltrán,* in: Rojo/Beltrán, La responsabilidad de los administradores, S. 249, 263 f.

342 *Beltrán,* in: Rojo/Beltrán, La responsabilidad de los administradores, S. 249, 264.

343 Statt vieler (noch zu Art. 260 Abs. 1 Nr. 4 LSA und Art. 104 Abs. 1 e) LSRL) *Alcover Garau,* RCP 2006, Nr. 4, 81, 88. A. A. offenbar *Rodríguez Ruiz de Villa/Huerta Viesca,* Responsabilidades de los administradores, S. 380: Eine Unterscheidung zwischen Zahlungsunfähigkeit und drohender Zahlungsunfähigkeit sei weder im Wortlaut des Art. 260 Abs. 1 Nr. 4 LSA bzw. des. Art. 104 Abs. 1 e) LSRL angelegt gewesen, noch ergebe sie sich nunmehr aus Art. 363 Abs. 1 e) LSC.

344 Noch zu Art. 260 Abs. 1 Nr. 4 LSA und Art. 104 Abs. 1 e) LSRL *Perdices Hueto,* InDret, 2005, Nr. 3, 1, 5.

hat der Gesetzgeber eine spezifische gesetzliche Pflicht für die Verwalter neben der allgemeinen Sorgfaltspflicht geschaffen.[345] Art. 365 Abs. 1 S. 1 LSC bestimmt, dass sie die Haupt- bzw. Gesellschafterversammlung innerhalb einer Frist von zwei Monaten einberufen müssen, damit sie den Beschluss über die Auflösung fasst, oder, wenn die Gesellschaft insolvent ist, diese auf den Konkurs hinwirkt. Nach Art. 365 Abs. 1 S. 2 LSC kann jeder Aktionär bzw. Gesellschafter von den Verwaltern die Einberufung verlangen, wenn nach seiner Auffassung ein Auflösungsgrund vorliegt oder die Gesellschaft insolvent ist. Die Versammlung kann dann den Auflösungsbeschluss oder, falls dies auf der Tagesordnung aufgeführt ist, den oder die zur Beseitigung des Auflösungsgrundes erforderlichen Beschlüsse fassen (Art. 365 Abs. 2 LSC). Vor Inkrafttreten der LSC war die Regelung zur Einberufungspflicht für die Aktiengesellschaft in Art. 262 Abs. 2 LSA enthalten. Für die Gesellschaft mit beschränkter Haftung bestand die entsprechende Regelung in Art. 105 Abs. 1 LSRL. Diese Vorgängernormen bestanden in zwei verschiedenen Fassungen: denjenigen vor und denjenigen nach Inkrafttreten der LC zum 1. September 2004. Die Formulierungen der durch die LC reformierten Arts. 262 Abs. 2 LSA, 105 Abs. 1 LSRL und des heutigen Art. 365 LSC führten und führen zu erheblichen Auslegungsproblemen, auf die bei der Behandlung des Verhältnisses von Einberufungs- und Konkursantragspflicht noch einzugehen sein wird.

(1) Norminhalt

Art. 365 Abs. 1 S. 1 LSC verlangt in erster Linie die Einberufung der Haupt- bzw. Gesellschafterversammlung innerhalb einer Frist von zwei Monaten.[346] Daneben haben die Verwalter im Rahmen der Einberufung weitere formale Anforderungen zu beachten.

(a) Fristbeginn

Die Norm trifft keinerlei Aussage dazu, zu welchem konkreten Zeitpunkt der Vermögensverlust aufgetreten sein oder festgestellt werden muss. Es handelt sich hierbei um die Problematik der Bestimmung des *dies a quo* bzw. des Beginns der zweimonatigen Frist, dem für das Handeln und die mögliche Haftung der Verwalter entscheidende Bedeutung zukommt.

Die h. M. lässt die Frist zur Einberufung zu dem Zeitpunkt beginnen, zu dem die Verwalter wussten oder hätten wissen müssen, dass der Auflösungsgrund vorliegt, unabhängig davon, ob der Jahresabschluss bereits fertiggestellt wurde oder nicht.[347]

---

345 *Carbajo Cascón,* CCJC 2008, 595, 605.

346 Die zweimonatige Frist bezieht sich nur auf die Einberufung, sodass die Versammlung auch nach diesem Zeitraum stattfinden kann, klarstellend *Bataller,* in: Rojo/Beltrán, Comentario LSC, Art. 365, S. 2564.

347 Siehe zur Rechtsprechung des TS statt vieler TS, Urt. v. 30. 10. 2000 (ROJ: STS 7878/2000), Rechtsgrund Zweitens: Zeitpunkt, zu dem der Geschäftsleiter mit der im Normalfall erwartbaren Sorgfalt die Verlustsituation erkannt hat oder hätte

Wolle man dem Normzweck am besten gerecht werden, so dürfe man nicht zulassen, dass eine weitere Geschäftstätigkeit der sich in der Verlustsituation befindenden Gesellschaft über einen längeren Zeitraum bis zur Fertigstellung des Jahresabschlusses stattfindet.[348] Der Begriff des Verlustes dürfe hier nicht im technischen, sondern müsse viel mehr im ökonomischen Sinne verstanden werden.[349] Auch die die Verwalter treffenden Sorgfalts- und Überwachungspflichten sprechen dafür, dass von ihnen zu jedem Zeitpunkt die Kenntnis der finanziellen Situation der Gesellschaft erwartet werden kann.[350] Mit dieser Auslegung werden hohe Anforderungen an die Sorgfalt der Verwalter gestellt, die in der Regel nur von den Verwaltern großer Aktiengesellschaften erfüllt werden können.[351]

Die a. A. im Schrifttum will die Frist mit dem Zeitpunkt beginnen lassen, zu dem die Verwalter den Jahresabschluss erstellen müssen, während bei nicht erfolgter Erstellung der letzte Tag der Frist zu seiner Erstellung maßgeblich sein soll.[352] Die Feststellung des Ergebnisses und damit auch des möglichen Verlustes erfolge durch den Jahresabschluss, und nur diese Feststellung ermögliche eine genaue Kenntnis hinsichtlich des Wertverlustes des Reinvermögens.[353] Außerdem müssen nach dieser Auffassung die Auflösungsgründe einer restriktiven Auslegung unterzogen werden, damit eine verfrühte Auflösung der Gesellschaft vermieden wird.[354]

(b) Weitere formale Anforderungen

Das Gesetz sieht keine spezifischen Regelungen bezüglich Einberufung und Ablauf der Versammlung vor, sodass die allgemeinen Regeln beachtet werden müssen (Arts. 166 ff. LSC).[355] Nach Art. 174 LSC muss die Einberufung den Namen der Gesellschaft, Ort und Zeit der Versammlung, die Tagesordnung mit den zu behandelnden Angelegenheiten und das Amt der Person bzw. der Personen enthalten, die die Einberufung

---

erkennen können; TS, Urt. v. 16. 12. 2004 (ROJ: STS 8154/2004), Rechtsgrund Sechstens, wonach auch ein Situationsbericht über die Finanzen ausreichen soll; aus dem Schrifttum siehe nur *Neila Neila,* La responsabilidad de los administradores, S. 571; Begründung dieser Lösung mit einer Analogie zu Art. 5 LC bei *Sánchez/Graells,* in: Ibáñez Jiménez, Fundamentos de derecho empresarial, Tomo II, S. 311, 318.

348 *Nieto Delgado,* in: Prendes Carril/A. Muñoz Paredes, Tratado judicial de la insolvencia, S. 113, 129.

349 *Morales Barceló,* La responsabilidad de los administradores, S. 344.

350 *Moya Ballester,* La responsabilidad de los administradores, S. 73.

351 So das Fazit von *Carbajo Cascón,* DSR 2013, Vol. 10, 145, 183 f.,

352 *Rojo* in: LH Sánchez Calero, S. 1437, 1462; *Pulgar Ezqeurra,* in: García Villaverde/ Alonso Ureba/ Pulgar Ezquerra, Derecho Concursal, S. 55, 91; *González Vázquez,* in: Sánchez-Calero Guilarte/Guilarte Gutiérrez, Comentarios, D. F. Vigésima, S. 3827; *Sánchez Calero,* in: LH García-Villaverde, S. 1175, 1195 f.

353 Sánchez Calero, Los administradores, S. 455.

354 *Rojo,* in: LH Sánchez Calero S. 1437, 1462.

355 *Sacristán Bergia,* in: Guerra Martín, La responsabilidad de los administradores, S. 223, 235.

vornehmen. Zwischen Vornahme der Einberufung und vorgesehenem Termin für die Abhaltung der Versammlung muss im Fall der SA mindestens ein Monat liegen, im Fall der SRL müssen mindestens 15 Tage vergehen (Art. 176 Abs. 1 LSC). Die Verwalter müssen bei der Einberufung der Haupt- bzw. Gesellschafterversammlung darauf hinweisen, dass Auflösung und Liquidation der Gesellschaft den Gegenstand der Versammlung bilden werden.[356] Gesetzlich nicht vorgeschrieben und daher auch nicht erforderlich ist die Benennung des konkreten Auflösungsgrundes.[357] Soll die Versammlung allerdings Maßnahmen zur Aufhebung des Auflösungsgrundes treffen, so müssen wegen der Formulierung in Art. 365 Abs. 2 LSC („falls dies auf der Tagesordnung aufgeführt ist") der konkrete Auflösungsgrund und mögliche für eine Aufhebung zu beschließende Gegenmaßnahmen benannt werden.[358] Wird ein konkreter Auflösungsgrund genannt, so kann die Auflösung nicht aufgrund eines anderen gesetzlichen Grundes vorgenommen werden.[359] Die Auflösung als Tagesordnungspunkt kann hinter denjenigen der Erhöhung bzw. Herabsetzung des Grundkapitals gesetzt werden für den Fall, dass keine dieser Maßnahmen von der Versammlung beschlossen wird.[360] Teile des Schrifttums verlangen darüber hinaus, dass in der Tagesordnung bereits auf die Ernennung der die Verwalter im Fall der Auflösung ersetzenden Liquidatoren Bezug genommen wird.[361] Es wird aber nicht von den Verwaltern erwartet, dass sie auch für die tatsächliche Beschlussfassung durch die Versammlung Sorge tragen, was ihnen ohnehin nicht möglich ist.[362] Bei Vorhandensein eines aus mehreren Verwaltern bestehenden Verwaltungsrates können die einzelnen Mitglieder die Einberufung nicht vornehmen, sondern es muss ein Beschluss über die Einberufung gefasst werden.[363] Nach Art. 171 Abs. 2 LC kann im Falle der Amtsniederlegung durch die Mehrheit der Mitglieder des Organs und des Fehlens von Vertretern jeder im Amt verbliebene Verwalter die Versammlung einberufen mit dem Ziel, die offenen Ämter neu zu besetzen. In diesem Zusammenhang wirft die Frage Zweifel auf, ob der verbliebene Verwalter bei Einberufung dieser Versammlung die Frage der Auflösung der Gesellschaft auf die Tagesordnung

356 Díaz Arias, LSA, Art. 262, S. 494.

357 Wohl h M., siehe nur *Broseta Pont/Martínez Sanz*, Manual de Derecho Mercantil, S. 491.

358 *Sacristán Bergia*, in: Guerra Martín, La responsabilidad de los administradores, S. 223, 236; *Valpuesta Gastaminza*, Comentarios LSC, Arts. 360 a 370, S. 984.

359 TS, Urt. v. 23. 7. 2010 (ROJ: STS 3907/2010), Rechtsgrund Fünftens. Daher erscheint eine Einberufung ohne Benennung des konkreten Auflösungsgrundes möglicherweise sogar empfehlenswert, so *Valpuesta Gastaminza*, Comentarios LSC, Arts. 360 a 370, S. 984.

360 *Beltrán*, in: Rojo/Beltrán, La responsabilidad de los administradores, S. 249, 269.

361 *Bataller*, in: Rojo/Beltrán, Comentario LSC, Art. 365, S. 2567.

362 *Quijano González*, RdS 2002, Nr. 19, 73, 75.

363 TS, Urt. v. 13. 6. 2012 (ROJ: STS 4018/2012), Rechtsgrund Sechstens.

setzen darf.[364] Verlangt ein Anteilseigner die Einberufung der Versammlung (Art. 365 Abs. 1 S. 2 LSC), so gilt unbeschadet der sich aus Art. 168 Abs. 2 LSC allgemein für Fälle der Einberufung aufgrund eines Verlangens der Anteilseigner ergebenden Frist weiterhin die zweimonatige Frist aus Art. 365 Abs. 1 S. 2 LSC.[365] Allerdings legt Art. 168 Abs. 2 LSC in der derzeit geltenden Fassung ebenfalls eine Frist von einem Monat fest. Entfällt der Auflösungsgrund vor Ablauf der zweimonatigen Frist oder wird ihm durch die Versammlung, der nach Art. 365 Abs. 2 die Kompetenz dafür zukommt, mit den entsprechenden Maßnahmen begegnet, so erlischt die Einberufungspflicht.[366]

(2) Das Verhältnis von Einberufungspflicht und Konkursantrag

Art. 365 LSC verpflichtet die Verwalter zur Einberufung der Versammlung, damit sie den Auflösungsbeschluss fasst oder, falls die Gesellschaft insolvent ist, diese auf den Konkurs hinwirkt. Parallel zu dieser gesellschaftsrechtlichen Regelung besteht die seit dem 1. September 2004 geltende, im Fall der Zahlungsunfähigkeit eingreifende Pflicht zur Stellung des Konkursantrages (Art. 5 Abs. 1 LC). Das Verhältnis zwischen gesellschaftsrechtlicher und konkursrechtlicher Pflicht muss durch Auslegung ermittelt werden, damit Klarheit darüber herrscht, wie die Verwalter im jeweiligen Fall zur Vermeidung ihrer Haftung nach Gesellschafts- bzw. Konkursrecht vorgehen müssen. In diesem Zusammenhang ist – wie auch bereits im Rahmen des Art. 363 Abs. 1 Nr. e) LSC – danach zu unterscheiden, ob die Gesellschaft lediglich von einem hälftigen Kapitalverlust betroffen oder ob gleichzeitig eine Insolvenzsituation gegeben ist.[367]

(a) Hälftiger Kapitalverlust ohne gleichzeitige Insolvenz

Keine Schwierigkeiten bereitet insoweit die erste Fallkonstellation. Liegt neben dem Auflösungsgrund der qualifizierten Verluste kein Insolvenzgrund vor (und zwar weder in Form der Zahlungsunfähigkeit noch der drohenden Zahlungsunfähigkeit), so ist nicht der Konkursantrag zu stellen, sondern die Verwalter müssen die Einberufung der Versammlung mit dem Ziel des Auflösungsbeschlusses vornehmen.[368]

---

364 *Beltrán*, in: Rojo/Beltrán, La responsabilidad de los administradores, S. 249, 271, der sich im Ergebnis für diese Möglichkeit ausspricht, da aufgrund der von Gesetzes wegen bestehenden Einberufungspflicht samt konkreter Frist dem unvollständig besetzten Organ die Einbeziehung der Auflösungsentscheidung in den Tagesordnungspunkt der Ämterneubesetzung zugestanden werden sollte.

365 *Sacristán Bergia*, in: Guerra Martín, La responsabilidad de los administradores, S. 223, 235.

366 *Beltrán*, in: Rojo/Beltrán, La responsabilidad de los administradores, S. 249, 267.

367 *Morales Barceló*, La responsabilidad de los administradores, S. 340.

368 Siehe nur *Vilata Menadas*, in: Martínez Sanz, Tratado práctico del derecho concursal, S. 932, 945.

(b) Zusammentreffen von hälftigem Kapitalverlust und Insolvenz

Hinsichtlich der Pflichten der Verwalter in dieser Situation muss wiederum zwischen dem gleichzeitigen Vorliegen von qualifizierten Verlusten und Zahlungsunfähigkeit auf der einen und dem gleichzeitigen Eintritt von qualifizierten Verlusten und drohender Zahlungsunfähigkeit auf der anderen Seite unterschieden werden.[369] Es stellt sich die Frage, ob die Verwalter in der jeweiligen Situation der Einberufungspflicht aus Art. 365 Abs. 1 LSC nachkommen oder ob sie den Konkursantrag nach Art. 5 Abs. 1 LC stellen müssen.

(aa) Zusammentreffen von hälftigem Kapitalverlust und Zahlungsunfähigkeit

Zunächst soll die Situation betrachtet werden, in der sich die Gesellschaft nicht nur in der Situation des hälftigen Kapitalverlustes befindet, sondern gleichzeitig zahlungsunfähig ist. Dabei muss die Entwicklung des Normtextes der Vorschriften zur Einberufungspflicht berücksichtigt werden.

Vor Inkrafttreten der LC zum 1. September 2004 fand sich in den Normen zur Einberufungspflicht noch keine Bezugnahme zum Konkurs. Art. 262 Abs. 2 LSA bestimmte für die SA (Art. 105 Abs. 1 S. 2 LSRL enthielt die entsprechende Regelung für die SRL), dass die Verwalter zur Einberufung der Hauptversammlung innerhalb einer Frist von zwei Monaten verpflichtet sind. Die Verwalter konnten nach Auffassung der ganz h. M. bei gleichzeitigem Auftreten von qualifizierten Verlusten und Zahlungsunfähigkeit ihren Pflichten dadurch nachkommen, dass sie alternativ entweder die Auflösung oder den Konkurs betrieben.[370] Die Einberufungspflicht bestand nicht mehr, wenn die Verwalter den Konkursantrag stellten oder das Konkursverfahren auf Betreiben eines Dritten eröffnet wurde.[371] Damit die Verwalter nicht hafteten, musste der Konkursantrag oder die Einberufung der Versammlung innerhalb von zwei Monaten nach Auftreten der qualifizierten Verluste erfolgen.[372]

Die Zusatz-, Übergangs-, Aufhebungs- und Schlussbestimmungen der am 1. September 2004 in Kraft getretenen LC sollten nach dem Willen des spanischen Gesetzgebers eine geordnete Einfügung des neuen Gesetzes in die Rechtsordnung bewirken.[373] Mit der zwanzigsten und einundzwanzigsten Schlussbestimmung der LC erfolgte eine Änderung der Art. 262 Abs. 2 LSA, 105 Abs. 1 S. 2 LSRL, wobei sich nunmehr Unterschiede im Wortlaut zwischen diesen beiden Normen ergaben.

Der durch die zwanzigste Schlussbestimmung geänderte Art. 262 Abs. 2 LSA legte zunächst in S. 1 weiterhin die Pflicht zur Einberufung der Hauptversammlung innerhalb der zweimonatigen Frist fest. Die Norm sprach aber in S. 2 nunmehr

369 Statt vieler *Verdú Cañete*, La responsabilidad civil del administrador, S. 376.

370 Siehe nur *Gimeno-Bayón Cobos*, in: Gimeno-Bayón Cobos, Derecho de sociedades II, S. 136.

371 *Alcover Garau*, RdS 1997, Nr. 8, 265, 269.

372 *Alcover Garau*, RdS 1997, Nr. 8, 265, 269.

373 Gesetzesbegründung Nr. I des Gesetzes 22/2003 (Konkursgesetz), BOE Nr. 164 v. 10. 7. 2003, S. 26906.

davon, dass die Verwalter gleichermaßen den Konkursantrag stellen können infolge von Verlusten, die das Reinvermögen auf einen geringeren Betrag als die Hälfte des Grundkapitals reduzieren, es sei denn, dieses wird in ausreichendem Maße erhöht oder reduziert, und vorausgesetzt, dass die angesprochene Reduzierung die Insolvenz der Gesellschaft gemäß den Bestimmungen des Konkursgesetzes verursacht. Insoweit ergaben sich zunächst unterschiedliche Interpretationen im Schrifttum bezüglich der Formulierung „können". Einige Stimmen kritisierten diese Normfassung, da ihr Wortlaut so verstanden werden konnte, dass die Stellung des Konkursantrages eine bloße Möglichkeit darstellte, obwohl es sich im Fall der Zahlungsunfähigkeit um eine gesetzliche Pflicht handelt.[374] Teile des Schrifttums gingen daher davon aus, dass der Gesetzgeber sich an dieser Stelle nur auf die drohende Zahlungsunfähigkeit bezog, bei deren Eintreten die Stellung des Konkursantrages gerade keine Pflicht darstellt.[375] Nach anderen wollte die Vorschrift nicht die Möglichkeit für die Verwalter zur Stellung des Konkursantrages festlegen, sondern vielmehr zusätzlich zur Regelung in Art. 5 Abs. 1 LC auf die Pflicht zur Stellung des Konkursantrages im Fall der Zahlungsunfähigkeit hinweisen.[376] Darüber hinaus sorgte die in Art. 262 Abs. 2 S. 2 LSA enthaltene Formulierung „vorausgesetzt, dass die angesprochene Reduzierung die Insolvenz der Gesellschaft verursacht" für Irritationen, da eine Reduzierung des Grundkapitals für sich betrachtet nicht die Zahlungsunfähigkeit zur Folge haben kann und das Gesetz somit von einem nicht vorhandenen Kausalzusammenhang auszugehen schien.[377] Daher musste der Terminus „angesprochene Reduzierung" wohl so verstanden werden, dass die im ersten Teil des Art. 262 Abs. 2 S. 2 LSA genannte Reduzierung bzw. der Abfall des Reinvermögens auf einen Betrag unter den hälftigen Betrag des Grundkapitals gemeint war, was gleichzeitig bereits mit dem Eintritt der Zahlungsunfähigkeit verbunden sein kann.[378] Die durch die einundzwanzigste Schlussbestimmung der LC geänderte Regelung für die SRL in Art. 105 Abs. 1 LSRL dagegen bestimmte in der geänderten Fassung, dass sowohl die Auflösung als auch die Stellung des Konkursantrages einen Beschluss der Gesellschafterversammlung erfordern und dass die Verwalter die Gesellschafterversammlung innerhalb von zwei Monaten einberufen müssen, damit sie den Auflösungsbeschluss fasst oder auf den Konkurs hinwirkt. Im Gegensatz zur Regelung in der LSA fehlte hier die Regelung, dass die

---

374 *Pulgar Ezquerra,* in: García Villaverde/Alonso Ureba/ Pulgar Ezquerra, Derecho Concursal, S. 55, 90; *Alcover Garau,* RdS 2006, Nr. 26, 85, 90.; *Viñuelas Sanz,* Responsabilidad, S. 46, sieht darin einen technischen Gesetzgebungsfehler.

375 *Moya Ballester,* La responsabilidad de los administradores, S. 333.

376 Sánchez Calero, Los administradores, S. 492.

377 *Pulgar Ezquerra,* in: García Villaverde/Alonso Ureba/ Pulgar Ezquerra, Derecho Concursal, S. 55, 91 f. mit dem Hinweis darauf, dass eine Kausalbeziehung aber dann gegeben sein kann, wenn die mit einer Kapitalreduzierung verbundenen Kosten zur Zahlungsunfähigkeit führen.

378 *Rodríguez Artigas,* in: Pulgar Ezquerra/Alonso Ledesma/Alonso Ureba/Alcover Garau, Comentarios, Disp. Final 20ª y 21ª, S. 1896.

Verwalter gleichermaßen den Konkursantrag stellen können. Im Ergebnis löste das Schrifttum den Konflikt zwischen den Vorschriften zur Einberufungspflicht in LSA und LSRL und Art. 5 LC dergestalt, dass der Konkursantragspflicht bei gleichzeitigem Auftreten von hälftigem Kapitalverlust und Zahlungsunfähigkeit bei beiden Gesellschaftsformen Vorrang vor der Einberufungspflicht zukam.[379]

Der nunmehr sowohl die Aktiengesellschaft als auch die Gesellschaft mit beschränkter Haftung betreffende Art. 365 Abs. 1 S. 1 LSC besagt, dass die Verwalter die Haupt- bzw. Gesellschafterversammlung einberufen müssen, damit sie den Beschluss über die Auflösung fasst, oder, wenn die Gesellschaft insolvent ist, diese auf den Konkurs hinwirkt. Neben dieser Vorschrift besteht wiederum die Pflicht der Verwalter zur Stellung des Konkursantrages nach Art. 5 LC. Art. 365 Abs. 1 LSC kann aufgrund seines Wortlautes so verstanden werden, dass die Verwalter bei gleichzeitigem Eintritt des Auflösungsgrundes und der Zahlungsunfähigkeit den Konkursantrag trotz der in Art. 5 LC statuierten Pflicht nicht stellen müssen, sondern sich auf die Einberufung der Versammlung beschränken dürfen.[380] Auch könnte man den Normtext so auslegen, dass die Einberufungspflicht alternativ entweder den Auflösungsbeschluss oder einen Versammlungsbeschluss über das Hinwirken auf die Konkursantragstellung erreichen will, obwohl sich aus dem die Konkursantragspflicht statuierenden Art. 5 LC ergibt, dass diese alternativen Handlungsmöglichkeiten bei Vorliegen von Zahlungsunfähigkeit nicht bestehen.[381] In diesem Zusammenhang ist das bei der Darstellung des Art. 363 Abs. 1 Nr. e) LSC ermittelte Ergebnis zu berücksichtigen. Dort wurde gezeigt, dass bei gleichzeitigem Auftreten der qualifizierten Verluste und der Zahlungsunfähigkeit die Vorschriften über den Auflösungsgrund keine Anwendung mehr finden und dass in dieser Situation nach Konkursrecht vorzugehen ist.[382] Dies zugrunde gelegt, lässt sich aus einer systematischen Zusammenschau der Antragspflicht nach Art. 5 LC und den gesellschaftsrechtlichen Normen Art. 363 Abs. 1 Nr. e) („es sei denn .... die Stellung des Konkursantrages ist angebracht"), Art. 365 Abs. 1 S. 1 („wenn die Gesellschaft insolvent ist, diese auf den Konkurs hinwirkt") und Art. Art. 367 LSC (der Haftungsvorschrift bei Nichtbeachtung der Einberufungspflicht) schließen, dass bei gleichzeitigem Auftreten von hälftigem Kapitalverlust und Zahlungsunfähigkeit allein die Pflicht zur Stellung des Konkursantrages maßgeblich ist.[383] Bei Eintritt der Zahlungsunfähigkeit stellt sich die Einleitung des Auflösungsprozesses als nicht mehr sinnvoll dar.[384] Wurde der Auflösungsprozess wegen des hälftigen Kapitalverlustes bereits eingeleitet und tritt dann die Zahlungsunfähigkeit hinzu, so befreit dies die Verwalter ebenfalls nicht von der Konkursantragspflicht, da das Verfahren über

379 Siehe nur *Pulgar Ezquerra,* in: García Villaverde/Alonso Ureba/ Pulgar Ezquerra, Derecho Concursal, S. 55, 92.

380 *Beltrán,* in: Rojo/Beltrán, La responsabilidad de los administradores, S. 249, 264.

381 *Parejo Ballesteros,* RdS 2012, Nr. 38, 334, 336.

382 Siehe oben unter II. 3. a. aa. (4) (a).

383 Statt vieler *Parejo Ballesteros,* RdS 2012, Nr. 38, 334, 337.

384 *Morales Barceló,* La responsabilidad de los administradores, S. 348.

die Auflösung der Gesellschaft dann von den konkursrechtlichen Verfahrensregeln verdrängt wird.[385] Im Ergebnis geht damit sowohl bei gleichzeitigem Auftreten des hälftigen Kapitalverlustes und der Zahlungsunfähigkeit als auch bei Eintreten der Zahlungsunfähigkeit während des bereits begonnenen Auflösungsprozesses die Konkursantragspflicht der Einberufungspflicht vor.

(bb) Zusammentreffen von hälftigem Kapitalverlust und drohender Zahlungsunfähigkeit

In einer Situation, in der hälftiger Kapitalverlust und drohende Zahlungsunfähigkeit zusammentreffen, besteht weiterhin die Pflicht zur Auflösung der Kapitalgesellschaft nach Art. 363 Abs. 1 Nr. e) LSC und damit auch die Einberufungspflicht nach Art. 365 Abs. 1 LSC.[386] Eine Pflicht zur Stellung des Konkursantrages besteht dagegen bei drohender Zahlungsunfähigkeit nicht. In dieser Situation muss im Grundsatz der Einberufung der Vorrang vor der Stellung des Konkursantrages zukommen, denn „... was getan werden muss, muss dem vorgehen, was getan werden kann".[387] Können aber die durch die Einberufungspflicht geschützten Gläubigerinteressen gleichermaßen dadurch geschützt werden, dass die Verwalter den Konkursantrag stellen, so dürfe sie die an sich aus der Verletzung der Einberufungspflicht folgende Verantwortlichkeit nicht treffen.[388] Im Ergebnis stellt sich die Stellung des Insolvenzantrages wegen drohender Zahlungsunfähigkeit damit als alternative Handlungsmöglichkeit zur Einleitung des Auflösungsprozesses dar.[389]

(c) Zuständigkeit/Verfahren zur Stellung des Konkursantrages und Frist

Im Anschluss an die Feststellung der jeweils bestehenden Pflicht bzw. der Handlungsalternativen stellt sich (und zwar sowohl für die Situation des gleichzeitigen Auftretens von hälftigem Kapitalverlust und Zahlungsunfähigkeit als auch für diejenige des Zusammentreffens von Verlust und drohender Zahlungsunfähigkeit) eine weitergehende Frage, mit der sich das Schrifttum intensiv auseinandergesetzt hat: Besteht eine (alleinige) Verwalterzuständigkeit hinsichtlich der Entscheidung über die Stellung des Konkursantrages oder bedarf es vor Antragstellung einer Mitwirkung der Versammlung? Auch hinsichtlich der Problematik des zuständigen Organs ergibt sich also ein Auslegungsproblem im Verhältnis der gesellschafts- und

385 *Sequeira Martin/Sacristán Bergia/Muñoz García,* RCP 2006, Nr. 5, 199, 219.

386 Siehe oben unter II. 3. a. aa. (4) (b).

387 *Perdices Hueto,* InDret, 2005, Nr. 3, 1, 5 f.

388 *Perdices Hueto,* InDret, 2005, Nr. 3, 1, 6.

389 Statt aller *Perdices Hueto,* InDret, 2005, Nr. 3, 1, 6. *Verdú Cañete,* La responsabilidad civil del administrador, S. 378 f. sieht die Stellung des Konkursantrages aus mehreren Gründen als vorteilhaft an, insbesondere wegen der Möglichkeit, statt der Liquidation den Abschluss eines Konkursvergleiches mit den Gläubigern erreichen zu können.

konkursrechtlichen Regelungen. Daneben ist zu klären, welche Frist die Verwalter in der jeweiligen Situation einhalten müssen.

Grundsätzlich ist davon auszugehen, dass das Verwalterorgan die Pflichten erfüllen muss, die der juristischen Person durch externe Normen – wie durch die LC – auferlegt werden.[390] Art. 3 Abs. 1 S. 1 LC als konkursrechtliche Regelung bestimmt insoweit, dass zur Stellung des Konkursantrages u. a. der Schuldner berechtigt ist. Die Vorschrift enthält überdies einen S. 2, der mit Wirkung zum 18. Oktober 2013 zunächst gestrichen wurde, in der am 3. Oktober 2015 in Kraft getretenen Fassung aber wieder aufgenommen wurde: Wenn es sich beim Schuldner um eine juristische Person handelte, ist danach das Verwalter- bzw. Liquidationsorgan für die Entscheidung über die Stellung des Konkursantrages zuständig. In diesem Zusammenhang ist zwischen der Kompetenz zur sachlichen Entscheidung über die Antragstellung (Innenverhältnis) und der Zuständigkeit zur Antragstellung mit Wirkung nach außen (Außenverhältnis) zu unterscheiden.[391] Aus der gesellschaftsrechtlichen Perspektive bestehen bereits deshalb keine Zweifel an der Zuständigkeit des Verwalterorgans zur Antragstellung, da dieses die Gesellschaft gerichtlich und außergerichtlich vertritt.[392] Art. 3 Abs. 1 S. 2 LC kann aufgrund des Normwortlautes dann entweder so interpretiert werden, dass er sich auf die Festlegung der Berechtigung für die Antragstellung nach außen hin beschränkt und dass die konkrete Kompetenzverteilung durch die gesellschaftsrechtlichen Normen erfolgen soll, oder dahingehend, dass die Zuständigkeit zur Entscheidung über die Stellung des Konkursantrages für alle juristischen Personen bereits an dieser Stelle den Verwaltern zugeschrieben wird.[393] Die Festlegung der exklusiven Zuständigkeit der Geschäftsleiter für die Stellung des Konkursantrages bietet Vorteile, denn so kommt es zu einer Beschleunigung des Handlungsprozesses in wirtschaftlichen Krisensituationen und zur Vermeidung der Publizitätswirkung, die sich aus einer Einberufung der Versammlung mit dem Tagesordnungspunkt der Stellung des Konkursantrages ergeben kann.[394]

Zur Lösung dieser Problematik sind neben der konkursrechtlichen Norm die gesellschaftsrechtlichen Regelungen heranzuziehen. Der bereits angesprochene Art. 262 Abs. 2 S. 2 LSA bestimmte in der seit dem 1. September 2004 geltenden Fassung, dass die Verwalter „gleichermaßen" den Konkursantrag stellen können. Da diese Regelung die vorherige Einberufung der Hauptversammlung nicht erwähnte, musste sie wohl dahingehend verstanden werden, dass die Stellung des Konkursantrages eine solche nicht erforderte.[395] Art. 105 Abs. 1 dagegen statuierte in S. 1 zunächst das Erfordernis eines Versammlungsbeschlusses sowohl für die Auflösung

---

390 *Marín de la Bárcena,* La acción individual, S. 356.

391 *Pulgar Ezquerra,* in: Pulgar Ezquerra/Alonso Ledesma/Alonso Ureba/Alcover Garau, Comentarios, Art. 5, S. 217.

392 *Pulgar Ezquerra,* RdS 2005, Nr. 24, 257, 263.

393 *González Vázquez,* in: Sánchez-Calero Guilarte/Guilarte Gutiérrez, Comentarios, D. F. Vigésima, S. 3844 f.

394 *Pulgar Ezquerra,* RdS 2005, Nr. 24, 257, 261.

395 *Morales Barceló,* La responsabilidad de los administradores, S. 354.

als auch für die Stellung des Konkursantrages und legte in S. 2 die Verpflichtung der Verwalter zur Einberufung der Gesellschafterversammlung fest, damit diese den Auflösungsbeschluss fasste oder auf den Konkurs hinwirkte. Diese Formulierung schien also generell einen Beschluss der Gesellschafterversammlung zu verlangen, damit die Verwalter den Konkursantrag stellen konnten.[396] Sie konnte auch so verstanden werden, dass das Gesetz die Konkursantragspflicht in eine Pflicht zur Einberufung der Versammlung verwandelte, damit diese die Entscheidung zur Antragstellung trifft.[397] Dagegen sprach aber der Regelungsgehalt des Art. 105 LSRL, der sich ausdrücklich nur auf die im Gesetz genannten Auflösungsgründe bezog, zu denen die Insolvenz gerade nicht gehört.[398] Im Ergebnis lassen sich damit Widersprüche zwischen den Formulierungen der Art. 3 Abs. 1 S. 2 LC, 262 Abs. 2 LSA und 105 Abs. 1 LSRL feststellen. Die nunmehr geltende LSC enthält keine Norm, die explizit die Frage der Zuständigkeit zur Stellung des Konkursantrages aus gesellschaftsrechtlicher Perspektive regelt. Art. 365 Abs. 1 S. 1 LSC verpflichtet die Verwalter zur Einberufung der Versammlung, damit sie den Beschluss über die Auflösung fasst, oder, wenn die Gesellschaft insolvent ist, diese auf den Konkurs hinwirkt. Art. 365 Abs. 1 S. 1 LSC weist damit einen nahezu identischen Wortlaut auf wie Art. 105 Abs. 1 S. 2 LSRL, unterscheidet sich von dieser Vorschrift hinsichtlich der Stellung der Wörter bzw. hinsichtlich des Satzbaus, da das Wort „diese" auf die Versammlung oder die Gesellschaft bezogen sein kann.[399] Auch hier ergeben sich also weiterhin Auslegungsprobleme. Legt man dann Art. 365 Abs. 1 S. 1 LSC so aus, dass „diese" sich auf die Versammlung bezieht, so scheint eine Einberufung der Versammlung vor Stellung des Konkursantrages erforderlich zu sein.[400] Seinem Wortlaut nach kann Art. 365 Abs. 1 S. 1 LSC darüber hinaus sogar so verstanden werden, dass die Stellung des Konkursantrages – ebenso wie die Auflösung – eines vorherigen Beschlusses der Versammlung bedarf.[401] Die Diskussion hinsichtlich des zuständigen Organs und des Verfahrens bleibt aufgrund der ähnlichen Fassung von Art. 105 Abs. 1 S. 2 LSRL und Art. 365 Abs. 1 LSC virulent.[402] Die Problematik

396 *Alcover Garau,* RdS 2006, Nr. 26, 85, 91.

397 *Beltrán,* in: Rojo/Beltrán, Comentario LC, DF 21.ª, S. 3264.

398 *Alcover Garau,* RdS 2006, Nr. 26, 85, 91, der nochmals darauf hinweist, dass der hälftige Kapitalverlust bei Vorliegen der Zahlungsunfähigkeit seine Funktion als Auflösungsgrund verliert.

399 *Martín Reyes,* RDM 2010, 835, 851 f. und *Morales Barceló,* La responsabilidad de los administradores, S. 355 beziehen „diese" offenbar auf die Versammlung, da nach ihrer Auffassung Art. 105 Abs. 1 S. 2 LSRL und Art. 365 Abs. 1 LSC die gleiche Fassung aufweisen; anders dagegen *Parejo Ballesteros,* RdS 2012, Nr. 38, 334, 337 für den mit „diese" ausdrücklich die Gesellschaft gemeint ist.

400 *Morales Barceló,* La responsabilidad de los administradores, S. 352.

401 *Morales Barceló,* La responsabilidad de los administradores, S. 353.

402 Nach den vom einem identischen Wortlaut der Art. 105 Abs. 1 S. 2 LSRL, 365 Abs. 1 LC ausgehenden Stimmen kommt der Diskussion dann aufgrund dieser Tatsache weiterhin Bedeutung zu.

der Notwendigkeit der vorherigen Einberufung der Versammlung und des Versammlungsbeschlusses für die Stellung des Konkursantrages ist im Schrifttum umstritten. Insoweit ist wiederum zwischen gleichzeitigem Auftreten von hälftigem Kapitalverlust und Zahlungsunfähigkeit bzw. drohender Zahlungsunfähigkeit zu unterscheiden.

(aa) Vorherige Einberufung der Versammlung und Frist bei Zusammentreffen von hälftigem Kapitalverlust und Zahlungsunfähigkeit

Für die Situation des Zusammentreffens von hälftigem Kapitalverlust und Zahlungsunfähigkeit lassen sich drei unterschiedliche Auffassungen im Schrifttum unterscheiden.

Nach der Mehrheit der Stimmen im Schrifttum müssen die Verwalter den Konkursantrag aufgrund der sie bei Zahlungsunfähigkeit treffenden Antragspflicht aus Art. 5 Abs. 1 LC direkt stellen, sodass sie weder zuvor die Versammlung einberufen, noch deren Zustimmung abwarten müssen.[403] Bei Zusammentreffen von hälftigem Kapitalverlust und Zahlungsunfähigkeit treten die konkursrechtlichen an die Stelle der gesellschaftsrechtlichen Regelungen und verdrängen infolgedessen auch die entsprechenden Kompetenzen der Versammlung, sodass die Zuständigkeit zur Entscheidung über die Antragstellung allein bei den Verwaltern liegt.[404] Insoweit wird auf der Grundlage des Art. 3 Abs. 1 S. 2 LC argumentiert, dass die LC die Versammlung nicht erwähnt und ausdrücklich das Verwalterorgan als für die Entscheidung über die Antragstellung zuständig erklärt, und dass die LC als das für das Konkursrecht maßgebliche Gesetz die relevanten Verfahrensbestimmungen enthält.[405] Verlangte man eine vorherige Einberufung der Versammlung, so käme es zu Verzögerungen bei der Antragstellung und damit zu erhöhten Haftungsrisiken für die Verwalter und Nachteilen für die Gläubiger.[406]

Eine andere Schrifttumsauffassung verlangt, dass die Verwalter zunächst grundsätzlich die Versammlung einberufen, bei Nichtzustimmung der Versammlung aber

---

403 *Rodríguez Artigas,* in: Pulgar Ezquerra/Alonso Ledesma/Alonso Ureba/Alcover Garau, Comentarios, Disp. Final 20ª y 21ª, S. 1900 f.; *Perdices Hueto,* InDret, 2005, Nr. 3, 1, 4; *Marín de la Bárcena,* RdS 2005, 108 f.; *Alcover Garau,* RdS 2006, Nr. 26, 85, 90; wohl auch *Navarro Lérida,* in: Gobierno corporativo y crisis empresariales, S. 177, 193 f.; *Sequeira Martin/Sacristán Bergia/Muñoz García,* RCP 2006, Nr. 5, 199, 218; *Machado Plazas,* El concurso de acreedores culpable, S. 241 f.; *Verdú Cañete,* La responsabilidad civil del administrador, S. 388; *Morales Barceló,* La responsabilidad de los administradores, S. 358.

404 *Sequeira Martin/Sacristán Bergia/Muñoz García,* RCP 2006, Nr. 5, 199, 218.

405 *Morales Barceló,* La responsabilidad de los administradores, S. 357.

406 *Rodríguez Artigas,* in: Pulgar Ezquerra/Alonso Ledesma/Alonso Ureba/Alcover Garau, Comentarios, Disp. Final 20ª y 21ª, S. 1901.

dennoch den Konkursantrag stellen, da sie in dieser Situation mit der Konkursantragspflicht belastet sind.[407]

Nach einer vereinzelt vertretenen Ansicht dagegen können die Verwalter den Konkursantrag ohne vorherige Zustimmung der Versammlung aufgrund deren exklusiver Zuständigkeit nicht stellen.[408] Die Zuständigkeit der Versammlung müsse gewahrt werden, da es sich aufgrund der nach Einleitung des Konkursverfahrens zumindest möglichen Auflösung der Gesellschaft um eine Entscheidung von hoher Tragweite handele und da – gerade angesichts der Schwierigkeiten bei der Feststellung des Insolvenzgrundes der Zahlungsunfähigkeit – den Anteilseignern Gelegenheit dazu gegeben werden müsse, eine Bewertung der Einschätzung der Verwalter vorzunehmen.[409] Wegen der fehlenden Abstimmung zwischen der zweimonatigen Einberufungs- und der zweimonatigen Konkursantragspflicht kann sich für die Verwalter dann u. U. das Problem ergeben, dass sie bei Beachtung der exklusiven Versammlungszuständigkeit und der daraus folgenden Beachtung der Einberufungsfrist die konkursrechtliche Pflicht zur Antragstellung verletzen.[410] Im Fall der Einberufung der Versammlung müssten die Verwalter dann entscheiden, ob sie die Abhaltung der Versammlung abwarten und damit Gefahr laufen, bei Nichtzustandekommen eines Sanierungsbeschlusses den Konkursantrag nicht mehr innerhalb der zweimonatigen Antragsfrist stellen zu können, oder ob sie – unter Beschneidung der Entscheidungszuständigkeit der Versammlung – nach deren Einberufung, aber noch vor ihrer Abhaltung den Konkursantrag stellen.[411] Um die Verwalter in diesem Fall von der Notwendigkeit einer solchen Entscheidung zu befreien, sollen sie zur rechtzeitigen Einberufung der Versammlung verpflichtet bleiben.[412] Damit diese innerhalb von zwei Monaten seit dem gleichzeitigen Auftreten des Kapitalverlustes und der Zahlungsunfähigkeit stattfinden kann und damit den Verwaltern mindestens ein

407 *Pulgar Ezquerra,* RdS 2005, Nr. 24, 257, 266; *García Vidal,* in: LH Olivencia, S. 1017, 1023 f. („subsidiäre Verpflichtung"); *Puyol Martínez-Ferrando,* in: Gobierno corporativo y crisis empresariales, S. 277, 283. Für eine vorherige Einberufung der Versammlung im Grundsatz auch *Juste Mencía,* in: Bercovitz Rodríguez-Cano, Comentarios LC, D. F. 20.ª, S. 2376, der aber in bestimmen Fällen (so z. B. bei von vornherein nicht vorhandenen Sanierungsmöglichkeiten) eine direkte Antragstellung durch die Verwalter für ratsam hält.

408 *González Vázquez,* in: Sánchez-Calero Guilarte/Guilarte Gutiérrez, Comentarios, D. F. Vigésima, S. 3847.

409 *González Vázquez,* in: Sánchez-Calero Guilarte/Guilarte Gutiérrez, Comentarios, D. F. Vigésima, S. 3847 f.

410 *González Vázquez,* in: Sánchez-Calero Guilarte/Guilarte Gutiérrez, Comentarios, D. F. Vigésima, S. 3850 f.

411 *González Vázquez,* in: Sánchez-Calero Guilarte/Guilarte Gutiérrez, Comentarios, D. F. Vigésima, S. 3851 f.

412 *González Vázquez,* in: Sánchez-Calero Guilarte/Guilarte Gutiérrez, Comentarios, D. F. Vigésima, S. 3852 f.

Tag zur Stellung des Konkursantrages bleibt, soll die Einberufungsfrist in diesem Ausnahmefall nur einen Monat und 14 Tage betragen.[413]

Da bei Eintritt der Zahlungsunfähigkeit die konkursrechtlichen Regelungen an die Stelle der gesellschaftsrechtlichen Regelungen zur Auflösung treten, findet bei Zusammentreffen von hälftigem Kapitalverlust und Zahlungsunfähigkeit die Frist des Art. 5 Abs. 1 LC und damit auch der dort festgelegte Zeitpunkt für den Fristbeginn Anwendung (Fristbeginn mit Kenntnis oder zu unterstellender Kenntnis des Schuldners von der Zahlungsunfähigkeit).[414] Die Auffassung, die eine vorherige Einberufung der Versammlung vor Stellung des Konkursantrages als notwendig erachtet und die von den Verwaltern im Falle eines ablehnenden Versammlungsbeschlusses die Stellung des Konkursantrages verlangt, will die Frist für die Antragstellung zu dem Zeitpunkt beginnen lassen, zu dem die Versammlung – durch die Information des Verwaltungsorgans – Kenntnis von der Zahlungsunfähigkeit erhält, da es auf die Kenntnis des für die Entscheidung über die Antragstellung zuständigen Organs und damit auf die Kenntnis der Versammlung ankomme.[415] Die Verwalter müssen den Konkursantrag dann innerhalb von zwei Monaten seit dem vorgesehenen Datum für die Abhaltung der Versammlung (falls diese nicht stattfindet) bzw. seit dem Datum der Versammlung stellen, die einen die Antragstellung ablehnenden Beschluss fasst.[416]

(bb) Vorherige Einberufung der Versammlung und Frist bei Zusammentreffen von hälftigem Kapitalverlust und drohender Zahlungsunfähigkeit

Nach der ganz überwiegenden Mehrheit des Schrifttums bestehen in dieser Situation eine vorherige Pflicht zur Einberufung und das Erfordernis eines der Stellung des Konkursantrages zustimmenden Versammlungsbeschlusses, da bei drohender Zahlungsunfähigkeit gerade keine Antragspflicht für die Verwalter besteht.[417] Die

---

413 *González Vázquez,* in: Sánchez-Calero Guilarte/Guilarte Gutiérrez, Comentarios, D. F. Vigésima, S. 3853. Diese Argumentation kann aber nur für die SL gelten, da wegen Art. 176 LSC bei dieser Rechtsform mindestens zwei Wochen zwischen der Einberufung und der Abhaltung der Versammlung liegen müssen, während diese Frist für die SA einen Monat beträgt.

414 *Gallego Sánchez,* in: Gallego Sánchez, Comentarios LC, D. F. 21.ª, S. 1185; *Moya Ballester,* La responsabilidad de los administradores, S. 335.

415 *Pulgar Ezquerra,* in: Pulgar Ezquerra/Alonso Ledesma/Alonso Ureba/Alcover Garau, Comentarios, Art. 5, S. 223 f.

416 *Pulgar Ezquerra,* in: Pulgar Ezquerra/Alonso Ledesma/Alonso Ureba/Alcover Garau, Comentarios, Art. 5, S. 224.

417 *Rodríguez Artigas,* in: Pulgar Ezquerra/Alonso Ledesma/Alonso Ureba/Alcover Garau, Comentarios, Disp. Final 20ª y 21ª, S. 1901; *Juste Mencía,* in: Bercovitz Rodríguez-Cano, Comentarios LC, D. F. 20.ª, S. 2376; *González Vázquez,* in: Sánchez-Calero Guilarte/Guilarte Gutiérrez, Comentarios, D. F. Vigésima, S. 3839 f.; *Marín de la Bárcena,* RdS 2005, Nr. 24, 91, 109; *Pulgar Ezquerra,* RdS 2005, Nr. 24, 257, 266; *Alcover Garau,* RdS 2006, Nr. 26, 85, 92 f.; *Puyol Martínez-Ferrando,* in: Gobierno

vorherige Einberufung der Versammlung empfiehlt sich darüber hinaus auch in den Fällen, in denen bei den Verwaltern Zweifel darüber bestehen, ob eine Zahlungsunfähigkeit gegeben ist oder nicht oder ob es sich lediglich um eine drohende oder eine bereits eingetretene Zahlungsunfähigkeit handelt.[418] Nach einer vereinzelt vertretenen weiteren Auffassung ist eine vorherige Einberufung der Versammlung und ein die Antragstellung beschließender Versammlungsbeschluss zwar im Grundsatz ebenfalls erforderlich, aber die Verwalter sollen entgegen eines ablehnenden Beschlusses den Konkursantrag stellen können, wenn sie damit – in Ausübung der ihnen übertragenen Sorgfaltspflicht und unter Berücksichtigung des Gedankens des Art. 5 LC – verhindern wollen, dass sich die drohende Zahlungsunfähigkeit zu einer Zahlungsunfähigkeit hin entwickelt.[419]

Da bei Zusammentreffen von hälftigem Kapitalverlust und drohender Zahlungsunfähigkeit keine Konkursantragspflicht besteht, findet auch die konkursrechtliche Frist keine Anwendung, sodass die Verwalter die Versammlung – wie in Art. 365 Abs.1 LSC vorgesehen – innerhalb von zwei Monaten seit Kenntnis oder zu unterstellender Kenntnis von der Verlustsituation einberufen müssen.[420]

(d) Zusammenfassung

Bei Eintritt des hälftigen Kapitalverlustes ohne gleichzeitige Insolvenz haben die Verwalter die Haupt- bzw. Gesellschafterversammlung innerhalb von zwei Monaten einzuberufen, die über die Auflösung bzw. die Maßnahmen zu ihrer Abwendung entscheidet. Bei Zusammentreffen von hälftigem Kapitalverlust und Zahlungsunfähigkeit müssen sie den Konkursantrag stellen. Die diesbezügliche Entscheidungszuständigkeit liegt nach der h. M. allein bei den Verwaltern, sodass weder eine vorherige Einberufung der Versammlung, noch eine zustimmende Beschlussfassung zur Stellung des Konkursantrages erforderlich ist. Die maßgebliche Frist und der Fristbeginn für die Antragspflicht ergeben sich aus der LC. Bei Zusammentreffen von hälftigem Kapitalverlust und drohender Zahlungsunfähigkeit stellen die Einleitung des Auflösungsprozesses und die Stellung des Konkursantrages alternative Handlungsmöglichkeiten dar. Vor Antragstellung müssen die Verwalter nach der ganz h. M. die Versammlung innerhalb der durch die LSC festgelegten Frist einberufen. Diese muss vor Stellung des Konkursantrages einen zustimmenden Beschluss fassen.

---

corporativo y crisis empresariales, S. 277, 283; *Verdú Cañete*, La responsabilidad civil del administrador, S. 388.

418 *Valpuesta Gastaminza*, Comentarios LSC, Arts. 360 a 370, S. 983.

419 In diesem Sinne wohl *Navarro Lérida*, in: Gobierno corporativo y crisis empresariales, S. 177, 194 f., die sich auch für die Einführung einer spezifischen Haftungsnorm für diese Situation ausspricht.

420 *Moya Ballester*, La responsabilidad de los administradores, S. 337.

cc. *Regelung im Gesetzentwurf für das Handelsgesetzbuch*

Der Auflösungsgrund des hälftigen Kapitalverlustes bleibt nach Art. 272–8 Abs. 2 des Gesetzentwurfes für das neue spanische Handelsgesetzbuch gesetzlicher Auflösungsgrund für Kapitalgesellschaften, es sei denn, dass aufgrund von Insolvenz der Gesellschaft das Konkursverfahren eröffnet worden ist. Der Insolvenz kommt also weiterhin Vorrang vor dem Auflösungsgrund zu, wobei die Norm im Gegensatz zur jetzigen Regelung in Art. 363 Abs. 1 e) LSC den Vorrang an die Eröffnung des Konkursverfahrens und nicht mehr an das Vorliegen des Insolvenzgrundes knüpft. Die Pflichten bei Eintritt des hälftigen Kapitalverlustes werden gesondert in Art. 272–11 des Gesetzentwurfes geregelt, der in seiner Formulierung einige Änderungen zur jetzigen Regelung aufweist. Nach Abs. 1 dieser Norm müssen die Verwalter, wenn sie den Jahresabschluss erstellt haben und sich aus diesem der Verlust ergibt, alternativ den Vorschlag zur Erhöhung, Reduzierung oder Wiederherstellung des Grundkapitals oder zur Auflösung der Gesellschaft auf die Tagesordnung der Versammlung setzen, die den Jahresabschluss feststellen muss. Damit stellt der Gesetzentwurf offenbar darauf ab, dass sich die Verluste aus dem Jahresabschluss ergeben müssen. Ein Bezug zum Konkursantrag und einer möglichen Beteiligung der Versammlung findet sich hier im Gegensatz zu Art. 365 Abs. 1 S. 1 LSC nicht mehr.

b. Die Pflicht zur Beantragung der gerichtlichen Auflösung nach Art. 366 Abs. 2 LSC

Kommt es nicht zur Auflösung der Kapitalgesellschaft durch die Haupt- bzw. Gesellschafterversammlung, wird für diesen Fall eine weitere Pflicht der Verwalter in der LSC festgelegt. Nach Art. 366 Abs. 1 LSC kann, wenn die Versammlung nicht einberufen wird, nicht stattfindet oder keiner der in Art. 365 LSC vorgesehenen Beschlüsse gefasst wird, jeder Interessierte beim Handelsrichter des Gesellschaftssitzes auf die Auflösung der Gesellschaft hinwirken. Jeder Verwalter ist als „Interessierter" i. S. des Art. 366 Abs. 1 LSC anzusehen.[421] Art. 366 Abs. 2 LSC legt dann eine Verwalterpflicht fest und verlangt, dass die Verwalter den Antrag auf gerichtliche Auflösung der Gesellschaft stellen, wenn der Beschluss der bei Vorliegen des Auflösungsgrundes einberufenen Versammlung der Auflösung zuwider läuft oder nicht herbeigeführt werden kann. Der Antrag ist innerhalb von zwei Monaten zu stellen, gerechnet vom vorgesehenen Datum für die Abhaltung der Versammlung an, sofern diese nicht stattfindet, oder vom Tag der Versammlung an, sofern der Beschluss nicht auf Auflösung lautet oder gar nicht gefasst wurde. Vor Inkrafttreten der LSC war die Pflicht zur Beantragung der gerichtlichen Auflösung in Art. 262

421 *Rojo,* in: LH Sánchez Calero, S. 1437, 1472; *Bataller,* in: Rojo/Beltrán, Comentario LSC, Art. 365, S. 2569. Der Terminus „Interessierter" kann sich darüber hinaus auf jede Person beziehen, die ein berechtigtes Interesse hat, darunter die Anteilseigner und die Gläubiger, siehe *Machado Plazas,* Pérdida del capital social, S. 287 f.

Abs. 4 LSA und Art. 105 Abs. 4 LSRL geregelt. Unterschiede in den Formulierungen zur heutigen Fassung in der LSC bestehen nicht.

aa. Normzweck

Bei der Pflicht zur Herbeiführung der gerichtlichen Auflösung handelt es sich um eine im Verhältnis zur Einberufungspflicht subsidiäre Pflicht.[422] Die Vorschrift stellt sicher, dass die Verantwortung zur Auflösung der Gesellschaft allein bei der Versammlung verbleibt.[423] Aus dem Charakter als subsidiäre Pflicht ergibt sich, dass die Verwalter zur Erfüllung ihrer Pflichten im Rahmen der Auflösung nicht direkt zur Beantragung der gerichtlichen Auflösung übergehen dürfen, sondern immer zunächst die Einberufung der Versammlung vornehmen müssen.[424]

bb. Materielle Voraussetzung und formale Anforderungen

Ausweislich des Normwortlautes liegt die einzige materielle Voraussetzung darin, dass der Auflösungsbeschluss nicht zustande gekommen ist bzw. der gefasste Beschluss der Auflösung zuwiderläuft. Ungeschriebenes Merkmal ist das Fortbestehen des gesetzlichen Auflösungsgrundes, sodass die Pflicht zur Beantragung der gerichtlichen Auflösung nicht mehr besteht, wenn der Auflösungsgrund zum Termin der Versammlung oder während der zwei auf den festgelegten Tag für die Abhaltung der Versammlung folgenden Monate entfallen ist, unabhängig davon, ob diese stattfand oder nicht.[425]

Da nur ein positiver Beschluss, nicht aber das Ausbleiben eines solchen angefochten werden kann, können die Verwalter bei Nichtzustandekommen des Auflösungsbeschlusses keine Anfechtung des Versammlungsbeschlusses betreiben, sondern müssen die gerichtliche Auflösung beantragen.[426] Die Verwalter müssen zur Erfüllung ihrer Pflicht dem zuständigen Richter den Auflösungsantrag vorlegen.[427] Jedes Mitglied eines mit mehreren Verwaltern besetzten Verwaltungsrates ist bei Nichtzustandekommen eines entsprechenden Beschlusses allein zur Beantragung der Auflösung berechtigt.[428] Art. 366 Abs. 2 S. 2 LSC bestimmt die zweimonatige Frist und legt gleichzeitig den Beginn des Fristlaufs für den Fall der nicht stattfindenden Hauptversammlung und für den Fall des nicht gefassten bzw. eines die Auflösung ablehnenden Versammlungsbeschlusses fest. Im Fall einer schon nicht erfolgten Einberufung der Versammlung beginnt die zweimonatige Frist von dem Moment an

422 *Rojo,* in: LH Sánchez Calero, S. 1437, 1439.
423 *Bataller,* in: Rojo/Beltrán, Comentario LSC, Art. 365, S. 2568.
424 *Quijano González,* RdS 1995, Nr. 5, 265, 271.
425 *Rojo,* in: LH Sánchez Calero, S. 1437, 1469.
426 *Beltrán,* in: Rojo/Beltrán, La responsabilidad de los administradores, S. 249, 271.
427 *Beltrán,* in: Rojo/Beltrán, La responsabilidad de los administradores, S. 249, 271.
428 *Esteban Velasco,* RdS 1995, Nr. 5, S. 47, 70; *Sánchez Calero,* in: LH García Villaverde, S.1175, 1189; *Rojo,* in: LH Sánchez Calero, S. 1437, 1472.

zu laufen, zu dem der Gesellschafter bzw. Aktionär die Verwalter zur Einberufung aufgefordert hat und diese daraufhin nicht gehandelt haben.[429]

cc. Erlöschen der Pflicht und Verhältnis zum Konkursantrag

Stellt ein nach Art. 366 Abs. 1 LSC Berechtigter während des Fristlaufs den Auflösungsantrag, so entfaltet die Pflicht für die Verwalter nach der Rechtsprechung des TS keinerlei Wirkungen mehr, da in diesem Fall die vom Gesetz verfolgte Zielsetzung bereits erreicht wurde.[430] Wie bei der Einberufungspflicht müssen die Verwalter vorrangig der Pflicht zur Stellung des Konkursantrages nachkommen und dürfen nicht mehr die gerichtliche Auflösung beantragen, falls während der zweimonatigen Frist zur Beantragung der gerichtlichen Auflösung die Zahlungsunfähigkeit hinzutritt.[431] Die Situation der zum hälftigen Kapitalverlust hinzutretenden drohenden Zahlungsunfähigkeit ist hinsichtlich ihrer Folgen im Schrifttum umstritten. Findet die Versammlung nicht statt bzw. fasst diese weder einen Auflösungsbeschluss noch einen Beschluss zur Stellung des Konkursantrages, so entscheiden nach einer Auffassung die Verwalter unter Berücksichtigung des Gesellschaftsinteresses darüber, ob sie die gerichtliche Auflösung beantragen oder den Konkursantrag stellen.[432] Nach anderen müssen sie dagegen die gerichtliche Auflösung beantragen, da die Liquidation nach Konkursrecht keine Vorteile, sondern vielmehr deutliche Nachteile (den eine Veräußerung der Aktiva erschwerenden Misskredit und unnötige Kosten wie die Gerichtskosten oder die erforderliche Entlohnung der Konkursverwalter) mit sich bringe.[433]

dd. Regelung im Gesetzentwurf für das Handelsgesetzbuch

Während die Pflicht zur Beantragung der gerichtlichen Auflösung für alle anderen Auflösungsgründe in Art. 272–10 Abs. 2 des Gesetzesentwurfes geregelt werden soll, erfährt sie für den Fall des hälftigen Kapitalverlusts wiederum eine eigenständige Regelung. Nach Art. 272–11 Abs. 2 müssen die Geschäftsleiter weiterhin die gerichtliche Auflösung der Gesellschaft beantragen, wenn der Versammlungsbeschluss der Auflösung zuwider läuft oder nicht erreicht werden kann und das Grundkapital auch nicht erhöht, reduziert oder wiederhergestellt wird. Der Antrag muss nunmehr innerhalb einer Frist eines Monats gestellt werden, die zum Zeitpunkt der

429 *Valpuesta Gastaminza*, Comentarios LSC, Arts. 360 a 370, S. 986.

430 TS, Urt. v. 24. 10. 2002 (ROJ: STS 7017/2002), Rechtsgrund Zweitens. Kritisch *Sacristán Bergia*, in Guerra Martín, La responsabilidad de los administradores, S. 223, 241: Der Verwalter dürfe sich nicht auf das korrekte Handeln des Dritten verlassen.

431 Siehe nur *Beltrán*, in: Rojo/Beltrán, La responsabilidad de los administradores, S. 249, 266.

432 *Marín de la Bárcena*, RdS 2005, Nr. 24, 91, 109.

433 *González Vázquez*, in: Sánchez-Calero Guilarte/Guilarte Gutiérrez, Comentarios, D. F. Vigésima, S. 3839 f.

aufgeführten Ereignisse oder zum Zeitpunkt des Ablaufs der Frist beginnt, die zur Eintragung der Durchführung des Beschlusses zur Erhöhung, Reduzierung oder Wiederherstellung des Grundkapitals besteht.

c. Die Haftung bei Nichterfüllung der Pflichten nach Art. 367 LSC

Kommen die Verwalter ihrer Verpflichtung zur Einberufung der Hauptversammlung bzw. zur Beantragung der gerichtlichen Auflösung nicht nach, so haften sie gegenüber den Gläubigern. Art. 367 LSC legt diesbezüglich in Abs. 1 eine gesamtschuldnerische Haftung der Verwalter für die nach Eintreten des Auflösungsgrundes entstandenen Verbindlichkeiten für den Fall fest, dass sie die Pflicht zur Einberufung der Versammlung oder zur Beantragung der gerichtlichen Auflösung verletzen. Abs. 2 enthält eine Vermutungsregelung und bestimmt, dass im Falle der Pflichtverletzung vermutet wird, dass die durch die Gläubiger geltend gemachten Gesellschaftsverbindlichkeiten erst nach dem Eintritt des gesetzlichen Auflösungsgrundes entstanden sind, wobei den Verwaltern die Möglichkeit des Gegenbeweises eröffnet ist. Schuldnerin der Verbindlichkeiten bleibt allein die Gesellschaft, sodass die Verwalter selbst nicht zu Schuldnern werden, aber neben der Gesellschaft für die Verbindlichkeiten haften.[434] Der Haftung der Verwalter kommt dabei kein subsidiärer Charakter zu.[435] Dennoch wird der Haftung in vielen Fällen nur eine subsidiäre Bedeutung zukommen, da die Gläubiger bei vorhandenem Gesellschaftsvermögen nicht gegen die Verwalter vorgehen werden.[436] Die Haftungsvorschriften waren vor Inkrafttreten der LSC zum 1. September 2010 in Art. 262 Abs. 5 LSA und Art. 105 Abs. 5 LSRL geregelt. Diese vorherigen Regelungen enthielten in Bezug auf den Haftungsumfang bzw. die Rechtsfolge ursprünglich einen anderen Wortlaut. Durch eine Reform im Jahr 2005 wurde der Wortlaut der Arts. 262 Abs. 5 LSA, 105 Abs. 5 LSRL zu demjenigen hin verändert, der auch heute noch in Art. 367 LSC enthalten ist. Auf die Entwicklung der Normen wird bei der Behandlung der Rechtsfolgen eingegangen werden.

aa. Normzweck

Die Haftungsvorschrift soll den gesetzlichen Auflösungsgründen zur effektiven Durchsetzung verhelfen und verfolgt insoweit – ebenso wie die Regelungen zu Auflösungsgrund und Einberufungspflicht – einen präventiven Zweck der

---

434 *Quijano González,* RdS 1995, Nr. 5, 265, 273; siehe auch *Rojo,* in: LH Sánchez Calero, S. 1437, 1440 f.: Die Gesellschaft bleibt alleinige Schuldnerin, ist aber nicht mehr das alleinige Haftungssubjekt.

435 *Peñas Moyano,* RdS 2000, Nr. 15, 247, 252.

436 *Rojo,* in: LH Sánchez Calero S. 1437, 1441.

Verhinderung der Insolvenz.[437] Zudem soll ein *wrongful trading* der Verwalter verhindert werden.[438]

bb. Rechtsnatur

Die Haftung wegen Verletzung der Organpflichten im Rahmen der Auflösung stellt eine Haftung *ex lege* dar, die unabhängig von der allgemeinen Organhaftung (Schadensersatzhaftung) besteht.[439] Darüber hinaus wird die Frage der Rechtsnatur des Haftungstatbestandes in Schrifttum und Rechtsprechung intensiv diskutiert. Diese Diskussion fand schon unter Geltung des Art. 262 Abs. 5 LSA und des Art. 105 Abs. 5 LSRL statt. Uneinigkeit herrscht diesbezüglich hinsichtlich der Frage, ob es sich bei Art. 367 LSC um eine zivilrechtliche, sanktionsartige Haftungsnorm oder um eine Schadensersatznorm zum Ersatz der Schäden handelt, die den Gläubigern aufgrund der nicht erfolgten Auflösung entstanden sind.

Die ganz h. M. im Schrifttum sieht den Haftungstatbestand als zivilrechtliche Sanktionsnorm an.[440] Es handele sich um eine spezifische Sanktion für die Nichterfüllung der spezifischen gesetzlichen Pflichten in Bezug auf die Auflösung.[441] Die zivilrechtliche Sanktion liege darin, dass die Verwalter aufgrund der Verletzung eigener Pflichten für fremde Verbindlichkeiten haften müssen.[442] Die Verwendung des Begriffes der zivilrechtlichen Sanktion wirft die Frage nach seinem Inhalt auf. Insoweit entstand auch in Teilen des Schrifttums dahingehend Kritik, dass dieser Terminus häufig Gebrauch findet, obwohl Unklarheiten hinsichtlich des Bedeutungsgehaltes bestehen.[443] Teilweise wird als zivilrechtliche Sanktion im weiteren Sinne jede durch das Privatrecht normierte Auswirkung auf die Person oder das Vermögen eingeordnet, die als Reaktion auf eine Pflichtverletzung angesehen werden kann.[444] Zivilrechtliche Sanktion im engeren Sinne soll dann jedes für den Fall einer Pflichtverletzung gedachte, vertraglich oder gesetzlich festgelegte Instrument mit Auswirkungen auf das Vermögen sein, durch das nicht ein Schaden ausgeglichen, sondern ein Verhaltensvorwurf adressiert werden soll und dessen Begünstigte die

---

437 Siehe nur *Beneyto,* EuZW 1997, 682, 687. Hinzu tritt eine repressive Funktion, siehe *Rojo,* in: LH Sánchez Calero, S. 1437, 1450.

438 *González Fernández,* in: Gerner-Beuerle/Paech/Schuster, Annex zur LSE-Studie, S. A 807, A 827.

439 Aus der Rechtsprechung statt aller AP Islas Baleares, Urt. v. 25. 11. 2011 (ROJ: SAP IB 2609/2011), Rechtsgrund Drittens; aus dem Schrifttum siehe nur Álvarez Sousa, RdS 2005, Nr. 25, 373, 377.

440 Statt vieler *Juste Mencía/Puyol Martínez-Ferrando,* RdS 2004, Nr. 23, 257, 259.

441 *Beltrán,* ADCo 2005, Nr. 4, 407, 418.

442 *Machado Plazas,* in: Sáenz García de Albizu/Oleo Banet/Martínez Florez, Estudios de Derecho Mercantil, S. 785, 792.

443 So *Cerdá Albero,* Administradores, S. 121; ebenso *Ruiz Muñoz,* RDM 2002, 469, 488

444 *Verdú Cañete,* La responsabilidad civil del administrador, S. 85.

von der Pflichtverletzung Betroffenen anstelle des Staates sein sollen.[445] Teile des Schrifttums sehen die Einordnung als Sanktionsnorm auch deshalb als irritierend an, da der spezielle Haftungstatbestand in Art. 367 LSC im Sinne einer weiteren Rechtsfolge der Pflichtverletzung neben die allgemeine Schadensersatzhaftung trete und im allgemeinen Zivilrecht sonstige Haftungsmechanismen und Schadensersatz ebenfalls nebeneinander stehen, ohne dass die sonstigen Mechanismen deshalb als Sanktionen angesehen werden.[446] Die Qualifizierung der Vorschrift als sanktionsartige Haftungsnorm durch die h. M. warf darüber hinaus die Frage auf, ob das Zivil- und konkret das Handels- und Gesellschaftsrecht überhaupt eine solche Sanktion aussprechen darf.[447]

Nach der a. A. im Schrifttum weist die Haftung dagegen Schadensersatzcharakter auf.[448] Durch die Verletzung der gesetzlichen Pflichten in Bezug auf die Auflösung werde das Gläubigervermögen geschädigt, wobei die Norm die Pflichtverletzung (das fehlende Hinwirken in Bezug auf die Auflösung) typisiere und den Schaden konkretisiere, der im Betrag der neu hinzugekommenen Gesellschaftsschulden liege.[449]

Zunächst verwendete auch das Spanische Oberste Gericht (*Tribunal Supremo,* TS) in seiner Rechtsprechung ausdrücklich den Begriff der zivilrechtlichen Strafe bzw. Sanktion und setzte damit der zuvor herrschenden Debatte in den Gerichten erster Instanz und den Landgerichten ein Ende.[450] In seiner jüngeren Rechtsprechung führte das TS dagegen aus, dass die Haftung aus Art. 367 LSC nicht die Rechtsnatur einer zivilrechtlichen Sanktion im engeren Sinne aufweise, da mit ihr nicht nur negative Folgen für die Verwalter verbunden seien, sondern auch ein Forderungsrecht für die Gläubiger geschaffen werde und die Verwalter darüber hinaus im Fall ihrer Haftung an die Stelle des befriedigten Gläubigers treten und gegen die Gesellschaft vorgehen können.[451] Im Ergebnis handele es sich um eine Haftung „*ex lege*" für fremde Schulden, die allein auf der gesetzlichen Festlegung beruhe und die für Vertrauen

---

445 *Verdú Cañete,* La responsabilidad civil del administrador, S. 86 (unter Verweis auf die – insofern leicht abgeänderte – Definition der zivilrechtlichen Sanktion durch den italienischen Rechtsgelehrten *Galgano*); Bezugnahme auf *Galgano* bereits zuvor bei *Machado Plazas,* Pérdida del capital social, S. 310 f. und *Marín de la Bárcena,* RdS 2006, Nr. 26, 455, 470 f. (unter besonderer Hervorhebung des Schutzcharakters der Haftungsnorm zugunsten der Individualinteressen der Gesellschaftsgläubiger).

446 *Rodríguez Artigas/Marín de la Bárcena,* RdS 2005, Nr. 24, 295, 310.

447 Siehe dazu *Quijano González,* RdS 2002, Nr. 19, 73, 78, der das Instrument der Sanktion gerade auch im Gesellschaftsrecht verankert sieht (mit Beispielen).

448 *Cerdá Albero,* Administradores, S. 130 (unter Bezugnahme auf das belgische Recht); *Sancho Gargallo,* in: Gimeno-Bayón Cobos/Garrido Espa, Órganos, S. 1151, 1177 f.

449 *Cerdá Albero,* Administradores, S. 131.

450 Grundlegend TS, Urt. v. 30. 6. 1997 (ROJ: STS 4614/1997), Rechtsgrund Zweitens.

451 TS, Urt. v. 13. 4. 2012 (ROJ: STS 3071/2012), Rechtsgrund Zweitens.

im Handelsverkehr sorgen bzw. die Sicherheit von Transaktionen mit juristischen Personen verbessern soll.[452]

cc. *Tatbestandliche Voraussetzungen*

Die im Wortlaut des Gesetzes genannten Tatbestandsvoraussetzungen haben sich von der vor dem 16. November 2005 geltenden Fassung der Art. 262 Abs. 5 LSA, 105 Abs. 5 LSRL über die ab diesem Zeitpunkt geltende Fassung beider Normen bis hin zum heutigen Art. 367 LSC nicht verändert. Es handelt sich dabei um das Vorliegen des Auflösungsgrundes, der unterlassenen Einberufung der Versammlung (bzw. alternativ der unterlassenen Beantragung der gerichtlichen Auflösung) und um das Bestehen von Gesellschaftsverbindlichkeiten. Haftungsauslösend ist nach dem Wortlaut des Art. 367 Abs. 1 LSC zunächst das Vorliegen eines gesetzlichen Auflösungsgrundes nach Art. 363 LSC, konkret des für diese Untersuchung relevanten Auflösungsgrundes des hälftigen Kapitalverlustes nach Art. 363 Abs. 1 Nr. e) LSC. Die für die Haftung erforderliche Pflichtverletzung ist dann darin zu sehen, dass die Verwalter bei Vorliegen des Auflösungsgrundes entweder die Haupt- bzw. Gesellschafterversammlung innerhalb eines Zeitraums von zwei Monaten[453] nicht einberufen oder dass sie den Antrag auf gerichtliche Auflösung der Gesellschaft nicht innerhalb der in Art. 366 Abs. 2 S. 2 LSC bzw. Art. 367 Abs. 1 LSC genannten Fristen stellen. Das dritte Tatbestandsmerkmal der Verbindlichkeiten erfordert das Vorhandensein nicht erfüllter, im Moment der Pflichtverletzung gegenüber den Verwaltern einklagbarer Verbindlichkeiten der Gesellschaftsgläubiger.[454] Überdies sind lediglich Geldschulden erfasst und keine Verpflichtungen anderer Art wie Handlungs- und Unterlassungspflichten.[455]

dd. *Ungeschriebene Voraussetzungen*

Hinsichtlich der in der Norm nicht ausdrücklich aufgeführten Haftungsvoraussetzungen sind der Kausalzusammenhang und das Verschuldens- bzw. Zurechnungserfordernis zu beachten.

(1) Erfordernis des Kausalzusammenhangs ?

Da es sich nicht um eine Schadensersatzhaftung handelt, setzen weder die Rechtsprechung des TS noch die ganz h. M. im Schrifttum einen Kausalzusammenhang zwischen Pflichtverletzung und Entstehen der Gesellschaftsverbindlichkeit

---

452 TS, Urt. v. 7. 10. 2013 (ROJ: STS 4813/2013), Rechtsgrund Drittens. Im Schrifttum lehnt *Ruiz Muñoz,* RDM 2002, 469, 484 sowohl die Qualifizierung als Sanktions- als auch diejenige als Schadensersatznorm ab.

453 Nach h. M. ab Kenntnis bzw. zu unterstellender Kenntnis des Auflösungsgrundes, siehe unter II. 3. a. bb. (1) (a).

454 *Valenzuela Garach,* La responsabilidad de los administradores, S. 93 f.

455 *Quijano González,* RdS 1995, Nr. 5, 265, 275.

voraus.[456] Aus Sicht derjenigen im Schrifttum, die den Haftungstatbestand als Schadensersatznorm ansehen, wird der erforderliche Kausalzusammenhang zwischen Handeln und Schaden dagegen vom Gesetz unterstellt und bedarf keines Beweises.[457]

(2) Verschuldens- bzw. Zurechnungserfordernis ?

Der Normtext enthält keinen Hinweis auf ein mögliches Verschuldenserfordernis als Voraussetzung der Haftung. Aufgrund des fehlenden Schadensersatzcharakters der Norm besteht ein solches nach der Auffassung des TS nicht.[458] Über einen längeren Zeitraum hinweg vertraten Rechtsprechung und Schrifttum abweichende Standpunkte zu der Frage, inwieweit das haftungsbegründende Verhalten den Verwaltern zugerechnet werden musste.

Die ganz h. M. des Schrifttums ordnete die Art. 262 Abs. 5 LSA, 105 Abs. 5 LSRL und ordnet Art. 367 LSC als Haftungsnormen mit subjektivem Element ein, so dass es trotz der Qualifizierung der Normen als Sanktionstatbestände einer Zurechnung der Pflichtverletzung zu den Verwaltern bedarf.[459] Insoweit wurde auch gesagt, dass das Fehlen des Verschuldens im Tatbestand der Haftungsnormen keinen Verzicht auf das Verschuldenserfordernis an sich bedeute, denn dieses werde viel mehr durch das Gesetz selbst vermutet.[460] Das Schrifttum verlangte schon früh ein zumindest fahrlässiges Verwalterhandeln.[461]

Auch das TS spricht davon, dass das pflichtwidrige Verhalten im Rahmen des Auflösungsprozesses den Verwaltern zurechenbar sein muss.[462] Dieser Aussage liegt eine Entwicklung der Rechtsprechung des Gerichts von einer sehr strikten, objektivierten Anwendung der Haftungsnorm hin zu einer immer deutlicheren Subjektivierung derselben zugrunde. So bezeichnete das TS die Haftung zunächst als quasi objektiv oder sogar als objektiv.[463] Diese Charakterisierungen sollten ausdrücken, dass die Haftung allein aufgrund des Vorliegens einer Tatsache, und zwar der unterlassenen Einberufung bzw. des fehlenden Hinwirkens auf die Auflösung der Gesellschaft, Anwendung findet.[464] Im Jahr 2006 erwähnte das Gericht dann

---

456 Aus der Rechtsprechung des TS statt vieler TS, Urt. v. 20 7. 2001 (ROJ: STS 6436/2001), Rechtsgrund Drittens; aus dem Schrifttum siehe nur *Moya Jiménez,* La responsabilidad de los administradores, S. 369.

457 *Sancho Gargallo,* in: Gimeno-Bayón Cobos/Garrido Espa, Órganos, S. 1151, 1178.

458 TS, Urt. v. 23. 2. 2004 (ROJ: STS 1163/2004), Rechtsgrund Erstens.

459 Zu den Vorgängernormen z. B. *Verdú Cañete,* La responsabilidad civil del administrador, S. 354; für Art. 367 LSC statt vieler *González Cabrera,* RdS 2013, Nr. 41, 331, 353; anders aber *Mairata Laviña,* in: LH Sánchez Calero, S. 1383, 1384 (objektive Haftung).

460 *Marín de la Bárcena,* RdS 2008, Nr. 31, 397, 406.

461 *Alcover Garau,* RdS 1997, Nr. 8, 265, 267.

462 TS, Urt. v. 13. 6. 2012 (ROJ: STS 4018/2012), Rechtsgrund Sechstens.

463 TS, Urt. v. 20. 7. 2001 (ROJ: STS 6436/2001), Rechtsgrund Drittens; TS, Urt. v. 14. 11. 2002 (ROJ: STS 7547/2002), Rechtsgrund Erstens.

464 TS, Urt. v. 28. 4. 2006 (ROJ: STS 2884/2006), Rechtsgrund Viertens.

die Kriterien der objektiven und subjektiven Zurechnung, wobei es zu den Elementen der objektiven Zurechnung die Kenntnis der wirtschaftlichen Situation der Gesellschaft durch die Gläubiger zum Zeitpunkt der Forderungsentstehung, die Solvenz der Gesellschaft und das Bestehen von Ersatzforderungen gegenüber den klagenden Gläubigern zählte; die subjektive Zurechnung dagegen betraf die Frage einer möglichen Befreiung derjenigen Verwalter von der Haftung, die eine Handlung zur Vermeidung einer Gläubigerschädigung darlegen können oder denen die Vermeidung des Schadens nicht möglich war.[465] Diese Tendenz zur Subjektivierung der Haftung setzte sich fort, wobei das TS auch ausdrücklich betonte, dass die Anwendung dieser objektiven und subjektiven Kriterien der Abmilderung der strikten Haftung diente.[466] Weiterhin sprach das Gericht davon, dass die Bezeichnung als Sanktionsnorm nur dem Zwecke dienen könne, eine Abgrenzung zur allgemeinen kapitalgesellschaftsrechtlichen Schadensersatzhaftung vorzunehmen.[467] Allerdings weist die Rechtsprechung des TS hier keine einheitliche Linie auf, denn das Gericht sprach teilweise erneut von einer objektiven Haftungsnorm.[468]

Der für die Zurechnung relevante Maßstab wird zum einen durch Art. 225 LSC (danach haben die Verwalter ihr Amt mit der Sorgfalt eines ordentlichen Unternehmers auszuüben), zum anderen durch 1104 Abs. 1 des spanischen Zivilgesetzbuches (*Código Civil,* Cc), der die Fahrlässigkeit im allgemeinen Schuldrecht definiert, bestimmt.[469] Die widerlegbare Verschuldensvermutung trifft jeden einzelnen Verwalter unabhängig von der Struktur des Vertretungsorgans.[470] Die h. M. im Schrifttum will, um eine Exkulpation einzelner Verwalter zu ermöglichen, die allgemein bei der Schadensersatzhaftung der Verwalter eingreifenden Entlastungsgründe aus Art. 237 LSC auf die Haftung nach Art. 367 LSC entsprechend anwenden.[471] Nach Art. 237 LSC haften diejenigen Verwalter nicht, die beweisen, dass sie am Beschluss oder der Ausführung der Verletzungshandlung nicht beteiligt waren, ihre Existenz nicht kannten oder, sofern sie diese kannten, alles Notwendige zur Vermeidung eines Schadens getan haben und sich zumindest ausdrücklich der Handlung widersetzt haben.

---

465 TS, Urt. v. 28. 4. 2006 (ROJ: STS 2921/2006), Rechtsgrund Zweitens. Die Bewertung eines Verhaltens zur Vermeidung der Gläubigerschädigung soll dann im Einzelfall vorzunehmen sein.

466 TS, Urt. v. 31. 1. 2007 (ROJ: STS 376/2007), Rechtsgrund Zweitens.

467 TS, Urt. v. 26. 9. 2007 (ROJ: STS 5985/2007), Rechtsgrund Viertens.

468 Siehe z. B. TS, Urt. v. 11. 7. 2008 (ROJ: STS 3801/2008), Rechtsgrund Erstens.

469 *Morales Barceló,* La responsabilidad de los administradores, S. 376.

470 *Machado Plazas,* Pérdida del capital social, S. 342 f. („Kollektivvermutung"); aus dem jüngeren Schrifttum *Morales Barceló,* La responsabilidad de los administradores, S. 377.

471 Statt vieler *Valenzuela Garach,* La responsabilidad de los administradores, S. 134. Die a. A. im Schrifttum lehnt die Anwendbarkeit ab, da diese Normen gerade nicht auf den sanktionsartigen Haftungstatbestand zugeschnitten seien, siehe *Sacristán Bergia,* RdS 1996, Nr. 6, 268, 274.

Unter Zugrundelegung der Verschuldensvermutung und der Möglichkeit einer Entlastung hat dann eine Unterscheidung zwischen den verschiedenen Organisationsformen des Vertretungsorgans zu erfolgen.[472] Ist nur einem einzelnen Verwalter die Amtsführung übertragen (Art. 210 Abs. 1 Fall 1 LSC), so treffen ihn die gesetzlichen Pflichten und die Haftung im Falle der Nichterfüllung, unabhängig davon, ob dritte Personen bevollmächtigt wurden.[473] Im Fall des Vorhandenseins mehrerer Verwalter, von denen jeder zum Handeln befugt ist (Art. 210 Abs. 1 Fall 2 Alt. 1 LSC) und daher auch die gesetzlichen Pflichten erfüllen muss, wird das Verschulden jedes einzelnen Verwalters vermutet, wobei ein Verwalter haftungsbefreiend für alle Organmitglieder handeln kann.[474] Verfügt die Gesellschaft über mehrere Verwalter, die nur gemeinsam für die Gesellschaft handeln können (Art. 210 Abs. 1 Fall 2 Alt. 2 LSC), so müssen die Verwalter die Pflichten in Bezug auf die Auflösung gemeinsam erfüllen, während bei Ausbleiben einer Einigung die einer Auflösung zustimmenden Organmitglieder von der Haftung befreit werden müssen.[475] Wenn im Fall eines aus mehreren Verwaltern zusammengesetzten Verwaltungsrates nach Art. 210 Abs. 1 Fall 3 LSC, dem die Vertretungsbefugnis als Kollegialorgan übertragen ist und der daher auch die Pflichten im Rahmen der Auflösung als Kollegialorgan erfüllen muss, ein ablehnender Beschluss in Bezug auf die Einberufung der Versammlung erfolgt und ein Organmitglied darlegen kann, dass es für die Annahme eines solchen Beschlusses gestimmt hat und dies im Sitzungsprotokoll vermerkt ist, so haftet dieses Mitglied nicht.[476] Da – wie bereits dargestellt – jeder Verwalter den Antrag auf gerichtliche Auflösung der Gesellschaft allein stellen kann, kann er auch auf diesem Wege seine Haftung vermeiden.[477]

ee. Rechtsfolge

Zur Verdeutlichung der Normentwicklung auf der Rechtsfolgenseite sollen die früheren Haftungsnormen (Arts. 262 Abs. 5 LSA, 105 Abs. 5 LSRL) in ihren ursprünglichen sowie reformierten Fassungen und der heutige Art. 367 LSC getrennt voneinander betrachtet werden.

---

472 *Morales Barceló,* La responsabilidad de los administradores, S. 376.

473 *Valenzuela Garach,* La responsabilidad de los administradores, S. 129; *Morales Barceló,* La responsabilidad de los administradores, S. 377.

474 *Morales Barceló,* La responsabilidad de los administradores, S. 377.

475 *Morales Barceló,* La responsabilidad de los administradores, S. 377.

476 Sánchez Calero, in: LH García Villaverde, S. 1175, 1187; *Morales Barceló,* La responsabilidad de los administradores, S. 377.

477 *Carbajo Cascón,* DSR 2013, Vol. 10, 145, 186 f.

(1) Art. 262 Abs. 5 LSA/Art. 105 Abs. 5 LSRL (bis einschließlich 15. November 2005)

Art. 262 Abs. 5 LSA in der Fassung bis einschließlich 15. November 2005 sprach von der gesamtschuldnerischen Haftung der Verwalter für „die Verbindlichkeiten der Gesellschaft." Die Haftung bezog sich nach dieser Fassung auf alle Gesellschaftsverbindlichkeiten unabhängig davon, zu welchem Zeitpunkt sie entstanden waren.[478] Für ein solches Normverständnis sprach nicht zuletzt, dass Art. 262 Abs. 5 LSA selbst keinerlei Differenzierungen in Bezug auf die Verbindlichkeiten vornahm und solche daher auch nur schwer in die Norm hineininterpretiert werden konnten.[479] Der parallele Art. 105 Abs. 5 LSRL legte diesen Haftungsumfang sogar ausdrücklich fest, da seinem Wortlaut nach die Verwalter für alle Gesellschaftsverbindlichkeiten einzustehen hatten. Die gesellschaftsrechtliche Haftung wurde als Haftung für alle Verbindlichkeiten konzipiert, da sie sich nicht allein auf das Verbot der Begründung neuer Verbindlichkeiten nach Eintreten des Auflösungsgrundes, sondern auf die Pflichtverletzung der unterlassenen Einberufung beziehen sollte und eine effektive Auflösung und Liquidation der Gesellschaft nur auf diesem Weg erreicht werden konnte.[480] Das spanische Justizministerium sah die Einführung der Haftung für alle Verbindlichkeiten trotz der drastischen und möglicherweise im Einzelfall ungerechten Ergebnisse als notwendiges Instrument zur Verhinderung sog. „faktischer Gesellschaftsauflösungen" an, in deren Rahmen kein ordnungsgemäßes Auflösungsverfahren i. S. der Gläubiger stattfindet.[481]

(2) Art. 262 Abs. 5 LSA/Art. 105 Abs. 5 LSRL (ab 16. November 2005) und Art. 367 Abs. 1 LSC

Eine Änderung beider Vorschriften wurde im Jahr 2005 durch die erste und zweite Schlussbestimmung des Gesetzes 19/2005[482] herbeigeführt. Nach Art. 262 Abs. 5 LSA hafteten die Verwalter bei Verletzung der Einberufungspflicht oder der Pflicht zur Beantragung der gerichtlichen Auflösung nunmehr nur noch für diejenigen Gesellschaftsverbindlichkeiten, die nach Eintreten des Auflösungsgrundes entstehen. Hinzu kam die neu geschaffene Vermutungsregelung, dass die Verbindlichkeiten der Gesellschaft nach dem Eintritt des gesetzlichen Auflösungsgrundes entstanden sind, es sei denn, die Verwalter können das Gegenteil beweisen. Die entsprechende Änderung bzw. Begrenzung der Haftung auf die nach Eintritt des Auflösungsgrundes entstandenen Verbindlichkeiten erfolgte in gleicher Weise in Art. 105 Abs. 5 LSRL.

---

478 TS, Urt. v. 16. 12. 2004 (ROJ: STS 8154/2004), Rechtsgrund Fünftens; aus dem Schrifttum *Sánchez Calero/ Sánchez-Calero Guilarte,* Instituciones de Derecho Mercantil, Vol. I, S. 756.

479 *Rodríguez Artigas/Marín de la Bárcena,* RdS 2005, Nr. 24, 295, 304.

480 *Marín de la Bárcena,* RdS 2006, Nr. 26, 455, 459.

481 *Rojo,* in: LH Sánchez-Calero, S. 1437, 1450 nimmt auf diese Überlegungen des spanischen Justizministeriums Bezug.

482 Gesetz 19/2005 vom 14. 11. 2005, BOE Nr. 273 vom 15. 11. 2005, S. 37303–37308.

Als Konsequenz aus der Reform der Arts. 262 Abs. 5 LSA, Art. 105 Abs. 5 LSRL ergab sich das Problem einer möglichen rückwirkenden Anwendung der Normen. Nach Art. 2 Abs. 3 Cc werden Gesetze nicht rückwirkend angewendet, es sei denn, sie selbst bestimmen das Gegenteil. Da das die Änderungen herbeiführende Gesetz 19/2005 keine Übergangsbestimmungen enthielt, fand es auf alle sich ab dem 16. November 2005 ereignenden Sachverhalte Anwendung.[483] Das TS beschäftigte sich ebenfalls mit dieser Problematik und entschied, dass die reformierten (und damals auch vom TS noch als zivilrechtliche Sanktionen qualifizierten) Normen auf einen vor deren Inkrafttreten liegenden Sachverhalt angewendet werden, und rechtfertigte dies mit einem Rückgriff auf den die Anwendung des günstigsten Strafgesetzes anordnenden Art. 15 des Internationalen Pakts über bürgerliche und politische Rechte bzw. den das gleiche Prinzip festlegenden Art. 47 der Grundrechtecharta der EU, die wegen Art. 10 Abs. 2 der Spanischen Verfassung (*Constitución Española,* CE) im nationalen Recht Anwendung finden.[484]

Art. 367 Abs. 1 LSC in der aktuellen Fassung nimmt die Formulierung der reformierten Vorgängernormen auf, sodass die Verwalter auch nach dieser Norm nur für die nach Auftreten des Auflösungsgrundes entstandenen Verbindlichkeiten haften. Die Vermutungsregelung für den Entstehenszeitpunkt der Forderungen findet sich weiterhin in Abs. 2 der Norm.

(a) Ersatz eines Schadens?

Die Verwalter haften nach der h. M. im Schrifttum allein aufgrund der durch das Gesetz auferlegten Sanktion und nicht dafür, dass sie einen Schaden der Gesellschaftsgläubiger verursachen.[485] Diejenigen im Schrifttum, die dem Haftungstatbestand schadensersatzrechtlichen Charakter zuschreiben, sehen den Schaden in der Summe der entstandenen Verbindlichkeiten.[486] Das TS spricht dagegen von einem Schaden im weiteren Sinn, der in der Nichtzahlung der Forderung des Gläubigers aufgrund der wirtschaftlichen Situation der Gesellschaft liege.[487]

(b) Bestimmung des Haftungsumfangs und Rechtfertigung der Beschränkung

Die in Art. 262 Abs. 5 LSA und Art. 105 Abs. 5 LSA vorgenommene und in Art. 367 LSC beibehaltene Änderung bedeutet eine deutliche Einschränkung des objektiven Anwendungsbereiches der Haftungsnormen im Vergleich zur Vorgängernorm. Der Normtext spricht von den nach Eintritt des Auflösungsgrundes entstandenen

---

483 *Vicent Chuliá,* RCP 2006, Nr. 4, 19, 27.

484 TS, Urt. v. 9. 1. 2006 (ROJ: STS 37/2006), Rechtsgrund Viertens.

485 Statt vieler *Quijano González,* RdS 2002, Nr. 19, 73, 78.

486 *Cerdá Albero,* Administradores, S. 131. *Sancho Gargallo,* in: Gimeno-Bayón Cobos/Garrido Espa, Órganos, S. 1151, 1177 betrachtet das erhöhte Risiko für die Befriedigung der nach Auftreten des Auflösungsgrundes entstehenden Forderungen als Schaden.

487 TS, Urt. v. 6. 4. 2006 (ROJ: STS 2283/2006), Rechtsgrund Drittens.

Verbindlichkeiten. Teile des Schrifttums wollen bezüglich der Frage, für welche Verbindlichkeiten die Verwalter haften müssen, abweichend vom Wortlaut des Art. 367 LSC auf den Zeitpunkt abstellen, zu dem auch die Frist für die Einberufungspflicht zu laufen beginnt, da die Haftungsfolgen die Verwalter ab dem Moment treffen sollten, zu dem ein bestimmtes Verhalten von ihnen erwartet werden kann.[488] Die Haftung bezieht sich auf Gesellschaftsverbindlichkeiten jeder Art, d.h. sowohl auf vertragliche als auch auf außervertragliche bzw. gesetzliche Verbindlichkeiten.[489]

Durch die Reform ergaben sich neue Probleme in der Normanwendung. So beschäftigte sich das Schrifttum mit der Frage, nach welchen Kriterien von einem Entstehen der Verbindlichkeit nach Eintreten des Auflösungsgrundes ausgegangen werden kann, denn diesbezüglich kann auf den Zeitpunkt des Vertragsschlusses oder auf den Fälligkeitszeitpunkt der Forderung abgestellt werden.[490] Keine Zweifel bestehen in den Fällen, in denen sowohl der Vertragsschluss als auch der Fälligkeitszeitpunkt vor Auftreten des Auflösungsgrundes liegen (dann keine Haftung), und in den Fällen, in denen der Vertrag nach Eintreten der qualifizierten Verluste abgeschlossen wird und die sich daraus ergebenden Forderungen ebenfalls nach diesem Zeitpunkt fällig werden (Haftung der Verwalter für diese Verbindlichkeiten).[491] Hinsichtlich der schwierigsten Fallgruppe, in der der Vertrag vor Auftreten des Auflösungsgrundes abgeschlossen wird, die Fälligkeit der sich aus diesem Vertrag ergebenden Verpflichtungen aber erst danach eintritt, will die h. M. im Schrifttum auf den Zeitpunkt der Forderungsentstehung abstellen und daher nur die Verbindlichkeiten von der Haftung nach Art. 367 LSC erfasst sehen, die nach Auftreten des Auflösungsgrundes begründet werden.[492] Darin kommt das Verbot für die Verwalter zum Ausdruck, ab Auftreten der qualifizierten Verluste weitere Verbindlichkeiten einzugehen.[493] Nach Teilen des Schrifttums sollen auch die Forderungen von der Haftung umfasst sein, die auf vor Auftreten des Auflösungsgrundes eingegangenen Verbindlichkeiten, aber auf nach diesem Zeitpunkt erbrachten Leistungen beruhen, um die Anreizwirkung der Vorschriften zu erhöhen.[494]

Die Beschränkung der Haftung auf die nach Eintritt des Auflösungsgrundes entstandenen Verbindlichkeiten führte darüber hinaus zu Diskussionen im Schrifttum hinsichtlich ihrer Berechtigung. Teile des Schrifttums sahen in der Beschränkung

488 *Valenzuela Garach*, La responsabilidad de los administradores, S. 97; kritisch *Roncero Sánchez*, RCP 2005, Nr. 3, 485, 489.

489 Siehe nur *Esteban Velasco*, RdS 1995, 47, 73.

490 *Morales Barceló*, La responsabilidad de los administradores, S. 386.

491 *Morales Barceló*, La responsabilidad de los administradores, S. 386.

492 *Vicent Chuliá*, RCP 2006, Nr. 4, 19, 39; *Verdú Cañete*, La responsabilidad civil del administrador, S. 364; *Sancho Gargallo*, in: Gimeno-Bayón Cobos/Garrido Espa, Órganos, S. 1151, 1174; *Morales Barceló*, La responsabilidad de los administradores, S. 387.

493 *Sancho Gargallo*, in: Gimeno-Bayón Cobos/Garrido Espa, Órganos, S. 1151, 1174.

494 *Marín de la Bárcena*, RdS 2006, Nr. 26, 455, 465 f., der als ein Beispiel monatliche Mietforderungen nennt.

eine Diskriminierung der bereits vor Eintritt des Auflösungsgrundes vorhandenen Gläubiger bzw. eine ungerechtfertigte Bevorzugung der danach hinzugetretenen, da aufgrund des Grundsatzes der Priorität eigentlich den älteren Gläubigern Vorrang zukommen müsse.[495] Nach anderen dagegen lässt sich diese Ungleichbehandlung der Gläubigergruppen dadurch rechtfertigen, dass die später hinzugetretenen Gläubiger bei Kenntnis der wirtschaftlichen Situation der Gesellschaft gar nicht mehr mit dieser kontrahiert hätten.[496]

Neben der Haftung aus Art. 367 LSC ist bei Vorliegen der entsprechenden Voraussetzungen die Anwendung des allgemeinen Haftungsregimes bzw. der schadensersatzrechtlichen Normen (Art. 236–241 LSC) möglich.[497]

ff. Haftende Personen

Nach Art. 367 Abs. 1 LSC haften „die Verwalter" gesamtschuldnerisch für die nach Eintritt des Auflösungsgrundes begründeten Gesellschaftsverbindlichkeiten. Es haften sowohl die rechtlich wirksam bestellten als auch die faktischen Verwalter, da letztere nicht ohne Rechtfertigung besser gestellt werden dürfen.[498] Das spanische Kapitalgesellschaftsrecht enthält seit kurzem eine Legaldefinition der Figur des faktischen Verwalters. Der Gesetzgeber integrierte diese Definition in den allgemeinen Haftungstatbestand des Art. 236 LSC (dort Abs. 3), sodass in der seit dem 24. Dezember 2014 geltenden Fassung der Norm auch die faktischen Verwalter ausdrücklich als Adressaten der Haftungsvorschriften der LSC genannt werden.[499] Als faktische Verwalter zu diesem Zweck gelten diejenigen, die die Funktionen eines Verwalters ohne Vorhandensein eines Titels oder mit nichtigem oder abgelaufenem Titel wahrnehmen, sowie diejenigen, unter deren Anweisungen die Verwalter der Gesellschaft handeln. Allerdings fragt sich in diesem Zusammenhang, wie der faktische Verwalter die Pflichten erfüllen bzw. welche Handlungen er überhaupt vornehmen kann. Damit er der Haftung unterworfen werden kann, muss ihm ein

---

495 *Rodríguez Ruiz de Villa,* AJA 2005, Nr. 691, 1, 2.

496 *Viñuelas Sanz,* RDM 2007, 995, 1013 (unter Verweis auf die Rechtsprechung des BGH zur Unterscheidung der Alt- und Neugläubiger im Fall der Verletzung der Konkursantragspflicht).

497 Aus der Rechtsprechung siehe nur TS, Urt. v. 29. 4. 1999 (ROJ: STS 2902/1999), Rechtsgrund Zweitens. *Marín de la Bárcena,* La acción individual, S. 353 spricht diesbezüglich von kumulativer Konkurrenz; aus dem Schrifttum statt vieler *Machado Plazas,* in: Sáenz García de Albizu/Oleo Banet/Martínez Florez, Estudios de Derecho Mercantil, S. 785, 791.

498 H. M.; aus der Rechtsprechung siehe TS, Urt. v. 7. 5. 2007 (ROJ: STS 3418/2007), Rechtsgrund Viertens; aus dem Schrifttum siehe nur *Carbajo Cascón,* DSR 2013, Vol. 10, 145, 186. A. A. betreffend die faktischen Verwalter *Sánchez Calero,* Los administradores, S. 458: Wegen der strikten Haftung müsse die Anwendung des Haftungsregimes auf die bestellten Verwalter beschränkt werden.

499 Änderung durch das Gesetz zur Verbesserung der Unternehmensführung, Gesetz 31/2014 vom 3. 12. 2014, BOE Nr. 293 vom 4. 12. 2014, S. 99793 bis 99826.

entsprechender Vorwurf gemacht werden können. Der faktische Verwalter ist kein ernanntes Mitglied des Vertretungsorgans und kann daher nicht die Einberufung der Versammlung vornehmen.[500] Auch kann er nicht in seiner Eigenschaft als Mitglied des Vertretungsorgans die gerichtliche Auflösung beantragen.[501] Es besteht aber die Möglichkeit, dass er als „Interessierter" i. S. des Art. 366 Abs. 1 LSC die gerichtliche Auflösung der Gesellschaft beantragt, und es kann von ihm erwartet werden, dass er die wirksam bestellten Verwalter zur Erfüllung ihrer Pflichten auffordert.[502]

Während die Beendigung des Amtes vor Beginn der zweimonatigen Frist zur Einberufungspflicht von der Haftung befreit, kann dies für den umgekehrten Fall der Beendigung nach Fristbeginn aufgrund der bereits entstandenen Haftung nicht gelten.[503] Die stellvertretenden Verwalter unterfallen der Haftung ab dem Zeitpunkt, zu dem sie die Annahme des Amtes erklären.[504]

gg. *Gesamtschuldcharakter der Haftung*

Nach dem Wortlaut des Art. 367 Abs. 1 LSC haften die betroffenen Verwalter gesamtschuldnerisch für die nach Eintritt des Auflösungsgrundes entstandenen Verbindlichkeiten. Eine Individualisierung oder Teilung der Haftung findet daher im Fall eines aus mehreren Verwaltern bestehenden Verwaltungsrates nicht statt.[505] Es ist dann zwischen Außen- und Innenverhältnis zu unterscheiden.

(1) Das Außenverhältnis

Die gesamtschuldnerische Haftung besteht, auch wenn Art. 367 Abs. 1 LSC nur von der gesamtschuldnerischen Haftung der Verwalter spricht, sowohl zwischen den Verwaltern untereinander als auch zwischen der Gesellschaft als Schuldnerin der Verbindlichkeiten und den daneben für diese Verbindlichkeiten haftenden Verwaltern.[506] Der klagende Gläubiger kann dann nach Art. 1144 S. 1 Cc im Außenverhältnis gegen einen einzelnen Gesamtschuldner oder auch gegen alle zusammen vorgehen und nach Art. 1144 S. 2 Cc sukzessive weitere Gesamtschuldner verklagen, solange der Betrag nicht vollständig beglichen ist. Durch die Zahlung eines Gesamtschuldners erlischt nach Art. 1145 Abs. 1 Cc die Verbindlichkeit im Außenverhältnis.

---

500 *Martínez Sanz,* in: Rojo/Beltrán, La responsabilidad de los administradores, S. 55, 70.

501 *Viñuelas Sanz,* Responsabilidad, S. 64.

502 *Viñuelas Sanz,* Responsabilidad, S. 64.

503 Zur Amtsniederlegung vor Fristbeginn statt vieler *Sánchez Calero,* Los administradores, S. 459; zur Amtsniederlegung nach diesem Zeitpunkt siehe nur *Beltrán,* in: Rojo/Beltrán, La responsabilidad de los administradores, S. 249, 288.

504 *Valenzuela Garach,* La responsabilidad de los administradores, S. 126 f.

505 *Sancho Gargallo,* in: Gimeno-Bayón Cobos/Garrido Espa, Órganos, S. 1151, 1175.

506 Aus der Rechtsprechung siehe nur TS, Urt. v. 8. 3. 2007 (ROJ: STS 2217/2007), Rechtsgrund Viertens; aus dem Schrifttum statt vieler *Rojo,* in: LH Sánchez Calero, S. 1437, 1441. A. A. *Rodríguez Ruiz de Villa/Huerta Viesca,* Responsabilidades de los administradores, S. 96 (Gesamtschuldverhältnis nur zwischen den Verwaltern).

(2) Das Innenverhältnis

Im Innenverhältnis kann der zahlende Schuldner von den anderen Gesamtschuldnern den jeweils auf sie fallenden Anteil verlangen (Art. 1145 Abs. 2 Cc). Die Anwendung dieser Ausgleichsvorschrift im Rahmen des hier vorliegenden Gesamtschuldverhältnisses gestaltet sich aber als schwierig, da nur zwischen den haftenden Verwaltern untereinander eine echte Gesamtschuld besteht, während im Verhältnis von Gesellschaft zu Verwaltern die Gesellschaft die einzige Schuldnerin der Verbindlichkeiten ist und die Verwalter daneben wie Garanten haften.[507] Als Konsequenz daraus gesteht die h. M. der zahlenden Gesellschaft keinen Regressanspruch gegen die Verwalter zu, während der zahlende Verwalter sowohl gegen die Gesellschaft (und zwar in der Höhe des Gesamtbetrages) als auch gegen die anderen Verwalter (anteilig wie in Art. 1145 Abs. 2 Cc vorgesehen) vorgehen kann.[508] In dogmatischer Hinsicht lässt sich der Regressanspruch des Verwalters gegen die Gesellschaft über eine entsprechende Anwendung des Art. 1839 Cc herleiten.[509] Nach Art. 1839 Cc tritt der Bürge bei Zahlung an den Schuldner in die Rechtsstellung des Gläubigers ein. Die a. A. differenziert unter Hervorhebung des Sanktionscharakters des Art. 367 Abs. 1 LSC wie folgt: Begleicht die schuldende Gesellschaft die Verbindlichkeit, so soll sie im Gegensatz zur h. M. gegen die Verwalter vorgehen können, aber nicht im Wege eines Regressanspruches, sondern nur mittels einer neuen Haftungsklage auf der Grundlage des Art. 367 Abs. 1 LSC.[510] Bei Zahlung durch einen Verwalter stehe diesem kein Regressanspruch gegen die Gesellschaft zu, da er durch ordnungsgemäße Pflichterfüllung im Rahmen der Auflösung die Anwendung der Haftungsnorm hätte vermeiden können, während er aber anteilig gegen die anderen haftenden Verwalter vorgehen können soll.[511]

(3) Der Rückgriffsanspruch des Verwalters im Konkursverfahren

Es fragt sich, wie sich die Eröffnung des Konkursverfahrens auf den Rückgriffsanspruch des Verwalters gegen die (dann insolvente) Gesellschaft auswirkt, wenn über die auf Art. 367 LSC gestützte Klage schon vor der Verfahrenseröffnung ein Urteil ergangen ist. Durch das Entstehen des Rückgriffsanspruches infolge der Zahlung wird der Verwalter zum Gesellschafts- und damit auch zum Konkursgläubiger, sodass sein Forderungsrecht hinsichtlich seines Rangs im Konkursverfahren eingeordnet werden muss.[512] Wird zur Begründung des Rückgriffsanspruches

---

507 *Beltrán,* in: Rojo/Beltrán, La responsabilidad de los administradores, S. 249, 283.

508 Siehe nur *Esteban Velasco,* RdS 1995, 48, 75.

509 *Sancho Gargallo,* in: Gimeno-Bayón Cobos/Garrido Espa, Órganos, S. 1151, 1176.

510 *Rodríguez Ruiz de Villa/Huerta Viesca,* Responsabilidades de los administradores, S. 97. Kritisch *Viñuelas Sanz,* Responsabilidad, S. 62: Auf diesem Wege werden die als Garanten haftenden Verwalter im Ergebnis wie Schuldner behandelt.

511 *Rodríguez Ruiz de Villa/Huerta Viesca,* Responsabilidades de los administradores, S. 96 f.

512 *Morales Barceló,* La responsabilidad de los administradores, S. 412.

Art. 1839 Cc entsprechend angewendet (s.o.) und tritt der Verwalter bei Zahlung in die Rechtsposition des Gläubigers ein, so sind hinsichtlich des Ranges seines Forderungsrechts gegen die Gesellschaft nach der ganz h. M. im Schrifttum Art. 87 Abs. 6 LC und Art. 93 Abs. 2 Nr. 2 LC maßgeblich.[513] Art. 87 Abs. 6 LC regelt die Berücksichtigung von Gläubigerforderungen im Konkursverfahren, für die eine Bürgschaft besteht, und behandelt auch die Folgen der Auswechslung des Gläubigers im Fall des Art. 1839 Cc. Nach Art. 87 Abs. 6 LC werden Forderungen, bei denen der Gläubiger über die Bürgschaft eines Dritten verfügt, hinsichtlich ihres Betrages ohne Begrenzung berücksichtigt, und zwar ungeachtet einer Auswechselung des Forderungsinhabers im Fall der Zahlung durch den Bürgen. Immer dann, wenn es zur Auswechselung des Gläubigers durch die Zahlung kommt, wird bei der Qualifizierung dieser Forderungen zwischen der Qualifizierung der Gläubigerforderung und der Qualifizierung der Forderung des Bürgen diejenige gewählt, die sich als weniger schädlich für den Konkurs erweist. Art. 92 Nr. 5 LC legt fest, dass Forderungen, die den speziell mit dem Schuldner verbundenen Personen zustehen, als nachrangige Forderungen anzusehen sind. Nach Art. 93 Abs. 2 Nr. 2 LC sind die Verwalter als speziell mit der Gesellschaft verbundene Personen anzusehen. Die durch die Zahlung entstandene Forderung des Verwalters gegen die Gesellschaft ist wegen ihres Nachrangs (fünfter Rang innerhalb der nachrangigen Forderungen im Konkurs; nach Art. 158 Abs. 2 LC werden die in Art. 92 LC geregelten untergeordneten Forderungen in der dort erhaltenen Reihenfolge befriedigt) „weniger schädlich" für den Konkurs bzw. für die Gläubigergesamtheit i. S. d. Art. 87 Abs. 6 LC. Die Einordnung als nachrangige Forderung ist damit unabhängig vom Rang der Forderung des durch den Verwalter befriedigten Gläubigers.[514]

hh. Anspruchsberechtigte

Anspruchsberechtigte sind nur die Gesellschaftsgläubiger, nicht aber die Aktionäre bzw. die Gesellschafter.[515] Aktivlegitimation kommt den Anteilseignern aber zu, wenn sie gleichzeitig gegenüber der Gesellschaft die Gläubigerstellung innehaben.[516] Auch die Frage, welchen Gläubigern gegenüber die Verwalter haften müssen, nahm das TS zum Anlass, um die strikte Haftung wegen Verletzung der Pflichten im

---

513 Siehe nur *Sancho Gargallo,* in: Gimeno-Bayón Cobos/Garrido Espa, Órganos, S. 1151, 1176. Teilweise wird zur Begründung des Rückgriffsrechts auch auf Art. 87 Abs. 7 LC abgestellt, so *Hernando Mendívil,* Calificación del concurso, S. 319.

514 *Morales Barceló,* La responsabilidad de los administradores, S. 412. Nach der a. A. behält das Forderungsrecht seine ursprüngliche Qualifikation, siehe *Muñoz Planas/J. Mª Muñoz Paredes;* RDM 2003, 1341, 1360.

515 Siehe nur *Bataller,* in: Rojo/Beltrán, Comentarios LSC, Art. 367, S. 2576. A. A. in Bezug auf die Aktivlegitimation der Gesellschaft *Rodríguez Ruiz de Villa/Huerta Viesca,* Responsabilidades de los administradores, S. 97: Der Wortlaut des Art. 367 Abs. 1 LSC sehe eine solche Beschränkung nicht vor.

516 *Beltrán,* in: Rojo/Beltrán, La responsabilidad de los administradores, S. 249, 279.

Rahmen der Auflösung abzumildern. Zunächst äußerte sich das Gericht hier sehr weitgehend: Die Verwalter sollen nicht gegenüber denjenigen Gläubigern haften, die in Kenntnis der schwierigen wirtschaftlichen Situation der Gesellschaft mit dieser kontrahieren und diese als ihre Vertragspartnerin akzeptieren, denn eine Geltendmachung des Anspruches bzw. eine Verurteilung der Verwalter in einer solchen Situation würde dem Prinzip des guten Glaubens aus Art. 7 Abs. 1 Cc widersprechen.[517] Diese zivilrechtliche Vorschrift bestimmt, dass alle Rechte unter Beachtung dieses Grundsatzes ausgeübt werden müssen. In einer jüngeren Entscheidung stellte das Gericht aber ausdrücklich klar, dass diese Rechtsprechung mittlerweile überholt sei und dass allein die Kenntnis des Gläubigers von der schwierigen wirtschaftlichen Situation der Gesellschaft nicht ausreiche, um diesem die Geltendmachung des Anspruches zu verwehren; hierfür sei viel mehr das Vorliegen weitergehender Umstände erforderlich.[518] Darüber hinaus sah das TS die Klage eines Gläubigers als missbräuchlich an, der selbst Verwalter der Gesellschaft war und zudem mehr als 40 % der Aktien an der verklagten Gesellschaft hielt.[519]

ii. Beweislast und Verjährung

Die Beweislast für das Vorliegen des Auflösungsgrundes und die diesbezügliche Kenntnis der Verwalter liegt grundsätzlich beim klagenden Gläubiger.[520] Beweisschwierigkeiten können sich für den Gläubiger hier dadurch ergeben, dass ihm die den Vermögensverlust der Gesellschaft darstellenden Unterlagen zur Buchhaltung nicht zugänglich sind und sich der Nachweis des Vermögensverlustes auf andere Art ebenfalls als schwierig gestaltet.[521] Nach Art. 367 Abs. 2 LSC wird vermutet, dass die Verbindlichkeiten der Gesellschaft nach dem Eintritt des gesetzlichen Auflösungsgrundes entstanden sind, es sei denn, die Verwalter weisen nach, dass sie zu einem früheren Datum entstanden sind. Durch diese Beweislastumkehr soll dem Gläubiger geholfen werden, der den genauen Zeitpunkt des Eintritts des Auflösungsgrundes

---

517 TS, Urt. v. 20. 7. 2001 (ROJ: STS 6436/2001), Rechtsgrund Viertens. Diese Rechtsprechung konnte sich nur auf vertragliche und nicht auf gesetzliche bzw. außervertragliche Verbindlichkeiten beziehen, siehe *Vicent Chuliá,* RCP 2006, Nr. 4, 15, 38 (mit Kritik an der durch diese Rechtsprechung geschaffenen Rechtsunsicherheit); siehe zur Berücksichtigung des Prinzips des guten Glaubens auch TS, Urt. v. 16. 10. 2003 (ROJ: STS 6362/2003). Rechtsgrund Erstens; kritisch zu dieser Rechtsprechung auch *Beltrán,* in: Rojo/Beltrán, La responsabilidad de los administradores, S. 249, 286.

518 TS, Urt. v. 4. 12. 2013 (ROJ: STS 6634/2013), Rechtsgrund Achtens.

519 TS, Urt. v. 18. 6. 2012 (ROJ: STS 6099/2012), Rechtsgrund Drittens.

520 Aus der Rechtsprechung TS, Urt. v. 3. 4. 1998 (ROJ: STS 2236/1998), Rechtsgrund Erstens mit dem Hinweis auf die allgemeine Regel, dass derjenige das Bestehen der Verpflichtung beweisen muss, der auf ihre Erfüllung klagt; aus dem Schrifttum siehe nur *Bataller,* in: Rojo/Beltrán, Disolución y liquidación, S. 21, 64.

521 *St. Meyer,* RIW 1998, 450, 453.

nur schwer wird darlegen können.[522] Die Vermutungswirkung des Art. 367 Abs. 2 LSC bezieht sich dem Wortlaut nach aber nur auf das Entstehungsdatum der Verbindlichkeit und nicht auf das Bestehen des Auflösungsgrundes zu einem bestimmten Zeitpunkt, sodass den Gläubiger auch weiterhin die Beweisschwierigkeiten treffen.[523] Nach der Rechtsprechung des TS bezieht sich die Beweislastumkehr daher auf das Vorliegen des Auflösungsgrundes zum Zeitpunkt des Vertragsschlusses.[524] Da – wie bereits dargestellt – nach der Auffassung des Schrifttums das Verschulden durch das Gesetz selbst vermutet wird, muss der Gläubiger sein Vorliegen auch nicht beweisen.[525]

Art. 367 LSC regelt die Frage der Verjährung des Anspruches nicht. Hier findet Art. 949 CCom entsprechend Anwendung.[526] Nach dieser Norm verjähren Ansprüche gegen Verwalter in vier Jahren von dem Moment an gerechnet, zu dem ihr Amt endet. Mittlerweile regelt der neu in die LSC eingefügte Art. 241bis die Frage der Verjährung der Haftungsansprüche gegen die Verwalter von Kapitalgesellschaften und bestimmt, dass diese in vier Jahren verjähren, wobei die Verjährungsfrist zu dem Zeitpunkt beginnt, in dem der Anspruch geltend gemacht werden konnte. Insoweit ist fraglich, ob diese Vorschrift aufgrund ihrer Stellung im Gesetz auf Art. 367 LSC Anwendung finden kann.

jj. Die Haftung bei verspäteter Pflichterfüllung

Von einer verspäteten Erfüllung der gesetzlichen Pflichten wird gesprochen, wenn die Verwalter die Haupt- bzw. Gesellschafterversammlung erst nach Verstreichen der zweimonatigen Frist einberufen, oder wenn sie die gerichtliche Auflösung erst dann beantragen, wenn zwei Monate seit dem für die Versammlung vorgesehenen Datum vergangen sind (sofern die Versammlung gar nicht stattgefunden hat) bzw. zwei Monate seit dem Abhalten der Versammlung vergangen sind (wenn der Auflösungsbeschluss nicht zustande gekommen ist), wobei dem Ausmaß der Verspätung keine Relevanz zukommt.[527] Manche kritisieren den Begriff der „verspäteten Pflichterfüllung" bereits im Grundsatz, da der Gesetzgeber nur die fristgerechte Erfüllung vorgesehen habe und ein nicht mehr fristgemäßes Handeln gerade die

---

522 *Grimaldos García*, in: Embid Irujo, Introducción al derecho de sociedades de capital, S. 349, 360.

523 *Beltrán*, in: Rojo/Beltrán, La responsabilidad de los administradores, S. 249, 284.

524 TS, Urt. v. 30. 6. 2010 (ROJ: STS 3900/2010), Rechtsgrund Drittens.

525 *Moya Ballester*, La responsabilidad de los administradores, S. 400.

526 Aus der Rechtsprechung TS, Urt. v. 12. 3. 2007 (ROJ: STS 1450/2007), Rechtsgrund Zweitens; aus dem Schrifttum siehe nur *Bataller*, in: Rojo/Beltrán, Comentario LSC, Art. 367, S. 2578.

527 Siehe nur *Rojo*, in: LH Sánchez Calero, S. 1437, 1476. Das TS hält zumindest eine verspätete Pflichterfüllung „von einigen wenigen Tagen" (in diesem Fall zwei Wochen) für irrelevant, siehe TS, Urt. v. 23. 2. 2004 (ROJ: STS 1163/2004), Rechtsgrund Erstens.

Haftung auslöse.[528] Auch nach Verstreichen der zweimonatigen Frist besteht als primäre Pflicht weiterhin diejenige zur Einberufung der Versammlung, sodass der Möglichkeit zur verspäteten Erfüllung der Einberufungspflicht keinerlei Gründe entgegenstehen.[529] Hinsichtlich der Folgen der verspäteten Pflichterfüllung zieht die h. M. im Schrifttum die Konsequenz, dass die Verwalter zwar für die bis zu dem Zeitpunkt der verspäteten Erfüllung bereits entstandenen Gesellschaftsverbindlichkeiten haften, aber nicht mehr für die danach entstehenden, da so der Zweck der Einberufungspflicht in ausreichender Weise gewahrt werde.[530] Nach der a. A. dagegen soll – zumindest in Bezug auf die Forderungen, die noch nicht geltend gemacht wurden – bei verspäteter Pflichterfüllung auch die Haftung für die vor ihr entstandenen Verbindlichkeiten entfallen, denn durch ein solches Verständnis der Normen werde ein deutlicher Anreiz zur Erfüllung der gesetzlichen Pflichten zu jedem Zeitpunkt geschaffen.[531]

kk. Kritik des Schrifttums

Teile des Schrifttums kritisieren den Haftungstatbestand, weil durch ihn das persönliche Vermögen der Verwalter angegriffen werde, was dann für eine spätere konkursrechtliche Haftung nicht mehr zur Verfügung stehe.[532] Es handele sich um ein in dieser Form in den umliegenden Rechtsordnungen nicht vorhandenes Haftungsregime, das auch insoweit zu strikt sei, als dass es die Konsequenzen der nicht erfolgten Gesellschaftsauflösung allein den Verwaltern auferlegt und nicht auch z B. den Anteilseignern.[533] Konkret werden die Verwalter, wenn die Hauptversammlung nicht stattfindet oder einen der Auflösung zuwiderlaufenden Beschluss trifft, auch bei nicht fristgerechter Beantragung der gerichtlichen Auflösung haftbar gemacht, obwohl diese Ereignisse in den Verantwortungsbereich der Anteilseigner fallen, von denen jeder einzelne ebenfalls die gerichtliche Auflösung beantragen könne.[534] Teile des Schrifttums kritisieren das System als unzureichend, da es sich aufgrund der Ausgestaltung der Pflichten als bloße Handlungspflichten im Gegensatz zu Ergebnispflichten als für das Erreichen der Liquidation unzureichend erweise und die

528 *Rodríguez Artigas/Marín de la Bárcena,* RdS 2005, Nr. 24, 295, 308.
529 *Rojo,* in: LH Sánchez Calero, S. 1437, 1476.
530 Siehe nur *Beltrán,* ADCo 2005, Nr. 4, 407, 415.
531 *Rojo,* in: LH Sánchez Calero, S. 1437, 1477 f. Das TS lehnte diese Auffassung mit dem Argument ab, eine vollständige Befreiung von der Haftung bei verspäteter Pflichterfüllung würde zur faktischen Abschaffung der vom Gesetz aufgestellten Fristen führen, siehe TS, Urt. v. 16. 12. 2004 (ROJ: STS 8154/2004), Rechtsgrund Sechstens.
532 *Vicent Chuliá,* RCP 2006, Nr. 4, 15, 45, der sich deshalb für eine Abschaffung oder zumindest eine Reform dieser Haftung ausspricht. Für die Abschaffung auch *Alcover Garau,* RdS 1997, Nr. 8, 265, 270 f.
533 *F. Sánchez Calero,* Los administradores, S. 467.
534 *F. Sánchez Calero,* Los administradores, S. 467 f.

Pflichten lediglich zur Einleitung des Auflösungsprozesses führen, aber nicht die effektive Liquidation und Beendigung der Gesellschaft garantieren.[535] Außerdem widerspreche die Norm verfassungsrechtlichen Prinzipien wie der in Art. 9 Abs. 3 CE garantierten Rechtssicherheit (wegen der zahlreichen mit ihr verbundenen Auslegungsprobleme) und dem ebenfalls in Art. 9 Abs. 3 CE enthaltenen Willkürverbot für die öffentliche Gewalt, da es sich um eine unbegrenzte Haftung handele, die auch aufgrund zufälliger Umstände einen hohen Betrag erreichen könne und aufgrund derer bestimmte Gläubiger kurz vor der wahrscheinlichen Eröffnung des Konkursverfahrens bevorzugt werden.[536]

ll. Regelung im Gesetzentwurf für das Handelsgesetzbuch

Im Gesetzesentwurf für das Handelsgesetzbuch ist der Haftungstatbestand wegen Verletzung der Pflichten im Rahmen der Auflösung in Art. 272–12 enthalten. Diese Fassung weist eine Reihe von Änderungen im Vergleich zum geltenden Art. 367 LSC auf. Nach Abs. 1 dieser Vorschrift haften die Verwalter weiterhin persönlich und gesamtschuldnerisch (nunmehr ausdrücklich auch mit der Gesellschaft) für die nach Auftreten des Auflösungsgrundes entstandenen Verbindlichkeiten, und zwar in drei Fällen: bei nicht fristgerechter Erstellung des Jahresabschlusses; bei unterlassener Einberufung der Versammlung innerhalb der zweimonatigen Frist, auf deren Tagesordnung die Erhöhung, Reduzierung oder Wiederherstellung des Grundkapitals stehen muss; bei unterlassener Beantragung der gerichtlichen Auflösung. Die Geschäftsleiter müssen nach Abs. 2 beweisen, dass der Auflösungsgrund zum Zeitpunkt des Entstehens der geltend gemachten Verbindlichkeit nicht vorhanden war. Bei verspäteter Erfüllung der Pflicht zur Beantragung der gerichtlichen Auflösung haften die Verwalter gegenüber denjenigen Gläubigern, die die Haftung nicht gerichtlich geltend gemacht haben, nicht (Abs. 3). Eine spezielle Regelung zur Verjährung enthält Abs. 4: Die Verjährungsfrist beträgt danach zwei Jahre und beginnt mit dem Tag zu laufen, an dem die Haftung geltend gemacht werden kann.

d. Insolvenzverursachungshaftung im spanischen Recht?

Im spanischen Recht besteht in Form des Art. 172bis LC ein zentraler insolvenzrechtlicher Haftungstatbestand, der für das dritte Krisenstadium bzw. die Untersuchung der Haftungsfolgen bei Verletzung der Konkursantragspflicht zentrale Bedeutung einnehmen wird, auf den aber bereits an dieser Stelle kurz hingewiesen werden soll: Nach dieser Vorschrift haften die Verwalter in dem Maße für das nach der konkursrechtlichen Liquidation verbleibende Defizit, in dem ihr Verhalten, das zu einer Qualifizierung des Konkurses als schuldhaft geführt hat, die Insolvenz verursacht oder vertieft hat. Die die Schuldhaftigkeit des Konkurses betreffenden Tathandlungen sind in den Art. 164 und 165 LC, auf die später ebenfalls noch

535 *Rojo* in: LH Sánchez Calero, S. 1437, 1451.
536 *Vicent Chuliá,* RCP 2006, Nr. 4, 15, 47.

ausführlicher eingegangen werden wird, enthalten. Eine Insolvenzverursachungshaftung nach Art. 172bis LC kommt also in Betracht, wenn aufgrund einer der in der LC genannten Handlungen der Konkurs als schuldhaft qualifiziert wird und das Verwalterhandeln die Verursachung der Insolvenz zur Folge hat. Als haftungsrelevante Handlung kommt insbesondere Art. 164 Abs. 2 Nr. 5 LC in Betracht, wonach der Konkurs dann in jedem Fall als schuldhaft qualifiziert wird, wenn innerhalb eines Zeitraumes von zwei Jahren vor der Eröffnung des Konkursverfahrens in betrügerischer Absicht Güter oder Rechte aus dem Schuldnervermögen abgezogen wurden. Sollte es aufgrund des Verwalterhandelns dann dazu kommen, dass die Gesellschaft in die Insolvenz gerät, so muss die Haftung der Verwalter in derartigen Situationen auf die ausgefallenen Forderungen in ihrer Gesamtheit ausgerichtet sein.[537]

e. Zwischenergebnis

Für das Krisenstadium vor Eintritt der Insolvenzreife besteht im spanischen Kapitalgesellschaftsrecht ein System aus drei aufeinander aufbauenden Elementen: dem gesetzlichen Auflösungsgrund des hälftigen Kapitalverlusts, den in dieser Situation greifenden Verwalterpflichten und der Haftung gegenüber bestimmten Gläubigern bei Nichterfüllung dieser gesetzlichen Pflichten. Art. 363 Abs. 1 Nr. e) LSC legt fest, dass die Gesellschaft aufzulösen ist, wenn ihr Reinvermögen auf einen unter der Hälfte des Grundkapitals liegenden Betrag fällt, wobei aber bei gleichzeitiger bzw. später hinzutretender Zahlungsunfähigkeit den konkursrechtlichen Regelungen Vorrang zukommt. Zur Vermeidung der Auflösung kann eine Anpassung des Grundkapitals erfolgen. Art. 365 Abs. 1 LSC statuiert die entsprechende Einberufungspflicht, Art. 366 LSC die subsidiäre Pflicht zur Beantragung der gerichtlichen Auflösung. Die durch die LC eingefügten Bezugnahmen zum Konkurs haben zu erheblichen Auslegungsproblemen insbesondere der Normen zur Einberufungspflicht geführt. Bei Nichterfüllung der Pflichten im Rahmen der Auflösung hafteten die Verwalter zunächst gegenüber allen Gläubigern in Höhe ihres positiven Interesses. Diese Haftung ist mittlerweile auf die nach Eintritt des Auflösungsgrundes durch die Gesellschaft eingegangenen Verbindlichkeiten beschränkt. Im zentralen konkursrechtlichen Haftungstatbestand Art. 172bis LC ist der Gedanke der Insolvenzverursachungshaftung angelegt.

4. Rechtsvergleichende Betrachtung

Nunmehr sollen die Regelungen aus beiden Rechtsordnungen für das Krisenstadium vor Insolvenzreife einer rechtsvergleichenden Betrachtung und Bewertung unterzogen werden.

---

537 *Verdú Cañete*, La responsabilidad civil del administrador, S. 272; ebenso das Sondervotum des Richters *Sancho Gargallo* zu TS, Urt. v. 21. 5. 2012 (ROJ: STS 4441/2012), Nr. 13.

a. Die Pflicht zur Einberufung der Haupt- bzw. Gesellschafterversammlung bei Eintritt des schweren Verlustes

Sowohl das deutsche als auch das spanische Recht verfügen über eine Einberufungspflicht für die Haupt- bzw. Gesellschafterversammlung bei Erreichen einer bestimmten Verlustschwelle. Diese Gemeinsamkeit beruht wesentlich darauf, dass die Festlegung einer Einberufungspflicht für die Geschäftsleiter im Fall der AG bei Eintritt schwerer Verluste nach Art. 19 Abs. 1 der Richtlinie 2012/30/EU für die nationalen Rechtsordnungen der Mitgliedsstaaten zwingend vorgeschrieben ist. Art. 19 Abs. 1 der Richtlinie verlangt die Festlegung einer bestimmten Frist zur Einberufung durch die Rechtsvorschriften der Mitgliedsstaaten, legt diesbezüglich aber kein konkretes Mindesterfordernis fest. Art. 19 Abs. 2 bestimmt als Mindestwert für die Auslösung der Einberufungspflicht einen Verlust in Höhe der Hälfte des Grundkapitals, sodass strengere Regelungen in den nationalen Rechtsordnungen möglich sind. Zu den möglichen Folgen einer unterlassenen Einberufung enthält die Richtlinie dagegen keine Angaben. Hinsichtlich der Ausgestaltung des Fristerfordernisses, der konkreten Bestimmung des schweren Verlustes und der Rechtsfolgen kommt den Mitgliedsstaaten also ein Gestaltungsspielraum zu, sodass – neben ihrer grundsätzlichen Konstruktion – die im deutschen und spanischen Recht geregelten Voraussetzungen der Einberufungspflicht und die Rechtsfolgen bei einer Pflichtverletzung in den Blickpunkt rücken.

aa. Zweck und Konstruktion der Einberufungspflicht

Ein erster Unterschied zeigt sich hier zunächst, wenn man die in beiden Rechtsordnungen mit der Einberufungspflicht verfolgten Zwecke gegenüberstellt. Zwar kommt ihr in beiden Ländern der Zweck zu, dass eine weitere Verschärfung der Krisensituation der Gesellschaft verhindert werden soll. Allerdings stellt das deutsche Recht hier den Zweck der Information der Anteilseigner in den Vordergrund. Dieser Informationszweck findet weder im spanischen Schrifttum noch in der Rechtsprechung Erwähnung.

Ein deutlicher Unterschied zwischen deutschem und spanischem Recht in Bezug auf die Einberufungspflicht liegt dann in deren jeweiliger Konstruktion. Das spanische Recht sieht den Eintritt des schweren Verlustes bei einer Kapitalgesellschaft nach Art. 363 Abs. 1 Nr. e) LSC als Auflösungsgrund an, sodass – grundsätzlich – die Auflösung der Gesellschaft durch die Haupt- bzw. Gesellschafterversammlung zu beschließen ist. Die Einberufungspflicht nach Art. 365 LSC findet ihr Fundament in dieser Regelung des gesetzlichen Auflösungsgrundes. Daher ist ihr Tatbestand in Art. 365 Abs. 1 S. 1 LSC auch so formuliert, dass die Verwalter die Versammlung zum Zwecke der Fassung des Auflösungsbeschlusses einberufen müssen, wobei diese auch entsprechende Gegenmaßnahmen beschließen kann. Insofern legt das spanische Recht die Handlungsmöglichkeiten der Haupt- bzw. Gesellschafterversammlung zu einem gewissen Grad fest: Beschluss über die Auflösung oder über

Maßnahmen zur Überwindung des Auflösungsgrundes. Dem deutschen Recht dagegen ist der schwere Kapitalverlust in seiner Funktion als Auflösungsgrund fremd. Daher dient die in § 92 Abs. 1 AktG und § 49 Abs. 3 GmbHG geregelte Einberufungspflicht hier auch nicht dazu, die Auflösung der Gesellschaft zu erreichen. Das deutsche äußert sich im Gegensatz zum spanischen Recht dann auch nicht näher zu den für die einberufene Versammlung bestehenden Handlungsmöglichkeiten.

Aus diesen Unterschieden in Zweck und Konstruktion der Einberufungspflicht lässt sich schließen, dass der spanische Gesetzgeber im Gegensatz zum deutschen offenbar die Notwendigkeit gesehen hat, bereits zum einem frühen Krisenzeitpunkt, konkret bei Eintreten eines schweren Kapitalverlustes, regulierend einzugreifen und den Fortbestand der sich in einer wirtschaftlichen Krise befindenden Gesellschaft zu verhindern. Damit erweist sich das spanische Recht an dieser Stelle als deutlich strikter als die deutschen Regelungen. Dies wirft die Frage auf, ob der Grund für diese divergierenden Regelungen möglicherweise in einer unterschiedlichen Wirtschafts- bzw. Unternehmenskultur in beiden Ländern zu sehen ist, die den spanischen Gesetzgeber an dieser Stelle zum Handeln veranlasste. Unabhängig von den möglichen Gründen lässt sich feststellen, dass im spanischem Recht bei Bestehen einer Krisensituation früher auf eine Entfernung der betroffenen Kapitalgesellschaft vom Markt und deren Liquidation hingewirkt wird als im deutschen Recht (zumindest dann, wenn keine entsprechenden Gegenmaßnahmen getroffen werden).

bb. Voraussetzungen der Einberufung

Betrachtet man die sachlichen Voraussetzungen der Einberufungspflicht in beiden Rechtsordnungen, so zeigt sich zunächst, dass sowohl das deutsche als auch das spanische Recht die Einberufungspflicht zur Anwendung kommen lassen, wenn ein schwerer Verlust in Höhe der Hälfte des Grundkapitals eintritt. Keine der beiden Rechtsordnungen geht insoweit über das Mindesterfordernis der Richtlinie hinaus. In diesem Zusammenhang zeigt sich aber auch ein Unterschied zwischen beiden Rechtsordnungen in der Formulierung der Normen: Das spanische Recht legt den Auflösungsgrund und damit auch die Einberufungspflicht für die Geschäftsleiter für den Fall fest, dass das Reinvermögen auf einen Betrag fällt, der *unter* dem hälftigen Betrag des Grundkapitals liegt (Art. 363 Abs. 1 Nr. e) LSC), während § 92 Abs. 1 AktG im deutschen Recht („Verlust in Höhe der Hälfte des Grundkapitals“) so verstanden wird, dass für eine Einberufung das Gesellschaftsvermögen *höchstens* noch den Betrag der Hälfte des Grundkapitals erreichen darf. Damit würde nach deutschem Recht die Einberufungspflicht bereits zu einem früheren Zeitpunkt eingreifen als nach den spanischen Regelungen. Nach Art. 19 Abs. 2 der Richtlinie 2012/30/EU können die Mitgliedsstaaten die Höhe des als schwer zu erachtenden Verlustes nicht auf mehr als die Hälfte des gezeichneten Kapitals festsetzen. Versteht man die Voraussetzung des qualifizierten Verlustes so, dass damit – wie nach der ganz h. M. im deutschen Recht und nach der Formulierung der spanischen Norm – die Aufzehrung eines bestimmten Teils des Gesellschaftsvermögens gemeint ist, so muss die Pflicht auch bereits bei Abfall des Vermögens auf genau 50 % des Grundkapitals greifen.

Die spanische Regelung scheint dieses Mindesterfordernis also zu unterschreiten. Im spanischen Schrifttum wird auf diese Problematik nicht näher eingegangen. Im Zweifel wird man daher wohl Art. 363 Abs. 1 Nr. e) LSC im Einklang mit Art. 19 Abs. 2 der Richtlinie so verstehen müssen, dass die Einberufungspflicht auch hier bereits bei Gleichstand des Gesellschaftsvermögens mit dem hälftigen Betrag des Grundkapitals eingreift. Allerdings wird auch im deutschen Schrifttum nicht selten davon gesprochen, dass die Einberufungspflicht eingreift, wenn das Vermögen unter den hälftigen Betrag des Grundkapitals herabfällt.[538]

Nach beiden Rechtsordnungen ist zur Prüfung der Voraussetzungen der Einberufungspflicht eine Gegenüberstellung von Grundkapital und Gesellschafts- bzw. Reinvermögen vorzunehmen. Während das spanische Recht dies in Art. 363 Abs. 1 Nr. e) LSC ausdrücklich festlegt, spricht das deutsche Recht in § 92 Abs. 1 AktG zwar nur von einem „Verlust in Höhe der Hälfte des Grundkapitals", was hier aber von der ganz h. M. so verstanden wird, dass das Verhältnis von Gesellschaftsvermögen und Grundkapital zu betrachten ist. Beide Rechtsordnungen verstehen unter Grundkapital das satzungsmäßig festgelegte Grundkapital unabhängig von dessen Einzahlung im konkreten Fall. Gemeinsamkeiten weisen beide Rechtsordnungen auch dahingehend auf, dass bei der Bewertung der einzelnen Vermögensbestandteile die für den Jahresabschluss geltenden Regelungen anzuwenden sind und das Vermögen damit – zumindest im Grundsatz – zu Fortführungswerten (*Going-Concern-Prinzip*) zu bewerten ist.

Unterschiede zwischen deutschem und spanischem Recht ergeben sich allerdings bezüglich des Betrages des Gesellschafts- bzw. Nettovermögens, der dem satzungsmäßigen Grundkapital gegenüberzustellen ist. Grundsätzlich ist der Begriff des gesellschaftlichen Reinvermögens in beiden Ländern gleich zu verstehen (Aktiva abzüglich Passiva). Das spanische Recht kennt darüber hinaus einen spezifischen Begriff des Reinvermögens im Hinblick auf den Auflösungsgrund (und weitere Situationen) und definiert dieses nach Art. 36 Abs. 1 Nr. c) S. 3 Ccom als den sich nach Abzug der Passiva von den Aktiva ergebenden Differenzbetrag, der um das gezeichnete nicht eingeforderte Grundkapital (Forderungsrechte der Gesellschaft) und um den Nennwertbetrag und das Agio des gezeichneten, in bilanzieller Hinsicht als Passivposten behandelten Grundkapitals (rückkäufliche Aktien und stimmrechtslose Aktien bzw. Gesellschaftsanteile) erhöht wird. Eine solche spezielle Definition des Gesellschaftsvermögens für die Bestimmung der Voraussetzungen des hälftigen Kapitalverlustes kennt das deutsche Recht nicht. In der Konsequenz wird durch diese spezielle Definition des Reinvermögens der Anwendungsbereich des Auflösungsgrundes und damit auch derjenige der Einberufungspflicht im spanischen Recht eingeschränkt und im Vergleich zum deutschen Recht nach hinten verlagert. Darin zeigt sich das Bestreben des spanischen Gesetzgebers, den Auflösungsgrund nur restriktiv zur Anwendung kommen zu lassen. Ein weiterer Unterschied zwischen

538 So z. B. bei *Förschle/Hoffmann,* in: Förschle/Budde/Winkeljohann, Sonderbilanzen, Rn. P. 10.

beiden Rechtsordnungen zeigt sich in der über mehrere Jahre vorhandenen Regelung des spanischen Rechts, bestimmte das Reinvermögen vermindernde Verluste (auf Wertminderungen des Anlagevermögens, der Immobilieninvestitionen und der Lagerbestände basierende Verluste) nicht zu berücksichtigen, denn das deutsche Recht kennt eine solche Regelung nicht. Auch anhand dieser Regelung, die zunächst als Ausnahme gedacht war und die die Regierung in den Folgejahren immer wieder verlängerte, wird deutlich, dass der spanische Gesetzgeber auf die wirtschaftliche Krise – insbesondere diejenige des Immobiliensektors – reagieren und die Anwendungsfälle des Auflösungsgrundes reduzieren wollte, um den betroffenen Unternehmen ein Fortbestehen zu ermöglichen. Dass die Regelung erst im Jahr 2015 nicht mehr verlängert wurde, zeigt ihre hohe Bedeutung.

cc. Einberufungsfrist und -modalitäten

Ein deutlicher Unterschied zeigt sich auch bei der Festlegung der Frist, die den Geschäftsleitern für die Einberufung in der jeweiligen Rechtsordnung zugestanden wird. Während das deutsche Recht eine unverzügliche Einberufung der Haupt- bzw. Gesellschafterversammlung verlangt, gewährt die spanische Regelung den Geschäftsleitern eine zweimonatige Frist. In Bezug auf die Einberufungsfrist stellt sich das spanische Recht also aus Sicht der betroffenen Geschäftsleiter als großzügiger dar, sodass – zumindest wenn der Vorstellung des jeweiligen Gesetzes Rechnung getragen wird und die Geschäftsleiter entsprechend handeln – die Einberufung nach deutschem Recht schneller erfolgt als nach spanischem.

Betrachtet man dagegen den in beiden Rechtsordnungen relevanten Auslöser für den Beginn dieser Fristen, so lässt sich feststellen, dass nach der h. M in beiden Rechtsordnungen gleichermaßen auf den Moment abzustellen ist, in dem die Geschäftsleiter nach pflichtgemäßem Ermessen vom Eintreten des Verlustes Kenntnis erhalten (bzw. Kenntnis erhalten mussten), sodass nicht der Jahresabschluss bzw. die Erstellung der Bilanz abgewartet werden darf. Das deutsche Recht formuliert dies ausdrücklich in § 92 Abs. 1 AktG; § 49 Abs. 3 GmbHG wird in diesem Sinne ausgelegt. Art. 365 Abs. 1 LSC enthält dazu keinerlei Regelung, wird aber von Rechtsprechung und h. M. im Schrifttum ebenfalls so verstanden. Dies erscheint konsequent, da nur so eine rechtzeitige Reaktion auf die Krisensituation ermöglicht wird. Bezüglich des spanischen Rechts ist allerdings zu berücksichtigen, dass mit der Einberufung der Versammlung zumindest im Grundsatz der Auflösungsprozess der Gesellschaft eingeleitet wird, worauf die auf den Jahresabschluss abstellende und damit um eine restriktive Auslegung bemühte a. A. im spanischen Schrifttum auch hinweist.

Hinsichtlich der übrigen Einberufungsmodalitäten ist festzustellen, dass der hälftige Kapitalverlust in beiden Rechtsordnungen als Tagesordnungspunkt aufgeführt werden muss, wobei im deutschen Recht ausdrücklich der Verlust zu benennen ist, während im spanischen Recht eine Benennung des Tagesordnungspunktes „Auflösung“ ausreicht. Im Gegensatz zum deutschen Recht kennt das spanische Recht in Form von Art. 365 Abs. 1 S. 2 LC das Recht eines jeden einzelnen Anteilseigners (und damit nicht erst eines bestimmten Quorums), bei einem aus seiner Sicht bestehenden Auflösungsgrund von den Geschäftsleitern die Einberufung der Versammlung zu verlangen. Dass das Gesetz hier kein bestimmtes Quorum verlangt, sondern jedem einzelnen Anteilseigner dieses Recht zugesteht, lässt sich sicher damit begründen, dass in dieser Situation die Auflösung der Gesellschaft im Raum steht, und dass auf diesem Wege die Einberufung der Versammlung sichergestellt werden soll. Insoweit erfährt das Instrument der Einberufungspflicht eine Stärkung. Daher erscheint eine Übernahme dieser Regelung in das deutsche Recht zumindest erwägenswert, wenn auch nicht übersehen werden darf, dass hier – zumindest im Fall der AG – auch der Aufsichtsrat handeln kann, den das spanische Recht als Institution nicht kennt. Allerdings kann das Recht eines jeden Anteilseigners in den Situationen von Nutzen sein, in denen auch der Aufsichtsrat nicht handelt. Dem Instrument der Einberufungspflicht könnte auf diesem Wege eine höhere Bedeutung verliehen werden.

dd. Haftende Geschäftsleiter

Während nach spanischem Recht alle Arten von faktischen Verwaltern der Haftung nach Art. 367 LSC (und damit auch der Einberufungspflicht) unterliegen, beschränkt sich das deutsche Recht diesbezüglich auf die fehlerhaft bestellten Geschäftsleiter. Allerdings gelangt das spanische Recht zur Haftung der faktischen Geschäftsleiter nur über die Pflicht zur Beantragung der gerichtlichen Auflösung der Gesellschaft, denn auch hier können sie die Einberufung der Versammlung nicht vornehmen. In beiden Rechtsordnungen erfordert die Einberufung im Falle eines aus mehreren Personen bestehenden Vertretungsorgans einen Beschluss dieses Organs. Unterschiede ergeben sich dann aber hinsichtlich der Handlungsmöglichkeiten bzw. -pflichten des einzelnen Organmitglieds: Im deutschen Recht besteht eine Pflicht des Vorstandsmitgliedes, sich an den Aufsichtsrat zu wenden, die im spanischen Recht aufgrund des Fehlens des Aufsichtsrates nicht in Betracht kommt. Nach spanischem Recht besteht aber die Möglichkeit, zur Vermeidung der Haftung gegen den die Einberufung ablehnenden Beschluss zu stimmen oder die gerichtliche Auflösung der Gesellschaft zu beantragen.

ee. Das Verhältnis von Einberufungspflicht und Insolvenz- bzw. Konkursantrag

Eine Problematik, die das spanische Schrifttum intensiv beschäftigt, ist das Verhältnis zwischen hälftigem Kapitalverlust und Insolvenz bzw. dasjenige zwischen Einberufungspflicht und Stellung des Konkursantrages bei gleichzeitigem Auftreten von Verlust und Zahlungsunfähigkeit bzw. drohender Zahlungsunfähigkeit. Dies hängt in erster Linie mit der unklaren tatbestandlichen Fassung der (früheren und heutigen) gesellschaftsrechtlichen Normen zum Auflösungsgrund und zur Einberufungspflicht und mit der Tatsache zusammen, dass der Gesetzgeber Bezugnahmen zur Insolvenzsituation in den Art. 260 Abs. 1 Nr. 4, 262 Abs. 2 S. 1 LSA, 104 Abs. 1

Nr. e), 105 Abs. 1 S. 2 LSRL und 363Abs. 1 Nr. e), 365 Abs. 1 LSC schuf. Die Rechtsprechung hat zu dieser Frage keine Stellung bezogen. Im deutschen Recht steht diese Problematik dagegen nicht im Zentrum der Diskussion, sodass man sich auf den Hinweis beschränkt, dass bei bereits gestelltem Insolvenzantrag die Einberufungspflicht nicht mehr zum Tragen kommt. Dass darüber hinaus im spanischen Recht keine Ausnahmen zur fristgemäßen Einberufung diskutiert werden, liegt wohl daran, dass angesichts der zweimonatigen Frist ohnehin ausreichend Spielraum für Sanierungsbemühungen vorhanden ist.

Dass Art. 363 Abs. 1 Nr. e) LSC („vorausgesetzt, dass nicht die Stellung des Konkursantrages angebracht ist") im spanischen Schrifttum allgemein so verstanden wird, dass der Stellung des Konkursantrages nur bei Bestehen der entsprechenden Pflicht (konkret bei Eintreten der Zahlungsunfähigkeit und nicht lediglich drohender Zahlungsunfähigkeit) Vorrang gegenüber dem Auflösungsgrund zukommt, ist zu befürworten, da so eine klare Trennung der Anwendungsbereiche der gesellschaftsrechtlichen Vorschriften zur Auflösung und der konkursrechtlichen Normen ermöglicht und sichergestellt wird, dass bei Eintritt der Insolvenzsituation die Prinzipien des Konkursrechts (in erster Linie die *par conditio creditorum*) zur Geltung kommen.

Betrachtet man dann die bei der Darstellung des spanischen Rechts behandelte Problematik des bei Zusammentreffen von qualifiziertem Verlust und Zahlungsunfähigkeit oder drohender Zahlungsunfähigkeit für die Entscheidung über das weitere Vorgehen zuständigen Organs, so ist eine Auslegung des Art. 365 Abs. 1 S. 1 LSC vorzunehmen und insbesondere ein Vergleich mit dem Normwortlaut des davor für die SL geltenden Art. 105 Abs. 1 S. 2 LSRL anzustellen. Art. 365 Abs. 1 S. 1 LSC spricht davon, dass die Verwalter die Versammlung einberufen müssen, damit diese den Auflösungsbeschluss fasst, oder wenn die Gesellschaft insolvent ist, diese auf den Konkurs hinwirkt. Art. 105 Abs. 1 S. 2 LSRL dagegen verpflichtete die Verwalter zur Einberufung der Gesellschafterversammlung, damit diese den Auflösungsbeschluss fasst oder auf den Konkurs hinwirkt. Somit zeigt sich, dass beide Normen zwar eine hohe Ähnlichkeit, aber in Bezug auf die Satzstellung keine Identität aufweisen, wie dies zumindest vereinzelt im spanischen Schrifttum vertreten wird. Während sich „diese" in Art. 105 Abs. 1 S. 2 LSRL sowohl hinsichtlich des Auflösungsbeschlusses als auch bezüglich der Einleitung des Konkursverfahrens eindeutig auf die Gesellschafterversammlung bezog, scheint die Versammlung aufgrund der veränderten Satzstellung in Art. 365 Abs. 1 S. 1 LSC nur noch für die Fassung des Auflösungsbeschlusses zuständig zu sein. Wenn nun aber „die Gesellschaft" auf den Konkurs hinwirken soll, so bestehen weiterhin Unklarheiten, da diese Bezugnahme keine Aussage hinsichtlich des zuständigen Organs (Versammlung oder Vertretungsorgan) trifft. Daneben steht die konkursrechtliche Zuständigkeitsregelung in Art. 3 Abs. 1 S. 2 LC. Diese stellt die einzige Regelung dar, die eine ausdrückliche Aussage trifft, und zwar zur Entscheidungszuständigkeit der Verwalter. Dass diese Vorschrift zwischenzeitlich gestrichen wurde und somit nicht mehr zu Argumentationszwecken bezüglich dieser Frage herangezogen werden konnte, erschwert die Beantwortung der Fragestellung. Dass die h. M. im spanischen Schrifttum bei Zusammentreffen von hälftigem Kapitalverlust und Zahlungsunfähigkeit allein die Verwalter als zuständiges Organ ansieht und diese vor Stellung des Konkursantrages auch nicht die Versammlung einberufen und deren zustimmenden Beschluss abwarten müssen, überzeugt, da die Verwalter ihrer konkursrechtlichen Antragspflicht nachkommen und dabei insbesondere die Frist wahren müssen, um einer drohenden Haftung zu entgehen. Die Anteilseigner dagegen unterliegen keiner Haftungsandrohung. In der Insolvenzsituation müssen die Verwalter schnellstmöglich im Gläubigerinteresse handeln. Für eine zwingende Beteiligung der Versammlung bei Zusammentreffen von Kapitalverlust und drohender Zahlungsunfähigkeit – wie ebenfalls von der h. M. vertreten – spricht v.a., dass die in dieser Situation zu befolgende Pflicht die Einberufungspflicht ist und die Versammlung dann den Auflösungsbeschluss, den Beschluss zur Stellung des Konkursantrages oder eine entsprechende Gegenmaßnahme fassen muss bzw. entsprechend entscheiden kann.

Angesichts der an dieser Stelle auftretenden Auslegungsschwierigkeiten kann das Bestreben des spanischen Gesetzgebers, Gesellschafts- und Konkursrecht durch die mit der 20. und 21. Schlussbestimmung der LC verbundenen Veränderungen der gesellschaftsrechtlichen Regelungen abzustimmen, im Hinblick auf die Regelungen zur Einberufungspflicht als nicht gelungen angesehen werden.[539] Insoweit ist zu begrüßen, dass in Art. 272–8 Abs. 2 des Gesetzentwurfes für das Handelsgesetzbuch das Eingreifen der Regelungen zum Auflösungsgrund des hälftigen Kapitalverlustes davon abhängig gemacht wird, dass nicht bereits das Konkursverfahren eröffnet worden ist, wodurch von vornherein eine klare Trennung der Anwendungsbereiche von Gesellschafts- und Konkursrecht gewährleistet wird. Ebenso ist die nicht mehr vorhandene Bezugnahme zum Konkursantrag in der Norm zur Einberufungspflicht zu befürworten, um die dargestellten Diskussionen um die Kompetenzkonflikte zu vermeiden.

ff. Die Konsequenzen der unterlassenen Einberufung

Hinsichtlich der haftungsrechtlichen Konsequenzen besteht der wohl wesentlichste Unterschied zwischen deutschem und spanischem Recht im ersten Krisenstadium: Während das deutsche Recht die Geschäftsleiter bei Verletzung der Einberufungspflicht allein aufgrund der allgemeinen Haftungsnormen (§§ 93 AktG, 43 GmbHG) gegenüber der Gesellschaft haften lässt und damit am Grundsatz der Haftungskanalisierung auch in dieser Situation festhält, verfügt das spanische Recht mit Art. 367 LSC über einen Außenhaftungstatbestand zugunsten der Gesellschaftsgläubiger, in dessen Rahmen sich die Geschäftsleiterhaftung auf diejenigen Gläubiger beschränkt, die ihre Forderung gegen die Gesellschaft nach Eintreten des Auflösungsgrundes erworben haben. Allerdings ist zu berücksichtigen, dass die Geschäftsleiterhaftung

539 Siehe insoweit bereits die Feststellung von *Rösner*, Verlust des Stammkapitals und Geschäftsführerhaftung in der GmbH, S. 86 (noch zur Rechtslage vor Geltung der LSC).

nach spanischem Recht schon grundsätzlich nicht als reine Innenhaftung konzipiert ist, da die Verwalter nach dem allgemeinen Haftungstatbestand in Art. 236 LSC gegenüber der Gesellschaft, den Anteilseignern und den Gläubigern haften. Insoweit stellt die Haftung nach Art. 367 LSC zumindest insoweit keine Ausnahme dar.

Das spanische Gesellschaftsrecht unterscheidet im Rahmen der Haftung nach Art. 367 LSC zwischen zwei Gläubigergruppen mit der Folge, dass für die bereits vor Eintreten des Auflösungsgrundes vorhandenen Gläubiger gar nicht, für die danach hinzutretenden Gläubiger in Höhe der Verbindlichkeiten und damit auf das vollständige Erfüllungsinteresse gehaftet wird. Bis zur Änderung der Vorschrift im November 2005 hafteten die Geschäftsleiter sogar allen Gläubigern unabhängig vom Zeitpunkt der Forderungsbegründung auf das positive Interesse. Die in diesem Zusammenhang durch den Gesetzgeber vorgenommene und immer noch geltende Differenzierung zwischen den beiden Gläubigergruppen erscheint insoweit gerechtfertigt, als dass der Schwerpunkt des Vorwurfs an die Geschäftsleiter hiermit darauf gelegt wird, ihr Verhalten in der Unternehmenskrise nicht an die wirtschaftliche Situation der Gesellschaft angepasst zu haben. Insoweit ist die stellenweise im spanischen Schrifttum geäußerte Kritik, die bereits vor Eintritt des Auflösungsgrundes vorhandenen Gläubiger würden benachteiligt, nicht überzeugend. Betrachtet man die umstrittene Problematik der Rechtsnatur der Haftungsvorschrift, so lässt sich feststellen, dass im Ergebnis kein Unterschied zwischen der sie als zivilrechtliche Sanktionsnorm qualifizierenden h. M. und der sie als Schadensersatznorm einordnenden a. A. im Schrifttum besteht, da der von der a. A. geforderte Kausalzusammenhang zwischen Pflichtverletzung (unterlassener Einberufung) und Schaden bereits vom Gesetz selbst unterstellt werden soll und nach beiden Auffassungen für die Gläubigerverbindlichkeiten gehaftet wird, wobei die a. A. in diesen den zu ersetzenden Schaden sieht. Allerdings spricht gegen den Schadensersatzcharakter der Vorschrift der Normwortlaut, der im Gegensatz zum allgemeinen Haftungstatbestand des spanischen Kapitalgesellschaftsrechts in Art. 236 LSC gerade nicht auf den Ersatz des durch die Geschäftsleiter verursachten Schadens Bezug nimmt. Betrachtet man den in Art. 272–12 des Gesetzentwurfes für das Handelsgesetzbuch enthaltenen Haftungstatbestand, so zeigt sich, dass dieser die Haftung nicht unerheblich verschärft (Nichterstellung des Jahresabschlusses als zusätzliche Pflichtverletzung; ausdrückliche Regelung der Beweislast für die Geschäftsleiter hinsichtlich des Zeitpunkts des Auftretens des Auflösungsgrundes; Festlegung der Verjährungsfrist von zwei Jahren), im Hinblick auf die Verletzung der Pflicht zur Beantragung der gerichtlichen Auflösung aber einschränkt (Haftung bei verspäteter Pflichterfüllung nur gegenüber denjenigen Gläubigern, die sie gerichtlich geltend gemacht haben).

Hinsichtlich der möglichen strafrechtlichen Rechtsfolgen stellt sich das deutsche Recht als weitergehender dar als das spanische, da nur das deutsche Recht eine Strafbarkeit nach §§ 401 AktG, 84 GmbHG vorsieht, das spanische Recht dagegen nicht, wobei diesen Strafnormen wohl ohnehin kaum praktische Relevanz zukommen wird.

gg. *Stellungnahme*

Angesichts der teilweise im deutschen Schrifttum geäußerten Kritik an den Voraussetzungen zur Einberufungspflicht stellt sich die Frage, ob sich diesbezüglich ein gesetzlicher Änderungsbedarf ergibt. Sollte der Gesetzgeber den Schwellenwert neu definieren und die Einberufungspflicht beispielsweise bereits dann zur Anwendung kommen lassen, wenn das Gesellschaftsvermögen auf 60 oder 70 % des Grundkapitals herabgesunken ist, so würde dies an der geringen praktischen Bedeutung der Einberufungspflicht wohl nur wenig ändern. Will man dem Instrument der Einberufungspflicht im Falle des Kapitalverlustes zu einer größeren Durchschlagskraft verhelfen, so kann dies wohl nur dadurch geschehen, dass die Anteilseigner zum Handeln in der Krisensituation verpflichtet werden. Auf diesen Aspekt wird im Rahmen dieses Rechtsvergleiches noch einzugehen sein. Die Regelung in § 91 Abs. 2 AktG, ein Frühwarnsystem zur Krisenerkennung zu installieren, sollte aus Gründen der Klarstellung auch im GmbHG ausdrücklich Erwähnung finden, v. a. auch deshalb, da das Schrifttum ohnehin von einer Ausstrahlungswirkung dieser Vorschrift auf die GmbH ausgeht. Neben der rechtspolitischen Kritik steht die ebenfalls stellenweise im deutschen Schrifttum geäußerte rechtsökonomische Kritik an der Ungeeignetheit des Rückgriffs auf Buchwertkriterien im Rahmen der Einberufungspflicht. Im spanischen Schrifttum wird dieser rechtsökonomische Aspekt – soweit ersichtlich – nicht diskutiert. Dazu ist zu bemerken, dass der Gesetzgeber an dieser Stelle ein handhabbares Kriterium schaffen musste, das als Auslöser der Einberufungspflicht dient. Die bilanzielle Gegenüberstellung von gesellschaftlichem Reinvermögen und Grundkapital ist dazu geeignet, eine Krisensituation der Gesellschaft abzubilden. Die Voraussetzungen der Einberufungspflicht sind somit klar umrissen und können durch die Geschäftsleiter durch Aufstellung der entsprechenden Gegenüberstellung geprüft werden. Insoweit ist auch kein überzeugendes Gegenkonzept ersichtlich, mittels dessen die Bezugnahme auf den Jahresabschluss in diesem Zusammenhang ersetzt werden könnte.

Eine Übernahme der spanischen Regelung zur Außenhaftung empfiehlt sich für das deutsche Recht nicht.[540] Zwar mag eine solche Regelung dazu führen, dass die Geschäftsleiter angesichts der drohenden Haftung eher dazu angehalten sind, der Einberufungspflicht nachzukommen. Zwei gewichtige Gründe sprechen allerdings gegen sie. Zum einen wird das persönliche Geschäftsleitervermögen durch eine solche Haftung schon in einem frühen Krisenstadium angegriffen, auch wenn diese Problematik durch die Beschränkung auf die Haftung der nach Eintritt des Auflösungsgrundes eingegangenen Verbindlichkeiten zumindest etwas abgemildert wurde. Das Geschäftsleitervermögen kann dann aber immer noch in nicht unerheblicher Weise gemindert werden, wenn nach Eintreten des Auflösungsgrundes noch viele Gläubiger in Rechtsbeziehungen zur Gesellschaft treten und diese Gläubiger

540 Ablehnend (zu Art. 105 Abs. 5 LSRL) bereits *Rösner*, Verlust des Stammkapitals und Geschäftsführerhaftung in der GmbH, S. 164.

die Haftung auch geltend machen. Dann steht, falls sich die Krise vom hälftigen Kapitalverlust hin zu einer Insolvenzsituation verschärft und die Geschäftsleiter ihre Pflichten aus dem Insolvenzrecht verletzen, nur ein geminderter Betrag für die sie dann möglicherweise treffende Haftung zur Verfügung, wie dies auch bereits Teile des spanischen Schrifttums zu Recht kritisieren. Im Fall der Innenhaftung stellt sich dieses Problem nicht oder zumindest nicht in gleichem Maße, da ihr mangels eines nachweisbaren Schadens der Gesellschaft nur selten Relevanz zukommen wird. Zum anderen haften die Geschäftsleiter in diesem Stadium nach der spanischen Regelung gegenüber einzelnen Gläubigern in Höhe des positiven Interesses, nicht gegenüber der Gläubigergesamtheit, was sich angesichts der Tatsache, dass noch keine Insolvenzsituation besteht und damit auch der Grundsatz der *par conditio creditorum* noch keine Anwendung findet, zwar als konsequent darstellt. Dadurch kommt die Haftung aber in erster Linie denjenigen (unter den nach Auftreten des Auflösungsgrundes hinzutretenden) Gläubigern zugute, die über einen Informationsvorsprung gegenüber anderen Gläubigern verfügen, der ihnen eine rasche Geltendmachung ihrer Forderungen gestattet.[541] In diesem Zusammenhang ist zu berücksichtigen, dass v. a. die Anteilseigner, die auch die Gläubigerstellung innehaben, zu diesen gut informierten Gläubigern gehören.[542] Auf diesem Wege können diese gut informierten Gläubiger die Befriedigung ihrer Forderungen zulasten anderer in den Situationen sicherstellen, in denen zwar nur der hälftige Kapitalverlust besteht, eine Insolvenz aber u. U. direkt bevorsteht. Durch die Normierung der Haftung wird ein Anreiz für diese Gläubiger geschaffen, ihre Forderungen gegen die Geschäftsleiter noch vor Eintritt der Insolvenzsituation durchzusetzen.

b. Weitere Regelungen

Im Folgenden sollen die weiteren im ersten Krisenstadium dargestellten Regelungen betrachtet werden, bezüglich derer sich deutsches und spanisches Recht bereits grundsätzlich unterscheiden.

aa. Die Pflicht zur Beantragung der gesetzlichen Auflösung

Die im spanischen Recht bestehende Pflicht für die Geschäftsleiter zur Beantragung der gerichtlichen Auflösung der Gesellschaft im Falle des nicht zustande gekommenen oder der Auflösung zuwiderlaufenden Versammlungsbeschlusses nach Art. 366 Abs. 2 LSC ist dem deutschen Recht unbekannt. Das deutsche Recht enthält eine derartige Regelung schon deshalb nicht, da es den hälftigen Kapitalverlust nicht als grundsätzlichen Auflösungsgrund für die Gesellschaft ansieht. Diese Norm ist also eng mit dem den Auflösungsgrund regelnden Art. 363 Abs. 1 Nr. e) LSC verknüpft.

541 Dies meint wohl auch *Rösner*, Verlust des Stammkapitals und Geschäftsführerhaftung in der GmbH, S. 108, der (noch bezogen auf Art. 105 Abs. 5 LSRL) von „schnellen Gläubigern" spricht.

542 *Vicent Chuliá*, RCP 2008, Nr. 8, 113, 117.

Aufgrund ihres subsidiären Charakters im Verhältnis zur Einberufungspflicht kann die Pflicht zur Beantragung der gerichtlichen Auflösung als eine Art Absicherungsmechanismus zur Sicherstellung der Auflösung der Gesellschaft angesehen werden. Insoweit wird im spanischen Recht eine weitere spezifische Geschäftsleiterpflicht geschaffen, deren Nichterfüllung gleichermaßen eine Haftung gegenüber den Gläubigern nach sich ziehen kann wie die Verletzung der Einberufungspflicht. Insoweit sind beide Pflichten gleichgestellt.

bb. Die Regel „Rekapitalisiere oder liquidiere"

Der Pflicht, der Kapitalgesellschaft in der Krisensituation entweder neues Kapital zuzuführen oder sie aufzulösen, kommt im Hinblick auf die Geschäftsleiterpflichten in Insolvenznähe zumindest indirekt Bedeutung zu.[543]

(1) Regelung in den Rechtsordnungen

Die Kapitalrichtlinie schreibt keine Verpflichtung der Anteilseigner zum Handeln vor. Das spanische Recht enthält in Art. 363 Abs. 1 Nr. e) LSC die Möglichkeit, das Grundkapital anzupassen, um die grundsätzlich vorgesehene Auflösung der Gesellschaft zu vermeiden. Die einberufene Haupt- bzw. Gesellschafterversammlung kann die entsprechenden Beschlüsse fassen. Nach dem Gesetz ist nicht nur eine Erhöhung des Grundkapitals, sondern auch eine Herabsetzung möglich. Die Gesellschaft ist dann aufzulösen, wenn diese Anpassung nicht erfolgt. Im deutschen Recht gilt die Regel „Rekapitalisiere oder liquidiere" in diesem Krisenstadium dagegen nicht. Die Haupt- bzw. Gesellschafterversammlung wird zu keinerlei Maßnahmen verpflichtet. Allerdings kann zumindest das frühere Eigenkapitalersatzrecht des deutschen Rechts als funktionales Äquivalent der Rekapitalisierungspflicht angesehen werden.[544] Bezüglich dieser Aussage muss man sich die Rechtsprechung des BGH und die gesetzlichen Regelungen zum früheren Eigenkapitalersatzrecht in Erinnerung rufen, aufgrund derer zwischen eigenkapitalersetzenden Gesellschafterdarlehen und sonstigen Darlehen unterschieden wurde: Der BGH ging davon aus, dass ein GmbH-Gesellschafter, der der von einer Krise betroffenen Gesellschaft finanzielle Mittel zur Krisenabwehr in Form von Darlehen zur Verfügung stellte, diese Mittel nicht vor nachhaltiger Erreichung des Zwecks zurückfordern konnte, sondern sie vielmehr als Eigenkapital behandeln lassen musste.[545] Den gewährten Mitteln musste auf der einen Seite Eigenkapitalcharakter zukommen und auf der anderen Seite musste sich deren Rückzahlung negativ auf das durch die gesetzlichen Vorschriften in den §§ 30, 31 GmbHG geschützte Stammkapital auswirken.[546] In der Konsequenz leitete der BGH einen auf die §§ 30 Abs. 1, 31 GmbHG in analoger Anwendung

543 *Gerner-Beuerle/Paech/Schuster,* LSE-Studie, S. 215.
544 *Bachmann,* ZIP 2013, 1946, 1951.
545 Grundlegend BGH, Urt. v. 14. 12. 1959 (Az. II ZR 187/57), BGHZ 31, 258, 272 f.
546 BGH, Urt. v. 24. 03. 1980 (Az. II ZR 213/77), BGHZ 76, 326, 329.

gestützten Rückgewähranspruch der Gesellschaft her, der aber nur in dem Ausmaß zum Zuge kommen sollte, wie die gewährten Gesellschafterdarlehen verlorenes Stammkapital oder eine darüber hinausgehende Verschuldung abdeckten.[547] Der später in das GmbHG aufgenommene § 32a, der bis zum 1. November 2008 galt, sah diejenigen Gesellschafterdarlehen als eigenkapitalersetzende Darlehen an, die der Gesellschafter der Gesellschaft in der Situation gewährte, in der ihr die Gesellschafter als ordentliche Kaufleute Eigenkapital zugeführt hätten. In der Konsequenz konnte der das Darlehen gewährende Gesellschafter seinen Rückgewähranspruch im Insolvenzverfahren nur nachrangig geltend machen. Der BGH ging von einer Fortgeltung der von ihm entwickelten Grundsätze zu den eigenkapitalersetzenden Gesellschafterdarlehen neben den gesetzlichen Regelungen aus.[548] Indem § 32a GmbHG a. F. eigenkapitalersetzende Darlehen mit ihrem vollständigen Betrag erfasste, ging die Regelung über die auf das Stammkapital oder die darüber hinausgehende Verschuldung abstellende Rechtsprechung des BGH hinaus, blieb aber wiederum insoweit hinter der Rechtsprechung zurück, als dass sich das Gesetz an der Eröffnung des Insolvenzverfahrens orientierte[549]. Die Aussage, dass dieses frühere Eigenkapitalersatzrecht als funktionales Äquivalent der Rekapitalisierungspflicht angesehen werden kann, lässt sich somit im Hinblick auf die Rechtsprechung des BGH begründen, in der Krise gewährte Gesellschafterleistungen den Schutznormen zur Kapitalerhaltung zu unterwerfen.

(2) Stellungnahme

Die festgestellte Divergenz zwischen deutschem und spanischem Recht in Bezug auf die Rekapitalisierungspflicht wirft die Frage auf, ob auch im deutschen Recht die Regelungen zur Einberufungspflicht sowohl bei der AG als auch bei der GmbHG um die Regelung „Rekapitalisiere oder liquidiere" ergänzt werden sollten. Grundsätzlich ist zu bezweifeln, dass von den Anteilseignern Maßnahmen zur Überwindung der Krisensituation getroffen werden, da, wenn hälftiger Kapitalverlust und eine deutliche Unterkapitalisierung der Gesellschaft zusammentreffen, unter Zugrundelegung des Grundsatzes der beschränkten Haftung das Eingehen eines höheren unternehmerischen Risikos häufig eine Erhöhung des Wertes ihrer Anteile zur Folge hat.[550] Wenn die Anteilseigner im Rahmen der Versammlung keine geeigneten Maßnahmen beschließen, verursacht die Einberufung lediglich Kosten, ohne dass sich aus ihr ein Nutzen für die Gesellschaft, ihre Anteilseigner und die Gläubiger ergibt.[551] In diesem Zusammenhang kann auch auf die bei der Betrachtung des deutschen Rechts dargestellte rechtspolitische Kritik an der fehlenden Festlegung von Handlungsanweisungen für die Anteilseigner verwiesen werden. Geht man also davon aus,

547 BGH, Urt. v. 24. 03. 1980 (Az. II ZR 213/77), BGHZ 76, 326, 335.
548 BGH, Urt. v. 26. 03. 1984 (Az. II ZR 14/84), BGHZ 90, 370, 376 f.
549 *Fastrich*, in: Baumbach/Hueck, GmbHG, § 30 Anh Rn. 4.
550 *Gerner-Beuerle/Paech/Schuster*, LSE-Studie, S. 216.
551 *Gerner-Beuerle/Paech/Schuster*, LSE-Studie, S. 216.

dass sich die Regelung einer bloßen Einberufungspflicht dann als defizitär erweist, wenn die Anteilseigner – aus welchen Gründen auch immer – keine Veranlassung dazu sehen, Gegenmaßnahmen zur Beseitigung des Kapitalverlustes zu ergreifen, so spricht dies für eine Ergänzung der Einberufungspflicht im deutschen Recht um eine Rekapitalisierungspflicht mit der Alternative der Auflösung der Gesellschaft. Hinzu tritt das Argument, dass so eine Verpflichtung der Anteilseigner geschaffen werden kann, frühzeitig die Insolvenz verhindernde Maßnahmen zu treffen, soll die Gesellschaft nicht aufgelöst werden.

Eine Übernahme des Prinzips „Rekapitalisiere oder liquidiere“ aus dem spanischen Recht wurde bereits mit dem Argument abgelehnt, dieses füge sich nicht in das deutsche System mit der vorhandenen Insolvenzantragspflicht bei Überschuldung ein, sodass für die Fälle des Kapitalverlustes besser eine bloße Pflicht für die Versammlung in die Vorschrift zur Einberufungspflicht aufgenommen werden sollte, bei Eintritt des Kapitalverlustes sofort Sanierungsmaßnahmen zu ergreifen, für deren Verletzung die Gesellschafter den Gläubigern dann nach § 823 Abs. 2 BGB haften sollen.[552] Dagegen spricht allerdings, dass die bloße Festlegung einer Pflicht zur Ergreifung von Sanierungsmaßnahmen – selbst wenn sie dann haftungsbewehrt sein sollte und somit eine Anreizwirkung für die Gesellschafter vorhanden wäre, sich pflichtgemäß zu verhalten – nicht gleichermaßen zur Zielerreichung geeignet ist wie die Regelung „Rekapitalisiere oder liquidiere“, da nur die eindeutige gesetzliche Festlegung dieser Alternativen, zwischen denen dann zu entscheiden ist, sicherstellen kann, dass in der Krisensituation der Gesellschaft auch wirklich gehandelt wird.

cc. *Insolvenzverursachungshaftung*

Eine weitere im Rahmen der Untersuchung des ersten Krisenstadiums dargestellte Regelung ist das Insolvenzverursachungsverbot des deutschen Rechts (§§ 92 Abs. 2 S. 3 AktG, § 64 S. 3 GmbHG), das Elemente des Solvenztests in die Krisenhaftung integriert.

(1) Regelung in den Rechtsordnungen

Im spanischen Recht kann eine funktional äquivalente Regelung in Art. 172bis LC gesehen werden, soweit nach dieser Vorschrift eine Haftung für die Entstehung der Insolvenzsituation ausgelöst wird. Auf dieser Grundlage unterscheiden sich deutsches und spanisches Recht dann wesentlich darin, dass das Insolvenzverursachungsverbot des deutschen Rechts gezielt die Zahlungsunfähigkeit verursachende Zahlungen in den Blick nimmt und sich damit auf diese Tathandlung beschränkt, während nach spanischem Recht grundsätzlich alle in den Art. 164, 165 LC genannten Handlungen als haftungsrelevant in Betracht kommen, wenn sie zur

552 *Rösner,* Verlust des Stammkapitals und Geschäftsführerhaftung in der GmbH, S. 165 ff.

Qualifizierung des Konkurses als schuldhaft und zur Entstehung der Insolvenz führen. Aufgrund der deutschen Regelung sind bei der Insolvenzverursachungshaftung die geleisteten Zahlungen zu erstatten. Nach Art. 172bis LC im spanischen Recht ist dagegen offenbar davon auszugehen, dass die Geschäftsleiter im Falle einer schuldhaft herbeigeführten Insolvenzsituation für alle aufgrund dieser Insolvenz unbefriedigt gebliebenen Forderungen einzustehen haben (das gesamte „Defizit", von dem die Vorschrift spricht), was sich im Vergleich als deutlich schärfere Haftung darstellt.

(2) Stellungnahme

Aus der Perspektive des deutschen Rechts stellt sich die Frage, ob die §§ 92 Abs. 2 S. 3 AktG, 64 S. 3 GmbHG in ihrer jetzigen Form beibehalten werden sollten. Dafür sind die im Schrifttum geäußerten Kritikpunkte auf ihre Stichhaltigkeit hin zu untersuchen.

Sofern die Überflüssigkeit der Regelungen aufgrund der Anwendbarkeit der allgemeinen Organhaftungstatbestände kritisiert wird, so ist dem entgegenzuhalten, dass die allgemeinen Haftungstatbestände gerade nicht die spezifisch gläubigerschützende Funktion der Insolvenzverursachungsverbote, die auf eine nachrangige Befriedigung der Anteilseigner in Insolvenznähe abzielt, aufweisen.[553] Die allgemeinen Haftungsnormen setzen die Darlegung eines bezifferbaren Schadens voraus, an dem es bei die Insolvenz verursachenden Zahlungen häufig fehlt, während die Insolvenzverursachungsverbote mit der Erstattungspflicht in Bezug auf die Zahlung eine spezifische Rechtsfolge schaffen.[554]

Die stellenweise geäußerte Kritik, die alleinige Inanspruchnahme der Geschäftsleiter im Falle der Insolvenzverursachungshaftung stehe in Widerspruch dazu, dass im Falle eines Verstoßes gegen § 30 GmbHG sowohl die Geschäftsleiter als auch die Gesellschafter in Anspruch genommen werden können, kann ebenfalls nicht überzeugen. § 30 Abs. 1 S. 1 GmbHG bestimmt, dass das zur Erhaltung des Stammkapitals erforderliche Gesellschaftsvermögen nicht an die Gesellschafter ausgezahlt werden darf (Grundsatz der Kapitalerhaltung). § 64 S. 3 GmbHG dagegen will explizit das Eintreten der Zahlungsunfähigkeit verhindern und adressiert somit eine andere Situation. Die fortwährende Überwachung der wirtschaftlichen Situation der Gesellschaft stellt aber gerade eine zentrale Pflicht der Geschäftsleiter dar.[555] Außerdem besteht weiterhin die Möglichkeit, gegen den die Zahlung empfangenden Gesellschafter nach den Vorschriften über die Anfechtung vorzugehen, auch wenn die erforderlichen Voraussetzungen u. U. im jeweiligen Fall schwer darzulegen und zu beweisen sind. Ebenfalls ist kein Widerspruch darin zu sehen, dass die Existenzvernichtungshaftung Vorsatz der Gesellschafter voraussetzt und die Insolvenzverursachungshaftung schon bei Vorliegen einfacher Fahrlässigkeit eingreift. Auch wenn für eine Gleichbehandlung in den Haftungsvoraussetzungen die

553 *Thümmel/Burkhardt,* AG 2009, 885, 891.
554 *Thümmel/Burkhardt,* AG 2009, 885, 891.
555 BGH, Urt. v. 20. 2. 1995 (Az. II ZR 9/94), NJW-RR 1995, 669.

Gesetzesbegründung zur Insolvenzverursachungshaftung sprechen mag, die von der Regelung eines Teilbereiches des existenzvernichtenden Eingriffs spricht, so ist zu berücksichtigen, dass bezüglich der fortlaufend zur Prüfung der wirtschaftlichen Situation verpflichteten Geschäftsleiter ein strengerer Sorgfaltsmaßstab angelegt werden kann.

Schließlich stellt sich auch die Kritik, die Insolvenzverursachungshaftung führe zu einer unverhältnismäßigen Haftung der Geschäftsleiter, als nicht berechtigt dar. Ihre Einführung bringt keine Ausweitung, sondern lediglich eine Verschiebung der Haftungsrisiken mit sich, da nunmehr die Ansprüche der Gesellschafter auf Rückzahlung ihrer Darlehen wegen § 39 Abs. 1 Nr. 5 InsO nur nachrangig befriedigt werden und Zahlungen nach § 135 InsO angefochten werden können, die Geschäftsleiter im Gegensatz zum früheren Eigenkapitalersatzrecht bei der Veranlassung der Rückzahlung aber im Regelfall nicht mehr nach § 31 GmbHG analog haften.[556]

Im Ergebnis ist festzustellen, dass die Insolvenzverursachungshaftung durch die Grundsatzentscheidung des BGH aus dem Jahr 2012 hinsichtlich ihres Anwendungsbereiches deutlich an Kontur gewonnen hat und zuvor umstrittene Fragen (wie diejenige der Zahlung auf fällige Forderungen und des Bestehens eines Leistungsverweigerungsrechts für den Geschäftsleiter) höchstrichterlich geklärt wurden. Die Kritik, die Insolvenzverursachungshaftung verfüge über keinen eigenständigen Anwendungsbereich, ist daher nicht mehr haltbar. Das größte Problem bei der Normauslegung besteht nach wie vor im Bereich des Kausalzusammenhanges. Eine diesbezügliche Stellungnahme des BGH liegt noch nicht vor. Die besseren Gründe sprechen hier für die Auffassung, die den Kausalzusammenhang erst dann bejahen will, wenn die Zahlung mit an Sicherheit grenzender Wahrscheinlichkeit zur Illiquidität führt. Eine restriktive Auslegung wird nicht nur am besten der gesetzgeberischen Intention des engen Anwendungsbereichs gerecht, sondern kann sich auch auf den Wortlaut der §§ 64 S. 3 GmbHG, 92 Abs. 2 S. 3 AktG stützen („zur Zahlungsunfähigkeit führen musste"). Zudem wird damit der Kritik begegnet, dass die Haftungsrisiken für Geschäftsführer unverhältnismäßig ausgeweitet werden. Das gegen diese enge Auslegung vorgebrachte Argument, die Entlastungsmöglichkeit würde bei einem solchen Normverständnis faktisch leerlaufen, kann nicht überzeugen, da eine Haftung in so einem Fall bereits wegen des fehlenden Zurechnungszusammenhanges entfällt, die Geschäftsleiter also gar nicht mehr auf die Entlastungsmöglichkeit angewiesen sind. Auch wenn die Frage des Kausalzusammenhanges noch keine abschließende Klärung erfahren hat, kann sich der Geschäftsleiter bei Zahlungen auf Gesellschafterforderungen aber zumindest daran orientieren, ob die jeweilige Zahlung zu einer Vergrößerung der Deckungslücke auf zehn Prozent oder mehr führt, ob sie den Rückzug externer Kreditgeber zur Folge haben wird, wenn dies im jeweiligen Fall auch nicht leicht festzustellen sein mag.

---

556 *S. Meyer*, BB 2008, 1742, 1745: „Der „Haftungssaldo"des Geschäftsführers bleibt also in etwa gleich, sein Risiko wird jedoch verlagert."

Geschäftsleiterpflichten in der Nähe der Insolvenz und zur Einleitung eines Insolvenzverfahrens können an Prognosen (wie im Falle des Solvenztests) oder an vergangenheitsorientierten, bilanziellen Bewertungen anknüpfen.[557] Insoweit kann die Insolvenzverursachungshaftung mit ihren Parallelen zum Solvenztest als Ergänzung der auf einer bilanziellen Prüfung basierenden Einberufungspflicht angesehen werden. Mit dem Nebeneinander von Einberufungspflicht und der Insolvenzverursachungshaftung als Instrument der Insolvenzprävention finden beide Sichtweisen im Krisenstadium vor Eintreten der Insolvenzreife Berücksichtigung.

c. Abschließende Bewertung für das Krisenstadium vor Eintritt der Insolvenzreife

Abschließend lässt sich für das erste in dieser Darstellung behandelte Krisenstadium feststellen, dass das spanische Recht dem Gedanken des Gläubigerschutzes deutlich mehr Bedeutung beimisst als das deutsche Recht. Dies geschieht in erster Linie durch die Statuierung der Außenhaftung der Geschäftsleiter für den Fall der Verletzung ihrer Pflichten im Rahmen des Auflösungsprozesses der Gesellschaft. Im deutschen Recht spielt der Gläubigerschutz in diesem Stadium lediglich eine untergeordnete Rolle, da die Einberufungspflicht bei hälftigem Kapitalverlust keine gläubigerschützenden Zwecke verfolgt und da die Insolvenzverursachungshaftung zwar dem Gläubigerschutz dient, aber in ihrem Anwendungsbereich begrenzt ist. Innerhalb dieses Anwendungsbereichs handelt es sich dann aber um einen die Gesamtheit der Gläubiger betreffenden Schutz, da eine künftige Insolvenz der Gesellschaft aufgrund von Zahlungsunfähigkeit vermieden werden soll. Dagegen kommt im Rahmen der spanischen Haftungsnorm nicht dem Schutz der Gläubigergesamtheit, sondern dem Schutz bzw. der Perspektive des einzelnen Gläubigers Bedeutung zu, der auf der Grundlage dieser Außenhaftung (im Falle der Begründung seiner Forderung nach Auftreten des Auflösungsgrundes) die Geschäftsleiter auf den Ersatz seines positiven Interesses in Anspruch nehmen kann. Durch die Normierung einer Außenhaftung sehen sich die Geschäftsleiter nach spanischem Recht deutlich strikteren Haftungsfolgen ausgesetzt als nach deutschem Recht. Allerdings wird die Haftung durch die konkrete Ausgestaltung der Einberufungspflicht abgemildert. Insoweit ist zum einen die Gewährung der zweimonatigen Einberufungsfrist zu berücksichtigen. Hinzu tritt die spezifische Definition des Begriffes des Reinvermögens in Bezug auf den Auflösungsgrund, die das Eingreifen der Einberufungspflicht nach hinten verlagert sowie die Tatsache, dass auf bestimmten Wertverlusten beruhende Verluste für die Geschäftsjahre 2008–2014 nicht berücksichtigt wurden, was ebenfalls ein frühzeitiges Eingreifen des Auflösungsgrundes verhindert bzw. verhinderte. Hinzu tritt die Rechtsprechung des TS, nach der eine Zurechnung der Pflichtverletzung im Rahmen der Auflösung in Bezug auf die Geschäftsleiter erforderlich ist und die in bestimmten Situationen den Rückgriff auf die Haftung

557 *Spindler*, JZ 2006, 839, 846.

ausschließt. Wegen der strikteren Rechtsfolgen im Fall der Pflichtverletzung dürfte der Einberufungspflicht bei Eintritt des Verlustes im spanischen Recht im Ergebnis eine höhere praktische Bedeutung zukommen als im deutschen.[558]

Aufgrund der parallelen Interessenlage in AG und GmbH sollte die Regelung aus § 91 Abs. 2 AktG AktG aus Gründen der Klarstellung auch ausdrücklich in das GmbHG aufgenommen werden. Neben der Einberufungspflicht sollte auch an der Insolvenzverursachungshaftung für Kapitalgesellschaften festgehalten werden, da so bilanzielle Elemente und solche des Solvenztests im Stadium vor Eintritt der Insolvenzreife kombiniert werden. Die Übernahme der Regelung „Rekapitalisiere oder liquidiere" aus dem spanischen Recht erscheint empfehlenswert. Dagegen sollte den Geschäftsleitern in diesem Krisenstadium keine Außenhaftung gegenüber einzelnen Gläubigern auferlegt werden.

558 So bereits das Fazit bei *Rösner*, Verlust des Stammkapitals und Geschäftsführerhaftung in der GmbH, S. 145 (noch zur Lage vor Inkrafttreten der LSC).

III. Geschäftsleiterpflichten und Gläubigerschutz ab Eintritt eines Insolvenzgrundes

Das zweite Krisenstadium in dieser Betrachtung bildet die Phase ab Eintritt eines Insolvenzgrundes. An dieser Stelle soll es noch nicht um die Pflicht zur Stellung des Insolvenzantrages und die möglichen Folgen ihrer Verletzung gehen, denn diese Problematik ist dem dritten und letzten hier untersuchten Krisenstadium vorbehalten. Die Pflicht zur Stellung des Eröffnungsantrages fällt nach dem Wortlaut des § 15a Abs. 1 S. 1 InsO, der eine Stellung des Eröffnungsantrages spätestens drei Wochen nach Eintritt des Insolvenzgrundes verlangt, und des Art. 5 Abs. 1 LC auch nicht zwingend mit dem Eintritt eines Insolvenzgrundes zusammen. Vielmehr sollen hier diejenigen die Geschäftsleiter in beiden Rechtsordnungen betreffenden Regelungen im Blickpunkt stehen, die bereits vor Entstehung der Antragspflicht Pflichten und u. U. auch eine Haftung begründen.

1. Das Regelungsproblem

In der Phase ab Eintritt eines Insolvenzgrundes besteht die Gefahr, dass die Geschäftsleiter der insolventen Gesellschaft weitere Mittel aus ihrem Vermögen entziehen, um einzelne Gläubiger aus persönlichen oder wirtschaftlichen Gründen vorzugsweise zu befriedigen oder bestimmten Anteilseignern Zahlungen zukommen zu lassen. Nach § 1 S. 1 InsO dient das Insolvenzverfahren aber dazu, die Gläubiger eines Schuldners gemeinschaftlich zu befriedigen. Insoweit ist zu fragen, ob und mit welcher Reichweite diesem Prinzip auch schon vor Verfahrenseröffnung Geltung verschafft werden soll. Daher fragt sich, ob und wie derartige Handlungen der Geschäftsleiter sanktioniert werden und wem durch ein solches Handeln begründete Ansprüche zustehen sollen. Weiterhin ist zu überlegen, ob Geschäftsleiter das Gesellschaftsvermögen in Ausnahmefällen und bei Vorliegen bestimmter Voraussetzungen insbesondere zur Wahrnehmung von Sanierungschancen mindern dürfen, ohne derartige Haftungsfolgen befürchten zu müssen.

2. Pflichten der Geschäftsleiter und Gläubigerschutz ab Eintritt eines Insolvenzgrundes im deutschen Recht

Zunächst sollen wiederum Pflichten und mögliche Haftungsfolgen für die Geschäftsleiter im deutschen Recht untersucht werden.

a. Die Insolvenzgründe im deutschen Recht

Vor Untersuchung der bestehenden Handlungspflichten erfolgt eine kurze Darstellung der in der InsO normierten Insolvenzgründe mit ihren grundlegenden Merkmalen, um einen Überblick über die die Pflichten auslösenden Tatbestände zu erhalten, die die Geschäftsleiter zu prüfen haben.

aa. Der Insolvenzgrund der Überschuldung

Der Insolvenzgrund der Überschuldung ist in § 19 InsO geregelt. Nach Abs. 1 der Vorschrift handelt es sich um einen Insolvenzgrund, der nur für juristische Personen in Betracht kommt. Die Überschuldung, die in der Regel vor Eintritt der Zahlungsunfähigkeit gegeben ist, soll als Eröffnungsgrund für das Insolvenzverfahren das weitere Auftreten einer Kapitalgesellschaft am Markt verhindern.[559] Insoweit bildet der präventive Gläubigerschutz den Normzweck dieses Insolvenzgrundes.[560]

Eine Überschuldung der Gesellschaft liegt vor, wenn das Vermögen des Schuldners seine bestehenden Verbindlichkeiten nicht mehr deckt, es sei denn, die Fortführung des Unternehmens ist nach den Umständen überwiegend wahrscheinlich (§ 19 Abs. 2 S. 1 InsO). Nach dieser Definition ist also das Vorliegen der Überschuldung unabhängig von der Vermögensbewertung ausgeschlossen, wenn die Fortführungsprognose positiv ausfällt.[561] Durch sie wurde der Stellenwert der Fortführungsprognose erhöht.[562] Nach Abs. 2 S. 2 werden Forderungen auf Rückgewähr von Gesellschafterdarlehen oder aus wirtschaftlich entsprechenden Rechtshandlungen unter den dort genannten Voraussetzungen bei den Verbindlichkeiten nach S. 1 nicht berücksichtigt. Die derzeitige gesetzliche Fassung in § 19 Abs. 2 S. 1 InsO gleicht immer noch derjenigen aus Art. 5 Abs. 2 FMStG. Nach Art. 7 Abs. 2 dieses Gesetzes sollte ab 1. Januar 2011 wieder folgende Formulierung gelten: „Überschuldung liegt vor, wenn das Vermögen des Schuldners die bestehenden Verbindlichkeiten nicht mehr deckt. Bei der Bewertung des Vermögens des Schuldners ist jedoch die Fortführung des Unternehmens zugrunde zu legen, wenn diese nach den Umständen wahrscheinlich ist." Jedoch wurde zunächst die Entfristung der Definition der Überschuldung aus dem Jahr 2008 bis einschließlich 31. Dezember 2013 beschlossen.[563] Im Jahr 2012 erfolgte dann die dauerhafte Entfristung der geltenden Definition der Überschuldung.[564]

---

559 *Kirchhof,* in: Kreft, InsO, § 19 Rn. 2.

560 *K. Schmidt,* in K. Schmidt, InsO, § 19 Rn. 2.

561 Dies unterstreichend *Rokas,* ZInsO 2009, 18, 19.

562 *Gundlach,* in: Gottwald, InsolvenzR-Hdb, § 6 Rn. 27.

563 Durch Art. 1 des Gesetzes zur Erleichterung der Sanierung von Unternehmen v. 24. 9. 2009, BGBl. I, S. 3151.

564 Durch Art.18 des Gesetzes zur Einführung einer Rechtsbehelfsbelehrung im Zivilprozess und zur Änderung anderer Vorschriften v. 5. 12. 2012, BGBl. I, S. 2418.

Auf Basis der geltenden Definition ist die Überschuldung wie folgt zu prüfen: Die Geschäftsleiter von Kapitalgesellschaften müssen fortwährend die finanzielle Situation und das Vorliegen einer Überschuldung im Auge behalten.[565] Das Vorliegen der Überschuldung wird dann anhand eines Überschuldungsstatus festgestellt.[566] Die Reihenfolge der Nennung der Tatbestandsmerkmale in der Norm impliziert nicht die Prüfungsreihenfolge.[567] Insoweit wird aber häufig vorgeschlagen, mit der Prüfung der Fortführungsprognose zu beginnen, um so die deutlich aufwändigere Prüfung des Überschuldungsstatus zu vermeiden.[568] Damit sie positiv ausfallen kann, muss als subjektives Element zunächst der Wille des schuldnerischen Unternehmens gegeben sein, dieses fortzuführen.[569] In objektiver Hinsicht muss das Schuldnerunternehmen nach der h. M. zumindest für einen Zeitraum von zwölf Monaten über ausreichende Zahlungsmittel verfügen.[570] Das Ergebnis der Fortführungsprognose bemisst sich nach dem Wahrscheinlichkeitsgrad hinsichtlich der Unternehmensfortführung, der bei über 50 % liegen muss.[571]

Zur Prüfung des zweiten Tatbestandsmerkmals „Überschuldungsstatus" müssen die Aktiva den Passiva gegenüberstellt werden (bilanzieller Überschuldungsstatus).[572] Es erfolgt dabei jedoch keine Bewertung auf Grundlage der Bewertungsregeln des Handelsrechts.[573] Die Geschäftsleiter haben bei der Prüfung der Aktiva alle Vermögensbestandteile zu berücksichtigen, die bei Insolvenzeröffnung als Massebestandteile verwertet werden könnten.[574] Dabei sind Liquidationswerte zugrunde zu legen.[575] Stille Reserven werden aufgelöst.[576] Auf der Passivseite werden sämtliche Verbindlichkeiten der Gesellschaft aufgeführt, wozu auch die noch nicht fälligen Verbindlichkeiten gehören, da es bei der Überschuldung im Gegensatz zur Zahlungsunfähigkeit nach § 17 InsO allein auf das Vorhandensein der Verbindlichkeit

565 Statt vieler *Gundlach,* in: Gottwald, InsolvenzR-Hdb, § 6 Rn. 35.

566 *Gundlach,* in: Gottwald, InsolvenzR-Hdb, § 6 Rn. 36.

567 Siehe nur *K. Schmidt,* in K. Schmidt, InsO, § 19 Rn. 14.

568 Siehe etwa *Kirchhof,* in: Kreft, InsO, § 19 Rn. 6; kritisch zu dieser Empfehlung wegen der Unsicherheit der Prognose *K. Schmidt,* in K. Schmidt, InsO, § 19 Rn. 15. Die Fortführungsprognose als Tatbestandsmerkmal ist nicht unumstritten, kritisch etwa *Wackerbarth,* NZI 2009, 145, 146 f.; dagegen wiederum *K. Schmidt,* ZIP 2013, 485, 489 f.

569 *Schmerbach,* in: FK-InsO, § 19 Rn. 33.

570 Statt vieler *Leithaus,* in: *Andres/Leithaus,* InsO, § 19 Rn. 6.

571 Statt vieler *Kirchhof,* in: Kreft, InsO, § 19 Rn. 11.

572 Siehe nur *Reischl,* InsolvenzR, Rn. 127.

573 Siehe nur *Kadenbach,* in: Ahrens/Gehrlein/Ringstmeier, Fachanwaltskommentar InsolvenzR, § 19 InsO Rn. 25.

574 Statt vieler *Uhlenbruck,* in: Uhlenbruck, InsO, § 19 Rn. 62. Siehe insoweit auch die beispielhafte Aufzählung bei *Schmerbach,* in: FK-InsO, § 19 Rn. 18.

575 *Kadenbach,* in: Ahrens/Gehrlein/Ringstmeier, Fachanwaltskommentar InsolvenzR, § 19 InsO Rn. 26.

576 *Foerste,* InsolvenzR, Rn. 117.

und nicht auf ihre Fälligkeit ankommt.[577] Eine Ausnahme bilden nur solche Verbindlichkeiten, die sich nicht auf Geld richten oder bei denen eine Umrechnung in Geld nach § 45 InsO nicht stattfinden kann.[578] Nicht ausgewiesen werden im Unterschied zur Handelsbilanz Positionen des Eigenkapitals wie das gezeichnete Kapital und Rücklagen.[579]

bb. Der Insolvenzgrund der Zahlungsunfähigkeit

Der Insolvenzgrund der Zahlungsunfähigkeit bildet nach § 17 Abs. 1 InsO den allgemeinen Eröffnungsgrund für das Insolvenzverfahren.[580]

cc. Die drohende Zahlungsunfähigkeit

Überdies kennt das deutsche Recht den Eröffnungsgrund der drohenden Zahlungsunfähigkeit nach § 18 InsO für den Fall, dass der Schuldner selbst die Verfahrenseröffnung beantragt. Drohende Zahlungsunfähigkeit liegt nach § 18 Abs. 1 InsO vor, wenn der Schuldner voraussichtlich nicht dazu in der Lage sein wird, seine bestehenden Zahlungspflichten zum Fälligkeitszeitpunkt zu erfüllen. Auf die Problematik der Kompetenz zur Stellung des Insolvenzantrages bei drohender Zahlungsunfähigkeit wird im Rahmen eines Exkurses bei Behandlung der Insolvenzantragspflicht eingegangen werden.

b. Die Zahlungsverbote nach §§ 92 Abs. 2 S. 1 AktG, 64 S. 1 GmbHG

Für die Phase ab Eintritt eines Insolvenzgrundes bestimmten sich Pflichten und Haftung der Geschäftsleiter im deutschen Recht nach den Regelungen zu den Zahlungsverboten. § 92 Abs. 2 S. 1 AktG bestimmt, dass, nachdem die Zahlungsunfähigkeit der Gesellschaft eingetreten ist oder sich ihre Überschuldung ergeben hat, der Vorstand keine Zahlungen mehr leisten darf. Die Rechtsfolge findet sich in § 93 Abs. 3 Nr. 6 AktG, wonach die Vorstandsmitglieder zum Ersatz verpflichtet sind, wenn Zahlungen entgegen § 92 Abs. 2 AktG geleistet werden. Nach § 64 S. 1 GmbHG sind die Geschäftsführer der Gesellschaft zum Ersatz von Zahlungen verpflichtet, die sie nach Eintritt der Zahlungsunfähigkeit oder Feststellung der Überschuldung leisten. Die drohende Zahlungsunfähigkeit spielt im Rahmen der Zahlungsverbote damit keine Rolle. Die genannten Vorschriften weisen in ihrem Wortlaut insoweit Differenzen auf, als dass § 64 S. 1 GmbHG das Zahlungsverbot

---

577 *Schmerbach,* in: FK-InsO, § 19 Rn. 21.

578 *K. Schmidt,* in K. Schmidt, InsO, § 19 Rn. 34.

579 Siehe nur *Kadenbach,* in: Ahrens/Gehrlein/Ringstmeier, Fachanwaltskommentar InsolvenzR, § 19 InsO Rn. 39.

580 Siehe zu diesem Begriff schon die Darstellung im Rahmen der Insolvenzverursachungshaftung unter II. 2. b. cc. (1).

nicht explizit als Tatbestandsvoraussetzung enthält, sondern nur mittelbar durch die ausgesprochene Sanktion.[581] Die Regelung des heutigen § 64 S. 1 GmbHG fand sich früher in § 64 Abs. 2 GmbHG. Im Gegensatz zum Insolvenzverursachungsverbot verfügt das Zahlungsverbot bereits über eine lange Tradition: Sowohl im ADHGB (Art. 241 Abs. 3 S. 1) als auch in § 84 Abs. 3 Nr. 6 AktG 1937 finden sich Vorläufer dieser Normen.[582] Das GmbHG enthielt bereits in seiner ersten Fassung aus dem Jahr 1892 ein Zahlungsverbot.

aa. Normzweck

Die Zahlungsverbote sollen nicht die sich im Stadium der Insolvenz befindende Gesellschaft schützen, sondern verhindern, dass die Geschäftsleiter im Zeitraum zwischen Eintritt der Insolvenzreife und Antragstellung das Gesellschaftsvermögen schmälern und dadurch die Befriedigung der Gläubigergesamtheit aus der Insolvenzmasse gefährdet wird.[583] Bei Zahlung des vollen Betrages auf eine Gläubigerforderung wird dieser Gläubiger vollständig befriedigt, während er anderenfalls nur die auf ihn entfallende Quote erhalten und die Masse dementsprechend einen höheren Betrag aufgewiesen hätte.[584] Insofern findet eine Vorverlagerung der mit der Verfahrenseröffnung eintretenden Wirkungen in das Stadium der Insolvenzreife statt.[585] Es soll der Entscheidung des Insolvenzverwalters überlassen bleiben, welche Auszahlungen aus der Masse erfolgen dürfen.[586] Das Zahlungsverbot steht neben den Regelungen zur Anfechtung in der InsO bzw. dem AnfG.[587] Teile des Schrifttums setzen hinsichtlich des Normzwecks einen etwas anderen Akzent dahingehend, dass nicht Minderungen der Masse nach Eintritt der Insolvenzreife im Allgemeinen verhindert werden sollen, sondern dass der Hauptzweck vielmehr in der Sicherstellung der gleichmäßigen Gläubigerbefriedigung vor Eröffnung des Insolvenzverfahrens liege.[588] Stellenweise wird auch der durch die Haftungsandrohung geschaffene Verhaltensanreiz des Zahlungsverbotes im Hinblick auf das Recht zur Stellung des Insolvenzantrages betont.[589]

---

581 *K. Schmidt,* ZHR 168 (2004), 637, 650.

582 Auf den historischen Kontext weist wiederum *Fleischer,* in: Spindler/Stilz, AktG, § 92 Rn. 20 hin.

583 Ganz h. M., statt vieler *Goette,* in: FS Kreft, S. 53, 58.

584 *Liebs,* in: FS Rittner, S. 369.

585 *Goette,* in: FS Kreft, S. 53, 58 f.

586 *Goette,* DStR 2003, 887, 893.

587 *Kleindiek,* in: FS U. H. Schneider, S. 617, 620.

588 *Schulze-Osterloh,* in: FS Bezzenberger, S. 415, 426.

589 *Haas,* in: Baumbach/Hueck, GmbHG, § 64 Rn. 1a.

bb. Zeitlicher und persönlicher Anwendungsbereich

Voraussetzung für das Eingreifen des Zahlungsverbotes ist trotz des Wortlautes des § 64 S. 1 GmbHG nicht, dass die Überschuldung bereits festgestellt worden ist.[590] Bezüglich der aktienrechtlichen Norm ist umstritten, ab welchem konkreten Zeitpunkt das Zahlungsverbot greifen soll. Das Gesetz spricht in § 92 Abs. 2 S. 1 AktG davon, dass der Vorstand keine Zahlungen mehr leisten darf, „nachdem die Zahlungsunfähigkeit der Gesellschaft eingetreten ist oder sich ihre Überschuldung ergeben hat". Der ganz h. M. im Schrifttum zufolge gilt das Zahlungsverbot direkt mit Eintritt (in objektiver Hinsicht) der Insolvenzreife der Gesellschaft.[591] Als Argument dafür lässt sich neben dem Wortlaut der Vorschrift auch der Normzweck anführen, der Schmälerungen des gesellschaftlichen Vermögens ab Eintritt des Insolvenzgrundes verhindern will.[592] Die a. A. spricht sich dagegen dafür aus, das Zahlungsverbot erst ab dem Zeitpunkt des Eingreifens der Insolvenzantragspflicht zur Anwendung kommen zu lassen, da der Vorstand im Zeitraum zwischen Insolvenzreife und Stellung des Eröffnungsantrages kaum effektiv die Krisenabwehr betreiben könne, wenn er dabei befürchten muss, wegen Verstoßes gegen das Zahlungsverbot zu haften.[593] Der BGH schloss sich der h. L. an und verwies dabei ebenfalls auf den Wortlaut der Norm und ihren Zweck, das Gesellschaftsvermögen zur Gläubigerbefriedigung zu erhalten.[594] Diese Entscheidung deckt sich mit der Rechtsprechung des BGH zur Parallelnorm des § 64 S. 1 GmbHG.[595]

Der Anwendungsbereich des Zahlungsverbots erstreckt sich im Grundsatz bis zur Eröffnung der Insolvenz.[596] Intensiv im Schrifttum diskutiert wird, ob von seiner Fortgeltung ausgegangen werden kann, wenn ein Insolvenzantrag gestellt bzw. das Insolvenzverfahren eröffnet und Eigenverwaltung angeordnet wurde. Bezüglich dieser schwierigen Fragestellung lassen sich innerhalb des Schrifttums drei Ansätze unterscheiden: Nach den überwiegenden Stimmen soll das Zahlungsverbot zumindest im Eröffnungsverfahren weiterhin Anwendung finden, da dies in der Regelinsolvenz ebenfalls der Fall sei und die Gläubiger bei vorläufiger Eigenverwaltung – angesichts der nicht vorhandenen insolvenzrechtlichen Haftungsmechanismen – besonders

---

590 Siehe nur *Pape*, ZInsO 2001, 397, 400; *Flume*, ZIP 1994, 337, 341 weist (noch zu § 64 Abs. 2 GmbHG a. F.) darauf hin, dass es sich beim Tatbestandsmerkmal der Feststellung um ein Versehen des Gesetzgebers handeln könnte.

591 Statt vieler *Dauner-Lieb*, in: Henssler/Strohn, GesR, § 92 AktG Rn. 12.

592 *Fleischer*, in: Spindler/Stilz, AktG, § 92 Rn. 27.

593 So immer noch *Mertens/Cahn*, in: Kölner Komm AktG, § 92 Rn. 27.

594 BGH, Urt. v. 16. 3. 2009 (Az.: II ZR 280/07), NZG 2009, 550, 551; zustimmend *Bork*, NZG 2009, 775, 776, der darauf hinweist, dass Sanierungsbemühungen ohnehin wegen § 92 Abs. 2 S. 3 AktG möglich bleiben.

595 Siehe nur BGH, Urteil vom 29. 11. 1999 (Az.: II ZR 273/98), BGHZ 143, 184.

596 *Haas*, in: Baumbach/Hueck, GmbHG, § 64 Rn. 67a.

geschützt werden müssten.[597] Teilweise wird dagegen davon ausgegangen, dass das Zahlungsverbot auch danach noch weiter gelten soll, da sein Schutzzweck im eigentlichen Insolvenzverfahren weiterhin Bedeutung erlange und der Pflicht zur Massesicherung für den Geschäftsleiter, der in der Eigenverwaltung als Insolvenzverwalter fungiere, erst Recht Relevanz zukomme.[598] Schließlich wird auch vertreten, dass der Anwendungsbereich des Zahlungsverbotes bereits mit der Stellung des Eröffnungsantrages endet, denn das Zahlungsverbot sei eng mit der Antragspflicht verbunden und bei Erfüllung dieser Pflicht müsse dessen Wortlaut teleologisch reduziert werden.[599]

Die Zahlungsverbote gelten sowohl für rechtlich wirksam bestellte Geschäftsführer wie auch für faktische.[600] Auch bei Vorhandensein mehrerer Geschäftsleiter entfaltet das Zahlungsverbot nach der Rechtsprechung des BGH seine Wirkung für jeden einzelnen unabhängig davon, wie die Geschäftsleitung unter ihnen im Innenverhältnis aufgeteilt wird.[601] Zuzurechnen sind dem Geschäftsleiter auch die durch andere Mitarbeiter veranlassten Zahlungen, selbst er wenn diesbezüglich keine Kenntnis hat.[602]

cc. Tatbestandliche Voraussetzungen

Hinsichtlich der tatbestandlichen Voraussetzungen steht der Begriff der Zahlung im Mittelpunkt. Daneben sind die subjektiven Anforderungen an die Geschäftsleiter zu beachten.

(1) Der Zahlungsbegriff

Das Tatbestandsmerkmal der Zahlung als zentrales Normelement der Zahlungsverbote muss im Lichte des Normzwecks des Erhalts des Gesellschaftsvermögens zur Gläubigerbefriedigung ausgelegt werden.[603] Unter Zahlungen fallen alle

---

597 Mit dieser Begründung *A. Schmidt/Poertzgen*, NZI 2013, 369, 376; für diese Auffassung auch *Thole/Brünkmans*, ZIP 2013, 1097, 1101; *Schmittmann/Dannemann*, ZIP 2014, 1405, 1409; auf der Grundlage einer an die Situation der Eigenverwaltung angepassten Anwendung auch *Bachmann*, ZIP 2015, 101, 108; kritisch dagegen *Haas*, in: Baumbach/Hueck, GmbHG, § 64 Rn. 67a und *Altmeppen*, in: Roth/Altmeppen, § 64 Rn. 6, da sich das Zahlungsverbot nicht mit der Zielsetzung der vorläufigen Eigenverwaltung vertrage.

598 *Klinck*, DB 2014, 938, 942.

599 *Brinkmann*, DB 2012, 1369.

600 Statt vieler *Kleindiek*, in: Lutter/Hommelhoff, GmbHG, § 64 Rn. 6.

601 BGH, Urt. v. 1. 3. 1993 (Az.: II ZR 81/94), NJW 1994, 2149, 2150; siehe dazu auch *Goette*, ZInsO 2001, 529: die Beschränkung des Handelns und der Information auf den eigenen Geschäftsbereich stehe im Widerspruch zum Prinzip der organschaftlichen Gesamtverantwortung.

602 *Bitter*, ZInsO 2010, 1505, 1514.

603 *Poertzgen*, ZInsO 2011, 305.

Maßnahmen, die die Masse verkürzen.[604] Auf den Grund der Verpflichtung zur jeweiligen Zahlung kommt es nicht an.[605] Somit werden zunächst Barzahlungen erfasst.[606] Wie im Falle des Insolvenzverursachungsverbots beschränkt sich der Zahlungsbegriff aber nicht auf reine Geldzahlungen, sondern es wird auch hier ein weites Verständnis zugrunde gelegt.[607] Daher können beispielsweise auch Warenlieferungen und die Erbringung von Dienstleistungen als Zahlungen angesehen werden.[608]

Im Übrigen ist zu diesem Tatbestandsmerkmal im Unterschied zur Situation bei den §§ 92 Abs. 2 S. 3 AktG, 64 S. 3 GmbHG auch bereits deutlich mehr Rechtsprechung vorhanden. Was den bargeldlosen Geldverkehr mittels Konten betrifft, so sind von einem kreditorisch geführten Gesellschaftskonto vorgenommene Überweisungen als Zahlungen anzusehen.[609] Unübersichtlicher stellt sich die Lage dagegen hinsichtlich debitorisch geführter Konten dar. Veranlasst der Geschäftsleiter den Einzug eines Kundenschecks auf ein debitorisches Bankkonto der Gesellschaft, so ist darin nach der Rechtsprechung des BGH ebenfalls eine relevante Zahlung zu sehen, und zwar an die kontoführende Bank.[610] Dies gebiete der Normzweck der Masseerhaltung, denn bei bestehender Kontokorrentabrede finde eine Verrechnung des auf das debitorische Konto eingezogenen Scheckbetrages mit dem Sollsaldo bzw. mit dem Kreditrückzahlungsanspruch der Bank statt.[611] Auch wenn mit dieser Verrechnung gleichzeitig eine Erweiterung des Kreditspielraums verbunden sei, ändere dies nichts an der Masseschmälerung, da der Scheckbetrag ohne den Verrechnungsvorgang Teil der Masse wäre.[612] Der Geschäftsleiter muss aufgrund der Pflicht zur Masseerhaltung auch sicherstellen, dass die Schuldner der Gesellschaft nicht auf das debitorisch geführte Konto zahlen, denn auch dann trifft ihn die Haftung.[613] Anders beurteilt der BGH dagegen den entgegengesetzten Fall der Zahlungen aus Kreditmitteln von einem solchen debitorischen Gesellschaftskonto.[614] Eine solche Zahlung benachteilige die Gläubigergesamtheit nicht, da sie als reiner Austausch von Gläubigern anzusehen sei, bei dem eine höhere Verbindlichkeit der Gesellschaft gegenüber der Bank die mit Mitteln des debitorischen Kontos

604 *K. Schmidt,* ZHR 168 (2004), 637, 667.
605 *H.-F. Müller,* GmbHR 2003, 389, 392.
606 *Arnold,* in: Henssler/Strohn, GesR, § 64 GmbHG Rn. 11.
607 Ganz h. M., statt vieler *Pape,* ZInsO 2001, 397, 401.
608 Aus dem aktienrechtlichen Schrifttum *Habersack/Foerster,* in: Großkomm AktG, § 92 Rn. 128.
609 Siehe nur *Arnold,* in: Henssler/Strohn, GesR, § 64 GmbHG Rn. 12.
610 BGH, Urt. v. 29. 11. 1999 (Az.: II ZR 273/98), BGHZ 143, 184, 186.
611 BGH, Urt. v. 29. 11. 1999 (Az.: II ZR 273/98), BGHZ 143, 184, 186.
612 BGH, Urt. v. 29. 11. 1999 (Az.: II ZR 273/98), BGHZ 143, 184, 187.
613 BGH, Urt. v. 26. 3. 2007 (Az. II ZR 310/05), NJW-RR 2007, 984. Daher muss der Geschäftsleiter in Krisensituationen ein in kreditorischer Form geführtes Konto bei einer weiteren Bank eröffnen und den Schuldnern diese neue Bankverbindung mitteilen, siehe *Arnold,* in: Henssler/Strohn, GesR, § 64 GmbHG Rn. 15.
614 BGH, Urt. v. 26. 3. 2007 (Az. II ZR 310/05), NJW-RR 2007, 984.

erfüllte Gläubigerforderung ersetze.[615] Diese Rechtsprechung zu debitorischen Gesellschaftskonten sieht sich Kritik aus dem Schrifttum ausgesetzt. In Situationen, in denen ein Gesellschaftskonto je nach Zeitpunkt und Handeln des Geschäftsleiters teils kreditorischen, teils debitorischen Charakter aufweist, stellen sich die Rechtsfolgen bei wiederkehrenden Abbuchungen (wie z.B. im Fall von Mietzahlungen) als willkürlich dar.[616] Außerdem sei die Rechtsprechung auch in den Fällen nicht überzeugend, in denen die Gesellschaft das kreditorische Konto bei einer und das debitorische bei einer anderen Bank führt und in denen er das debitorische durch Zahlung vom kreditorischen Konto ausgleicht, da als Konsequenz aus der Ansicht des BGH dann sogar zwei haftungsrelevante Vorgänge vorliegen müssten, obwohl nur ein Gläubiger daraus einen Vorteil zieht.[617]

Stellen Dritte der Gesellschaft finanzielle Mittel zum Zwecke der Tilgung einer bestimmten Verbindlichkeit zur Verfügung und erfolgt daraufhin die entsprechende Zahlung, so greift das Zahlungsverbot nach der Auffassung des BGH ebenfalls ein.[618] Aufgrund des Normzwecks der Massesicherung bzw. der gleichmäßigen Gläubigerbefriedigung müsse auch ein als Vorleistung von einer Gesellschaftsschuldnerin erhaltener Betrag im Gesellschaftsvermögen verbleiben.[619]

Die unterbliebene Geltendmachung einer Forderung soll keine Zahlung darstellen.[620] Erfolgt eine Kontobelastung auf Basis einer Zwangsvollstreckungsmaßnahme (wie bei einer Kontenpfändung), so kann es nach der Rechtsprechung des BGH an der die Haftung begründenden Veranlassung der Zahlung fehlen, da einem Geschäftsleiter nur die Vermögensverluste zugerechnet werden können, die von ihm

---

615 BGH, Urt. v. 26. 3. 2007 (Az. II ZR 310/05), NJW-RR 2007, 984 f. Aufgrund der Rechtsprechung des BGH zu Zahlungseingängen und -abflüssen bezüglich eines debitorischen Gesellschaftskontos gilt daher nach *K. Schmidt*, ZIP 2008, 1401, 1407 für Geschäftsleiter der Grundsatz „Geben ist seliger denn Nehmen".

616 So *K. Schmidt*, ZIP 2008, 1401, 1407 mit folgendem Beispiel: Kommt es bei einer insolvenzreifen Gesellschaft als Mieterin zur Abbuchung der Monatsmieten, so stellt dies bei einem im relevanten Zeitpunkt kreditorischen Konto einen Haftungsfall dar, bei einem debitorischen Konto dagegen nicht. Bei einer insolvenzreifen Gesellschaft als Vermieterin ergibt sich das umgekehrte Bild: Der Eingang des Mietzinses auf das kreditorische Konto führt zu keiner Haftung, während der Geschäftsleiter bei Eingang auf dem debitorischen Konto haftet.

617 *K. Schmidt*, ZIP 2008, 1401, 1407.

618 BGH, Urt. v. 31. 3. 2003 (Az.: II ZR 150/02), NJW 2003, 2316.

619 BGH, Urt. v. 31. 3. 2003 (Az.: II ZR 150/02), NJW 2003, 2316, 2317. Zweifelnd an dieser Rechtsprechung *K. Schmidt*, ZHR 168 (2004), 637, 648, der die Frage aufwirft, ob eine Muttergesellschaft im Konzern den von einer Tochtergesellschaft für einen bestimmten Zweck erhaltenen Betrag im für alle Gesellschaftsgläubiger zur Verfügung stehenden Gesellschaftsvermögen sichern muss.

620 *Arnold*, in: *Henssler/Strohn*, GesR, § 64 GmbHG Rn. 18.

bewusst und gewollt getätigt werden.[621] Die ganz h. M. lehnt auch eine Subsumtion der Begründung von Neuverbindlichkeiten unter den Zahlungsbegriff ab.[622]

Äquivalente Gegenleistungen werden zum Vorteil der Geschäftsleiter angerechnet.[623] Vom Vorliegen einer Zahlung kann im Hinblick auf den Normzweck also nur ausgegangen werden, wenn es tatsächlich zu einer Schmälerung der Masse kommt.[624] Fraglich ist dann, welche Kriterien für die Zulässigkeit der Anrechnung als maßgeblich angesehen werden sollen. Der BGH vertrat über lange Zeit die Auffassung, dass ein Gegenwert in das Gesellschaftsvermögen gelangt und in diesem voll erhalten geblieben sein muss.[625] Eine Reihe von Stimmen im Schrifttum will den Bargeschäfte erfassenden § 142 InsO aus dem Recht der Insolvenzanfechtung entsprechend heranziehen und die Privilegierung bei solchen Geschäften zur Anwendung kommen lassen, die – wirtschaftlich betrachtet – lediglich eine Umschichtung des Vermögens darstellen.[626] Manche verlangen, dass der Wert der Gegenleistung dauerhaft im Gesellschaftsvermögen verbleibt, konkret bis zum Zeitpunkt ihrer Verwertung im Insolvenzverfahren, da dies den für das Zahlungsverbot relevanten Zeitrahmen darstelle.[627] Der BGH stellte unterdessen klar, dass der Normzweck des Zahlungsverbots nicht gebiete, dass die Gegenleistung noch zum Zeitpunkt der Verfahrenseröffnung in der Masse vorhanden ist.[628] Wird die in die Masse gelangte Gegenleistung wieder ausgezahlt, könne dies aber erneut einen Erstattungsanspruch begründen.[629] Die Anrechnung der Gegenleistung kann auch dann nicht erfolgen,

---

621 BGH, Urt. v. 16. 3. 2009 (Az.: II ZR 32/08), NJW 2009, 1598, 1599; kritisch *Altmeppen,* in: Roth/Altmeppen, GmbHG, § 64 Rn. 14.

622 Statt vieler *K. Schmidt,* in: Scholz, GmbHG, § 64 Rn. 33: Die Begründung einer Verbindlichkeit bedeute nicht zwingend eine Verkürzung der Masse um deren Nennwert; a. A. *Flume,* ZIP 1994, 337, 341.

623 Statt vieler *Bitter,* ZInsO 2010, 1505, 1516 (es liegt dann lediglich ein Tausch von Aktiven vor). Umstritten ist dann, ob dies bereits das Vorliegen einer Zahlung entfallen lässt (siehe nur *H. F. Müller,* in: MünchKommGmbHG, § 64 Rn. 137) oder erst beim Ausnahmetatbestand zu berücksichtigen ist (siehe für diesen Ansatz z. B. *Schulze-Osterloh,* in: FS Bezzenberger, S. 415, 424).

624 *Kleindiek,* in: Lutter/Hommelhoff, GmbHG, § 64 Rn. 7.

625 So bereits BGH, Urt. v. 18. 3. 1974 (Az.: II ZR 2/72), NJW 1974, 1088, 1089; daraus ergibt sich also keine Zeitpunkt-, sondern eine Zeitraumbetrachtung, siehe *Haas,* in: Baumbach/Hueck, GmbHG, § 64 Rn. 70c. Anders aber die Formulierung in BGH, Urt. v. 31. 3. 2003 (Az.: II ZR 150/02), NJW 2003, 2316, 2317: „Allenfalls dann, wenn ... ein Gegenwert in das Gesellschaftsvermögen gelangt und dort verblieben ist, kann erwogen werden, eine Masseverkürzung ... zu verneinen."

626 Siehe für diesen Ansatz nur *Habersack/Foerster,* ZHR 178 (2014), 387, 403 f.

627 Für § 64 S. 1 GmbHG *Geißler,* GmbHR 2011, 907, 909. Daran soll es etwa dann fehlen, wenn die Gesellschaft nach Eintritt der Insolvenzreife Saisonware erwirbt, die sie in der Insolvenz lediglich zu einem Schleuderpreis veräußern kann, siehe *Geißler,* GmbHR 2011, 907, 909.

628 BGH, Urt. v. 18. 11. 2014 (Az.: II ZR 231/13), NZG 2015, 149, 150.

629 BGH, Urt. v. 18. 11. 2014 (Az.: II ZR 231/13), NZG 2015, 149, 150.

wenn eine Vorleistung durch einen Gläubiger gegeben ist und der Geschäftsleiter nach Eintritt des Insolvenzgrundes auf die offene Forderung, der kein Vorrang zukommt, zahlt.[630] Von einer wirtschaftlichen Betrachtungsweise ausgehend muss überdies die Weggabe wertloser oder werterschöpfend belasteter Gegenstände als zulässig angesehen werden.[631]

(2) Verschulden

Die Haftung setzt ein Verschulden der Geschäftsleiter voraus, wobei einfache Fahrlässigkeit hinsichtlich des Nichterkennens der Insolvenzreife genügt.[632] Zumindest bezüglich des Aktienrechts ist dies umstritten. Teile der Rechtsprechung und des Schrifttums fordern bezüglich § 92 Abs. 2 S. 1 AktG statt der bloßen Erkennbarkeit eine positive Kenntnis des Vorstands von der Überschuldung, da der Vorstand sonst schon bei bloßen Verdachtsmomenten für eine Überschuldung keine Zahlungen mehr tätigen dürfte, was eine Vergrößerung der Gefahr des wirtschaftlichen Zusammenbruchs der Gesellschaft mit sich bringe.[633] Das Verschulden hinsichtlich der Erkennbarkeit der Insolvenzreife kann bei Beratung durch eine fachlich qualifizierte und unabhängige Person entfallen, wenn der Geschäftsleiter diese Person umfassend über die Situation der Gesellschaft informiert hat, sie das Vorliegen der Insolvenzreife verneint und sich das Prüfungsergebnis für den Geschäftsleiter als plausibel darstellt.[634]

dd. Ausnahmetatbestand

Nach den §§ 92 Abs. 2 S. 2 AktG, 64 S. 2 GmbHG greifen die Zahlungsverbote nicht, wenn die Zahlungen nach Eintritt der Insolvenzreife mit der Sorgfalt eines gewissenhaften Geschäftsleiters bzw. eines ordentlichen Geschäftsmanns vereinbar sind. Dieser Ausnahmetatbestand muss einer engen Auslegung unterzogen werden, denn im Regelfall besteht die Ersatzpflicht, während Ausnahmen von ihr den Sonderfall darstellen.[635] Die Rechtsprechung verlangt hier eine Prüfung dahingehend, ob der Geschäftsleiter mit der Zahlung schwerwiegende Nachteile für die Masse abzuwenden versucht.[636] Nach der Auffassung des BGH wird vermutet, dass getätigte Zahlungen nicht mit der Sorgfalt eines ordentlichen Geschäftsleiters vereinbar

---

630 Röhricht, ZIP 2005, 505, 510.

631 *Haas,* in: Baumbach/Hueck, GmbHG, § 64 Rn. 68.

632 Siehe nur *Linnertz/Sacherer,* MDR 1996, 12, 13.

633 OLG Düsseldorf, Urt. v. 20. 6. 1985 (Az.: 6 U 78/84), AG 1985, 276, 279; zustimmend aus dem Schrifttum *Mertens/Cahn,* in: Kölner Komm AktG, § 92 Rn. 31; dagegen *Fleischer,* in: Spindler/Stilz, AktG, § 92 Rn. 28: Bereits mit Beginn einer Krise treffe den Vorstand eine (sich in Insolvenznähe immer weiter intensivierende) Beobachtungspflicht.

634 BGH, Urt. v. 14. 5. 2007 (Az.: II ZR 48/06), NJW 2007, 2118, 2120.

635 *Emde,* GmbHR 1995, 558, 560; *H.-F. Müller,* GmbHR 2003, 389, 392.

636 BGH, Beschl. v. 5. 11. 2007 (Az.: II ZR 262/06), NJW-RR 2008, 495, 496.

sind, so dass bei Vorliegen der Voraussetzungen des Ausnahmetatbestandes das Verschulden entfällt.[637] Nach einer Reihe von Stimmen im Schrifttum fehlt es dann bereits am objektiven Tatbestand bzw. an einer Zahlung durch den Geschäftsleiter.[638]

Privilegiert können Zahlungen sein, die zur Fortführung eines Unternehmens beitragen, für das Sanierungschancen bestehen.[639] Dies gilt beispielsweise für die Bezahlung von Wasser-, Strom- und Heizkosten der insolvenzreifen Gesellschaft.[640] Ebenso dürfen Zahlungen erfolgen, die auch der Insolvenzverwalter vornehmen würde, wie die Erfüllung einer Schuld aus einem für die Gesellschaft vorteilhaften, beidseitigem Vertrag (§ 103 InsO).[641] Unter den Ausnahmetatbestand fällt auch die Herausgabe von Vermögensgegenständen, an denen ein Aus- bzw. Absonderungsrecht besteht.[642]

Zahlungen können darüber hinaus aufgrund der Anwendung des Ausnahmetatbestandes zulässig sein, wenn sonstige Gründe der Rechtsordnung dies gebieten.[643] Auf öffentlichem Recht beruhende Zahlungen werden dabei aber nicht bereits *per se* privilegiert.[644] Konkret ergeben sich hier Probleme bei der Abführung der Arbeitnehmeranteile an den Sozialversicherungsbeiträgen und der Lohnsteuer, da sich der Geschäftsleiter hier widersprüchlichen Pflichten und damit einer Pflichtenkollision ausgesetzt sieht.[645] Die Pflicht zur Abführung der gesamten Sozialversicherungsbeiträge und damit auch der Arbeitnehmerbeiträge ergibt sich für den Arbeitgeber (bzw. die als Arbeitgeber fungierende Kapitalgesellschaft) aus §§ 28e Abs. 1 S. 1 SGB IV. Die Gesellschaft als juristische Person unterliegt zwar keiner strafrechtlichen Verantwortlichkeit. Wegen § 14 Abs. 1 Nr. 1 StGB kann sich aber der Geschäftsleiter als vertretungsberechtigtes Organ nach § 266a Abs. 1 StGB strafbar machen. Bei Nichtabführung der Arbeitnehmeranteile haftet der Geschäftsleiter nach § 823 Abs. 2 BGB i. V. m. § 266a StGB.[646] Die Pflichtenkollision liegt mithin darin, dass der Geschäftsleiter bei Nichtabführung haftet und sich strafbar macht, gleichzeitig aber der Haftung nach dem Zahlungsverbot unterliegt, wenn er diese Zahlungen

---

637 BGH, Urt. v. 8. 1. 2001 (Az.: II ZR 88/99), BGHZ 146, 264, 274.

638 Zu § 64 S. 2 GmbHG siehe nur *Mätzig*, in: BeckOK GmbHG, § 64 Rn. 54.

639 Siehe nur *K. Schmidt*, ZHR 168 (2004), 637, 668.

640 Denn eine Nichtzahlung könne zur sofortigen Betriebseinstellung führen und die Sanierungschancen des Insolvenzverfahrens beeinträchtigen, so BGH, Beschl. v. 5. 11. 2007 (Az.: II ZR 262/06), NJW-RR 2008, 495, 496; einschränkend *Bitter*, ZInsO 2010, 1505, 1517: Es komme darauf an, ob diese Rechnungen, die rechtzeitige Stellung des Insolvenzantrages unterstellt, im gleichen Zeitraum hätten bezahlt werden müssen; im Falle einer eine monate- oder jahrelangen Insolvenzverschleppung könne die Privilegierung jedenfalls nicht mehr greifen.

641 OLG Celle, Urt. v. 23. 12. 2003 (Az.: 9 U 176/03), BeckRS 2004, 02461.

642 *Habersack/Foerster*, in: Großkomm AktG, § 92 Rn. 132.

643 *Theiselmann/Redeker*, GmbHR 2008, 961, 965.

644 *H.-F. Müller*, GmbHR 2003, 389, 392.

645 *M. Liebscher*, ZInsO 2009, 1386, 1388.

646 *Gross/Schork*, NZI 2004, 358.

leistet.[647] Im Steuerrecht haften Geschäftsleiter nach § 69 S. 1 i. v. m. § 34 Abs. 1 AO, soweit Ansprüche aus dem Steuerschuldverhältnis (§ 37 AO) infolge vorsätzlicher oder grob fahrlässiger Verletzung der ihnen auferlegten Pflichten nicht oder nicht rechtzeitig festgesetzt oder erfüllt werden. Die Pflicht zur Anmeldung und Abführung der Lohnsteuer ergibt sich aus § 41a Abs. 1 EStG. Nach der Rechtsprechung des BFH ist die Nichtabführung der Lohnsteuern zum jeweiligen Fälligkeitszeitpunkt regelmäßig mindestens als grob fahrlässige Pflichtverletzung anzusehen.[648]

Bereits im Jahr 2001 äußerte sich der II. Zivilsenat des BGH dahingehend, dass der Pflicht, keine Zahlungen zu leisten, Vorrang vor einer deliktischen Haftung nach § 823 Abs. 2 BGB i. V. m. § 266 a StGB zukommt.[649] Dafür spricht, dass vom Geschäftsleiter in strafrechtlicher Hinsicht nur das Erlaubte erwartet werden könne, und ab Eintritt der Insolvenzreife bestimme sich das erlaubte bzw. nicht erlaubte Verhalten gerade nach dem Zahlungsverbot.[650] Im Jahr 2003 entschied der V. Strafsenat des BGH, dass das Zahlungsverbot während des dreiwöchigen Laufs der Frist für die Stellung des Insolvenzantrages einen Rechtfertigungsgrund für die Nichtabführung der Arbeitnehmerbeiträge und damit auch für eine mögliche Strafbarkeit nach § 266 a Abs. 1 StGB darstellt, der aber bei Verstreichenlassen der Frist wieder entfällt.[651] Da die Pflicht zur Abführung von Arbeitnehmerbeiträgen dann wieder strafbewehrt sei, ergebe sich auch ihr Vorrang vor dem Zahlungsverbot.[652] Mit Urteil vom 14. Mai 2007 räumte dann der II. Zivilsenat des BGH der Abführungspflicht den Vorrang ein und subsumierte die Zahlungen der Arbeitnehmerbeiträge zur Sozialversicherung und zur Lohnsteuer unter den Ausnahmetatbestand.[653] Unter Berücksichtigung des Gedankens der Einheit der Rechtsordnung könne von einem Geschäftsleiter nicht erwartet werden, dass er die Massesicherungspflicht erfüllt, wenn es dadurch zu einer Strafbarkeit kommen kann.[654] Der BFH nahm diese Rechtsprechung hinsichtlich

647 Kritisch zum Bestehen einer solchen Pflichtenkollision *Wilhelm,* ZIP 2007, 1781, 1783: Das Zahlungsverbot müsse im Zusammenhang mit der Insolvenzantragspflicht betrachtet werden; werde der Insolvenzantrag nicht gestellt, so liege darin eine pflichtwidrige Veranlassung der Fortdauer der Arbeitsverhältnisse. Dann sollen die sich aus der Fortführung ergebenden öffentlich-rechtlichen Abgabepflichten und die Pflicht, nicht gegen das Zahlungsverbot zu verstoßen, als Folge der Nichtstellung des Antrags parallel bestehen, siehe *Wilhelm,* ZIP 2007, 1781, 1783.

648 BFH, Urt. v. 23. 9. 2008 (Az.: VII R 27/07), GmbHR 2009, 222, 223.

649 Noch zum Konkursrecht BGH, Urt. v. 8. 1. 2001 (Az.: II ZR 88/99), BGHZ 146, 264, 275; es soll dann bei der Haftung für die Nichtabführung der Arbeitnehmerbeiträge am deliktischen Verschulden fehlen.

650 *U. H. Schneider/Brouwer,* ZIP 2007, 1033, 1039.

651 BGH, Beschl. v. 30. 7. 2003 (Az.: 5 StR 221/03), NJW 2003, 3787, 3788.

652 BGH, Beschl. v. 30. 7. 2003 (Az.: 5 StR 221/03), NJW 2003, 3787, 3788.

653 BGH, Urt. v. 14. 5. 2007 (Az.: II ZR 48/06), NJW 2007, 2118.

654 Unter ausdrücklicher Bezugnahme auf die „inzwischen gefestigte Rechtsprechung des 5. Strafsenats des BGH" BGH, Urt. v. 14. 5. 2007 (Az.: II ZR 48/06), NJW 2007, 2118, 2120.

der Abführung der Lohnsteuer auf.[655] Das Schrifttum äußerte sich überwiegend positiv zu dieser Rechtsprechung.[656] Sie sah sich aber auch der Kritik ausgesetzt, dass sie dem Grundsatz der Gleichbehandlung der Gläubiger widerspreche bzw. die öffentlich-rechtlichen Gläubiger ohne Rechtfertigungsgrund bevorzuge.[657] Außerdem werde der engen Auslegung des Ausnahmetatbestandes nicht mehr genügend Rechnung getragen, wenn bestimmte Zahlungen regelmäßig als dessen Anwendungsfälle angesehen werden.[658] Als Konsequenz aus der Rechtsprechung muss den Geschäftsleitern empfohlen werden, in Krisenzeiten Liquiditätsvorsorge in erster Linie im Hinblick auf die Abführung der Sozialversicherungsbeiträge und Steuern zu betreiben.[659]

Uneinigkeit herrscht aber im Schrifttum hinsichtlich der Frage, ob auch Zahlungen aufgrund Sozial- und Steuerrechts innerhalb der Insolvenzantragspflicht von drei Wochen (§ 15 a Abs. 1 InsO) von der Privilegierung umfasst werden. Teile des Schrifttums wollten aus der ausdrücklichen Bezugnahme des II. Zivilsenats des BGH auf den V. Strafsenat ableiten, dass Zahlungen innerhalb dieser Frist nicht privilegiert sein können, da sich der Geschäftsleiter nach der Rechtsprechung des V. Strafsenats nur dann nach § 266a StGB strafbar macht, wenn er nach Ablauf der Frist von drei Wochen noch zahlt, so dass die Konfliktsituation mit der drohenden Strafbarkeit vor diesem Zeitpunkt noch gar nicht bestehe.[660] Nach anderen dagegen sollen sämtliche Zahlungen ab Insolvenzreife der Privilegierung unterfallen, da der genaue Zeitraum für die Antragspflicht in der Praxis ohnehin kaum bestimmt werden könne.[661] Nach der jüngsten Entscheidung des II. Zivilsenats in diesem Zusammenhang ist auch die Abführung rückständiger Umsatz- und Lohnsteuern vom Ausnahmetatbestand umfasst, da sich der Geschäftsleiter auch hier im Konflikt zwischen der Pflicht zur Massesicherung und der Pflicht zur Abführung nach

655 BFH, Urt. v. 23. 9. 2008 (Az.: VII R 27/07), GmbHR 2009, 222, 223 f. Teilweise wird die Subsumtion der Abführung der Lohnsteuer unter den Ausnahmetatbestand im Schrifttum auch mit einem Vergleich zur Lohnzahlung begründet, denn die Lohnsteuerabführung sei als Teil der Lohnzahlung anzusehen und auch diese dürfe erfolgen, wenn sie die Weiterführung des Unternehmens ermögliche und damit im Gläubiger- und Gesellschaftsinteresse liege, so *Schön*, in: FS Westermann, S. 1469, 1483.

656 Zumindest hinsichtlich des Ergebnisses, siehe z. B. *Tiedtke/Peterek*, GmbHR 2008, 619, 626. Im Ergebnis ebenso zustimmend, aber kritisch hinsichtlich der Begründung *Kleindiek*, in FS U. H. Schneider, S. 617, 624 f.: Die Rechtsprechung sei mit dem Normzweck des Zahlungsverbots, der hinsichtlich der Zahlungsempfänger nicht differenziere, nicht zu vereinbaren.

657 *Goette*, DStR 2007, 1176, 1177; *M. Liebscher*, ZInsO 2009, 1386, 1391.

658 *Radtke*, GmbHR 2009, 673, 678.

659 *Radtke*, GmbHR 2009, 673, 679.

660 *Beck*, ZInso 2007, 1233, 1237; der II. Zivilsenat könne nur die Zahlungen als mit der Sorgfalt eines ordentlichen Geschäftsmanns vereinbar angesehen haben, die bei Nichtausführung auch eine Strafbarkeit nach sich ziehen.

661 *Kleindiek*, in: Lutter/Hommelhoff, GmbHG, § 43 Rn. 110.

Steuerrecht befinde.[662] Weiterhin findet sich in diesem Urteil die Aussage, dass es für die Abführung der Arbeitnehmeranteile an den Sozialversicherungsbeiträgen nicht darauf ankomme, ob sie in die Insolvenzantragsfrist fallen, da zwar während des Laufs dieser Frist ein Rechtfertigungsgrund für die Nichtabführung bestehe, der aber bei nicht fristgerechter Stellung des Insolvenzantrages rückwirkend entfalle.[663] Dies wird von einer Reihe von Stimmen im Schrifttum dahingehend bewertet, dass der II. Zivilsenat des BGH die in die Dreiwochenfrist fallenden Zahlungen als privilegiert ansehen will.[664]

Hinsichtlich der Arbeitgeberanteile an den Sozialversicherungsbeiträgen sieht der BGH deren Abführung dagegen nicht als vom Ausnahmetatbestand umfasst an.[665] Für deren Nichtabführung besteht keine dem § 266a StGB entsprechende Strafnorm, so dass sich der Geschäftsleiter nicht in der gleichen Konfliktsituation befinde.[666] Daher hat der Geschäftsleiter darauf zu achten, nur die geschuldeten Arbeitnehmerbeiträge in exakter Höhe und keine darüber hinausgehenden Beträge abzuführen.[667]

Neben der bereits dargestellten Problematik der Kollision mit § 266a StGB kann auch die Vorschrift des § 266 StGB für die strafrechtliche Verantwortlichkeit der Geschäftsleiter und die Reichweite des Ausnahmetatbestandes eine Rolle spielen. Der BGH entschied in diesem Zusammenhang, dass Geschäftsleiter grundsätzlich auch in den Fällen gegen das Zahlungsverbot verstoßen, in denen sie Schulden anderer Konzerngesellschaften mit Mitteln vom Konto der von ihnen geführten Gesellschaft begleichen, wenn diese Mittel zuvor von diesen Konzerngesellschaften auf das Konto der Gesellschaft gezahlt wurden.[668] Allerdings müsse zugunsten des Geschäftsleiters wiederum die Verbotsausnahme Anwendung finden, da für ihn wegen des durch die weitergeleiteten Gelder begründeten Treueverhältnisses eine Vermögensbetreuungspflicht gegenüber den anderen Konzerngesellschaften bestehe und deren Erfüllung gegenüber der Massesicherung Vorrang genieße bzw. der Sorgfalt eines ordentlichen Geschäftsmanns entspreche.[669]

ee. Rechtsfolge: Die Ersatzpflicht gegenüber der Gesellschaft

Im Recht der GmbH enthält § 64 S. 1 GmbHG selbst die Rechtsfolge zum Ersatz von Zahlungen an die Gesellschaft. Für Vorstände der AG findet sie sich in § 93 Abs. 3 Nr. 6 AktG. Anspruchsinhaberin ist trotz des Normzwecks (Gläubigerschutz) also

---

662 BGH, Urt. v. 25. 1. 2011 (Az.: II ZR 196/09), NZG 2011, 303, 304.
663 BGH, Urt. v. 25. 1. 2011 (Az.: II ZR 196/09), NZG 2011, 303, 305.
664 So *Nentwig*, GmbHR 2011, 346; *Kleindiek*, in: Lutter/Hommelhoff, GmbHG, § 43 Rn. 110; *Arnold*, in: Henssler/Strohn, GesR, § 64 GmbHG Rn 27.
665 BGH, Urt. v. 8. 6. 2009 (Az.: II ZR 147/08), NJW 2009, 2599.
666 BGH, Urt. v. 8. 6. 2009 (Az.: II ZR 147/08), NJW 2009, 2599.
667 *Esser/Keuten*, wistra 2010, 161, 164.
668 BGH, Urt. v. 5. 5. 2008 (Az.: II ZR 38/07), ZIP 2008, 1229.
669 Unter Bezugnahme auf die Rechtsprechung zur Abführung der Arbeitnehmerbeiträge BGH, Urt. v. 5. 5. 2008 (Az.: II ZR 38/07), ZIP 2008, 1229, 1230.

wiederum die Gesellschaft.[670] Auch kann wie im Falle der Insolvenzverursachungshaftung die allgemeine Organhaftung nach § 43 Abs. 2 GmbHG neben die Haftung aus dem Zahlungsverbot treten.[671]

(1) Rechtsnatur des Anspruches

§ 64 S. 1 GmbHG bestimmt: „Die Geschäftsführer sind der Gesellschaft zum Ersatz von Zahlungen verpflichtet ....“ Die Formulierung in § 93 Abs. 3 Nr. 6 AktG lautet: „Die Vorstandsmitglieder sind namentlich zum Ersatz verpflichtet, wenn entgegen diesem Gesetz ....6. Zahlungen entgegen § 92 Abs. 2 geleistet werden, ...“[672] Über das Verständnis dieser Formulierungen bzw. die Rechtsnatur des Ersatzanspruches herrscht Streit.

Die h. M. sieht den Anspruch aus § 64 S. 1 GmbHG als „Ersatzanspruch eigener Art“ an.[673] Für dieses Verständnis (und damit gegen die Qualifizierung als Schadensersatzanspruch) streiten der Wortlaut, der von der Erstattung der Zahlungen und nicht von Schadensersatz spreche, und die Vergleichbarkeit des Ersatzanspruches und seines Zwecks mit dem Anfechtungsanspruch nach Insolvenzrecht, der ebenfalls nicht als Schadensersatzanspruch qualifiziert wird.[674] Der BGH verwendet den Terminus „Ersatzanspruch eigener Art“ auch in seiner jüngeren Rechtsprechung.[675] Bezüglich der Norm des § 130a Abs. 2 HGB, der die Haftung von Geschäftsleitern einer OHG ohne persönlich haftende Gesellschafter regelt und der für den Fall nach Insolvenzreife getätigter Zahlungen vom „Ersatz des daraus entstehenden Schadens“ spricht, urteilte der BGH, dass sich daraus in der Sache kein Unterschied ergebe und dass man entweder von einem „Ersatzanspruch eigener Art“ oder einem „Schadensersatzanspruch eigener Art“ sprechen könne, da der auf der Differenzhypothese basierende Schadensbegriff hier ohnehin keine Rolle spiele.[676]

Nach den Gegenauffassungen soll der Ersatzanspruch als Schadensersatzanspruch zu qualifizieren sein.[677] Auf diese Ansichten und ihre Begründungen wird im Rahmen der Betrachtung der Antragspflicht und den Folgen ihrer Verletzung zurückzukommen sein, da die Problematik der dem Zahlungsverbot zugedachten Funktion und seiner Rechtsnatur eng mit den dort relevanten Regelungen verbunden ist.

---

670 Es handelt sich insoweit um einen das Interesse der Gläubiger betreffenden, aber der Gesellschaft zugewiesenen Anspruch, siehe *Schulze-Osterloh*, AG 1984, 141, 144.

671 *Arnold*, in: Henssler/Strohn, GesR, § 64 GmbHG Rn. 40.

672 Diesen Unterschied in den Formulierungen der Rechtsfolgen hebt *K. Schmidt*, ZHR 168 (2004), 637, 651 hervor.

673 Siehe statt vieler bereits BGH, Urt. v. 18. 3. 1974 (Az.: II ZR 2/72), NJW 1974, 1088, 1089.

674 Zu § 64 S. 1 GmbHG *Haas*, NZG 2004, 737, 738.

675 BGH, Urt. v. 20. 9. 2010 (Az.: II ZR 78/09), NJW 2011, 221, 222.

676 BGH, Beschl. v. 5. 2. 2007 (Az.: II ZR 51/06), NJW-RR 2007, 1490, 149: Ein Schaden nach der Differenzhypothese könne gar nicht vorliegen, da jede Zahlung des Geschäftsleiters gleichzeitig das Erlöschen einer Verbindlichkeit bewirke.

677 Zum einen *K. Schmidt*, in: Scholz, GmbHG, § 64 Rn. 63; zum anderen *Altmeppen*, in: Roth/Altmeppen, GmbHG, § 64 Rn. 40 ff.

(2) Anspruchsinhalt

Auf Grundlage der h. M. sind die Geschäftsleiter zum Ersatz aller Zahlungen ab dem Zeitpunkt der für sie erkennbaren Insolvenzreife verpflichtet.[678] Die Zahlungen sind aufgrund des Normzweckes der Massesicherung in voller Höhe zu erstatten.[679] Der haftende Geschäftsleiter hat unabhängig von der Form der haftungsbegründenden Zahlung Geldersatz zu leisten.[680] Im Falle der Befriedigung eines einzelnen Gläubigers durch den Geschäftsleiter nach Eintritt der Insolvenzreife kann diese Zahlung nicht mit dem dadurch verursachten Nachteil für die Gläubigergesamtheit gleichgesetzt werden, da dieser vorab befriedigte Gläubiger seine Forderung zur Tabelle hätte anmelden können und dann die ihm zustehende Quote erhalten hätte, wäre es nicht zur Zahlung gekommen.[681] Um eine ungerechtfertigte Bevorteilung der Masse bzw. der Gläubigergesamtheit zu vermeiden, muss daher eine Art „Vorteilsanrechnung" erfolgen.[682] Der Geschäftsleiter muss die Position des unter Verstoß gegen das Zahlungsverbot durch ihn befriedigten Gläubigers erhalten.[683] Da es sich auf Grundlage der h. M. um einen Ersatzanspruch eigener Art und nicht um einen Schadensersatzanspruch handelt, kann diese Problematik aber nicht unter Rückgriff auf die schadensersatzrechtlichen Normen gelöst werden.[684] Der BGH, der den Anspruch ebenfalls als Ersatzanspruch eigener Art qualifiziert, gesteht dem auf den Ersatzanspruch zahlenden Geschäftsleiter nach Erstattung des Betrages die Möglichkeit zu, seinen Anspruch gegen den Insolvenzverwalter geltend zu machen, der hinsichtlich Rang und Höhe dem Betrag entspricht, der im Insolvenzverfahren an den vorab befriedigten Gläubiger ausgezahlt worden wäre.[685] Ein Ansatz im Schrifttum will zur dogmatischen Begründung dieser Rechtsprechungslösung auf § 144 Abs. 1 InsO zurückgreifen.[686] Nach § 144 Abs. 1 InsO lebt die Forderung des Empfängers einer anfechtbaren Leistung wieder auf, wenn er das Erlangte zurückgewährt. Für einen Rückgriff auf diesen Rechtsgedanken im Rahmen des Zahlungsverbotes soll sprechen, dass der Anspruch aus § 143 InsO ebenfalls keinen Schadensersatzcharakter aufweise und außerdem wie der Ersatzanspruch beim Zahlungsverbot für Gläubiger entstehende Nachteile auszugleichen versuche.[687] Nach anderen soll hier

---

678 Siehe nur *M. Wagner/Zabel*, NZI 2008, 660, 662.

679 BGH, Urt. v. 8. 1. 2001 (Az.: II ZR 88/99), BGHZ 146, 264, 278 f. Im Falle anrechenbarer Gegenleistungen erfolgt dann eine Saldierung, statt vieler *Haas*, in: Baumbach/Hueck, GmbHG, § 64 Rn. 85; kritisch gegenüber dieser Saldierung *Habersack/Foerster*, ZHR 178 (2014), 387, 407: Sie sei im Wortlaut nicht angelegt und belaste die Masse mit der Verwertung der Gegenleistung.

680 *Arnold*, in: Henssler/Strohn, GesR, § 64 GmbHG Rn. 34.

681 *Haas*, in: FS G. Fischer, 2008, S. 209, 211.

682 *Haas*, in: FS G. Fischer, 2008, S. 209, 211.

683 *Altmeppen*, in: Roth/Altmeppen, GmbHG, § 64 Rn. 18.

684 *Haas*, in: FS G. Fischer, 2008, S. 209, 211.

685 BGH, Urt. v. 8. 1. 2001 (Az.: II ZR 88/99), BGHZ 146, 264, 278.

686 *Haas*, in: FS G. Fischer, 2008, S. 209, 212.

687 *Haas*, in: FS G. Fischer, 2008, S. 209, 212 f.

§ 255 BGB entsprechend anzuwenden sein.[688] Die entsprechende Anwendung des § 255 BGB soll auch mögliche Anfechtungsansprüche der GmbH gegen den vorab befriedigten Gläubiger erfassen.[689]

(3) Geltendmachung des Anspruches

Die Geltendmachung des Anspruchs setzt die Eröffnung des Insolvenzverfahrens bzw. die Ablehnung des Antrags mangels Masse voraus.[690] Bei eröffnetem Verfahren macht der Insolvenzverwalter diesen Anspruch geltend. Nach dem BGH darf der in Anspruch genommene Geschäftsleiter den Insolvenzverwalter nicht darauf verweisen, vorrangig gegen die Empfänger der jeweiligen Zahlungen nach den Vorschriften der Insolvenzanfechtung vorzugehen.[691] Da sowohl die Insolvenzanfechtung als auch die Haftung nach dem Zahlungsverbot dem Zweck dienen, die Insolvenzmasse zugunsten der Gesellschaftsgläubiger wieder aufzufüllen, liege es allein in der Hand des Insolvenzverwalters zu entscheiden, wie er vorgehen will, um den Gläubigerinteressen zur Durchsetzung zu verhelfen.[692] Außerdem werde der Insolvenzverwalter bei Vorrang der Insolvenzanfechtung dazu gezwungen, mehrere Anfechtungsprozesse mit den ihnen innewohnenden Prozessrisiken und Beweisschwierigkeiten zu führen, während sich die Geltendmachung des Ersatzanspruches gegen den Geschäftsleiter nur auf diesen Rechtsstreit beschränke.[693]

Der Ersatzanspruch kann im Falle der Abweisung des Eröffnungsantrages wegen Masselosigkeit von einem einzelnen Insolvenzgläubiger gepfändet werden.[694] Es besteht kein Anlass dafür, gerade dann von einer Haftung des Geschäftsleiters abzusehen, wenn ein Vermögensverlust großen Ausmaßes vorliegt.[695] Jeder einzelne Gesellschaftsgläubiger darf auch mittels Zwangsvollstreckung auf den Ersatzanspruch zurückgreifen, da der Zweck der gleichmäßigen Gläubigerbefriedigung im Falle der Masselosigkeit an Bedeutung verliert.[696] Im Schrifttum wirft *K. Schmidt* die Frage auf, ob es adäquat erscheint, wenn ein bestimmter Gläubiger auf eine Forderung zugreifen kann, deren Entstehensgrund gerade in der verbotenen Zahlung an einen anderen Gläubiger liegt, stimmt der Rechtsprechung aber wegen der von ihr

---

688 *Altmeppen,* in: Roth/Altmeppen, GmbHG, § 64 Rn. 18.

689 So ausdrücklich unter Bezugnahme auf den BGH *Arnold,* in: Henssler/Strohn, GesR, § 64 GmbHG Rn. 36.

690 BGH, Urt. v. 11. 9. 2000 (Az.: II ZR 370/99), NJW 2001, 304, 305.

691 Noch zu § 64 Abs. 2 GmbHG und zum damaligen Konkursrecht BGH, Urt. vom 18. 12. 1995 (Az.: II ZR 277/94), NJW 1996, 850.

692 BGH, Urt. v. 18. 12. 1995 (Az.: II ZR 277/94), NJW 1996, 850 f.

693 BGH, Urt. v. 18. 12. 1995 (Az.: II ZR 277/94), NJW 1996, 851; zustimmend zu dieser Rechtsprechung im Ergebnis *G. Müller,* ZIP 1996, 1153, 1156 f., der aber einer Begründung durch Rückgriff auf § 255 BGB den Vorzug geben will.

694 BGH, Urt. v. 11. 9. 2000 (Az.: II ZR 370/99), NJW 2001, 304.

695 BGH, Urt. v. 11. 9. 2000 (Az.: II ZR 370/99), NJW 2001, 304, 305.

696 BGH, Urt. v. 11. 9. 2000 (Az.: II ZR 370/99), NJW 2001, 304, 305.

ausgehenden Präventionswirkung hinsichtlich masseloser Insolvenzen und der in dieser Situation nicht mehr relevanten Gläubigergleichbehandlung zu.[697]

(4) Beweislast und Verjährung

Den Insolvenzverwalter trifft die Darlegungs- und Beweislast für das Bestehen des Insolvenzgrundes.[698] Um dieser Darlegungs- und Beweislast hinsichtlich des Insolvenzgrundes der Überschuldung zu genügen, muss er nach der Rechtsprechung des BGH eine Handelsbilanz vorlegen, die den nicht durch Eigenkapital gedeckten Fehlbetrag ausweist, wobei u. U nach Insolvenzrecht bestehende Abweichungen erläutert werden müssen.[699] Des Weiteren muss er die Zahlung durch den Geschäftsleiter darlegen, was eine konkrete Aufstellung des Betrages, des Zahlungsempfängers und des Zeitpunktes erfordert.[700] Der Geschäftsleiter trägt sowohl die Darlegungs- und Beweislast dafür, dass er den Insolvenzgrund nicht erkennen konnte, als auch für das Eingreifen des Ausnahmetatbestandes.[701] Darauf kann sich aber nur derjenige Geschäftsleiter berufen, der seine fortwährende Beobachtungspflicht hinsichtlich der finanziellen Situation der Gesellschaft erfüllt hat.[702]

Nach §§ 64 S. 4, 43 Abs. 4 GmbHG verjährt der Ersatzanspruch in fünf Jahren. Der Verjährungsbeginn ist nicht ausdrücklich geregelt, so dass er sich nach § 200 BGB richtet und dem Zeitpunkt der Anspruchsentstehung Relevanz für die Verjährung zukommt.[703] Nach Auffassung des BGH entsteht der Ersatzanspruch mit dem Zeitpunkt der haftungsauslösenden Zahlung, so dass dann auch der Lauf der Verjährungsfrist beginnt.[704] Nach einer stellenweise im Schrifttum vertretenen Auffassung entsteht der Ersatzanspruch dagegen erst mit Verfahrenseröffnung oder bei Antragsabweisung mangels Masse.[705] Dafür spreche, dass der Ersatzanspruch dem Gläubigerschutz dient und dass das Gesellschaftsvermögen erst mit Verfahrenseröffnung exklusiv für die Gläubiger zur Verfügung steht, sodass das Vorliegen eines Gläubigernachteils erst dann festgestellt werden könne.[706] Da über die Verweisungen in §§ 64 S. 4, 43 Abs. 3 S. 2 GmbHG auch § 9 b GmbHG Anwendung findet, ist ein Verzicht der Gesellschaft auf den Anspruch oder ein Vergleich über ihn insoweit unwirksam, als dass der Ersatz zur Befriedigung der Gesellschaftsgläubiger erforderlich ist.[707]

---

697 *K. Schmidt,* GmbHR 2000, 1225, 1227 f.

698 Statt vieler *Haas,* NZG 2004, 737, 743.

699 BGH, Beschl. v. 5. 11. 2007 (Az.: II ZR 262/06), NJW-RR 2008, 495.

700 *Haas,* NZG 2004, 737, 743.

701 *K. Schmidt,* in: Scholz, GmbHG, § 64 Rn. 73.

702 OLG Celle, Urt. v. 7. 5. 2008 (Az.: 9 U 191/07), GmbHR 2008, 1034.

703 *Haas,* in: FS Hopt, S. 703, 704.

704 Ohne nähere Begründung BGH, Urt. v. 16. 3. 2009 (Az.: II ZR 32/08), NJW 2009, 1598, 1599 f. Aus dem Schrifttum z. B. *Wicke,* GmbHG, § 64 Rn. 24.

705 *Haas,* NZI 2009, 489.

706 *Haas,* in: FS Hopt, 703, 705 f.

707 Davon dürfte im Fall der Insolvenzreife regelmäßig auszugehen sein, siehe *Arnold,* in: Henssler/Strohn, GesR, § 64 GmbHG Rn. 39.

ff. Kritik des Schrifttums

Teile des Schrifttums kritisieren, dass die den Geschäftsleitern zuzurechnenden Zahlungsvorgänge im Rahmen der §§ 64 S. 1 GmbHG, 92 Abs. 2 S. 1 AktG isoliert betrachtet werden, anstatt sie als Elemente der Entwicklung eines Gesamtschadens anzusehen.[708] Die Rechtsfolge der Zahlungsverbote stelle sich als zu weitgehend bzw. unverhältnismäßig dar, denn der Insolvenzverwalter müsse lediglich alle seit Bestehen der Insolvenzreife getätigten Zahlungen addieren und diese vom Geschäftsleiter erstattet verlangen, sodass dieser selbst unter Bemühung des Entlastungsbeweises hohe Haftungsbeträge zahlen müsse.[709] Der über die Zahlungsverbote ab Bestehen der Insolvenzreife gewährleistete Vermögensschutz sei unzureichend, da der Erstattungsanspruch nur bei Verkürzungen der Masse greife, die Begründung von Neuverbindlichkeiten aber nicht erfasst werde.[710] Die dargestellten Kritikpunkte weisen Bedeutung für die Frage der Funktion bzw. der Stellung des Zahlungsverbots im Gesamtkontext der Insolvenzhaftung auf, was bei der Betrachtung der Folgen der Verletzung der Antragspflicht eine zentrale Rolle spielen wird.

c. Zwischenergebnis

Das deutsche Recht kennt zwei Insolvenzgründe, die für das Handeln der Geschäftsleiter Bedeutung entfalten: die Überschuldung und die Zahlungsunfähigkeit. Die Untersuchung hat gezeigt, dass im zweiten Krisenstadium ab Vorliegen einer dieser beiden Insolvenzgründe der Gläubigerschutz bzw. der Gedanke der Sicherung der Haftungsmasse die zentrale Rolle spielt.[711] Das deutsche Recht normiert zu diesem Zweck in den §§ 64 S. 1 GmbHG, 92 Abs. 2 S. 1 AktG Zahlungsverbote für die Geschäftsleiter, die – unter Zugrundelegung eines weiten Verständnisses – Zahlungen ab Eintritt der Insolvenzreife grundsätzlich verbieten, bei Vorliegen bestimmter Voraussetzungen (Anwendung der Sorgfalt eines ordentlichen Geschäftsleiters) aber Ausnahmen zulassen. Das zentrale Problem dieser Regelungen liegt in der Diskussion über die Rechtsnatur des aus ihnen folgenden Ersatzanspruches und in der Frage, welche Funktion ihnen im Gesamtkontext der Insolvenzhaftung zukommen soll.

---

708 *K. Schmidt,* ZHR 175 (2011), 433, 440; ebenso *Altmeppen,* in: Roth/Altmeppen, GmbHG, § 64 Rn. 37: Auf der Grundlage der h. M. müsse jedes einzelne dieser Geschäfte auf seine Gegenleistung untersucht werden, weshalb sich der Zahlungsbegriff als „nicht handhabbar“ erweise.

709 *K. Schmidt,* ZHR 168 (2004), 637, 644.

710 *Poertzgen* Organhaftung, S. 235; ebenso *G. Wagner,* in: FS K. Schmidt, S. 1665, 1670.

711 *Bachmann,* ZIP 2013, 1946, 1950: Gläubigerinteresse als alleiniger Bezugspunkt.

3. Geschäftsleiterpflichten und Gläubigerschutz ab Eintreten eines Insolvenzgrundes im spanischen Recht

Im Folgenden sollen die Geschäftsleiterpflichten und die möglichen Haftungstatbestände des spanischen Rechts für das zweite Krisenstadium untersucht werden.

a. Insolvenzgründe

Wie beim deutschen Recht erfolgt auch hier zunächst eine kurze Erläuterung der Grundmerkmale der einzelnen Insolvenzgründe, die als Auslöser der Geschäftsleiterpflichten in Betracht kommen. Das spanische Recht kennt – wie bereits bei Darstellung des Verhältnisses von hälftigem Kapitalverlust bzw. Einberufungspflicht und Insolvenz erwähnt – zwei Insolvenzgründe: zum einen die Zahlungsunfähigkeit nach Art. 2 Abs. 2 LC (dort zunächst schlicht als „Insolvenz" bzw. „*insolvencia*" bezeichnet, in Art. 2 Abs. 3 S. 1 LC dann aber präziser als „*insolvencia actual*"), zum anderen die drohende Zahlungsunfähigkeit („*insolvencia inminente*") nach Art. 2 Abs. 3 S. 2 LC.

aa. Zahlungsunfähigkeit

Art. 2 LC regelt den objektiven Anwendungsbereich der konkursrechtlichen Vorschriften und bestimmt, dass das Konkursverfahren bei Eintritt der Insolvenz des Gemeinschuldners eröffnet wird (Abs. 1) und dass diese vorliegt, wenn der Schuldner seine fälligen und einklagbaren Zahlungspflichten nicht ordentlich erfüllen kann (Abs. 2). Die Insolvenz in Form der Zahlungsunfähigkeitbeschreibt einen Zustand, der sich aus der Betrachtung eines bestimmten Zeitraums ergeben muss.[712] Dieser Insolvenzgrund bezieht sich nicht auf eine negative Bilanz, da ein Schuldner, dessen Aktiva unter dem Wert der Passiva liegen, u. U. dennoch seinen Zahlungspflichten nachkommen kann, indem er auf andere Mittel zurückgreift.[713] Die Zahlungsunfähigkeit wird unter Berücksichtigung der Zahlungspflichten bestimmt, die sowohl fällig als auch einklagbar sind.[714] Eine nicht mehr ordentliche Erfüllung liegt zum einen vor, wenn diese nur durch außerhalb der gewöhnlichen Aktivität des Unternehmens liegende und nur zum Zweck der Erfüllung getroffene unternehmerische Entscheidungen erfolgen kann.[715] Nicht mehr ordentlich erfüllt auch derjenige Schuldner, der nicht nur zweitweise, sondern fortwährend und systematisch seinen Zahlungspflichten verspätet nachkommt, denn dies erzeugt den

---

712 *Orellana Cano*, in: López López/Macías Castillo, Comentario práctico LC, Art. 2, S. 40.

713 *Orellana Cano*, in: López López/Macías Castillo, Comentario práctico LC, Art. 2, S. 40.

714 Pérez Millán, in: Gobierno corporativo y crisis empresariales, S. 199, 206 f. Nicht einklagbar sind dagegen Naturalverpflichtungen, die in diesem Zusammenhang keine Rolle spielen, siehe *Gallego Sánchez*, in: Gallego Sánchez, Comentarios LC, Art. 2, S. 20.

715 *Martín Alonso*, in: Nieto Delgado, Derecho Concursal, S. 57, 67 f.

Zustand der Illiquidität.[716] Die Gründe für die nicht mehr ordentliche Erfüllung sind dabei unerheblich.[717] Durch die dritte Schlussbestimmung des RDL 3/2013 wird die die Nichtberücksichtigung bestimmter Verluste bewirkende Sonderregelung, der bei der Bestimmung der Voraussetzungen des Auflösungsgrundes des hälftigen Kapitalverlustes Relevanz zukommt[718], auf die Bestimmung der Voraussetzungen der Zahlungsunfähigkeit ausgeweitet.

bb. Drohende Zahlungsunfähigkeit

Die drohende Zahlungsunfähigkeit findet ihre Legaldefiniton in Art. 2 Abs. 3 S. 2 LC. Sie ist gegeben, wenn der Schuldner vorhersehen kann, dass er seine Zahlungspflichten nicht ordentlich und pünktlich wird erfüllen können. Die Bestimmung der drohenden Zahlungsunfähigkeit basiert auf einer Prognose, die wiederum auf zwei vom Gesetz nicht näher bestimmten Elementen beruht: auf einem zeitlichen (Zeitraum, auf den sich die Prognose erstreckt) und auf einem objektiven Element (die bei der Prognose zu berücksichtigenden Verbindlichkeiten).[719] Hinsichtlich des zeitlichen Elements muss ein angemessener Zeitraum gewählt werden (z.B. drei Jahre bei sehr langfristigen Zahlungsverpflichtungen von 15 Jahren), bezüglich der zu berücksichtigenden Verbindlichkeiten sind die bestehenden, aber noch nicht fälligen und einklagbaren Forderungen maßgeblich, da Art. 2 Abs. 3 S. 2 LC das Merkmal der Fälligkeit und Einklagbarkeit gerade nicht enthält.[720]

b. Handlungspflichten und Haftung

Das spanische Recht enthält weder im Gesellschafts- noch im Insolvenzrecht eine spezifische, an die Verwalter von Kapitalgesellschaften gerichtete Regelung, die den Erhalt des Gesellschaftsvermögens ab Eintritt der Insolvenzreife sicherstellen soll. Allerdings bestimmt der (mit „Erhalt und Verwaltung der Aktivmasse" überschriebene) Art. 43 LC, dass bei der Ausübung der Verwaltungs- und Verfügungsbefugnisse hinsichtlich der Aktivmasse auf ihren Erhalt zu achten ist, und zwar in der für die Interessen des Konkurses am besten geeigneten Art und Weise. Nach Art. 44 Abs. 2 S. 2 LC kann der Schuldner auch nach Eröffnung des Konkursverfahrens bis zur Annahme des Amtes durch die Konkursverwalter die Handlungen im Rechtsverkehr vornehmen, die dem Betrieb oder der Durchführung der Tätigkeit eigen und für die Weiterführung seiner Aktivität unabdingbar sind, wenn diese sich

---

716 *Rojo,* in: Rojo/Beltrán, Comentario LC, Art. 2, S. 172.

717 *Pulgar Ezquerra,* in: García Villaverde/Alonso Ureba/ Pulgar Ezquerra, Derecho Concursal, S. 55, 66.

718 Siehe dazu bereits unter II. 3. a. aa. (1) (c).

719 *Pulgar Ezquerra,* in: Pulgar Ezquerra/Alonso Ledesma/Alonso Ureba/Alcover Garau, Comentarios, Art. 2, S. 161.

720 *Pulgar Ezquerra,* in: Pulgar Ezquerra/Alonso Ledesma/Alonso Ureba/Alcover Garau, Comentarios, Art. 2, S. 161.

nach den üblichen Marktbedingungen richten. Beide Vorschriften sind im dritten Titel der LC enthalten („Über die Auswirkungen der Eröffnung des Konkursverfahrens“) und gelangen daher erst ab Verfahrenseröffnung zur Anwendung. *Marín de la Bárcena* leitet aus einer Zusammenschau dieser beiden Normen eine Pflicht der Verwalter zur Bewahrung der Masse und ein daraus folgendes Zahlungsverbot her, das unabhängig von der Eröffnung des Konkursverfahrens bzw. bereits ab Eintritt der Zahlungsunfähigkeit (und damit über den eigentlichen Anwendungsbereich der Vorschriften hinaus) greifen soll und das es dem Verwalter im Grundsatz untersagt, einzelne Verbindlichkeiten unter Außerachtlassung der *par conditio creditorum* zu tilgen.[721] Durch derartige Zahlungen werde die Passivmasse gemindert, sodass der Gesellschaft kein Schaden entstehe, wohl aber der Gesamtheit der Gläubiger, und zwar in Form der Differenz, die zwischen ausgezahltem Betrag und der Quote des vorab befriedigten Gläubigers besteht.[722] Rechtsfolge soll sein, dass die verbliebenen Gläubiger Schadensersatz in Form des durch die Zahlung erlittenen Quotenverlustes verlangen können.[723] Die für die Weiterführung der unternehmerischen Aktivität unabdingbaren Handlungen, die sich nach den üblichen Marktbedingungen zu richten haben, dürfen nach dieser das Zahlungsverbot herleitenden Auffassung aber nur dann getätigt werden, wenn berechtigte Erwartungen für eine Wertsteigerung des Gesellschaftsvermögens durch die Unternehmensfortführung bestehen (Beispiele: Lohnzahlungen oder notwendige Ausgaben, die die Fertigstellung später zu verkaufender Immobilien ermöglichen) oder wenn durch diese Handlungen das Unternehmen als Organisationseinheit erhalten werden kann (Beispiel: Zahlungen der für die Nutzung einer Marke erforderlichen Lizenzgebühren).[724]

Obwohl weder das Gesellschafts- noch das Insolvenzrecht eine Schutzvorschrift zum Erhalt des Gesellschaftsvermögens ab Insolvenzreife enthalten, adressiert der seit Juli 2015 neu gefasste Art. 260 des spanischen Strafgesetzbuches (*Código Penal*, CP) diese Problematik: Nach Abs. 1 der Vorschrift macht sich derjenige Schuldner strafbar, der sich in der Zahlungsunfähigkeit oder in der drohenden Zahlungsunfähigkeit befindet und einen Gläubiger dadurch bevorzugt, dass er eine Vermögensverfügung trifft oder eine Verpflichtung eingeht, die darauf ausgerichtet sind, eine nicht fällige Forderung zu befriedigen oder dem Gläubiger eine Sicherung zu verschaffen, auf die dieser keinen Anspruch hatte. Dies gilt dann, wenn es sich um einen Vorgang handelt, der aus wirtschaftlicher oder unternehmerischer Sicht nicht gerechtfertigt werden kann. Art. 260 CP Abs. 2 sieht darüber hinaus eine Strafbarkeit vor, wenn der Schuldner nach Zulassung des Konkursantrages ohne Genehmigung des Konkursgerichts oder der Konkursverwaltung und außerhalb der durch das Gesetz zugelassenen Fälle Vermögensverfügungen trifft oder Verpflichtungen

721 *Marín de la Bárcena,* La acción individual, S. 371.
722 *Marín de la Bárcena,* Nr. 24, RdS 2005, 91, 116.
723 *Marín de la Bárcena,* La acción individual, S. 371 f.
724 *Marín de la Bárcena,* Nr. 24, RdS 2005, 91, 116.

eingeht, die darauf ausgerichtet sind, einen oder mehrere (privilegierte oder gewöhnliche) zum Nachteil der restlichen Gläubiger zu befriedigen.

c. Zwischenergebnis

Das spanische Recht kennt zwei Insolvenzgründe: Zahlungsunfähigkeit und drohende Zahlungsunfähigkeit. Explizite Geschäftsleiterpflichten und Haftungsfolgen gegenüber der Gesellschaft bzw. gegenüber den Gläubigern, die bereits ab Eintritt der Insolvenzreife zur Anwendung kommen, sind nicht vorhanden. Stellenweise wird aber im Schrifttum aus einer Zusammenschau der Art. 43, 44 Abs. 2 S. 2 LC eine ab diesem Zeitpunkt geltende Massesicherungspflicht und ein Zahlungsverbot für die Geschäftsleiter hergeleitet. Aus strafrechtlicher Sicht greift aber Art. 260 CP, der auch bei drohender Zahlungsunfähigkeit Anwendung findet, das Problem auf.

4. Rechtsvergleichende Betrachtung

Die rechtsvergleichende Betrachtung betrifft die jeweiligen Insolvenzgründe und Pflichten.

a. Insolvenzgründe und Geschäftsleiterpflichten

Betrachtet man zunächst die möglichen Auslöser für die Handlungspflichten der Geschäftsleiter, so stellt man fest, dass sowohl spanisches als auch deutsches Recht den Insolvenzgrund der Zahlungsunfähigkeit kennen. Die Definition des Begriffes der Zahlungsunfähigkeit nach deutschem und spanischem Recht unterscheidet sich dann auch nicht, da beide Rechtsordnungen auf die Fähigkeit zur Erfüllung der fälligen Zahlungspflichten abstellen. Im deutschen Recht wurden dem Insolvenzgrund durch die Rechtsprechung des BGH aber bereits insoweit deutlichere Konturen verliehen, als dass mit konkreten Zahlenwerten gearbeitet wird. Ein deutlicher Unterschied zwischen beiden Rechtsordnungen liegt darin, dass das deutsche im Gegensatz zum spanischen Recht den spezifischen Insolvenzgrund der Überschuldung für Kapitalgesellschaften kennt. Stellt man sich die Abfolge der Krisenstadien so vor, dass zunächst der hälftige Kapitalverlust eintritt, dann eine Überschuldungssituation entsteht und es im letzten Schritt zur Zahlungsunfähigkeit kommt (wenn dies auch nicht zwingend ist), so fehlt dem spanischen Recht also diese Zwischenstufe. Überdies kennen beide Rechtsordnungen den Insolvenzgrund der drohenden Zahlungsunfähigkeit, der aber weder nach deutschem noch nach spanischem Recht einen Auslöser für Handlungspflichten darstellt. Dies ist konsequent, da die Interessen der Gläubiger in dieser Situation noch nicht im gleichen Maße gefährdet sind.

Die Untersuchung des deutschen und spanischen Rechts hat weiterhin ergeben, dass allein das deutsche Recht mit dem in den §§ 64 S. 1 GmbHG, 92 Abs. 2 S. 1 AktG geregelten Zahlungsverbot explizit über eine bereits ab Eintreten von Zahlungsunfähigkeit oder Überschuldung greifende gesetzliche Regelung verfügt, während im spanischen Recht nur vereinzelte Stimmen im Schrifttum aus einer

Zusammenschau und aus einer über den Wortlaut hinausgehenden Auslegung der Art. 43, 44 Abs. 2 S. 2 LC ein solches herleiten. Insoweit kann hier lediglich eine Gegenüberstellung der deutschen Regelungen und dieser ein Zahlungsverbot herleitenden Auffassung erfolgen. Auf dieser Grundlage lässt sich sodann feststellen, dass die Zahlungsverbote im deutschen Recht im Gesellschaftsrecht enthalten sind, während die Auffassung zur Begründung des Zahlungsverbots im spanischen Recht konkursrechtliche Regelungen zu seiner Begründung heranzieht. Der durch diese Regelungen verfolgte Grundgedanke ist dann in beiden Rechtsordnungen der gleiche: Sicherung der Masse zum Schutz der Gläubiger bei Eintritt der Insolvenzreife bereits vor Verfahrenseröffnung. Auf einen Schaden der Gesellschaft, der infolge des durch die Zahlung bewirkten Erlöschens der Verbindlichkeit nicht vorliegt, kommt es insoweit nicht an. Das im spanischen Schrifttum hergeleitete Zahlungsverbot entfaltet seine Bedeutung im Gegensatz zu den deutschen Regelungen allein ab Eintreten der Zahlungsunfähigkeit, da das spanische Recht den – wie bereits dargestellt – Insolvenzgrund der Überschuldung nicht kennt. Unklar bleibt, ob die ein Zahlungsverbot für das spanische Recht herleitende Auffassung dem in diesem Rahmen relevanten Zahlungsbegriff ein weites Verständnis zugrunde legt, so wie dies im deutschen Recht geschieht, da sich diese Auffassung zu den Einzelheiten des Zahlungsbegriffes nicht äußert.

Sowohl das deutsche (§§ 64 S. 2 GmbHG, 92 Abs. 2 S. 2 AktG) als auch die das Zahlungsverbot herleitende Auffassung des spanischen Schrifttums (Rückgriff auf Art. 44 Abs. 2 S. 2 LC) kennen einen Ausnahmetatbestand, der bestimmte, die Masse schmälernde Zahlungen der Geschäftsleiter weiterhin ermöglicht. Während das deutsche Recht in diesem Zusammenhang auf die Sorgfalt eines ordentlichen Geschäftsleiters und damit auf einen Verhaltensmaßstab bzw. ein subjektives Element abstellt, greift die im spanischen Schrifttum vertretene Auffassung auf Art. 44 Abs. 2 S. 2 LC zurück, der das Erfordernis der der geschäftlichen Tätigkeit eigenen und für die Fortführung zwingend erforderlichen Handlungen sowie die Voraussetzung enthält, dass diese zu marktüblichen Bedingungen erfolgen müssen. Damit wird auf einen objektiven Maßstab Bezug genommen. Allerdings werden die ausnahmsweise zulässigen Zahlungen auch nach deutschem Recht im Ergebnis an einem objektivierten Maßstab (und zwar den Möglichkeiten einer Sanierung des Unternehmens) gemessen, was sich beispielsweise bei der Subsumtion der Zahlung notwendiger Wasser-, Strom- und Heizkosten unter den Ausnahmetatbestand zeigt. Da die Herleitung des Zahlungsverbotes im spanischen Recht durch einen vereinzelt im Schrifttum vertretenen Ansatz erfolgt, ist keine Rechtsprechung dazu vorhanden, welche Zahlungsvorgänge als für die Fortführung der Tätigkeit zwingend erforderlich angesehen werden und was in diesem Zusammenhang unter marktüblichen Bedingungen zu verstehen sein soll. Dies erschwert den konkreten Vergleich. Die das Zahlungsverbot herleitende Auffassung sieht offenbar diejenigen Handlungen als zwingend erforderlich an, die der Werterhöhung des Gesellschaftsvermögens dienen oder den Erhalt des Unternehmens als Organisationseinheit sicherstellen sollen.

Während das deutsche Recht die Geschäftsleiter in der Folge zur Erstattung der Zahlungen auf der Grundlage eines Erstattungsanspruches eigener Art verpflichtet, dessen Rechtsnatur aber umstritten ist, geht die ein Zahlungsverbot herleitende Auffassung im spanischen Recht von einem Schadensersatzanspruch der übrigen Gläubiger aus, mittels dessen der Schaden der durch die verbotene Zahlung geminderten Quote geltend zu machen ist, bestehen hinsichtlich der Rechtsfolgen verbotener Zahlungen im spanischen Recht Unklarheiten, da die das Zahlungsverbot herleitende Auffassung sich dazu nicht äußert.

b. Stellungnahme

Die Zahlungsverbote des deutschen Rechts bringen aufgrund des weiten Anwendungsbereiches in Bezug auf den Zahlungsbegriff und der den Geschäftsleitern obliegenden Aufgabe, eine Einschätzung hinsichtlich der ausnahmsweisen Zulässigkeit der von ihnen getätigten Zahlungen zu treffen, deutliche Haftungsrisiken für diese mit sich. Auf der anderen Seite herrscht aufgrund der mittlerweile umfangreichen Rechtsprechung, die auch zur Klärung schwieriger Fragen wie der Zulässigkeit der Abführung von Sozialversicherungsbeiträgen führte, eine gewisse Rechtssicherheit für die Geschäftsleiter. In dogmatischer Hinsicht ist zwar die Bezeichnung „Ersatzanspruch eigener Art" durch die h. M. v. a. aufgrund des Normwortlautes in § 64 S. 1 GmbHG überzeugend. Weniger überzeugen kann dagegen die Argumentation des BGH, in Bezug auf die Rechtsfolgen des Zahlungsverbotes von einem Ersatzanspruch eigener Art zu sprechen, auf der anderen Seite aber bezüglich § 130a Abs. 2 HGB davon auszugehen, dass es auf die genaue Bezeichnung ohnehin nicht ankomme. Diese Norm unterscheidet sich von den in AktG und im GmbHG geregelten Zahlungsverboten gerade dadurch, dass zum einen die Vornahme von Zahlungen in § 130a Abs. 2 HGB neben der unterlassenen Antragstellung nur eine von zwei Tathandlungen darstellt und dass zum anderen die Rechtsfolge dem Wortlaut der Norm nach ausdrücklich auf Schadensersatz gegenüber der Gesellschaft ausgerichtet ist. Dass es sich bei § 64 S. 1 GmbHG nicht um einen Schadensersatzanspruch handeln kann, da infolge der Zahlung eine Verbindlichkeit erlischt und somit aus der Perspektive der anspruchsberechtigten Gesellschaft – die Differenzhypothese zugrunde gelegt – kein Schaden entsteht, verdient Zustimmung. Allerdings nähern Rechtsprechung und Schrifttum den Ersatzanspruch unter zwei Gesichtspunkten einem Schadensersatzanspruch (aus Gläubigerperspektive) an: zum einen durch die Berücksichtigung von Gegenleistungen und das Abstellen auf die tatsächlich erfolgte Masseschmälerung; zum anderen dadurch, dass der zahlende Geschäftsleiter die Rechte des vorab befriedigten Gläubigers gegen die Masse geltend machen kann, damit eine Bereicherung dieser Masse vermieden wird.

Auch wenn der BGH in seinem jüngsten Urteil vom November 2014 der Berücksichtigung der Gegenleistung eine höhere Bedeutung beimisst und klarstellt, dass diese nicht bei Verfahrenseröffnung in der Masse vorhanden sein muss, so hält er doch gleichzeitig an der Betrachtung der masseschmälernden Zahlungen als Einzelvorgänge fest. Dies kommt darin zum Ausdruck, dass er bei erneuter Auszahlung der in die Masse gelangten Gegenleistung das Entstehen eines erneuten Erstattungsanspruches für möglich hält. Bei isolierter Betrachtung erscheint das

Zahlungsverbot aufgrund des von ihm verfolgten Zweckes der Massesicherung schon vor Antragstellung bzw. Verfahrenseröffnung als einfach zu handhabendes und effektives Instrument für den Insolvenzverwalter, die Geschäftsleiter für unzulässige Schmälerungen der Aktivmasse haftbar zu machen.[725] Letztlich wird dieser Normkomplex aber im Gesamtsystem der Insolvenzhaftung zu betrachten sein, sodass eine abschließende Bewertung erst nach Darstellung des dritten Krisenstadiums möglich sein wird.

725 Wenn sich auch die Geltendmachung des Ersatzanspruches durch bloße Addition der ausgegebenen Zahlungsbeträge angesichts der jüngsten Rechtsprechung des BGH in der Zukunft als schwierig gestalten kann, siehe *K. Schmidt,* NZG 2015, 129, 133.

IV. Die Insolvenz- bzw. Konkursantragspflicht und die Folgen ihrer Nichtbeachtung

Das dritte Stadium dieser Betrachtung konzentriert sich auf den Zeitpunkt, ab dem die Pflicht zur Stellung des Eröffnungsantrages für das Insolvenz- bzw. Konkursverfahren besteht, und will insbesondere die Folgen der nicht rechtzeitigen oder gänzlich ausbleibenden Antragstellung im deutschen und spanischen Recht in den Blick nehmen.

1. Das Regelungsproblem

Ist das Kapital einer Kapitalgesellschaft nicht mehr in dem Maße vorhanden, dass es die ihm zugedachte Funktion des Gläubigerschutzes erfüllen kann, so kann die Gesellschaft ihre Tätigkeit am Markt nicht fortsetzen.[726] Ihre Geschäftsleiter müssen dann nach den gesetzlichen Regelungen in beiden Rechtsordnungen bei Vorliegen eines Insolvenzgrundes innerhalb eines festgelegten Zeitraums den Eröffnungsantrag für das Insolvenz- bzw. Konkursverfahren stellen. Hier kann sich das Problem ergeben, dass die Geschäftsleiter trotz dieser gesetzlich normierten Antragspflicht den Eröffnungsantrag gar nicht oder zu spät stellen, etwa weil sie noch die Hoffnung hegen, Sanierungsbemühungen zum Erfolg zu führen. Häufig damit verbunden ist v. a. im Falle der GmbH die sog. Firmenbestattung, d. h. eine Konstellation, in der die Geschäftsleiter gezielt darauf hinwirken, dass keine ordnungsgemäße Abwicklung stattfindet.[727] Im deutschen Recht fallen nach der Legaldefinition des § 38 InsO unter den Begriff der Insolvenzgläubiger die persönlichen Gläubiger, die einen zur Zeit der Eröffnung des Insolvenzverfahrens begründeten Vermögensanspruch gegen die schuldende Gesellschaft haben. Nach Art. 84 Abs. 1 LC setzt sich die Passivmasse nach spanischem Recht aus allen Forderungen gegen den Schuldner zusammen, die nach dem Gesetz nicht als Masseforderungen angesehen werden. Die Befriedigungsaussichten dieser Insolvenz- bzw. Konkursgläubiger werden sich bei verzögerter Antragstellung häufig verschlechtern. Daher muss jede Rechtsordnung Antworten auf die Problematik der Insolvenzverschleppung finden und geeignete Haftungsfolgen für die Geschäftsleiter festlegen. In diesem Zusammenhang ist dann insbesondere zu fragen, auf welcher Grundlage ein Haftungstatbestand geschaffen werden, wem gegenüber eine Haftung begründet werden und wie der von den Geschäftsleitern zu leistende Haftungsbetrag berechnet werden soll.

726 *Kübler*, ZGR 1995, 481, 482.
727 *Windbichler*, GesR, § 20 Rn. 25.

2. Die Insolvenzantragspflicht und die Folgen ihrer Nichtbeachtung im deutschen Recht

Zunächst sollen wiederum Einzelheiten der Antragspflicht und die Haftungsfolgen für das deutsche Recht untersucht werden.

a. Die Pflicht zur Stellung des Eröffnungsantrages nach § 15a InsO

Die gesetzliche Regelung zur Stellung des Eröffnungsantrages findet sich für Kapitalgesellschaften unabhängig von der Rechtsform seit Inkrafttreten des MoMiG in § 15a Abs. 1 InsO. Zuvor fanden sich die Regelungen in den §§ 64 Abs. 1 GmbHG a. F., 92 Abs. 1 AktG a. F. Als Rechtspflicht weist die Pflicht zur Stellung des Eröffnungsantrages zwingenden Charakter auf, sodass weder die Gesellschaft noch die Organmitglieder oder die Gläubiger über sie disponieren können.[728]

aa. Zweck und Rechtfertigung

Die Pflicht zur Stellung des Eröffnungsantrages verfolgt einen doppelten Schutzzweck, der sich auf der einen Seite im Erhalt des noch vorhandenen Gesellschaftsvermögens für die Interessen der Gläubiger und auf der anderen Seite im Schutz des geschäftlichen Verkehrs vor Vertragsabschlüssen mit der Gesellschaft manifestiert.[729] Fragt man nach ihrer Grundlage bzw. Rechtfertigung, so findet sich in der Rechtsprechung des BGH der Ansatz, dass die Antragspflicht für die Geschäftsleiter – in Ergänzung zu den Vorschriften über Kapitalaufbringung und -erhaltung – das Haftungsprivileg der Gesellschafter rechtfertigen soll.[730] Teile des Schrifttums vertreten die Auffassung, dass ihr Bestehen eine Konsequenz aus dem Prinzip der Fremdorganschaft in Kapitalgesellschaften darstellt, indem sie den abstrakten Konflikt zwischen möglichem Interesse der Geschäftsleiter an einer Weiterführung der werbenden Tätigkeit am Markt und dem Gläubigerinteresse an einer raschen Beendigung dieser Tätigkeit aufzulösen versucht.[731] Die grundsätzliche Berechtigung der Antragspflicht wird im Schrifttum nicht in Frage gestellt.[732]

---

728 *K. Schmidt,* in: Scholz, GmbHG, § 64 Rn. 168.

729 *Haas,* in: Baumbach/Hueck, GmbHG, § 64 Rn. 109a.

730 BGH, Beschl. v. 1. 3. 1993 (Az.: II ZR 292/91), GmbHR 1993, 420, 425.

731 *Poertzgen,* Organhaftung, S. 185.

732 Kritisch aber *Hirte,* in: FS H.-B. Schäfer, S. 605, 609 f.: Auch wenn man die ökonomische Rechtfertigung der Antragspflicht in Bezug auf die möglichst rasche Entfernung nicht lebensfähiger Unternehmen vom Markt grundsätzlich anerkenne, so könne genau diese Rechtfertigung wegen der konkreten Ausgestaltung ihres Tatbestandes (zu kurze Sanierungsfrist) auch angezweifelt werden.

bb. *Adressatenkreis*

Der Wortlaut des § 15a Abs. 1 InsO bestimmt als zum Antrag verpflichtet die „Mitglieder des Vertretungsorgans". Mitglieder des Vertretungsorgans meint im Recht der AG die Vorstandsmitglieder nach § 78 AktG, woraus sich ergibt, dass jedes Vorstandsmitglied individuell der Verpflichtung zur Antragstellung unterliegt.[733] Auch im Fall der GmbH trifft die Verpflichtung jeden einzelnen wirksam bestellten Geschäftsführer.[734] Das Schrifttum dehnt die Antragspflicht auch auf solche Organmitglieder aus, deren Bestellung fehlerhaft ist.[735] Ebenso ist die Einbeziehung faktischer Organmitglieder ohne jeden Bestellungsakt in den Adressatenkreis der Antragspflicht nach der ganz h. M. anerkannt.[736] Teile des Schrifttums lehnen die Einbeziehung faktischer Geschäftsleiter mit dem Argument ab, die Figur des faktischen Geschäftsleiters passe nicht zur Antragspflicht, da ein zulässiger Eröffnungsantrag ein vom Organ darzulegendes Antragsrecht voraussetze; dies könne der faktische Geschäftsleiter aber weder darlegen, noch könne das Gericht dies prüfen.[737] Nach dem Ausscheiden eines Geschäftsleiters ist eine Antragstellung durch ihn nicht mehr möglich, wobei seine Verantwortung durch die Niederlegung des Amts nach Auftreten des Insolvenzgrundes nicht endet.[738] Das ausgeschiedene Organmitglied genügt seiner Antragsverpflichtung nur dann, wenn es die ihm nachfolgenden Mitglieder zur fristgerechten Antragstellung bewegt.[739]

cc. *Sachliche Voraussetzung*

Das Gesetz formuliert als sachliche Voraussetzung der Antragspflicht das Vorliegen eines Insolvenzgrundes. Als für die Eröffnung des Verfahrens relevante Insolvenzgründe nennt § 15 a Abs. 1 InsO die Überschuldung und die Zahlungsunfähigkeit, nicht aber die drohende Zahlungsunfähigkeit nach § 18 InsO. Grund dafür ist, dass ihre Einbeziehung in den Tatbestand Sanierungszwecken zuwiderlaufen könnte.[740] Die Begriffe der Zahlungsunfähigkeit und der Überschuldung wurden in dieser Darstellung bereits behandelt.[741]

---

733 *Fleischer*, in: Spindler/Stilz, AktG, § 92 Rn. 60.

734 Siehe nur *Altmeppen*, in: Roth/Altmeppen, GmbHG, Vor § 64 Rn. 53.

735 Für die AG statt vieler *Habersack/Foerster*, in: Großkomm AktG, § 92 Rn. 39; für die GmbH siehe nur *Kleindiek*, in: Lutter/Hommelhoff, GmbHG, Anh zu § 64 Rn. 49.

736 Statt vieler *Hartmann*, Die Insolvenzantragspflicht des faktischen Organs, S. 139 (noch zu den §§ 64 Abs. 1 GmbHG a. F., 92 Abs. 2 AktG a. F.).

737 *Haas*, in: Baumbach/Hueck, GmbHG, § 64 Rn. 172; ablehnend ebenfalls *H. F. Müller*, in: MünchKommGmbHG, § 64 Rn. 61.

738 *H. F. Müller*, in: MünchKommGmbHG, § 64 Rn. 62.

739 So schon BGH, Urt. v. 14. 12. 1951 (Az.: 2 StR 368/51), NJW 1952, 554.

740 *Haas*, NZG 1999, 373.

741 Siehe zur Zahlungsunfähigkeit unter II. 2. b. cc. (1), zur Überschuldung unter III. 2. a. aa.

dd. *Antragsfrist und Fristbeginn*

Die Geschäftsleiter sind zur Stellung des Eröffnungsantrages ohne schuldhaftes Zögern, spätestens aber innerhalb einer Frist von drei Wochen[742] nach Eintritt der Insolvenzreife verpflichtet. Zu klären ist, zu welchem genauen Zeitpunkt diese Frist zu laufen beginnt. Diesbezüglich herrscht Streit. Eine herrschende Auffassung lässt sich dabei kaum ausmachen, da auch die Berücksichtigung objektiver und subjektiver Kriterien kaum trennscharf erfolgt.

Die Rechtsprechung und Teile des Schrifttums verlangen die positive Kenntnis des Eintritts der Insolvenzreife.[743] Dafür spreche, dass die Frist nur auf dieser Grundlage für Sanierungszwecke genutzt werden könne.[744] Außerdem stelle sich die Feststellung der Überschuldung als praktisch schwierig dar.[745] Teilweise wird dieser positiven Kenntnis in der Rechtsprechung der Fall gleichgestellt, dass beim Geschäftsleiter eine „böswillige Unkenntnis" vorliegt.[746]

Andere Teile des Schrifttums lassen es dagegen im Grundsatz genügen, dass sich der Eintritt der Zahlungsunfähigkeit bzw. Überschuldung als für den Geschäftsleiter (objektiv) erkennbar darstellt.[747] Hinsichtlich der im öffentlichen Interesse liegenden Insolvenzantragspflicht könne nicht darauf abgestellt werden, ob ein einzelner Geschäftsleiter unter Einsatz seiner Sorgfalt das Eintreten dieser Pflicht erkennt.[748] Da der Geschäftsleiter ohnehin fortwährend und v. a. in Krisensituationen die finanzielle Situation der Gesellschaft prüfen müsse, dürfe er nicht durch das Erfordernis der positiven Kenntnis privilegiert werden.[749] Der Zeitpunkt des Eintritts der Zahlungsunfähigkeit und die diesbezügliche Kenntniserlangung

---

742 Dieser dreiwöchige Zeitraum wird stellenweise auch als „Sanierungsfrist" bezeichnet, so bei *Poertzgen,* ZInsO 2008, 1196.

743 So in einer Entscheidung zu § 92 Abs. 2 AktG a. F. der BGH, Urt. v. 9. 7. 1979 (Az.: II ZR 118/77), BGHZ 75, 96, 110 f. (zumindest für den Insolvenzgrund der Überschuldung); unter Bezugnahme auf diese Rechtsprechung OLG Frankfurt, Urt. v. 18. 8. 2004 (Az.: 23 U 170/03), NZG 2004, 1157, 1159; zustimmend aus dem Schrifttum *Altmeppen,* in: Roth/Altmeppen, GmbHG, Vor § 64 Rn. 69.

744 BGH, Urt. v. 9. 7. 1979 (Az.: II ZR 118/77), BGHZ 75, 96, 111.

745 BGH, Urt. v. 9. 7. 1979 (Az.: II ZR 118/77), BGHZ 75, 96, 111: Der Geschäftsleiter habe in Krisensituationen Besseres zu tun, „... als über diese Frage Untersuchungen anzustellen".

746 OLG Frankfurt, Urt. v. 18. 8. 2004 (Az.: 23 U 170/03), NZG 2004, 1157, 1159.

747 Wobei hinsichtlich der konkreten Anforderungen an die Kenntniserlangung unterschiedliche Kriterien verwendet werden: aus dem Schrifttum zur AG unter Heranziehung des Kriteriums der evidenten Erkennbarkeit *Bayer/J. Schmidt,* AG 2005, 644, 651 f. (noch zu 92 Abs. 2 AktG a. F.); *Poertzgen,* ZInsO 2008, 944, 948: Fristbeginn spätestens dann, „wenn die pflichtgemäße Prüfung der finanziellen Verhältnisse die Insolvenz des Schuldners ergeben hätte".

748 Aus dem aktienrechtlichen Schrifttum *Fleischer,* in: Spindler/Stilz, AktG, § 92 Rn. 68.

749 *Poertzgen,* ZInsO 2008, 944, 948.

werden regelmäßig zusammenfallen, sodass die Schwierigkeiten in der Praxis und die Unterschiede zwischen beiden Auffassungen insbesondere beim Insolvenzgrund der Überschuldung zu Tage treten.[750]

Die Frist ist als Höchstfrist anzusehen und darf daher nicht dahingehend missverstanden werden, dass ein Geschäftsleiter sich mit der Stellung des Eröffnungsantrages unter allen Umständen drei Wochen Zeit lassen darf, denn dies gilt nur, wenn Sanierungschancen vorhanden sind und bei Eintritt der Insolvenzreife der Versuch zu ihrer Realisierung unternommen wird.[751]

b. Verschleppungshaftung nach §§ 43 Abs. 2 GmbHG, 93 Abs. 2 S. 1 AktG

Vorstandsmitglieder der AG haften bei Verletzung der Insolvenzantragspflicht gegenüber der Gesellschaft nach § 93 Abs. 2 S. 1 AktG auf Schadensersatz, GmbH-Geschäftsführer haften auf der Grundlage von § 43 Abs. 2 GmbHG, wenn ein entsprechender Schaden der Gesellschaft entstanden ist.[752] Häufig wird in diesem Zusammenhang gesagt, es fehle im Regelfall an einem solchen Schaden.[753] Allerdings muss man berücksichtigen, dass auch das Gesellschaftsvermögen einer bereits insolventen Gesellschaft weiterhin geschädigt werden kann.[754] Eine Schadensersatzhaftung nach allgemeinen Normen kommt auch in Betracht, wenn Sanierungschancen schuldhaft nicht wahrgenommen werden und es dennoch zur Stellung des Eröffnungsantrages kommt.[755]

c. Verschleppungshaftung gegenüber den Gläubigern (§ 823 Abs. 2 BGB i. V. m. § 15a InsO)

Die Insolvenzverschleppungshaftung des deutschen Rechts folgt nicht aus einer spezialgesetzlichen Norm, sondern beruht auf einer Vorschrift des Deliktsrechts: Nach der ganz h. M. folgt sie aus § 823 Abs. 2 BGB i. V. m. § 15a Abs. 1 InsO.[756]

---

750 *Haas,* in: Baumbach/Hueck, GmbHG, § 64 Rn. 124.

751 BGH, Urt. v. 9. 7. 1979 (Az.: II ZR 118/77), BGHZ 75, 96, 111 f.; aus dem Schrifttum siehe nur *Römermann,* NZI 2010, 241, 242. Bei nicht vorhandenen Sanierungschancen ist der Antrag also sofort zu stellen.

752 Für die AG statt vieler *Fleischer,* in: Fleischer, Hdb VorstandsR, § 20 Rn. 37; für die GmbH *K. Schmidt,* in: Scholz, GmbHG, § 64 Rn. 220: Verstoß gegen die Antragspflicht stellt stets die für § 43 GmbHG erforderliche Pflichtverletzung dar.

753 *Habersack/Foerster,* in: Großkomm AktG, § 92 Rn. 102; *Spindler,* in: MünchKomm-AktG, § 92 Rn. 75; *Fleischer,* in: Spindler/Stilz, AktG, § 92 Rn. 72.

754 *Haas/Ziemons,* in: Michalski, GmbHG, § 43 Rn. 209; ebenso *Bachmann,* ZIP 2015, 101, 106.

755 Noch zum Konkursrecht *K. Schmidt,* ZIP 1988, 1497, 1505.

756 Ständige Rechtsprechung des BGH seit BGH, Urt. v. 16. 12. 1958 (Az.: VI ZR 245/57), BGHZ 29, 100. Nach *K. Schmidt,* in: K. Schmidt/Uhlenbruck, Die GmbH in Krise,

aa. Tatbestandliche Voraussetzungen der Haftung

Auf Grundlage der h. M. erfordert die Haftung in tatbestandlicher Hinsicht die schuldhafte Verletzung des Schutzgesetzes § 15a InsO.

(1) Verletzung des Schutzgesetzes § 15a InsO

§823 Abs. 2 BGB verlangt die Verletzung eines Schutzgesetzes. Bezüglich des Schutzgesetzcharakters des § 15a Abs. 1 InsO herrscht im Schrifttum Streit. Die Einordnung einer Norm als Schutzgesetz i. S. d. § 823 Abs. 2 BGB hängt entscheidend davon ab, ob die in Rede stehende Vorschrift Individualinteressen schützen will.[757] Dabei kann nicht jeder Verhaltensnorm Schutzgesetzcharakter zugeschrieben werden, sondern nur solchen, deren Schutz ein gewisses Maß erreicht hat.[758] Von der Einordnung der Norm zur Antragspflicht als Schutzgesetz hängt es ab, ob eine deliktsrechtliche Insolvenzverschleppungshaftung auf der Grundlage von § 823 Abs. 2 BGB begründet werden kann.

Die ganz h. M. sah bereits die §§ 64 Abs. 1 GmbHG a. F., 92 Abs. 1 AktG a. F. als Schutzgesetze zugunsten der Gesellschaftsgläubiger an.[759] Zentrales Argument für die Schutzgesetzeigenschaft war hier, dass die Gläubiger auch diejenigen seien, bei denen durch die unterlassene oder verspätete Antragstellung ein Schaden entsteht, erst Recht unter Berücksichtigung des Grundsatzes der beschränkten Haftung der Gesellschafter in Kapitalgesellschaften.[760] Teile des Schrifttums führen darüber hinaus das Bestehen einer strafrechtlichen Sanktion für die unterlassene Antragstellung als Argument für die Annahme des Schutzgesetzcharakters an, da sich dadurch manifestiere, dass die Verletzung der Antragspflicht eine schwerwiegende Verfehlung darstellt.[761] Aus der Begründung der Schutzgesetzeigenschaft der §§ 64 Abs. 1 GmbHG a. F., 92 Abs. 1 AktG a. F. wird der Schluss gezogen, dass auch für § 15 a Abs. 1 InsO nichts anderes gelten kann.[762]

Die höchstrichterliche Rechtsprechung sah die Norm zur Antragspflicht nicht immer als Schutzgesetz zugunsten der Gesellschaftsgläubiger an. Zunächst hatte

---

Rn. 11.1 handelt es sich bei dieser Verschleppungshaftung um die deutsche Version des *wrongful trading.*

757 *G. Wagner,* in: MünchKommBGB, § 823 Rn. 405.

758 *Schulze-Osterloh,* in: FS Lutter, S. 707, 709.

759 Zu § 64 Abs. 1 GmbHG a. F. grundlegend BGH, Urt. v. 16. 12. 1958 (Az.: VI ZR 245/57), BGHZ 29, 100; aus dem Schrifttum statt vieler *K. Schmidt,* JZ 1978, 661, 663 (andere Auffassung „ist nicht mehr diskutabel") und *Sandberger,* Die Außenhaftung, S. 181 („allgemein anerkannt").

760 Für § 64 Abs. 1 GmbHG a. F. BGH, Urt. v. 16. 12. 1958 (Az.: VI ZR 245/57), BGHZ 29, 100, 103.

761 Noch zu § 84 Abs. 1 Nr. 2, Abs. 2 GmbHG a. F. *Schulze-Osterloh,* in: FS Lutter, 707, 710. Da auch § 15 a InsO die unterlassene Antragstellung für strafbar erklärt, kann von der Fortgeltung dieser Argumentation ausgegangen werden.

762 Statt vieler *Poertzgen,* ZInsO 2007, 574.

sich das Reichsgericht mit dieser Frage auseinanderzusetzen und lehnte die Qualifizierung als Schutzgesetz zum einen mit dem Argument ab, den Bestimmungen zur Antragspflicht und zum Ersatz von Zahlungen käme keinerlei eigenständige Bedeutung zu, wollte man sie als Schutzgesetze nach § 823 Abs. 2 BGB ansehen.[763] Zum anderen stelle in systematischer Hinsicht der Ersatzanspruch nach dem Zahlungsverbot die Haftungsfolge für den Verstoß gegen die Antragspflicht dar, so wie in § 43 GmbHG die Haftungsfolge für Verstöße gegen die §§ 41, 42 GmbHG zum Ausdruck komme.[764] Anders entschied dann der BGH in seiner Grundsatzentscheidung zur Verschleppungshaftung im Jahr 1958.[765] Der BGH lehnte die Funktion des Zahlungsverbots als abschließende Regelung für die Insolvenzhaftung ab, denn aus dieser Norm ergeben sich nur die Haftungsfolgen im Verhältnis von Geschäftsleiter zu Gesellschaft, während das GmbHG dagegen keine Norm zur Haftung gegenüber den Gesellschaftsgläubigern enthalte, die sich deshalb nach den Vorschriften des BGB richte.[766] Die Qualifizierung der Norm zur Antragspflicht als Schutzgesetz ist seitdem ständige und gefestigte Rechtsprechung des BGH.

Nach der von Teilen des Schrifttums vertretenen a. A. ist der Insolvenzantragspflicht die Eigenschaft als Schutzgesetz i. S. d. § 823 Abs. 2 BGB abzusprechen.[767] Im Recht der Kapitalgesellschaften werde der Gläubigerschutz bzw. der Schutz des Gesellschaftsvermögens regelmäßig durch eine Innenhaftung verwirklicht, sodass die Begründung einer Außenhaftung diesen vorrangigen gesetzlichen Wertungen widerspreche.[768] Auch nehmen die Vertreter dieser Auffassung zur Begründung der Ablehnung des Schutzgesetzcharakters auf die erwähnte Entscheidung des RG (fehlende eigenständige Funktion des Zahlungsverbots im Fall der Qualifizierung der Norm zur Antragspflicht als Schutzgesetz) Bezug.[769] Der BGH, der sich im Urteil aus dem Jahr 1958 ebenfalls auf die Rechtsprechung des Reichsgerichts bezieht, habe diese Entscheidung und die eine Schutzgesetzeigenschaft ablehnende Rechtsprechung des RG missverstanden.[770] Im Gesetzgebungsverfahren zum MoMiG habe der Schutzgesetzcharakter der Norm zur Antragspflicht überdies keine Rolle gespielt.[771]

---

763 RG, Urt. v. 4. 2. 1910 (Az.: II 255/09), RZG 73, 30, 34.

764 RG, Urt. v. 4. 2. 1910 (Az.: II 255/09), RZG 73, 30, 35.

765 BGH, Urt. v. 16. 12. 1958 (Az.: VI ZR 245/57), BGHZ 29, 100.

766 BGH, Urt. v. 16. 12. 1958 (Az.: VI ZR 245/57), BGHZ 29, 100, 102.

767 *Altmeppen/Wilhelm,* NJW 1999, 673, 681; jüngst erneut *Altmeppen,* ZIP 2015, 949, 953; *Glozbach,* Die Haftung des GmbH-Geschäftsführers, S. 77; *Grigoleit,* Gesellschafterhaftung, S. 129; *Wübbelsmann,* GmbHR 2008, 1303 f.

768 Für das Aktienrecht *Grigoleit/Tomasic,* in: Grigoleit, AktG, § 92 Rn. 46; für die GmbH *Grigoleit,* Gesellschafterhaftung, S. 197; ebenso *Glozbach,* Die Haftung des GmbH-Geschäftsführers, S. 77, nach dessen Auffassung die Rechtsprechung hier die Grenzen zulässiger Rechtsfortbildung überschreitet.

769 So *Altmeppen/Wilhelm,* NJW 1999, 673, 679 und jüngst erneut *Altmeppen,* ZIP 2015, 949, 953.

770 *Altmeppen,* ZIP 2015, 949, 953.

771 Wübbelsmann, GmbHR 2008, 1303, 1304.

Es wird darauf zurückzukommen sein, auf welcher Grundlage die Geschäftsleiter nach diesen Stimmen im Falle der Insolvenzverschleppung haften.

(2) Weitere Haftungsvoraussetzungen

Erkennt der Geschäftsleiter die Krisensituation nicht und stellt er infolgedessen den Eröffnungsantrag nicht frist- oder ordnungsgemäß, so liegt darin die für die Haftung aus § 823 Abs. 2 BGB i. V. m. § 15a Abs. 1 InsO erforderliche Verletzung des Schutzgesetzes in Form der Verletzung der Antragspflicht.[772] Die Haftung setzt weiterhin ein Verschulden der Geschäftsleiter voraus, wobei einfache Fahrlässigkeit bezüglich der Verletzung der Antragspflicht genügt.[773] In systematischer Hinsicht spricht für das Ausreichen von Fahrlässigkeit die Tatsache, dass § 15a Abs. 5 hinsichtlich der strafrechtlichen Rechtsfolgen ebenfalls Fahrlässigkeit genügen lässt.[774] Der Fahrlässigkeitsmaßstab wird dabei insoweit objektiviert, als dass nicht die individuellen Fähigkeiten jedes Geschäftsleiters entscheiden, sondern dass auf die Sorgfalt des ordentlichen Geschäftsmanns abgestellt wird.[775] Kann der Geschäftsleiter das Vorliegen der Voraussetzungen der Antragspflicht selbst nicht beurteilen, so muss er fachkundigen Rat einholen.[776]

bb. Rechtsfolgen und Unterscheidung in Alt- und Neugläubiger

Der Schutzbereich der Norm zur Antragspflicht umfasst sowohl die bei Eintritt der Zahlungsunfähigkeit bzw. Überschuldung bereits vorhandenen als auch die danach hinzukommenden Gläubiger.[777] Wer dagegen erst zum Zeitpunkt der Verfahrenseröffnung oder danach die Forderung erwirbt, wird nicht geschützt.[778] GmbH-Gesellschafter bzw. Aktionäre werden nicht vom Schutzbereich umfasst, es sei denn, sie sind in ihrer Rolle als Gläubiger betroffen.[779] Hinsichtlich der Rechtsfolgen bzw. des die Geschäftsleiter treffenden Haftungsumfangs wird dann zwischen zwei Gläubigergruppen unterschieden: Auf der einen Seite stehen die sog. Altgläubiger, auf der anderen die sog. Neugläubiger.[780]

---

772 *Haas,* NZG 1999, 373.

773 Siehe nur *Arnold,* in: *Henssler/Strohn,* GesR, § 64 GmbHG Rn. 73.

774 *Haas,* in: Baumbach/Hueck, GmbHG, § 64 Rn. 126.

775 *Haas,* NZG 1999, 373, 374.

776 BGH, Urt. v. 6. 6. 1994 (Az.: II ZR 292/91), BGHZ 126, 181, 199.

777 BGH, Urt. v. 16. 12. 1958 (Az.: VI ZR 245/57), BGHZ 29, 100, 104.

778 Statt vieler *Haas,* in: Baumbach/Hueck, GmbHG, § 64 Rn. 111. Die Gläubiger, die erst nach Verfahrenseröffnung mit der Gesellschaft kontrahieren, sind keine Insolvenzgläubiger mehr, da sie nicht mehr unter die Legaldefinition des § 38 InsO fallen.

779 *Haas,* in: Baumbach/Hueck, GmbHG, § 64 Rn. 111.

780 Grundlegend BGH, Urt. v. 16. 12. 1958 (Az.: VI ZR 245/57), BGHZ 29, 100, 104; ebenso das Schrifttum, statt vieler *Uhlenbruck,* ZIP 1994, 1153, 1155.

Bezüglich der Frage, nach welchem Unterscheidungskriterium diese beiden Gläubigergruppen voneinander abzugrenzen sind, zeigt sich die Rechtsprechung allerdings uneinheitlich. In seiner Grundsatzentscheidung zur Verschleppungshaftung stellte der BGH zunächst fest, dass Altgläubiger diejenigen seien, die bereits bei Beginn der Verschleppung eine Forderung gegen die Gesellschaft innehatten, während zum Kreis der Neugläubiger gehöre, wer „... nach diesem Zeitpunkt an die GmbH Waren auf Kredit liefert oder auf andere Weise die Stellung eines Gläubigers erwirbt".[781] Im späteren Grundsatzurteil zum Inhalt des Neugläubigerschadens bezeichnete der BGH wiederum als Altgläubiger solche, die bei Eintritt der Insolvenzreife bereits in einer Vertragsbeziehung mit der Gesellschaft stehen, während die zu einem späteren Zeitpunkt mit der Gesellschaft kontrahierenden Gläubiger als Neugläubiger zu qualifizieren seien.[782] Auch in seiner weiteren Rechtsprechung sprach der BGH davon, dass es für die Abgrenzung der beiden Gläubigergruppen auf den Zeitpunkt des Vertragsschlusses ankomme.[783] Das OLG Celle stellte dann in einer Entscheidung aus dem Jahr 2001 darauf ab, zu welchem Zeitpunkt die Leistungserbringung und damit auch die Kreditgewährung an die Gesellschaft erfolge, sodass es einen Gläubiger als Neugläubiger qualifizierte, der vor Eintritt der Insolvenzreife den Vertrag mit der Gesellschaft abgeschlossen, aber erst nach diesem Zeitpunkt vorgeleistet hatte.[784] Erst durch diese Vorleistung ohne den späteren Erhalt der (vollständigen) Gegenleistung entstehe der Vermögensnachteil.[785] Was die Beurteilung von Dauerschuldverhältnissen angeht, so entschied der BGH, dass die einen Kontokorrentkredit einräumende Bank, der bereits vor Eintritt der Insolvenzreife gewährt worden war, wegen des sich in der Verschleppungsphase erhöhenden Saldos als Neugläubigerin einzustufen sei, die der Gesellschaft neuen Kredit gewährt.[786]

Das Schrifttum nimmt das vom BGH genannte Kriterium des Zeitpunktes des Vertragsschlusses mehrheitlich auf.[787] Manche kritisieren aber auch hier das

781 BGH, Urt. v. 16. 12. 1958 (Az.: VI ZR 245/57), BGHZ 29, 100, 104.

782 BGH, Urt. v. 6. 6. 1994 (Az.: II ZR 292/91), BGHZ 126, 181, 192.

783 Siehe BGH, Urt. v. 12. 3. 2007 (Az.: II ZR 315/05), NJW 2007, 3130, 3131; BGH, Urt. v. 18. 12. 2007 (Az.: VI ZR 231/06), BeckRS 2008, 02449. Auf Grundlage dieser Rechtsprechung müsste dann auch der Gläubiger als Altgläubiger eingeordnet werden, dessen Vertragsschluss vor Eintritt der Insolvenzreife liegt, der jedoch erst nach diesem Zeitpunkt seine Leistung erbringt, siehe *G. Wagner,* in: FS K. Schmidt, S. 1665, 1676.

784 OLG Celle, Urt. v. 5. 12. 2001 (Az.: 9 U 204/01), NZG 2002, 730, 732.

785 OLG Celle, Urt. v. 5. 12. 2001 (Az.: 9 U 204/01), NZG 2002, 730, 732.

786 BGH, Urt. v. 5. 2. 2007 (Az.: II ZR 234/05), NJW-RR 2007, 759, 760. Insoweit stellt der BGH hier im Gegensatz zu den anderen zitierten Entscheidungen ebenfalls auf das Kriterium der Kreditgewährung ab. Im Falle der Begründung eines Mietverhältnisses vor Eintritt der Insolvenzreife ist der Vermieter aber als Altgläubiger anzusehen, denn er hätte sich zu diesem Zeitpunkt nicht vom Vertrag lossagen können, siehe BGH, Urt. v. 22. 10. 2013 (Az.: II ZR 394/12), ZIP 2014, 23.

787 Siehe nur Wicke, GmbHG, § 64 Rn. 15.

Abstellen auf den Vertragsschluss, da dieser allein bzw. da die Begründung des Anspruches noch keinerlei Nachteile für die Neugläubiger mit sich bringe.[788] Im Falle von bei Eröffnung des Insolvenzverfahrens noch nicht erfüllten Ansprüchen aus einem gegenseitigen Vertrag gelangt § 103 InsO zur Anwendung, nach dessen Abs. 1 der Insolvenzverwalter den Vertrag erfüllen und Erfüllung vom anderen Teil verlangen kann. Bei Ablehnung der Erfüllung durch den Insolvenzverwalter kann der betroffene Gläubiger wegen § 103 Abs. 2 InsO seinen Erfüllungsanspruch nur als Insolvenzforderung verfolgen. Verlangt der Insolvenzverwalter die Erfüllung, so wird die Forderung des Gläubigers wegen § 55 Abs. 1 Nr. 2 InsO zur Masseverbindlichkeit. Im letzten Fall wird die Entstehung eines Kreditgewährungsschadens des Neugläubigers also verhindert.[789] Da einem Neugläubiger also nur dann ein Schaden entstehen könne, wenn er vorleistet und damit der Gesellschaft Kredit gewährt, seine Gegenleistung aber nicht erhält und diese als Insolvenzforderung geltend machen muss, sollte als maßgebliches Kriterium zur Abgrenzung der beiden Gläubigergruppen auf den Zeitpunkt der Kreditgewährung abgestellt werden.[790]

(1) Der Anspruch der Altgläubiger

Im Falle der Altgläubiger manifestiert sich der Zweck der Insolvenzantragspflicht, den Erhalt des Gesellschaftsvermögens für die Gläubiger zu gewährleisten, das zum Zeitpunkt der Insolvenzreife vorhanden ist.[791] Alle Altgläubiger sind Insolvenzgläubiger i. S. d. § 38 InsO, da sie entsprechend der dort enthaltenen Legaldefinition zum Zeitpunkt der Eröffnung des Insolvenzverfahrens einen begründeten Vermögensanspruch gegen die Gesellschaft innehaben. Sie erhalten also bei Anmeldung ihrer Forderung zur Tabelle eine Insolvenzquote.

(a) Der Quotenschaden: Inhalt und Berechnung

Die Altgläubiger erhalten den sog. Quotenschaden ersetzt, der in der Verringerung der tatsächlich erhaltenen im Vergleich zu der hypothetisch bei rechtzeitig beantragter Verfahrenseröffnung erzielbaren Quote zu sehen ist.[792] Stellt man diesen Quotenschaden als Prozentsatz dar, so weist er für alle Altgläubiger die gleiche

---

788 *G. Wagner,* in: FS K. Schmidt, S. 1665, 1676, der auch darauf hinweist, dass bei beiderseitiger Vertragserfüllung vor Verfahrenseröffnung der für einen Schadensersatzanspruch erforderliche Schaden entfällt.

789 *G. Wagner,* in: FS K. Schmidt, S. 1665, 1677.

790 *G. Wagner,* in: FS K. Schmidt, S. 1665, 1677. Danach soll auch dem Gläubiger, der seinen Vertrag mit der Gesellschaft vor Insolvenzreife abschließt, aber erst danach ohne Erhalt der Gegenleistung ausführt, ein Anspruch auf Ersatz des negativen Interesses zugestanden werden, so *G. Wagner,* in: FS K. Schmidt, S. 1665, 1677; zustimmend *Arnold,* in: *Henssler/Strohn,* GesR, § 64 GmbHG Rn. 74.

791 *Haas,* NZG 1999, 373, 375.

792 BGH, Urt. v. 6. 6. 1994 (Az.: II ZR 292/91), BGHZ 126, 181, 190.

Höhe auf.[793] Hinsichtlich der Berechnungsmethode des Quotenschadens führt der BGH aus[794]: „Die fiktive Quote ist aus dem Verhältnis der den Altgläubigern zur Verfügung stehenden Masse zu ihren damaligen Forderungen zu ermitteln. Diese Quote ist mit den tatsächlichen Konkursforderungen der (im Konkurs noch vorhandenen) Altgläubiger zu multiplizieren; von dem Ergebnis ist der auf die Altgläubiger entfallende Masseanteil abzuziehen, der sich aus dem Verhältnis ihrer Forderungen zur Summe der Konkursforderungen ergibt." Die Referenz für die Berechnung des Quotenschadens muss unter schadensersatzrechtlichen Gesichtspunkten die hypothetisch zu verteilende Masse darstellen, da von ihr die hypothetische Quote der Altgläubiger abhängt und da zur Berechnung des Schadens die finanzielle Situation der Gläubiger im Falle des hypothetisch rechtzeitig eröffneten Verfahrens mit der des tatsächlich durchgeführten Verfahrens in Beziehung zu setzen ist.[795] Die Ermittlung dieser hypothetischen Masse kann dabei nicht auf der Grundlage der Bilanzierungsregeln erfolgen, denn um den konkreten Altgläubigerschaden berechnen zu können, ist zu fragen, welches effektiv verfügbare Gesellschaftsvermögen bei rechtzeitiger Antragsstellung zur Verfügung gestanden hätte.[796] In diesem Zusammenhang ist der Teil des Gesellschaftsvermögens, an dem bestimmten Gläubigern ein Aus- oder Absonderungsrecht zusteht, für die Bestimmung des Wertes der hypothetischen Masse außer Acht zu lassen.[797] Überdies muss die hypothetische Masse um die zur Begleichung von Massekosten und -schulden erforderlichen Mittel gekürzt werden, da diese Beträge auch bei rechtzeitiger Verfahrenseröffnung nicht an die Altgläubiger hätten verteilt werden können.[798] Schwierigkeiten bei der Schadensberechnung ergeben sich schließlich, wenn das Verhalten der Geschäftsleiter zu Anfechtungsansprüchen führt, da noch keine Entscheidung zu der Frage vorhanden ist, wie ein Anfechtungsanspruch bei Nichtgeltendmachung durch den Insolvenzverwalter beim Schadensersatzanspruch der Altgläubiger berücksichtigt werden muss.[799] Die Grundsätze zur Ermittlung der hypothetisch verfügbaren Masse gelten in gleicher Weise für die Ermittlung der tatsächlich vorhandenen Masse.[800]

In Bezug auf die Berechnung des Quotenschadens sind die Begriffe Masseverkürzung und Quotendifferenz auseinanderzuhalten. Während bei Ermittlung der dem Wortsinn des Ausdrucks „Quotenschaden" nahekommenden Quotendifferenz die

---

793 *Poertzgen,* Organhaftung, S. 275.

794 BGH, Urt. v. 30. 3. 1998 (Az.: II ZR 146/96), BGHZ 138, 211, 221; Darstellung dieser Berechnungsmethode als Formel bei *Poertzgen,* Organhaftung, S. 276.

795 *Dauner-Lieb,* ZGR 1998, 617, 622.

796 BGH, Urt. v. 28. 4. 1997 (Az.: II ZR 20/96), NJW 1997, 3021, 3022.

797 BGH, Urt. v. 28. 4. 1997 (Az.: II ZR 20/96), NJW 1997, 3021, 3022.

798 *Dauner-Lieb,* ZGR 1998, 617, 623; ergeben sich hier Schwierigkeiten beim Nachweis, soll auf § 287 ZPO zurückgegriffen werden.

799 *Haas,* in: Baumbach/Hueck, GmbHG, § 64 Rn. 133.

800 *Poertzgen,* Organhaftung, S. 281; auch für ihre Berechnung müssen also zunächst Aus- und Absonderungsrechte bedient sowie Masseverbindlichkeiten (§ 55 InsO) und Verfahrenskosten beglichen werden.

auf der Grundlage der hypothetisch vorhandenen Masse ermittelte hypothetische Quote der tatsächlich erzielten Quote gegenübergestellt wird, berechnet sich die Masseverkürzung durch einen unmittelbaren Vergleich von hypothetisch verteilbarer und tatsächlich vorhandener Masse ohne Berücksichtigung der Passivseite.[801] Die Masseverkürzung bildet aber den tatsächlich entstandenen Verschleppungsschaden der Altgläubiger nicht ab, denn deren Befriedigungsaussichten hängen entscheidend vom Verhältnis der vorhandenen Masse zum Forderungsvolumen ab, das aus ihr bedient werden muss.[802] Da auch jedem Neugläubiger der Status eines Insolvenzgläubigers zukommt und er damit eine Quote erhält, schmälert sein Hinzutreten die Quotenaussichten der Altgläubiger, sodass den Altgläubigern selbst bei in rechnerischer Hinsicht gleichbleibender Masse bzw. dem Ausbleiben einer Masseverkürzung ein Schaden entstehen kann.[803]

Hinsichtlich des Quotenschadens der Altgläubiger wird nicht danach differenziert, ob er sich auf eine vertragliche oder auf eine deliktische Forderung bezieht, da insoweit alle Altgläubiger vor einer Quotenverringerung wegen verspäteter Antragstellung bewahrt werden sollen.[804] Wird der Insolvenzantrag – wie in der Praxis häufig – mangels Vorhandenseins einer Masse abgewiesen, kommt es für die Altgläubiger auch nicht zur Auszahlung einer Quote (Ist-Quote), sodass ihr Schaden mit der auf der Soll-Quote basierenden hypothetischen Auszahlung gleichzusetzen ist.[805]

(b) Geltendmachung und Verjährung

Der Quotenschaden der Altgläubiger ist vom Geschäftsleiter durch Zahlung in die Masse zu ersetzen.[806] Nach § 92 S. 1 InsO können Ansprüche der Insolvenzgläubiger auf Ersatz eines Schadens, den sie gemeinschaftlich durch eine Verminderung des zur Insolvenzmasse gehörenden Vermögens vor oder nach der Eröffnung des Insolvenzverfahrens erlitten haben (Gesamtschaden), während der Dauer des Verfahrens nur durch den Insolvenzverwalter geltend gemacht werden. Beim Quotenschaden

---

801 Klarstellend *Dauner-Lieb,* ZGR 1998, 617, 624 f.

802 *Dauner-Lieb,* ZGR 1998, 617, 625. Auf eine Masseverkürzung als relevanten Schaden stellt z.B. *Haas,* in: FS G. Fischer, S. 209, 210 ab: „... denn grundsätzlich entspricht der nach Insolvenzreife vom Geschäftsführer ausbezahlte Betrag der Masseverkürzung zu Lasten der Gläubigergesamtheit und damit dem Gesamtgläubigerschaden."

803 *Dauner-Lieb,* ZGR 1998, 617, 625 f. auch mit dem Hinweis darauf, dass sich Masseverkürzung und konkreter Quotenschaden damit nur bei unverändertem Forderungsvolumen decken.

804 Siehe nur *G. Wagner,* in: FS Gerhardt, S. 1043, 1060 f., der überdies darauf hinweist, dass anderenfalls bei Geltendmachung des Quotenschadens eine Sondermasse für die vertraglichen Altgläubiger gebildet werden müsste.

805 *G. Wagner,* in: FS K. Schmidt, S. 1665, 1674.

806 BGH, Urt. v. 6. 6. 1994 (Az.: II ZR 292/91), BGHZ 126, 181, 190.

handelt es sich um einen Gesamtschaden i. S. d. § 92 InsO.[807] Diese Vorschrift will sicherstellen, dass alle Insolvenzgläubiger gleichermaßen von sich aus Masseschmälerungen ergebenden Schadensersatzansprüchen profitieren.[808] Die Bestimmung entfaltet gegenüber den Altgläubigern insoweit eine Sperrwirkung, als dass sie die ihnen zustehenden Schadensersatzansprüche während der Dauer des Insolvenzverfahrens nicht selbst geltend machen können.[809] Dies können sie vielmehr nur dann tun, wenn das Insolvenzverfahren mangels Masse nicht eröffnet wird.[810] § 92 InsO ermächtigt den Insolvenzverwalter, Schadensersatzansprüche der Gläubigergesamtheit geltend zu machen, ohne dass dabei eine Rechtsübertragung an ihn in Form einer Legalzession erfolgt.[811] § 92 S. 1 InsO enthält die Tatbestandsmerkmale „gemeinschaftlich“ und „Verminderung des zur Insolvenzmasse gehörenden Vermögens“, die zur Legaldefinition des Gesamtschadens verbunden werden. Der gemeinschaftliche Charakter des Altgläubigerschadens ergibt sich daraus, dass die Insolvenzverschleppung für alle Altgläubiger zum gleichen Zeitpunkt beginnt und die Entwicklung ihrer Schäden in paralleler Form über den darauffolgenden Zeitraum stattfindet.[812] Es handelt sich insoweit um einen in seiner Struktur einheitlichen Schaden.[813] Die tatbestandliche Formulierung „durch Verminderung des zur Insolvenzmasse gehörenden Vermögens“ umfasst ihrem Wortlaut nach nur die Masseverkürzung, sodass bei wortlautgetreuer Auslegung der Norm nur dieser ein Gesamtschadenscharakter zukommen kann, nicht aber dem Quotenschaden, der auch durch Erhöhung des Bestandes der Passiva und ohne zahlenmäßige Veränderung der Masse entstehen kann.[814] Der Anwendungsbereich des § 92 S. 1 InsO sollte aber unter Berücksichtigung des Normzwecks nicht auf durch Verkürzung der Masse entstandene Altgläubigerschäden beschränkt werden, da auch der durch Vergrößerung des Forderungsvolumens verursachte Schaden die Quote aller Altgläubiger gleichermaßen mindert und sich damit als einheitlicher Schaden darstellt.[815] Den aufgrund der Geltendmachung des Altgläubigerschadens

---

807 Statt vieler *Fleischer*, in: Fleischer, Hdb VorstandsR, § 20 Rn. 46.

808 *K. Schmidt*, in K. Schmidt, InsO, § 92 Rn. 2.

809 *K. Schmidt*, NZI 1998, 9, 10.

810 *Casper*, in Ulmer, GmbHG Erg.-Band, § 64 Rn. 133. Eine Schadensgeltendmachung durch einen einzelnen Altgläubiger erscheint aber praktisch kaum relevant und für diesen auch wenig attraktiv, da es in der Regel um eine um wenige Prozentpunkte verringerte Quote geht, siehe *K. Schmidt*, in: Scholz, GmbHG, § 64 Rn. 194.

811 *Kayser*, in: Kreft, InsO, § 92 Rn. 26.

812 *Henssler/Dedek*, in: FS Uhlenbruck, S. 175, 186.

813 *Henssler/Dedek*, in: FS Uhlenbruck, S. 175, 190.

814 *Henssler/Dedek*, in: FS Uhlenbruck, S. 175, 186. Auch insoweit kommt also wieder die Unterscheidung zwischen dem Begriff der Masseverkürzung und demjenigen des Quotenschadens zum Tragen.

815 *Henssler/Dedek*, in: FS Uhlenbruck, S. 175, 186 f. auch mit dem Hinweis darauf, dass die Verschlechterung der Quote des Altgläubigers, die auf der Erhöhung der Passiva beruht, anderenfalls durch den Altgläubiger selbst geltend gemacht werden müsste.

erhaltenen Betrag muss der Insolvenzverwalter in eine Sondermasse einstellen; er darf nur an diese verteilt werden.[816]

Der Insolvenzverwalter muss grundsätzlich alle den Anspruch auf Ersatz des Quotenschadens begründenden objektiven Voraussetzungen darlegen und beweisen, worunter insbesondere das Bestehen der Insolvenzreife zu einem bestimmten Zeitpunkt fällt.[817] Der Geschäftsleiter muss dann im Fall feststehender rechnerischer Überschuldung darlegen und beweisen, warum er von einer günstigen Fortführungsprognose ausging.[818] Eine Entlastung für eine nicht rechtzeitig erkannte Zahlungsunfähigkeit oder Überschuldung kommt nur bei Nachweis sorgfältigen Handelns in Betracht, was z.B. erfordert, dass bei Auftreten der ersten Krisenanzeichen in regelmäßigen Abständen Liquiditäts- und Vermögensübersichten erstellt werden.[819] Das Verschulden des Geschäftsleiters wird bei feststehender Pflichtverletzung bezüglich der Antragstellung widerleglich vermutet (Rechtsgedanke der §§ 93 Abs. 2 S. 2 AktG, 64 S. 2 GmbHG und 130a Abs. 2 S. 2 HGB).[820] Auch muss die Höhe des Quotenschadens vom Anspruchsteller nachgewiesen werden, d.h. der Insolvenzverwalter muss die Quote aufgrund der ihm vorliegenden Daten genau darlegen und beweisen.[821] Aufgrund der schwer zu bestimmenden exakten Dauer der Verschleppungsphase und der hypothetischen Quote ist hinsichtlich der Schadensdarlegung auf die Schadensschätzung nach § 287 ZPO zurückzugreifen.[822]

Die Entstehung des Anspruches fällt mit dem Zeitpunkt der Eröffnung des Insolvenzverfahrens bzw. der Antragsabweisung wegen Masselosigkeit zusammen.[823] Die Frage der Verjährung ist höchstrichterlich bisher nicht geklärt. Eine Auffassung will hier die fünfjährige Verjährungsvorschrift des § 64 S. 4 GmbHG entsprechend anwenden, da sich der Erstattungsanspruch nach dem Zahlungsverbot und die deliktsrechtliche Insolvenzverschleppungshaftung insoweit überschneiden, als dass beide Ansprüche vom Insolvenzverwalter geltend gemacht werden und bei Verstoß gegen das Zahlungsverbot gleichzeitig auch die Insolvenzquote geschmälert wird.[824] Nach der Auffassung des OLG Saarbrücken soll der Anspruch der Altgläubiger auf

---

816 BGH, Urt. v. 30. 3. 1998 (Az.: II ZR 146/96), BGHZ 138, 211, 217.

817 Statt vieler *Haas*, NZG 1999, 373, 379.

818 Statt vieler *K. Schmidt*, in: Scholz, GmbHG, § 64 Rn. 204.

819 *Kleindiek*, in: Lutter/Hommelhoff, GmbHG, Anh zu § 64 Rn. 71.

820 Siehe nur *K. Schmidt*, in: Scholz, GmbHG, § 64 Rn. 206.

821 Siehe nur *Casper*, in Ulmer, GmbHG Erg.-Band, § 64 Rn. 150. Macht dagegen ein Altgläubiger seinen Quotenschaden geltend, so genügt es, dass ein Vergleich der Vermögenslagen zu den Zeitpunkten Eintritt der Insolvenzreife und Antragstellung vorgenommen wird, siehe *Casper*, in Ulmer, GmbHG Erg.-Band, § 64 Rn. 150.

822 *K. Schmidt*, in: Scholz, GmbHG, § 64 Rn. 205.

823 *Arnold*, in: *Henssler/Strohn*, GesR, § 64 GmbHG Rn. 84.

824 *Haas*, NZG 2009, 976, 977; *Haas*, in: Baumbach/Hueck, GmbHG, § 64 Rn. 145: Bei Anwendung der allgemeinen Verjährungsregeln werde § 64 S. 4 GmbHG durch das Deliktsrecht unterlaufen, so dass sich trotz grundsätzlicher Gleichwertigkeit an dieser Stelle das Gesellschafts- gegenüber dem Deliktsrecht durchsetzen müsse.

den Quotenschaden den allgemeinen Verjährungsvorschriften unterliegen, denn der Verstoß gegen die Insolvenzantragspflicht und der Erstattungsanspruch aus dem Zahlungsverbot (als Ausgleichsanspruch der Gesellschaft gegenüber den Geschäftsleitern) betreffen verschiedene Regelungsbereiche, die eine Differenzierung auch hinsichtlich der Verjährungsfrist erforderlich machen.[825]

(2) Der Anspruch der Neugläubiger

Die zweite für die Verschleppungshaftung relevante Gläubigergruppe stellen die sog. Neugläubiger dar, also diejenigen Gläubiger, die erst nach Eintritt der Insolvenzreife mit der Gesellschaft kontrahiert haben (s.o.). Sie sind ebenfalls Insolvenzgläubiger nach § 38 InsO, da sie zwar nach Insolvenzreife, aber noch vor Verfahrenseröffnung Gläubiger der Gesellschaft werden und somit wie die Altgläubiger zu diesem Zeitpunkt einen begründeten Vermögensanspruch gegen die Gesellschaft innehaben. Die Neugläubiger werden gewissermaßen in der Verschleppungsphase in die Insolvenz der Gesellschaft hineingezogen.[826]

(a) Schadensinhalt

Bezieht man auch die Neugläubiger in den Schutzbereich der Antragspflicht ein, so stellt sich darüber hinaus die Frage nach dem Umfang dieses Schutzes, der sich nach dem – aufgrund des objektiven Schutzzweckes der Norm der Antragspflicht zu bestimmenden – sachlichen Schutzbereich richtet.[827] Über einen langen Zeitraum hinweg wollte der BGH auch den Neugläubigern lediglich den Quotenschaden zusprechen.[828] Ziel der Norm zur Antragspflicht sei es, eine möglichst schnelle Verfahrenseröffnung im Fall der Insolvenz zu gewährleisten.[829] Ihr Zweck ziele in erster Linie darauf ab, das zur Gläubigerbefriedigung notwendige Gesellschaftsvermögen zu erhalten.[830] Auch wenn die Allgemeinheit durch die Antragspflicht einen gewissen Schutz erfahre, so reiche dieser nicht so weit, als dass Gläubiger auf die Zahlungsfähigkeit bzw. Kreditwürdigkeit der Gesellschaft vertrauen dürfen, sodass sie bei etwaigen Schäden nach § 823 Abs. 2 BGB i. V. m. § 263 StGB oder § 826 BGB vorgehen müssen.[831]

Eine Abkehr von dieser Rechtsprechung erfolgte dann durch die Grundsatzentscheidung zum Neugläubigerschaden im Jahr 1994.[832] Hinsichtlich der Stellung der Neugläubiger betonte der BGH nunmehr, dass sie bei rechtzeitiger Antragstellung

---

825 OLG Saarbrücken, Urt. v. 6. 5. 2008 (Az.: 4 U 484/07), NJW-RR 2008, 1621, 1623.

826 *Poertzgen*, Organhaftung, S. 308.

827 *Bork*, ZGR 1995, 505, 510.

828 BGH, Urt. v. 16. 12. 1958 (Az.: VI ZR 245/57), BGHZ 29, 100, 105 ff. Ebenso über lange Zeit die h. M. im Schrifttum, siehe nur *Windel*, KTS 1991, 477, 506 f.

829 BGH, Urt. v. 16. 12. 1958 (Az.: VI ZR 245/57), BGHZ 29, 100, 105.

830 BGH, Urt. v. 16. 12. 1958 (Az.: VI ZR 245/57), BGHZ 29, 100, 105.

831 BGH, Urt. v. 16. 12. 1958 (Az.: VI ZR 245/57), BGHZ 29, 100, 105 f.

832 BGH, Urt. v. 6. 6. 1994 (Az.: II ZR 292/91), BGHZ 126, 181.

durch den Geschäftsleiter gar nicht mehr in vertragliche Beziehungen zur betroffenen Gesellschaft getreten wären mit der Folge, dass es auch nicht zum Abschluss eines Vertrages, zur Kreditgewährung und zur Entstehung eines Schadens gekommen wäre.[833] Nach schadensersatzrechtlichen Grundsätzen sei den Neugläubigern daher der durch diesen Verstoß in rechtswidriger und schuldhafter Weise verursachte Schaden zu ersetzen.[834] Darin sei auch keine Ungleichbehandlung von Altgläubigern und Neugläubigern zu sehen, da jeder Gläubigergruppe auf diesem Wege der ihr konkret entstehende Schaden ersetzt werde.[835] Da die Neugläubiger unstreitig in den Schutzbereich der Antragspflicht fallen, betreffe diese Problematik nicht die Frage des persönlichen Schutzbereichs, sondern diejenige des Umfangs des Neugläubigerschadens, der nur dann hinter dem aufgrund allgemeinen Schadensrechts zu ersetzenden Betrag zurückbleiben könne, wenn die Antragspflicht nicht vor weitergehenden Schäden als dem Quotenschaden schützen wolle.[836] Die Antragspflicht verfolge aber den Zweck, insolvenzreife Gesellschaften, für die eine Haftungsbeschränkung besteht, nicht mehr am Geschäftsverkehr teilnehmen zu lassen.[837] Begrenze man die Insolvenzverschleppungshaftung gegenüber den Neugläubigern auf den Ersatz des Quotenschadens, so fehle es schadensersatzrechtlich an einer wirksamen Sanktion zur Gewährleistung des Gläubigerschutzes.[838] Den Neugläubigern müsse daher der durch die Begründung von Rechtsbeziehungen zur insolventen Gesellschaft entstehende Schaden ersetzt werden.[839] Ihr Anspruch sei in der Höhe auf den Ersatz des Vertrauensschadens gerichtet.[840] Der Schadensersatzanspruch des Neugläubigers könne im Falle eines Mitverschuldens wegen § 254 BGB gemindert sein, so z. B. in den Fällen, in denen für ihn bei Vertragsschluss erkennbar sein musste, dass sein Anspruch gefährdet sein könnte.[841]

In dieser Rechtsprechungsänderung hinsichtlich des Umfanges der Ersatzpflicht liegt eine nicht unerhebliche Haftungsverschärfung für die Geschäftsleiter bezüglich der Neugläubiger.[842] Ganz überwiegend erfuhr das Urteil im Schrifttum Zustimmung, v. a. hinsichtlich der Betonung des Schutzzwecks der Insolvenzantragspflicht,

---

833 BGH, Urt. v. 6. 6. 1994 (Az.: II ZR 292/91), BGHZ 126, 191, 192 f.; der ihnen entstandene Schaden werde durch den Verstoß gegen die Antragspflicht verursacht.

834 BGH, Urt. v. 6. 6. 1994 (Az.: II ZR 292/91), BGHZ 126, 181, 193.

835 BGH, Urt. v. 6. 6. 1994 (Az.: II ZR 292/91), BGHZ 126, 181, 193.

836 BGH, Urt. v. 6. 6. 1994 (Az.: II ZR 292/91), BGHZ 126, 181, 193 f.

837 BGH, Urt. v. 6. 6. 1994 (Az.: II ZR 292/91), BGHZ 126, 181, 194.

838 BGH, Urt. v. 6. 6. 1994 (Az.: II ZR 292/91), BGHZ 126, 181, 197.

839 Unter Verweis auf das österreichische Recht BGH, Urt. v. 6. 6. 1994 (Az.: II ZR 292/91), BGHZ 126, 181, 198.

840 BGH, Urt. v. 6. 6. 1994 (Az.: II ZR 292/91), BGHZ 126, 181, 201 (soweit er nicht durch die Quote des Neugläubigers abgedeckt sei).

841 BGH, Urt. v. 6. 6. 1994 (Az.: II ZR 292/91), BGHZ 126, 181, 200 f.

842 Kübler, ZGR 1995, 481, 493; siehe auch *Klöhn*, KTS 2012, 133, 134. Teilweise wurde die Rechtsprechungsänderung hinsichtlich der Neugläubiger auch mehr im Sinne einer Absicht des BGH verstanden, Insolvenzverschleppung stärker zu

insolvente Kapitalgesellschaften von weiterer Tätigkeit am Markt abzuhalten.[843] Die Rechtsprechung des BGH zum Schadensersatz der Neugläubiger ist insbesondere auch nicht mit einer zu weitgehenden Haftungsausdehnung verbunden, da – zumindest *ex post* betrachtet – nur der Personenkreis geschützt wird, der im Zeitraum zwischen Auftreten des Insolvenzgrundes und Stellung des Antrages die Gläubigereigenschaft erwirbt.[844] Auf Seiten der Neugläubiger liegt ein Schaden mit Individualcharakter vor.[845] Er darf im Grundsatz nicht mit der Höhe der unbefriedigt gebliebenen Forderung gleichgesetzt werden.[846] Die Neugläubiger erbringen ihre (Vor-)leistung in voller Höhe, erhalten aber hinsichtlich ihres Erfüllungsanspruches Befriedigung nur in Form der auf sie entfallenden Insolvenzquote.[847] Ihr Schaden liegt daher in der Differenz zwischen dem von ihnen als Kredit an die Gesellschaft gewährten Betrag und der Auszahlung, die sie aufgrund der tatsächlich erzielten Quote erhalten.[848] Da die Neugläubiger dadurch, dass sie in Unkenntnis der finanziellen Situation der Gesellschaft mit dieser Geschäfte abschließen und ihr Kredit gewähren, auch die Situation der Altgläubiger verbessern, darf ihnen der volle Schadensersatz nicht verweigert werden, um einen *windfall profit* der Altgläubiger zu verhindern.[849]

Klöhn kritisiert die schadensersatzrechtliche Herleitung durch den BGH als zu unpräzise und unternimmt den Versuch, den individuellen Insolvenzverschleppungsschaden der Neugläubiger – vor Behandlung der Frage seiner Einbeziehung in den Schutzbereich des § 15a InsO – unter Anwendung der Differenzhypothese schadensersatzrechtlich noch genauer zu bestimmen.[850] Dieser Ansatz unterscheidet drei hypothetische Geschehensabläufe: Erstens die Stilllegung bzw. Einstellung der werbenden Tätigkeit der insolventen Gesellschaft, zweitens ihre Fortführung trotz Insolvenzreife (ohne dass es zu einem Vermögensabfluss des Neugläubigers kommt) und schließlich die Situation, dass der Neugläubiger bei Unternehmensfortführung

---

sanktionieren, als den Gläubigerschutz zu verbessern, so zumindest *Bork,* ZGR 1995, 505, 517.

843 Siehe nur *Kübler,* ZGR 1995, 481, 494; kritisch dagegen *G. Müller,* GmbHR 1996, 393, 397: Es sei willkürlich, nur die letztendlich den Vertrag mit der Gesellschaft abschließenden Neugläubiger zu schützen, während z. B. die Dritten, die erfolglos in Vertragsverhandlungen mit der Gesellschaft getreten sind bzw. solche Dritte, die statt des Neugläubigers den Vertrag abgeschlossen hätten, ungeschützt blieben.

844 *G. Wagner,* in: FS K. Schmidt, S. 1665, 1675.

845 BGH, Urt. v. 30. 3. 1998 (Az.: II ZR 146/96), BGHZ 138, 211, 216: „... ein Individualschaden, der mit einer Verkürzung der Haftungsmasse nichts zu tun hat".

846 Siehe nur *Haas,* NZG 1999, 373, 376.

847 *Brandes/Gehrlein,* in: MünchKommInsO, § 92 Rn. 29.

848 *G. Wagner,* in: FS K. Schmidt, S. 1665, 1675.

849 *Fleischer,* ZGR 2004, 437, 451.

850 Ausführlich *Klöhn,* KTS 2012, 133, 138 ff. unter Verwendung der Begriffe „Vermögensabfluss" (=Vermögensverlust des Gläubigers) und „Kompensationsanspruch" (=erworbener Rückzahlungsanspruch des Gläubigers).

trotz bestehender Insolvenzreife einen Vertrag mit der Gesellschaft abschließt und dabei einen Vermögensabfluss erleidet.[851]

Geht man dann von dem Beispielsfall aus, dass ein Neugläubiger der Gesellschaft in der Verschleppungsphase ein zinsloses Darlehen gewährt, so könne der (hinsichtlich seiner Struktur divergierende) Insolvenzverschleppungsschaden für diese drei Szenarien unter Zugrundelegung der Differenzhypothese bestimmt werden.[852] Im ersten Szenario entstehe ein Schaden in Höhe des Vermögensabflusses (des Darlehensbetrages), denn der Gläubiger hätte der Gesellschaft kein Darlehen gewährt, wäre diese stillgelegt worden; im zweiten Szenario gelte das gleiche.[853] Da der Gläubiger bei rechtzeitiger Antragstellung gar keinen Rückzahlungsanspruch gegen die Gesellschaft erworben hätte, komme der wegen der Insolvenz entwertete Rückzahlungsanspruch als Schaden in beiden Szenarien nicht in Betracht.[854] Im dritten Szenario dagegen bewirke der (trotz der Insolvenz eintretende) Vermögensabfluss isoliert betrachtet keinen Schaden (unterstellt, der Gläubiger hätte das Darlehen auch in Kenntnis der Insolvenz und bei rechtzeitiger Antragstellung gegeben).[855] Dieser entstehe viel mehr erst dann, wenn der Gläubiger, der einen wegen der Insolvenz im Wert geminderten Rückzahlungsanspruch (Kompensationsanspruch) erwirbt, im Fall rechtzeitiger Antragstellung einen werthaltigeren Rückzahlungsanspruch für sein Darlehen als Masseverbindlichkeit gemäß § 55 Abs. 1 Nr. 1, Abs. 2 S. 1 InsO erhalten hätte und die Gesellschaft diesen auch hätte befriedigen können.[856] Im dritten Szenario könne der Verschleppungsschaden auch das positive Interesse umfassen, falls der Neugläubiger vortragen kann, dass im Insolvenzfall ein für ihn günstigerer Vertrag abgeschlossen worden wäre.[857] Der BGH berücksichtige in seiner Rechtsprechung offenbar nur die ersten beiden Szenarien, da der Verschleppungsschaden immer im Vermögensabfluss und nicht im in seinem Wert geminderten Kompensationsanspruch oder in einem anderen entgangenen Vermögenszufluss gesehen wird.[858] Dies stehe in Widerspruch zu einer korrekten

851 *Klöhn*, KTS 2012, 133, 139 f.
852 *Klöhn*, KTS 2012, 133, 140.
853 *Klöhn*, KTS 2012, 133, 140 f.
854 *Klöhn*, KTS 2012, 133, 140 f.
855 *Klöhn*, KTS 2012, 133, 141.
856 *Klöhn*, KTS 2012, 133, 141.
857 *Klöhn*, KTS 2012, 133, 142 mit folgendem Beispielsfall: Dem (trotz Insolvenz) das verzinsliche Darlehen gebenden Gläubiger wäre unter Zugrundelegung des dann erhöhten Ausfallrisikos vom Insolvenzverwalter ein höherer Zins gezahlt worden. Sein Schaden liege dann im weniger werthaltigen Rückzahlungsanspruch, darüber hinaus aber auch im hinsichtlich seines Wertes geminderten Zinszahlungsanspruch, der zum einen eine geringere Höhe aufweise und zum anderen bei rechtzeitiger Antragstellung zur Masseverbindlichkeit nach § 55 Abs. 1 Nr. 1, Abs. 2 S. 1 InsO geworden wäre, während dem tatsächlich erworbenen Anspruch dieser Vorrang nicht zukomme.
858 *Klöhn*, KTS 2012, 133, 144.

Berechnung des konkreten Insolvenzverschleppungsschadens unter Anwendung der Differenzhypothese.[859]

Dieses schadensersatzrechtlich ermittelte Ergebnis müsse im zweiten Schritt darauf untersucht werden, inwieweit diese Schäden vom sachlichen Schutzbereich bzw. vom Schutzzweck der Norm des § 15a Abs. 1 InsO umfasst werden.[860] § 15a InsO wolle verhindern, dass Neugläubiger die Gläubigerstellung erlangen, ohne dabei durch die Bestimmungen des Insolvenzrechts geschützt zu werden.[861] Unter Zugrundelegung dieses Schutzzwecks müssen Gesellschaften in desolater finanzieller Situation vom Markt entfernt werden, damit der Kontakt mit der Gesellschaft und des Vermögensabflusses des Neugläubigers vermieden wird, während andere Gesellschaften nur unter Anwendung dieser insolvenzrechtlichen Schutzbestimmungen fortgeführt werden sollen.[862] Der Schutzzweck des § 15 InsO umfasse aber nur das negative Interesse der Neugläubiger und nicht das positive, denn ein Verschleppungsschaden in Form des positiven Interesses entstehe im dritten Szenario (Fortführung der insolventen Gesellschaft samt Vermögensabfluss und Vorleistung des Neugläubigers) lediglich dann, wenn die Forderung des Neugläubigers aufgrund rechtzeitiger Antragstellung zur Masseforderung nach § 55 Abs. 1 Nr. 1 InsO geworden wäre, und der primäre Zweck dieser Norm liegt nicht im Schutz der Massegläubiger.[863] Auch im dritten Szenario stelle daher nur der Vermögensabfluss bzw. das negative Interesse den ersatzfähigen Neugläubigerschaden dar.[864]

(b) Die gesetzlichen Neugläubiger

Umstritten ist, inwieweit der sachliche Schutzbereich der Norm zur Antragspflicht auch Schäden gesetzlicher Neugläubiger umfassen soll. Dahinter steht die Frage, ob § 15a InsO vor jeder Art von Kontakt mit insolvenzreifen Gesellschaften schützen will oder ob sich dieser Schutz auf geschäftliche Kontakte beschränkt. Nach einer Entscheidung des BGH aus dem Jahr 2005 stehen zumindest den deliktischen Neugläubigern keine Ansprüche auf Ersatz ihres vollen Schadens aufgrund der

859 *Klöhn,* KTS 2012, 133, 146.
860 *Klöhn,* KTS 2012, 133, 147 ff.
861 *Klöhn,* KTS 2012, 133, 151.
862 *Klöhn,* KTS 2012, 133, 151 f. mit dem Hinweis darauf, dass etwa die insolvenzrechtlichen Schutzbestimmungen der §§ 55, 60, 61 InsO dafür sorgen, dass der Neugläubiger bei entstandenem Vermögensabfluss einen Kompensationsanspruch erhält, der als Masseverbindlichkeit Werthaltigkeit aufweist.
863 *Klöhn,* KTS 2012, 133, 154 (Vorrang der Massegläubiger sei lediglich Rechtsreflex des der Masseverwaltung dienenden § 55 InsO).
864 *Klöhn,* KTS 2012, 133, 155. Im Ergebnis gelangt man also über den Ansatz, zunächst nach der Differenzhypothese für verschiedene hypothetische Kausalverläufe die möglichen Schäden zu bestimmen und dieses Ergebnis dann unter dem Aspekt des Schutzzwecks der Norm zu betrachten, zur gleichen Lösung wie der BGH.

Insolvenzverschleppung zu.[865] Nach dem Schutzzweck der Antragspflicht sollen insolvente Kapitalgesellschaften vom Geschäftsverkehr ferngehalten werden, und es fallen nur solche Verschleppungsschäden in den Schutzbereich der Norm, die einen inneren Zusammenhang mit der Pflichtverletzung aufweisen.[866] Die Antragspflicht soll dagegen nicht verhindern, dass mögliche Gläubiger noch nach Eintritt des Insolvenzgrundes deliktisch geschädigt werden.[867] Diese Rechtsprechung bestätigte der BGH vor kurzem erneut, als er entschied, dass den Neugläubigern auch dann kein Anspruch zusteht, wenn eine insolvenzreife Gesellschaft eine mangelhafte Leistung erbringt und dies dazu führt, dass einem deliktisch handelnden Dritten die Schädigungshandlung erleichtert wird.[868]

Eine Reihe von Stimmen im Schrifttum spricht sich dagegen für die Einbeziehung deliktischer Neugläubiger aus, da der Geschäftsleiter in Bezug auf deliktische Ansprüche gegenüber den Neugläubigern nicht wegen der deliktischen Schädigung haften müsse, sondern weil er den Antrag nicht rechtzeitig gestellt hat und die Ansprüche aus dem Deliktsrecht so in wirtschaftlicher Hinsicht entwertet werden.[869] Der Schutzzweck der Antragspflicht umfasse nicht nur den geschäftlichen Verkehr, sondern soll einen umfassenden Schutz der Allgemeinheit vor Kontakten mit insolventen Gesellschaften und daraus entstehenden Vermögensschäden gewährleisten.[870] Gerade deliktische Gläubiger können sich nicht durch die Vermeidung von Vorleistungen gegen die Entwertung ihrer Forderung schützen oder das Insolvenzrisiko im Rahmen der Vertragsverhandlungen einpreisen.[871] Auch könne die Insolvenzsituation eine gesteigerte Gefahr von Schädigungen aufgrund des Deliktsrechts mit sich bringen, da die Geschäftsleiter u. U. deliktische Handlungen begehen werden, wenn sich daraus vielversprechende Aussichten zur Beseitigung der Krise ergeben.[872] Wird nach Entstehen der Antragspflicht ein Aufwendungsersatzanspruch aus berechtigter GoA gegen die Gesellschaft begründet, so soll auch dieser Gläubiger das vollständige negative Interesse ersetzt erhalten, da der Anspruch – hätte der Geschäftsleiter die Eröffnung des Insolvenzverfahrens rechtzeitig beantragt – in analoger Anwendung des § 55 Abs. 1 Nr. 1 InsO als Masseverbindlichkeit vorrangig

---

865 BGH, Urt. v. 25. 7. 2005 (Az.: II ZR 390/03), NJW 2005, 3137. Ebenso die wohl h. M. im Schrifttum, siehe nur Wicke, GmbHG, § 64 Rn. 16.

866 BGH, Urt. v. 25. 7. 2005 (Az.: II ZR 390/03), NJW 2005, 3137, 3140.

867 BGH, Urt. v. 25. 7. 2005 (Az.: II ZR 390/03), NJW 2005, 3137, 3140.

868 BGH, Urt. v. 21. 10. 2014 (Az.: II ZR 113/13), GmbHR 2015, 244.

869 *Reiff/Arnold,* ZIP 1998, 1893, 1896, die in der Folge auch die Kausalität bzw. den Pflichtwidrigkeitszusammenhang zwischen Verletzung der Antragspflicht und Schaden annehmen; *Poertzgen,* ZInsO 2007, 285, 289; *G. Wagner,* in: FS K. Schmidt, S. 1665, 1676 ff.; *Fleischer,* in: Spindler/Stilz, AktG, § 92 Rn. 79; *Klöhn,* KTS 2012, 133, 160.

870 *Poertzgen,* ZInsO 2007, 285, 290; ebenso *Arnold,* in: *Henssler/Strohn,* GesR, § 64 GmbHG Rn. 78: „15a Abs. 1 InsO soll Gesellschaften mit erschöpftem Haftungsfonds vollständig aus dem Verkehr ziehen, also nicht nur aus dem Geschäftsverkehr."

871 *G. Wagner,* in: FS K. Schmidt, S. 1665, 1678.

872 Unter Hinweis auf diesen rechtsökonomischen Aspekt *Klöhn,* KTS 2012, 133, 159.

befriedigt worden wäre.[873] Für Ansprüche der Neugläubiger aus ungerechtfertigter Bereicherung gilt wegen § 55 Abs. 1 Nr. 3 InsO die gleiche Rechtsfolge.[874]

(c) Geltendmachung und Verjährung

Die Befugnis zur Geltendmachung des entstandenen Neugläubigerschadens räumte der BGH den Neugläubigern in seiner Grundsatzentscheidung aus dem Jahr 1994 auch für den Zeitraum des Verfahrens selbst ein.[875] Nach der darauf folgenden Grundsatzentscheidung aus dem Jahr 1998 kann der Insolvenzverwalter den Vertrauensschaden der Neugläubiger nicht als Gesamtschaden auf Grundlage des § 92 S. 1 InsO geltend machen.[876] Das negative Interesse eines jeden Neugläubigers bemesse sich nach individuellen, für den Insolvenzverwalter nicht nachvollziehbaren Umständen.[877] Bezüglich der Geltendmachung des Neugläubigerschadens stellt sich das Problem, dass seine genaue Berechnung im Prinzip erst nach Abschluss des Insolvenzverfahrens möglich ist, wenn die tatsächlich erzielte Quote und der dem Neugläubiger zufließende Auszahlungsbetrag feststehen.[878] Da der seine Antragspflicht verletzende Geschäftsleiter die Verantwortung für die Kreditgewährung durch den Neugläubiger trägt, kann der Neugläubiger nach Auffassung des BGH nicht darauf verwiesen werden, seinen Schadensersatzanspruch erst nach Abschluss des Insolvenzverfahrens geltend zu machen.[879] Daher muss der Geschäftsleiter den Verschleppungsschaden in voller Höhe ersetzen und erhält dafür einen Anspruch auf Abtretung der auf den jeweiligen Neugläubiger entfallenden Insolvenzforderung, und zwar Zug um Zug in entsprechender Anwendung des § 255 BGB.[880]

Hinsichtlich der Verjährung liegt im Gegensatz zum Anspruch der Altgläubiger bereits eine höchstrichterliche Stellungnahme vor: Der BGH wendet die allgemeinen Verjährungsvorschriften an, da der Anspruch auf das negative Interesse im Gegensatz zum Ersatzanspruch wegen Verstoßes gegen das Zahlungsverbot gerade dem jeweiligen Neugläubiger zustehe.[881]

---

873 *Poertzgen,* ZInsO 2007, 285, 291.

874 *Poertzgen,* Organhaftung, 2006, S. 318.

875 BGH, Urt. v. 6. 6. 1994 (Az.: II ZR 292/91), BGHZ 126, 181, 201.

876 BGH, Urt. v. 30. 3. 1998 (Az.: II ZR 146/96), BGHZ 138, 211, 216.

877 BGH, Urt. v. 30. 3. 1998 (Az.: II ZR 146/96), BGHZ 138, 211, 216.

878 *G. Wagner,* in: FS K. Schmidt, 1665, 1675.

879 BGH, Urt. v. 5. 2. 2007 (Az.: II ZR 234/05), NJW-RR 2007, 759, 761.

880 BGH, Urt. v. 5. 2. 2007 (Az.: II ZR 234/05), NJW-RR 2007, 759, 761: Bei pflichtgemäßem Geschäftsleiterhandeln wäre die Insolvenzforderung des Neugläubigers nicht entstanden. Zustimmend unter Zugrundelegung der Differenzhypothese *G. Wagner,* in: FS K. Schmidt, 1665, 1676: Hätte der Geschäftsleiter die Antragspflicht nicht verletzt, wäre es auch nicht zu den mit dem Verfahren einhergehenden Verzögerungen und der Beteiligung des Neugläubigers am Verfahren gekommen.

881 BGH, Urt. v. 15. 3. 2011 (Az.: II ZR 204/09), NZG 2011, 624, 626; zustimmend aus dem Schrifttum *Haas,* NZG 2011, 691; zuvor schon *Haas,* NZG 2009, 976, 977 f. mit

(d) Quotenschaden der Neugläubiger?

Auch an die Neugläubiger wird aufgrund ihrer Eigenschaft als Insolvenzgläubiger nach § 38 InsO am Ende des Verfahrens eine Quote ausbezahlt. Nach der Rechtsprechung des BGH existiert im Falle der Neugläubiger im Gegensatz zu den Altgläubigern, deren Schaden als Gesamtschaden zu qualifizieren ist, kein einheitlicher Quotenschaden.[882] Auch der Figur eines individuellen Quotenschadens eines jeden Neugläubigers steht der BGH kritisch gegenüber, da sich seine Ermittlung in der Insolvenzpraxis dadurch als schwierig erweisen würde, dass man die Verringerung der Quote jedes einzelnen Neugläubigers vom Zeitpunkt seiner Forderungsbegründung bis zum Ende der Insolvenzverschleppung feststellen müsste.[883] Außerdem müsste dann wie im Fall der einheitlichen Sondermasse für die Altgläubiger für jeden (in jeweils unterschiedlicher Höhe geschädigten) Neugläubiger eine individuelle Sondermasse statt einer Sondermasse für die Gesamtheit der Neugläubiger gebildet werden.[884] Einige Stimmen im Schrifttum bejahen dagegen die Existenz eines individuellen, in seiner Höhe für jeden Neugläubiger unterschiedlichen Quotenschadens, der neben dem Vertrauensschaden stehen soll.[885] Es müsse zwischen der zum Ersatz des negativen Interesses führenden Verletzung der Antragspflicht vor Abschluss des Vertrages und der Verletzung der Antragspflicht nach diesem Zeitpunkt, die zur Entstehung des Quotenschadens führe, unterschieden werden.[886] Ein solcher komme zwar nicht in Betracht, wenn der Eröffnungsantrag sofort nach Vertragsabschluss und Vorleistung durch den Neugläubiger gestellt wird.[887] Werde aber der Antrag weiter hinausgezögert, so verringere sich im Falle von Masseschmälerungen und Begründung weiterer Neuverbindlichkeiten die Quote des Neugläubigers.[888] Der

---

dem Argument, dass keine Berührungspunkte des Anspruches der Neugläubiger mit dem Erstattungsanspruch nach dem Zahlungsverbot bestehen.

882 BGH, Urt. v. 30. 3. 1998 (Az.: II ZR 146/96), BGHZ 138, 211, 214. Aus dem Schrifttum *Wilhelm,* ZIP 1993, 1833, 1834: „Bei den Neugläubigern ... gibt es den Quotenschaden nicht, jedenfalls dann nicht, wenn man auf den Zeitpunkt pflichtgemäßer Antragstellung abstellt."

883 BGH, Urt. v. 30. 3. 1998 (Az.: II ZR 146/96), BGHZ 138, 211, 214.

884 BGH, Urt. v. 30. 3. 1998 (Az.: II ZR 146/96), BGHZ 138, 211, 215, mit dem Hinweis, dass ein solches Vorgehen in Widerspruch zu den Zwecken des Insolvenzverfahrens stehen würde.

885 *Bork,* in: Kölner Schrift InsO, Kap. 31 Rn. 20; *Oepen,* Massefremde Masse, Rn. 291; *Brandes/Gehrlein,* in: MünchKommInsO, § 92 Rn. 33; *Biehl,* Geschäftsführer- und Gesellschafterhaftung, S. 127; ebenso *Henssler/Dedek,* in: FS Uhlenbruck, S. 175, 178, die aber offenlassen, ob der Quotenschaden neben dem Vertrauensschaden stehen oder Teil des negativen Interesse sein soll.

886 *Bork,* in: Kölner Schrift InsO, Kap. 31 Rn. 19; kritisch *Altmeppen/Wilhelm,* NJW 1999, 673, 677: Die fortwährende Unterlassung der Antragstellung könne nicht mehr als Pflichtverletzung mit selbstständigem Charakter angesehen werden.

887 *Brandes/Gehrlein,* in: MünchKommInsO, § 92 Rn. 33.

888 *Biehl,* Geschäftsführer- und Gesellschafterhaftung, S. 126 f.

individuelle Quotenschaden könne nicht mit dem Ersatz des negativen Interesses als abgegolten angesehen werden, da der Neugläubiger seine Quote auch auf den Erfüllungsanspruch erhalte.[889] *Altmeppen/Wilhelm* halten einen Quotenschaden bei vertraglichen Neugläubigern zumindest dann für möglich, wenn diese – z. B. mangels Erbringung einer Vorleistung – keinen Schaden im Hinblick auf das negative Interesse erleiden, aber durch die fortgesetzte Unterlassung in der Quotenerwartung bezüglich ihres positiven Interesses geschädigt werden.[890]

(e) Schutz der Neugesellschafter?

Vereinzelte Stimmen im Schrifttum erwägen, über die Neugläubiger hinaus auch nach Insolvenzreife hinzutretende Gesellschafter in den Schutzbereich der Insolvenzverschleppungshaftung miteinzubeziehen.[891] Wenn der Schutz der Neugläubiger gerade auf der durch diese getätigten Annahme beruhe, dass zum Zeitpunkt des Vertragsschlusses eine entsprechende Masse vorhanden sei, so können die Eigenkapitalgeber von diesem Schutz nicht ausgeklammert werden.[892] Außerdem müsse die Insolvenzantragspflicht – zumindest wenn man sie als ergänzendes Instrument des Kapitalschutzes ansieht – auch deshalb den Schutz der Neugesellschafter bezwecken, da die Kapitalschutznormen wenigstens hinzutretende Gesellschafter schützen sollen, indem sie sie bei Investitionsentscheidungen über die Kapitalausstattung der Gesellschaft informieren.[893]

cc. Das Verhältnis von Zahlungsverbot und Verschleppungshaftung

Das Verhältnis von deliktsrechtlicher Verschleppungshaftung und Zahlungsverbot ist bisher nicht abschließend geklärt.[894] Zu berücksichtigen ist, dass Überschneidungen zwischen der Ersatzpflicht nach dem Zahlungsverbot und des auf der Grundlage der Verschleppungshaftung zu ersetzenden Haftungsbetrages bestehen, da der Quotenschaden auch Zahlungen enthält, die auf der Grundlage des Zahlungsverbotes erstattet werden müssen.[895] Dies bedeutet, dass sich durch den Ersatz verbotener Zahlungen der Quotenschaden der Altgläubiger und mittelbar (infolge der höheren Quote) auch der Kontrahierungsschaden der Neugläubiger vermindern.[896] Nach Auffassung der h. M. sollen beide Rechtsinstitute im Interesse eines wirksamen

---

889 *Brandes/Gehrlein,* in: MünchKommInsO, § 92 Rn. 33.

890 *Altmeppen/Wilhelm,* NJW 1999, 673, 677, nach deren Auffassung daher auch ein Quotenschaden der gesetzlichen Neugläubiger gegeben sein kann.

891 *Ekkenga,* in: FS Hadding, S. 343, 364.

892 *Ekkenga,* in: FS Hadding, S. 343, 351.

893 *Ekkenga,* in: FS Hadding, S. 343, 351.

894 Siehe insoweit z. B. *Kleindiek,* in: Lutter/Hommelhoff, GmbHG, § 64 Rn. 3: „Erstattungspflicht nach § 64 Satz 1 und Schadensersatzpflicht nach § 823 Abs. 2 BGB iVm § 15a Abs. 1 InsO stehen zueinander in schwieriger Gemengelage; ...."

895 BGH, Urt. v. 30. 3. 1998 (Az.: II ZR 146/96), BGHZ 138, 211, 218.

896 *Habersack/Foerster,* ZHR 178 (2014), 387, 395.

Gläubigerschutzes getrennt voneinander betrachtet werden und auch nebeneinander Anwendung finden, denn das Zahlungsverbot erfasse nur einzelne Zahlungsvorgänge und nicht alle für die Quotenaussichten relevanten Einwirkungen auf das Gesellschaftsvermögen wie die Begründung neuer Verbindlichkeiten, die dann über die deliktsrechtliche Verschleppungshaftung ausgeglichen werden müssen.[897] Zudem verfolgen die Normen zum Zahlungsverbot einen über denjenigen der Antragspflicht samt Rechtsfolgen hinausgehenden Zweck, indem sie den Erhalt der Masse bereits ab Eintritt der Insolvenzreife sicherstellen.[898] Darüber hinaus führen einige Stimmen im Schrifttum das Argument an, dass sich mit der Verlagerung der Insolvenzantragspflicht in die InsO durch das MoMiG die Sanktionen ihrer Nichtbefolgung und der Erstattungsanspruch aus dem Zahlungsverbot, der in den kapitalgesellschaftsrechtlichen Normen verblieb, noch weiter voneinander entfernt haben.[899]

Auf andere Auffassungen, die dem Haftungskonzept der h. M. ein eigenes gegenüberstellen und in diesem Zusammenhang auch das Verhältnis von Zahlungsverbot und Verschleppungshaftung abweichend beurteilen, wird im Anschluss noch einzugehen sein.

dd. Kritik

Die Kritik an der Insolvenzverschleppungshaftung auf Grundlage der h. M. wird v. a. von zwei Stimmen im Schrifttum vorgebracht: zum einen von *K. Schmidt,* zum anderen von *Altmeppen* bzw. von *Altmeppen/Wilhelm.*

(1) Die Kritik von K. Schmidt

Die Kritik von *K. Schmidt* hebt in erster Linie die Haftungsrisiken hervor, die die Rechtsprechung des BGH für den Insolvenzverwalter zur Folge habe, da dieser *ex post* einen hypothetischen Zeitpunkt für die Insolvenzreife festlegen und die Gläubigergesamtheit in die Gruppen der Alt- und Neugläubiger einteilen müsse, um dann nur für die Altgläubiger den Quotenschaden einklagen zu können.[900] Insoweit können sich die Einschätzungen des Insolvenzverwalters hinsichtlich der Differenzierung von Alt- und Neugläubigern sogar noch während des Schadensersatzprozesses als unzutreffend erweisen, wenn das Gericht eine andere Sichtweise des Beginns des Verschleppungszeitraumes zugrunde legt.[901] Diese Schwierigkeiten

---

897 Siehe nur *Mätzig,* in: BeckOK GmbHG, § 64 Rn. 98.

898 *Habersack/Foerster,* ZHR 178 (2014), 387, 393.

899 *G. Wagner,* in: FS K. Schmidt, S. 1665, 1671; *Kleindiek,* in: Lutter/Hommelhoff, GmbHG, § 64 Rn. 4 hält eine getrennte Betrachtung beider Rechtsinstitute daher für die einzig vertretbare Auffassung; zustimmend *Habersack/Foerster,* ZHR 178 (2014), 387, 395.

900 Unter Hinweis auf die Haftungsandrohung für den Insolvenzverwalter gegenüber allen Gläubigern aus § 60 InsO *K. Schmidt,* NZI 1998, 9, 10.

901 *K. Schmidt,* KTS 2001, 373, 385, mit folgendem Beispiel: Der Insolvenzverwalter unterstellt eine Insolvenzverschleppung ab dem 1.1., teilt entsprechend die

setzen sich bei der Bildung der Sondermasse zugunsten der Altgläubiger fort, da das im Haftungsprozess zwischen Insolvenzverwalter und Geschäftsleiter ergangene Urteil die Einteilung in die Alt- und Neugläubiger nicht mit verbindlicher Wirkung für und gegen jeden festlegen könne und dies Konflikte bei der Verteilung der Sondermasse zur Folge habe.[902]

Die Schadensabwicklung werde dadurch erschwert, dass der BGH den kompletten Schaden der Neugläubiger auf der Grundlage von § 823 Abs. 2 BGB i. V. m. § 15a InsO zusprechen will, während stattdessen eine Aufteilung des Neugläubigeranspruches in auf Auffüllung der Masse dienende und auf Zahlung an die Gläubiger zielende Forderungsteile geboten sei.[903] Durch die Rechtsprechung des BGH, dem Insolvenzverwalter keine Befugnis zur Klage auch zugunsten der Neugläubiger zuzusprechen, sei aus § 92 InsO totes Recht geworden.[904] Die auf der Grundlage des § 92 eingeklagten Beträge werden entgegen des Normzwecks durch die Bildung einer Sondermasse nur für die Altgläubiger und nicht für alle Insolvenzgläubiger verwendet.[905] Aufgrund der komplizierten Ausgestaltung der Verschleppungshaftung werde von den Insolvenzverwaltern in der Praxis nicht mehr versucht, Schadensersatz einzuklagen und den konkreten Verschleppungsschaden zu berechnen, sondern auf die Erstattungsansprüche nach dem Zahlungsverbot aus §§ 64 S. 1 GmbHG, 93 Abs. 3 Nr. 6 AktG ausgewichen.[906] In diesem Zusammenhang müsse lediglich ein bestimmter Zeitpunkt für die Überschuldung unterstellt und alle seitdem getätigten und nach den Kriterien der Rechtsprechung verbotenen Zahlungen zur Klageforderung zusammengerechnet werden.[907]

(2) Die Kritik von Altmeppen/Wilhelm

Nach Auffassung von *Altmeppen/Wilhelm* liegt der Hauptfehler der h. M. in der Qualifizierung der Norm zur Antragspflicht als Schutzgesetz und der damit verbundenen Begründung eines Außenhaftungsmodells zur Realisierung des Gläubigerschutzes bei gleichzeitiger Vernachlässigung des Zahlungsverbotes, denn dies habe ein „Durcheinander verschiedener Gläubigerschutzkonzepte“ mit sich gebracht.[908] Bei Verpflichtung der Geschäftsleiter zum Ersatz des negativen Interesses der

---

Gläubigergruppen ein und klagt für die Altgläubiger den Quotenschaden ein. Das Gericht geht aber erst von einer Insolvenzverschleppung ab dem 1.4. aus. Dies würde zum einen eine Teilabweisung der Klage bedeuten. Zum anderen müsste der Verwalter die Klage erweitern, um auch diejenigen in den Quotenschaden miteinzubeziehen, die nunmehr als Altgläubiger anzusehen sind.

902 *K. Schmidt,* NZI 1998, 9, 10.

903 *K. Schmidt,* in: Scholz, GmbHG, § 64 Rn. 187.

904 *K. Schmidt,* ZIP 2009, 1551, 1553.

905 *K. Schmidt,* in: Scholz, GmbHG, § 64 Rn. 187.

906 *K. Schmidt,* ZHR 175 (2011), 433, 435.

907 *K. Schmidt,* ZHR 175 (2011), 433, 435.

908 *Altmeppen/Wilhelm,* NJW 1999, 673, 679; jüngst erneut in diesem Sinne *Altmeppen,* ZIP 2015, 949, 953.

Neugläubiger komme es zu einer ungerechtfertigten Begünstigung der nur mit der Quote belasteten Masse, da das negative Interesse der Neugläubiger v. a. im Hinblick auf die an die Gesellschaft erbrachte Vorleistung bzw. Kreditgewährung bestehe und bei Haftung der Geschäftsleiter auf das negative Interesse die durch diese Vorleistung bewirkte Begünstigung nicht berücksichtigt werde.[909] Überdies berücksichtige der BGH nicht, dass auch im Falle der vertraglichen Neugläubiger ein Quotenschaden entstehen könne, und zwar in den Fällen, in denen sie ihre Leistung aus dem gegenseitigen Vertrag noch nicht erbracht haben und auch darüber hinaus keinen ihr negatives Interesse betreffenden Schaden erleiden, aber eine Verschlechterung ihrer sich auf das positive Interesse beziehenden Quotenaussichten dadurch erfahren, dass es auch nach ihrem Vertragsabschluss mit der Gesellschaft weiterhin nicht zur Antragstellung kommt.[910] Ein solcher Quotenschaden erlange v. a. hinsichtlich der gesetzlichen Neugläubiger Bedeutung, da hier der Vertrauensschutz keine Rolle spiele, sodass ein auf den Ersatz des negativen Interesses gerichteter Schadensersatzanspruch in der Regel nicht in Betracht komme.[911] Auch bleibe nach wie vor unklar, in welchem Verhältnis die deliktsrechtliche Insolvenzverschleppungshaftung zum Erstattungsanspruch nach dem Zahlungsverbot steht.[912]

Auf der Grundlage der dargestellten Kritikpunkte entwickelten beide Auffassungen alternative Lösungskonzepte zum geltenden System der Verschleppungshaftung, die im Folgenden näher betrachtet werden sollen.

e. Die Konzeption eines Gesamtgläubigerschadens nach K. Schmidt

K. Schmidt stellt der Insolvenzverschleppungshaftung auf Grundlage der h. M. ein Haftungskonzept entgegen, das als zentrales Element den Ersatz eines alle Insolvenzgläubiger betreffenden Gesamtgläubigerschadens erreichen will.[913] Das Haftungssystem der Insolvenzverschleppung soll sich aus einer Zusammenschau der §§ 130a HGB, 15a, 92 InsO ergeben.[914] Während sowohl § 15a InsO (Verbot der Insolvenzverschleppung) als auch § 130a Abs. 1 HGB (Zahlungsverbot ab Eintritt der Insolvenzreife) Verbote statuieren, enthalte § 130a Abs. 2 S. 1 HGB die Rechtsfolge (Schadensersatzhaftung der Geschäftsleiter bei Verstoß gegen diese Verbote), und § 92 InsO treffe die entsprechende Regelung zur Geltendmachung des Schadensersatzanspruches durch den Insolvenzverwalter.[915] Dies zugrunde gelegt, besteht

909 *Altmeppen/Wilhelm,* NJW 1999, 674, 677; dadurch erfolge eine Vergrößerung des Vermögens der Gesellschaft auf Kosten des Neugläubigers und anschließend auf Kosten des Geschäftsleiters.
910 *Altmeppen/Wilhelm,* NJW 1999, 674, 677.
911 *Altmeppen/Wilhelm,* NJW 1999, 674, 677.
912 Noch zu § 64 Abs. 2 GmbHG a. F. *Altmeppen/Wilhelm,* NJW 1999, 674, 678.
913 *K. Schmidt,* in: Scholz, GmbHG, § 64 Rn. 189 f.
914 *K. Schmidt,* ZHR 175 (2011), 433, 434.
915 *K. Schmidt,* ZHR 175 (2011), 433, 434.

das Haftungskonzept von *K. Schmidt* aus fünf Elementen[916]: der grundsätzlichen Anerkennung des § 15a InsO als Schutzgesetz i. S. des § 823 Abs. 2 BGB für alle Insolvenzgläubiger, der Begrenzung des sachlichen Schutzbereichs des § 15a InsO auf das Erfüllungsinteresse bzw. den Quotenschaden, der Beteiligung aller Insolvenzgläubiger an diesem einheitlichen Quotenschaden (Gesamtgläubigerschaden), der Geltendmachung des Gesamtgläubigerschadens im Insolvenzverfahren durch den Insolvenzverwalter nach § 92 InsO und der individuellen Geltendmachung des über den Quotenschaden hinausgehenden individuellen Neugläubigerschadens auf Grundlage der c.i.c. nach den §§ 280, 311 Abs. 1 Nr. 1, Abs. 3 S. 2 BGB.

aa. Die Schutzgesetzeigenschaft des § 15a InsO

Auch nach dem Konzept von *K. Schmidt* kommt § 15a InsO Schutzgesetzcharakter zugunsten aller Insolvenzgläubiger, d.h. der Alt- und Neugläubiger zu, sodass wiederum § 823 Abs. 2 BGB i. V. m. § 15 a InsO die Anspruchsgrundlage für die Verschleppungshaftung darstellt.[917] Insoweit besteht kein Unterschied zur Insolvenzverschleppungshaftung nach BGH bzw. nach der h. M.

bb. Die Begrenzung des sachlichen Schutzbereichs des 15a InsO

Ein zentraler Unterschied zur h. M. liegt dagegen darin, dass auch die Neugläubiger am Ersatz des Quotenschadens teilnehmen und dass sie – wie die Altgläubiger – durch § 15a InsO nur hinsichtlich dieses Quotenschadens und nicht hinsichtlich etwaiger weitergehender Schäden geschützt werden sollen.[918] Bezüglich des Quotenschadens der Altgläubiger ergibt sich zwischen dieser Konzeption und der Lösung der h. M. damit ebenfalls keine Divergenz.

cc. Der einheitliche Quotenschaden aller Insolvenzgläubiger (Gesamtgläubigerschaden)

Nach der Auffassung *K. Schmidts* soll der Gesellschaft ein Anspruch auf Ersatz eines Gesamtschadens zustehen, der durch Zahlung in das Gesellschaftsvermögen zu erfüllen sei.[919] Dieser Gesamtgläubigerschaden decke sich mit der Summe der der Gläubigergesamtheit (bzw. allen ungesicherten Alt- und Neugläubigern) durch die Verschleppung entstehenden Quotenschäden.[920]

Grundlage dieser Überlegungen stellt die Regelung des § 130a Abs. 2 HGB dar, der sowohl für verbotene Zahlungen als auch für Insolvenzverschleppung die Schadensersatzhaftung der Geschäftsleiter normiert und dessen Funktion auf § 64

916 Siehe die Übersicht bei *K. Schmidt*, in: Scholz, GmbHG, § 64 Rn. 189.
917 *K. Schmidt*, ZHR 168 (2004), 637, 664.
918 *K. Schmidt*, in: Scholz, GmbHG, § 64 Rn. 192.
919 *K. Schmidt*, in: Scholz, GmbHG, § 64 Rn. 197.
920 *K. Schmidt*, in: Scholz, GmbHG, § 64 Rn. 199.

GmbHG übertragen werden müsse.[921] Während die Norm zur Antragspflicht das Gebot der rechtzeitigen Antragstellung enthalte, aber keine Sanktion für den Fall der Nichtbefolgung festlege, verhalte es sich beim Ersatzanspruch wegen verbotener Zahlungen genau umgekehrt, da hier eine Sanktion festgelegt, das Verbot aber nicht explizit erwähnt werde.[922] Entgegen der h. M., nach deren Auffassung der Erstattungsanspruch nach dem Zahlungsverbot und die Verschleppungshaftung unabhängig voneinander und parallel nebeneinander bestehen, will *K. Schmidt* beide Normkomplexe einheitlich betrachten.[923] Die Regelungen zu den Zahlungsverboten sollen dann gestrichen werden, da sie bei isolierter Anwendung wegen der Ausweitungen des Zahlungsbegriffes durch die Rechtsprechung ein unverhältnismäßiges Maß an Haftung für die Geschäftsleiter und nicht kontrollierbare Rechtsfolgen mit sich bringen.[924] Der mit der Summe aller Quotenschäden gleichzusetzende Gesamtgläubigerschaden entstehe v. a. durch masse- und quotenmindernde Zahlungen der Geschäftsleiter, durch die ebenfalls quotenmindernde Begründung von Neuverbindlichkeiten in der Verschleppungsphase und durch sonstige Masseschäden.[925] Die die Masse schmälernden, gegen das Zahlungsverbot verstoßenden Zahlungen stellen dabei Einzelpositionen des Gesamtschadens dar.[926]

Zur Geltendmachung des Gesamtgläubigerschadens soll ein zur Auffüllung der Masse verwendeter Differenzbetrag eingeklagt werden, der sich ergebe, wenn man von der „Soll-Masse" die „Ist-Masse" abziehe.[927] Die „Soll-Masse" sei dabei nicht in der bei rechtzeitiger Antragstellung vorhandenen hypothetischen Masse zu sehen, denn „... sie ist diejenige Masse, die *gegenwärtig* (!) benötigt würde, um die auf den Stichtag der Antragspflicht zu errechnende (hypothetische) Soll-Quote aufzubringen."[928] In der Konsequenz sah *K. Schmidt* den Quotenschaden eines jeden Insolvenzgläubigers zunächst als die Differenz von Ist- und Soll-Quote an.[929] Er weise für jeden Alt- und Neugläubiger die gleiche Höhe auf, sodass auch der zuletzt hinzutretende Neugläubiger den gleichen Quotenschaden erleiden soll wie

---

921 *K. Schmidt*, in: Scholz, GmbHG, § 64 Rn. 197.

922 Noch zu § 64 GmbHG a. F. *K. Schmidt*, JZ 1978, 661.

923 *K. Schmidt*, ZIP 2005, 2177, 2183 (noch zu § 64 GmbHG a. F.): „Die beiden Absätze des § 64 GmbHG formulieren überhaupt nicht voneinander getrennte Rechtspflichten des Geschäftsführers (eine Antragspflicht und ein Zahlungsverbot), sondern das ungeteilte Verbot, die Gläubiger nach Eintritt der materiellen Insolvenz durch Verschlechterung ihrer Befriedigungsaussichten zu schädigen, sei es durch die Verfahrensverschleppung als solche (Abs.1), sei es durch die Weggabe von Massebestandteilen (Abs. 2)."

924 *K. Schmidt*, ZHR 175 (2011), 433, 441 f.

925 *K. Schmidt*, in: Scholz, GmbHG, § 64 Rn. 199.

926 *K. Schmidt*, NZG 2015, 129, 131.

927 *K. Schmidt*, NZI 1998, 9, 13: „Einzuklagen ist der Betrag X = Soll-Masse minus Ist-Masse."

928 *K. Schmidt*, NZI 1998, 9, 13.

929 *K. Schmidt*, NZI 1998, 9, 13.

ein Altgläubiger, denn die Figur des Quotenschadens müsse mehr als „juristische Zurechnungsgröße“ denn als Vermögensverlust eines einzelnen Gläubiger aufgefasst werden.[930] Unterdessen hat *K. Schmidt* seine Auffassung dahingehend präzisiert, dass er den Quotenschaden nicht mehr als die Differenz zwischen Ist- und Soll-Quote beschreibt, sondern als „Differenz zwischen der Quotenerwartung bei Nichtverschleppung und der Quotenerwartung nach Insolvenzverschleppung“, denn die tatsächliche Ist-Quote stehe erst am Ende des Verfahrens fest, und die sich nach Verfahrenseröffnung ergebenden Quotenveränderungen, die nicht auf dem Verhalten des Geschäftsleiters beruhen, dürfen bei der Schadensbestimmung keine Rolle spielen.[931]

Die Konzeption des Gesamtgläubigerschadens nach *K. Schmidt* beruht in dogmatischer Hinsicht wesentlich auf der Qualifizierung der Antragspflichtverletzung als Dauerdelikt, durch das nicht jeweils einzelne Gläubiger zum jeweiligen Zeitpunkt, sondern die gegenwärtige und zukünftige Gläubigergesamtheit durch die fortwährende Insolvenzverschleppung geschädigt werde.[932] Insolvenzantragspflicht und Zahlungsverbot bezwecken den Schutz der auf das Gesellschaftsvermögen angewiesenen Gläubigergesamtheit, wollen aber nicht einzelne Gläubiger schützen.[933]

dd. Der individuelle Neugläubigerschaden

Über die in der Form des Dauerdelikts zulasten der Gläubigergesamtheit begangene Insolvenzverschleppung hinaus schädige der Geschäftsleiter jeden Neugläubiger, der in dieser Phase zum Vertragspartner der Gesellschaft wird, individuell.[934] Jedem Neugläubiger entstehe im Ergebnis ein hinsichtlich seiner Höhe individuell unterschiedlicher Schaden, der die als Rechengröße zu verstehende Quotendifferenz und den darüber hinausgehenden Individualschaden beinhalten soll.[935] Wie nach der h. M. richtet sich die Höhe der Individualschadenskomponente nach dem negativen Interesse eines jeden Neugläubigers.[936] Ein rechtsdogmatischer Unterschied zur h. M. ergibt sich aber daraus, dass dieser Individualschaden nicht auf der Grundlage von § 823 Abs. 2 BGB i. V. m. § 15a InsO, sondern viel mehr nach den Regeln der c.i.c. (§§ 280 Abs. 1, 311 Abs. 2 Nr. 1, Abs. 3 BGB) ersetzt werden soll.[937] Dadurch werde der über die Einordnung von § 15a InsO als Schutzgesetz gewährte deliktische Schutz dem Zweck der Norm entsprechend auf den Ersatz des Quotenschadens

---

930 *K. Schmidt,* KTS 2001, 373, 383.

931 *K. Schmidt,* in: Scholz, GmbHG, § 64 Rn. 193. Der Berechnungsweg für den Gesamtgläubigerschaden ändert sich dadurch jedoch nicht.

932 *K. Schmidt,* NZI 1998, 9, 13.

933 *K. Schmidt,* NZI 1998, 9, 13.

934 *K. Schmidt,* in: K. Schmidt/Uhlenbruck, Die GmbH in Krise, Rn. 11.27.

935 *K. Schmidt.,* in: K. Schmidt/Uhlenbruck, Die GmbH in Krise, Rn. 11.27.

936 *K. Schmidt,* in: Scholz, GmbHG, § 64 Rn. 201.

937 *K. Schmidt,* ZIP 2009, 1551, 1554.

beschränkt.[938] Außerdem verdeutliche die Unterscheidung der Anspruchsgrundlagen aus § 823 Abs. 2 BGB i. V. m. § 15a InsO und aus c.i.c., dass für den Ersatz des individuellen Neugläubigerschadens eine Verletzung des individuellen Solvenzvertrauens des Gläubigers stattfinden muss.[939]

ee. Die Geltendmachung des Gesamtgläubigerschadens und des Individualschadens

Die Zuständigkeit zur Geltendmachung des (materiell einheitlichen) Neugläubigerschadens soll, soweit es um die Beteiligung der Neugläubiger am Quotenschaden geht, dem Insolvenzverwalter, soweit ihr negatives Interesse betroffen ist, den Neugläubigern selbst übertragen werden.[940] Wird das Verfahren eröffnet, so macht der Insolvenzverwalter auf Grundlage des § 92 InsO den einheitlichen Insolvenzverschleppungsschaden bzw. Quotenschaden aller Insolvenzgläubiger (Alt- und Neugläubiger) geltend, wobei wegen der schwierigen Bestimmung des konkreten Zeitpunkts des Eintritts der Insolvenzreife hinsichtlich der Schadenshöhe § 287 ZPO Anwendung finden müsse.[941] Durch die Geltendmachung eines Gesamtgläubigerschadens über § 92 InsO werde der Grundsatz der Gläubigergleichbehandlung gewährleistet und eine Form der Schadensabwicklung geschaffen, die mit dem Zweck des § 92 InsO in Einklang stehe.[942] Außerdem werde der Insolvenzverwalter so von den praktischen Schwierigkeiten hinsichtlich der Einteilung in die Gruppen der Alt- und Neugläubiger entbunden.[943] Der darüber hinausgehende Individualschaden der Neugläubiger soll außerhalb des Verfahrens durch diese selbst eingeklagt werden.[944] Bei Nichteröffnung des Verfahrens wegen Masselosigkeit kommt es zur Geltendmachung des Quotenschadens durch die Altgläubiger und des Individualschadens durch die Neugläubiger.[945]

ff. Kritik

Die Auffassung ist auf Kritik gestoßen. Der BGH sieht in der Annahme eines Gesamtgläubigerschadens eine *petitio principii*, denn ein solcher einheitlicher Schaden aller Insolvenzgläubiger existiere nicht, und er könne auch nicht dadurch konstruiert werden, dass man die gemeinsame Stellung der Alt- und Neugläubiger

---

938 *K. Schmidt*, in: Scholz, GmbHG, § 64 Rn. 186.
939 *K. Schmidt*, in: Scholz, GmbHG, § 64 Rn. 186.
940 *K. Schmidt*, NZI 1998, 9, 14.
941 *K. Schmidt*, in: K. Schmidt/Uhlenbruck, Die GmbH in Krise, Rn. 11.28.
942 *K. Schmidt*, NZI 1998, 9, 13.
943 *K. Schmidt*, ZHR 175 (2011), 433, 443.
944 *K. Schmidt*, in: K. Schmidt/Uhlenbruck, Die GmbH in Krise, Rn. 11.28.
945 *K. Schmidt*, in: K. Schmidt/Uhlenbruck, Die GmbH in Krise, Rn. 11.28.

als Insolvenzgläubiger hervorhebt.[946] Die Annahme eines solchen Schadens stelle vielmehr eine Fiktion dar.[947]

Aus der Annahme eines Dauerdelikts der Insolvenzverschleppung könne nicht auf einen einheitlichen Schadensposten aller Insolvenzgläubiger geschlossen werden.[948] Vielmehr sei wegen ihres differenzierten sachlichen Schutzzwecks zwischen den Schadenspositionen der Alt- und Neugläubiger zu differenzieren.[949] Es müsse bezweifelt werden, ob der gedankliche Anteil der Neugläubiger am Quotenschaden als Gesamtschaden i. S. des § 92 InsO angesehen werden kann, da je nach Zeitpunkt der Forderungsbegründung des Neugläubigers eine unterschiedliche Verringerung der Quote stattfinde.[950] Die Soll-Quote aller Insolvenzgläubiger widerspreche dem Zweck der Antragspflicht in Bezug auf die Neugläubiger, da nach der Soll-Quote die Neugläubiger wie Altgläubiger behandelt werden und der Zweck der Antragspflicht hinsichtlich der Neugläubiger dann so verstanden werden müsste, dass zu einem früheren statt zu einem späteren Zeitpunkt mit ihnen hätte kontrahiert werden müssen.[951] Mit der *lex lata* in der Fassung durch das MoMiG, in der sich die Trennung zwischen Antragspflicht und Zahlungsverbot manifestiere, lasse sich eine einheitliche Betrachtung von Zahlungsverbot und Verschleppungshaftung nicht vereinbaren, sodass eine abweichende Haftungskonzeption allenfalls *de lege ferenda* begründet werden könne.[952]

Auch an der Herleitung des Schadensersatzes für die Neugläubiger aus c.i.c. regt sich Kritik. Unterstellte man, dass ein Geschäftsleiter im Rahmen von Vertragsverhandlungen regelmäßig in konkludenter Form die Solvenz der Gesellschaft erklärt, so werde ein Vertragsversprechen konstruiert, das es so nicht gebe; daher sei die Begründung über eine außervertragliche Haftung vorzuziehen.[953] Auch ändere eine solche Lösung nichts an den Problemen in der Sache und weise deshalb gegenüber der Lösung aus § 823 Abs. 2 BGB keine Vorteile auf.[954] In rechtspraktischer Hinsicht drohe eine Anhäufung von Prozessen, wenn hinsichtlich des Anspruches des Neugläubigers – ohne Vorhandensein einer schadensersatzrechtlichen Rechtfertigung – zwischen einem von ihm selbst geltend zu machenden Vertrauensschaden und einem durch den Insolvenzverwalter zu verfolgenden Quotenschaden differenziert werde.[955]

---

946 BGH, Urt. v. 30. 3. 1998 (Az.: II ZR 146/96), BGHZ 138, 211, 215. Der BGH meinte damit wohl, dass *K. Schmidt* den unter Rückgriff auf § 64 GmbHG a. F. begründeten einheitlichen Quotenschaden in diese Vorschrift hineinlese, siehe *Altmeppen/Wilhelm,* NJW 1999, 673, 675.

947 BGH, Urt. v. 30. 3. 1998 (Az.: II ZR 146/96), BGHZ 138, 211, 215.

948 *Biehl,* Geschäftsführer- und Gesellschafterhaftung, S. 133.

949 *Biehl,* Geschäftsführer- und Gesellschafterhaftung, S. 134.

950 *Kleindiek,* in: Lutter/Hommelhoff, GmbHG, Anh zu § 64 Rn. 81.

951 *Altmeppen/Wilhelm,* NJW 1999, 673, 676.

952 *Kleindiek,* in: Lutter/Hommelhoff, GmbHG, § 64 Rn. 4; *Habersack/Foerster,* ZHR 178 (2014), 387, 395.

953 *G. Wagner,* in: FS K. Schmidt, S. 1665, 1673.

954 *G. Wagner,* in: FS K. Schmidt, S. 1665, 1673.

955 BGH, Urt. v. 30. 3. 1998 (Az.: II ZR 146/96), BGHZ 138, 211, 215 f.

gg. *Der Ansatz von C. Poertzgen*

C. Poertzgen plädiert ebenfalls für die Annahme eines einheitlichen Quotenschadens aller Alt- und Neugläubiger.[956] Dieser einheitliche Quotenschaden soll dadurch ermittelt werden, dass die hypothetische Quote, die die (zum Zeitpunkt rechtzeitiger Antragstellung vorhandenen) Gläubiger erhalten hätten, der Quote, die alle bei Verfahrenseröffnung tatsächlich vorhandenen Insolvenzgläubiger erhalten haben, gegenübergestellt wird.[957] Zu seiner Berechnung müsse daher – wie im Falle der Berechnung des Quotenschadens der Altgläubiger – zunächst die für die Befriedigung der Altgläubiger bei Auftreten des Insolvenzgrundes vorhandene hypothetische Masse ins Verhältnis zu den zum damaligen Zeitpunkt vorhandenen Forderungen gesetzt werden, um die hypothetische Quote zu ermitteln[958]. Diese Quote sei dann mit den tatsächlich bestehenden Forderungen aller Insolvenzgläubiger zu multiplizieren.[959] Im letzten Schritt soll von diesem Ergebnis die tatsächlich vorhandene Insolvenzmasse, die der Befriedigung aller ungesicherten Insolvenzgläubiger dient, subtrahiert werden.[960] Sein Vorschlag unterscheidet sich von demjenigen *K. Schmidts* insoweit, als dass er den Anspruch auf den Verschleppungsschaden in materieller Hinsicht den Gläubigern zuweisen will.[961]

Die dogmatische Rechtfertigung stützt sich in Anlehnung an *K. Schmidt* auf den Charakter der Verschleppungshandlung als Dauerdelikt, das alle Forderungsinhaber gleichermaßen schädige, sodass in der Höhe des Quotenschadens der Altgläubiger gleichzeitig auch der gedanklich-abstrakte Mindestschaden der Neugläubiger zu sehen sei.[962] Lasse man den Insolvenzverwalter auf der Grundlage des § 92 InsO lediglich einen Quotenschaden der Altgläubiger liquidieren, so sei dies mit der Norm nicht zu vereinbaren, denn § 92 InsO wolle – unter Berücksichtigung des Grundsatzes der Gleichbehandlung aller Gläubiger – dem Insolvenzverwalter die Aktivlegitimation für die Geltendmachung des Gesamtschadens zukommen lassen und nicht nur für den auf die Altgläubiger entfallenden Teil.[963] Auch nach diesem Ansatz setzt sich der Schaden der Neugläubiger aus ihrer Beteiligung am allen ungesicherten Insolvenzgläubigern zukommenden (und damit einheitlichen)

---

956 *Poertzgen,* ZInsO 2009, 1833, 1838.

957 *Poertzgen,* Organhaftung, S. 329.

958 *Poertzgen,* Organhaftung, S. 329.

959 *Poertzgen,* Organhaftung, S. 329.

960 *Poertzgen,* Organhaftung, S. 329.

961 Siehe den Gesetzgebungsvorschlag bei *Poertzgen,* Organhaftung, S. 375. Hierbei soll – in materieller Hinsicht – jedem Gläubiger individuell ein Schadensersatzanspruch zugestanden werden; die prozessuale Zusammenfassung der Schäden erfolge dann über § 92 Abs. 1 InsO, siehe *Poertzgen,* NZG 2010, 772, 776.

962 *Poertzgen,* Organhaftung, S. 332.

963 *Poertzgen,* Organhaftung S. 336; *Poertzgen,* ZInsO 2009, 1833, 1839 spricht insoweit auch vom einheitlichen Quotenschaden als gesetzlich gebotenem Abwicklungskonzept.

Quotenschaden und dem darüber hinausgehenden Individualschaden zusammen.[964] Das ungeteilte Forderungsrecht des Neugläubigers soll dann, soweit es sich um den Anteil am Quotenschaden handelt, als Gesamtschaden nach § 92 S. 1 InsO durch den Insolvenzverwalter geltend gemacht werden, soweit es den weitergehenden individuellen Schaden des Neugläubigers betrifft, durch diesen selbst.[965] Die Bildung einer Sondermasse zugunsten einer bestimmten Gläubigergruppe entfällt bei dieser einheitlichen Schadensliquidierung.[966] *Poertzgen* plädiert ebenfalls für die Abschaffung der Zahlungsverbote aus den §§ 64 S. 1 GmbHG, 93 Abs. 3 Nr. 6 AktG zugunsten der unmittelbaren Außenhaftung der Geschäftsleiter gegenüber den Gläubigern, wobei seine Kritik an den Innenhaftungsnormen im Gegensatz zu *K. Schmidt* nicht auf deren einzelgegenständliche Betrachtungsweise, sondern auf den zu eng gefassten Zahlungsbegriff gerichtet ist, der allein das Aktivvermögen der Gesellschaft und nicht die sich durch die Begründung von Neuverbindlichkeiten verändernde Passivseite in den Blick nehme.[967] Daraus müsse der Schluss gezogen werden, dass die Schadensentstehung in der Insolvenzsituation der Gesellschaft ausschließlich aus der Perspektive der Gläubiger und nicht aus derjenigen des Schuldners zu betrachten sei und dass zu diesem Zweck unmittelbare Gläubigeransprüche als Haftungsfolge normiert werden müssen.[968]

f. Die Konzeption eines Verlustausgleichsanspruchs nach Altmeppen/Wilhelm

Der andere Alternativvorschlag zum derzeit geltenden System der Verschleppungshaftung wurde von *Altmeppen/Wilhelm*[969] entwickelt. Dieser Ansatz kombiniert einen auf die Innenhaftungsnormen §§ 64 S. 1 GmbHG, 93 Abs. 3 Nr. 6 AktG, 130 a Abs. 2 HGB gestützten Verlustausgleichsanspruch mit dem Ersatz des negativen Interesses der Neugläubiger auf Grundlage der c.i.c.[970]

aa. Der Verlustausgleichsanspruch auf Grundlage des Zahlungsverbots

Nach *Altmeppen/Wilhelm* wird der Schutz der Gesellschaft und damit auch der Gläubigerschutz durch die Verpflichtung der Geschäftsleiter zum Ersatz von Zahlungen im Wortlaut der §§ 64 S. 1 GmbHG, 93 abs. 3 Nr. 6 AktG vom Gesetzgeber nur unvollständig wiedergegeben, sodass Rechtsprechung und Schrifttum dazu

964 *Poertzgen,* ZInsO 2009, 1833, 1838.
965 *Poertzgen,* ZInsO 2009, 1833, 1838.
966 *Poertzgen,* Organhaftung, S. 331.
967 *Poertzgen,* ZInsO 2007, 574, 578.
968 *Poertzgen,* Organhaftung, S. 235 f.
969 Grundlegend *Altmeppen/Wilhelm,* NJW 1999, 673, 678 ff.; *Altmeppen,* ZIP 2001, 2201, 2206 ff.; *Wilhelm,* KapitalGesR, Rn. 494 ff.
970 *Altmeppen,* ZIP 2001, 2201, 2206 ff. (noch zu §§ 64 Abs. 2 GmbHG a. F., 130a Abs. 3 HGB a. F.).

aufgerufen seien, diese Normen zum Zwecke eines wirksamen Gläubigerschutzes sinnvoll auszulegen.[971] Dem Zahlungsverbot komme nur für die (in der Praxis selten auftretenden) Fälle Relevanz zu, in denen Vorabbefriedigungen einzelner (ungesicherter) Gläubiger durch die Geschäftsleiter stattfinden, ohne dass diese Gläubiger dafür eine Gegenleistung in die Masse erbringen.[972] In der Situation des gegenseitigen Vertrages könne aber nicht die Zahlung als unzulässig und der Empfang der Gegenleistung als zulässig angesehen werden, sondern nur das Tätigwerden des Geschäftsleiters für die Gesellschaft auf dem Markt an sich.[973] Das dem Zahlungsverbot zugrundeliegende Verständnis, die jeweiligen Zahlungsvorgänge isoliert zu betrachten und den Geschäftsleiter dann auf die Erstattung der Gesamtsumme haften zu lassen, müsse daher durch eine Auslegung des Zahlungsbegriffes hin zum Begriff des Gesamtverlusts in Bezug auf den Verschleppungszeitraum abgelöst werden.[974] Der Geschäftsleiter hafte dann auch nur für diese Verluste und nicht im Falle neutraler oder gewinnbringender Vorgänge, während er im Fall des Verlustes Entlastung nach den §§ 92 Abs. 2 S. 2 AktG, 64 S. 2 GmbHG nur insoweit erlangen könne, als es auch bei ordnungsgemäßer Geschäftstätigkeit im Rahmen der Abwicklung zu diesem gekommen wäre.[975] Auch nach diesem Ansatz stellen einzelne, die Masse mindernde Zahlungen einen bei der Ermittlung des Verlustes zu berücksichtigenden Schadensposten dar, und der in der Verschleppungsphase entstandene Verlust bildet den Gesamtschaden der Insolvenzgläubiger ab.[976]

Um den Inhalt eines solchen Verlustausgleichsanspruch auf Basis der Normen zu den Zahlungsverboten berechnen zu können, seien die Vermögenssituationen der Gesellschaft am Beginn der Verschleppungsphase und bei ihrer Beendigung unter Einbeziehung sämtlicher Aufwandsposten (auch Neuverbindlichkeiten) miteinander zu vergleichen.[977] Der Geschäftsleiter haftet danach nicht, wenn kein Verlust festgestellt werden kann.[978] Aufgrund des Rechtsgedankens des § 666 BGB müsse der Geschäftsleiter darlegen und beweisen, dass er die Insolvenzantragspflicht erfüllt habe, und dafür den Nachweis über die Erfüllung seiner Kontrollpflicht zur Prüfung der Überschuldung zu Krisenbeginn führen.[979] Könne der Geschäftsleiter die Erfüllung dieser Kontrollpflicht zu Krisenbeginn nicht darlegen bzw. beweisen, soll

971 *Altmeppen/Wilhelm,* NJW 1999, 673, 678; *Altmeppen,* ZIP 2001, 2201, 2206, spricht insoweit auch von einer teleologischen Fortentwicklung des Wortlautes.

972 *Altmeppen,* ZIP 2001, 2201, 2207.

973 *Altmeppen/Wilhelm,* NJW 1999, 673, 678.

974 *Altmeppen,* ZIP 2001, 2201, 2206 f. mit folgendem Beispiel: Bei Erwerb von Waren im Wert von einer Million Euro und eines Umsatzes bei Verkauf von 900.000 Euro könne dem Geschäftsleiter lediglich die Masseverkürzung in Höhe von 100.000 Euro angelastet werden.

975 *Altmeppen,* ZIP 2001, 2201, 2207.

976 *Altmeppen,* ZIP 2015, 949, 955.

977 *Altmeppen,* in: Roth/Altmeppen, GmbHG, § 64 Rn. 42.

978 *Altmeppen,* in: Roth/Altmeppen, GmbHG, § 64 Rn. 42.

979 *Altmeppen,* in: Roth/Altmeppen, GmbHG, Vor § 64 Rn. 38.

das Vorliegen der Insolvenzreife zum Zeitpunkt des erkennbaren Krisenbeginns vermutet werden.[980] Der Insolvenzverwalter soll dann den Verlustausgleichsanspruch einklagen, während das Verfolgungsrecht außerhalb des Insolvenzverfahrens jedem einzelnen Gläubiger zustehe.[981]

In dogmatischer Hinsicht soll der auf dem Zahlungsverbot basierende Verlustausgleichsanspruch als besonderer Schadensersatzanspruch einzuordnen sein, der der Gesellschaft zustehe, aber gerade keinen Schaden in ihrem Vermögen voraussetze, da über ihn der der Gläubigergemeinschaft entstandene Schaden ersetzt werden soll.[982] Die auf den Ersatz des Quotenschadens gerichtete Außenhaftung soll daneben keine Rolle mehr spielen.[983] Die dogmatische Begründung des Verlustausgleichsanspruches stützt sich wesentlich auf § 64 S. 1 GmbHG, aus dem sich die Entscheidung des Gesetzes ergebe, die Norm zur Antragspflicht nicht als Schutzgesetz zugunsten der Gläubiger nach § 823 Abs. 2 BGB anzusehen.[984] Ein dogmatisches Argument für die Auslegung des Zahlungsbegriffes im Sinne eines Verlustes sei in der für die GmbH & Co. KG geltenden Bestimmung des § 130a Abs. 2 HGB zu sehen, der die Geschäftsleiter sowohl bei Vornahme verbotener Zahlungen als auch bei Verstoß gegen die Insolvenzantragspflicht gegenüber der Gesellschaft zum Schadensersatz verpflichtet, da der Gesetzgeber hier beide Verhaltensweisen (alternativ) als haftungsrelevant angesehen habe und der dadurch entstehende Schaden gerade in dem entstandenen Masseverlust zu sehen sei.[985] Der Verlustausgleichsanspruch soll dann alle Insolvenzgläubiger unabhängig vom Rechtsgrund ihres Anspruches dadurch schützen, dass sie von dem auf seiner Grundlage eingeklagten Betrag profitieren.[986] Dadurch, dass allein der Insolvenzverwalter im eröffneten Verfahren den Verlustausgleichsanspruch geltend macht, werden auch im Widerspruch zueinander stehende gerichtliche Entscheidungen zur Einteilung der Gläubigergruppen vermieden.[987]

bb. Der Ersatz des negativen Interesses der Neugläubiger

Der Kontrahierungsschaden, der jedem Neugläubiger durch die Erbringung einer Vorleistung entsteht, basiere nicht auf der durch den Geschäftsleiter verursachten Insolvenzverschleppung.[988] Dieser Schaden soll – falls eine Haftung des Geschäftsleiters § 823 Abs. 2 BGB i. V. m. § 263 StGB wegen mangelnden Vorsatznachweises ausscheidet – auf Grundlage der c.i.c. nach den §§ 280 Abs. 1, 311 Abs. 2 BGB ersetzt

980 *Altmeppen,* in: Roth/Altmeppen, GmbHG, § 64 Rn. 44.
981 *Altmeppen,* in: Roth/Altmeppen, GmbHG, § 64 Rn. 45.
982 *Altmeppen,* ZIP 2001, 2201, 2208.
983 *Altmeppen,* ZIP 2001, 2201, 2209.
984 Noch zu § 64 GmbHG a. F. *Altmeppen/Wilhelm,* NJW 1999, 673, 679.
985 *Altmeppen,* ZIP 2001, 2201, 2208 f. (noch zu § 130 a Abs. 3 HGB a. F.).
986 *Altmeppen/Wilhelm,* NJW 1999, 673, 680.
987 *Altmeppen/Wilhelm,* NJW 1999, 673, 681.
988 *Altmeppen,* in: Roth/Altmeppen, GmbHG, § 64 Rn. 50.

werden.[989] Eine Haftung des Geschäftsleiters als Drittem i. S. d. § 311 Abs. 3 S. 2 BGB komme aber nur bei Schaffung eines Vertrauenstatbestandes bzw. Übernahme einer persönlichen Gewähr hinsichtlich seiner Erklärungen in Betracht, während die fahrlässige Verletzung der Antragspflicht für sich genommen nicht ausreichend sein soll.[990] Der Geschäftsleiter habe den Neugläubiger dann so zu stellen, als wäre kein Vertrag mit der Gesellschaft abgeschlossen worden, sodass er ihm die Vorleistung ersetzen müsse, und zwar Zug um Zug gegen die Abtretung der dem Neugläubiger gegen die Gesellschaft zustehenden Insolvenzforderung (§ 255 BGB).[991]

cc. Kritik

Teile des Schrifttums kritisieren, dass im Falle der Konstruktion eines Verlustausgleichsanspruches die Geschäftsleiter wie Garanten für negative Veränderungen des Gesellschaftsvermögens einstehen müssten.[992] Auch wenn die Nichtstellung des Eröffnungsantrages eine Verletzung der Pflichten zur ordnungsgemäßen Geschäftsleitung nach den §§ 43 Abs. 1 GmbHG, 93 Abs. 1 S. 1 AktG bedeute, so dürfe nicht übersehen werden, dass solche Pflichten nicht das Resultat der gesamten Geschäftsleitung, sondern konkrete Einzelhandlungen in den Blick nehmen, was sich z. B. im Katalog des § 93 Abs. 3 AktG und auch in § 43 Abs. 3 GmbHG zeige.[993] § 64 S. 1 GmbHG könne überdies nicht als Haftungsfolge für die Nichtstellung des Eröffnungsantrages angesehen werden, da diese Norm bereits ab Bestehen der Insolvenzreife greife und dann auch bei rechtzeitiger Antragstellung Anwendung finde, wenn die Geschäftsleiter vor Antragstellung, aber nach Eintritt der Insolvenzreife verbotene Zahlungen tätigen.[994] Unterstellt, die Einordnung des § 15a Abs. 1 InsO wäre in methodischer Hinsicht fehlerhaft, so läge in einer in ihrem Tatbestand und in ihrer Rechtsfolge komplett umgestalteten Zahlungsverbotsnorm der schwerwiegendere methodische Fehler.[995] Die teleologische Extension des Zahlungsbegriffes sei in methodischer Hinsicht nicht zulässig, da der Gesetzgeber bei Ausgestaltung des MoMiG das Zahlungsverbot hin zu einem Verlustausgleichsanspruch hätte weiterentwickeln können, eine solche Umgestaltung aber gerade nicht vornahm.[996]

---

989 *Altmeppen,* ZIP 2015, 949, 955.

990 *Altmeppen,* ZIP 2015, 949, 955.

991 *Altmeppen,* in: Roth/Altmeppen, GmbHG, § 64 Rn. 54. Auf diesem Wege komme dem Geschäftsleiter wiederum die Verlustausgleichspflicht zugute, da er durch sie in seiner Stellung als Zessionar eine bessere Quote erhalte, siehe *Altmeppen,* ZIP 2001, 2201, 2211.

992 *Schulze-Osterloh,* in: FS Bezzenberger, S. 415, 422.

993 *Schulze-Osterloh,* in: FS Bezzenberger, S. 415, 422 f.

994 *Schulze-Osterloh,* in: FS Lutter, S. 707, 709 f.

995 *G. Wagner,* in: FS K. Schmidt, S. 1665, 1671.

996 *Biehl,* Geschäftsführer- und Gesellschafterhaftung, S. 171. Zuvor bereits in diesem Sinne *G. Wagner,* in: FS K. Schmidt, S. 1665, 1671: Der Gesetzgeber hätte § 64 S. 1 GmbHG längst zur „Drehscheibe der Insolvenzverschleppungshaftung" machen können.

dd. Ähnliche Lösungsansätze

Bitter vertritt eine dem Ansatz von *Altmeppen/Wilhelm* ähnliche Konzeption, da er die Rechtsfolge der Zahlungsverbote ebenfalls nicht in der Erstattung der von den Geschäftsleitern getätigten Zahlungen, sondern im Ersatz der im Verschleppungszeitraum entstandenen Masseschmälerung sieht.[997] Nehme man die Geschäftsleiter unter Ausblendung der Masseschmälerung auf die Erstattung jeder einzelnen Zahlung in Anspruch, so bringe dies eine unverhältnismäßige Haftungsfolge und eine Begünstigung der Gläubiger mit sich, denn ihnen kämen so auf mittelbarem Weg Beträge zugute, die bei rechtzeitiger Einleitung des Insolvenzverfahrens durch die Geschäftsleiter nicht zu ihrer Verfügung gestanden hätten.[998]

Grigoleit möchte wie *Altmeppen/Wilhelm* eine teleologische Extension des Zahlungsbegriffes vornehmen und alle die Quote mindernden Schmälerungen des Gesellschaftsvermögens vom Ersatzanspruch nach dem Zahlungsverbot umfasst sehen.[999] Der sich darauf gründende und vom Insolvenzverwalter geltend zu machende Verlustausgleichsanspruch soll alle nach Eintritt der Antragspflicht entstehenden und den Geschäftsleitern zurechenbaren negativen Entwicklungen des Gesellschaftsvermögens abdecken.[1000] Auch *Grigoleit* will diesen in seinem Anwendungsbereich erweiterten Anspruch auf Grundlage des Zahlungsverbots als besonderen Schadensersatzanspruch qualifizieren.[1001] Das Zahlungsverbot als „positivrechtliche Grundlage für den Quotenersatz" schütze alle Insolvenzgläubiger vor Auszahlungen aus der Masse, unabhängig davon, zu welchem Zeitpunkt ihre Forderung entstanden ist[1002]. Die teleologische Extension des Zahlungsverbots sei dadurch gerechtfertigt, dass bei einer Beschränkung des Ersatzanspruches aus § 64 S. 1 GmbHG auf Zahlungen und vergleichbare Vorgänge der Gläubigerschutz allein auf den Grundsatz der gleichmäßigen Gläubigerbefriedigung konzentriert wäre.[1003] Der Geschäftsleiter könne aber auch durch die Begründung von Neuverbindlichkeiten und durch das Tätigen verlustträchtiger Geschäfte die Quoten aller Gläubiger schmälern.[1004]

Die Begründung *Grigoleits* weicht insoweit etwas von derjenigen von *Altmeppen/Wilhelm* ab, als dass sie sich nicht konkret auf den Erstattungsanspruch des Zahlungsverbots als in systematischer Hinsicht korrekter Rechtsfolge der unterlassenen Antragstellung stützt, sondern auf den im Recht der Kapitalgesellschaften allgemein bestehenden Grundsatz, den Gläubigerschutz mittelbar durch materiellrechtliche Zuweisung der Ansprüche an die Gesellschaft zu gewährleisten (Grundsatz der

997 *Bitter,* WM 2001, 666, 670.
998 *Bitter,* WM 2001, 666, 671.
999 *Grigoleit,* Gesellschafterhaftung, S. 129.
1000 *Grigoleit/Tomasic,* in: Grigoleit, AktG, § 92 Rn. 45.
1001 *Grigoleit,* Gesellschafterhaftung, S. 131 f.
1002 *Grigoleit,* Gesellschafterhaftung, S. 133.
1003 *Grigoleit,* Gesellschafterhaftung, S. 130.
1004 *Grigoleit,* Gesellschafterhaftung, S. 130.

Haftungskanalisierung).[1005] Die teleologische Extension des Zahlungsverbotes bewirke in systematischer Hinsicht eine Vereinheitlichung der Insolvenzverschleppungshaftung auf Grundlage der gesellschaftsrechtlichen Sonderverbindung zwischen Geschäftsleiter und Gesellschaft.[1006] Über den Quotenschaden hinausgehende Individualschäden (bei Alt- und Neugläubigern) sollen ebenfalls nach den Regeln der c.i.c. (§§ 280 Abs. 1, 241 Abs. 2, 311 Abs. 2, 3 BGB) ersetzt werden, da der Schutz einzelner Gläubiger vor der Situation, einer insolvenzreifen Gesellschaft noch Kredit zu gewähren, nicht durch die Insolvenzantragspflicht vermittelt, sondern nur bei Vorliegen der Voraussetzungen der genannten Normen gewährleistet werde.[1007]

g. Weitere zivilrechtliche Anspruchsgrundlagen

Neben der auf § 823 Abs. 2 BGB basierenden Verschleppungshaftung können weitere Anspruchsgrundlagen für eine Außenhaftung der Geschäftsleiter treten. Eine Insolvenzverschleppungshaftung der Geschäftsleiter kann sich auch aus § 823 Abs. 2 BGB i. V. m. solchen Normen ergeben, die wie die Insolvenzantragspflicht als Schutzgesetze qualifiziert werden, konkret beispielsweise – v. a. hinsichtlich der Neugläubiger – § 263 StGB (bei Täuschung über die finanzielle Situation und die dadurch bewirkte Vermögensverfügung) und § 265 b StGB.[1008] Auch eine Haftung nach § 823 Abs. 2 BGB i. V. m. 283 StGB kommt in Betracht.[1009] Verlieren Sicherungsnehmer aufgrund der Insolvenzverschleppung ihr Recht, können die Geschäftsleiter ihnen gegenüber wegen Verletzung eines absoluten Rechts nach § 823 Abs. 1 BGB haften.[1010] Bei vorsätzlicher und in einer unter Verstoß gegen die guten Sitten verursachten Schädigung besteht ein Anspruch des Gläubigers gegen den Geschäftsleiter aus § 826 BGB, z.B. dann, wenn in der Insolvenz ein Geschäft abgeschlossen wird und sich daraus eine Verpflichtung des Gläubigers zur Vorleistung ergibt.[1011] Nach gefestigter Rechtsprechung des BGH ist auch eine Haftung des Geschäftsleiters gegenüber der Bundesverwaltung für Arbeit auf der Grundlage von § 826 BGB möglich.[1012]

1005 *Grigoleit,* Gesellschafterhaftung, S. 197, mit einer Zusammenschau kapitalgesellschaftsrechtlicher Normen.
1006 *Grigoleit,* Gesellschafterhaftung, S. 131.
1007 *Grigoleit/Tomasic,* in: Grigoleit, AktG, § 92 Rn. 47.
1008 *K. Schmidt,* in: Scholz, GmbHG, § 64 Rn. 221 f.
1009 *Arnold,* in: Henssler/Strohn, GesR, § 64 GmbHG Rn. 88.
1010 *Haas,* in: Baumbach/Hueck, GmbHG, § 64 Rn. 157.
1011 *Schulze-Osterloh,* in: FS Lutter, S. 707, 715 f.
1012 Siehe nur BGH, Urt. v. 18.12.2007 (Az.: VI ZR 231/06), BeckRS 2008, 02449, Rn. 14.

h. Weitere Maßnahmen

An dieser Stelle soll auf weitere gesellschafts- und insolvenzrechtliche Maßnahmen eingegangen werden, die die Geschäftsleiter bei Verletzung der Antragspflicht über die Insolvenzverschleppungshaftung hinaus treffen können, insbesondere auf solche zur Verhinderung masseloser Insolvenzen.

aa. Die Vorschusspflicht nach § 26 Abs. 4 InsO

Nach § 26 Abs. 1 S. 1 InsO weist das Insolvenzgericht den Antrag auf Verfahrenseröffnung ab, wenn das schuldnerische Vermögen aller Voraussicht nach nicht dafür ausreichen wird, um die Verfahrenskosten abzudecken. Im Falle des Vorschusses eines ausreichenden Geldbetrages unterbleibt die Abweisung (Abs. 1 S. 2). § 26 Abs. 3 InsO gewährt denjenigen, die einen Vorschuss geleistet haben, einen Erstattungsanspruch gegen die Personen, die trotz bestehender Verpflichtung pflichtwidrig und schuldhaft den Eröffnungsantrag für das Insolvenzverfahren nicht gestellt haben. Das Instrument des Massekostenvorschusses kann die masselose Insolvenz verhindern und so beispielsweise dazu beitragen, Insolvenzverwalterprozesse vorzufinanzieren und die Durchführung von Insolvenzplänen zu ermöglichen.[1013] Es weist aber auch insoweit Anreizprobleme auf, als dass diejenigen Gläubiger, die einen solchen Vorschuss leisten können, dies im Regelfall nicht tun werden, wenn sie damit lediglich zur Finanzierung der Gläubigergleichbehandlung beitragen.[1014] Denn im wegen des Vorschusses eröffneten Verfahren klagt der Insolvenzverwalter die Haftungsansprüche für die Masse und damit für die Gläubigergesamtheit ein, während der Gläubiger, der den Vorschuss leistet, einen Prozess gegen den Geschäftsleiter zur Geltendmachung seines Erstattungsanspruches führen muss.[1015]

Durch das ESUG wurde ein Abs. 4 in § 26 InsO eingefügt, der in S. 1 eine Vorschusspflicht für die ihre Pflicht zur Stellung des Eröffnungsantrags verletzenden Personen festlegt, die nach S. 2 die Beweislast hinsichtlich ihres rechtswidrigen und schuldhaften Handelns trifft. Diesen Vorschuss kann sowohl der vorläufige Insolvenzverwalter einklagen als auch jeder, der einen begründeten Vermögensanspruch gegen den Schuldner hat (§ 26 Abs. 4 S. 3 InsO). Das Instrument der Vorschusspflicht kann in der Praxis mit mehreren Problemen verbunden sein: Zum einen trägt der vorläufige Insolvenzverwalter das wirtschaftliche Risiko des (wohl regelmäßig erforderlichen) Prozesses, sofern ihm keine Prozesskostenhilfe gewährt wird, und zum anderen kann die u. U. lange Dauer derartiger Prozesse dazu führen, dass Sanierungsmöglichkeiten für die Gesellschaft wegfallen.[1016] Dennoch begrüßten Teile des Schrifttums die Normierung der Vorschusspflicht für die Geschäftsleiter, denn

---

1013 *K. Schmidt*, NJW 2011, 1255, 1256.

1014 *K. Schmidt*, NJW 2011, 1255, 1256.

1015 *Hollinderbäumer*, BB 2013, 1223, 1226.

1016 Auf diese beiden Probleme und damit die Ungeeignetheit der Regelung weist *Göb*, NZG 2012, 371, 374 hin.

bei Feststellung der zur Kostendeckung vorhandenen Masse nach § 26 Abs. 1 S. 1 InsO seien auch zukünftige Forderungen miteinzubeziehen, mithin auch der mit der Vorschusspflicht korrespondierende Anspruch, der nicht einem einzelnen Gläubiger, sondern der zukünftigen Masse zustehe.[1017] Schon vor Inkrafttreten der jetzt geltenden Regelung erwogen einige eine Verschärfung dahingehend, Geschäftsleitern und Gesellschaftern mit einer Beteiligung von über zehn Prozent eine Vorschusspflicht ohne Entlastungsmöglichkeit aufzuerlegen.[1018]

bb. Das Soll-Eigenkapital bzw. Insolvenzeröffnungskapital

Ein Vorschlag im Schrifttum zur Verhinderung masseloser Insolvenzen zielt darauf ab, eine Verpflichtung zur Einbringung eines bestimmten Kapitalbetrages der Gesellschaft festzulegen (sog. „Soll-Eigenkapital" bzw. „Insolvenzeröffnungskapital"), dem erst im Insolvenzstadium der Gesellschaft Relevanz zukommt.[1019] Nach diesem Ansatz soll das Soll-Eigenkapital das Institut des Stammkapitals ersetzen.[1020] Die Aufbringung des Insolvenzeröffnungskapitals ermögliche die Eröffnung des Verfahrens, sodass der Insolvenzverwalter die als Innenhaftung ausgestalteten Schadensersatzansprüche zugunsten der Masse und damit zugunsten der Gläubiger verfolgen könne.[1021] Durch die Abschaffung des Mindestkapitals und die Beschränkung der Einzahlungsverpflichtung auf den Fall der Insolvenz werde die Gründung erleichtert und ein für die Gläubiger nützlicher Verhaltensanreiz geschaffen, da die zur Aufbringung des Insolvenzeröffnungskapitals Verpflichteten es erst gar nicht zur Situation kommen lassen wollen, in der seine Auszahlung erforderlich wird.[1022]

1017 *Foerste,* ZInsO 2012, 532, 533; auch führe dieser Anspruch zu einer Mehrung der künftigen Masse, da er ihr weitere Ausgaben für Kosten erspare und so die Aussichten auf eine Durchführung des Insolvenzverfahrens ohne Einstellung verbessere.

1018 *K. Schmidt,* NJW 2011, 1255, 1258 (mit Formulierungsvorschlag).

1019 Unter der Bezeichnung „Soll-Eigenkapital" *Kallmeyer,* GmbHR 2004, 377, 379; unter der Bezeichnung „Insolvenzeröffnungskapital" *Thiessen,* ZIP 2006, 1892 ff.; erneut aufgegriffen von *Hollinderbäumer,* BB 2013, 1223, 1226 ff.; aus dem aktienrechtlichen Schrifttum *Bachmann,* in: Spindler/Stilz, AktG, § 262 Rn. 46.

1020 *Kallmayer,* GmbHR 2004, 377, 379 fordert die Streichung des Mindestkapitals und die Einführung eines Soll-Eigenkapitals, d. h. einer im Gesellschaftsvertrag statuierten und im Handelsregister eingetragenen Sollgröße des bilanziellen Eigenkapitals mit einer Mindesthöhe von 25.000 €, die sich mit dem vorhandenen bilanziellen Eigenkapital nicht decken muss. Die mögliche Differenz soll dann erst bei Verfahrenseröffnung durch die Gesellschafter ausgeglichen werden, siehe *Kallmeyer,* GmbHR 2007, 377, 379. Nach *Thiessen,* ZIP 2006, 1892 sollen die GmbH-Gesellschafter auf Beschluss des Insolvenzgerichts einen Betrag von bis zu 10.000 € als Insolvenzeröffnungskapital leisten. Für einen Betrag von bis zu 50.000 € *Hollinderbäumer,* BB 2013, 1223, 1231 f.

1021 *Hollinderbäumer,* BB 2013, 1223, 1227.

1022 *Hollinderbäumer,* BB 2013, 1223, 1227.

Wirft man die Frage auf, ob die Gesellschafter, die Geschäftsleiter oder beide Organe zur Aufbringung des Insolvenzeröffnungskapitals herangezogen werden sollen, so kann für die Einbeziehung der Geschäftsleiter in rechtssystematischer Hinsicht sprechen, dass auf diesem Weg über die Verschleppungshaftung hinaus Druck auf sie ausgeübt werden kann, die Antragspflicht zu erfüllen, die gerade auf ihnen und nicht auf den Gesellschaftern lastet.[1023] Die sich für das Soll-Eigenkapital bzw. das Insolvenzeröffnungskapital aussprechenden Stimmen beschränken die Einstandspflicht aber auf die Gesellschafter.[1024] Für eine Beschränkung des Instruments auf die Gesellschafter lässt sich anführen, dass nur diese zur Aufbringung des Stammkapitals verpflichtet sind und dass sie die Gewinne aus der unternehmerischen Tätigkeit ziehen, weshalb sie auch für die Absicherung der Eröffnung des Insolvenzverfahrens verantwortlich gemacht werden müssen.[1025]

cc. Geschäftsleiterdisqualifikation

Nach § 6 Abs. 2 Nr. 3 a) GmbHG kann nicht Geschäftsführer sein, wer wegen einer oder mehrerer vorsätzlich begangener Straftaten des Unterlassens der Stellung des Antrags auf Eröffnung des Insolvenzverfahrens (Insolvenzverschleppung) verurteilt worden ist, wobei dieser Ausschluss für einen Zeitraum von fünf Jahren seit der Rechtskraft des Urteils gilt. Auch die faktischen Geschäftsführer fallen unter diese Norm.[1026] In der parallelen aktienrechtlichen Norm des § 76 Abs. 3 Nr. 3 a) AktG findet sich der gleiche Ausschlusstatbestand für die Vorstandsmitglieder der AG. Fraglich ist, in welchem Verhältnis § 6 Abs. 2 Nr. 3 a) GmbHG zur strafrechtlichen Vorschrift des § 15a Abs. 4 InsO steht, der nicht nur vom Unterlassen der Antragstellung spricht, sondern eine Strafbarkeit der Geschäftsleiter auch für das nicht rechtzeitige oder nicht richtige Stellen das Antrags vorsieht. Die h. M. versteht die Erwähnung der Insolvenzverschleppung in § 6 Abs. 2 Nr. 3 a) GmbHG als Verweisung auf § 15a Abs. 4 InsO.[1027] Nur die Einbeziehung der nicht rechtzeitigen und

---

1023 *Hollinderbäumer,* BB 2013, 1223, 1229.

1024 *Kallmeyer,* GmbHR 2004, 377, 379; ebenso *Thiessen,* ZIP 2006, 1892, allerdings mit dem Vorschlag, dass die Gesellschafter – falls ihnen nicht selbst ein entsprechender Verstoß zur Last fällt – die ihre Antragspflicht verletzenden Geschäftsleiter auf Erstattung in Anspruch nehmen können; anders aber *Bitter,* WM 2004, 2190, 2192 mit dem Vorschlag eines Verfahrenskostenbeitrages auch der Geschäftsleiter (zumindest von Scheinauslandsgesellschaften) in Höhe von 10.000 €.

1025 Im Ergebnis daher ebenfalls die Anwendung auf die Geschäftsleiter ablehnend *Hollinderbäumer,* BB 2013, 1223, 1229 f., allerdings mit dem Hinweis, dass 80 % der Geschäftsführer gleichzeitig die Gesellschafterstellung innehaben und daher fast immer primär haften müssten.

1026 *Gundlach/U. Müller,* NZI 2011, 480, 482.

1027 Statt vieler *Gundlach/U. Müller,* NZI 2011, 480, 481; a. A. *Römermann,* NZI 2008, 641, 646, unter Bezugnahme auf den Wortlaut, der nur die unterlassene Antragstellung erfasse.

nicht richtigen Antragstellung könne den Rechtsverkehr wirksam schützen und die Bestellung von insoweit vorbelasteten Geschäftsführern verhindern.[1028]

i. Strafrechtliche Verantwortlichkeit

Eine Insolvenzverschleppung durch Organmitglieder kann überdies strafrechtliche Rechtsfolgen nach sich ziehen, sowohl nach insolvenzrechtlichen Vorschriften wie auch nach Normen des besonderen Teils des StGB. Die zentrale Strafnorm für Fälle der (vorsätzlichen) Insolvenzverschleppung stellt § 15a Abs. 4 InsO dar. Danach wird der Geschäftsleiter bei Nichtstellung des Antrags, nicht richtiger Antragstellung und nicht rechtzeitiger Antragstellung mit einer Freiheitsstrafe von bis zu drei Jahren oder Geldstrafe bestraft, nach Abs. 5 InsO reicht der Strafrahmen bei fahrlässiger Begehung von Geldstrafe bis zu einem Jahr Freiheitsstrafe. Unklarheiten bestehen nach wie vor hinsichtlich der Auslegung der Tatbestandsalternative „nicht richtig", wobei ein Insolvenzantrag wohl dann „richtig" gestellt wird, wenn er die Zulässigkeitsvoraussetzungen erfüllt.[1029] Bezüglich der faktischen Geschäftsleiter stellt sich neben der Problematik des Eingreifens der Antragspflicht nach InsO auch die Frage ihrer Strafbarkeit im Falle der Insolvenzverschleppung, die der BGH bejaht, da die Allgemeinheit nur auf diesem Wege wirksam geschützt werden könne.[1030] Im strafrechtlichen Schrifttum wird dies stellenweise kritisch gesehen, da das Sonderdelikt der Insolvenzverschleppung in seinem Tatbestand zwei Charakteristika aufweise (die Stellung im Unternehmen und die damit verbundene Möglichkeit zur Krisenerkennung sowie die Möglichkeit der nach außen wirksamen Antragstellung) und da der faktische Geschäftsleiter mangels Möglichkeit zur Darlegung und Glaubhaftmachung seiner Antragsberechtigung den Antrag gar nicht stellen könne.[1031] Es hat keinen Einfluss auf die grundsätzliche Annahme der Strafbarkeit wegen Insolvenzverschleppung, ob sich dieses Handeln positiv auf die Situation der Gesellschaft ausgewirkt hat oder nicht.[1032] Daneben können sich die Geschäftsleiter auch wegen Untreue nach § 266 StGB oder Bankrott gemäß § 283 StGB strafbar machen.[1033] Eine Strafbarkeit der Geschäftsleiter für nach Eintritt der Insolvenzreife abgeschlossene Geschäfte wegen Betruges nach § 263 StGB kommt in Betracht, wenn die Neugläubiger über die Solvenz der Gesellschaft getäuscht werden.[1034]

1028 *Gundlach/U. Müller,* NZI 2011, 480, 481.

1029 *Römermann,* NZI 2010, 241, 244; *K. Schmidt,* in K. Schmidt, § 15a Rn. 66 plädiert für eine Beschränkung auf die Fälle, in denen sich der Eröffnungsantrag als „schlechterdings ungeeignet" erweist.

1030 BGH, Urt. v. 22. 9. 1982 (Az.: 3 StR 287/82), BGHSt 31, 118, 122.

1031 *Hefendehl,* ZIP 2011, 601, 605.

1032 Klarstellend *Altmeppen,* ZIP 2015, 949, 952.

1033 *Windbichler,* GesR, § 24 Rn. 11.

1034 *Windbichler,* GesR, § 24 Rn. 11.

j. Der Insolvenzantrag bei drohender Zahlungsunfähigkeit

Hinsichtlich der Stellung des Insolvenzantrages im Falle drohender Zahlungsunfähigkeit ergibt sich das gegenteilige Problem zur Insolvenzverschleppung: Wenn ein Geschäftsleiter zur Vermeidung seiner Haftung wegen Insolvenzverschleppung den Eröffnungsantrag zu einem Zeitpunkt stellt, in dem noch gar keine Insolvenzreife, sondern nur eine drohende Zahlungsunfähigkeit gegeben ist, dann kann er u. U. aus allgemeiner Organhaftung in Anspruch genommen werden.[1035] Daher ergibt sich Klärungsbedarf zur Frage der Entscheidungszuständigkeit für derartige Situationen.[1036] Insoweit wird auch im deutschen Schrifttum auf eine Zuständigkeitsproblematik hingewiesen, die im spanischen Recht spezifisch in Bezug auf das Zusammentreffen von hälftigem Kapitalverlust und drohender bzw. bereits eingetretener Zahlungsunfähigkeit diskutiert wird.[1037] Während der GmbH-Geschäftsführer die Gesellschaft nach § 15 Abs. 1 InsO bei Antragstellung im Außenverhältnis vertritt, finden sich in InsO und GmbHG keinerlei Regelungen dazu, ob für den Antrag bei drohender Zahlungsunfähigkeit im Innenverhältnis ein Gesellschafterbeschluss vorausgesetzt wird.[1038] Für die Annahme der internen Zuständigkeit der Gesellschafterversammlung lässt sich zum einen der die Einberufungspflicht bei hälftigem Kapitalverlust regelnde § 49 Abs. 3 GmbHG (die Einberufungspflicht müsse dann bei drohender Zahlungsunfähigkeit erst recht gelten) und zum anderen die Tatsache anführen, dass der Insolvenzantrag als die Verfassung der GmbH berührendes Grundlagengeschäft angesehen werden kann.[1039] Hinsichtlich des Mehrheitserfordernisses für den Beschluss über die Antragstellung wird eine Dreiviertelmehrheit vorgeschlagen, da wegen § 60 Abs. 1 Nr. 4 GmbHG der Eröffnungsantrag als mittelbarer Auflösungsbeschluss nach § 60 Abs. 1 Nr. 2 GmbHG eingeordnet werden müsse.[1040] Stellt der Geschäftsführer den Eröffnungsantrag, ohne dass die Insolvenzreife gegeben ist oder tut er dies eigenmächtig bzw. unter Umgehung der Gesellschafterversammlung, so soll er gegenüber der Gesellschaft sowohl aufgrund des Anstellungsvertrages nach § 280 Abs. 1 BGB als auch aus Organhaftung nach § 43 Abs. 2 GmbHG haften, während er den Gesellschaftern nach § 823 Abs. 1 BGB (Verletzung eines sonstigen Rechts) verantwortlich sei, da durch den Entzug der Beschlussmöglichkeit ein mitgliedschaftsbezogener Eingriff vorliege.[1041]

1035 *Leinekugel/Skauradszun*, GmbHR 2011, 1121.

1036 *Leinekugel/Skauradszun*, GmbHR 2011, 1121, 1123, die diese Problematik im Hinblick auf die GmbH analysieren.

1037 Siehe dazu bereits ausführlich unter II. 3. a. bb. (2).

1038 *Leinekugel/Skauradszun*, GmbHR 2011, 1121, 1123 auch mit der Klarstellung, dass es im Fall der Antragspflicht gerade nicht auf eine Zustimmung der Gesellschafterversammlung ankommt bzw. eine gegenteilige Weisung gerade nicht zu beachten ist.

1039 *Leinekugel/Skauradszun*, GmbHR 2011, 1121, 1124 f.

1040 *Leinekugel/Skauradszun*, GmbHR 2011, 1121, 1126 unter Hinweis darauf, dass, sofern die Satzung für die Gesellschaftsauflösung ein höheres Quorum vorschreibt, dann auch dieses Anwendung finden müsse.

1041 So im Ergebnis *Leinekugel/Skauradszun*, GmbHR 2011, 1121, 1126 f.

k. Zwischenergebnis

Das deutsche Recht verfügt über eine (rechtsformneutral geregelte) Insolvenzantragspflicht für die Geschäftsleiter von Kapitalgesellschaften in § 15a Abs. 1 InsO, die bei Eintritt von Zahlungsunfähigkeit oder Überschuldung zu erfüllen ist und die den Gläubigerschutz verwirklicht, indem eine rechtzeitige Überführung der Gesellschaft in das Insolvenzverfahren sichergestellt wird. Sie verpflichtet sowohl wirksam bestellte als auch faktische Geschäftsleiter zur Antragstellung ohne schuldhaftes Zögern, spätestens aber innerhalb von drei Wochen nach Eintritt der Insolvenzreife. Die bereits ab Eintritt der Insolvenzreife bestehende Fokussierung auf das Gläubigerinteresse setzt sich damit an dieser Stelle fort. Die Haftungsfolgen für eine Verletzung der Antragspflicht ergeben sich nicht aus einer gesellschafts- oder insolvenzrechtlichen Norm, sondern nach der ganz h. M. findet eine Haftung auf der Grundlage des Deliktsrechts statt (§ 823 Abs. 2 BGB i. v. m. § 15a Abs. 1 InsO). Im Rahmen dieser Haftung wird zwischen den Gruppen der Alt- (Ersatz des Quotenschadens) und Neugläubiger (Ersatz des negativen Interesses) unterschieden. Nicht abschließend geklärt ist bisher das Verhältnis von Verschleppungshaftung und gesellschaftsrechtlichen Zahlungsverbot. Die abweichenden Auffassungen wollen entweder die deliktsrechtliche Verschleppungshaftung hinsichtlich der Neugläubiger ausweiten und das Zahlungsverbot streichen oder die Lösung gerade auf der Grundlage des Zahlungsverbotes suchen. Mit der Vorschusspflicht für den Fall der masselosen Insolvenz und dem Disqualifikationstatbestand bestehen weitere Sanktionsmechanismen der Insolvenzverschleppung. Neben den zivilrechtlichen Haftungsfolgen trifft die Geschäftsleiter bei Verletzung der Antragspflicht auch die strafrechtliche Sanktion des § 15a Abs. 4 InsO.

3. Die Konkursantragspflicht und die Folgen ihrer Nichtbeachtung im spanischen Recht

Nunmehr sollen die Ausgestaltung der Antragspflicht und – schwerpunktmäßig – die möglichen Haftungsfolgen des spanischen Rechts betrachtet werden.

a. Die Pflicht zur Stellung des Konkursantrages nach Art. 5 LC

Das spanische Recht sieht bei Vorliegen bestimmter Voraussetzungen eine Pflicht zur Stellung des Konkursantrages vor. Diese ist seit Inkrafttreten der LC zum 1. September 2004 in Art. 5 LC geregelt. Nach Abs. 1 dieser Vorschrift muss der Schuldner den Konkursantrag innerhalb der zwei auf das Datum folgenden Monate stellen, an dem er Kenntnis von seiner Insolvenz erlangt hat oder hätte erlangen müssen. Vor Inkrafttreten der LC herrschten Unklarheiten über die Existenz einer solchen Pflicht zur Antragstellung.[1042]

1042 Siehe insoweit z. B. die Forderung nach der Normierung einer Antragspflicht bei *Machado Plazas,* Pérdida del capital social, S. 222.

aa. Normzweck

Die Konkursantragspflicht verfolgt zwei wesentliche Ziele: Zum einen soll sie die rechtzeitige Eröffnung des Konkursverfahrens sicherstellen, damit das Verfahrens seine Funktion erfüllen kann, zum anderen soll vermieden werden, dass bei den Teilnehmern im Geschäftsverkehr, die in Rechtsbeziehungen zum Schuldner treten wollen, der Eindruck einer nicht vorhandenen Solvenz entsteht.[1043] Im Sinne eines wirksamen Schutzes der Gläubigerinteressen muss das Vermögen des Schuldners so bald als möglich einer auf dem Prinzip der Gleichbehandlung basierenden Gesamtvollstreckung unterworfen werden.[1044]

bb. Erfasster Personenkreis

Art. 5 Abs. 1 LC normiert eine Konkursantragspflicht für jeden Schuldner (d.h. auch für natürliche Personen) und erwähnt die Verwalter als zur Antragstellung Verpflichtete bei juristischen Personen nicht explizit. Der im Rahmen des Verhältnisses von Einberufungs- und Konkursantragspflicht bereits erwähnte Art. 3 Abs. 1 S. 2 LC erklärt in seiner bis zum 18. Oktober 2013 und seit dem 3. Oktober 2015 erneut geltenden Fassung das Verwaltungsorgan zum für die Entscheidung über den Konkursantrag zuständigen Organ. Unter Rückgriff auf diese das Innenverhältnis der Gesellschaft betreffende Norm (und unter Rückgriff auf Art. 165 Abs. 1 Nr. 1 LC) wird gesagt, dass die Verwalter auch die Adressaten der Antragspflicht seien.[1045] Letztlich sind die Verwalter aber bereits deshalb als Verpflichtete anzusehen, da die Stellung des Konkursantrages eine Handlung im Rahmen der Vertretung der Gesellschaft darstellt.[1046] Art. 3 Abs. 1 S. 2 LC kann aufgrund seines Wortlautes gleichzeitig die Grundentscheidung entnommen werden, dass kein Organmitglied allein zur Antragstellung berechtigt ist.[1047] Für die Kapitalgesellschaften muss gemäß der Struktur des jeweiligen Organs in Bezug auf die Antragspflicht wie folgt unterschieden werden, wobei diese Unterscheidung unter Rückgriff auf die das Innenverhältnis regelnde Vorschrift des Art. 3 Abs. 1 S. 2 LC entwickelt wurde: Bei nur einem vorhandenen Verwalter muss dieser die Konkursantragspflicht erfüllen.[1048] Im Fall mehrerer Verwalter, von denen jeder die Gesellschaft alleine vertreten kann, trifft die Antragspflicht jedes Organmitglied, dessen Handeln auch die anderen befreit.[1049]

1043 *Morillas Jarillo,* in: Rojo/Beltrán, Comentario LC, Art. 5, S. 231.

1044 *Sánchez-Calero Guilarte,* in: Sánchez-Calero Guilarte/Guilarte Gutiérrez, Comentarios, Art. 5, S. 195 f.; in diesem Sinne auch die Gesetzesbegründung Nr. II der LC, BOE Nr. 164 v. 10. 7. 2003, S. 26907.

1045 *Gallego Sánchez,* in: Gallego Sánchez, Comentarios LC, Art. 5, S. 79.

1046 *Morales Barceló,* La responsabilidad de los administrdores, S. 360.

1047 *Rojo,* in: Rojo/Beltrán, Comentario LC, Art. 3, S. 201.

1048 *Verdú Cañete,* La responsabilidad civil del administrador, S. 241.

1049 *Verdú Cañete,* La responsabilidad civil del administrador, S. 241. Hier kann ein Verwalter allein und ohne Zustimmung aller anderen den Antrag stellen, siehe *Rojo,* in: Rojo/Beltrán, Comentario LC, Art. 3, S. 203.

Verfügt die Gesellschaft über mehrere Verwalter, die die Gesellschaft nur gemeinsam vertreten können, müssen alle Organmitglieder der Antragstellung zustimmen.[1050] Bezüglich eines aus mehreren Geschäftsleitern bestehenden Verwaltungsrates muss die Antragspflicht durch das Kollegialorgan erfüllt werden, das einen entsprechenden Mehrheitsbeschluss zu fassen hat; insoweit wird wiederum unter Rückgriff auf Art. 3 Abs. 1 S. 2 LC („das Verwaltungsorgan“) und auf den Charakter der Konkursantragspflicht als Organpflicht argumentiert.[1051] Dem einzelnen Mitglied bleibt zur Vermeidung der Haftungsfolgen die Möglichkeit, eine Versammlung der Mitglieder des Verwaltungsrates zu beantragen, um die anderen Mitglieder zu informieren und einen Beschluss zur Stellung des Konkursantrages herbeizuführen.[1052] Lehnt das Organ die Antragstellung ab, hat das Mitglied den Beschluss anzufechten sowie mögliche Geschädigte und die Behörden zu informieren.[1053]

Die faktischen Verwalter können nach Auffassung der wohl h. M. im Schrifttum den Konkursantrag nicht stellen.[1054] Da in formaler Hinsicht eine Ernennung des faktischen Verwalters zum Organmitglied nicht stattfand, könne er die Gesellschaft auch nicht in formaler Hinsicht vertreten und für sie die Antragstellung vornehmen.[1055] Dies zugrunde gelegt, trifft die faktischen Verwalter auch die entsprechende Konkursantragspflicht nicht. Nach anderen Stimmen sind sie zur Antragstellung berechtigt, da Art. 3 Abs. 1 S. 2 LC nur von den Verwaltern spricht und die Frage der Berechtigung zur Stellung des Konkursantrages getrennt von derjenigen zur Berechtigung zur Einberufung der Versammlung (dort keine Berechtigung der faktischen Verwalter) betrachtet werden müsse.[1056] Stellenweise wird die Antragsberechtigung des faktischen Verwalters unter Rückgriff auf Art. 3 Abs. 3 LC hergeleitet, nach dessen Wortlaut diejenigen Mitglieder zur Antragstellung berechtigt sind, die persönlich für die Schulden der Gesellschaft haften.[1057] Diese Argumentation bezieht sich auf die hier noch zu behandelnde Haftung für die Verletzung der Konkursantragspflicht nach Art. 367 LSC und setzt voraus, dass die faktischen Verwalter ebenfalls unter diese Haftung fallen. Unabhängig davon

---

1050 *Rojo,* in: Rojo/Beltrán, Comentario LC, Art. 3, S. 203.

1051 *Puyol Martínez-Ferrando,* in: Gobierno corporativo y crisis empresariales, S. 277, 283.

1052 *Puyol Martínez-Ferrando,* in: Gobierno corporativo y crisis empresariales, S. 277, 283.

1053 *Puyol Martínez-Ferrando,* in: Gobierno corporativo y crisis empresariales, S. 277, 283. Für eine Entlastungsmöglichkeit für die Geschäftsleiter, die sich dem die Antragstellung ablehnenden Beschluss ausdrücklich entgegenstellen, *Verdú Cañete,* La responsabilidad civil del administrador, S. 242.

1054 *Roncero Sánchez,* in: Pulgar Ezquerra/Alonso Ledesma/Alonso Ureba/Alcover Garau, Comentarios, Art. 3, S. 184; *Rubio,* ADCo 2010, Nr. 21, 81, 91; *Orellana Cano,* in: López López/Macías Castillo, Comentario práctico LC, Art. 3, S. 47.

1055 *Rubio,* ADCo 2010, Nr. 21, 81, 91.

1056 *Pablo-Romero Gil-Delgado,* RdS 2006, Nr. 26, 311, 317; für eine entsprechende Antragspflicht wohl *González Carrasco,* in: Bercovitz Rodríguez-Cano, Comentarios LC, Art. 5, S. 84 f.

1057 *Lozano Saigí,* RJCat 2005, 1057, 1080.

kann sich der wirksam bestellte Verwalter nicht durch den Hinweis auf den Einfluss oder die Anweisungen des faktischen Verwalters seiner Haftung wegen Verletzung der Antragspflicht entziehen.[1058] Die Problematik des für die Entscheidung über die Antragstellung zuständigen Organs in der Situation des Zusammentreffens von Auflösungsgrund und Insolvenz wurde bereits ausführlich bei der Betrachtung des ersten Krisenstadiums behandelt.[1059]

cc. Sachliche Voraussetzung

Sachliche Voraussetzung für das Entstehen der Antragspflicht ist das Vorliegen der Zahlungsunfähigkeit. Auch wenn der Wortlaut des Art. 5 LC allgemein von der „Insolvenz" als Voraussetzung der Antragspflicht spricht, fällt darunter nur die Zahlungsunfähigkeit und nicht die drohende Zahlungsunfähigkeit.[1060] Aus einer möglichen, zukünftigen Zahlungsunfähigkeit kann allenfalls eine Art „moralische Pflicht" des Schuldners zur Antragstellung folgen, nicht aber eine Rechtspflicht, da zu diesem Zeitpunkt noch kein Gläubigerschaden entsteht.[1061]

dd. Frist und Fristbeginn

Art. 5 Abs. 1 LC legt eine Höchstfrist von zwei Monaten ab Kenntnis oder zu unterstellender Kenntnis der Zahlungsunfähigkeit fest. Vereinzelt wird diese Frist im Schrifttum aus Gründen der Rechtspolitik so verstanden, dass dem Schuldner nicht unter allen Umständen zwei Monate zur Stellung des Konkursantrages zur Verfügung stehen, sondern dass er den Antrag bei Fehlen berechtigter Sanierungserwartungen sofort stellen muss.[1062] Stellen die Verwalter den Konkursantrag nach Verstreichen dieser Frist, so stellt dies zwar ebenfalls eine Verletzung der Antragspflicht dar, was aber nicht bedeutet, dass die verspätete Antragstellung nicht bei der späteren Festlegung der Haftungsfolgen berücksichtigt werden kann.[1063]

Die Ausnahmeregelung in Art. 5bis LC ermöglicht dem Schuldner eine Verlängerung der Antragsfrist auf insgesamt bis zu sechs Monate. Damit werden die Sanierungsmöglichkeiten des Schuldners erweitert. Diese Vorschrift wurde mit der Reform der LC im Jahr 2011 in das Gesetz aufgenommen und hat sich durch weitere Veränderungen zu einer textreichen Vorschrift mit insgesamt sechs Absätzen entwickelt. Nach Abs. 1 der Vorschrift kann der Schuldner dem zuständigen

---

1058 *Sánchez-Calero Guilarte,* in: Sánchez-Calero Guilarte/Guilarte Gutiérrez, Comentarios, Art. 5, S. 202.
1059 Siehe unter II. 3. a. bb. (2) (c).
1060 Siehe dazu bereits unter II. 3. a. aa. (4).
1061 *Pulgar Ezquerra,* in: Pulgar Ezquerra/Alonso Ledesma/Alonso Ureba/Alcover Garau, Comentarios, Art. 5, S. 215.
1062 Unter Bezugnahme auf die Rechtsprechung des BGH und das deutsche Schrifttum *Marín de la Bárcena,* RdS 2005, Nr. 24, 91, 108.
1063 *Moya Ballester,* La responsabilidad de los administradores, S. 311.

Konkursrichter mitteilen, dass er Verhandlungen zum Erreichen einer Refinanzierungsvereinbarung nach Art. 71bis Abs. 1 LC und der vierten Zusatzbestimmung oder zum Erreichen von Beitritten zu einem Konkursvergleichsvorschlag begonnen hat. Diese Mitteilung kann gemäß Abs. 2 zu jedem Zeitpunkt vor Ablauf der Frist für die Antragspflicht getätigt werden mit der Folge, dass bei fristgerechter Mitteilung die Antragspflicht ausgesetzt wird. Abs. 4 der Vorschrift schränkt – ab dem Zeitpunkt der Mitteilung – gerichtliche oder außergerichtliche Vollstreckungen in zur Fortführung des Geschäftsbetriebes des Schuldners notwendige Güter und Rechte ein. Sind nach der Mitteilung an das Gericht drei Monate vergangen, so muss der Schuldner nach Art. 5bis Abs. 5 LC unabhängig vom Ausgang der Verhandlungen innerhalb des folgenden Monats den Konkursantrag stellen, es sei denn, es liegt keine Zahlungsunfähigkeit mehr vor. Wurde die Mitteilung einmal formuliert, kann innerhalb einer Frist von einem Jahr keine weitere Mitteilung durch diesen Schuldner mehr erfolgen (Abs. 6).

Für den Fristbeginn kommt nach Art. 5 Abs. 1 LC der tatsächlichen Kenntnis bzw. der zu unterstellenden Kenntniserlangung Bedeutung zu. Kenntnis von der Zahlungsunfähigkeit können die Verwalter durch jedes Medium (etwa durch die alle drei Monate zur Überprüfung aufzustellende Bilanz) erlangen.[1064] Hinsichtlich der Frage, wann die Verwalter Kenntnis von der Zahlungsunfähigkeit erlangt haben oder erlangen mussten, muss im Übrigen auf den für die Verwalter von Kapitalgesellschaften in den Arts. 225, 227 LSC geregelten Sorgfaltsmaßstab des ordentlichen Unternehmers bzw. loyalen Vertreters der Gesellschaft zurückgegriffen werden.[1065] Aufgrund des Wortlautes der Norm („innerhalb der zwei auf das Datum folgenden Monate ... an dem er Kenntnis von seiner Insolvenz erlangt hat oder hätte erlangen müssen") beginnt die Frist ab dem Tag zu laufen, der auf das Datum der tatsächlichen Kenntniserlangung oder das Datum der zu unterstellenden Kenntniserlangung folgt.[1066] Bei Zusammenfallen von hälftigem Kapitalverlust und Insolvenz beginnt die zweimonatige Frist zur Antragstellung nach derjenigen Auffassung, die die Versammlung als zur Entscheidung über die Antragstellung zuständiges Organ ansieht und vor Stellung des Konkursantrages deren Einberufung verlangt, mit dem Zeitpunkt der Kenntniserlangung der Versammlung von der Zahlungsunfähigkeit.[1067]

Bezüglich der zu unterstellenden Kenntniserlangung von der Zahlungsunfähigkeit im Rahmen der Antragspflicht sind die Arts. 2 Abs. 4, 5 Abs. 2 LC zu beachten. Nach Art. 2 Abs. 4 LC muss der den Konkursantrag stellende Gläubiger diesen auf bestimmte Umstände und kann ihn u. a. auf die folgenden stützen: allgemeine Einstellung der Zahlung durch den Schuldner (Nr.1), Pfändungen des

---

1064 *Verdú Cañete,* La responsabilidad civil del administrador, S. 240.

1065 Argument: fehlender spezifischer Sorgfaltsmaßstab in der LC, siehe *Pulgar Ezquerra,* in: Pulgar Ezquerra/Alonso Ledesma/Alonso Ureba/Alcover Garau, Comentarios, Art. 5, S. 217 f.

1066 *Morillas Jarillo,* in: Rojo/Beltrán, Comentario LC, Art. 5, S. 240.

1067 Siehe unter II. 3. a. bb. (2) (c) (aa).

Schuldnervermögens wegen laufender Vollstreckungsmaßnahmen (Nr. 2), Vermögensverschiebung oder eilige oder ruinöse Liquidation durch den Schuldner (Nr. 3) und die allgemeine Nichterfüllung bestimmter Verpflichtungen nach Nr. 4 (Zahlungen von im Zeitraum von drei Monaten vor der Stellung des Konkursantrages einklagbaren Steuerverbindlichkeiten; Zahlungen von Sozialversicherungsbeiträgen und weiteren öffentlich erhobenen Abgaben im gleichen Zeitraum; Zahlungen von Arbeitslöhnen, Entschädigungen und weiteren sich aus Arbeitsverhältnissen ergebenden Vergütungen aus den letzten drei Monaten). Art. 5 Abs. 2 LC nimmt diese Regelung auf. Danach wird – vorbehaltlich des Gegenbeweises – vermutet, dass der Schuldner den Eintritt der Zahlungsunfähigkeit gekannt hat, wenn einer der Gründe für die Antragstellung auf notwendigen Konkurs gemäß Artikel 2 Absatz 4 eingetreten ist und, sofern es sich dabei um einen der Antragsgründe aus der Nummer 4 der genannten Vorschrift handelt, zudem die jeweilige Frist abgelaufen ist. In den Fällen des Art. 5 Abs. 2 beginnt die Frist mit dem Tag zu laufen, an dem eine der in Art. 2 Abs. 4 LC genannten Tatsachen vorliegt.[1068] Bezüglich der Fälle des Art. 2 Abs. 4 Nr. 4 LC finden sich zur Frage des Fristbeginns im Schrifttum unterschiedliche Angaben.[1069]

b. Haftung wegen Verletzung der Konkursantragspflicht nach Art. 367 LSC

Bei Verletzung der Konkursantragspflicht kommt eine Haftung der Verwalter nach der kapitalgesellschaftsrechtlichen Norm des Art. 367 Abs. 1 LSC in Betracht. Danach haften die Verwalter für die nach Eintritt des Auflösungsgrundes entstandenen Verbindlichkeiten, wenn sie den Konkursantrag nicht innerhalb der in der Vorschrift genannten Frist stellen. Art. 367 LSC erfasst damit neben der bereits im ersten Teil dieser Untersuchung dargestellten Verletzung der Einberufungspflicht und der Pflicht zur Beantragung der gerichtlichen Auflösung bei Eintritt des hälftigen Kapitalverlustes auch die Verletzung der Konkursantragspflicht. Diese Haftung für die unterlassene bzw. verspätete Antragstellung in der gesellschaftsrechtlichen Norm wurde bereits zuvor durch Abs. 6 der zwanzigsten Schlussbestimmung der LC in Art. 262 Abs. 5 LSA und durch Abs. 4 deren einundzwanzigster Schlussbestimmung in Art. 105 Abs. 5 LSRL eingefügt. Durch diese Regelung erweiterte der spanische Gesetzgeber den Anwendungsbereich der gesellschaftsrechtlichen Haftungsnorm. Eine Haftung aufgrund Gesellschaftsrechts für die Verletzung der konkursrechtlichen Pflicht besteht somit seit Inkrafttreten der LC zum 1. September 2004.

1068 *Pulgar Ezquerra,* in: Pulgar Ezquerra/Alonso Ledesma/Alonso Ureba/Alcover Garau, Comentarios, Art. 5, S. 218.

1069 *Gallego Sánchez,* in: Gallego Sánchez, Comentarios LC, Art. 5, S. 80 spricht sich für den letzten Tag des dritten Monats der in Art. 2 Abs. 4 Nr. 4 LC genannten Frist aus. Nach *Morillas Jarillo,* in: Rojo/Beltrán, Comentario LC, Art. 5, S. 240 beginnt die Frist dagegen mit dem Tag, der auf das Ende der dreimonatigen Frist aus Art. 2 Abs. 4 Nr. 4 LC folgt.

Art. 367 LSC in der Tatbestandsvariante Verletzung der Konkursantragspflicht kann nur dann Anwendung finden, wenn diese Pflichtverletzung bei Zusammentreffen von Kapitalverlust und Insolvenz bzw. während des bereits begonnenen Prozesses zur Auflösung der Gesellschaft stattfindet, sodass die Verwalter in dieser Situation zwei Haftungsregimen (aus Art. 367 Abs. 1 LSC und aus dem hier im Anschluss noch zu behandelnden Art. 172bis LC) unterliegen.[1070] Kommt es dagegen zur Insolvenzsituation, ohne dass zuvor der Auflösungsgrund eingetreten war oder dieser gleichzeitig mit der Insolvenz vorliegt, so können auch keine nach Eintritt des Auflösungsgrundes entstandenen Verbindlichkeiten vorhanden sein, für die die Verwalter einstehen müssen, sodass sich eine mögliche Haftung für die Verletzung der Antragspflicht in diesem Fall allein aus Art. 172bis LC ergeben kann.[1071]

aa. Voraussetzungen

Die Verwalter haften, wenn sie, obwohl dies angebracht ist, den Konkursantrag nicht innerhalb einer Frist von zwei Monaten stellen, beginnend mit dem für die Abhaltung der Versammlung vorgesehenen Datum (wenn diese nicht stattgefunden hat) oder beginnend mit dem Tag der Versammlung (wenn der Beschluss sich gegen die Auflösung gestellt hat). Art. 367 Abs. 1 LSC enthält, wie auch schon Art. 363 Abs. 1 Nr. e) LSC, hinsichtlich der Stellung des Konkursantrages die Formulierung „wenn es angebracht ist". Auch hier ist ausschließlich die Verletzung der (nur bei Vorliegen der Zahlungsunfähigkeit greifenden) Konkursantragspflicht nach Art. 5 LC gemeint.[1072] Wie bereits bei Darstellung der Voraussetzungen der Haftung nach Art. 367 Abs. 1 LSC im ersten Teil der Untersuchung erörtert wurde, ist zudem – trotz des überwiegend angenommen Sanktionscharakters der Vorschrift bzw. der Qualifizierung als Haftungsnorm für fremde Schulden durch das TS – eine Zurechnung der Pflichtverletzung zu den Verwaltern erforderlich, die hinsichtlich der Verletzung der Antragspflicht also zumindest fahrlässig gehandelt haben müssen.[1073]

In den Fällen, in denen man den Anwendungsbereich der Norm im Grundsatz als eröffnet ansieht (d.h. in Situationen, in denen gleichzeitig Verluste und Insolvenz vorliegen bzw. die Insolvenz auf die Verluste folgt, s. o.), ergeben sich bezüglich der Anwendung dieser Tatbestandsvariante bzw. der relevanten Tatbestandsmerkmale einige Unklarheiten. Diese beziehen sich zum einen auf die Frage, ob bereits die schlichte Verletzung der Konkursantragspflicht die Haftung begründen kann oder ob vielmehr eine Verletzung dieser Pflicht im gesellschaftsrechtlichen Kontext erforderlich ist. Insoweit kam unter Geltung der LSA erneut der – bereits bei Darstellung des Verhältnisses von Einberufungs- und Konkursantragspflicht erwähnten – Vorschrift des Art. 262 Abs. 2 S. 2 LSA Bedeutung zu, nach der die Verwalter bei

1070 *Rodríguez Ruiz de Villa/Huerta Viesca,* RdS 2006, Nr. 26, 647, 652; *Vicent Chuliá,* RCP 2006, Nr. 4, 15, 19.

1071 *Rodríguez Ruiz de Villa/Huerta Viesca,* RdS 2006, Nr. 26, 647, 652.

1072 *Moya Ballester,* La responsabilidad de los administradores, S. 402.

1073 Siehe unter II. 3. c. dd. (2).

Eintritt des Auflösungsgrundes gleichermaßen den Konkursantrag stellen konnten. Zum anderen ist mit der Problematik der relevanten Pflichtverletzung die Frage der maßgeblichen Frist verbunden, deren Nichtbeachtung eine Haftung nach Art. 367 Abs. 1 LSC auslöst. In Betracht kommt die in Art. 367 Abs. 1 LSC selbst enthaltene (zwei Monate ab dem für die Abhaltung der Versammlung vorgesehenen Datum, wenn diese nicht stattgefunden hat, oder an dem Tag der Versammlung, wenn der Beschluss sich gegen die Auflösung gestellt hat) oder die für die Antragspflicht relevante des Art. 5 LC (zwei Monate ab Kenntnis bzw. zu unterstellender Kenntnis von der Insolvenz). Beide Fristen weisen also die gleiche Länge auf, unterscheiden sich aber hinsichtlich des *dies a quo*. Daher impliziert die Beachtung der einen nicht die Beachtung der anderen Frist. Dies ist vielmehr nur dann der Fall, wenn beide Ereignisse auf den gleichen Zeitpunkt fallen. Die Verwalter werden also im Regelfall nur eine der beiden Fristen wahren können. Die hierzu vertretenen Auffassungen lassen sich in drei Gruppen einteilen: diejenigen, die allein die gesellschaftsrechtliche Frist für maßgeblich halten; diejenigen, die allein auf die konkursrechtliche Frist abstellen; und schließlich diejenigen, die beide Fristen parallel anwenden wollen.

Unter Geltung der LSA legte eine Auffassung Art. 262 Abs. 2 S. 2 LSA dahingehend aus, dass die Verwalter aufgrund der Formulierung „können" wählen konnten,ob sie bei Eintritt der Zahlungsunfähigkeit direkt den Konkursantrag stellen oder zunächst die Versammlung einberufen.[1074] Im Fall der Einberufung der Versammlung durch die Verwalter sollte dann, falls die Versammlung nicht stattfand oder sich gegen die Stellung des Konkursantrages aussprach, eine weitere Pflicht der Verwalter entstehen, und zwar diejenige zur Stellung des Konkursantrages innerhalb der in Art. 262 Abs. 5 LSA (heute Art. 367 Abs. 1 LSC) genannten Frist, deren Verletzung die Haftung für die Gesellschaftsverbindlichkeiten nach der gesellschaftsrechtlichen Norm auslösen sollte.[1075] Die schlichte Verletzung der Antragspflicht aus Art. 5 LC konnte danach die Haftung nach Konkursrecht (Art. 172bis LC) zur Folge haben, sollte aber nicht zu einer Haftung aufgrund des Art. 262 Abs. 5 LSA (bzw. Art. 367 Abs. 1 LSC) führen, da die Formulierung „können" in Art. 262 Abs. 2 S. 2 LSA die konkursrechtliche Pflicht insoweit in eine bloße Handlungsmöglichkeit verwandelte.[1076] Nach dieser Auffassung spielte die konkursrechtliche Frist damit im Hinblick auf den gesellschaftsrechtlichen Haftungstatbestand keine Rolle. Da eine Art. 262 Abs. 2 S. 2 LSA gleichende Vorschrift in Art. 365 LSC nicht mehr enthalten ist, bleiben Unklarheiten dahingehend, wie diese Auffassung die jetzige Regelung in Art. 367 Abs. 1 LSC auslegen würde. Einige nehmen diesen Ansatz auf und gehen auch im Hinblick auf Art. 367 Abs. 1 LSC davon aus, dass die Verwalter zwischen der direkten Stellung des Konkursantrages und der Einberufung der Versammlung

1074 *Beltrán,* in: Rojo/Beltrán, Comentario LC, DF 20.ª, S. 3253.
1075 *Beltrán,* in: Rojo/Beltrán, Comentario LC, DF 21.ª, S. 3254.
1076 *Beltrán,* in: Rojo/Beltrán, Comentario LC, DF 21.ª, S. 3254.

wählen können, und halten dementsprechend die gesellschaftsrechtliche Frist für die maßgebliche.[1077]

Ein anderer Ansatz ging unter Geltung der LSA dahin, den Verwaltern – wie bei der zuvor dargestellten Auffassung – aufgrund der Formulierung „können" in Art. 262 Abs. 2 S. 2 LSA ein Recht zur Stellung des Konkursantrages ohne vorherige Einberufung der Versammlung zuzubilligen, verfolgte damit aber den Zweck, den Verwaltern die Wahrung der Frist des Art. 5 Abs. 1 LSC und gleichzeitig die Vermeidung der Haftung nach der gesellschaftsrechtlichen Norm zu ermöglichen.[1078] Damit kam der konkursrechtlichen Frist entscheidende Bedeutung zu, um beide Haftungen zu vermeiden. Einige Stimmen im Schrifttum hielten ebenfalls allein die konkursrechtliche Frist für anwendbar, begründeten dies statt der Bezugnahme auf die Formulierung „können" jedoch damit, dass bei Eintritt der Zahlungsunfähigkeit die konkursrechtlichen Regelungen und damit auch die entsprechenden Fristen maßgeblich sein müssen.[1079] Auch danach haften die Verwalter bei Verletzung der Antragspflicht wohl nach der gesellschaftsrechtlichen und zusätzlich nach der konkursrechtlichen Haftungsnorm, und zwar jeweils wegen Verletzung der konkursrechtlichen Pflicht, wenn dies auch von diesen Stimmen nicht ausdrücklich gesagt wird. Stellenweise findet sich aber auch die explizite Aussage, dass im Rahmen des Art. 367 Abs. 1 LSC (Art. 262 Abs. 5 LSA) wegen des Vorrangs der LC allein die konkursrechtliche Frist maßgeblich sein müsse und dass sich die Verwalter nur dann von der Haftung nach dieser Vorschrift befreien, wenn sie ihrer Pflicht unter Beachtung der in der LC festgelegten Frist nachkommen.[1080]

Nach einer dritten Auffassung sollen sogar beide Fristen Anwendung finden, sodass die Verwalter im Fall der Antragstellung unter Beachtung der gesellschaftsrechtlichen Pflicht nicht nach Art. 367 LSC (bzw. der entsprechenden Vorgängernorm) hafteten, während die Erfüllung der konkursrechtlichen Pflicht die Befreiung von der Haftung nach dem konkursrechtlichen Haftungstatbestand in Art. 172bis (Art. 172 Abs. 3 LC a. F.) zur Folge haben sollte.[1081]

1077 *Martín Reyes,* RDM 2010, 835, 853 f.; *Bataller,* in: Rojo/Beltrán, Comentarios LSC, Art. 367, S. 2573 f.

1078 *García Vidal,* in: LH Olivencia, S. 1017, 1027.

1079 *Gallego Sánchez,* in: Gallego Sánchez, Comentarios LC, D. F. 21.ª, S. 1185; *Sánchez Calero,* Los administradores, S. 506; *Moya Ballester,* La responsabilidad de los administradores, S. 335; in diesem Sinne wohl auch *Viñuelas Sanz,* Responsabilidad, S. 231.

1080 *Guerrero Lebrón/Gómez Porrúa,* in LH Olivencia, S. 1965, 1984.

1081 So wohl *Pulgar Ezquerra,* in: García Villaverde/Alonso Ureba/ Pulgar Ezquerra, Derecho Concursal, S. 55, 95; *Mora Benavente,* in: Fernández de la Gándara/Sánchez Álvarez, Comentarios LC, S. 105 f.

bb. Rechtsfolge

Die Rechtsfolge des Art. 367 Abs. 1 LSC liegt in der Haftung für die nach Eintreten des Auflösungsgrundes entstandenen Gesellschaftsverbindlichkeiten. Damit gilt dem Wortlaut der Vorschrift nach die gleiche Rechtsfolge wie im Falle der Verletzung der gesellschaftsrechtlichen Pflichten bei Vorliegen des gesetzlichen Auflösungsgrundes. Auch bezüglich der Verletzung der Konkursantragspflicht als möglicher haftungsauslösender Handlung fand damit eine Entwicklung von der Haftung für alle Gesellschaftsverbindlichkeiten hin zur Haftung für die nach Auftreten des Auflösungsgrundes entstandenen Verbindlichkeiten statt. Hier stellt sich die Frage, ob die gesellschaftsrechtliche Rechtsfolge mit diesem Wortlaut bei Verletzung der konkursrechtlichen Pflicht Anwendung findet oder ob ein abweichendes Verständnis zugrunde gelegt werden muss. Eine wortlautgetreue Anwendung der Rechtsfolge setzt die Haftung wegen der Verletzung der konkursrechtlichen Pflicht in Beziehung zum Eintritt des Auflösungsgrundes, obwohl dieser nicht die Haftung begründet, die vielmehr aus der Verletzung der Antragspflicht rührt.[1082] Einige wollen die Haftung nach Art. 367 Abs. 1 LSC in den Fällen der Verletzung der Konkursantragspflicht daher auf die nach Eintreten der Zahlungsunfähigkeit entstandenen Verbindlichkeiten beschränken.[1083]

cc. Regelung im Gesetzentwurf für das Handelsgesetzbuch

Art. 272–12 des Gesetzentwurfes für das Handelsgesetzbuch, der die Regelung in Art. 367 LSC ablösen soll, enthält die Verletzung der Konkursantragspflicht als haftungsauslösende Handlung in seinem Tatbestand nicht mehr. Durch diese Änderung soll offenbar für die Zukunft sichergestellt werden, dass die Verwalter bei Verletzung einer konkursrechtlichen Pflicht nicht mehr nach Gesellschaftsrecht, sondern allein nach Konkursrecht haften. Die Verletzung der Konkursantragspflicht bringt bereits deutliche Haftungsfolgen nach der LC mit sich, auf die im Folgenden näher eingegangen werden soll.

c. Haftung wegen Verletzung der Konkursantragspflicht nach Art. 172bis LC

Das spanische Recht verfügt über einen – hier im Rahmen der Insolvenzverursachungshaftung bereits erwähnten – konkursrechtlichen Haftungstatbestand, aufgrund dessen die Verwalter bei Verletzung der Konkursantragspflicht haften können. Er ist in Art. 172bis LC geregelt und umfasst nicht nur die Verletzung der Konkursantragspflicht, sondern eine Reihe weiterer mit dem Konkursverfahren zusammenhängender Tathandlungen, die der spanische Gesetzgeber als

1082 *Rodríguez Ruiz de Villa/Huerta Viesca,* RdS 2006, Nr. 26, 647, 652.

1083 So wohl *Carbajo Cascón,* DSR 2013, Vol. 10, 145, 180; in diesem Sinne offenbar auch *Hernando Mendívil,* Calificación del concurso, S. 326.

haftungsrelevant ansah. Durch die Regelung der konkursrechtlichen Haftung soll der Konkurs als effektive Institution ausgestaltet werden, denn sie stellt zum einen den Anreiz für die Geschäftsleiter dar, die Eröffnung des Konkursverfahrens einzuleiten, kann zum anderen aber auch ein Anreiz für die Gläubiger sein, auf die Einleitung des Verfahrens hinzuwirken, damit eine Wiederherstellung des Gesellschaftsvermögens durch das persönliche Verwaltervermögen erfolgen kann.[1084] Somit dient in der Konkurssituation neben dem Vermögen des Schuldners auch dasjenige der Verwalter der Befriedigung der Gläubigerinteressen. Diese Vorschrift mit all ihren Aspekten wurde und wird seit ihrem Inkrafttreten in Schrifttum und Rechtsprechung intensiv diskutiert. Sie soll hier im Allgemeinen dargestellt, aber spezifisch bezogen auf die Verletzung der Konkursantragspflicht als haftungsbegründende Handlung genauer untersucht werden.

Art. 172bis Abs. 1 S. 1 LC bestimmt, dass der Konkursrichter im Falle der Bildung oder Wiedereröffnung der Qualifizierungsphase als Konsequenz aus der Eröffnung der Liquidation einige oder alle der rechtlichen oder faktischen Verwalter der in Konkurs gegangenen juristischen Person, die zu von der Qualifizierung betroffenen Personen erklärt wurden, zum vollständigen oder teilweisen Ausgleich des Defizits verurteilen kann. Wenn es bereits zu einer Qualifizierung des Konkurses als schuldhaft gekommen ist und die Qualifizierungsphase aufgrund der Nichterfüllung des Konkursvergleiches wiedereröffnet wird, muss der Richter bei der Verurteilung zum Defizitausgleich sowohl die im Qualifizierungsurteil bewiesenen als auch die für die Wiedereröffnung bestimmenden Tatsachen berücksichtigen (Art. 172bis Abs. 1 S. 2 LC). Das Urteil muss im Falle mehrerer Verurteilter den von jedem einzelnen zu zahlenden Betrag unter Berücksichtigung der Beteiligung an den für die Qualifizierung des Konkurses bestimmenden Tatsachen individualisieren (Abs. 1 S. 3).

Die konkursrechtliche Haftung der Verwalter war bereits seit dem Inkrafttreten der LC zum 1. September 2004 in dieser geregelt. Bis zur Reform im Jahr 2011 war der jetzt in Art. 172bis LC geregelte Haftungstatbestand noch in Art. 172 Abs. 3 LC a. F. enthalten. Diese Regelung wies inhaltlich keine grundsätzlichen Unterschiede auf, enthielt aber an einigen Stellen und insbesondere hinsichtlich der Rechtsfolge von der jetzigen Regelung abweichende Formulierungen. Auf diese Unterschiede zwischen Art. 172 Abs. 3 LC a. F. und Art. 172bis LC und den damit verbundenen Folgen wird an den entsprechenden Stellen eingegangen werden. Die Haftung ist durch sechs wesentliche Merkmale gekennzeichnet: Sie weist einen persönlichen (Haftung der Verwalter mit ihrem vollständigen Vermögen i. S. des Art. 1911 Cc), subjektiven (aufgrund des Zurechnungserfordernisses in Bezug auf die schädigende Handlung), begrenzten und damit gleichzeitig subsidiären (Beschränkung der Haftung auf die durch die Liquidation nicht befriedigten Gläubigerforderungen), autonomen (Unabhängigkeit von den gesellschaftsrechtlichen Haftungsmechanismen)

1084 *Beltrán,* in: García-Cruces, Insolvencia y responsabilidad, S. 227, 229.

und kumulativen Charakter auf (Nebeneinander der Haftung mit weiteren Sanktionen der konkursrechtlichen Pflichtverletzung).[1085]

aa. Die Qualifizierungsphase und das Qualifizierungsurteil

Die Erwähnung der Qualifizierungsphase des Konkursverfahrens in Art. 172bis Abs. 1 LC erfordert zum besseren Verständnis zunächst eine Einordnung der Norm in das System des spanischen Konkursrechts. Der Titel VI der LC (Art. 163–175) handelt von der Qualifizierungsphase des Konkurses, die stellenweise im Gesetz auch als sechste Phase bezeichnet wird. Das spanische Konkursrecht unterscheidet zwischen schuldhaften und nicht schuldhaften Konkursen: Der Konkurs wird nach Art. 163 Abs. 1 LC als schuldhaft oder nicht schuldhaft qualifiziert. Vor Inkrafttreten der LC unterschied der mittlerweile gestrichene Art. 886 Ccom sogar drei Arten des Konkurses, und zwar den unverschuldeten, den verschuldeten und den betrügerischen Konkurs.[1086]

(1) Zweck der Qualifizierungsphase

Mit der Normierung der Qualifizierungsphase trägt das Gesetz der Tatsache Rechnung, dass Eintritt oder Verschärfung des Konkurses u. U. auf dem Verhalten des Schuldners selbst beruhen und ihm dieses Verhalten daher in juristischer Hinsicht zum Vorwurf gemacht werden kann, wobei im Falle des Konkurses juristischer Personen die Beurteilung des Verhaltens der Verwalter bzw. der Liquidatoren in den Mittelpunkt rückt.[1087] Die Qualifizierungsphase ist als echter, besonderer Zivilprozess anzusehen.[1088] Hinsichtlich der durch sie verfolgten Zwecke können drei Aspekte unterschieden werden[1089]: Die Warnfunktion, die v. a. im Hinblick auf die mit einer schuldhaften Qualifizierung verbundenen Konsequenzen ihre Bedeutung entfaltet; die Schutzfunktion im Hinblick auf die Gläubigerinteressen, deren Stellung durch die Haftungsfolgen einer Qualifizierung des Konkurses als schuldhaft verbessert werden kann; und die Funktion, diejenigen Teilnehmer des Geschäftsverkehrs von der Teilnahme an selbigem auszuschließen, die sich der Ausübung der Handelsaktivität als unwürdig erwiesen haben.

1085 Siehe die Übersicht bei *Machado Plazas,* El concurso de acreedores culpable, S. 271 ff. und bei *Sanz Acosta,* in: López López/Macías Castillo, Comentario práctico LC, Art. 172bis, S. 591.

1086 Dazu ausführlich *Gómez Martín,* EdD 2003, Nr. 51/2, 115 ff.

1087 *García-Cruces,* in: Rojo/Beltrán, La responsabilidad de los administradores, S. 295 f.

1088 *Machado Plazas,* RCP 2010, Nr. 13, 235, 237. Häufig wird die Qualifizierungsphase auch als zivilrechtliches Sanktionsverfahren bezeichnet, siehe *Farias Batlle,* RDM 2004, 67, 93 und *Etxarandio Herrera,* Manual de derecho concursal, S. 847.

1089 *Arribas Hernández,* in: Beltrán/García-Cruces, Enciclopedia, S. 387, 392.

(2) Verfahren

Das Konkursverfahren kann im spanischen Recht auf zwei unterschiedlichen Wegen beendet werden: mittels eines Konkursvergleiches mit den Gläubigern (Arts. 99–141 LC) oder mittels der Liquidation des schuldnerischen Vermögens (Arts. 142–162 LC).

Art. 167 LC Abs. 1 legt fest, zu welchem Zeitpunkt und in welchen Fällen die Qualifizierungsphase bzw. sechste Phase (erstmals) stattfindet. Danach wird die Bildung der Qualifizierungsphase mit der gleichen gerichtlichen Entscheidung angeordnet, durch die der Konkursvergleich oder der Liquidationsplan genehmigt oder gemäß den allgemeinen Regelungen die Liquidation angeordnet wird. Abweichend davon kommt es zu keiner Bildung der Qualifizierungsphase, wenn ein Konkursvergleich gerichtlich genehmigt wird, der für alle Gläubiger oder für eine oder mehrere Arten von Gläubigern einen Zahlungserlass von weniger als einem Drittel ihrer Forderungen oder eine Stundung von weniger als drei Jahren vorsieht, es sei denn, der Konkursvergleich wird nicht erfüllt. Daraus ergibt sich also die folgende Systematik: Die Qualifizierungsphase findet immer statt, wenn das Konkursverfahren mittels der Liquidation endet. Wenn das Konkursverfahren mit einem Konkursvergleich abschließt, wird die Qualifizierungsphase im Regelfall ebenfalls eröffnet und nur dann nicht abgehalten, wenn die Regelung des Art. 167 Abs. 1 S. 2 LC greift (Ausnahme). Auch im Fall der in Art. 167 Abs. 1 S. 2 LC beschriebenen Konkursvergleiche findet aber eine Qualifizierung statt, wenn diese nicht erfüllt werden (Gegenausnahme). Bei Nichterfüllung eines Konkursvergleiches durch den Schuldner kommt es zur Wiedereröffnung der bereits einmal durchgeführten (und u. U. bereits durch Urteil abgeschlossenen) Qualifizierungsphase (Art. 167 Abs. 2 LC). Art. 145 Abs. 1 Nr. 5 LC bestimmt, dass die gerichtliche Feststellung der Nichterfüllung des Konkursvergleiches zur Eröffnung der Liquidationsphase (und zwar von Amts wegen) führt. Die Wiedereröffnung der Qualifizierungsphase wird dann mit der gleichen gerichtlichen Entscheidung angeordnet, mit der die Eröffnung der Liquidation angeordnet wird.

Nach Art. 168 LC können sich die Gläubiger an diesem Verfahren beteiligen und sich zur Frage der Qualifizierung äußern. Anschließend legen die Konkursverwalter gemäß Art. 169 Abs. 1 LC einen Bericht vor, in dem sie sich ebenfalls zu den relevanten Tatsachen äußern und, falls sie den Konkurs als schuldhaft ansehen, die von der Qualifizierung betroffenen Personen und die zu ersetzenden Schäden benennen. Auch die Staatsanwaltschaft kann sich in Form eines Berichts äußern, wodurch das Verfahren einen gewissen öffentlich-rechtlichen Charakter erhält. Wenn die Konkursverwalter und die Staatsanwaltschaft den Konkurs gleichermaßen als nicht schuldhaft ansehen, so wird das Verfahren vom Richter nach Art. 170 Abs. 1 LC durch Beschluss eingestellt. Kommt es nicht zu dieser einheitlichen Beurteilung durch Konkursverwalter und Staatsanwaltschaft, so entscheidet das Gericht, nach entsprechender Beteiligung bzw. Anhörung des Schuldners, über die Frage der Qualifizierung durch Urteil.

Art. 172 LC bildet die zentrale Vorschrift für das die Qualifizierungsphase abschließende Qualifizierungsurteil. Nach Abs. 1 der Vorschrift erklärt das Urteil den Konkurs für nicht schuldhaft oder schuldhaft. Wird er als schuldhaft qualifiziert, werden der Grund oder die Gründe, auf dem oder denen die Qualifizierung basiert, im Urteil aufgeführt. Nach Art. 172 Abs. 2 LC enthält das Qualifizierungsurteil eine Reihe weiterer Aussprüche, darunter nach Nr. 1 die Bestimmung der von der Qualifizierung betroffenen Personen, wobei bei juristischen Personen u. a. die tatsächlichen oder rechtlichen Verwalter (und zwar auch diejenigen, die diese Organstellung innerhalb von zwei Jahren vor der Eröffnung des Konkursverfahrens innehatten) als von der Qualifizierung betroffene Personen angesehen werden können. Sollte eine der Personen als faktischer Geschäftsleiter betroffen sein, so muss dies im Urteil entsprechend begründet werden. Der Grund für die in Art. 172 Abs. 2 Nr. 1 LC enthaltene Regelung, auch die im Zeitraum von zwei Jahren vor der Konkurseröffnung als Verwalter tätig gewesenen Personen miteinzubeziehen, liegt darin, dass durch die Festlegung eines festen Zeitraumes Rechtssicherheit geschaffen werden soll.[1090] Gegen das Qualifizierungsurteil können die Parteien des Verfahrens nach Art. 172 Abs. 4 LC das Rechtsmittel der Berufung einlegen. Der Ausspruch über die Haftung nach Art. 172bis LC ist – neben anderen in Art. 172 LC festgelegten Konsequenzen – also eine mögliche Folge des aus der Qualifizierungsphase folgenden Qualifizierungsurteils und somit in die Qualifizierungsphase integriert.

bb. Rechtsnatur der Haftung

Wie im Rahmen der gesellschaftsrechtlichen Haftung nach Art. 367 LSC beschäftigte auch die Rechtsnatur des Art. 172bis LC (bzw. der Vorgängernorm Art. 172 Abs. 3 LC a. F.) Rechtsprechung und Lehre in intensiver Form.[1091] In diesem Zusammenhang kritisierten Teile des Schrifttums, dass auch die Reform aus dem Jahr 2011, durch die der Haftungstatbestand in Art. 172bis LC neu geregelt wurde, keine Klarheit zu dieser Problematik gebracht hat.[1092] Die Diskussion mit allen ihren Aspekten und insbesondere der dazu ergangenen untergerichtlichen Rechtsprechung lässt sich auch im Rahmen dieses Rechtsvergleichs nur schwerlich darstellen. Es lassen sich – wie im Fall der Haftung nach Art. 367 LSC – zwei Grundpositionen unterscheiden: die Einordnung als Sanktionsnorm oder als Schadensersatznorm.[1093]

1090 *García-Cruces*, in: Rojo/Beltrán, La responsabilidad de los administradores, S. 295, 306.

1091 Die diesbezügliche Diskussion ist bis zum jetzigen Zeitpunkt (Februar 2016) nicht abgeschlossen. Siehe aus dem neueren Schrifttum nur die ausführlichen Beiträge von *Díaz Echegaray*, ADCo 2013, Nr. 29, 153 ff. und *Garnacho Cabanillas*, RCP 2014, Nr. 20, 215 ff.

1092 *Arribas Hernández*, RCP 2011, Nr. 14, 97, 105.

1093 Kritisch zu dieser Diskussion über die Rechtsnatur bereits im Grundsatz *Marín de la Bárcena*, RCP 2011, Nr. 15, 463, 471, der den spezifisch konkursrechtlichen und durch die Heranziehung der Kategorien „Schadensersatz" und „Sanktion" nicht erklärbaren Charakter der Vorschrift hervorhebt.

Die ganz h. M. im Schrifttum und Teile der Rechtsprechung sehen Art. 172bis LC als sanktionsartige Haftungsnorm an.[1094] Art. 172bis weise eine ähnliche Normstruktur wie die als Sanktionsnorm zu qualifizierende Haftungsnorm 367 LSC auf, denn beide Vorschriften setzen weder einen Schaden noch einen Kausalzusammenhang voraus, sondern beschränken sich auf die Feststellung, dass die Verwalter bei Verletzung der Einberufungspflicht (Art. 367 LSC) bzw. im Fall der Qualifizierung des Konkurses als schuldhaft (Art. 172bis LC) haften müssen.[1095] Würde man die Vorschrift als Schadensersatznorm ansehen, so wäre sie überflüssig, da der Schaden der Gesellschaft und damit indirekt auch derjenige der Gläubiger bereits über die allgemeinen gesellschaftsrechtlichen Haftungsvorschriften für Geschäftsleiter ausgeglichen werde.[1096] Als systematisches Argument lasse sich anführen, dass bereits in Art. 172 Abs. 2 S. 3 LC eine Schadensersatznorm enthalten ist, sodass die Regelung einer weiteren Schadensersatzvorschrift in Art. 172bis systemwidrig wäre.[1097] Die Verurteilung zum teilweisen oder vollständigen Ausgleich des Defizits beruhe allein auf der Qualifizierung des Konkurses als schuldhaft, die bei Verursachung oder Vertiefung der Insolvenz aufgrund grob fahrlässigen oder vorsätzlichen Handelns der Verwalter (und gerade nicht wegen der Verursachung eines bestimmten Schadens) erfolge.[1098] In diesem Zusammenhang wird auch davon gesprochen, dass die konkursrechtliche Haftung als sanktionsartige Haftung der Moralisierung unerwünschter Verhaltensweisen dienen soll.[1099]

Nach der a. A. kommt dieser Haftungsnorm dagegen Schadensersatzcharakter zu.[1100] Dafür spreche, dass eine Zurechnung der Verursachung bzw. Vertiefung der Insolvenzsituation zu den Verwaltern erforderlich sei und sich die Haftung nach Art. 172bis LC im Ergebnis als Fall der Verletzung der Sorgfaltspflicht darstelle, durch die ein Schaden der Gesellschaft und damit auch der Gläubiger entstehe.[1101]

1094 Aus der Rechtsprechung AP Madrid, Urt. v. 23. 9. 2011 (ROJ: SAP M 12936/2011), Rechtsgrund Sechstens; aus dem Schrifttum statt vieler *Beltrán,* RdS 2012, Nr. 39, 355, 359.

1095 *Alcover Garau,* RCP 2007, Nr. 7, 91, 93.

1096 *García-Cruces,* in: Rojo/Beltrán, La responsabilidad de los administradores, S. 295, 315 f.

1097 *Viñuelas,* ADCo 2005, Nr. 4, 265, 269.

1098 *Beltrán,* ADCo 2008, Nr. 14, 329, 357.

1099 *García-Cruces,* La calificación, S. 187.

1100 Aus der Rechtsprechung siehe AP Barcelona, Urt. v. 19.3.2007 (ROJ: SAP B 4821/2007), Rechtsgrund Fünftens; aus dem Schrifttum zu Art. 172 Abs. 3 LC a. F. grundlegend *Alonso Ureba* in: García Villaverde/Alonso Ureba/ Pulgar Ezquerra, Derecho Concursal, S. 505, 533 f.; *Vázquez Albert,* RJCat 2004, 1056, 1062; *Roncero Sánchez,* RCP 2007, Nr. 7, 143, 162; *Vicent Chuliá,* RCP 2008, Nr. 8, 113, 129; *Etxarandio Herrera,* Manual de derecho concursal, S. 894; *Pulgar Ezquerra,* in: Guerra Martín, La responsablidad de los administradores, S. 333, 361; zu Art. 172bis LC *González Cabrera,* RCP 2011, Nr. 14, 297, 302; *Cerdá Albero,* in: Liber amicorum Vicent Chuliá, S. 1563, 1583.

1101 *Alonso Ureba* in: García Villaverde/Alonso Ureba/ Pulgar Ezquerra, Derecho Concursal, S. 505, 534.

Da das Urteil nach Art. 172bis Abs. 1 S. 3 LC bei der Individualisierung des Haftungsbetrages die Beteiligung des einzelnen Verwalters an den zur Qualifizierung als schuldhaft führenden Umständen berücksichtigen muss, könne auf das Erfordernis eines Kausalzusammenhanges zwischen Handeln der betroffenen Person und dem entstandenen Schaden geschlossen werden.[1102] Weil Art. 172bis LC eine Funktion zum Schadensersatz im Hinblick auf den Hauptzweck des Konkursrechts – der Gläubigerbefriedigung – zukomme, müsse neben dem Kausalzusammenhang auch die Existenz eines Schadens als notwendiges Tatbestandsmerkmal angesehen werden.[1103] Würde es sich um eine Sanktionsnorm handeln, so müsste diese automatisch Anwendung finden und dürfte dem Richter nicht die Möglichkeit einräumen, die entsprechende Verurteilung auszusprechen oder davon abzusehen.[1104]

Teile des Schrifttums schreiben der konkursrechtlichen Haftung einen Charakter zu, der zwischen der Schadensersatz- und der Sanktionshaftung liegt.[1105] Es handele sich um eine Vorschrift mit hybridem Charakter, die auf der einen Seite das Handeln der Verwalter sanktioniere und auf der anderen Seite die durch die Minderung des Gesellschaftsvermögens verursachten Gläubigerschäden ausgleichen wolle.[1106]

Das TS setzte sich im Jahr 2011 erstmals mit der Frage der Rechtsnatur des Art. 172bis LC (Art. 172 Abs. 3 LC a. F.) auseinander und lehnte den Ansatz der sanktionsartigen Haftung ab, da die Verwalter aufgrund der Norm für den den Gläubigern entstehenden Schaden haften und diese Haftungsfolge nur dann eintrete, wenn ihnen dieser Schaden zugerechnet werden könne (aufgrund der Qualifizierung des Konkurses als schuldhaft bzw. der mit Vorsatz oder Fahrlässigkeit verursachten bzw. vertieften Insolvenz).[1107] Dabei sprach das TS aber auch nicht ausdrücklich von einer Schadensersatznorm.[1108] In seiner weiteren Rechtsprechung lehnte es dann die Qualifizierung des Art. 172bis LC als Schadensersatznorm unter Hinweis auf den Normwortlaut ab, sprach aber im Ergebnis auch nicht von einer Sanktionsnorm, sondern von Art. 172bis LC als Tatbestand einer Haftung für fremde Schulden.[1109] Teile des Schrifttums folgerten daraus, dass das TS – wie im Fall des

1102 *González Cabrera,* RCP 2011, Nr. 15, 355, 364.

1103 *Roncero Sánchez,* RCP 2007, Nr. 7, 143, 155.

1104 *González Cabrera,* RCP 2011, Nr. 15, 355, 365.

1105 *Prendes Carril,* AJA 2007, Nr. 731, 1, 12 („*tertium genus*"); zustimmend *Verdú Cañete,* La responsabilidad civil del administrador, S. 84.

1106 *Verdú Cañete,* La responsabilidad civil del administrador, S. 84.

1107 TS, Urt. v. 23. 2. 2011 (ROJ: STS 1068/2011), Rechtsgrund Siebtens und TS, Urt. v. 12. 9. 2011 (ROJ: STS 5833/2011), Rechtsgrund Drittens; ebenfalls in diese Richtung TS, Urt. v. 6. 10. 2011 (ROJ: STS 6838/2011), Rechtsgrund Fünftens.

1108 Teile des Schrifttums interpretierten die genannten Urteile aber in diese Richtung, so *Rodríguez Ruiz de Villa,* in: García-Cruces, Insolvencia y responsabilidad, S. 401, 408.

1109 TS, Urt. v. 16. 7. 2012 (ROJ: STS 5172/2012), Rechtsgrund Drittens. Kritisch zu dieser Einordnung *Luis Vizcaino/Ruiz Muñoz,* ADCo 2015, Nr. 36, 197 ff., da die Einordnung als Haftung für fremde Schulden keine Antwort auf die Frage der Rechtsnatur enthalte.

Art. 367 LSC – eine vermittelnde Position zwischen strikter Schadensersatzhaftung und Sanktionshaftung einnehmen wollte.[1110] In einem kürzlich ergangenen Urteil äußerte sich das TS dann ausdrücklich dahingehend, dass Art. 172bis LC kein schadensersatzrechtlicher Charakter im engeren Sinne zugeschrieben werden könne, sondern vielmehr als Norm angesehen werden müsse, die die mit der Insolvenz verbundenen Risiken bei einem Fehlverhalten der Verwalter diesen und nicht mehr den Gläubigern auferlege, sodass sich ihre Rechtsnatur mit derjenigen der Haftung aus Art. 367 LSC decke.[1111]

Durch das RDL 4/2014[1112] erstreckte der spanische Gesetzgeber die konkursrechtliche Haftung auf diejenigen Anteilseigner, die sich ohne berechtigten Grund einer Kapitalisierung von Forderungen oder der Ausgabe von Werten oder wandelbaren Instrumenten verweigern. In diesem Zusammenhang wurde im letzten Teil des Art. 172bis Abs. 1 LC die Formulierung "in dem Maße, in dem das Verhalten, das zur Qualifizierung als schuldhaft geführt hat, die Insolvenz verursacht oder vertieft hat" hinzugefügt. Nach Teilen des Schrifttums entschied sich der Gesetzgeber damit ausdrücklich für eine Qualifizierung des Art. 172bis LC als Schadensersatznorm, da hier das Defizit in eine Kausalbeziehung zu dem die Insolvenz verursachenden oder vertiefenden, schuldhaften Verhalten gesetzt werde, sodass nunmehr wie bei jeder Schadensersatzhaftung ein schuldhaftes Verhalten, ein Schaden (und zwar in Form des Defizits) und ein Kausalzusammenhang gegeben sein müssen.[1113] Andere dagegen sehen in der Normänderung kein klares Bekenntnis des Gesetzgebers zu einer Qualifizierung als Schadensersatznorm, da die Reform lediglich den Anwendungsbereich der konkursrechtlichen Haftung in Bezug auf die genannten Handlungen der Gesellschafter erweitern wollte und sich der neu eingefügte Normtext daher auch nur auf diese bzw. auf die Frage beziehe, inwieweit das Verhalten der Gesellschafter die Insolvenz verursacht oder vertieft hat.[1114]

1110 So *García-Cruces,* in: Liber amicorum Vicent Chuliá, S. 1629, 1653; ebenso *Carbajo Cascón,* in: Ruiz de Iza/Barber Marrero, Cuestiones actuales sobre Derecho Concursal, S. 41, 50 f.

1111 TS, Urt. v. 12. 1. 2015 (ROJ: STS 256/2015), Rechtsgrund Erstens.

1112 RDL 4/2014 vom 7. 3. 2014, BOE Nr. 58 vom 8. 3. 2014, S. 21944.

1113 *Molina López,* in: Martín Molina/del Carre Díaz-Gálvez/Lopo López, El procedimiento concursal, S. 196, 213; für die Einordnung als Schadensersatztatbestand aufgrund der Normänderung auch *Rodríguez Ruiz de Villa/Huerta Viesca,* ADCo 2015, Nr. 36, 171 ff.

1114 *García-Cruces,* ADCo 2014, Nr. 33, 181, 196 f. Er bezieht sich insoweit auf die Gesetzesbegründung Nr. IV des RDL 4/2014, BOE Nr. 58 v. 8. 3. 2014, S. 21948, wonach sich die Änderungen der LC ausschließlich auf ihren Anwendungsbereich beziehen sollen.

cc. Voraussetzungen der Haftung nach Art. 172bis LC

Die konkursrechtliche Haftungsvorschrift in Art. 172bis Abs. 1 LC setzt sich sowohl nach der sie als Sanktionsnorm qualifizierenden h. M. im Schrifttum als auch nach der Rechtsprechung des TS aus drei wesentlichen Tatbestandsmerkmalen zusammen[1115]: einem materiellen (zusammengesetzt aus der Qualifizierung des Konkurses als schuldhaft und der Bildung bzw. Wiedereröffnung der Qualifizierungsphase als Konsequenz der Eröffnung der konkursrechtlichen Liquidation), einem quantitativen (das Bestehen einer für die vollständige Befriedigung der Forderungen der Gläubiger nicht ausreichenden Masse) und einem subjektiven Element (Beschränkung der Haftung auf die rechtlichen oder tatsächlichen Verwalter der sich im schuldhaften Konkurs befindlichen juristischen Person). Bei einer Einordnung des Art. 172bis LC als schadensersatzrechtliche Haftungsnorm dagegen sollen zusätzlich – wie bei jeder zivilrechtlichen Verwalterhaftung – eine rechtswidrige Handlung, das Verschulden der Verwalter, die Entstehung eines Schadens (in Form der unbefriedigt gebliebenen Forderungen), und ein Kausalzusammenhang zwischen Handlung und Schaden erforderlich sein.[1116] Die Tatbestandsmerkmale auf Grundlage der h. M. sollen hier jeweils spezifisch in Bezug auf die Verletzung der Konkursantragspflicht als relevante Tathandlung untersucht werden.

(1) Qualifizierung des Konkurses als schuldhaft und Liquidation (materielles Element)

Das materielle Tatbestandsmerkmal setzt sich zusammen aus der Qualifizierung des Konkurses als schuldhaft und der Bildung bzw. Wiedereröffnung der Qualifizierungsphase als Konsequenz der Eröffnung der Liquidation.

(a) Qualifizierung des Konkurses als schuldhaft und Verletzung der Konkursantragspflicht

Nach Art. 163 Abs. 1 LC erfolgt eine Qualifizierung des Konkurses als schuldhaft oder nicht schuldhaft. Der Problematik der Qualifizierung kommt eine große Bedeutung für die Verletzung der Konkursantragspflicht zu, da diese einen Anwendungsfall des als schuldhaft qualifizierten Konkurses darstellt. Bezüglich des nicht schuldhaften Konkurses fehlt es an einer Definition im Gesetz. Daher liegt ein solcher immer dann vor, wenn keiner der gesetzlichen Fälle des schuldhaften Konkurses gegeben ist.[1117] Eine Legaldefinition des schuldhaften Konkurses findet sich dagegen in Art. 164 Abs. 1 LC. Danach wird der Konkurs als schuldhaft qualifiziert, wenn die Insolvenzsituation durch den Schuldner oder, soweit vorhanden,

---

1115 Aus der Rechtsprechung TS, Urt. v. 16. 7. 2012 (ROJ: STS 5172/2012), Rechtsgrund Drittens; aus dem Schrifttum siehe nur *Beltrán/García-Cruces,* in: Beltrán/García-Cruces, Enciclopedia, S. 2625, 2630 f.

1116 *Verdú Cañete,* La responsabilidad civil del administrador, S. 173.

1117 Siehe nur *Rosende Villar,* in: Cordón Moreno, Comentarios LC, Art. 163, S. 1057.

durch seine rechtlichen Vertreter und im Falle einer juristischen Person, durch deren tatsächliche und rechtliche Verwalter und anderen in der Norm genannten Personen, die irgendeine dieser Eigenschaften innerhalb einer Zeitraumes von zwei Jahren vor Eröffnung des Konkursverfahrens innehatten, vorsätzlich oder grob fahrlässig verursacht oder vertieft wurde. Art. 164 Abs. 1 LC ist als nicht auf konkrete Verhaltensweisen abzielende Generalklausel zu verstehen, sodass jedes Verhalten, das die Voraussetzungen der Norm erfüllt, zu einer Qualifizierung des Konkurses als schuldhaft führen kann.[1118] Unter Zugrundelegung des Normtextes müssen für eine Qualifizierung des Konkurses als schuldhaft vier Voraussetzungen erfüllt sein: Eine Handlung oder Unterlassung, die Verursachung oder Vertiefung der Insolvenzsituation, Vorsatz oder grobe Fahrlässigkeit seitens des Schuldners selbst bzw. der Verwalter der juristischen Person und ein Kausalzusammenhang zwischen Handlung und Entstehung bzw. Vertiefung der Insolvenz.[1119]

Art. 164 Abs. 2 LC ist für die Haftung bei unterlassener bzw. verspäteter Antragstellung nicht relevant und enthält eine Aufzählung von Tathandlungen, bei deren Vorliegen der Konkurs nach dem Wortlaut der Vorschrift in jedem Fall als schuldhaft qualifiziert wird. Nach der ganz h. M. handelt es sich dabei um Vermutungen *iuris et de iure*, die einen Gegenbeweis durch den Schuldner nicht zulassen und in deren Rahmen die Schuldhaftigkeit allein aufgrund des Vorliegens der Handlung vermutet wird.[1120] Konkret werden im Gesetz die folgenden sechs spezifischen Handlungen aufgeführt: Schwerwiegende Verletzung der gesetzlich auferlegten Buchführungspflichten, doppelte Buchführung oder Begehung von Unregelmäßigkeiten, die für das Verständnis der finanziellen Situation relevant sind; Vorlage von Unterlagen, die den Konkursantrag begleiten oder während des Verfahrens vorgelegt werden und die schwere Mängel aufweisen oder falsch sind; Eröffnung der Liquidationsphase von Amts wegen aufgrund dem Schuldner zuzurechnender Nichteinhaltung des Konkursvergleiches; Beiseiteschaffen des teilweisen oder gesamten Vermögens zu Lasten der Gläubiger oder Begehung von Handlungen, die die Wirksamkeit einer Pfändung verzögern, erschweren oder verhindern; Abzug von Gütern oder Rechten in betrügerischer Absicht innerhalb von zwei Jahren vor Eröffnung des Konkursverfahrens; Vornahme einer Rechtshandlung vor Eröffnung des Konkursverfahrens, die auf die Vorspiegelung einer fiktiven Vermögenssituation gerichtet ist.

Im Folgenden sollen die vier Voraussetzungen der Qualifizierung des Konkurses als schuldhaft auf der Grundlage der Generalklausel des Art. 164 Abs. 1 LC dargestellt und dabei jeweils darauf eingegangen werden, inwiefern die Verletzung der Konkursantragspflicht diese Voraussetzungen erfüllt.

1118 Siehe zur Bezeichnung als Generalklausel statt vieler *Frau i Gaià*, La calificación en el concurso de acreedores, S. 17.

1119 Siehe nur *García Marrero*, in: Nieto Delgado, Derecho Concursal, S. 629, 643.

1120 Statt vieler *Prades Cutillas*, in: Sebastián Quetglas, Fundamentos de derecho empresarial, Tomo IV, S. 197, 215.

(aa) Handlung oder Unterlassung

Die erforderliche Handlung bzw. Unterlassung liegt im Fall der Verletzung der Antragspflicht in der verspäteten bzw. unterlassenen Stellung des Konkursantrages durch die dazu gesetzlich verpflichteten Verwalter.

(bb) Verursachung oder Vertiefung der Insolvenz

Die zweite Voraussetzung liegt in einer Verursachung oder Vertiefung der Insolvenz. Im Fall der verspäteten oder unterlassenen Antragstellung kann sich die bereits eingetretene Insolvenzsituation dahingehend vertiefen, dass es zu einer Minderung der Befriedigungsaussichten der Gläubiger kommt.

(cc) Vorsatz oder grobe Fahrlässigkeit

Die konkursrechtliche Haftung erfordert ein vorsätzlich bzw. grob fahrlässiges Handeln des Schuldners bzw. der Verwalter der juristischen Person. Damit sind beide Verschuldensformen in Bezug auf die Haftungsvoraussetzungen gleichgestellt. Vorsatz liegt vor bei bösgläubigem, arglistigem oder willentlichem Handeln, wobei im Hinblick auf eine Verursachung oder Vertiefung der Insolvenz keine Absicht erforderlich, sondern ein diesbezügliches Bewusstsein ausreichend ist.[1121] Von grober Fahrlässigkeit in diesem Zusammenhang kann ausgegangen werden, wenn die Verhaltensregel nicht willentlich verletzt wird, aber eine Verletzung der erforderlichen Sorgfalt in Bezug auf eine grundlegende Pflicht vorliegt.[1122] Auch wenn sowohl Vorsatz als auch grobe Fahrlässigkeit in Bezug auf die Verursachung bzw. Vertiefung der Insolvenz gleichermaßen zur schuldhaften Qualifizierung des Konkurses führen, muss der Richter im Hinblick auf die Rechtsfolgen der Qualifizierung das jeweilige Verhalten bewerten, sodass es je nach Form des Verschuldens zu einer unterschiedlichen Bewertung kommen kann.[1123]

Für das Tatbestandsmerkmal des Vorsatzes bzw. der groben Fahrlässigkeit kommt der Regelung in Art. 165 LC entscheidende Bedeutung zu. Die auch für die Verletzung der Konkursantragspflicht relevante Vorschrift regelt insgesamt vier Fälle der Vermutung und bestimmt in Abs. 1 Nr. 1, dass – vorbehaltlich des Gegenbeweises – die Schuldhaftigkeit des Konkurses vermutet wird, wenn der Schuldner seiner bzw. die Verwalter ihrer Pflicht zur Stellung des Konkursantrages nicht nachgekommen sind. Die Norm enthält in Abs. 1 Nr. 2 und 3 und in Abs. 2 dann drei weitere Fälle, die wiederum mehrere Handlungen umfassen: Verletzung der Pflicht zur Zusammenarbeit mit dem Konkursrichter oder der Konkursverwaltung oder unterlassene Übermittlung von Informationen an diese bzw. Nichtteilnahme an der Gläubigerversammlung, wenn ihre Teilnahme entscheidend für den Abschluss eines Konkursvergleiches gewesen wäre; Verletzung der Pflicht zur Erstellung des Jahresabschlusses,

1121 *Morales Barceló,* La responsabilidad de los administradores, S. 110.
1122 *García-Cruces,* La calificación, S. 32.
1123 *Morales Barceló,* La responsabilidad de los administradores, S. 110.

Verletzung der Pflicht zur Vornahme der Wirtschaftsprüfung oder zur Hinterlegung des Jahresabschlusses beim Handelsregister; unberechtigte Verweigerung der Anteilseigner oder der Verwalter zur Kapitalisierung von Forderungen oder der Ausgabe von Werten oder wandelbaren Instrumenten, sodass der Abschluss einer in Artikel 71bis.1 LC oder der vierten Zusatzbestimmung vorgesehenen Refinanzierungsvereinbarung oder einer außergerichtlichen Zahlungsvereinbarung nicht erreicht werden kann. Da sich diese Untersuchung hier auf die Verschleppungshaftung konzentriert, werden diese weiteren Anwendungsfälle der Haftungsnorm hier nicht näher untersucht. In den in Art. 165 LC aufgeführten Fällen handelt es sich um Vermutungen *iuris tantum*, bei denen im Gegensatz zu Art. 164 Abs. 2 LC der Gegenbeweis möglich ist.[1124] Die Verwalter können somit darlegen, dass sie sich trotz Verletzung einer konkreten Pflicht in Bezug auf die Unternehmenskrise korrekt verhalten haben.[1125] Die Vermutungsregelung in Art. 165 LC verfolgt den Zweck, die Qualifizierung des Konkurses als schuldhaft zu erleichtern.[1126] Die Verletzung der Konkursantragspflicht bildet damit im spanischen Recht einen Anwendungsfall des schuldhaften Konkurses.

Im Rahmen des Art. 165 LC wird dem Normtext nach mittlerweile die Schuldhaftigkeit des Konkurses vermutet. Dies ist eine Folge der Änderung, die die Vorschrift (und deren Überschrift) im Mai 2015 erfuhr, denn vorher bezogen sich Wortlaut und Überschrift explizit auf die Vermutung des Vorsatzes bzw. der groben Fahrlässigkeit. In diesem Zusammenhang war umstritten, wie die Reichweite der Vermutungsregelung zu verstehen war und ob über den Wortlaut der Vorschrift hinaus auch das Merkmal des Kausalzusammenhanges zwischen Handlung und Entstehung bzw. Vertiefung der Insolvenz von der gesetzlichen Vermutung umfasst wurde. Nach der überwiegenden Auffassung in Schrifttum und Teilen der Rechtsprechung wurde über Art. 165 LC aufgrund seines Wortlautes („Vorsatz oder grobe Fahrlässigkeit ... werden vermutet") nur die Voraussetzung des Vorsatzes bzw. der groben Fahrlässigkeit vermutet, nicht aber die weiteren Voraussetzungen des Art. 164 Abs. 1 LC (wie etwa die Kausalbeziehung), sodass Art. 165 LC als ergänzende Norm zu Art. 164 Abs. 1 LC zu verstehen war.[1127] Durch ein solches Normverständnis werde

---

1124 Z. B. *Montoro Puerto*, in: Usón Duch, La nueva Ley Concursal, S. 117. Damit enthält Art. 165 LC eine Beweislastumkehr, siehe *Cámara Águila*, in: Bercovitz Rodríguez-Cano, Comentarios LC, Art. 165, S. 1764.

1125 *Marín de la Bárcena*, ADCo 2013, Nr. 28, 103, 132.

1126 *García-Cruces*, in: Rojo/Beltrán, Comentario LC, Art. 164, S. 2536.

1127 In der Rechtsprechung wurde diese Auffassung von der AP Madrid vertreten, siehe AP Madrid, Urt. v. 5. 2. 2010 (ROJ: SAP M 2045/2010), Rechtsgrund Drittens. Aus dem Schrifttum *García-Cruces*, in: Rojo/Beltrán, Comentario LC, Art. 164, S. 2536; *Fernández Pérez*, in: Gallego Sánchez, Comentarios LC, Art. 165, S. 584; *Benavides Velasco/Guerrero Palomares*, RCP 2010, Nr. 13, 175, 192; *Beltrán*, in: García-Cruces, Insolvencia y responsabilidad, S. 227, 241; *A. Muñoz Paredes*, in: Prendes Carril/A. Muñoz Paredes, Tratado judicial de la insolvencia, S. 595, 638; *Quijano González*, RCP 2013, Nr. 18, 51, 54.

dem Charakter der Generalklausel des Art. 164 Abs. 1 LC als Definitionsnorm der Voraussetzungen des schuldhaften Konkurses Rechnung getragen und vermieden, dass ein schuldhafter Konkurs bereits durch die Vermutungsregelung unterstellt wird, obwohl das Verhalten tatsächlich nicht zur Verursachung bzw. Vertiefung der Insolvenz geführt hat.[1128] Da sich die Vermutungswirkung auf das in der Generalklausel enthaltene Tatbestandsmerkmal des Verschuldens beziehe, müsse Art. 165 LC zusammen mit dieser betrachtet werden, sodass er konsequenterweise als Art. 164 Abs. 2 LC hätte gefasst werden müssen.[1129] Nach anderen Stimmen im Schrifttum und der Rechtsprechung umfasste die Vermutungswirkung des Art. 165 LC dagegen auch die Kausalbeziehung, da diese auf andere Art nur schwer bewiesen werden könne und die Norm sich als zwecklos erweisen würde, wollte man durch sie allein das Verschulden vermuten.[1130] Vereinzelt wurde in der Rechtsprechung auch ein noch weiteres Verständnis des Art. 165 LC zugrunde gelegt und vertreten, dass durch die Norm neben dem Vorsatz bzw. der groben Fahrlässigkeit die Kausalbeziehung und die zugrunde liegende Handlung vermutet werden.[1131] Das TS schloss sich der ersten Auffassung an und sah Art. 165 LC als eine die Voraussetzungen des Art. 164 Abs. 1 LC ergänzende Norm an.[1132] Allerdings entstanden hier Unklarheiten, da das TS in einem noch vor der Gesetzesänderung ergangenen Urteil zwar auf seine vorherige Rechtsprechung zu dieser Frage Bezug nahm, aber gleichzeitig davon sprach, dass die Vermutung *iuris tantum* neben dem Vorsatz bzw. der groben Fahrlässigkeit auch die kausale Folge umfasse.[1133] In den jüngsten Urteilen des TS zur Frage der Reichweite der Vermutungswirkung des Art. 165 LC, die noch vor der Änderung des Normtextes durch den spanischen Gesetzgeber bzw. unmittelbar danach ergingen, betonte das Gericht dagegen spezifisch unter Bezugnahme auf die in Nr. 1 der Vorschrift enthaltene Vermutung für die Verletzung der Konkursantragspflicht, dass bei der Qualifizierung eines Konkurses als schuldhaft aufgrund der Verletzung der Konkursantragspflicht diese Qualifizierung auf dem durch die Norm vermuteten Vorsatz bzw. der groben Fahrlässigkeit und der gesonderten Feststellung des Kausalzusammenhanges beruhe, der die bedeutendste Voraussetzung für eine Haftung

1128 *A. Muñoz Paredes,* in: Prendes Carril/A. Muñoz Paredes, Tratado judicial de la insolvencia, S. 595, 638.

1129 *Quijano González,* RCP 2013, Nr. 18, 51, 54.

1130 Aus der Rechtsprechung AP Barcelona, Urt. v. 6. 4. 2011 (ROJ: SAP B 3930/2011), Rechtsgrund Viertens; aus dem Schrifttum *Machado Plazas,* El concurso de acreedores culpable, S. 143 ff; *Verdú Cañete,* La responsabilidad civil del administrador, S. 237; *Morales Barceló,* La responsabilidad de los administradores, S. 147.

1131 In diesem Sinne wohl die AP Alicante, Urt. v. 13. 1. 2009 (ROJ: SAP A 41/2009), Rechtsgrund Zweitens.

1132 TS, Urt. v. 17. 11. 2011 (ROJ: STS 8004/2011), Rechtsgrund Viertens.

1133 TS, Urt. v. 1. 4. 2014 (ROJ: STS 1368/2014), Rechtsgrund Fünftens. Dies erscheint missverständlich, sollte aber aufgrund des insoweit klaren Wortlautes des Art. 165 LC zu relativieren sein, siehe *García-Cruces,* ADCo 2014, Nr. 33, 181, 192.

nach Art. 172bis LC darstelle.[1134] Letztlich muss davon ausgegangen werden, dass mit der Hinwendung zur Formulierung „Vermutung der Schuldhaftigkeit" in Art. 165 LC dessen Vermutungswirkung auf alle Voraussetzungen des schuldhaften Konkurses und insbesondere den Kausalzusammenhang zwischen Tathandlung und Insolvenzentstehung bzw. -vertiefung erstreckt werden soll, sodass allein bei Vorliegen des Tatbestandes der Vorschrift in Abs. 1 Nr. 1 (Verletzung der Konkursantragspflicht) der Konkurs vorbehaltlich des Gegenbeweises als schuldhaft vermutet wird.[1135] Damit müssen nur noch im Fall der Generalklausel des Art. 164 Abs. 1 alle Merkmale des schuldhaften Konkurses dargelegt werden.

(dd) Kausalzusammenhang

Die vierte und letzte Voraussetzung für eine Qualifizierung des Konkurses als schuldhaft liegt in der Kausalbeziehung zwischen dem als vorsätzlich oder grob fahrlässig eingeordneten Verwalterhandeln und der Entstehung bzw. Vertiefung der Insolvenzsituation. Was die Verletzung der Konkursantragspflicht betrifft, so ist diese Kausalbeziehung immer dann nicht gegeben, wenn die verspätete Antragstellung keine Benachteiligung für die Gläubiger herbeigeführt hat.[1136] So kann sich der Differenzbetrag zwischen Aktiv- und Passivmasse nach Ausbleiben der Antragstellung auch verringern.[1137] U. U. kann der Schuldner noch nach Ablauf der zweimonatigen Konkursantragspflicht zu Einnahmen gelangen (sei es durch Veräußerung von Teilen des Aktivvermögens oder durch Zahlungseingänge seiner Schuldner), die zwar die Zahlungsunfähigkeit nicht aufheben, ihm aber zumindest die Wiederaufnahme der Erfüllung bestimmter Zahlungsverpflichtungen erlauben.[1138] Aufgrund der erwähnten Änderung des Art. 165 LC wird dieser Kausalzusammenhang aber bereits durch die Vorschrift vermutet.

1134 TS, Urt. v. 21. 5. 2015 (ROJ: STS 2066/2015), Rechtsgrund Sechstens; kurz darauf TS, Urt. v. 1. 6. 2015 (ROJ: STS 2451/2015), Rechtsgrund Fünftens.

1135 So jetzt ausdrücklich *Díaz Echegaray,* Calificación del concurso, S. 157.

1136 *A. Muñoz Paredes,* in: Prendes Carril/A. Muñoz Paredes, Tratado judicial de la insolvencia, S. 595, 638. Siehe dazu auch *Verdú Cañete,* La responsabilidad civil del administrador, S. 272 f.: Wenn der Verwalter die Antragspflicht verletzt und die Geschäfte weiter führt, dieses Verhalten aber mit Vorteilen für das Gesellschaftsvermögen und damit indirekt für die Gläubiger verbunden ist (Reduzierung des Defizits), so kommt eine Haftung nicht in Betracht.

1137 Siehe etwa den JM Nr. 1 von Oviedo, Urt. v. 23. 5. 2007 (ROJ: SJM O 436/2007) zugrunde liegenden Fall, in dem die Konkursverwaltung feststellte, dass aufgrund der Verzögerung der Antragstellung keine Schäden auftraten.

1138 *Benavides Velasco/Guerrero Palomares,* RCP 2010, Nr. 13, 175, 196, die als Beispiele die Zahlung der Arbeitslöhne oder des Pachtzinses für ein Ladenlokal nennen.

(b) Eröffnung der Liquidationsphase

Art. 172bis LC findet seinem Wortlaut nach nur bei mittels einer Liquidation endenden Konkursverfahren und nicht bei solchen Anwendung, die mit einem Konkursvergleich mit den Gläubigern abgeschlossen werden. Endet das Konkursverfahren mit einem solchen Konkursvergleich, so bleibt aber die Haftung nach den allgemeinen Regeln der LSC anwendbar.[1139] Während also die Qualifizierungsphase als solche sowohl im Falle der Liquidation als auch in fast allen Fällen des Konkursvergleiches stattfindet, bleibt die Anwendung der Haftung nach Art. 172bis LC auf einen Teil der Fälle beschränkt. Die Beschränkung des Anwendungsbereiches des Haftungstatbestandes führte zu unterschiedlichen Stellungnahmen im Schrifttum. Nach einigen lässt sie sich dadurch rechtfertigen, dass auf diese Weise der Druck auf den Schuldner erhöht werden soll, nicht leichtfertig den Weg der Liquidation zu beschreiten und stattdessen eine – vom Gesetz als vorzugswürdig angesehene – Vereinbarung in Form des Konkursvergleiches mit den Gläubigern zu schließen.[1140] Überdies werden die Gläubiger in den Fällen des Konkursvergleiches besser geschützt, v. a. auch durch die ihnen zustehenden Beteiligungsmöglichkeiten im zugrunde liegenden Verfahren.[1141] Andere kritisieren in der genau entgegengesetzten Richtung, dass durch die Entscheidung des Gesetzgebers der Anreiz für die Gläubiger sinke, einem Konkursvergleich beizutreten.[1142]

Art. 172bis Abs. 1 LC spricht davon, dass die Qualifizierungsphase aufgrund der Eröffnung der konkursrechtlichen Liquidation entweder gebildet oder wiedereröffnet wurde. Die Regelungen zur Eröffnung der Liquidation finden sich in den Art. 142, 143 LC. Nach Art. 142 Abs. 1 LC kann der Schuldner jederzeit freiwillig die Eröffnung der Liquidation beantragen. Er ist nach Abs. 2 dieser Norm dazu verpflichtet, wenn er während des Geltungszeitraumes eines Konkursvergleiches Kenntnis davon erlangt, dass er den dort festgelegten Zahlungen und den nach Annahme des Vergleiches eingegangenen Verpflichtungen nicht nachkommen kann. Wenn der Schuldner die Eröffnung der Liquidation nicht beantragt, kann jeder Gläubiger dies unter den Voraussetzungen des Art. 142 Abs. 2 S. 2 LC tun. Art. 143 LC enthält Regelungen zur Eröffnung der Liquidation von Amts wegen. Wiedereröffnet wird die bereits einmal durchgeführte Qualifizierungsphase in den Fällen, in denen es zunächst zu einem Konkursvergleich gekommen ist, der dann aber vom Schuldner nicht erfüllt wird, sodass es zur Eröffnung der Liquidationsphase von Amts wegen kommt (Arts. 143 Abs. 1 Nr. 5, 167 Abs. 2 LC).

1139 *Morales Barceló,* La responsabilidad de los administradores, S. 157.

1140 *García-Cruces,* in: Rojo/Beltrán, La responsabilidad de los administradores, S. 295, 304.

1141 *García-Cruces,* in: Rojo/Beltrán, La responsabilidad de los administradores, S. 295, 304.

1142 *Viñuelas Sanz,* Responsabilidad, S. 154; *Morales Barceló,* La responsabilidad de los administradores, S. 469, die eine Ausweitung der Haftung *de lege ferenda* befürwortet.

(2) Insuffizienz der Masse (quantitatives Element)

Nach der zweiten Voraussetzung der Haftung nach Art. 172bis Abs. 1 LC muss die Aktivmasse ein Defizit im Hinblick auf die Befriedigung der Gläubigerforderungen aufweisen, die zumindest zum Teil ausgefallen sein müssen.[1143] Dies dürfte in der Insolvenzsituation nahezu immer der Fall sein. Zu betrachten ist das Defizit, das nach Abschluss der Liquidation und der durch sie vorgenommenen Auszahlungen verbleibt.[1144] In der Beschränkung der konkursrechtlichen Haftung auf das nach Abschluss der Liquidation verbliebene Defizit zeigt sich der eingangs bereits erwähnte subsidiäre Charakter der Haftung. Von den Stimmen im Schrifttum, die der konkursrechtlichen Haftung schadensersatzrechtlichen Charakter zuschreiben, werden die nicht vollständig befriedigten Gläubigerforderungen als konkreter Schaden der Gläubiger angesehen.[1145] Versteht man den konkursrechtlichen Haftungstatbestand als Schadensersatznorm, so soll der über ihn eingeklagte Haftungsbetrag dem Ausgleich eines Schadens der Gläubigergesamtheit bzw. eines Kollektivschadens dienen, der als indirekter, auf der Schädigung des Gesellschaftsvermögens basierender Schaden anzusehen sei, während der Gesellschaft der direkte Schaden entstehe.[1146] In der Konkursphase finde eine Verlagerung dieses direkten Schadens der Gesellschaft in Richtung der Gläubigergesamtheit statt, der sich dann insoweit individualisieren lasse, als dass der einzelne Gläubiger aufgrund des nicht sorgfaltsgemäßen Verwalterhandelns mit einem Teil seiner Forderung ausfällt.[1147]

(3) Haftende Personen (subjektives Element)

Die Haftung nach Art. 172bis Abs. 1 LC kann nach dem Wortlaut nur die rechtlichen und faktischen Verwalter (und die weiteren in der Norm aufgezählten Personen) treffen, die im Qualifizierungsurteil zu von der Qualifizierung betroffenen Personen erklärt werden. Damit nimmt die Haftungsnorm die in Art. 172 Abs. 2 Nr. 1 LC enthaltene Formulierung auf und stellt – im Gegensatz zur Vorgängernorm Art. 172 Abs. 3 LC a. F. – klar, dass sich die Haftung nur auf die Verwalter bezieht, die als von der Qualifizierung betroffene Personen angesehen werden können. Im Fall der Vermutungen *iuris tantum* des Art. 165 LC sind alle Verwalter der in Konkurs gegangenen juristischen Person als von der Qualifizierung betroffene Personen anzusehen,

---

1143 Vereinzelt wird die Einordnung des Massedefizits als Tatbestandselement im Schrifttum kritisiert, da sich der eigentliche Tatbestand auf die Eröffnung oder Wiedereröffnung der Qualifizierungsphase aufgrund der Eröffnung der Liquidationsphase beschränke, so *Alcover Garau,* RCP 2007, Nr. 7, 91, 106.

1144 *Morales Barceló,* La responsabilidad de los administradores, S. 167.

1145 *Pulgar Ezquerra,* in: Guerra Martín, La responsabilidad de los administradores, S. 333, 350.

1146 *Verdú Cañete,* La responsabilidad civil del administrador, S. 262; ebenso *Alonso Ureba,* in: García Villaverde/Alonso Ureba/ Pulgar Ezquerra, Derecho Concursal, S. 505, 545.

1147 *Verdú Cañete,* La responsabilidad civil del administrador, S. 262.

es sei denn, sie können darlegen, dass ihnen die in Rede stehende Handlung nicht zurechenbar ist oder dass sie in entsprechender Anwendung des Art. 237 LSC, der die relevanten Entlastungsgründe im Kapitalgesellschaftsrecht regelt, von der Haftung befreit werden müssen.[1148] Somit werden auch im Fall der Verletzung der Konkursantragspflicht nach Art. 165 Abs. 1 Nr. 1 LC alle Verwalter als von der Qualifizierung betroffene Personen betrachtet, und die für das Kapitalgesellschaftsrecht relevanten Entlastungsgründe finden entsprechende Anwendung. Da der Begriff des faktischen Verwalters im Rahmen des konkursrechtlichen Haftungstatbestandes nicht definiert wird, muss auf die allgemeinen zu dieser Problematik entwickelten Grundsätze zurückgegriffen werden.[1149] Insoweit ist hier der kürzlich eingefügte Abs. 3 des Art. 236 LSC zu beachten, der der Figur des faktischen Verwalters ein gesetzliches Fundament gibt.[1150] Da aber der faktische Verwalter nach der wohl h. M. im Schrifttum den Konkursantrag nach Art. 3 Abs. 1 S. 2 LC nicht stellen kann und damit auch keiner Antragspflicht unterliegt[1151], kann konsequenterweise auch eine Haftung wegen Verletzung der Antragspflicht auf der Grundlage des Art. 172bis LC nicht in Betracht kommen.

dd. Rechtsfolge: Verurteilung zum Ausgleich des Massedefizits

Die Rechtsfolge bei Vorliegen der dargestellten Voraussetzungen liegt nach Art. 172bis LC darin, dass der Konkursrichter alle oder einige der rechtlichen oder faktischen Verwalter zum teilweisen oder kompletten Ausgleich des Massedefizits verurteilen kann.

Die Vorgängernorm Art. 172 Abs. 3 LC a. F. formulierte als Rechtsfolge noch, dass die Verwalter an die Konkursgläubiger ganz oder teilweise den Betrag ihrer Forderungen zahlen mussten, den diese im Rahmen der Liquidation der Aktivmasse nicht erhalten haben. Diesbezüglich ergaben sich zwei miteinander verbundene Problematiken. Auf der einen Seite diskutierten Rechtsprechung und Schrifttum die Frage, ob die aufgrund der Haftung von den Verwaltern erlösten Beträge direkt an die Gläubiger zu zahlen waren oder ob sie zunächst der Aktivmasse zugeführt werden mussten. Auf der anderen Seite bestanden und bestehen Zweifel darüber, welche Gläubiger von den eingenommenen Haftungsbeträgen profitieren: lediglich die Konkursgläubiger oder auch die Massegläubiger? Die LC unterscheidet zwischen diesen Arten von Forderungen in Art. 84 LC, der die Zusammensetzung der Passivmasse definiert. Als Konkursforderungen werden nach Art. 84 Abs. 1 LC alle diejenigen Forderungen gegen den Schuldner angesehen, die nach dem Gesetz nicht als Masseforderungen gelten. Die Masseforderungen werden gemäß Art. 154 Abs. 1 LC durch die Konkursverwaltung vorrangig vor den Konkursforderungen befriedigt. Der dazu erforderliche Betrag der Aktivmasse wird einbehalten, bevor

---

1148 *Morales Barceló*, La responsabilidad de los administradores, S. 176.
1149 *González Cabrera*, RCP 2012, Nr. 16, 249, 254.
1150 Siehe dazu bereits unter II. 3. c. ff.
1151 Siehe dazu unter IV. 3. a. bb.

es zur Befriedigung der Konkursgläubiger kommt. Häufig wird die Unterscheidung zwischen Konkurs- und Masseforderungen in Bezug auf den Haftungstatbestand im Schrifttum nicht thematisiert und allgemein von „Gläubigern“ gesprochen bzw. gesagt, dass ein Defizit bestehe, wenn die zu liquidierende Aktivmasse nicht zur Befriedigung der Forderungen aller Gläubiger in deren vollständiger Höhe ausreicht.[1152]

Art. 172 Abs. 3 a. F. sprach von den Konkursgläubigern, an die die Verwalter zu zahlen hatten. In Rechtsprechung und Schrifttum wurde der Begriff der Konkursgläubiger unterschiedlich interpretiert. Die Diskussion drehte sich insoweit um die Frage, ob damit lediglich die Konkursgläubiger im engeren Sinne oder auch die Massegläubiger gemeint waren, was ein weites Verständnis des Terminus „Konkursgläubiger“ voraussetzt. Die wohl h. M. im Schrifttum ging aufgrund des für das Konkursrecht geltenden Prinzips der *par condictio creditorum* entgegen des Normwortlautes davon aus, dass die durch die Haftung erlangten Beträge zunächst in die später zu verteilende Aktivmasse fließen müssen, aus der sie entsprechend der Regelungen der LC verteilt wurden und damit vorrangig auch den Massegläubigern zugute kamen.[1153] Der Begriff der Konkursgläubiger sollte danach i. S. aller am Konkurs beteiligter Gläubiger verstanden werden.[1154] Da nicht alle Masseforderungen erst nach Eröffnung des Konkursverfahrens entstehen (wie z. B. die Lohnzahlungen der letzten 30 Tage vor Verfahrenseröffnung nach Art. 84 Abs. 2 Nr. 1 LC), bestehe keine Rechtfertigung dafür, sie bei Nichtbefriedigung unberücksichtigt zu lassen, während die Konkursgläubiger bevorzugt vom Ausgleich des Massedefizits durch die Verwalter profitieren.[1155] Nach einigen Stimmen im Schrifttum hafteten die Verwalter dagegen aufgrund des Wortlautes direkt gegenüber den Gläubigern, ohne dass die sich aus der Haftung ergebenden Beträge zuvor der Aktivmasse zufließen sollten, sodass auch nur die Konkursgläubiger im engeren Sinne von der Haftung profitieren sollten.[1156] Auch Teile der Rechtsprechung sprachen sich ausdrücklich

---

1152 Siehe z. B. *Sanz Acosta,* in: López López/Macías Castillo, Comentario práctico LC, Art. 172bis, S. 591.

1153 *García-Cruces,* La calificación, S. 190; *Bello Martín-Crespo,* in: LH Olivencia, S. 1679, 1712 f.; *Vicent Chuliá,* RCP 2006, Nr. 4, 15, 59; *Machado Plazas,* El concurso de acreedores culpable, S. 278 ff.; *Prendes Carril,* in: AJA 2007, Nr. 731, 1, 14; *Sánchez Calero,* Los administradores, S. 503; *Verdú Cañete,* La responsabilidad civil del administrador, S. 163; *Beltrán,* ADCo 2008, Nr. 14, 329, 368.

1154 *Viñuelas Sanz,* Responsabilidad, S. 165.

1155 *A. Muñoz Paredes,* in: Prendes Carril/A. Muñoz Paredes, Tratado judicial de insolvencia, S. 595, 705; ebenso *Quijano González,* RCP 2013, Nr. 18, 51, 62 mit dem Argument, eine unterschiedliche Behandlung von Konkurs- und Massegläubigern sei auch aufgrund der Funktion der konkursrechtlichen Haftung nicht gerechtfertigt.

1156 *Fernández de la Gándara,* in: Fernández de la Gándara/Sánchez Álvarez, Comentarios LC, S. 714; *Alonso Ureba,* in: Pulgar Ezquerra/Alonso Ledesma/Alonso Ureba/Alcover Garau, Comentarios, Art. 172, S. 1444 f., der diese Lösung aber nicht für wünschenswert hielt; *Guerrero Lebrón/Gómez Porrúa,* in: LH Olivencia, S. 1965, 1974; *Pablo-Romero Gil-Delgado,* RdS 2006, Nr. 26, 311, 319; *Morillas Jarillo,* RCP 2007, Nr. 7, 53, 77.

für eine Beschränkung auf die Konkursgläubiger aus.[1157] Nach diesem Ansatz musste die alleinige Bezugnahme auf die Konkursforderungen in Art. 172 Abs. 3 LC a. F. so verstanden werden, dass nach dem Verständnis des Gesetzgebers die Liquidation bereits abgeschlossen und die Masseforderungen aufgrund ihres Vorrangs bereits befriedigt worden waren, bevor der auszugleichende Defizitbetrag festgestellt wurde; je höher der zur Befriedigung der Masseforderungen verwendete Betrag ausfiel, desto höher musste auch der Teil der Konkursforderungen ausfallen, der unbefriedigt blieb.[1158] Die Vorschrift habe zum Ausdruck bringen wollen, dass im Fall der aufgrund der Liquidation nicht mehr vorhandenen Aktivmasse und noch ausstehender Masse- und Konkursforderungen die Zahlung durch die Verwalter nur auf die letzteren bezogen sein konnte.[1159]

In der jetzigen Fassung des Haftungstatbestandes stellt Art. 172bis Abs. 3 LC klar, dass sämtliche durch die Vollstreckung des Qualifizierungsurteils erlöste Beträge der Konkursmasse zugeführt werden. Überdies wird auch bereits durch die Formulierung der Rechtsfolge in Art. 172bis Abs. 1 LC („teilweiser oder vollständiger Ausgleich des Massedefizits") verdeutlicht, dass die Haftung die Masseschädigung betrifft und dass nicht einzelne Gläubiger zu entschädigen sind.[1160] Auch unter Geltung dieser Formulierung herrscht keine Einigkeit im Schrifttum. Für die Berücksichtigung der Massegläubiger soll in erster Linie die Tatsache sprechen, dass Art. 172bis Abs. 1 LC nach der Reform durch das Gesetz 38/2011 die ausdrückliche Bezugnahme auf die Konkursgläubiger nicht mehr enthält.[1161] Manche lehnen die Einbeziehung der Masseforderungen weiterhin ab, da die konkursrechtliche Haftung das Ziel der Wiederherstellung der Passivmasse verfolge, wobei auch diese Auffassung einräumt, dass, da die Haftungsbeträge der Aktivmasse zugeführt werden müssen, die Masseforderungen auch von diesen Beträgen profitieren.[1162]

Eine zusätzliche und bis heute nicht abschließend geklärte Problematik stellt diejenige der Berücksichtigung der Rangfolge innerhalb der Konkursforderungen bei Auszahlung der Haftungsbeträge dar.[1163] Die Art. 89 ff. LC legen hier die Rangfolge fest: Privilegierte (speziell oder allgemein) vor ordentlichen vor nachrangigen Forderungen. Berücksichtigt man diese Rangfolge, so erfolgt, nachdem der Haftungsbetrag durch die Konkursverwaltung der Aktivmasse zugeführt worden ist, gemäß den in der LC enthaltenen Regelungen die Zahlung an die Masse- und an die

1157 JM Nr. 1 von Málaga, Urt. v. 22. 5. 2006 (ROJ: SJM MA 80/2006), Rechtsgrund Sechstens; AP Madrid, Urt. v. 21. 7. 2009 (ROJ: SAP M 10763/2009), Rechtsgrund Viertens.

1158 *Morillas Jarillo,* RCP 2007, Nr. 7, 53, 77.

1159 *Morillas Jarillo,* RCP 2007, Nr. 7, 53, 77.

1160 *Díaz Echegaray,* Manual práctico, S. 588.

1161 *Arribas Hernández,* RCP 2011, Nr. 14, 97, 105; *A. Muñoz Paredes,* in: Prendes Carril/A. Muñoz Paredes, Tratado judicial de insolvencia, S. 595, 705.

1162 *Beltrán,* in: García-Cruces, Insolvencia y responsabilidad, S. 227, 245.

1163 Auf diese noch offene Frage weist *Morales Barceló,* La responsabilidad de los administradores, S. 296 hin.

Konkursgläubiger in der eben dargestellten Reihenfolge.[1164] Stellenweise wird aber auch die Auffassung vertreten, dass alle Konkursgläubiger ohne Berücksichtigung ihres Ranges proportional zum Wert ihrer Forderungen befriedigt werden sollten, da die ordentlichen Gläubiger am meisten unter dem nicht sorgfaltsgemäßen Handeln der Verwalter in der Konkurssituation zu leiden haben.[1165]

(1) Die Bedeutung der Formulierung „kann"

Nach Art. 172bis Abs. 1 LC „kann" der Richter die Verurteilung zum Ausgleich des Massedefizits aussprechen. Auch die Vorgängernorm Art. 172 Abs. 3 LC a. F. sprach davon, dass das Urteil die Verurteilung vornehmen kann. Diese Formulierung erzeugt Unsicherheit, da nicht klar ist, ob der im jeweiligen Fall zuständige Konkursrichter über die Auferlegung der Haftung an sich oder lediglich über ihre Reichweite entscheiden kann. Gemäß der Rechtsprechung des TS darf die Verurteilung zur Haftung aufgrund des Normwortlautes nicht allein wegen der Qualifizierung des Konkurses als schuldhaft, sondern nur bei Bestehen einer zusätzlichen Rechtfertigung ausgesprochen werden.[1166] Aus diesem Grund muss der Konkursrichter über die Feststellung der Voraussetzungen der Haftung hinaus alle objektiven und subjektiven Elemente des Verwalterhandels bewerten, die in Beziehung zu der Handlung stehen, auf deren Grundlage der Konkurs als schuldhaft qualifiziert worden ist.[1167] Danach hat der Konkursrichter eine Bewertung der konkreten Umstände der Verletzung der Konkursantragspflicht vorzunehmen. Nach der wohl h. M. im Schrifttum darf die Formulierung „kann" nicht dahingehend missverstanden werden, dass die Verurteilung zur Haftung bei Vorliegen aller Voraussetzungen im Belieben des Konkursrichters steht, sondern ist vielmehr als Hinweis darauf zu verstehen, dass sich diese Verurteilung – im Gegensatz zu den anderen in Art. 172 LC geregelten Aussprüchen des Qualifizierungsurteils – lediglich als mögliche und nicht als in jedem Fall zwingende Folge des Urteils darstellt.[1168] Dem Richter kommt demnach die Aufgabe zur Prüfung darüber zu, ob er die Verurteilung zum Ausgleich des Massedefizits aussprechen *muss* oder nicht.[1169] Die a. A. geht dagegen von einem umfassenden Ermessensspielraum des Konkursrichters bereits hinsichtlich des „Ob" der Verurteilung aus.[1170]

1164 *Arribas Hernández,* RCP 2011, Nr. 14, 97, 105; *Morales Barceló,* La responsabilidad de los administradores, S. 296.

1165 *Bello Martín-Crespo,* in: LH Olivencia, S. 1679, 1714; kritisch *Morales Barceló,* La responsabilidad de los administradores, S. 296, da ein Abweichen von der Rangordnung nur bei ausdrücklicher Bestimmung in der LC möglich sei.

1166 TS, Urt. v. 6. 10. 2011 (ROJ: STS 6838/2011), Rechtsgrund Viertens.

1167 TS, Urt. v. 6. 10. 2011 (ROJ: STS 6838/2011), Rechtsgrund Viertens.

1168 Siehe nur *García-Cruces,* in: Rojo/Beltrán, Comentario LC, Art. 172, S. 2597.

1169 *Beltrán,* in: García-Cruces, Insolvencia y responsabilidad, S. 227, 238.

1170 *Fernández de la Gándara,* in: Fernández de la Gándara/Sánchez Álvarez, Comentarios LC, S. 714; *Guerrero Lebrón/Gómez Porrúa,* in: LH Olivencia, S. 1965, 1976;

(2) *Die Neuerungen durch das Gesetz 38/2011*

Die Reform durch das Gesetz 38/2011, durch die der Haftungstatbestand in Art. 172bis LC verlagert wurde, führte drei wichtige Neuerungen im Normtext herbei: die Möglichkeit, alle oder nur einige der Verwalter zur Haftung zu verurteilen; die Pflicht, bei mehreren Verurteilten den von jedem Einzelnen zu zahlenden Betrag anhand seiner Beteiligung an den zur schuldhaften Qualifizierung des Konkurses führenden Handlungen zu bestimmen; die Möglichkeit, die von der Qualifizierung betroffenen Verwalter zum teilweisen oder vollständigen Ausgleich des Massedefizits zu verurteilen.[1171] Aufgrund der ersten neu geschaffenen Formulierung bezieht sich die Formulierung „kann" auch auf die Möglichkeit, alle oder nur einige Verwalter zur Haftung zu verurteilen.[1172] Der zweite neue Aspekt der Norm findet seine Regelung in Art. 172bis Abs. 1 S. 3 LC, der bestimmt, dass das Urteil bei mehreren Verurteilten den jeweils von ihnen zu zahlenden Betrag individuell feststellen und dabei den Grad der Beteiligung am zur schuldhaften Qualifizierung führenden Verhalten berücksichtigen muss. Eine solche individuelle Zurechnung kann aber nur erfolgen, wenn ein unterschiedlicher Beteiligungsgrad bei der Verursachung oder Vertiefung der Insolvenz vorliegt, während sie in anderen Fällen wie der Verletzung der Konkursantragspflicht durch mehrere Mitglieder eines Verwaltungsorgans nicht möglich ist.[1173] Die dritte Neuerung liegt in der Möglichkeit zur Verurteilung zum teilweisen oder vollständigen Ausgleich des Defizits. Der aufgrund der Verurteilung zum Ausgleich des Massedefizits erlöste Betrag kommt – soweit es die Konkursgläubiger betrifft – allen Konkursgläubigern zugute, unabhängig davon, zu welchem Zeitpunkt ihre Forderungen entstehen.[1174] Aufgrund des Wortlauts der Norm („Defizit") liegt der maximal mögliche Haftungsbetrag in Bezug auf die Konkursgläubiger in der Differenz, die sich aus der gesamten (aus allen privilegierten, ordentlichen und nachrangigen Forderungen zusammengesetzten) Passivmasse und der Summe der effektiv befriedigten Forderungen ergibt.[1175] Bei der Bestimmung der Höhe des zu ersetzenden Defizitbetrages muss der Richter wegen Art. 172bis Abs. 1 S. 2 LC in den Fällen, in denen die bereits durchgeführte Qualifizierungsphase wegen Nichterfüllung eines Konkursvergleiches wiedereröffnet wird und der Konkurs zuvor schon als schuldhaft qualifiziert wurde, sowohl die im Qualifizierungsurteil bewiesenen Tatsachen als auch diejenigen berücksichtigen, die zur Wiedereröffnung der Qualifizierungsphase geführt haben.

Pulgar Ezquerra, in: Guerra Martín, La responsabilidad de los administradores, S. 333, 351; *Verdú Cañete*, in: Liber amicorum Vicent Chuliá, S. 1865, 1872.

1171 Dies herausstellend *Quijano González*, RCP 2013, Nr. 18, 51, 61.

1172 *Beltrán/García-Cruces*, in: Beltrán/García-Cruces, Enciclopedia, S. 2625, 2632.

1173 *Marín de la Bárcena*, RCP 2012, Nr. 16, 97, 102; *Machado Plazas*, in: Nieto Delgado, Derecho Concursal, S. 663, 683.

1174 TS, Urt. v. 16. 7. 2012 (ROJ: STS 5172/2012), Rechtsgrund Drittens.

1175 *Beltrán*, in: García-Cruces, Insolvencia y responsabilidad, S. 227, 244.

(3) *Berechnung des zu ersetzenden Haftungsbetrages bei Verletzung der Konkursantragspflicht*

Im Fall der Haftung wegen Verletzung der Konkursantragspflicht obliegt dem Konkursrichter ebenfalls die Festlegung der konkreten Höhe des Defizitbetrages, der von den Verwaltern ausgeglichen werden muss. Im den Art. 172bis LC mehrheitlich als sanktionsartige Haftungsnorm qualifizierenden Schrifttum werden in allgemeiner Form die Kriterien genannt, anhand derer sich der Konkursrichter bei Festlegung der Verurteilung orientieren soll: Schweregrad des zur Qualifizierung des Konkurses als schuldhaft führenden Verwalterhandelns; die Tatsache, ob eine oder mehrere haftungsrelevante Handlungen begangen werden; der Beteiligungsgrad der einzelnen Verwalter; die Berücksichtigung vorheriger Verurteilungen auf der Grundlage anderer Haftungsnormen.[1176] Seltener wird dagegen in Rechtsprechung und Schrifttum die Frage des zu ersetzenden Betrages differenziert für die denkbaren haftungsbegründenden Handlungen in den Art. 164 und 165 LC diskutiert. In den Fällen der Vertiefung der Insolvenz muss eine Beschränkung der Höhe der Haftung auf das Maß erfolgen, in dem das Verwalterhandeln das Risiko für die Gläubiger erhöht hat.[1177]

Eine höchstrichterliche Rechtsprechung des TS zur Problematik der Berechnung des Verschleppungsschadens liegt nicht vor. Vereinzelt finden sich aber in der untergerichtlichen Rechtsprechung konkrete Ansätze zur Bestimmung des Haftungsumfangs in diesen Situationen. Das Handelsgericht (*Juzgado de lo Mercantil,* JM) Nr. 1 von Oviedo teilt die in den Art. 164, 165 enthaltenen Tathandlungen, über die der Vorsatz bzw. die grobe Fahrlässigkeit vermutet wird, nach ihrem Schweregrad in drei Gruppen ein.[1178] Dabei entschied das Gericht, dass die Verletzung der Konkursantragspflicht (zusammen mit den in Art. 165 Abs. 1 Nr. 2 LC aufgeführten Tathandlungen der Verletzung der Pflicht zur Zusammenarbeit mit dem Konkursrichter bzw. der nicht erfolgten Teilnahme an der Gläubigerversammlung) zur dritten und damit am wenigsten schwerwiegenden Gruppe gehöre und dass, wenn die Feststellung des Einflusses dieser Pflichtverletzungen auf die Vertiefung der Insolvenz und damit auch die konkrete Feststellung des Haftungsbetrages nicht möglich ist, eine Verurteilung der Verwalter zum Ausgleich von nicht mehr als 30 % des Massedefizits erfolgen sollte, damit insoweit Rechtssicherheit geschaffen werden könne.[1179]

Ein Ansatz im Schrifttum geht zunächst von der Annahme aus, dass der von den Verwaltern auszugleichende Betrag des Defizits mittels einer Gegenüberstellung zweier Vermögensstände der Gesellschaft erfolgen könnte: demjenigen in der Nähe des Eintritts der Insolvenzsituation und demjenigen im später eröffneten Konkursverfahren.[1180] Dabei ergeben sich aber Schwierigkeiten, da die Bilanz der

---

1176 So die Aufzählung bei *Beltrán,* ADCo 2008, Nr. 14, 329, 367.
1177 *Marín de la Bárcena,* ADCo 2013, Nr. 28, 103, 135.
1178 JM Nr. 1 von Oviedo, Urt. v. 2. 6. 2007 (ROJ.: SJM O 490/2007), Rechtsgrund Drittens.
1179 JM Nr. 1 von Oviedo, Urt. v. 2. 6. 2007 (ROJ.: SJM O 490/2007), Rechtsgrund Drittens.
1180 *Marín de la Bárcena,* ADCo 2013, Nr. 28, 103, 148.

insolventen Gesellschaft, die zur Bestimmung des Ausgangswertes herangezogen werden kann, häufig überbewertete Aktiva enthalten werde und überdies bestimmte Passiva dort nicht verbucht seien.[1181] Der dem Ausgangswert gegenüberzustellende Vermögensstand der Gesellschaft im eröffneten Konkursverfahren bereite ebenfalls Probleme, denn er könne Wertverluste der Aktiva aufzeigen, die auf äußeren Umständen beruhen und die den Verwaltern damit nicht zurechenbar seien (z. B. Verlust des Wertes einer Marke infolge des Bekanntwerdens der Insolvenz), und es können Passiva vorliegen, die mit der Einstellung des Unternehmens zusammenhängen und die ohnehin angefallen wären (z. B. Entschädigungen für die Beendigung von Arbeitsverhältnissen).[1182] Die Buchhaltung der in Konkurs gegangenen Gesellschaft weise im Regelfall ebenfalls kein realistisches Bild bezüglich des Betrages der durch die Weiterführung des Unternehmens entstandenen Verluste auf, da hier in vielen Fällen die für die Fortführung der Geschäftstätigkeit notwendigen Ausgaben und die Zahlungen, die zur Begleichung von im Widerspruch zur Masseerhaltungspflicht stehenden Verbindlichkeiten getätigt werden, nur schwer auseinander gehalten werden können.[1183]

Daher schlägt dieser Ansatz vor, die Haftung nach Art. 172bis LC bei Verstoß gegen die Konkursantragspflicht auf alle von den Verwaltern seit Eintreten der Insolvenz an Dritte getätigten Vermögenstransfers zu erstrecken, damit ihnen so das Risiko an der Fortführung der Geschäftstätigkeit auferlegt werde.[1184] Den Verwaltern soll nach diesem Ansatz aber vorbehalten bleiben, die in die Masse gelangten Gegenleistungen und damit den konkret entstandenen Masseverlust darzulegen, damit sie eine Beschränkung der Haftung auf diesen Verlust erreichen können.[1185] Die Verpflichtung zum Ersatz aller getätigten Zahlungen wird mit der bestehenden Pflicht der Verwalter zur Aufrechterhaltung des Gesellschaftsvermögens als hypothetischer Aktivmasse ab dem Zeitpunkt des Eintretens der Insolvenzreife begründet.[1186]

Andere Teile des Schrifttums gehen dagegen davon aus, dass die Verwalter bei Verletzung der Konkursantragspflicht den Betrag ersetzen müssen, um den sich das Massedefizit im Zeitraum zwischen Entstehen der Antragspflicht (maximal zwei Monate nach tatsächlicher oder zu unterstellender Kenntniserlangung durch die Verwalter gemäß Art. 5 LC) und tatsächlich erfolgter Antragstellung vergrößert hat.[1187]

1181 *Marín de la Bárcena,* ADCo 2013, Nr. 28, 103, 148.
1182 *Marín de la Bárcena,* ADCo 2013, Nr. 28, 103, 148 f.
1183 *Marín de la Bárcena,* ADCo 2013, Nr. 28, 103, 149.
1184 *Marín de la Bárcena,* ADCo 2013, Nr. 28, 103, 149.
1185 Unter Bezugnahme auf das deutsche Recht *Marín de la Bárcena,* ADCo 2013, Nr. 28, 103, 149 f.
1186 *Marín de la Bárcena,* ADCo 2013, Nr. 28, 103, 146.
1187 *Huerta Viesca/Rodríguez Ruiz de Villa,* ADCo 2013, Nr. 28, 207, 219.

(4) Die Haftung mehrerer Verwalter

In Art. 172bis LC findet sich – wie auch bereits in Art. 172 Abs. 3 LC a. F. – keine Regelung dazu, ob im Fall mehrerer haftender Verwalter diese als Gesamtschuldner verantwortlich sind oder ob jeder einzelne von ihnen von vornherein auch nach außen hin nur in Höhe des auf ihn entfallenden Anteils haftet. Nach Art. 1137 Cc haften mehrere Schuldner nur dann als Gesamtschuldner, wenn dies im Gesetz ausdrücklich bestimmt ist. Wegen des im Gegensatz zu den gesellschaftsrechtlichen Haftungsnormen nicht ausdrücklich festgelegten Gesamtschuldcharakters der konkursrechtlichen Haftung lehnt der weit überwiegende Teil des Schrifttums dann auch eine Haftung mehrerer Verwalter als Gesamtschuldner ab.[1188] Teile des Schrifttums vertreten wegen der fehlenden Regelung in der Norm auch die Auffassung, dass es im Ermessen des Richters stehe, in welcher Weise mehrere Verurteilte haften sollen.[1189] Wie bereits dargestellt, muss das Urteil nach der reformierten Fassung des Haftungstatbestandes wegen Art. 172bis Abs. 1 S. 3 LC unter Berücksichtigung des Beteiligungsgrades den individuellen Haftungsbetrag eines jeden Verwalters festlegen. Da im Falle der Verletzung der Konkursantragspflicht eine individuelle Zurechnung aber nicht stattfinden kann, muss in der Konsequenz auch eine gesamtschuldnerische Verurteilung der Verwalter erfolgen.[1190]

ee. Geltendmachung, Beweislast und Verjährung

Hinsichtlich der Geltendmachung der konkursrechtlichen Haftung ist die Frage der Aktivlegitimation zur Beantragung der Verurteilung nach dem Haftungstatbestand von derjenigen der Berechtigung zur Beantragung der Vollstreckung des Haftungsurteils zu trennen.

Weder die Vorgängernorm Art. 172 Abs. 3 LC a. F. noch Art. 172bis LC enthielt bzw. enthält eine Regelung zur Frage der Aktivlegitimation der Konkursverwalter oder der Gläubiger in Bezug auf die konkursrechtliche Haftung. Insoweit zeigt sich in Rechtsprechung und Schrifttum ein ausdifferenziertes Meinungsspektrum, denn diese Frage ist höchstrichterlich bisher nicht geklärt. In der untergerichtlichen Rechtsprechung sprachen sich einige Gerichte dafür aus, dass der Konkursrichter die Verurteilung zum Ausgleich des Massedefizits nur nach vorherigem Antrag durch die Konkursverwalter und/oder die Staatsanwaltschaft aussprechen kann,

---

1188 Statt vieler *Morillas Jarillo,* RCP 2007, Nr. 7, 53, 70; siehe auch die eine gesamtschuldnerische Haftung ablehnende Argumentation von *Alonso Ureba,* in: García Villaverde/Alonso Ureba/Pulgar Ezquerra, Derecho Concursal, S. 505, 542: Durch die Eröffnung des Konkurses werde der Zugriff auf zahlreiche Unterlagen der Gesellschaft (Buchhaltung, ergänzende Unterlagen, Beschlüsse der Organe) ermöglicht, sodass eine individuelle Zurechnung stattfinden könne.

1189 *Prendes Carril,* in: Prendes Carril/A. Muñoz Paredes, Tratado judicial de la insolvencia, S. 343, 449.

1190 *Marín de la Bárcena,* RCP 2012, Nr. 16, 97, 102; ebenso *Machado Plazas,* in: Nieto Delgado, Derecho Concursal, S. 663, 683.

und argumentierten insoweit mit dem Recht auf Verteidigung der betroffenen Verwalter und dem Prinzip des effektiven Rechtsschutzes, da sich die Verwalter bei fehlendem Antrag zu den ihrer Verurteilung entgegenstehenden tatsächlichen oder rechtlichen Gründen nicht entgegenstellen können.[1191] Für eine solche Sichtweise spricht, dass zumindest eines dieser beiden Organe in seinem Bericht bzw. in seiner Stellungnahme eine Qualifizierung des Konkurses als schuldhaft vorschlagen muss, damit diese Voraussetzung der Haftung erfüllt ist und der Richter überhaupt eine Verurteilung vornehmen kann.[1192] Denn nach Art. 170 Abs. 1 LC ordnet der Richter bei übereinstimmender Qualifizierung des Konkurses als nicht schuldhaft durch Konkursverwaltung und Staatsanwaltschaft die Einstellung des Verfahrens an. Teile des Schrifttums sahen Konkursverwaltung und Staatsanwaltschaft als – einzige – Berechtigte an, da sie die Beantragung der Verurteilung der Verwalter wegen Art. 169 Abs. 1 LC in dem Bericht vornehmen können, mit dem sie ihren Vorschlag zur Qualifizierung unterbreiten.[1193] Andere Stimmen folgerten dagegen aus der nicht vorhandenen Regelung zur Aktivlegitimation, dass nur der Richter von Amts wegen die Verurteilung vornehmen dürfe und dass es gar nicht zu deren Geltendmachung in Form einer Klage komme.[1194] Diejenigen, die aufgrund der ursprünglichen Fassung des Haftungstatbestandes in Art. 172 Abs. 3 LC a. F. allein die Konkursgläubiger als Adressaten der Haftungsbeträge ansahen, sprachen sich auch für deren Aktivlegitimation aus.[1195] Andere wollen unter Rückgriff auf den Dispositionsgrundsatz des Zivilprozesses sowohl der Konkursverwaltung wie auch der Staatsanwaltschaft und jedem einzelnen Gläubiger das Recht zur Geltendmachung zukommen lassen.[1196]

172 bis Abs. 2 LC legt die Zuständigkeit für die Beantragung der Vollstreckung des Urteils durch die Konkursverwaltung fest. Subsidiär sind auch diejenigen Gläubiger, die die Konkursverwaltung schriftlich zur Urteilsvollstreckung aufgefordert haben, zur Stellung des Vollstreckungsantrages befugt, wenn die Konkursverwaltung hierfür nicht innerhalb einer Frist von einem Monat seit dieser Aufforderung Sorge trägt. Bezüglich der Beweislast wurde vor der Reform des Art. 165 LC gesagt, dass – sollte man einen Antrag für erforderlich halten (s.o.) – der Antragsteller die der Haftung zugrunde liegende Handlung und den Kausalzusammenhang zur Vertiefung der Insolvenz, nicht aber das Vorliegen des Vorsatzes oder der groben

---

1191 AP Córdoba, Urt. v. 9.7.2008 (ROJ: SAP CO 1475/2008), Rechtsgrund Erstens; für die Notwendigkeit eines entsprechenden Antrages auch Urt. v. AP Murcia, Urt. v. 30. 7. 2009 (ROJ: SAP MU 1304/2009), Rechtsgrund Drittens.

1192 *Morales Barceló,* La responsabilidad de los administradores, S. 297.

1193 *Sequeira Martín/Sacristán Bergia/Muñoz García,* in: LH García Villaverde, S. 2185, 2210.

1194 *Alonso Ureba,* in: García Villaverde/Alonso Ureba/ Pulgar Ezquerra, Derecho Concursal, S. 505, 542; *Guerrero Lebrón/Gómez Porrúa,* in: LH Olivencia, S. 1965, 1971 f.

1195 *Rosende Villar,* in: Cordón Moreno, Comentarios LC, S. 1124 f.

1196 *Hernando Mendívil,* Calificación del concurso, S. 232.

Fahrlässigkeit beweisen muss.[1197] Aufgrund der Normänderung ist der Beweis des Kausalzusammenhanges aber mittlerweile nicht mehr erforderlich. Aufgrund der in Art. 165 LC enthaltenen Beweislastumkehr müssen die Verwalter zu ihrer Entlastung beweisen, dass ihnen weder Vorsatz noch Fahrlässigkeit zur Last gelegt werden kann.[1198] Zur Widerlegung der Vermutung bestehen folgende Möglichkeiten:[1199] das Bestreiten der Tatsache, dass die Verwalter den Konkursantrag nicht rechtzeitig gestellt haben; der Beweis darüber, dass die Antragspflicht zwar verletzt wurde, aber dies nicht vorsätzlich bzw. grob fahrlässig geschehen ist; das Bestreiten der Kausalbeziehung zwischen der Verletzung der Antragspflicht und der Verstärkung der Insolvenz.

Weder Art. 172 bis LC noch andere Normen in der LC enthalten eine Regelung zur Verjährung der aus diesem Haftungstatbestand entstandenen Ansprüche. Daher plädiert die ganz h. M. – wie auch im Rahmen der Haftung nach Art. 367 LSC – dafür, Art. 949 CCom (Verjährungsfrist von vier Jahren von dem Moment an gerechnet, zu dem das Amt – aus welchem Grund auch immer – endet) entsprechend anzuwenden.[1200] Allerdings könnte nach der kürzlich erfolgten Regelung der Verjährung in Art. 241bis LSC nunmehr auch dieser Vorschrift Bedeutung zukommen.

ff. Sicherstellung der Effektivität der Haftung durch Art. 48ter LC

Um den Erhalt des persönlichen Verwaltervermögens für die konkursrechtliche Haftung zu gewährleisten, nahm der Gesetzgeber bereits bei Erlass der LC eine Sicherungsmaßnahme in das Gesetz auf, die einen Schutz dieses Vermögens und damit der Interessen der Gläubigergesamtheit ermöglicht. Nach Art. 48ter LC (Art. 48 Abs. 3 LC a. F.) kann der Konkursrichter ab der Eröffnung des Konkursverfahrens von Amts wegen oder nach begründetem Antrag der Konkursverwaltung das Vermögen der Verwalter beschlagnahmen, wenn die begründete Möglichkeit besteht, dass diese im Qualifizierungsurteil zum Ausgleich des Massedefizits nach Art. 172bis LC verurteilt werden. Auch die Anordnung der Beschlagnahme stellt sich damit nicht als zwingende Maßnahme dar. Die Gesetzesbegründung bezeichnet diese präventive Beschlagnahmevorschrift als strengste Maßnahme der LC.[1201]

Auch wenn die Beschlagnahme nach dem Wortlaut der Vorschrift bereits ab Eröffnung des Konkursverfahrens erfolgen kann, wird dieser Maßnahme im Regelfall erst dann Relevanz zukommen, wenn der Bericht der Konkursverwaltung nach Art. 75 LC vorliegt und sich daraus Anhaltspunkte für eine schuldhafte Qualifizierung des Konkurses ergeben.[1202] Dennoch sind Beispiele in der Rechtsprechung

1197 *Quijano González,* RCP 2013, Nr. 18, 51, 54.
1198 *Quijano González,* RCP 2013, Nr. 18, 51, 54.
1199 *Sanz Acosta,* in: López López/Macías Castillo, Comentario práctico LC, Art. 165, S. 561.
1200 Siehe nur *Díaz Echegaray,* Manual práctico, S. 606.
1201 Gesetzesbegründung Nr. III der LC, BOE Nr. 164 vom 10. Juli 2003, S. 26907.
1202 *Hernando Mendívil,* Calificación del concurso, S. 244.

vorhanden, in denen die Gerichte direkt mit dem Beschluss über die Verfahrenseröffnung auch die Beschlagnahme anordneten.[1203] Will die Konkursverwaltung die Anordnung der Beschlagnahme beantragen, so muss sie einige Vorbereitungen treffen, wie etwa solche zur Darlegung ihrer Voraussetzungen und zur Bestimmung des vorläufigen Betrages, in dessen Höhe die Beschlagnahme erfolgen soll.[1204] Da der Zweck der Maßnahme in der Sicherstellung der Verwalterhaftung gegenüber den Gläubigern liegt, muss sich die Höhe des zu beschlagnahmenden Betrages nach dem auszugleichenden Defizitbetrag bestimmen.[1205] Nach Art. 48ter Abs. 1 S. 2 LC setzt der Richter die Höhe in dem Maße fest, indem er es für erforderlich hält. Auch an dieser Stelle wird die Bedeutung des dem Konkursrichter durch das Gesetz zugewiesenen Ermessens deutlich. Mangels Vorhandenseins gesetzlicher Kriterien muss der Richter die Schwere der Handlungen bewerten, die zu einer Qualifizierung des Konkurses als schuldhaft führen können, was sich insbesondere dann als schwierig erweist, wenn die Anordnung der Beschlagnahme direkt mit der Eröffnung des Konkursverfahrens erfolgen soll und er dabei allein auf der Grundlage der ihm zu diesem Zeitpunkt vorliegenden (und vom Schuldner oder vom die Eröffnung beantragenden Gläubiger zur Verfügung gestellten) Informationen entscheiden muss.[1206] Da die konkursrechtliche Haftung nach Art. 172bis LC nur im Falle der Beendigung des Konkursverfahrens mittels der Liquidation in Betracht kommt, muss überdies entweder die Konkursverwaltung Anzeichen für einen solchen Verfahrensverlauf darlegen, oder es müssen sich solche für den Richter von Amts wegen ergeben.[1207] Wenn im konkreten Fall keine Möglichkeit dazu besteht, den auf jeden Verwalter entfallenden Haftungsbetrag zu bestimmen, muss die Anordnung der Beschlagnahme in gesamtschuldnerischer Form erfolgen.[1208] Dies dürfte in den Fällen der Verletzung der Konkursantragspflicht wiederum regelmäßig der Fall sein. Die aufgrund von Art. 48ter LC ausgesprochene Sicherungsmaßnahme bleibt im Grundsatz solange bestehen, bis das die Haftung ablehnende Qualifizierungsurteil in Rechtskraft erwachsen ist.[1209]

gg. Kritik

Der konkursrechtliche Haftungstatbestand rief – insbesondere in seiner ursprünglichen Fassung in Art. 172 Abs. 3 LC a. F. – in zweierlei Hinsicht Kritik im Schrifttum hervor. Zum einen wird kritisiert, dass die Norm dem Konkursrichter in Anbetracht

---

1203 Siehe z. B. den Fall, der AP Barcelona, Beschl. v. 30.3.2006 (ROJ: AAP B 5221/2006) zugrunde liegt.
1204 *A. Muñoz Paredes,* in: Prendes Carril/A. Muñoz Paredes, Tratado judicial de insolvencia, 595, 714 f.
1205 *Morales Barceló,* La responsabilidad de los administradores, S. 306.
1206 *Hernando Mendívil,* Calificación del concurso, S. 262.
1207 *Hernando Mendívil,* Calificación del concurso, S. 261.
1208 *Morales Barceló,* La responsabilidad de los administradores, S. 307.
1209 *Hernando Mendívil,* Calificación del concurso, S. 264.

ihrer erheblichen praktischen Auswirkungen einen übermäßigen Ermessensspielraum gewährt.[1210] Insbesondere gehe aus der Norm nicht ausreichend hervor, welche Gründe eine Verurteilung der Verwalter rechtfertigen und welche Kriterien bei der Bestimmung der Höhe des Haftungsbetrages (teilweiser oder vollständiger Ausgleich des Defizits) zugrunde gelegt werden sollen.[1211]

Weiterhin entstand der Kritikpunkt, dass die konkursrechtliche Haftung nicht ausreichend in das System der Geschäftsleiterhaftung integriert worden sei, sodass in der Krisensituation mit der allgemeinen Verwalterhaftung nach Gesellschaftsrecht, der Haftung für die Nichterfüllung der Pflichten im Rahmen des Auflösungsprozesses und der konkursrechtlichen Haftung drei unterschiedliche Haftungsinstitute nebeneinander bestehen.[1212] Das Nebeneinander der Haftungssysteme weise insbesondere auch dahingehend Unstimmigkeiten auf, als dass die Haftung nach Art. 172bis LC Vorsatz oder grobe Fahrlässigkeit voraussetzt und sich auf die Fälle der Eröffnung der Liquidationsphase beschränkt, während die allgemeine Verwalterhaftung nach den Art. 238, 241 LSC nur leichte Fahrlässigkeit erfordert und keinen zusätzlichen Bedingungen unterworfen ist, ohne dass sich eine Rechtfertigung für die größere Strenge der gesellschaftsrechtlichen im Vergleich zur konkursrechtlichen Haftung ergebe.[1213]

hh. Das Verhältnis von Art. 172bis LC zur allgemeinen Organhaftung

In Anbetracht der Tatsache, dass ein Teil der Kritik des Schrifttums die Koordinationsproblematik der unterschiedlichen Haftungssysteme betrifft, soll diese im Folgenden näher untersucht werden. Zunächst ist hier das Verhältnis von Art. 172bis LC und allgemeiner Organhaftung in den Blick zu nehmen. Die zentrale Anspruchsgrundlage der Organhaftung findet sich in Art. 236 LSC, nach dessen Abs. 1 die Verwalter im Fall der Pflichtverletzung gegenüber der Gesellschaft, den Anteilseignern und den Gläubigern haften. Das spanische Kapitalgesellschaftsrecht stellt dann zwei Klagemechanismen zur Geltendmachung der Ansprüche zur Verfügung: die gesellschaftsrechtliche Haftungsklage nach Art. 238 LSC und die Individualhaftungsklage nach Art. 241 LSC. Sie unterscheiden nach der betroffenen Vermögensmasse: Wenn die Pflichtverletzung einen direkten Schaden des Gesellschaftsvermögens (und damit indirekt einen Schaden der Anteilseigner bzw. Gläubiger) verursacht, muss über

---

1210 *Alcover Garau,* in: Pulgar Ezquerra/Alonso Ledesma/Alonso Ureba/Alcover Garau, Comentarios, Art. 163, S. 1408.

1211 *Alcover Garau,* in: García Villaverde/Alonso Ureba/ Pulgar Ezquerra, Derecho Concursal, S. 487, 502. Siehe auch *Marín de la Bárcena,* RCP 2011, Nr. 15, 463, 467 f.: Es handele sich um eine den Tatbestand außer Acht lassende und daher unvollständige Norm. Dieser Autor hält auch in Bezug auf Art. 172bis LC an seiner Kritik fest, siehe *Marín de la Bárcena,* ADCo 2013, Nr. 28, 103, 109.

1212 *Beltrán,* ADCo 2008, Nr. 14, 329, 349 f. mit dem Hinweis darauf, dass die Koordinationsschwierigkeiten v. a. im Verhältnis der beiden letztgenannten auftreten.

1213 *Vázquez Albert,* RJCat 2004, 1055, 1068.

die gesellschaftsrechtliche Haftungsklage vorgegangen werden, während direkte Schäden der Anteilseigner oder Gläubiger mittels der Individualhaftungsklage geltend gemacht werden müssen.[1214]

(1) Gesellschaftsrechtliche Haftungsklage

Die Konkurrenzproblematik von gesellschaftsrechtlicher Haftungsklage und konkursrechtlicher Haftung entsteht dadurch, dass die Verletzung einer konkursrechtlichen Pflicht sowohl die Verletzung der dem Organ übertragenen Sorgfaltspflicht bedeuten als auch zu einer Qualifizierung des Konkurses als schuldhaft und damit zur konkursrechtlichen Haftung führen kann.[1215] Dies gilt auch für den Fall der Verletzung der Konkursantragspflicht.

Insoweit können hinsichtlich einer möglichen Überschneidung folgende Situationen unterschieden werden: Wird vor Eröffnung des Konkursverfahrens die gesellschaftsrechtliche Haftungsklage angestrengt und das Verfahren abgeschlossen, wird das Gesellschaftsvermögen mit dem von den Geschäftsleitern zu zahlenden Schadensersatzbetrag aufgefüllt, sodass sich der auf der Grundlage des Art. 172bis LC ausgeurteilte Haftungsbetrag vermindert.[1216] Kommt es dagegen zuerst zu einem Urteil über die konkursrechtliche Haftung, aufgrund dessen der Insolvenzvertiefungsschaden ersetzt wird, so braucht dieser nicht mehr über den gesellschaftsrechtlichen Haftungsmechanismus ausgeglichen zu werden.[1217] Nach Art. 238 LSC wird die gesellschaftsrechtliche Haftungsklage (nach vorheriger Fassung eines Hauptversammlungsbeschlusses) grundsätzlich durch die Gesellschaft selbst geltend gemacht, wobei aber bei Vorliegen bestimmter Voraussetzungen auch eine Minderheit von Anteilseignern (Art. 239 LSC) und subsidiär die Gläubiger diese Klage anstrengen können, wenn die Gesellschaft bzw. die Anteilseigner dies nicht getan haben und wenn sich das Gesellschaftsvermögen als für die Befriedigung ihrer Forderungen nicht ausreichend erweist (Art. 240 LC). Hinsichtlich der Koordinationsproblematik mit der konkursrechtlichen Haftung muss zwischen der Rechtslage vor und derjenigen nach Inkrafttreten der Reform der LC durch das Gesetz 38/2011 unterschieden werden.

(a) Regelung in Art. 48 Abs. 2 LC a. F.

Die Koordinationsproblematik zwischen konkursrechtlicher Haftung und gesellschaftsrechtlicher Haftungsklage war die einzige, zu der sich in der ursprünglichen Fassung der LC eine Regelung fand. Diese Problematik wurde durch Art. 48 Abs. 2 LC a. F. geregelt, der sich sowohl auf zukünftige als auch auf bereits erhobene Klagen bezog. Hinsichtlich zukünftiger Klagen bestimmte die Norm, dass nach

1214 *Esteban Velasco,* in: Rojo/Beltrán, La responsabilidad de los administradores, S. 161, 162.

1215 *Morales Barceló,* La responsabilidad de los administradores, S. 439 f.

1216 *Hernando Mendívil,* Calificación del concurso, S. 295.

1217 *Hernando Mendívil,* Calificación del concurso, S. 295.

Eröffnung des Konkursverfahrens auch die Konkursverwalter ohne vorherige Zustimmung der Haupt- oder Gesellschafterversammlung die gesellschaftsrechtliche Haftungsklage erheben können. Die Zuständigkeit zur Entscheidung über diese zukünftigen Klagen lag beim Konkursrichter. Außerdem hatte die Einleitung der Qualifizierungsphase nach der Regelung keinerlei Auswirkungen auf bereits erhobene Haftungsklagen.

Die Formulierung „auch" stellte klar, dass die Berechtigung zur Klageerhebung für die Konkursverwaltung neben die in den gesellschaftsrechtlichen Normen enthaltenen Regelungen treten sollte und diese nicht verdrängte, sodass auch die nach Gesellschaftsrecht Berechtigten weiterhin die Klage anstrengen konnten.[1218] Da sich die Eröffnung der Qualifizierungsphase auf bereits erhobene Klagen nicht auswirkte, musste zur Vermeidung einer übermäßigen Haftung bei der Vollstreckung eines aufgrund der gesellschaftsrechtlichen Haftungsklage ergangenen Urteils eine Koordinierung mit einer möglichen Verurteilung aufgrund des Konkurshaftungstatbestandes stattfinden.[1219] Die wohl h. M. im Schrifttum betrachtete diese Regelung kritisch und verlangte, dass ab Eröffnung des Konkursverfahrens allein der Konkursverwaltung die Zuständigkeit für die Erhebung der gesellschaftsrechtlichen Haftungsklage eingeräumt werden müsse, da im Konkursverfahren dem Schutz der Gläubigergesamtheit Vorrang vor den Interessen der Gesellschaft und der Anteilseigner zukomme.[1220] Nach anderen wies die gesetzliche Regelung in Art. 48 Abs. 2 LC a. F. dagegen keinen Änderungsbedarf auf, da die Geschäftsleiter gegenüber der Gesellschaft haften und diese Haftungsfolge nicht davon abhänge, ob die Konkursverwaltung oder die anderen Berechtigten die Haftung geltend machen.[1221]

(b) Regelung in Arts. 48quáter, 51 Abs. 1 LC

Mit der Reform der LC durch das Gesetz 38/2011 verfolgte der Gesetzgeber das Ziel, das Nebeneinander von gesellschaftsrechtlicher und konkursrechtlicher Haftung zu harmonisieren.[1222] Seit deren Inkrafttreten regelt Art. 48quáter LC die Konkurrenzproblematik. Danach ist nach Konkurseröffnung allein die Konkursverwaltung für die Erhebung der Haftungsklagen der Gesellschaft, die Konkursschuldnerin ist, gegen die Verwalter zuständig. Dies gilt unabhängig davon, ob das Konkursverfahren mittels der Liquidation oder mittels eines Konkursvergleiches mit den Gläubigern

1218 *Alonso Ureba/Viera González,* in: Pulgar Ezquerra/Alonso Ledesma/Alonso Ureba/Alcover Garau, Comentarios, Art. 48, S. 649.

1219 *Torrubia Chalmeta,* in: RDM 2013, 211, 227.

1220 *Alonso Ureba,* in: García Villaverde/Alonso Ureba/ Pulgar Ezquerra, Derecho Concursal, S. 505, 548 f.; *Fernández de la Gándara,* in: Fernández de la Gándara/Sánchez Álvarez, Comentarios LC, S. 717; *Quijano González,* RCP 2009, Nr. 10, 19, 33.

1221 *Muñoz Planas/J. Mª Muñoz Paredes,* RDM 2003, 1341, 1347 f.

1222 Gesetzesbegründung Nr. VIII des Gesetzes 38/2011 vom 10. Oktober 2011, BOE Nr. 245 vom 11. Oktober 2011, S. 106748.

beendet wird.[1223] Diese Regelung bringt zum Ausdruck, dass ab der Eröffnung des Konkursverfahrens das Gläubigerinteresse an der Wiederherstellung des Gesellschaftsvermögens das Interesse der Gesellschafter verdrängt.[1224] Der aufgrund der gesellschaftsrechtlichen Haftungsklage durch die Verwalter zu zahlende Schadensersatzbetrag kommt dem Gesellschaftsvermögen zugute, sodass sie sich im Ergebnis als Instrument zur Vergrößerung der Aktivmasse und damit zur Verbesserung der Befriedigungsaussichten der Gläubigergesamtheit darstellt.[1225] Aufgrund der Regelung in Art. 8 Abs. 7 LC besteht eine exklusive Zuständigkeit des Konkursrichters zur Entscheidung über die gesellschaftsrechtlichen Haftungsklagen. Damit stellt das Gesetz die Zuständigkeit des Konkursrichters nunmehr ausdrücklich klar. In diesem Zusammenhang stellt sich die Frage, ob der Konkursrichter auch für bereits vor Eröffnung des Konkursverfahrens erhobene Klagen zuständig ist oder ob diese beim ursprünglich zuständigen Gericht verbleiben. Art. 51 Abs. 1 S. 2 LC bestimmt, dass alle Gerichtsverfahren, in denen Schadensersatzforderungen gegen die Verwalter verfolgt werden, mit Verfahrenseröffnung von Amts wegen beim Konkursrichter konzentriert werden, vorausgesetzt, dass sie sich in der ersten Instanz befinden und noch kein abschließendes Urteil über sie ergangen ist. Damit führte der Gesetzgeber auch diese zuvor umstrittene Frage einer Klärung zu.

(c) Bewertung der Konkurrenzproblematik durch das Schrifttum

Zur Frage des Verhältnisses von gesellschaftsrechtlicher Haftungsklage und konkursrechtlicher Haftung bestehen – unabhängig von der Entwicklung der die Zuständigkeit zur Klageerhebung betreffenden gesetzlichen Regelungen – unterschiedliche Auffassungen im Schrifttum.

Ein Teil der Stimmen der h. M. im Schrifttum, die Art. 172bis LC als Norm mit Sanktionscharakter ansieht, möchte wegen der unterschiedlichen Rechtsnatur von gesellschafts- und konkursrechtlicher Haftung die parallele Geltendmachung während des Konkursverfahrens zulassen.[1226]

Unter denjenigen, die der konkursrechtlichen Haftung Schadensersatzcharakter zuschreiben, bildeten sich dagegen unterschiedliche Ansätze heraus. *Alonso Ureba* vertritt den Ansatz, die konkursrechtliche Haftung hätte bereits nicht so geregelt werden dürfen, dass sie bei einfacher Fahrlässigkeit und auch bei Beendigung des Konkursverfahrens mittels eines Konkursvergleiches keine Anwendung findet, denn gerade im Fall des durch die Verwalter verursachten größtmöglichen Schadens für die Gesellschaft (die Insolvenz) dürfe keine für die Verwalter günstigere

1223 *Morales Barceló,* La responsabilidad de los administradores, S. 432.
1224 *Gallego Sánchez* in: Beltrán/García-Cruces, Enciclopedia, S. 2643, 2647.
1225 *García-Cruces,* ADCo 2013, Nr. 28, 31, 53.
1226 *García-Cruces,* in: Rojo/Beltrán, La responsabilidad de los administradores, S. 295, 344; zustimmend *Morales Barceló,* La responsabilidad de los administradores, S. 443 und *Hernando Mendívil,* Calificación del concurso, S. 296.

Haftung bestehen als nach allgemeinem Haftungsregime.[1227] *Vázquez Albert* will – zur Vermeidung von Überschneidungen – gesellschaftsrechtliche Haftungsklage und konkursrechtliche Haftung als alternative Haftungsregime betrachten und Art. 172bis LC als subsidiäre Haftungsnorm für den Fall ansehen, dass keiner der dazu Berechtigten die gesellschaftsrechtliche Haftung geltend macht.[1228] *Roncero Sánchez* dagegen möchte Art. 172bis LC als spezielle schadensersatzrechtliche Regelung in ihrem Anwendungsbereich vorrangig vor der allgemeinen, ebenfalls als Schadensersatzhaftung ausgestalteten gesellschaftsrechtlichen Haftung anwenden, wobei – zumindest im Fall der Erhebung der gesellschaftsrechtlichen Haftungsklage nach Konkurseröffnung – Überschneidungen dadurch vermieden werden, dass der Konkursrichter zur Entscheidung über beide Haftungstatbestände zuständig ist.[1229] Folgte man dieser Auffassung, so wäre eine Anwendung der allgemeinen Organhaftung nur noch in vier Fällen möglich[1230]: hinsichtlich derjenigen Verwalter, die bereits mehr als zwei Jahre vor Eröffnung des Konkursverfahrens aus dem Amt geschieden sind, da sie die konkursrechtliche Haftung nicht trifft; wenn der aufgrund der gesellschaftsrechtlichen Haftung zu ersetzende Betrag über dem vollständigen Defizitbetrag liegt; wenn der Verwalter nur mit einfacher Fahrlässigkeit gehandelt hat, da die konkursrechtliche Haftung Vorsatz oder grobe Fahrlässigkeit verlangt; wenn das Konkursverfahren mittels eines Konkursvergleiches beendet wird, da die konkursrechtliche Haftung dann keine Anwendung findet.

(2) Individualhaftungsklage

Deutlich größere Schwierigkeiten im Hinblick auf die Koordination wirft die Individualhaftungsklage auf. Sie steht nach Art. 241 LSC steht den Anteilseignern und den Dritten zu, denen durch das Verwalterhandeln direkte Schäden entstanden sind. Bezüglich dieser Klage kann der Konkursverwaltung keine Berechtigung zur Klageerhebung zukommen, da die Geltendmachung individueller Schäden von Anteilseignern bzw. Dritten keine Aufgabe der Konkursverwalter darstellt.[1231] Die Grundproblematik der Individualhaftungsklage liegt in der Bestimmung der Fallgruppen, in denen von der Existenz eines direkten Schadens eines einzelnen Gläubigers ausgegangen werden kann. In diesem Zusammenhang sind zwei Fragestellungen auseinanderzuhalten: Zunächst ist zu klären, ob und in welcher Höhe einzelnen Gläubigern ein direkter Schaden durch das Verwalterhandeln entstehen

---

1227 *Alonso Ureba,* in: García Villaverde/Alonso Ureba/ Pulgar Ezquerra, Derecho Concursal, S. 505, 536 ff; zustimmend *Fernández de la Gándara,* Derecho de sociedades, S. 784.

1228 *Vázquez Albert,* RJCat 2004, 1056, 1068.

1229 *Roncero Sánchez,* RCP 2007, Nr. 7, 143, 160.

1230 Siehe die Aufzählung bei *Morales Barceló,* La responsabilidad de los administradores, S. 441 f.

1231 *Prendes Carril,* in: Prendes Carril/A. Muñoz Paredes, Tratado judicial de la insolvencia, S. 343, 472 f.

kann, insbesondere im Fall der Verletzung der Konkursantragspflicht. In einem weiteren Schritt ist dann zu fragen, ob die Verfolgung solcher Schäden durch die Erhebung der Individualklage nach Eröffnung des Konkursverfahrens weiterhin zulässig sein soll.

(a) Der direkte Schaden bei Verletzung der Konkursantragspflicht

Hinsichtlich der ersten aufgeworfenen Frage wird im Schrifttum teilweise zwischen zwei Gruppen von Gläubigern differenziert und dabei explizit Bezug auf die Verletzung der Konkursantragspflicht als schädigende Handlung Bezug genommen: Auf der einen Seite stehen dabei die Altgläubiger, die ihre Gläubigerstellung bereits zu dem Zeitpunkt innehatten, zu dem die Verwalter die Antragspflicht verletzten.[1232] Ihr Schaden liege im Differenzbetrag zwischen der Quote, die der Gläubiger bei pflichtgemäßer Stellung des Konkursantrages erhalten hätte und derjenigen, die er tatsächlich erhält.[1233] Relevanz für die Entwicklung des Quotenschadens soll dabei nur den Minderungen der Aktivmasse zukommen.[1234] Neugläubiger seien dagegen diejenigen, die ab Eintritt der Insolvenzreife in Rechtsbeziehungen zur Gesellschaft treten oder die nach diesem Zeitpunkt noch Vorleistungen an die Gesellschaft erbringen, aber voraussichtlich keine Gegenleistung mehr erhalten werden.[1235] Ihnen entstehe bei Verletzung der Konkursantragspflicht durch die Verwalter ein über die individuelle Haftungsklage geltend zu machender direkter Schaden, da sie auf die Vermögenssituation der Gesellschaft vertrauen bzw. zu dieser in Rechtsbeziehungen treten.[1236] Insoweit komme der Zweck der Konkursantragspflicht zum Ausdruck, die Gesellschaft nicht weiter zu normalen Bedingungen auf dem Markt handeln zu lassen.[1237] In dieser Situation entstehe eine Informationspflicht der Verwalter gegenüber den Gläubigern, die sich aus einer objektiven Sorgfaltspflicht in Bezug auf die Gläubiger ergebe.[1238] Die Informationspflichtverletzung sei gegeben, wenn der Verwalter aufgrund von Fahrlässigkeit die wirtschaftliche Situation der Gesellschaft aus den Augen verliert und weiterhin Vertragsabschlüsse tätigt, ohne seiner Antragspflicht nachzukommen oder die Gläubiger zu informieren.[1239] Diesbezüglich

---

1232 *Esteban Velasco,* in: Rojo/Beltrán, La responsabilidad de los administradores, S. 161, 215 f.

1233 *Esteban Velasco,* in: Rojo/Beltrán, La responsabilidad de los administradores, S. 161, 216.

1234 *Esteban Velasco,* RdS 1995, 47, 64.

1235 Für den Zeitpunkt des Vertragsschlusses als relevantes Kriterium *Esteban Velasco,* in: Rojo/Beltrán, La responsabilidad de los administradores, S. 161, 201; für die Vorleistung *Marín de la Bárcena,* La acción individual, S. 364.

1236 *Esteban Velasco,* in: Rojo/Beltrán, La responsabilidad de los administradores, S. 161, 201; *Marín de la Bárcena,* RdS 2005, Nr. 24, 91, 114.

1237 *Esteban Velasco,* in: Rojo/Beltrán, La responsabilidad de los administradores, S. 161, 201.

1238 *Marín de la Bárcena,* La acción individual, S. 364.

1239 *Marín de la Bárcena,* La acción individual, S. 368. Nach diesem Autor kommt der Informationspflicht auch gegenüber den Altgläubigern Bedeutung zu, die sich bei rechtzeitiger Information durch die Verwalter vom Vertrag mit der Gesellschaft hätten lösen können, siehe *Marín de la Bárcena,* La acción individual, S. 364.

sei weder Vorsatz des Verwalters noch eine Verschleierung der Vermögenssituation durch diesen oder eine persönliche Intervention bei Abschluss des Vertrages erforderlich.[1240] Die Neugläubiger müssen als Folge der Verletzung der Informationspflicht so gestellt werden, als hätten sie diesen Vertrag nicht abgeschlossen, sodass ihnen nicht ihr positives, sondern das negative Interesse zu ersetzen sei, abzüglich der ihnen als Konkursgläubiger zustehenden Quote.[1241] Manche nehmen eine Einschränkung vor und wollen den Verwalter bei Abschluss neuer Verträge in der Insolvenzsituation nur dann haften lassen, wenn er bei Verletzung seiner Informationspflicht vorsätzlich gehandelt hat.[1242]

Andere Teile des Schrifttums unterscheiden – ähnlich der vorgenannten Auffassung – zwischen zwei Konstellationen: derjenigen, in der das vorvertragliche Interesse der Gläubiger dadurch geschädigt wird, dass die Verwalter sie – ähnlich der Situation bei der c.i.c. – nicht angemessen informieren (z.B. über eine bereits bestehende Insolvenz) und derjenigen, in der das bereits bestehende Forderungsrecht durch das Geschäftsleiterverhalten während der Durchführung eines Vertrages verletzt wird.[1243] Die Gemeinsamkeit beider Fallgruppen liege darin, dass vertragliche, nach Eröffnung des Konkursverfahrens zu Konkursgläubigern werdende Gläubiger direkt durch die Verwalter geschädigt werden, wobei hinsichtlich der Schadenshöhe zwischen vor und nach der Insolvenzreife hinzutretenden Gläubigern unterschieden werden müsse.[1244] Es wird im Gegensatz zur vorgenannten Auffassung aber weder ausdrücklich auf die Verletzung der Antragspflicht als relevante Pflichtverletzung Bezug genommen noch wird gesagt, wie sich der konkrete Schaden der jeweiligen Gläubigergruppe berechnet. Trotz der Erwähnung der notwendigen Differenzierung hinsichtlich der Schadenshöhe hält es diese Auffassung für möglich, dass die Gläubiger mittels der Individualhaftungsklage die Zahlung der Forderung aus dem „schlecht abgeschlossenen oder schlecht durchgeführten" Vertrag erreichen können.[1245] Der Verwalter ersetze dann die gegen die Gesellschaft gerichtete Forderung als Schaden, wobei Forderung und Schaden in ihrer Höhe übereinstimmen.[1246] Aufgrund der so entstehenden Konkurrenzsituation zur konkursrechtlichen Haftung müssen diejenigen Gläubiger, die über die Individualhaftungsklage vorgehen, hinsichtlich des befriedigten Betrages aus der Passivmasse ausscheiden und dürfen

---

1240 *Marín de la Bárcena,* La acción individual, S. 366.

1241 *Marín de la Bárcena,* RdS 2005, Nr. 24, 91, 114 f., nach dessen Auffassung dieses negative Interesse nicht mit der Forderung der Neugläubiger gegen die Gesellschaft gleichgesetzt werden darf, da die Geschäftsleiterhaftung in diesem Fall auf der Verletzung einer Informationspflicht und gerade nicht auf der ausbleibenden Zahlung beruhe.

1242 *Alfaro Águila-Real,* InDret 2007, Nr. 1, 1, 15.

1243 *Quijano González,* RCP 2009, Nr. 10, 19, 37.

1244 *Quijano González,* RCP 2009, Nr. 10, 19, 37.

1245 *Quijano González,* RCP 2009, Nr. 10, 19, 37.

1246 *Quijano González,* RCP 2009, Nr. 10, 19, 37, mit dem Hinweis darauf, dass der zu ersetzende Schaden auch über oder unter dem Betrag der Forderung liegen könne.

im gleichen Umfang nicht von der konkursrechtlichen Haftung profitieren.[1247] Sollte ihr Forderungsbetrag über demjenigen des auszugleichenden Schadens liegen, so müssen sie hinsichtlich der Differenz weiterhin als Konkursgläubiger angesehen werden, während ihnen im umgekehrten Fall das Recht auf vollen Schadensersatz als individuelle Gläubiger des Verwalters zugestanden werden müsse.[1248] Reicht das persönliche Verwaltervermögen weder zur Begleichung des Schadens noch zur Bezahlung der Forderung aus, seien die Gläubiger hinsichtlich des ausstehenden Forderungsbetrages als Konkursgläubiger der Gesellschaft und hinsichtlich des ausstehenden Schadensersatzbetrages als individuelle Gläubiger der Verwalter anzusehen.[1249]

Teilweise wird zwar zwischen Forderung und Schaden getrennt, aber von einer Übereinstimmung der Höhe der Forderung und der Höhe des direkten Schadens ausgegangen, ohne dass dabei zwischen unterschiedlichen Gläubigergruppen differenziert oder das schadensverursachende Verwalterhandeln konkret benannt wird.[1250] Daher ist unklar, ob diese Stimmen im Schrifttum es für möglich halten, dass auch die Verletzung der Konkursantragspflicht zu einem Schaden in Höhe des positiven Interesses eines jeden Gläubigers i. S. der entwerteten Forderung führt. Nach der Auffassung des TS, das eine Gleichsetzung der Nichtzahlung der Forderung mit einem direkten Schaden i. S. d. Art. 241 LSC im Grundsatz ablehnt, können Zahlungsausfall und Gläubigerschaden dann übereinstimmen, wenn die Forderung auf einer Rechtsbeziehung mit der Gesellschaft basiert, bei deren Begründung ein Verwalterhandeln hinzutritt, das nicht mit dem Prinzip des guten Glaubens nach Art. 7 Abs. 1 Cc vereinbar ist.[1251]

(b) Zulässigkeit der Klage während des Konkursverfahrens?

Zur Beantwortung der zweiten eingangs aufgeworfenen Frage, ob die Verfolgung solcher Schäden mittels der Individualklage auch während des Konkursverfahrens möglich sein soll, sind zunächst die gesetzlichen Regelungen in der LC zu betrachten. Art. 48 Abs. 2 LC a. F. sprach von den der juristischen Person zustehenden Klagen und bezog sich somit lediglich auf die gesellschaftsrechtliche Haftungsklage und nicht auf die Individualhaftungsklage.[1252] Auch der LC in ihrer derzeitigen Fassung kann keine Aussage zur Möglichkeit der Erhebung der Klage nach Verfahrenseröffnung und zur Behandlung bereits begonnener Verfahren entnommen werden.

1247 *Quijano González,* RCP 2009, Nr. 10, 19, 37.

1248 *Quijano González,* RCP 2009, Nr. 10, 19, 37.

1249 *Quijano González,* RCP 2009, Nr. 10, 19, 37.

1250 *Morales Barceló,* La responsabilidad de los administradores, S. 457; in diesem Sinne wohl auch *Hernando Mendívil,* Calificación del concurso, S. 300.

1251 TS, Urt. v. 23. 11. 2011 (ROJ: STS 9212/2011), Rechtsgrund Sechstens.

1252 *Alonso Ureba/Viera González,* in: Pulgar Ezquerra/Alonso Ledesma/Alonso Ureba/Alcover Garau, Comentarios, Art. 48, S. 645.

Nach der h. M. in Schrifttum und Rechtsprechung kann die Individualhaftungsklage daher auch nach Eröffnung des Konkursverfahrens weiter erhoben werden, denn durch sie werde der Zweck verfolgt, unmittelbare Schäden der Anteilseigner oder Dritter auszugleichen.[1253] Da der Gesetzgeber diese Problematik weder bei Verabschiedung des Konkursgesetzes noch im Rahmen der Reform durch das Gesetz 38/2011 einer Regelung zugeführt habe, müsse davon ausgegangen werden, dass er die Geltendmachung von Schäden mittels der Individualklage auch nach Verfahrenseröffnung zulassen wollte.[1254] Das mittels der Individualhaftungsklage geltend gemachte Forderungsrecht stehe dem Gläubiger als Drittem und gerade nicht als Konkursgläubiger zu und er verfolge dieses Recht gegen die Verwalter, die ebenfalls außerhalb des Konkursverfahrens der Gesellschaft stehende Personen darstellen, sodass die *par conditio creditorum* nicht betroffen sei.[1255] Aufgrund des im Prozess über die Individualhaftungsklage ausgesprochenen Urteils werde die Gläubigerforderung zu einer Schadensersatzforderung, sodass sie eine andere Rechtsnatur als die Konkursforderung aufweise, auch wenn beide hinsichtlich ihrer Höhe übereinstimmen können.[1256] Auch finde keine „widerrechtliche" Minderung des persönlichen Verwaltervermögens statt, da diese Minderung auf der Befriedigung einer allein gegen den Verwalter gerichteten Schadensersatzforderung beruhe, die nicht als Konkursforderung angesehen werden könne.[1257]

Nach anderen Stimmen soll die Geltendmachung der Individualhaftungsklage zwar weiterhin zulässig, aber mit bestimmten Einschränkungen verbunden sein. Stellenweise wird hier unter Bezugnahme auf die Rechtsprechung des TS ein vorwerfbares und direkt zurechenbares Verhalten der Verwalter im Rahmen der Forderungsbegründung verlangt, sodass die Klage nach Eröffnung des Konkursverfahrens nur den von diesen Situationen betroffenen Gläubigern zustehen soll.[1258] Einige

---

1253 Aus der Rechtsprechung AP Jaén, Urt. v. 12. 5. 2011 (ROJ: SAP J 1307/2011), Rechtsgrund Erstens und AP Córdoba, Urt. v. 30. 9. 2013 (ROJ: SAP CO 1389/2013), Rechtsgrund Erstens; aus dem Schrifttum statt vieler *Torrubia Chalmeta,* RDM 2013, 211, 229. Auch bereits vorher begonnene Klageverfahren werden dann nicht ausgesetzt.

1254 So die Rechtsprechung, siehe AP Jaén, Urt. v. 12. 5. 2011 (ROJ: SAP J 1307/2011), Rechtsgrund Erstens; AP Córdoba, Urt. v. 30. 9. 2013 (ROJ: SAP CO 1389/2013), Rechtsgrund Erstens.

1255 *García-Cruces,* in: Rojo/Beltrán, La responsabilidad de los administradores, S. 295, 349; ebenso *Hernando Mendívil,* Calificación del concurso, S. 300. Eine Verletzung der *par conditio* könne vielmehr nur dann eintreten, wenn der Verwalter selbst in Konkurs geht und ein Gläubiger einer Schadensersatzforderung von diesem außerhalb des Konkurses befriedigt wird, siehe *Muñoz Planas/J. Mª Muñoz Paredes,* RDM 2003, 1341, 1350.

1256 *Hernando Mendívil,* Calificación del concurso, S. 303 f.

1257 *Hernando Mendívil,* Calificación del concurso, S. 304 f.

1258 Ohne nähere Ausführungen dazu, in welchen konkreten Handlungen sich dieses vorwerfbare Verhalten manifestieren kann, *Saavedra López/Sánchez Hernández,* RdS 2014, Nr. 43, 303, 328 f.

sind der Auffassung, die LC hätte den Konkursrichter für die Entscheidung über die Individualklage für zuständig erklären müssen, und wollen die Klageerhebung nur dann zulassen, wenn die konkursrechtliche Haftung bereits abgedeckt ist, da in der Konkurssituation der Haftung gegenüber der Gläubigergesamtheit Vorrang vor dem Individualschutz zukomme.[1259]

Wieder andere lehnen die Möglichkeit zur weiteren Geltendmachung der Individualklage gänzlich ab, da ein einzelner Gläubiger auf diesem Wege bei bereits eröffnetem Konkursverfahren die Zahlung seiner Forderung aus dem Verwaltervermögen erreichen und sich damit der *par conditio creditorum* entziehen könne.[1260] Der Unterschied zwischen Individualhaftungsklage und gesellschaftsrechtlicher Haftungsklage liege darin, dass der durch letztere erlöste Betrag der Aktivmasse und damit der Gläubigergesamtheit zugute komme, während die Geltendmachung der Individualklage das persönliche Verwaltervermögen mindere und damit die Effektivität der konkursrechtlichen Haftung nach Art. 172bis LC beeinträchtige.[1261]

Die Schriftttumsauffassung, die im Rahmen der möglichen direkten Gläubigerschäden zwischen den Gruppen der Alt- (Quotenschaden) und Neugläubiger (Ersatz des negativen Interesses) trennt, differenziert auch bezüglich der Zulässigkeit der Erhebung der Individualhaftungsklage zwischen diesen beiden Gläubigergruppen: Für die Altgläubiger soll die Geltendmachung ihres Quotenschadens mittels der Individualklage ausscheiden, denn dieser werde ohnehin über die dem Ausgleich des Massedefizits dienende konkursrechtliche Haftung ersetzt.[1262] Auch wird gesagt, der Quotenschaden stelle sich nicht als direkter Gläubigerschaden, sondern als bloßer Reflex der Schädigung des Gesellschaftsvermögens dar, die bereits über die gesellschaftsrechtliche Haftungsklage geltend zu machen sei.[1263] Das Vorgehen der Altgläubiger über die Individualhaftungsklage soll aber dann möglich sein, wenn ihr Quotenschaden auf gegen die Gleichbehandlung der Gläubiger verstoßenden

1259 *Alonso Ureba,* in: García Villaverde/Alonso Ureba/ Pulgar Ezquerra, Derecho Concursal, S. 505, 560; *Fernández de la Gándara,* in: Fernández de la Gándara/Sánchez Álvarez, Comentarios LC, S. 720; *Mambrilla Rivera,* in: Sánchez-Calero Guilarte/ Guilarte Gutiérrez, Comentarios LC Art. 172, S. 2857; in diese Richtung auch *Guerrero Lebrón/Gómez Porrúa,* in: LH Olivencia, S. 1965, 1982.

1260 *Quijano González,* RCP 2009, Nr. 10, 19, 39, der von einer „Flucht“ aus dem Konkurs spricht; zustimmend *Morales Barceló,* La responsabilidad de los administradores, S. 461, die sich *de lege ferenda* dafür ausspricht, dass nach Eröffnung des Konkursverfahrens diese Klagen nicht mehr zugelassen und Vollstreckungen auf der Grundlage vor Eröffnung ergangener Urteile ausgesetzt werden sollten. Auch hier wird offenbar vorausgesetzt, dass der Schaden eines jeden Gläubigers in der vollen Forderung liegt. Kritisch auch *Beltrán,* RdS 2012, Nr. 39, 355, 375.

1261 *Quijano González,* RCP 2009, Nr. 10, 19, 35.

1262 *Marín de la Bárcena,* RdS 2005, Nr. 24, 91, 120, der die gesellschaftsrechtliche Norm des Art. 241 LSC insoweit teleologisch reduzieren will.

1263 *Esteban Velasco,* in: Rojo/Beltrán, La responsabilidad de los administradores, S. 161, 216; ebenso *Alonso Ureba,* in: García Villaverde/Alonso Ureba/ Pulgar Ezquerra, Derecho Concursal, S. 505, 561.

Handlungen (etwa Vorabbefriedigungen bestimmter Gläubiger) beruhe, denn dann handele es sich um einen „direkten Schaden“ und nicht lediglich um einen Reflexschaden.[1264] In Bezug auf die Neugläubiger und mögliche Verletzungen der Informationspflicht durch die Geschäftsleiter bei der Begründung neuer Rechtsbeziehungen sei die Einschränkung der Klagemöglichkeiten dagegen deshalb nicht gerechtfertigt, da der Konkursrichter nach dem Wortlaut in Art. 172bis Abs. 1 LC („kann“) nur die Möglichkeit zur Verurteilung habe und diese Schäden dann u. U. nicht ersetzt werden.[1265]

ii. Das Verhältnis von Art. 172bis LC zu Art. 367 LSC

Besondere Schwierigkeiten ergeben sich schließlich auch aus dem Nebeneinander der Haftungstatbestände aus Art. 367 LSC und Art. 172bis LC.

(1) Problemstellung

Die Konkurrenzproblematik zwischen diesen beiden Haftungsnormen entsteht immer dann, wenn es erst zum hälftigen Kapitalverlust kommt und danach die Zahlungsunfähigkeit der Gesellschaft eintritt.[1266] Diesbezüglich lassen sich zwei Fallkonstellationen unterscheiden: Zum einen kann die Situation entstehen, dass die Verwalter zunächst ihre Pflichten im Rahmen der Auflösung verletzen (und daher nach Art. 367 LSC haften) und dann bei Eintreten der Zahlungsunfähigkeit der Konkursantragspflicht nicht nachkommen, sodass sie auch nach Art. 172bis LC haften (bei Vorliegen auch aller weiteren dargestellten Voraussetzungen dieser Norm). Darunter fällt auch die Situation, dass zunächst der Auflösungsgrund gegeben ist, die Verwalter ihre diesbezüglichen Pflichten verletzen und sie anschließend bei Eintreten der Zahlungsunfähigkeit den Konkursantrag stellen, da durch das Eintreten der Zahlungsunfähigkeit zwar der Auflösungsgrund keine rechtlichen Wirkungen mehr entfaltet, der später (rechtzeitig) gestellte Konkursantrag die Verwalter aber nicht von einer davor eingetretenen Haftung befreien kann.[1267] Zum anderen kann der Fall eintreten, dass die Verwalter bei Eintreten des hälftigen Kapitalverlustes zwar ihren Pflichten nachgekommen sind und daher den Auflösungsprozess der Gesellschaft eingeleitet haben, aber während des Auflösungsprozesses die Zahlungsunfähigkeit hinzutritt und eine Stellung des Konkursantrages durch die Verwalter unterbleibt. Dann haften sie wegen Verletzung der Antragspflicht sowohl nach Art. 367 LSC in der Tatbestandsvariante Verletzung der Konkursantragspflicht als auch nach

---

1264 *Esteban Velasco*, in: Rojo/Beltrán, La responsabilidad de los administradores, S. 161, 217.

1265 *Marín de la Bárcena*, RdS 2005, 91, 120. Hier soll die teleologische Reduktion des Art. 241 LSC dann also nicht zum Zuge kommen.

1266 *Morales Barceló*, La responsabilidad de los administradores, S. 394.

1267 *Sequeira Martin/Sacristán Bergia/Muñoz García*, in: LH García Villaverde, S. 2185, 2193 f.

Art. 172bis LC.[1268] Für die zweite Fallgruppe kann man allerdings nur dann von einer Konkurrenzproblematik ausgehen, wenn man für die Haftung nach Art. 367 LSC die schlichte Verletzung der Konkursantragspflicht aus Art. 5 LC genügen lässt und entgegen des Normwortlautes die konkursrechtliche Frist für maßgeblich erachtet.[1269]

Werden Klagen wegen der Haftung nach Art. 367 LSC angestrengt, so bleibt dies ohne Auswirkungen auf die konkursrechtliche Aktivmasse, da dies weder zu ihrer Verminderung noch zu ihrer Vergrößerung führt.[1270] Das Problem ergibt sich daraus, dass die Gläubiger bestrebt sein werden, die gesellschaftsrechtliche Haftung unabhängig vom Konkursverfahren geltend zu machen, um nicht dessen Beschränkungen, konkret der *par conditio creditorum* zu unterfallen.[1271] Außerdem können erfahrene bzw. gut informierte Gläubiger auf diesem Weg den vollen Betrag ihrer (u. U. nachrangigen) Forderungen von den Verwaltern ersetzt erhalten, sodass deren Vermögen nicht mehr ausreicht, um Zahlungen aufgrund der konkursrechtlichen Haftung nach Art. 172bis LC und damit zur Befriedigung der restlichen Passivmasse zu leisten.[1272] Dies hat zur Folge, dass sich die vorkonkursliche Funktion der gesellschaftsrechtlichen Haftung nach Art. 367 LSC ins Gegenteil verkehrt und dass diese Haftung den Zielen des Konkursverfahrens widersprechende Effekte hervorruft.[1273] Außerdem liegen weitere Anreize zum Ausweichen der Gläubiger auf die Haftung nach Art. 367 LSC darin, dass die konkursrechtliche Haftung von der Entscheidung des Richters abhängt, die gesamtschuldnerische Haftung nicht von Gesetzes wegen anordnet, die Eröffnung der Liquidationsphase erfordert und nur zur teilweisen Befriedigung der Forderungen führt.[1274]

(2) Vor der Reform der LC durch das Gesetz 38/2011

Eine gesetzliche Regelung zu dieser Problematik war in der LC bis zum Inkrafttreten der Reform durch das Gesetz 38/2011 nicht vorhanden. Nach der wohl h. M. konnten aufgrund der nicht vorhandenen Regelungen sowohl die bereits erhobenen Klagen weiterverfolgt als auch neue Klagen gegen die Verwalter auf Grundlage der gesellschaftsrechtlichen Haftung wegen Verletzung der Pflichten im Rahmen der Auflösung erhoben werden.[1275] Nach einer beträchtlichen Reihe anderer Stimmen

---

1268 *Rodríguez Ruiz de Villa/Huerta Viesca,* RdS 2006, Nr. 26, 647, 652; *Vicent Chuliá,* RCP 2006, Nr. 4, 15, 19; *Verdú Cañete,* La responsabilidad civil del administrador, S. 389.

1269 Siehe dazu unter IV. 3. b. aa.

1270 *García-Cruces,* ADCo 2013, Nr. 28, 31, 39.

1271 *Muñoz Planas/J. Mª Muñoz Paredes,* RDM 2003, 1341, 1351.

1272 *Antón Guijarro,* in: Gimeno-Bayón Cobos/Garrido Espa, Órganos, S. 1183, 1190 f.

1273 *Carbajo Cascón,* DSR 2013, Vol. 10, 145, 157.

1274 *Blanco Buitrago,* in: LH Olivencia, S. 4895, 4910.

1275 Aus der Rechtsprechung AP Las Palmas, Urt. v. 6. 3. 2009 (ROJ: SAP GC 818/2009), Rechtsgrund Fünftens; aus dem Schrifttum *Muñoz Planas/J. Mª Muñoz Paredes,* RDM 2003, 1341, 1344 f.; *García-Cruces,* La calificación, S. 207; *Vicent Chuliá,* RCP 2006, Nr. 4, 15, 50.

im Schrifttum kam der Haftung aus Art. 172 Abs. 3 LC a. F. wegen der Gefährdung der *par conditio creditorum* dagegen Vorrang zu.[1276] Stellenweise wurde eine Kompatibilität beider Haftungsregime – in Bezug auf die Tathandlung Verletzung der Konkursantragspflicht – auch mit dem Argument verneint, dass eine Verurteilung der Verwalter aufgrund der gleichen Handlung sowohl nach Art. 367 LSC als auch nach Art. 172bis LC zu einer Haftung aufgrund zweier zivilrechtlicher Sanktionsnormen und damit zu einem Verstoß gegen das Prinzip *non bis in idem* führe.[1277] Diese Sichtweise setzt wiederum voraus, dass man beide Haftungsnormen als Sanktionsnormen und nicht als Schadensersatztatbestände einordnet. Durch die Möglichkeit der Beschlagnahme des persönlichen Verwaltervermögens nach Art. 48ter LC konnte die Konkurrenzproblematik zur Haftung nach Art. 367 LSC unter Geltung dieser Rechtslage durch die Gerichte aber zumindest deutlich abgemildert werden.[1278]

(3) Nach der Reform: Regelung in Arts. 50 Abs. 2, 51bis Abs. 1 LC

Die für das Verhältnis zum Haftungstatbestand aus Art. 367 LSC relevanten Regelungen finden sich nunmehr in den Art. 50 Abs. 2, 51bis Abs. 1 LC. Art. 50 Abs. 2 LC bestimmt in Bezug auf nach Konkurseröffnung zu erhebende Haftungsklagen, dass die Handelsrichter Klagen, mit denen Ansprüche auf Ausgleich von Gesellschaftsverbindlichkeiten gegen die Verwalter von sich in Konkurs befindlichen Kapitalgesellschaften geltend gemacht werden, die ihre Pflichten in Bezug auf das Vorliegen eines Auflösungsgrundes verletzt haben, nicht zulassen. Art. 51 bis Abs. 1 LC enthält die Regelung zu den bereits erhobenen Klagen. Danach werden vor der Konkurseröffnung angefangene Verfahren, mit denen diese Ansprüche geltend gemacht werden, ausgesetzt. Beide Regelungen erfassen ihrem Wortlaut nach nur die auf Art. 367 LSC basierenden Klagen, mit denen eine Verletzung der Pflichten in Bezug auf die Auflösung geltend gemacht wird, und nicht solche, die sich auf die ebenfalls von Art. 367 LSC erfasste Verletzung der Konkursantragspflicht stützen. Dabei kann es sich diesbezüglich um einen Redaktionsfehler oder um eine bewusste gesetzgeberische Entscheidung zur Zulassung solcher Klagen handeln.[1279] Da der Normzweck der Art. 50 Abs. 2, 51bis Abs. 1 LC in der „Deaktivierung" der vorkonkurslichen Funktion der Haftung nach Art. 367 LSC liegt, sollten auch die Klagen wegen Verletzung der Antragspflicht als von den Konkurrenzbestimmungen umfasst angesehen

---

1276 *Alonso Ureba,* in: García Villaverde/Alonso Ureba/ Pulgar Ezquerra, Derecho Concursal; S. 505, 569; *Fernández de la Gándara,* in: Fernández de la Gándara/Sánchez Álvarez, Comentarios LC, S. 721; *Vázquez Albert,* RJCat 2004, 1056, 1071; *Sánchez-Calero Guilarte,* in: Sánchez-Calero Guilarte/Guilarte Gutiérrez, Comentarios LC, Art. 5, 2. 216; *Guerrero Lebrón/Gómez Porrua,* in: LH Olivencia, S. 1965, 1986; *Pulgar Ezquerra,* in: Bajo Fernández, Gobierno corporativo y derecho penal, S. 103, 118.

1277 *Bello Martín-Crespo,* in: LH Olivencia, S. 1679, 1732 f. Diesen Gedanken greift *Quijano González,* RCP 2015, Nr. 22, 43, 49 f. erneut auf.

1278 Siehe dazu *Cohnen,* Der Konkurs der Kapitalgesellschaft, S. 188.

1279 Nach *Carbajo Cascón,* DRS 2013, Vol. 10, 145, 196 f.

werden.[1280] Auch nach Inkrafttreten der Koordinationsregeln kommt es weiterhin zu unterschiedlichen Beurteilungen der Konkurrenzproblematik.

Teile des Schrifttums begrüßten diese Neuregelungen in der LC ausdrücklich, da auf diese Weise dem Prinzip der *par conditio creditorum* ausdrücklich in der LC Geltung verschafft werde und es nicht als wünschenswert angesehen werden könne, wenn nach Eröffnung des Konkursverfahrens ein Nebeneinander der einen vorkonkurslichen Zweck verfolgenden gesellschaftsrechtlichen und der konkursrechtlichen Haftung besteht.[1281]

Andere Stimmen äußern sich dagegen kritisch zur Reform. Das Prinzip der *par conditio creditorum* sei durch die erfolgreiche Geltendmachung des Anspruches aus Art. 367 LSC nicht berührt, da sich an der Menge der vorhandenen Gläubiger dadurch nichts ändere, dass der zahlende Verwalter wegen der entsprechenden Anwendung des Art. 87 Abs. 6 LC mit dem entstandenen Rückforderungsanspruch an die Stelle des in seiner Forderung befriedigten Gläubigers tritt.[1282] Nach dieser Auffassung können sich aus der Geltendmachung der Haftung nach Art. 367 LSC während des Konkursverfahrens sogar Vorteile für die Gläubigergesamtheit ergeben, weil auf Seiten des Verwalters aufgrund seiner Zahlung ein Rückgriffsrecht gegenüber der Gesellschaft entsteht und diese Forderung wegen der Stellung als Verwalter nur als nachrangige Forderung an fünfter Stelle befriedigt wird (Art. 92 Nr. 5 LC), sodass es zu einer qualitativen Verbesserung der Massestruktur und damit auch zu einer Verbesserung der Befriedigungsaussichten der anderen Gläubiger komme.[1283] Außerdem ergebe sich zumindest dann eine quantitative Verbesserung der Passivmasse, wenn der Konkurs (wie im Fall der Verletzung der Konkursantragspflicht) als schuldhaft qualifiziert wird, da in diesen Fällen die Verwalter wegen Art. 172 Abs. 2 Nr. 3 LC ihr Forderungsrecht gegenüber der Gesellschaft verlieren.[1284] Dennoch sehen auch die den gesetzlichen Regelungen kritisch gegenüberstehenden Stimmen die Problematik der Minderung des persönlichen Verwaltervermögens zulasten der konkursrechtlichen Haftung.[1285] Der aufgrund der auf Art. 367 LSC gestützten Haftungsklage erhaltene Betrag kann nicht der Gläubigergesamtheit zugänglich gemacht werden, da das Forderungsrecht ausdrücklich nur den nach

1280 *Gallego Sánchez*, in: Beltrán/García-Cruces, Enciclopedia, S. 2643, 2655 f.; zustimmend *Carbajo Cascón*, in: Ruiz de Iza/Barber Marrero, Cuestiones actuales sobre Derecho Concursal, S. 41, 62.

1281 *Morales Barceló*, La responsabilidad de los administradores, S. 400; *Carbajo Cascón*, in: Ruiz de Iza/Barber Marrero, Cuestiones actuales sobre Derecho Concursal, S. 41, S. 63 f.

1282 *García-Cruces*, ADCo 2013, Nr. 28, 31, 62; ebenso (unter Rückgriff auf Art. 87 Abs. 7 LC) *Hernando Mendívil*, Calificación del concurso, S. 319.

1283 *García-Cruces*, ADCo 2013, Nr. 28, 31, 60; zustimmend *Hernando Mendívil*, Calificación del concurso, S. 319.

1284 *García-Cruces*, ADCo 2013, Nr. 28, 31, 60.

1285 *García-Cruces*, ADCo 2013, Nr. 28, 31, 66; *Hernando Mendívil*, Calificación del concurso, S. 323.

Auftreten des Auflösungsgrundes hinzugetretenen Gläubigern zusteht.[1286] Der Problematik kann nach dieser Auffassung aber dadurch begegnet werden, dass dem klagewilligen Gläubiger die Pflicht auferlegt wird, die Konkursverwaltung von der beabsichtigten Klageerhebung, den Einzelheiten seiner Forderung und den zugrundeliegenden Tatsachen zu informieren, damit diese die Risiken für die Effektivität der konkursrechtlichen Haftung bewerten und u. U. die Beschlagnahme nach Art. 48ter LC beim Konkursrichter beantragen kann.[1287] Der Konkursverwaltung soll dann eine bestimmte Frist zur Beurteilung und Entscheidung über diese Frage zugestanden werden, sodass der Gläubiger die Klage erheben kann, wenn diese sich innerhalb des Zeitraums nicht äußert.[1288]

d. Haftung wegen Verletzung der Konkursantragspflicht nach Art. 172 Abs. 2 Nr. 3 LC?

Neben der Haftung aus Art. 172bis LC existiert eine weitere Haftungsvorschrift in der LC, und zwar in Art. 172 Abs. 2 Nr. 3 LC. Diese Vorschrift bestand bereits vor der Reform der LC durch das Gesetz 38/2011 an gleicher Stelle. Nach Art. 172 Abs. 2 Nr. 3 LC enthält das den Konkurs als schuldhaft qualifizierende Urteil auch den Ausspruch, dass die Verwalter zum Ersatz der verursachten Schäden verurteilt werden. Nach dem Wortlaut der Norm handelt es sich im Gegensatz zur Haftung nach Art. 172bis Abs. 1 LC um eine zwingende Folge des Qualifizierungsurteils. Diese Norm bezweckt den Ausgleich des Schadens, der durch das nicht rechtmäßige Verhalten der von der Qualifizierung betroffenen Personen bzw. der Verwalter im Vermögen des Schuldners entsteht.[1289]

aa. Voraussetzungen des Art. 172 Abs. 2 Nr. 3 LC

Eine Haftung nach Art. 172 Abs. 2 Nr. 3 LC setzt eine Handlung bzw. Unterlassung des Schuldners, ein Verschulden (Qualifizierung des Konkurses als schuldhaft) und die Verursachung eines Schadens an der Masse voraus.[1290] Die Handlung bzw. Unterlassung liegt bei Verletzung der Konkursantragspflicht in der verspäteten bzw. nicht erfolgten Antragstellung. Das Verschulden ist gegeben, wenn der Konkurs wegen Verletzung der Antragspflicht als schuldhaft qualifiziert wurde, weil die (bei der Darstellung des Art. 172bis LC bereits aufgeführten) vier Voraussetzungen (Handlung oder Unterlassung, Verursachung bzw. Vertiefung der Insolvenz, Vorsatz oder

1286 *Hernando Mendívil,* Calificación del concurso, S. 326.

1287 *García-Cruces,* ADCo 2013, Nr. 28, 31, 67 f.; zustimmend *Hernando Mendívil,* Calificación del concurso, S. 327.

1288 *García-Cruces,* ADCo 2013, Nr. 28, 31, 68.

1289 *Sanz Acosta,* in: López López/Macías Castillo, Comentario práctico LC, Art. 172, S. 586.

1290 *Sanz Acosta,* in: López López/Macías Castillo, Comentario práctico LC, Art. 172, S. 586.

grobe Fahrlässigkeit und Kausalbeziehung zwischen Handlung und Verursachung bzw. Verstärkung der Insolvenz) erfüllt sind. In Bezug auf die Verletzung der Konkursantragspflicht ist dabei Art. 165 LC als Vermutungsregel für die Schuldhaftigkeit des Konkurses zu beachten.

bb. Rechtsfolge und Verhältnis zu Art. 172bis LC

Die Rechtsfolge des Art. 172 Abs. 2 Nr. 3 LC liegt darin, dass die von der Qualifizierung betroffenen bzw. die die Konkursantragspflicht verletzenden Verwalter den im Vermögen des Schuldners entstandenen Schaden zu ersetzen haben. Der aufgrund dieser Haftung erhaltene Betrag kommt der Masse zugute.[1291] Teilweise wird Art. 172 Abs. 2 Nr. 3 LC für überflüssig gehalten, da sich die Rechtsfolge des Schadensersatzes auch mittels der allgemeinen gesellschaftsrechtlichen Regelungen zur Verwalterhaftung erreichen lasse.[1292] Unklar und umstritten ist, worauf sich der aufgrund von Art. 172 Abs. 2 Nr. 3 LC zu leistende Schadensersatz bezieht, da die Norm diesen nicht näher definiert. Von der Beantwortung dieser Frage hängt ab, ob auch durch eine Konkursverschleppung verursachte Schäden auf der Grundlage des Art. 172 Abs. 2 Nr. 3 LC zu ersetzen sind. Diese Problematik ist eng verbunden mit der Frage des Verhältnisses von Art. 172bis LC zu Art. 172 Abs. 2 Nr. 3 LC. Der nunmehr in Art. 172bis LC enthaltene konkursrechtliche Haftungstatbestand war – wie im Rahmen seiner Darstellung bereits ausgeführt – früher in Art. 172 Abs. 3 LC a. F. und damit in der Norm geregelt, die auch alle sonstigen (und zwingenden) Aussprüche des Qualifizierungsurteils aufführt. Damit stand der Haftungstatbestand direkt hinter dem Schadensersatztatbestand des Art. 172 Abs. 2 Nr. 3 LC. Die Formulierung im Wortlaut des Art. 172 Abs. 3 LC a. F. war so gefasst, dass die Verwalter „außerdem" bei Erfüllung der in ihm enthaltenen Voraussetzungen auf teilweisen oder vollständigen Ausgleich der unbefriedigt gebliebenen Konkursforderungen hafteten. In Art. 172bis LC ist das Wort „außerdem" nicht mehr enthalten.

Nach einer Reihe von Stimmen im Schrifttum und Teilen der Rechtsprechung ist die Verpflichtung zum Schadensersatz in Art. 172 Abs. 2 Nr. 3 LC in systematischer Hinsicht zusammen mit der in der gleichen Vorschrift enthaltenen Verpflichtung zur Rückgabe von Gegenständen bzw. Rechten zu lesen, sodass sich die Rechtsfolge in Art. 172 Abs. 2 Nr. 3 LC auf die durch die unberechtigte Entnahme von Vermögensgegenständen oder Rechten aus dem schuldnerischen Vermögen bzw. der Aktivmasse entstandene Schäden beschränken soll (Beispiel: der durch die Nutzung der entnommenen Gegenstände eingetretene Wertverlust).[1293] Wegen des Bestehens

1291 *Sanz Acosta,* in: López López/Macías Castillo, Comentario práctico LC, Art. 172, S. 588.

1292 *Díaz Echegaray,* Manual práctico, S. 582.

1293 Aus der Rechtsprechung siehe AP Barcelona, Urt. v. 29. 11. 2007 (Az.: SAP B 14674/2007), Rechtsgrund Neuntens und JM La Coruña, Urt. v. 20. 6. 2006 (ROJ: SJM C 121/2006), Rechtsgrund Siebtens. Für das Schrifttum *Vicent Chuliá,* RCP 2006, Nr. 4, 15, 56; *Morillas Jarillo,* RCP 2007, Nr. 7, 53, 73; *Machado Plazas,* in:

der umfassenden Haftungsnorm in Art. 172bis LC müsse Art. 172 Abs. 2 Nr. 3 LC restriktiv ausgelegt werden.[1294] Nach dieser Auffassung können Verschleppungsschäden nicht auf Grundlage des Art. 172 Abs. 2 Nr. 3 LC ersetzt werden. Andere Teile der Rechtsprechung sehen Art. 172 Abs. 2 Nr. 3 LC dagegen als eine Norm an, auf deren Grundlage alle im Zusammenhang mit dem als schuldhaft qualifizierten Konkurs verursachten Schäden ersetzt werden können, da keine Anhaltspunkte für eine Beschränkung auf bestimmte durch die Entnahme von Gegenständen oder Rechten entstandene Schäden bestehen.[1295] Das TS entschied im Sinne dieser Auffassung und sieht Art. 172 Abs. 2 Nr. 3 LC als klassischen Schadensersatztatbestand an, der seine Besonderheit dadurch erhalte, dass der entstandene Schaden in der Verursachung oder Vertiefung der Insolvenz liegt.[1296] Folgt man dieser Auffassung, so kann 172 Abs. 2 Nr. 3 gerade auch den entstandenen Verschleppungsschaden erfassen. Vorschläge im Schrifttum oder eine höchstrichterliche Rechtsprechung zur Berechnung des über Art. 172 Abs. 2 Nr. 3 LC zu ersetzenden Verschleppungsschadens liegen aber nicht vor.

Im Wegfall der Formulierung „außerdem" in Art. 172bis LC ist keine Änderung in der Sache zu sehen, sodass bei Vorliegen der entsprechenden Voraussetzungen die Verurteilung zum Ausgleich des Massedefizits nach Art. 172bis LC neben die Schadensersatzpflicht des Art. 172 Abs. 2 Nr. 3 LC tritt.[1297] Vereinzelt wird im Schrifttum dagegen die Auffassung vertreten, dass wegen der Streichung des Wortes „außerdem" Art. 172bis LC schon gar nicht als eigenständiger Haftungstatbestand anzusehen sei, sondern lediglich Art. 172 Abs. 2 Nr. 3 LC bezüglich des erzielbaren Schadensersatzbetrages konkretisieren soll, der wegen der in Art. 172bis LC festgelegten Rechtsfolge dann den teilweisen oder vollständigen Betrag des Massedefizits erreichen könne.[1298] Diese Konkretisierung des Schadens auf den teilweisen oder vollständigen Betrag des Massedefizits durch Art. 172bis LC soll immer dann zum Tragen kommen, wenn der Konkursrichter eine Verurteilung zum Ausgleich des Massedefizits für gerechtfertigt hält, während im gegenteiligen Fall lediglich eine Verurteilung zum Ersatz des konkret entstandenen Schadens gemäß Art. 172 Abs. 2 Nr. 3 LC in Betracht komme.[1299]

Nieto Delgado, Derecho Concursal, S. 663, 672 f.; *Cerdá Albero,* in: Liber amicorum Vicent Chuliá, S. 1563, 1574.

1294 *Machado Plazas,* in: Nieto Delgado, Derecho Concursal, S. 663, 672.

1295 AP Madrid, Urt. v. 30. 1. 2009 (ROJ: SAP M 746/2009), Rechtsgrund Viertens; ebenso JM Málaga, Urt. v. 22. 5. 2006 (ROJ: SJM MA 80/2006), Rechtsgrund Siebtens.

1296 TS, Urt. v. 16. 7. 2012 (ROJ: STS 5172/2012), Rechtsgrund Drittens.

1297 *Marín de la Bárcena,* ADCo 2013, Nr. 28, 103, 129 f.

1298 *Martín Reyes,* ADCo 2012, Nr. 26, 177, 199 f.

1299 *Martín Reyes,* ADCo 2012, Nr. 26, 177, 200.

e. Weitere Sanktionsmechanismen

Neben der Problematik der Sanktionierung masseloser Insolvenzen spielen zwei weitere Sanktionsmechanismen eine Rolle: Die Verwalterdisqualifikation und der Verlust der Gläubigerrechte.

aa. Masselose Insolvenzen

Die Masselosigkeit hat unterdessen eine Regelung in Art. 176bis LC erfahren. Für Fälle der masselosen Insolvenz aber findet sich im spanischen Recht kein spezifisches Instrument zur Sanktionierung der Verwalter. Teilweise wird daher im Schrifttum vorgeschlagen, auch bei Nichteröffnung des Konkursverfahrens mangels Masse eine Qualifizierungsphase durchzuführen.[1300] Auf diesem Wege könne auch in den Fällen, in denen die Gesellschaft nicht in das kostenintensive Konkursverfahren eintreten kann, das Verwalterhandeln überprüft werden, insbesondere vor dem Hintergrund, dass gerade im Fall eines nicht vorhandenen Gesellschaftsvermögens eine hohe Wahrscheinlichkeit für ein nicht sorgfaltsgemäßes Verwalterhandeln besteht.[1301]

bb. Verwalterdisqualifikation

Nach Art. 172 Abs. 2 Nr. 2 enthält das Qualifizierungsurteil für den Fall der Qualifizierung des Konkurses als schuldhaft einen weiteren (zwingenden) Ausspruch, und zwar das Verbot für die von der Qualifizierung betroffenen Personen, während eines Zeitraumes von zwei bis 15 Jahren fremdes Vermögen zu verwalten sowie während desselben Zeitraumes jede andere Person zu vertreten, wobei in jedem Fall die Schwere der Tatsachen, die Gewichtigkeit des Schadens sowie die schuldhafte Erklärung in anderen Konkursen zu berücksichtigen ist. Damit verfügt der Konkursrichter hier im Gegensatz zur Regelung des Haftungstatbestandes über gesetzliche Kriterien, an denen er sich bei Festlegung des Verbotszeitraums zu orientieren hat. Für den Fall, dass für die gleiche Person in zwei oder mehr Konkursen ein Verbot ausgesprochen wird, liegt der Zeitraum des Verbotes in der Summe der jeweils festgelegten Verbotszeiträume. Der Disqualifikationstatbestand ist als zivilrechtliche Sanktion anzusehen.[1302] Es wird ihm ein zwingender (der zu ihm ergehende Ausspruch ist immer Bestandteil des Qualifikationsurteils), persönlicher (durch die Festlegung eines persönlichen Verbots) und temporaler (durch die Festlegung eines Zeitraums von zwei bis 15 Jahren) Charakter zugeschrieben.[1303] Die Norm, durch

---

1300 *Moya Ballester,* ADCo 2013, Nr. 29, 121, 147.

1301 *Moya Ballester,* ADCo 2013, Nr. 29, 121, 147.

1302 *Prades Cutillas,* in: Sebastián Quetglas, Fundamentos de derecho empresarial, Tomo IV, S. 197, 219.

1303 *Molina López,* in: Martín Molina/del Carre Díaz-Gálvez/Lopo López, El procedimiento concursal, S. 196, 204.

die dem Konkursrichter bei der Festlegung der konkreten Verbotshöhe anhand der drei genannten Kriterien ein weiter Ermessensspielraum zugestanden wird, weist insbesondere im Hinblick auf das letztgenannte Kriterium eine nicht sehr präzise Formulierung auf, die so verstanden werden muss, dass andere Konkursverfahren zu berücksichtigen sind, in denen es zuvor zum Ausspruch eines Verbotes für den Betroffenen kam.[1304] Allerdings stellt sich dann die weiterführende Frage, ob die vorherigen Verfahren zu einer Verschärfung der jetzt auszusprechenden Disqualifikation führen müssen oder ob – im Gegenteil – die vorherige Verurteilung berücksichtigt werden muss, um die nunmehr auszusprechende nicht zu hoch ausfallen zu lassen.[1305] Weitere Auslegungsprobleme entstehen im Hinblick auf die Frage, ob der Konkursrichter die vorherige Verurteilung auch dann berücksichtigen darf, wenn er selbst in diesem vorhergehenden Verfahren zuständig war und das Urteil gesprochen hat, und ob das vorherige Urteil bereits in Rechtskraft erwachsen sein muss.[1306] Art. 173 LC regelt die Konsequenzen der Disqualifikation und legt fest, dass die betroffenen Verwalter aus dem Amt scheiden. Ergänzt wird diese Regelung durch eine zukunftsbezogene gesellschaftsrechtliche: Nach Art. 213 LSC können die von der Disqualifikation betroffenen Personen bis zum Ende des Verbotszeitraumes nicht als Verwalter von Kapitalgesellschaften bestellt werden.

cc. Verlust aller Rechte als Konkurs- oder Massegläubiger

Nach Art. 172 Abs. 2 Nr. 3 LC verlieren die von der Qualifizierung des Konkurses als schuldhaft betroffenen Verwalter zudem alle Rechte, die ihnen als Konkurs- oder Massegläubiger zustehen. Die Norm wirft die Frage auf, ob im Sinne einer weiten Auslegung alle Forderungsrechte des Verwalters umfasst sein sollen oder ob er sein Forderungsrecht nur dann verliert, wenn die diesem zugrundeliegende Handlung bzw. der zugrundeliegende Vertrag zur Verursachung oder Vertiefung der Insolvenz beigetragen hat, wobei der Wortlaut für ein weites Verständnis der Vorschrift spricht.[1307] Dieser Sanktionsmechanismus wird insbesondere in den Fällen relevant, in denen der Verwalter wegen Verletzung seiner Pflichten im Rahmen der Auflösung der Gesellschaft nach Art. 367 LSC haftet, den entsprechenden Haftungsbetrag erbringt und infolgedessen ein Rückforderungsrecht gegenüber der Gesellschaft erwirbt, was bei Eröffnung des Konkursverfahrens zu seiner späteren Stellung als

---

1304 So zumindest die Auslegung von *Machado Plazas,* in: Nieto Delgado, Derecho Concursal, S. 663, 668.

1305 *García-Cruces,* in: Liber amicorum Vicent Chulá, S. 1629, 1643 f., der sich für den zweiten Weg ausspricht, um eine übermäßige Bestrafung zu vermeiden.

1306 Dazu *A. Muñoz Paredes,* in: Prendes Carril/A. Muñoz Paredes, Tratado judicial de la insolvencia, S. 595, 687, der die erste Frage bejaht, die zweite dagegen offenlässt und auf die möglichen Koordinationsprobleme zwischen beiden Qualifizierungsverfahren hinweist.

1307 Siehe statt vieler *Machado Plazas,* El concurso de acreedores culpable, S. 183 mit dem Hinweis auf die damit verbundenen Vorteile für die Gläubigergesamtheit.

(nachrangiger) Konkursgläubiger führt[1308]. Bei späterer Verletzung der Konkursantragspflicht verliert er dieses Recht dann aufgrund Art. 172 Abs. 2 Nr. 3 LC.

f. Strafrechtliche Verantwortlichkeit

Das spanische Recht enthält weder in der LC noch im CP eine Norm, die in ihrem Tatbestand explizit die verspätete bzw. unterlassene Antragstellung unter Strafe stellt. Der zuvor bereits erwähnte, neu gefasste Art. 260 CP bestimmte in seiner früheren (allgemeineren) Fassung, dass ein strafbares Handeln vorliegt, wenn die wirtschaftliche Krise bzw. Insolvenz vorsätzlich durch den Schuldner oder eine in seinem Namen handelnde Person verursacht oder vertieft wurde. Wie bei der Darstellung der Konkurshaftung nach Art. 172bis LC ausgeführt, erfolgt nach Art. 164 Abs.1 LC eine Qualifizierung des Konkurses als schuldhaft, wenn die Insolvenz durch die Verwalter vorsätzlich oder grob fahrlässig verursacht oder verstärkt wurde, und bei unterlassener bzw. verspäteter Stellung des Konkursantrages wird die Schuldhaftigkeit des Konkurses nach Art. 165 Abs. 1 Nr. 1 LC vermutet. 163 Abs. 2 LC bestimmte daneben und bestimmt immer noch, dass der Strafrichter oder das Strafgericht, die sich gegebenenfalls mit einem strafbaren Verhalten des Schuldners befassen, durch die Qualifizierung nicht gebunden werden. Damit war eine Strafbarkeit auf der Grundlage dieses allgemein gefassten Art. 260 CP keine zwingende Folge der unterlassenen Antragstellung. Die Pflichtverletzung konnte aber eine Strafbarkeit gemäß Art. 260 CP nach sich ziehen.[1309]

g. Zwischenergebnis

Im spanischen Recht besteht zum Schutz der Interessen der Gläubiger von Kapitalgesellschaften eine Konkursantragspflicht nach Art. 5 LC. Ihre Verletzung kann eine Haftung des persönlichen Verwaltervermögens nach Vorschriften des Gesellschaftsrechts (allgemeine Haftungsnormen und spezifische Haftungsnorm in Art. 367 LSC) und nach dem zentralen, in die Qualifizierungsphase des Konkurses integrierten konkursrechtlichen Haftungstatbestand in Art. 172bis LC nach sich ziehen. Die Anwendung der gesellschaftsrechtlichen Haftung wegen Verletzung der konkursrechtlichen Pflicht ist mit einer Reihe von Auslegungs- und Anwendungsproblemen behaftet. Die Rechtsnatur des konkursrechtlichen Haftungstatbestandes ist umstritten. Er erfasst neben der Verletzung der Konkursantragspflicht weitere Tathandlungen und ist in seiner Rechtsfolge auf den Ersatz eines bestimmten Teils des am Ende der Liquidation verbleibenden Defizitbetrages gerichtet. Dabei wird hinsichtlich des Haftungsumfangs nicht zwischen unterschiedlichen Gläubigergruppen differenziert. Eine höchstrichterliche Rechtsprechung zur Berechnung des Haftungsbetrages für den Fall der Verletzung der Konkursantragspflicht besteht nicht. Auch im Hinblick

1308 Siehe dazu bereits unter II. 3. c. gg (3).

1309 So im Ergebnis *González Lecuona,* in: Cordón Moreno, Comentarios LC, Art. 5, S. 107.

auf Art. 172bis LC ergeben sich eine Reihe ungelöster Fragen. Koordinationsprobleme entstehen insbesondere zwischen konkursrechtlichem Haftungstatbestand und der Individualhaftungsklage nach Art. 241 LSC sowie der Haftung nach Art. 367 LSC. Bezüglich der Konkurrenzsituation zu Art. 367 bestehen gesetzliche Regelungen, die die gesellschaftsrechtliche Haftung einschränken. Daneben bestehen weitere Sanktionen in Form der im Qualifizierungsurteil zwingend enthaltenen Aussprüche: die Verwalterdisqualifikation für einen Zeitraum von bis zu 15 Jahren und der Verlust aller Rechte als Konkurs- oder Massegläubiger. Eine Strafbarkeit wegen Verletzung der Konkursantragspflicht ist im spanischen Strafrecht nicht enthalten.

4. Rechtsvergleichende Betrachtung

Schließlich ist auch für das dritte und letzte hier in dieser Arbeit untersuchte Krisenstadium eine vergleichende Betrachtung anzustellen, die auch den Schwerpunkt dieses Rechtsvergleiches bilden soll.

a. Die Pflicht zur Stellung des Insolvenz- bzw. Konkursantrages

Sowohl das deutsche (§ 15a InsO) als auch das spanische (Art. 5 LC) Recht verfügen über eine rechtsformneutral ausgestaltete Pflicht zur Stellung des Insolvenz- bzw. Konkursantrages für die Geschäftsleiter von Kapitalgesellschaften. Insoweit richtet sich der Blick auf ihre konkreten Voraussetzungen, die jeweilige Frist zur Antragstellung und den jeweils von ihr erfassten Personenkreis.

aa. Die sachlichen Voraussetzungen

Wie bereits bei Betrachtung des zweiten Krisenstadiums dargestellt, kennt das spanische Recht zwar ebenfalls den Insolvenzgrund der Zahlungsunfähigkeit, nicht aber den der Überschuldung. Folglich besteht sowohl nach § 15a Abs. 1 InsO als auch nach Art. 5 LC eine Pflicht zur Stellung des Konkurs- bzw. Insolvenzantrages bei Eintreten der Zahlungsunfähigkeit und nur im deutschen Recht auch bei Eintritt der Überschuldung. Während das deutsche Recht das Eingreifen der Antragspflicht bei Zahlungsunfähigkeit im Wortlaut des § 15a Abs. 1 S. 1 InsO ausdrücklich festlegt, spricht Art. 5 Abs. 1 LC nur von „Insolvenz“, was aber so ausgelegt wird, dass darunter nur die Zahlungsunfähigkeit fällt. Das Nichtvorhandensein einer Antragspflicht für den Fall der Überschuldung im spanischen Recht lässt sich wohl in erster Linie damit erklären, dass sich die Kapitalgesellschaft bereits bei hälftigem Kapitalverlust grundsätzlich auflösen muss. Die drohende Zahlungsunfähigkeit als der Zahlungsunfähigkeit vorgelagertes Stadium stellt weder nach deutschem noch nach spanischem Recht einen sachlichen Auslöser für die Antragspflicht dar.

bb. Antragsfrist und Fristbeginn

Deutlich unterscheiden sich beide Rechtsordnungen hinsichtlich der Frist, die sie den Geschäftsleitern zur Erfüllung der Antragspflicht gewähren. Das deutsche Recht statuiert hier eine dreiwöchige Frist, während das spanische Recht die Geschäftsleiter zur Antragstellung innerhalb von zwei Monaten verpflichtet. Beide Fristen sind als Höchstfristen zu verstehen. Ein weiterer Unterschied zwischen deutschem und spanischem Recht zeigt sich darin, dass die dreiwöchige Frist in § 15a Abs. 1 S. 1 InsO nur bei Nichtvorhandensein von Sanierungschancen für die Gesellschaft voll ausgeschöpft werden darf – was auch durch den Wortlaut der Norm („ohne schuldhaftes Zögern") gestützt wird – während dieses Verständnis der Antragspflicht im spanischen Schrifttum nur vereinzelt unter expliziter Bezugnahme auf das deutsche Recht vertreten wird. Eine dem deutschen Recht unbekannte Regelung stellt ferner diejenige des Art. 5bis LC dar, die dem Schuldner bei Eintritt bei Verhandlungen über eine Refinanzierungsvereinbarung oder einen vorgezogenen Vergleich ein „Hinausschieben" der Antragspflicht um weitere vier Monate und damit eine Ausdehnung auf insgesamt sechs Monate ermöglicht. Hinsichtlich des Fristbeginns verbindet das spanische Recht subjektive und objektive Kriterien, da Art. 5 Abs. 1 LC auf die Kenntnis oder die zu unterstellende Kenntnis des Schuldners abstellt, während im deutschen Recht die Frage des Fristbeginns in Rechtsprechung und Schrifttum umstritten ist. Die eine Kenntnis der Insolvenzsituation verlangenden Stimmen betonen das subjektive Element, während die auf die (objektive) Erkennbarkeit abstellende Auffassung einen strengeren Maßstab anlegt. Über eine dem Art. 5 Abs. 2 LC vergleichbare Vermutungsregelung, der die zu unterstellende Kenntniserlangung an bestimmte Tatsachen wie die Nichtzahlung bestimmter Forderungen anknüpft, verfügt das deutsche Recht nicht.

cc. Der erfasste Personenkreis

Hinsichtlich des von der Insolvenz- bzw. Konkursantragspflicht betroffenen Personenkreises divergieren deutsches und spanisches Recht im Hinblick auf die faktischen Geschäftsleiter, denn während nach der ganz h. M. im deutschen Schrifttum auch diese zur Stellung des Insolvenzantrages verpflichtet sind, gesteht die wohl h. M. des spanischen Schrifttums ihnen die Möglichkeit zur Antragstellung nicht zu und nimmt sie damit auch von der Antragspflicht aus. Ein weiterer Unterschied liegt darin, dass nach deutschem Recht jeder Geschäftsleiter allein zur Antragstellung verpflichtet ist, während nach spanischem Recht im Falle eines Mehrpersonenorgans der Konkursantrag durch das gesamte Organ zu stellen ist und nur in den Fällen, in denen einem Geschäftsleiter Alleinvertretungsmacht zukommt, eine Verpflichtung jedes einzelnen Organmitglieds besteht. Durch die Einbeziehung der faktischen Geschäftsleiter und die Festlegung der Antragspflicht für jeden einzelnen Geschäftsleiter in § 15a InsO ist das deutsche Recht eher darauf bedacht als das spanische, die Überführung der Kapitalgesellschaft in das Konkursverfahren sicherzustellen.

dd. Stellungnahme

Da das deutsche Recht eine deutlich kürzere Antragsfrist festlegt als das spanische, kann festgehalten werden, dass der deutsche Gesetzgeber auf eine schnellere Einleitung des Insolvenz- bzw. Konkursverfahrens bedacht war als der spanische. Dies zeigt sich auch in der Normierung des Insolvenzgrundes der Überschuldung als Auslöser für die Antragspflicht, wenn man davon ausgeht, dass diese zumindest im Regelfall vor der Zahlungsunfähigkeit eintritt. Das spanische Recht löst das zwischen Gläubigerschutz und Sanierungschancen bestehende Spannungsverhältnis dagegen deutlich zugunsten der letzteren. Gerade in der Regelung des Art. 5bis LC zeigt sich das Bestreben des spanischen Gesetzgebers, die Möglichkeiten zur Unternehmenssanierung auszuweiten. Diese Regelung kann somit ebenfalls als gesetzgeberische Reaktion auf die anhaltende Wirtschaftskrise der letzten Jahre angesehen werden. Auch wenn dadurch mehr Sanierungsmöglichkeiten für den Schuldner bestehen, ist die Regelung kritisch zu sehen, da sie die Gefahr einer längeren Insolvenzverschleppung und einer u. U. vollständigen Aufzehrung der Masse mit sich bringt[1310]. Zwar hat der spanische Gesetzgeber in Art. 5bis Abs. 4 LC eine Regelung zur Einschränkung der außergerichtlichen und gerichtlichen Vollstreckungsmöglichkeiten aufgenommen, die ab der Vorlage der Mitteilung durch den Schuldner beim zuständigen Konkursgericht greift. Es besteht aber keine Schutzvorschrift zugunsten der Gläubiger, da das spanische Recht in der LC kein Zahlungsverbot oder eine ähnliche Regelung für diese Phase enthält. Der Vorwurf der Sanierungsfeindlichkeit der dreiwöchigen Frist im deutschen Recht mag für solche Fälle zutreffen, in denen die Insolvenz bzw. die Zahlungsunfähigkeit kurzfristig und plötzlich auftritt, sodass kaum Zeit für ein Ausloten von Sanierungschancen besteht. Er lässt sich aber zumindest in seiner allgemeinen Form und v. a. in Bezug auf wirtschaftliche Krisen, die sich stetig vom Eintritt des hälftigen Kapitalverlustes hin zur Überschuldung und Zahlungsunfähigkeit entwickeln, nicht aufrechterhalten.

b. Die Haftungsfolgen der Insolvenzverschleppung

Im Folgenden soll die Verschleppungshaftung im deutschen und spanischen Recht im Rechtsvergleich betrachtet werden. Dabei ist zwischen der Haftung gegenüber der Gesellschaft und derjenigen gegenüber den Gläubigern zu unterscheiden.

aa. Die Haftung gegenüber der Gesellschaft

Nach beiden Rechtsordnungen haften die Geschäftsleiter bei Verletzung der Insolvenz- bzw. Konkursantragspflicht gegenüber der Gesellschaft auf Grundlage der allgemeinen gesellschaftlichen Normen (§§ 93 AktG, 43 GmbHG; Art. 236 LSC) auf Schadensersatz.

1310 *Bleisteiner,* Deutsche Insolvenzordnung und spanisches Konkursgesetz, S. 157.

bb. Die Haftung gegenüber den Gläubigern

Hinsichtlich der Haftung gegenüber den Gläubigern im deutschen und spanischen Recht sind die jeweilige dogmatische Konstruktion der Haftung, ihre Voraussetzungen und insbesondere der die Geschäftsleiter in beiden Rechtsordnungen treffende Haftungsumfang vergleichend zu untersuchen.

(1) Dogmatische Konstruktion und Rechtsnatur

In der dogmatischen Konstruktion der Insolvenz- bzw. Konkursverschleppungshaftung zeigt sich der erste grundlegende Unterschied zwischen deutschem und spanischem Recht: Während das deutsche Recht keine gesetzlich geregelte, spezifische Haftungsnorm für die Verletzung der Insolvenzantragspflicht enthält und zur Haftungsbegründung auf das allgemeine Zivilrecht, konkret auf § 15a Abs. 1 InsO i. V. m. der deliktsrechtlichen Norm des § 823 Abs. 2 BGB zurückgreift, normiert das spanische Recht Haftungstatbestände in den Spezialgesetzen, und zwar an unterschiedlichen Regelungsstandorten. Daher können spanische Geschäftsleiter aufgrund von drei speziellen Normen haften: nach Art. 367 LSC, der die Verletzung der Konkursantragspflicht erwähnt, wenn die Haftungsvoraussetzungen im Einzelnen auch umstritten sind; nach Art. 172bis LC, da die Verletzung der Antragspflicht einen Anwendungsfall des als schuldhaft zu qualifizierenden Konkurses darstellt; und – zumindest nach Teilen des Schrifttums und der Rechtsprechung und wohl auch nach Auffassung des TS – nach Art. 172 Abs. 2 Nr. 3 LC. Die beiden letztgenannten Normen sind in die Qualifizierungsphase des Konkurses integriert, mittels der das Verhalten des Schuldners in der Insolvenzsituation einer rechtlichen Bewertung unterzogen wird und die das deutsche Insolvenzrecht nicht kennt. Die Aussprüche über eine Haftung nach Art. 172bis LC bzw. Art. 172 Abs. 2 Nr. 3 LC sind Bestandteile des aufgrund dieser Phase ergehenden Qualifizierungsurteils. Allerdings handelt es sich weder bei Art. 172 bis LC noch bei Art. 172 Abs. 2 Nr. 3 LC um spezifisch auf den Fall der Insolvenzverschleppung zugeschnittene Haftungstatbestände, da sie neben der Verletzung der Konkursantragspflicht weitere Verhaltensweisen der Geschäftsleiter erfassen, aufgrund derer eine Qualifizierung des Konkurses als schuldhaft erfolgen kann.

Hinsichtlich der Rechtsnatur der Haftungstatbestände zeigen sich sowohl Gemeinsamkeiten als auch Unterschiede. Während die auf dem Deliktsrecht basierende Verschleppungshaftung nach deutschem Recht Schadensersatzcharakter aufweist, sind die drei Haftungsnormen des spanischen Rechts bezüglich ihrer Rechtsnatur getrennt voneinander zu betrachten. Ein Unterschied ergibt sich zu Art. 367 LSC, da diesem von der h. M. im Schrifttum Sanktionscharakter zugeschrieben wird und es sich nach der Auffassung des TS um eine gesetzliche Haftung für fremde Schulden handelt.[1311] Sieht man auch Art. 172 Abs. 2 Nr. 3 LC als taugliche

1311 So zu Art. 105 Abs. 5 LSRL bereits *Rösner*, Verlust des Stammkapitals und Geschäftsführerhaftung in der GmbH, S. 154, der allerdings die spanische gesellschaftsrechtliche

Anspruchsgrundlage der Verschleppungshaftung an, so ergibt sich hinsichtlich der Rechtsnatur kein Unterschied zum deutschen Recht, da es sich insoweit schon dem Wortlaut nach um einen Schadensersatzanspruch handelt.

Die Frage der Rechtsnatur der Haftung wird im spanischen Recht hinsichtlich des zentralen Konkurshaftungstatbestandes Art. 172bis LC intensiv diskutiert, wobei sich diese Diskussion wie im Rahmen des Art. 367 LSC um die Qualifizierung der Vorschrift als Schadensersatz- oder Sanktionsnorm dreht. Im Ergebnis kann hier konstatiert werden, dass diese Problematik nach wie vor keine abschließende und eindeutige Klärung durch den Gesetzgeber erfahren hat, da auch nach der jüngsten Reform durch das RDL 4/2014 vom März 2014 keine einheitliche Bewertung durch das Schrifttum stattfindet. Für die h. M. im Schrifttum, die die Haftungsnorm als Sanktionsnorm einordnet, spricht in erster Linie der Normwortlaut, der nicht explizit von einem zu leistenden Schadensersatz spricht, sondern als Rechtsfolge der Qualifizierung des Konkurses als schuldhaft eine Verurteilung der Geschäftsleiter zum teilweisen oder vollständigen Ersatz des am Ende der Liquidationsphase festgestellten Massedefizits vorsieht. Der durch das RDL 4/2014 eingefügte Normtext „in dem Maße, in dem das Verhalten, das zur Qualifizierung des Konkurses als schuldhaft geführt hat, die Insolvenz verursacht oder vertieft hat" streitet allerdings dafür, dass der spanische Gesetzgeber hervorheben wollte, dass für einen konkret entstandenen Schaden gehaftet werden soll. Wie schon bei der Diskussion um die Rechtsnatur des Art. 367 LSC fragt sich aber auch hier, ob sich dieser Streit auf die verlangten Tatbestandsmerkmale oder die Rechtsfolgen der Norm auswirkt oder sich viel mehr als ein rein dogmatischer darstellt. Als Haftungsvoraussetzungen werden in Rechtsprechung und Schrifttum übereinstimmend eine Qualifizierung des Konkurses als schuldhaft, eine Eröffnung oder Wiedereröffnung der Qualifizierungsphase als Konsequenz der Eröffnung der Liquidation und das Bestehen eines Massedefizits vorausgesetzt, während die von einem Schadensersatzcharakter des Art. 172bis LC ausgehende Auffassung zusätzlich die klassischen Merkmale der Schadensersatzhaftung (rechtswidriges Handeln, Verschulden, Schaden, Kausalität zwischen Handlung und Schaden) erfüllt sehen will. Die Frage der Qualifizierung der Haftungsnorm wird aber nur schwer in allgemeiner Form beantwortet werden können, da sich Art. 172bis LC auf eine Reihe haftungsbegründender Handlungen bezieht. Es müssen die einzelnen, sich aus den Art. 164 und 165 LC ergebenden Tathandlungen des schuldhaften Konkurses betrachtet werden. Bezüglich einiger dieser Handlungen ist bereits im Grundsatz fraglich, wie sich auf ihrer Grundlage eine konkursrechtliche Haftung wegen Verursachung oder Vertiefung der Insolvenz ergeben soll. Betrachtet man etwa die Fälle des Art. 164 Abs. 2 Nr. 1 (Verletzung der gesetzlichen Buchhaltungspflichten) und Nr. 2 (Tätigung falscher Angaben in den den Konkursantrag oder das Konkursverfahren betreffenden Dokumenten), so

---

Haftungsnorm im Allgemeinen und nicht spezifisch bezüglich der Tathandlung Verletzung der Antragspflicht mit der deutschen Insolvenzverschleppungshaftung vergleicht.

wird man sagen können, dass derartige Handlungen in erster Linie die Kenntnis der Entstehung oder Vertiefung der Insolvenz verhindern, aber durch sich allein diese Entstehung oder Vertiefung nicht herbeiführen können, sodass eine konkursrechtliche Haftung nicht in Betracht kommt.[1312] Dann wird zwar der Konkurs aufgrund der Vermutungswirkung des Art. 164 Abs. 2 LC als schuldhaft qualifiziert werden, da diese Vorschrift – wie bei der Untersuchung des spanischen Rechts erwähnt – allein bei Vorliegen einer der dort genannten Handlungen eine Qualifizierung als schuldhaft unwiderlegbar vermutet. Es kommt aber keine Haftung nach Art. 172bis LC in Betracht, wenn man die Vorschrift als Schadensersatznorm ansieht und einen Kausalzusammenhang zwischen Handlung und Schaden verlangt. Dennoch könnte der Konkursrichter bei Anwendung des Art. 172bis LC in diesen Fällen (und auch in den Fällen, in denen eine Insolvenz durch das Verwalterhandeln tatsächlich verursacht oder vertieft worden ist) aufgrund des ihm zustehenden Ermessens eine Verurteilung zum Ausgleich eines bestimmten Teils des Defizits aussprechen, ohne dabei auf das Erfordernis eines konkret entstandenen Schadens abzustellen. Dies wäre etwa bei Anwendung der Kriterien für die Höhe der Verurteilung denkbar, die bei der Diskussion der Haftungsnorm als Sanktionsnorm im spanischen Schrifttum genannt werden, wie die Schwere des haftungsbegründenden Verhaltens oder die Einbeziehung anderer Verurteilungen aufgrund von Haftungsfällen. Würde die Vorschrift so angewendet, müsste man Art. 172bis LC als sanktionsartigen Haftungstatbestand ansehen. Für den Fall der Verletzung der Konkursantragspflicht nach Art. 165 Abs. 1 Nr. 1 LC samt Insolvenzvertiefung ist dagegen eine Betrachtung des Art. 172bis LC als schadensersatzrechtliche Haftungsnorm möglich: In der Verletzung der Konkursantragspflicht ist eine rechtswidrige Handlung zu sehen. Da die Qualifizierung des Konkurses als schuldhaft nach Art. 164 Abs. 1 LC Vorsatz bzw. grobe Fahrlässigkeit der Geschäftsleiter voraussetzt, die im Falle der Verletzung der Konkursantragspflicht gemäß Art. 165 Abs. 1 Nr. 1 LC vermutet wird, ist ein Verschuldenselement vorhanden, das man auch als Verschulden im Sinne einer Schadensersatznorm ansehen kann. Die Kausalität zwischen Verletzung der Antragspflicht und Vertiefung der Insolvenz als Schaden (i. S. einer Verschlechterung der Befriedigungsaussichten der Gläubiger), auf die sich die Vermutung nach der neuen Fassung des Art. 165 ebenfalls bezieht, stellt ebenfalls eine der vier Voraussetzungen der Qualifizierung des Konkurses als schuldhaft dar, sodass man darin die für den Haftungstatbestand als Schadensersatznorm erforderliche Kausalbeziehung zwischen Pflichtverletzung und Schaden sehen kann. Der auszugleichende Schaden liegt dann im durch die Verschleppung vergrößerten Massedefizit. Damit zeigt sich, dass die Merkmale der Schadensersatzhaftung, die die von einem Schadensersatzcharakter des Art. 172bis LC ausgehenden Stimmen im spanischen Schrifttum als zusätzliche Haftungsvoraussetzungen ansehen, in diesem Fall bereits in die spezifischen Voraussetzungen

---

1312 Sondervotum Nr. 12 des Richters *Sancho Gargallo* zu TS, Urt. v. 21. 5. 2012 (ROJ: STS 4441/2012); zustimmend *Huerta Viesca/Rodríguez Ruiz de Villa,* ADCo 2013, Nr. 28, 207, 218.

der konkursrechtlichen Haftung hineingelesen werden können und so keine eigenständige Bedeutung erlangen. Aber auch bei Verletzung der Konkursantragspflicht könnte der Richter auf der Grundlage der von einer Sanktionshaftung ausgehenden h. M. die Verwalter zum Ersatz eines Betrages verurteilen, der sich nicht mit dem tatsächlichen Insolvenzverschleppungsschaden deckt. Zudem wird dem Kausalzusammenhang als Voraussetzung der Haftung nach Art. 172bis LC aufgrund des neu gefassten Art. 165 LC dann eigenständige Bedeutung zukommen, wenn infolge der Antragspflichtverletzung gar keine Insolvenzvertiefung bzw. Gläubigerschädigung stattgefunden hat. Dann wird aufgrund dieser Pflichtverletzung nach Art. 165 Abs. 1 Nr. 1 LC zwar (widerleglich) die Schuldhaftigkeit des Konkurses vermutet. Es ist aber nicht vorstellbar, dass ein Konkursrichter in diesem Fall auf Grundlage einer schadensersatzrechtlichen Betrachtung der Haftungsvorschrift zu einer Verurteilung gelangen würde. Dies wäre wiederum nur dann denkbar, wenn der Richter den Geschäftsleiter schlicht und allein wegen Verletzung der Antragspflicht an sich sanktionieren und etwa für einen Teil der (schon allein aufgrund des Eintritts der Insolvenz) ausgefallenen Forderungen haften lassen will. Ordnet man den Haftungstatbestand im Hinblick auf die haftungsbegründende Verletzung der Antragspflicht als Schadensersatznorm ein, so ergeben sich hinsichtlich der Rechtsnatur keine Unterschiede zur Verschleppungshaftung nach deutschem Recht. Im Falle einer sanktionsartigen Auslegung dagegen ist eine Divergenz vorhanden.

(2) Die tatbestandlichen Voraussetzungen

Da sich die deliktsrechtliche Insolvenzverschleppungshaftung nach deutschem Recht und drei gesetzliche geregelte Haftungsnormen des spanischen Rechts gegenüberstehen, sind die Voraussetzungen der Haftung nach § 15a InsO i. V. m. § 823 Abs. 2 BGB mit denen der unterschiedlichen spanischen Vorschriften zu vergleichen, die sich wiederum in ihren Voraussetzungen untereinander unterscheiden. Die Verschleppungshaftung nach deutschem Recht erfordert eine Verletzung der Antragspflicht, die gleichzeitig die Verletzung des Schutzgesetzes § 15a InsO darstellt und die zumindest fahrlässig begangen werden muss.

Betrachtet man zunächst die Tatbestandsvoraussetzungen des Art. 367 Abs. 1 LSC im Vergleich mit denen der deutschen Verschleppungshaftung, so zeigt sich, dass die spanische Norm dem Wortlaut nach ebenso das Nichtstellen des Konkursantrages voraussetzt. Allerdings ergibt sich hier das Problem der Anwendung der Frist, deren Nichtbeachtung die Haftung auslöst: die in Art. 367 Abs. 1 LC selbst enthaltene, d.h. zwei Monate ab dem für die Abhaltung der Versammlung vorgesehenen Datum, wenn diese nicht stattgefunden hat, oder an dem Tag der Versammlung, wenn der Beschluss sich gegen die Auflösung gestellt hat; oder diejenige für die Konkursantragspflicht aus Art. 5 Abs. 1 LC, d.h. zwei Monate ab Kenntnis bzw. zu unterstellender Kenntnis von der Insolvenz. Wendet man die Norm wortlautgetreu mit der in ihr enthaltenen Frist und dem dort geregelten *dies a quo* an, wie dies einige Stimmen im spanischen Schrifttum tun, so ergibt sich hinsichtlich des Tatbestandes ein Unterschied zum deutschen Recht, da dieses eine im gesellschaftsrechtlichen Kontext des Auflösungsgrundes geregelte, für die unterlassene Antragstellung relevante Frist nicht kennt und allein und eindeutig auf die Antragsfrist in der InsO abstellt. Auch wenn es sich nach der h. M. im Schrifttum und nach der Rechtsprechung des TS um eine Haftungsnorm für fremde Schulden handelt, ist als ungeschriebene Voraussetzung eine Zurechnung der Pflichtverletzung zu den Geschäftsleitern erforderlich, die zumindest fahrlässig gehandelt haben müssen. In Bezug auf den Verschuldensmaßstab ergeben sich also keine Unterschiede zu den Voraussetzungen der deliktsrechtlichen Verschleppungshaftung nach deutschem Recht.

Anders stellt sich der Vergleich mit den tatbestandlichen Voraussetzungen des Art. 172bis Abs. 1 LC dar. Die materielle Voraussetzung der Haftung setzt sich aus der Qualifizierung des Konkurses als schuldhaft (Handlung oder Unterlassung, Vertiefung der Insolvenz, Vorsatz oder grobe Fahrlässigkeit, Kausalität zwischen Pflichtverletzung) und der Beendigung des Konkursverfahrens mittels der Liquidation zusammen, die quantitative Voraussetzung bezieht sich auf das Bestehen eines Massedefizits, und das subjektive Element behandelt die Frage der haftenden Geschäftsleiter. Sowohl die Verschleppungshaftung nach deutschem Recht als auch Art. 172bis LC erfordern also eine Zurechnung der Antragspflichtverletzung zu den Geschäftsleitern. Art. 172bis Abs. 1 LC verlangt diesbezüglich Vorsatz oder grobe Fahrlässigkeit, sodass einfache Fahrlässigkeit wie im deutschen Recht nicht ausreichend ist. Allerdings müssen diese gesteigerten subjektiven Anforderungen im Gegensatz zum deutschen Recht nicht nachgewiesen werden, sondern sie werden vielmehr über die Regelung des Art. 165 Abs. 1 Nr. 1 LC bei Verletzung der Antragspflicht vermutet. Das spanische Recht arbeitet an dieser Stelle also mit einer dem deutschen Recht unbekannten Vermutungsregelung, die Bestandteil der Regelungen der Qualifizierungsphase ist und nach der in der mittlerweile vorhandenen Fassung sogar die Kausalität zwischen Antragspflichtverletzung und der Insolvenzvertiefung ebenfalls vermutet wird. Da das deutsche Recht diese Qualifizierungsphase im Insolvenzrecht nicht kennt, stellt auch die Eröffnung oder Wiedereröffnung dieses Verfahrensabschnitts aufgrund der Liquidation ein spezifisches Tatbestandsmerkmal der Haftung nach spanischem Recht dar. Das Bestehen eines Massedefizits i. S. einer tatbestandlichen Voraussetzung kennt die deutsche Verschleppungshaftung ebenfalls nicht. Im Ergebnis stellt die Haftung für ein solches Massedefizit aber die Rechtsfolge der Haftung dar, auch wenn sie von Rechtsprechung und Schrifttum des spanischen Rechts als Tatbestandsmerkmal eingeordnet wird.

Stellt man abschließend deliktsrechtliche Verschleppungshaftung und Art. 172 Abs. 2 Nr. 3 LC gegenüber, dessen Funktion als Norm zum Ersatz von Verschleppungsschäden umstritten ist, so zeigen sich zum einen Parallelen, da beide Haftungen eine Pflichtverletzung voraussetzen. Zum anderen tritt hier ebenfalls der bereits im Rahmen des Vergleichs zu Art. 172bis LC angesprochene Unterschied in Bezug auf das Verschuldenselement auf, da sich auch Art. 172 Abs. 2 Nr. 3 LC als Folge des als schuldhaft qualifizierten Konkurses darstellt und daher das Vorliegen eines Vorsatzes oder grober Fahrlässigkeit verlangt.

Ein grundsätzlicher (und damit alle spanischen Tatbestände der Verschleppungshaftung betreffender) Unterschied zwischen deutschem und spanischem Recht liegt darin, dass die Verschleppungshaftung nach deutschem Recht immer bei Verletzung der Antragspflicht im Fall von Zahlungsunfähigkeit oder Überschuldung in Betracht kommt, nach spanischem Recht dagegen nur im Fall der Zahlungsunfähigkeit, da die Überschuldung hier keinen Insolvenzgrund darstellt.

(3) Die Rechtsfolgen und der Haftungsumfang

Nach dem Vergleich der dogmatischen Konstruktion und der tatbestandlichen Voraussetzungen sollen abschließend die Rechtsfolgen und der Haftungsumfang der Verschleppungshaftung in beiden Rechtsordnungen näher in den Blick genommen werden. Auch insoweit ist wiederum zu berücksichtigen, dass auf der Seite des spanischen Rechts mehrere Haftungstatbestände für die Insolvenzverschleppung existieren. Im Rahmen der vergleichenden Betrachtung der Rechtsfolgen ist v. a. von Interesse, gegenüber welchen Gläubigern die Geschäftsleiter haften und wie sich der zu leistende Haftungsbetrag in beiden Rechtsordnungen berechnet.

Stellt man zunächst Rechtsfolgen und Haftungsumfang der Verschleppungshaftung nach § 823 Abs. 2 BGB i. V. m. § 15a InsO Art. 367 LSC in der Tatbestandsvariante Verletzung der Antragspflicht nach gegenüber, so ergibt sich insoweit eine Gemeinsamkeit, als dass nach beiden Haftungsnormen zwischen zwei Gläubigergruppen unterschieden wird, wobei allerdings der Bezugspunkt für die jeweilige Unterscheidung divergiert. Das deutsche Recht unterscheidet die Alt- von den Neugläubigern und stellt dabei darauf ab, ob der Vertragsschluss des jeweiligen Gläubigers vor oder nach Eintritt der Insolvenzreife erfolgt ist. Art. 367 LSC unterscheidet dagegen diejenigen Gläubiger, die vor Auftreten des Auflösungsgrundes des hälftigen Kapitalverlustes mit der Gesellschaft in Rechtsbeziehungen getreten sind, von denjenigen, bei denen die Rechtsbeziehung erst nach diesem Zeitpunkt begründet wird. Insoweit besteht hier also die gleiche Differenzierung wie bei den anderen von Art. 367 LSC erfassten, im ersten Teil dieser Untersuchung behandelten Pflichtverletzungen (Verletzung der Einberufungspflicht und Verletzung der Pflicht zur Beantragung der gerichtlichen Auflösung). Damit wird im Fall der Verletzung einer konkursrechtlichen Pflicht hinsichtlich der Rechtsfolgen an einen gesellschaftsrechtlichen Sachverhalt (das Eintreten der qualifizierten Verluste) angeknüpft. An dieser Stelle wird damit besonders deutlich, dass die Haftung für die Verletzung der Konkursantragspflicht in eine gesellschaftsrechtliche Haftungsnorm integriert wurde.

Wie sich bereits bei der Betrachtung des ersten Krisenstadiums gezeigt hat, ergibt sich aus der Trennung in diese beiden Gläubigergruppen im spanischen Recht aber kein unterschiedlicher Haftungsumfang gegenüber diesen, sondern vielmehr die Rechtsfolge, dass gegenüber der ersten Gruppe gar nicht gehaftet wird, gegenüber der zweiten dagegen im vollen Umfang von deren Forderung und damit auf das vollständige positive Interesse. Darin liegt ein wesentlicher Unterschied zum deutschen Recht, in dessen Rahmen gegenüber beiden Gläubigergruppen gehaftet wird, aber mit unterschiedlichem Haftungsumfang: Ersatz des sich aus der Differenz zwischen hypothetisch erzielbarer und tatsächlich erzielter Insolvenzquote ergebenden

Quotenschadens bei den Altgläubigern und Ersatz des negativen Interesses bei den Neugläubigern.[1313] Legt man die Vorschrift aber – wie dies stellenweise im spanischen Schrifttum geschieht – für die Tathandlung der Verletzung der Konkursantragspflicht so aus, dass nur für die nach Eintreten der Insolvenzreife hinzutretenden Gläubiger gehaftet wird, so ist die Rechtsfolge derjenigen des deutschen Rechts angenähert. Allerdings bestünde auch dann immer noch der Unterschied, dass nur gegenüber den Neugläubigern gehaftet würde und zwar wiederum in Höhe des positiven Interesses und nicht auf das negative Interesse, wie dies im deutschen Recht der Fall ist. Trotz dieser Unterschiede kann aber gesagt werden, dass die Haftung nach Art. 367 LSC funktionale Überschneidungen zur deutschen Insolvenzverschleppungshaftung gegenüber Neugläubigern im Falle der Überschuldung aufweist, da in beiden Fällen die Verletzung einer gesetzlichen Pflicht bei gesetzlich festgelegten Kapitalverlusten haftungsbegründend ist.[1314] Diese Feststellung – die insbesondere auf die in Art. 367 LSC als haftungsrelevant angesehene Verletzung der Antragspflicht bezogen werden muss, da sich dann auch die haftungsauslösenden Handlungen decken – ist auch unter dem Gesichtspunkt berechtigt, dass der hälftige Kapitalverlust als Vorstufe der Überschuldung betrachtet werden kann.

Deutliche Unterschiede bezüglich Rechtsfolgen und Haftungsumfang zeigen sich ferner, wenn man die deliktsrechtliche Verschleppungshaftung nach deutschem Recht der zentralen spanischen Konkurshaftungsnorm Art. 172bis LC gegenüberstellt. Insoweit steht auf der Seite des deutschen Rechts wiederum die Unterscheidung in Alt- und Neugläubiger in Bezug auf den Zeitpunkt der Insolvenzreife. Eine Unterscheidung zwischen mehreren Gläubigergruppen kennt die Haftung nach Art. 172bis LC dagegen nicht. Damit unterscheidet sie sich zentral von derjenigen des Art. 367 LSC. Vielmehr berücksichtigt die Rechtsfolge zum Ausgleich des Massedefizits sämtliche Konkursgläubiger. Insoweit muss hier auch keine Sondermasse für eine bestimmte Gläubigergruppe gebildet werden, wie dies im deutschen Recht hinsichtlich der Altgläubiger geschieht. Der Ersatz des negativen Interesses der Neugläubiger spielt im Rahmen der Haftung nach Art. 172bis LC im Gegensatz zur Verschleppungshaftung des deutschen Rechts keine Rolle. Da hier nicht wie im deutschen Recht zwischen den Gruppen der Alt- und Neugläubiger getrennt wird, findet im spanischen Recht hinsichtlich des konkursrechtlichen Haftungstatbestandes auch keine Diskussion zu der Frage statt, wie mit den gesetzlichen Neugläubigern zu verfahren ist. Unklar bzw. umstritten ist, ob auch die Forderungen der Massegläubiger vom zu erlösenden Haftungsbetrag im Rahmen des Art. 172bis LC profitieren. Die Unklarheiten entstehen v. a. dadurch, dass Art. 172bis Abs. 1 LC im Gegensatz zu Art. 172 Abs. 3 a. F. nicht mehr allein die Konkursgläubiger nennt und dass das spanische Schrifttum bezüglich des vorhandenen Defizits häufig

1313 So wiederum zu Art. 105 Abs. 5 LSRL bereits *Rösner*, Verlust des Stammkapitals und Geschäftsführerhaftung in der GmbH, S. 154.

1314 *Rösner*, Verlust des Stammkapitals und Geschäftsführerhaftung in der GmbH, S. 153 (noch zu Art. 105 Abs. 5 LSRL).

unpräzise von „den Gläubigern“ oder „den Forderungen der Gläubiger“ spricht, aus denen das Defizit besteht. Dennoch geht man seit der Reform ganz überwiegend von einer Berücksichtigung auch der Massegläubiger aus. Im Fall der Verletzung der Konkursantragspflicht können die Massegläubiger aber nicht Profiteure der Haftung sein, da sie – unabhängig vom Zeitpunkt der Stellung des Konkursantrages – erst nach Eröffnung ihre Forderungen erwerben und sie die Insolvenzverschleppung daher nicht betrifft. Es kommt ihnen hier aber insoweit Relevanz zu, als dass die hypothetische und die am Ende der Verschleppungsphase tatsächlich vorhandene Aktivmasse zunächst um die Masseforderungen bereinigt werden müssen, um das am Anfang und am Ende der Verschleppungsphase bestehende Defizit festzustellen, so wie dies im deutschen Recht im Rahmen der Bestimmung des Quotenschadens der Altgläubiger geschieht. Sollten andere Tathandlungen des als schuldhaft zu qualifizierenden Konkurses in Rede stehen, können dagegen auch die Massegläubiger vom eingeklagten Haftungsbetrag profitieren. Da in der spanischen Rechtsprechung und im Schrifttum zwar die Berechnung des Haftungsbetrages und die diesbezüglich anzuwendenden Kriterien im Rahmen des Art. 172bis LC im Allgemeinen diskutiert werden, dies aber selten in Bezug zu den einzelnen Tathandlungen geschieht, bestehen zumindest Unklarheiten, ob nach spanischem Recht – im Sinne einer sanktionsartigen Anwendung des Haftungstatbestandes – u. U. auch die Massegläubiger profitieren sollen.

Große Bedeutung kommt im deutschen Recht der Unterscheidung zwischen Masseverkürzung und Quotenschaden zu. Wie bei der Betrachtung des Altgläubigerschadens dargestellt, unterscheiden sich diese beiden Begriffe deutlich voneinander, und zwar hinsichtlich der Berücksichtigung der Vergrößerung der Passivmasse. Die Rechtsfigur des Quotenschadens stellt die tatsächlich erlangte und die bei rechtzeitiger Antragstellung hypothetisch erzielbare Insolvenzquote der Altgläubiger gegenüber, während die Masseverkürzung allein die Entwicklung der Aktivmasse in den Blick nimmt und fragt, ob und in Höhe welchen Betrages sich diese durch ein verspätetes Geschäftsleiterhandeln vermindert hat. Da dem spanischen Recht die Unterscheidung in Alt- und Neugläubiger zumindest im Rahmen der Haftung nach Art. 172bis LC unbekannt ist, kennt es auch die Figur des Quotenschadens als Möglichkeit zur Berechnung des Altgläubigerschadens an dieser Stelle nicht. Im Rahmen dieser rechtsvergleichenden Untersuchung stellt sich daher die Frage, ob die aus Art. 172bis LC folgende und sich auf alle Konkursgläubiger beziehende Haftung allein negative Veränderungen der Aktivmasse in den Blick nimmt (und damit auf den Ersatz der Masseverkürzung beschränkt ist) oder ob darüber hinaus auch die Entwicklung der Passivseite Berücksichtigung findet.

Nach dem Wortlaut in Art. 172bis LC liegt die Rechtsfolge der Norm darin, dass die Verwalter im Falle einer Verurteilung zur Haftung das am Ende der Liquidation vorhandene Defizit ganz oder teilweise ausgleichen müssen. Der vollständige Ausgleich des Defizits (in Bezug auf die Verletzung der Antragspflicht verstanden als Defizit zwischen der Summe der Forderungen aller Konkursgläubiger und dem Wert der zu ihrer Befriedigung effektiv verfügbaren Aktivmasse) im Falle der Insolvenzverschleppung kann nicht in Betracht kommen, da die Verwalter damit das jeden

Gläubiger treffende allgemeine Insolvenzrisiko tragen müssten. Eine höchstrichterliche Rechtsprechung durch das TS zu der Frage, wie der zu leistende Haftungsbetrag für Fälle der Insolvenzverschleppung auf der Grundlage des Art. 172bis LC zu berechnen ist, liegt nicht vor. An dieser Stelle wird deutlich, dass die Norm in ihren Rechtsfolgen nicht spezifisch auf den Fall der Verletzung der Konkursantragspflicht zugeschnitten ist und die Berechnung des jeweiligen Haftungsbetrages für den Einzelfall dem zuständigen Konkursrichter überlässt. Um die Frage klären zu können, ob die Entwicklung der Passivseite im Rahmen des Art. 172bis LC berücksichtigt wird, sind daher die in Schrifttum und Rechtsprechung angeführten Vorschläge zur Schadensberechnung unter diesem Aspekt zu betrachten.[1315]

Zunächst ist der Vorschlag der JM von Oviedo zu betrachten, nach dem die Geschäftsleiter im Fall der Verletzung der Konkursantragspflicht maximal 30 % des am Ende der Liquidation bestehenden Defizits zu ersetzen haben, wenn eine genaue Schadensfeststellung nicht möglich ist. Das Gericht nahm eine Einteilung der haftungsbegründenden Handlungen der Art. 164, 165 LC in drei Gruppen vor, ließ aber offen, wie sich diese Einteilung hinsichtlich ihres Schweregrades rechtfertigt und warum die Verletzung der Konkursantragspflicht die im Vergleich zu den anderen genannten Handlungen weniger schwerwiegende Pflichtverletzung darstellt. Dieser Ansatz ist erkennbar darauf ausgerichtet, den Gerichten die Anwendung des konkursrechtlichen Haftungstatbestandes in der Praxis zu erleichtern, insbesondere im Falle von Beweisschwierigkeiten. Da insoweit ein bestimmter Prozentsatz des Defizitbetrages ersetzt werden soll, wird der zu ersetzende Betrag weder im Sinne der während der Verschleppungshase eingetretenen Masseverkürzung berechnet noch wird im Sinne einer schadensersatzrechtlichen Betrachtung die Entwicklung des Defizits in der Verschleppungsphase unter Einbeziehung der Passivseite betrachtet. Eine Verurteilung zum Ausgleich eines Defizitanteils von maximal 30 % kann dabei je nach betrachtetem Fall hinter dem tatsächlich verursachten Schaden zurückbleiben, aber auch über ihn hinausgehen. Bei diesem Ansatz aus der Rechtsprechung wird die Norm also ohne nähere Betrachtung des Verwalterhandelns bzw. dessen Verursachungsbeitrag für eine Defizitvergrößerung und mithin angewendet.

Ein Vorschlag im Schrifttum möchte den bei Insolvenzverschleppungshaftung zu ersetzenden Haftungsbetrag so bestimmen, dass die Geschäftsleiter alle seit Eintreten der Insolvenzsituation getätigten Zahlungen zu ersetzen haben. Insoweit wird der Gedanke der Zahlungsverbote der §§ 64 S. 1 GmbHG, 92 Abs. 2 S. 1 AktG aus dem deutschen Recht aufgenommen. Indem dieser Ansatz die Geschäftsleiter zum Ausgleich aller Zahlungen seit Eintreten des Insolvenzgrundes verpflichtet, stellt er nicht auf den entstandenen Masseverlust ab, sondern geht darüber hinaus. Erst recht berücksichtigt eine solche Betrachtung nicht die Veränderung des Defizits durch die Vergrößerung der Passivseite. Da aber den Geschäftsleitern ermöglicht werden soll, ihre Haftung bei entsprechender Darlegung auf den entstandenen Masseverlust zu begrenzen, findet sich in ihm der Gedanke der Masseverkürzung

1315 Siehe zu ihnen unter IV. 3. c. dd. (3).

wieder. Auch bei Beschränkung der Ersatzpflicht auf den Verlust bleibt die Entwicklung der Neuverbindlichkeiten außen vor. Allerdings soll nach diesem Ansatz nicht der in der Verschleppungsphase (Zeitraum zwischen Eingreifen der Antragspflicht und tatsächlich erfolgter Antragstellung) entstandene Masseverlust ersetzt werden, sondern der Masseverlust ab Eintritt der Insolvenzreife. Darin liegt ein Unterschied, da die Antragspflicht nicht zwingend mit dem Eintritt des Insolvenzgrundes zusammenfällt. Im Ergebnis wird über diesen Vorschlag also nicht der in der Verschleppungsphase entstandene Gläubigerschaden ersetzt, sondern die Haftungsnorm im Sinne einer Sanktion angewendet, wobei die Sanktion im Ersatz aller seit Insolvenzreife getätigter Zahlungen bzw. der seit diesem Zeitpunkt eingetretenen Masseverkürzung liegt.

Ein weiterer Vorschlag aus dem Schrifttum will die Geschäftsleiter für die Vergrößerung des Defizitbetrages in der Verschleppungsphase haftbar machen, ohne dass diesbezüglich die Einzelheiten dargestellt werden. Eine solche Betrachtung kann sich nicht allein auf die Entwicklung der Aktivmasse bzw. auf die Masseverkürzung konzentrieren, da sie das am Anfang der Verschleppungsphase bestehende Defizit als Ausgangspunkt heranziehen und untersuchen muss, wie sich das Verhältnis von Aktivmasse und der Summe aller Forderungen der Konkursgläubiger im Laufe der Verschleppungsphase entwickelt. Die Entwicklung des Defizits wird – analog der Figur des Quotenschadens – aber nicht nur durch Minderungen der Aktivmasse, sondern auch durch das Hinzukommen neuer Gläubiger bzw. die Vergrößerung der Passivmasse beeinflusst und kann sich damit auch in den Fällen verändern, in denen der Wert der Aktivmasse über diesen Zeitraum hinweg konstant bleibt. Somit gelten die Feststellungen zur möglichen Entwicklung des Quotenschadens im deutschen Recht auch hier. Dieser Ansatz muss also das Defizit am Anfang und am Ende der Verschleppungsphase ermitteln. Ausgangspunkt einer solchen Berechnung muss das zum Zeitpunkt des Entstehens der Antragspflicht vorhandene Defizit darstellen, das die Befriedigungsaussichten aller zu diesem Zeitpunkt vorhandenen Konkurs- bzw. Insolvenzgläubiger widerspiegelt. Zur seiner Ermittlung ist der Wert der effektiv verfügbaren Aktivmasse und die Summe aller bestehender Gläubigerforderungen festzustellen. Gegenüberzustellen ist dem Ausgangsdefizit dann das zum Zeitpunkt der erfolgten Antragstellung vorhandene Defizit. Dieses ergibt sich aus der in diesem Zeitpunkt tatsächlich verfügbaren Aktivmasse und der Summe aller zu diesem Zeitpunkt vorhandenen Gläubigerforderungen. Diese Berechnungsmethode gewährleistet nicht nur, dass die Begründung von Neuverbindlichkeiten bei der Bestimmung des Haftungsbetrages Berücksichtigung findet, sondern berücksichtigt auch die der Aktivmasse im Verschleppungszeitraum zugute kommenden Gegenleistungen und Vorleistungen seitens der Neugläubiger. Die Geschäftsleiter haften dann für die negative Veränderung bzw. Vergrößerung des Defizits (Differenz zwischen Ausgangsdefizit und Defizit zum Zeitpunkt der tatsächlichen Antragstellung). Nach diesem Ansatz müsste also das ursprüngliche, „hypothetische" Defizit wiederhergestellt werden. Wenn sich eine negative Entwicklung des Defizits nicht feststellen lässt, kann auch eine Haftung nicht in Betracht kommen. Dieser Ansatz nimmt also eine schadensersatzrechtliche Betrachtung der Verschleppungsphase unter Berücksichtigung der Gegenleistungen und der Entwicklung der Neuverbindlichkeiten vor.

Erkennt man auch Art. 172 Abs. 2 Nr. 3 LC als mögliche Haftungsnorm der Verschleppungshaftung an, so gestaltet sich ein Vergleich der Haftungsfolgen und die Bestimmung des durch die Geschäftsleiter zu ersetzenden Haftungsbetrages schwierig, da nach dem Normwortlaut der durch die Verwalter im Falle der Qualifizierung des Konkurses als schuldhaft verursachte Schaden zu ersetzen ist, aber keine Angaben in Schrifttum und Rechtsprechung zu der Frage vorliegen, wie ein Verschleppungsschaden auf dieser Grundlage zu berechnen ist.

(4) Geltendmachung und Verjährung

Hinsichtlich Geltendmachung und Verjährung der Ansprüche wegen Insolvenzverschleppung zeigen sich sowohl Gemeinsamkeiten als auch Unterschiede. Verglichen werden kann insoweit nur die Situation der Geltendmachung der Haftung im eröffneten Insolvenz- bzw. Konkursverfahren, da die Haftung nach spanischem Recht überhaupt nur zum Tragen kommen kann, wenn die Qualifizierungsphase des Konkursverfahrens stattfindet, und dies erfordert eine Verfahrenseröffnung. Will man einen Vergleich zur Frage der Geltendmachung anstellen, so stellt sich dieser als schwierig dar, da die Problematik der Aktivlegitimation im spanischen Recht sehr umstritten ist und sich schon die Frage stellt, ob es zur Geltendmachung überhaupt einer Klage oder eines Anspruches bedarf. Dennoch lässt sich konstatieren, dass in beiden Rechtsordnungen Ansprüche durch den Insolvenz- bzw. den Konkursverwalter und durch die Konkursgläubiger selbst geltend gemacht werden. Im deutschen Recht macht der Verwalter den Quotenschaden der Altgläubiger geltend und bildet zu diesem Zweck eine Sondermasse, und im spanischen Recht kommt der Konkursverwaltung aufgrund der Regelung in Art. 172bis Abs. 2 S. 1 LC die Berechtigung zur Beantragung der Vollstreckung des Urteils zu, sodass zumindest in diesem Punkt Klarheit herrscht. Auch kommt sowohl nach deutschem als auch nach spanischem Recht bestimmten Gläubigern die Befugnis zur Geltendmachung von Schäden zu. Im deutschen Recht gilt dies für die Neugläubiger, die ihren Individualschaden selbst geltend machen, im spanischen Recht für die nach Eintritt des Auflösungsgrundes hinzugetretenen Gläubiger, die im Fall der Verletzung der Konkursantragspflicht – sofern man den Anwendungsbereich der Norm als eröffnet ansieht – ihre gegen die Gesellschaft gerichteten Forderungen von den Geschäftsleitern ersetzt verlangen können (Art. 367 Abs. 1 LSC). Hinzu tritt die subsidiäre Berechtigung eines jeden Gläubigers (Art. 172bis Abs. 2 S. 2 LC), im Interesse der Gläubigergesamtheit die Vollstreckung des Urteils über die Haftung aus Art. 172bis LC zu beantragen. Darin zeigt sich ein Unterschied zum deutschen Recht, wo § 92 für hinsichtlich der Schadensgeltendmachung durch die Altgläubiger während des Verfahrens eine Sperrwirkung entfaltet.

Keine der beiden Rechtsordnungen verfügt über eine spezifische Verjährungsregelung in der InsO bzw. in der LC. Für das deutsche Recht folgt das schon daraus, dass kein einheitlicher Insolvenzhaftungstatbestand in der InsO existiert, der eine solche Verjährungsregelung erfordert. Hier wird zwischen den Ansprüchen der Alt- und Neugläubiger unterschieden, wobei die Verjährungsproblematik bezüglich des Anspruches der Altgläubiger umstritten ist, während nach der Rechtsprechung des BGH für den Anspruch der Neugläubiger die allgemeinen Verjährungsvorschriften anzuwenden sind. Das spanische Recht verfügt mit Art. 172bis LC zwar über einen spezifischen Insolvenz- bzw. Konkurshaftungstatbestand. Eine spezifische Verjährungsvorschrift ist hier aber ebenfalls nicht vorhanden, sodass Art. 949 Ccom entsprechend angewendet oder u. U. auf den jüngst in die LSC eingefügten Art. 241bis zurückgegriffen werden muss.

(5) Koordinationsprobleme

Im deutschen Recht bestehen mit der allgemeinen gesellschaftsrechtlichen Haftung (§§ 43 GmbHG, 93 AktG), dem ab Eintritt der Insolvenzreife greifenden Zahlungsverbot nach den §§ 64 S. 1 GmbHG, 92 Abs. 2 S. 1 AktG und der deliktsrechtlichen Verschleppungshaftung nach § 15a Abs. 1 InsO i. V. m. § 823 Abs. 2 BGB drei relevante Haftungsinstitute für Fälle der Insolvenzverschleppung. Im spanischen Recht kommen sogar fünf Haftungsregime in Betracht (Art. 367 LSC, Art. 172bis LC, Art. 172 Abs. 2 Nr. 3 LC, gesellschaftsrechtliche Haftungsklage nach Art. 238 LSC und Individualhaftungsklage nach Art. 241 LSC). Das Nebeneinander mehrerer Haftungsinstitute für den gleichen rechtlichen Sachverhalt führt häufig zu entsprechenden Konkurrenz- bzw. Koordinationsproblemen. Es kann konstatiert werden, dass in beiden Rechtsordnungen Koordinationsprobleme zwischen Gesellschafts- und Insolvenz- bzw. Konkursrecht bestehen, wenn auch in jeweils unterschiedlicher Hinsicht.

Als weniger problematisch stellt sich in beiden Rechtsordnungen das Verhältnis von Verschleppungshaftung und allgemeiner Organhaftung gegenüber der Gesellschaft dar, da – falls hier überhaupt ein Schaden der Gesellschaft und ein dementsprechender Anspruch in Betracht kommt – die so erlösten Haftungsbeträge im Ergebnis der Masse und damit der Gläubigergesamtheit zugute kommen. Entscheidend ist allein, dass die Geschäftsleiter nicht doppelt haften müssen. Letztlich steht die allgemeine Organhaftung in beiden Rechtsordnungen in einer Wechselbeziehung zur Verschleppungshaftung: Wird über sie das Gesellschaftsvermögen aufgefüllt, so profitieren die Konkursgläubiger davon in der Liquidation, und der über die Verschleppungshaftung auszugleichende Betrag reduziert sich entsprechend. In diesem Zusammenhang ist auch zu berücksichtigen, dass der spanische Gesetzgeber durch die Bestimmung in Art. 48quáter LC (Festlegung der exklusiven Zuständigkeit der Konkursverwalter zur Geltendmachung der gesellschaftsrechtlichen Haftungsklage) dieses Haftungsinstrument aus der Sicht der Konkursverwaltung gestärkt hat.

Im deutschen Recht erweist sich das bisher nicht abschließend geklärte Verhältnis von Zahlungsverbot und deliktsrechtlicher Verschleppungshaftung als problematisch. Im spanischen Recht ergeben sich die Probleme v. a. aus der zu bewältigenden Koordinierung der speziellen gesellschaftsrechtlichen Haftung nach Art. 367 LSC und der konkursrechtlichen Haftung nach Art. 172bis LC sowie aus der Frage, ob die Erhebung der Individualhaftungsklage nach Art. 241 LSC nach eröffnetem Konkursverfahren weiterhin möglich sein soll. Das Verhältnis von konkursrechtlicher Haftung zu Art. 367 LSC und Art. 241 sollen daher hier ausführlicher betrachtet werden.

In Bezug auf die Individualhaftungsklage nach Art. 241 LSC sind – wie bei der Darstellung des spanischen Rechts erwähnt – zwei Fragen zu trennen: zum einen diejenige der Bestimmung des direkten Schadens der Gläubiger im Fall der Verletzung der Konkursantragspflicht, zum anderen diejenige der Zulässigkeit der Geltendmachung während des Konkursverfahrens.

Wie dargestellt, bestehen im Schrifttum unterschiedliche Auffassungen dazu, welche Schäden bei Verletzung der Antragspflicht als direkte Gläubigerschäden i. S. des Art. 241 LSC anzusehen sind. In diesem Zusammenhang ist teilweise unklar, auf welche Pflichtverletzung der Geschäftsleiter die einzelnen Stimmen abstellen, da diese nicht immer benannt wird. Nur teilweise wird ausdrücklich auf die Verletzung der Konkursantragspflicht Bezug genommen. Von einigen wird offenbar ein Anspruch in Höhe der vollständigen Forderung für möglich gehalten, ohne dass dabei zwischen verschiedenen Gruppen von Konkursgläubigern differenziert wird. Im Fall der Verletzung der Konkursantragspflicht kann der Ersatz des positiven Interesses in voller Höhe nicht in Betracht kommen. Hinsichtlich der Altgläubiger kann es nur um den Ersatz des Schadens gehen, der sich in der Verschlechterung der Befriedigungsaussichten ihrer Forderungen durch die Verschleppung manifestiert, mithin um den Ausgleich des Wertes, der die Differenz zwischen tatsächlich an sie ausgezahltem und bei rechtzeitiger Antragstellung hypothetisch ausgezahltem Betrag bildet. In Bezug auf die Neugläubiger kann der Ersatz der Forderung gegen die Gesellschaft in voller Höhe ebenfalls nicht in Betracht kommen, zumindest wenn man – wie im deutschen Recht – den ihnen entstandenen Verschleppungsschaden im Kontrahierungsschaden sieht (negatives Interesse), der im Grundsatz nicht mit der Höhe der (entwerteten) Forderung gleichgesetzt werden kann.

Ein Teil des spanischen Schrifttums nimmt diese Differenzierung des deutschen Rechts auf und unterscheidet in Bezug auf die Insolvenzreife zwischen den Gruppen der Alt- und Neugläubiger. Dabei wird auch der dem deutschen Recht bekannte unterschiedliche Haftungsumfang des Quotenschadens der Altgläubiger und des negativen Interesses der Neugläubiger aufgegriffen. Es zeigt sich, dass diese Stimmen teils auf den Vertragsschluss, teils auf den Zeitpunkt der Vorleistung als relevantes Unterscheidungskriterium abstellen, sodass – wie auch im deutschen Recht – keine Einheitlichkeit in dieser Frage besteht. Allerdings wird der Quotenschaden hier in dem Sinne verstanden, dass er nur durch eine Minderung der Aktivmasse, nicht aber durch die Begründung von Neuverbindlichkeiten in der Verschleppungsphase entstehen kann. In der Sache handelt es sich damit um die Masseverkürzung, auch wenn die Vertreter dieser Auffassung von einem Quotenschaden sprechen. Der den Neugläubigern zu ersetzende Schaden (negatives Interesse abzüglich der erhaltenen Quote) wird dagegen von diesen Stimmen so berechnet, wie es auch im deutschen Recht geschieht.

Besonderes Interesse weckt hier die Tatsache, dass der Schwerpunkt in Bezug auf die Pflichtverletzung in Bezug auf die Neugläubiger weniger auf die Verletzung der Konkursantragspflicht an sich, sondern auf die Verletzung der Informationspflicht gegenüber den Gläubigern gelegt wird. Damit wird deutlich, dass nach dieser Auffassung nur vertragliche Gläubiger geschützt werden. Unklarheiten bestehen hier allerdings bezüglich der relevanten Anspruchsgrundlage, da sich die eine Informationspflicht herleitenden Stimmen zu dieser Frage nicht näher äußern. Die Haftung gegenüber den Anteilseignern oder Dritten im Falle der Individualhaftungsklage verlangt jedenfalls ein widerrechtliches Verhalten, das Vorliegen eines kausalen Schadens und ein Verschulden.[1316] Der Ansatz, eine Haftung gegenüber den Neugläubigern nur im Falle des Vorsatzes für möglich zu erachten, wäre nach deutschem Recht wohl nach § 823 Abs. 2 BGB i. V. m. § 263 StGB zu lösen, während die Frage der Anspruchsgrundlage in Bezug auf das spanische Recht offen bleibt, da hier kein zivilrechtlicher Haftungstatbestand für die Verletzung eines Schutzgesetzes vorhanden ist. Probleme ergeben sich gleichermaßen, wenn man eine fahrlässige Verletzung der Informationspflicht für ausreichend hält, ohne dass der Geschäftsleiter darüber hinausgehende, besondere Erklärungen abgibt. Dieser Ansatz des spanischen Rechts würde nach deutschem Recht wohl allein über die §§ 280 Abs. 1, 311 Abs. 3 BGB gelöst werden können, sodass eine bloße Informationspflichtverletzung gerade nicht ausreicht.[1317] Er lässt eine gewisse Parallele zum auch bereits im deutschen Schrifttum vertretenen und vom BGH verworfenen Gedanken der Repräsentantenhaftung erkennen.[1318] Im spanischen Recht könnte man erwägen, Art. 236 LSC aus dem Recht der Organhaftung heranzuziehen, der ausdrücklich auch von den Gläubigern als Anspruchsberechtigte spricht und der damit eine taugliche Anspruchsgrundlage einer Außenhaftung darstellt. Allerdings geht es hier um die Verletzung von Organpflichten, sodass die Verletzung der Aufklärungspflicht gegenüber dem außenstehenden Gläubiger als eine solche qualifiziert werden müsste. Dagegen spricht aber, dass eine Organpflicht, deren Verletzung im spanischen Recht Art. 236 LSC sanktioniert, gegenüber der Gesellschaft einzuhalten ist, während der Schwerpunkt des Vorwurfes hier darauf liegt, dass der Geschäftsleiter im Rahmen der Vertragsanbahnung Pflichten verletzt. Daher muss eine vertragsrechtliche Anspruchsgrundlage herangezogen werden, was voraussetzt, dass der Geschäftsleiter als Träger der Informationspflicht angesehen werden kann.

Die Auffassung des TS, den Ersatz der (vollständigen) Forderung als direkten Schaden im Falle eines gegen den guten Glauben verstoßenden Geschäftsleiterverhaltens

1316 Siehe nur *Esteban Velasco*, in: Rojo/Beltrán, La responsabilidad de los administradores, S. 161, 177 ff.

1317 *Haas*, in: Baumbach/Hueck, GmbHG, § 64 Rn. 155.

1318 *K. Schmidt*, ZIP 1988, 1497, 1503: Der Geschäftsleiter sei immer als Vertrauensträger anzusehen, wenn eine Aufklärungspflicht besteht, und es komme dann auf das Bestehen der Informationspflicht im jeweiligen Fall an. Der BGH lehnte diesen Gedanken unter Verweis auf die Haftung nach § 823 Abs. 2 BGB ab, siehe BGH, Urt. v. 6. 6. 1994 (Az.: II ZR 292/91), BGHZ 126, 181, 189 f.

bei der Forderungsbegründung zuzulassen, ist wohl (wie auch der darauf basierende, vereinzelt im spanischen Schrifttum vertretene Ansatz, der auf ein vorwerfbares Verhalten des Geschäftsleiters bei der Forderungsbegründung abstellt) ebenfalls so zu verstehen, dass das relevante Geschäftsleiterverhalten in einer Informationspflichtverletzung gesehen wird. Hier entstehen die Unklarheiten dadurch, dass das gegen den guten Glauben verstoßende bzw. vorwerfbare Verhalten nicht näher erläutert wird. Infolgedessen ist unklar, ob damit Fälle gemeint sind, die das deutsche Recht wiederum unter Rückgriff auf § 311 Abs. 3 BGB lösen würde.[1319] Diese Ansätze unterscheiden sich von der zuvor erwähnten, auf das negative Interesse der Neugläubiger abstellenden Auffassung aber dadurch, dass nicht der Kontrahierungsschaden, sondern der volle Wert der Forderung ersetzt werden soll.

Geht man also davon aus, dass der direkte Schaden i. S. d. Art. 241 LSC in Bezug auf die Altgläubiger in deren Quotenschaden, in Bezug auf die Neugläubiger in deren negativem Interesse liegt, so stellt sich im zweiten Schritt die Frage der Zulässigkeit der Geltendmachung dieser Schäden über den Klagemechanismus nach Eröffnung des Konkursverfahrens. Eine gesetzliche Regelung zur Lösung der Konkurrenzproblematik existiert nicht. Im Ergebnis verdient die Auffassung Zustimmung, die zwischen den beiden Gläubigergruppen trennt, die Schadensgeltendmachung über die Individualhaftungsklage aber nur bezüglich der Neugläubiger weiterhin zulassen will, da Quotenschäden bereits über die konkursrechtliche Haftung ausgeglichen werden. Somit wird dem Charakter der spezifischen konkursrechtlichen Haftung für den Ausgleich von Quotenverschlechterungen Rechnung getragen und der Anwendungsbereich der Individualhaftungsklage nach Art. 241 LSC sachgerecht auf den Ersatz des negativen Interesses der Neugläubiger beschränkt, das von Art. 172bis LC nicht erfasst wird.

Bisher wurde die Frage der Zulässigkeit der Individualklage während des Konkursverfahrens zur Geltendmachung von Verschleppungsschäden betrachtet. Insoweit überschneiden sich also bereits haftungsbegründende Handlung der Individualklage und des konkursrechtlichen Haftungstatbestandes. Davon zu unterscheiden sind Fälle (und hier stellt sich die Konkurrenzproblematik ebenfalls), in denen durch die Geschäftsleiter verursachte Schäden auf Grundlage der Individualhaftungsklage geltend gemacht werden, die aufgrund anderer Handlungen entstehen. Von der Individualhaftungsklage werden weitere Fallgruppen (z. B. die Schädigung von Deliktsgläubigern) erfasst.[1320] Die h. M. in Rechtsprechung und

1319 Auch im spanischen Recht wird im Rahmen der Individualhaftungsklage nach Art. 241 LSC die Fallgruppe diskutiert, dass der Geschäftsleiter Erklärungen abgibt, die der Dritte bzw. der Gläubiger als Übernahme einer Garantie ansehen kann, siehe *Alfaro Águila-Real,* InDret 2007, Nr. 1, 1, 15.

1320 Siehe in diesem Zusammenhang das Beispiel bei *Alfaro Águila-Real,* InDret 2007, Nr. 1, 1, 9: Fährt ein Verwalter mit einem Fahrzeug der Gesellschaft zu einer Sitzung des Verwaltungsrates und verletzt er dabei einen Fußgänger, so soll er diesem gegenüber persönlich auf der Grundlage des allgemeinen deliktsrechtlichen Haftungstatbestandes in Art. 1902 Cc haften.

Schrifttum will Klagen hier weiterhin zulassen. Dies stellt sich aber als problematisch dar, und zwar nicht wegen eines Verstoßes gegen die *par conditio creditorum*, da es – wie die h. M. zurecht betont – nicht um die Befriedigung der Forderung eines Gläubigers aus der Aktivmasse, sondern um eine gegen den Geschäftsleiter gerichtete Schadensersatzforderung geht. Das Problem liegt in der Minderung des persönlichen Verwaltervermögens zulasten des Konkurshaftungstatbestandes, über den die Verschleppungsschäden ausgeglichen werden sollen. Insoweit kann zwar im Hinblick auf Art. 172bis LC die Regelung des Art. 48ter LC (Beschlagnahme des persönlichen Geschäftsleitervermögens) helfen, aber auch nur dann, wenn der Richter diese Maßnahme von Amts wegen ergreift bzw. die Konkursverwaltung darauf dringt.

Anders stellt sich dagegen die Frage des Verhältnisses von Art. 172bis LC und Art. 367 LC dar, denn hier schuf der spanische Gesetzgeber zum einen in Form der Art. 50 Abs. 2, 51bis Abs. 1 LC Regelungen zur Koordinierung, die eine Geltendmachung auf Art. 367 LSC gestützter Klagen nach Verfahrenseröffnung verhindern und zur Aussetzung bereits begonnener Verfahren führen. Zum anderen geht es hier nicht um den Ersatz eines durch den Geschäftsleiter verursachten Schadens, sondern darum, dass der Geschäftsleiter neben der Gesellschaft für die Forderung des Gläubigers einstehen muss. Stünde den nach Eintritt des Auflösungsgrundes hinzutretenden Gläubigern dieser spezielle Haftungsmechanismus des Art. 367 LSC nicht zur Verfügung, müssten sie ihre Forderungen – wie die anderen Gläubiger auch – als Konkursforderungen anmelden. Soweit von Teilen des spanischen Schrifttums angeführt wird, die Geltendmachung der Haftung aus Art. 367 LSC beeinflusse das Prinzip der *par conditio creditorum* nicht, da der Geschäftsleiter bei Zahlung an die Stelle des Gläubigers im Konkursverfahren tritt, so trifft dies zwar insoweit zu, als dass eine direkte, „formale" Beeinflussung dieses Grundsatzes nicht gegeben ist. Die Aktivmasse des Schuldners wird nicht angegriffen, da der Geschäftsleiter die Forderung aus seinem persönlichen Vermögen begleichen muss. Dennoch ist den die gesetzlichen Neuregelungen positiv bewertenden Stimmen im spanischen Schrifttum zuzustimmen, da die *par conditio* durch eine Zulässigkeit der Geltendmachung der Haftung aus Art. 367 LSC auch nach Verfahrenseröffnung zumindest in indirekter Weise beeinflusst wird. Die über die konkursrechtliche Haftung erlösten Haftungsbeträge kommen der Aktivmasse zugute, aus der alle Konkursgläubiger im Sinne der *par conditio* befriedigt werden. Die konkursrechtliche Haftung dient damit zumindest mittelbar dem Zweck der Verwirklichung der gleichmäßigen Gläubigerbefriedigung. Insoweit wird zu Recht darauf hingewiesen, dass, wenn eine Verurteilung des Geschäftsleiters aufgrund der Haftung nach Art. 367 LSC während des Konkursverfahrens möglich wäre, das persönliche Geschäftsleitervermögen zugunsten einzelner Gläubiger gemindert würde und damit u. U. nicht mehr für die Haftung nach Art. 172bis LC zur Verfügung stünde. Die Problematiken der Beeinflussung der *par conditio* und der Minderung des persönlichen Geschäftsleitervermögens sind also im Zusammenhang zu sehen. Die Verschlechterung der Befriedigungsaussichten der anderen Gläubiger ergäbe sich dann aus der Tatsache, dass ein Teil der Gläubiger aufgrund des gesellschaftsrechtlichen Haftungsmechanismus vorgehen kann. In der Insolvenzsituation darf eine gesellschaftsrechtlich begründete Haftung, die zur Benachteiligung bestimmter Gläubiger (hier der vor Eintritt des Auflösungsgrundes vorhandenen Gläubiger, die von der Haftung nach Art. 367 Abs. 1 LSC nicht profitieren können) führt, keine Rolle mehr spielen. Ob die durch den Nachrang des Rückforderungsrechts des Geschäftsleiters entstehenden Vorteile für die Zusammensetzung der Passivmasse diesen Nachteil aufwiegen können, ist zu bezweifeln.

Damit erfüllen die Arts. 50 Abs. 2, 51bis Abs. 1 LC eine wichtige Funktion. Ihnen kommt v. a. in den Situationen eine Bedeutung zu, in denen keine Beschlagnahme des persönlichen Geschäftsleitervermögens nach Art. 48ter LC zugunsten der konkursrechtlichen Haftung erfolgt, sei es durch Nachlässigkeiten der Konkursverwaltung oder des Konkursrichters. Probleme können sich aber weiterhin dann ergeben, wenn der Auflösungsgrund des hälftigen Kapitalverlustes eintritt, die Gläubiger ihre diesbezüglichen Pflichten verletzen und die Gesellschaft noch für einen längeren Zeitraum zahlungsfähig bleibt, sodass es nicht zur Einleitung und Eröffnung des Konkursverfahrens kommt und die Regelungen zur Lösung der Konkurrenzproblematik nicht eingreifen. Hier können auf Art. 367 LSC gestützte Klagen u. U. noch vor Eröffnung des Konkursverfahrens erfolgreich abgeschlossen und auch vollstreckt werden. Damit findet die bereits bei der Betrachtung des ersten Krisenstadiums getroffene Feststellung, dass eine solche Außenhaftung gegenüber einzelnen Gläubigern zu einem frühen Krisenzeitpunkt abzulehnen ist, ihre Bestätigung.

(6) Stellungnahme

Die deliktsrechtliche Verschleppungshaftung nach § 823 Abs. 2 BGB i. V. m. § 15a InsO gewährleistet eine schadensersatzrechtlich genaue Bestimmung des den Alt- und Neugläubigern jeweils entstandenen konkreten Schadens. Die Figur des Quotenschadens für die Altgläubiger erreicht dies dadurch, dass sie neben Schmälerungen der Aktivmasse auch die Begründung von Neuverbindlichkeiten umfasst. Seine Geltendmachung erweist sich aber, wie von *K. Schmidt* zu Recht kritisiert, für den Insolvenzverwalter als schwierig, da er die beiden Gläubigergruppen voneinander abgrenzen und außerdem eine konkrete schadensersatzrechtliche Berechnung des von ihm geltend zu machenden Altgläubigerschadens vornehmen muss. Der Ersatz des negativen Interesses der Neugläubiger unter Heranziehung des Zweckes der Antragspflicht, insolvente Unternehmen aus dem Geschäftsverkehr zu entfernen, ist schadensersatzrechtlich ebenso konsequent. Die von einem individuellen Quotenschaden der Neugläubiger ausgehenden Stimmen im Schrifttum verdienen indes keine Zustimmung, da sich zwar im Fall fortgesetzter Insolvenzverschleppung die Quote der hinzugetretenen Neugläubiger individuell verschlechtern kann. In dogmatischer Hinsicht erscheint die Differenzierung zwischen der Verletzung der Antragspflicht vor Vertragsabschluss mit dem Neugläubiger und der weiterhin unterlassenen Antragstellung nach diesem Zeitpunkt jedoch gekünstelt. Gegenüber dem Neugläubiger wird die Antragspflicht nur einmal verletzt. Auf die praktischen

Schwierigkeiten bei der Ermittlung und Geltendmachung eines individuellen Quotenschadens durch den Insolvenzverwalter hat der BGH bereits hingewiesen.

Die nach Auffassung der ganz h. M. nebeneinander anzuwendenden Haftungsinstitute des Zahlungsverbots und der Verschleppungshaftung verfolgen bei jeweils isolierter Betrachtung wichtige gläubigerschützende Funktionen. Sie können nur dann im Zusammenspiel „funktionieren" und sich hinsichtlich ihrer Zwecke ergänzen, wenn für den Insolvenzverwalter klar ist, wie und in welcher Reihenfolge er beide Ansprüche geltend zu machen hat. Diese Frage hat der BGH aber bis heute nicht geklärt bzw. im Grundsatzurteil aus dem Jahr 1998 sogar ausdrücklich offengelassen. Zieht sich der Verwalter dann, wie von *K. Schmidt* zurecht vermutet, angesichts der ihm drohenden Haftungsrisiken bei der Abgrenzung der Alt- von den Neugläubigern auf die deutlich einfachere Geltendmachung der Erstattung verbotener Zahlungen nach den §§ 64 S. 1 GmbHG, 92 AktG zurück, so wird die Aktivmasse im Interesse der Gläubigergesamtheit gemehrt. Die auf diesem Wege erstatteten Zahlungen kommen der Masse und damit allen Gläubigern gleichermaßen zugute, denn die Bildung einer Sondermasse findet hier nicht statt. Da bei einem solchen Vorgehen des Verwalters die Geltendmachung des Schadensersatzes auf Grundlage der Verschleppungshaftung keine Rolle mehr spielt, stellt sich die Frage, ob in der Abwägung und *de lege ferenda* nicht die besseren Argumente für eine Lösung im Sinne eines einheitlichen Schadensersatztatbestandes der Insolvenzverschleppung sprechen, für den sich bereits der 66. DJT aussprach[1321] und der alle negativen Einwirkungen auf die Masse umfasst.

Im spanischen Recht erscheint die Aufnahme einer Haftung für die Verletzung der Konkursantragspflicht (als sich aus dem Konkursrecht ergebende Pflicht) in die gesellschaftsrechtliche Haftungsnorm des Art. 367 LSC aus verschiedenen Gründen systemwidrig und nicht gelungen. Offenbar kommt diese Norm in der Tatbestandsvariante Verletzung der Antragspflicht dann zur Anwendung, wenn vor Eintritt der Zahlungsunfähigkeit der Auflösungsgrund des hälftigen Kapitalverlustes eingetreten ist, da die Rechtsfolge (Haftung für die nach Eintritt des Auflösungsgrundes begründeten Forderungen) sonst keinen Sinn ergäbe. Die Systemwidrigkeit dieser Vorschrift zeigt sich zunächst darin, dass bei wortlautgetreuer Anwendung des Art. 367 Abs. 1 LSC dann gehaftet wird, wenn der Konkursantrag nicht innerhalb der zweimonatigen Frist gestellt wird, die für die Pflicht zur Stellung des Antrages auf gerichtliche Auflösung bei Vorliegen des hälftigen Kapitalverlustes relevant ist. Der *dies a quo* der Frist bezieht sich damit auf ein für das Gesellschaftsrecht relevantes Ereignis, während es auf die für die Konkursantragspflicht maßgebliche, in der LC festgelegte zweimonatige Frist nicht ankommt. Da es für die Verletzung einer konkursrechtlichen Pflicht auch nur auf die für diese relevante Frist ankommen kann, verdienen diejenigen Autoren Zustimmung, die hier einzig und allein die konkursrechtliche Frist für anwendbar halten. Erst recht kann man hier nicht beide Fristen als relevant ansehen und zu dem Schluss kommen, dass die Einhaltung der

1321 Siehe dazu bereits unter I. 1.

gesellschaftsrechtlichen Frist zur Vermeidung der gesellschaftsrechtlichen Haftung und die Einhaltung der konkursrechtlichen Frist zur Vermeidung der konkursrechtlichen Haftung führt, da dies den Geschäftsleiter in ein Dilemma stürzt. Im Hinblick auf die Rechtsfolge ist zu berücksichtigen, dass die gleiche Rechtsfolge gilt, die auch bei Verletzung der gesellschaftsrechtlichen Pflichten im Rahmen der Auflösung maßgeblich ist: Haftung für die Verbindlichkeiten bzw. das vollständige positive Interesse der nach Auftreten des Auflösungsgrundes hinzukommenden Gläubiger. Somit wird auch hinsichtlich der Rechtsfolge bzw. zur Bestimmung der Gläubigergruppe, gegenüber der eine Haftung erfolgt, auf einen Zeitpunkt des Gesellschaftsrechts abgestellt, dem für die Insolvenzsituation keine Bedeutung zukommt. Die Verletzung einer konkursrechtlichen Pflicht (Konkursantragspflicht) hat eine Haftung gegenüber einzelnen Gläubigern in Höhe des (vollständigen) positiven Interesses und nicht – wie im Fall des Art. 172bis LC – gegenüber der Gläubigergesamtheit zur Folge. Damit werden bei Verletzung der Antragspflicht die nach Eintritt des Auflösungsgrundes hinzutretenden Gläubiger – im Hinblick auf das positive Interesse – in ungerechtfertigter Weise gegenüber denjenigen Gläubigern privilegiert, die bereits vor diesem Zeitpunkt mit der Gesellschaft kontrahierten und denen dieser Haftungsmechanismus nicht zur Verfügung steht. Offenbar versuchen die Stimmen im Schrifttum, die die Haftung nach Art. 367 LSC bei Verletzung der Konkursantragspflicht auf die nach Eintritt der Insolvenzreife hinzutretenden Gläubiger beschränken wollen, die gesellschaftsrechtliche Haftungsnorm an das Konkursrecht anzupassen. Aber auch unter Zugrundelegung dieses Normverständnisses wird weiterhin gegenüber einzelnen Gläubigern in Höhe des positiven Interesses gehaftet. Darin zeigt sich, dass Art. 367 eine auf Individualinteressen ausgerichtete Haftungsnorm darstellt, die sich für die Haftung in der Insolvenzsituation nicht eignet. Darüber hinaus ist nicht abschließend geklärt, in welchem Verhältnis Art. 367 LSC in der Variante Verletzung der Konkursantragspflicht und der in seinen Tatbestandsvoraussetzungen weiter gehende Art. 172bis LC zueinander stehen und ob bei Vorliegen der Voraussetzungen beide Haftungstatbestände mit ihren unterschiedlichen Rechtsfolgen Anwendung finden. Diese Unklarheiten entstehen dadurch, dass die Arts. 50 Abs. 2, 51bis Abs. 1 LC ihrem Wortlaut nach die Haftung aus Art. 367 LSC nur dann verdrängen, wenn die gesellschaftsrechtlichen Pflichten verletzt werden. Aus den dargestellten Gründen ist der Versuch des Gesetzgebers, Konkurs- und Gesellschaftsrecht aufeinander abzustimmen, auch an dieser Stelle als nicht gelungen zu bewerten. Für konkursrechtliche Pflichtverletzungen sollte auch allein nach konkursrechtlichen Haftungstatbeständen gehaftet werden. Daher ist die Abschaffung der gesellschaftsrechtlichen Haftung für die Verletzung der konkursrechtlichen Pflicht im Gesetzesentwurf für das Handelsgesetzbuch zu begrüßen.

Die auf Art. 172bis LC basierende Verschleppungshaftung weist zunächst insoweit einen Vorteil auf, als dass bei ihr keine Differenzierung zwischen mehreren Gläubigergruppen vorgenommen wird. Zudem ist die dem Konkursrichter gewährte Flexibilität hervorzuheben, die ihm als dem jeweiligen Verfahren nahestehender Person zukommt. Sein Ermessen erstreckt sich auch auf die Höhe der Haftung. Er kann den seiner Auffassung nach angemessenen Haftungsbetrag festlegen und in den Fällen, in denen eine schadensersatzrechtliche Anwendung der Norm nicht möglich ist, die Geschäftsleiter im Sinne einer Sanktion zum Ausgleich eines bestimmten Teils des am Ende der Liquidation verbleibenden Defizits verurteilen. Die Gesetzesbegründung selbst betont, dass mittels des dem Konkursrichter eingeräumten weiten Ermessenspielraums eine flexible Anwendung der Vorschriften des Konkursrechts im Einzelfall gewährleistet werden soll.[1322] In diesem Punkt zeigt sich aber gleichzeitig auch der schwerwiegende Nachteil dieser Norm, da so eine erhebliche Rechtsunsicherheit entsteht. Diese manifestiert sich darin, dass schon Unklarheit darüber besteht, ob der Richter bei Vorliegen aller Voraussetzungen die Haftung aussprechen muss oder ob ihm bereits diesbezüglich ein Ermessensspielraum zukommt. Gleiches gilt für die Frage der Erforderlichkeit einer Klage bzw. Antrages und der hierzu Berechtigten. Das Gesetz enthält überdies keine genauen Kriterien zur Bestimmung der Höhe des Haftungsbetrages, anhand derer sich der Konkursrichter orientieren könnte, sondern bestimmt lediglich die Verpflichtung zum Ausgleich des teilweisen oder vollständigen Defizits. Diese weit gefasste Formulierung auf der Rechtsfolgenseite dürfte eine Konsequenz der Tatsache darstellen, dass sich die Haftung Art. 172bis LC auf verschiedene Tathandlungen beziehen kann, und zwar alle diejenigen, die – wie die Verletzung der Konkursantragspflicht – bei Vorliegen der entsprechenden Voraussetzungen zu einer Qualifizierung des Konkurses als schuldhaft führen. Die Vorschrift wird hinsichtlich grundlegender Problematiken wie der Rechtsnatur im Allgemeinen in Rechtsprechung und Schrifttum ausführlich, aber wenig im Hinblick auf die einzelnen haftungsbegründenden Handlungen, die Schadensberechnung in den einzelnen Fällen etc. diskutiert. Die Rechtsfolgen des Art. 172bis LC sind somit nicht auf die Problematik der Verschleppungshaftung abgestimmt. Hier macht sich auch das Fehlen einer gefestigten (höchstrichterlichen) Rechtsprechung zur Schadensberechnung bemerkbar, derer sich die Gerichte in der Praxis bedienen könnten. Auch ist unklar, welche zusätzlichen objektiven und subjektiven Elemente des Geschäftsleiterhandelns der Konkursrichter neben der Feststellung der Haftungsvoraussetzungen prüfen muss, damit die vom TS geforderte „zusätzliche Rechtfertigung" gegeben ist. Dennoch kann im Ergebnis festgehalten werden, dass das spanische Recht im Gegensatz zum deutschen mit Art. 172bis LC über einen einheitlichen Tatbestand der Verschleppungshaftung verfügt, auf dessen Grundlage bei Verletzung der Antragspflicht gegenüber der Gesamtheit aller Konkursgläubiger gehaftet wird. Dies gilt unabhängig davon, welcher Berechnungsweg für den Haftungsbetrag Anwendung findet. Die erhaltenen Haftungsbeträge werden der Masse zugeführt, und es findet keine Bildung einer Sondermasse zugunsten einer bestimmten Gläubigergruppe statt.

1322 Gesetzesbegründung Nr. IV der LC, BOE Nr. 164 v. 10. 7. 2003, S. 26909.

(7) Die Gegenvorschläge des deutschen Rechts

Für das deutsche Recht stellen *K. Schmidt* und *Altmeppen/Wilhelm* der Verschleppungshaftung auf Grundlage der h. M. eigene Lösungsansätze gegenüber. Trotz der stellenweise geäußerten Kritik an der Konturenlosigkeit des Art. 172bis LC wurden dagegen im spanischen Schrifttum bisher keine Alternativkonzepte zur geltenden Rechtslage entwickelt.

(a) Inhalt und dogmatische Begründung

Sowohl der Ansatz von *K. Schmidt* als auch derjenige von *Altmeppen/Wilhelm* ist von dem Bestreben gekennzeichnet, dem Insolvenzverwalter durch Beschränkung auf eine Haftungsvorschrift die Geltendmachung der Verschleppungshaftung in der Praxis zu erleichtern. Gemeinsamkeiten weisen beide Ansätze insoweit auf, als dass sie die Verschleppungshaftung als eine Innenhaftung konzipieren und eine einheitliche Betrachtung von Zahlungsverbot und Antragspflicht vornehmen. Allerdings gehen sie bei der Begründung der Innenhaftung in dogmatischer Hinsicht dezidiert entgegengesetzte Wege: *K. Schmidt* will am Schutzgesetzcharakter des § 15a InsO im Einklang mit der h. M. festhalten und auf dieser Grundlage den Insolvenzverwalter einen Gesamtgläubigerschaden bzw. einheitlichen Quotenschaden aller Insolvenzgläubiger einklagen lassen, während die Zahlungsverbote aus §§ 64 S. 1 GmbHG, 92 Abs. 2 S. 1 AktG entfallen sollen. Durch die Annahme eines Gesamtgläubigerschadens wird die deliktsrechtliche Verschleppungshaftung sogar noch aufgewertet. Der Ersatz des negativen Interesses der Neugläubiger auf der Grundlage der c.i.c. tritt hinzu. Nach der Auffassung von *Altmeppen/Wilhelm* dagegen soll § 15a InsO gerade kein Schutzgesetz i. S. d. § 823 Abs. 2 BGB darstellen, sodass die deliktsrechtliche Verschleppungshaftung entfällt. Der Erstattungsanspruch nach dem Zahlungsverbot wird zur maßgeblichen Norm, auf dessen Grundlage der Insolvenzverwalter einen Anspruch der Gesellschaft zum Ausgleich des bilanziell (und unter Einbeziehung der Neuverbindlichkeiten) ermittelten Verlustes geltend machen soll. Diese Auffassung zielt ebenfalls auf ein Innenhaftungsmodell ab. Auch hier soll die Haftung gegenüber den Neugläubigern nach c.i.c. erfolgen.

(b) Stellungnahme

Im Folgenden sollen zu beiden der h. M. gegenübergestellten Konzeptionen im Hinblick auf ihre jeweilige dogmatische Begründung und ihre praktische Umsetzbarkeit zumindest kurze Stellungnahmen erfolgen.

(aa) Der Vorschlag von K. Schmidt

Der Hauptkritikpunkt *K. Schmidts* richtet sich gegen die dem Insolvenzverwalter übertragene Aufgabe der Unterscheidung der Gläubigergruppen, die ihm die Geltendmachung des Quotenschadens aller Altgläubiger ermöglichen soll und die er *ex post* anhand der ihm zugänglichen Unterlagen und Informationen vorzunehmen hat. Die Konzeption eines Gesamtgläubigerschadens befreit den Insolvenzverwalter dann auch konsequenterweise davon, eine Einteilung der Gläubiger in die Gruppen der Alt- und Neugläubiger vorzunehmen. Durch die Abschaffung des Zahlungsverbotes kann sich der Insolvenzverwalter auf die Geltendmachung des Gesamtgläubigerschadens auf der Grundlage von §823 Abs. 2 i. V m. § 15a InsO konzentrieren. Insoweit ist der Vorschlag im Hinblick auf die mit ihm verbundenen praktischen Erleichterungen für den Insolvenzverwalter positiv zu bewerten.

Zutreffend weist *K. Schmidt* darauf hin, dass sich – zumindest im Hinblick auf die Kapitalgesellschaft & Co. KG – insoweit ein System der Verschleppungshaftung ergibt, als dass § 15 a InsO die Pflicht zur Antragstellung statuiert und sich aus § 130a Abs. 2 HGB die Haftungsfolge ergibt. In dogmatischer Hinsicht ist ihm zunächst insoweit zuzustimmen, als dass ein Geschäftsleiter, der die Insolvenzantragspflicht verletzt, diese nur ein einziges Mal i. S. eines Dauerdeliktes verletzt, und zwar zu dem Zeitpunkt, an dem er trotz Vorliegen der entsprechenden Voraussetzungen die gebotene Antragstellung unterlässt. Wie bei Betrachtung des deutschen Rechts bereits dargestellt, liegt der Schwachpunkt dieser Konzeption in der Annahme eines Gesamtgläubigerschadens bzw. eines einheitlichen Quotenschadens aller Insolvenzgläubiger. Gegen die Annahme eines solchen einheitlichen Quotenschadens spricht in erster Linie, dass es diesen – wie vom BGH vertreten – nur im Hinblick auf die Altgläubiger geben kann. Diese erleiden einen einheitlichen Quotenschaden, weil sich der Schaden für jeden Altgläubiger auf gleiche Weise entwickelt (gleicher Beginn der Insolvenzverschleppung für alle Altgläubiger, parallele Schadensentwicklung über den Verschleppungszeitraum hinweg).[1323] Stellte man sich dagegen das Hinzutreten der Neugläubiger nach Insolvenzreife auf einem Zeitstrahl vor, so würde dieser beispielsweise so aussehen, dass ein (oder auch mehrere) Neugläubiger zwei Wochen nach Eintritt der Insolvenzreife in Rechtsbeziehungen mit der Gesellschaft treten, andere dagegen vier Wochen nach diesem Zeitpunkt, und wieder andere zu ganz anderen Zeitpunkten. Dadurch ergibt sich für jeden Neugläubiger eine unterschiedliche Dauer der Verschleppungsphase, die vom Zeitpunkt der Begründung der jeweiligen Forderung abhängt und durch die sich der Individualcharakter der Quotenveränderung manifestiert.[1324] Daher kann es sich beim Quotenschaden der Neugläubiger, wenn man diesen – wie Teile des Schrifttums – als Folge der weiterhin unterlassenen Antragstellung anerkennen will, lediglich um einen individuellen Quotenschaden handeln. *K. Schmidt* aber nimmt – entgegen dieser gebotenen Differenzierung – den Altgläubigerschaden als Maßstab auch für den Neugläubigerschaden, um so einen einheitlichen Quotenschaden aller Gläubiger („Gesamtgläubigerschaden“) zu konstruieren. Insoweit ist dann auch die Kritik des BGH berechtigt, dass sich die Begründung eines auf der Grundlage von § 92 InsO einzuklagenden Gesamtgläubigerschadens als zirkelschlüssig erweist.

Dass es den einheitlichen Quotenschaden aller Insolvenzgläubiger nicht geben kann, zeigt auch ein Beispiel, anhand dessen *G. Wagner* den Gesamtgläubigerschaden

1323 *Henssler/Dedek,* in: FS Uhlenbruck, S. 175, 186.
1324 *Henssler/Dedek,* in: FS Uhlenbruck, S. 175, 187.

nach der Formel von *K. Schmidt* berechnet hat. Dabei geht er von dem Fall aus, dass eine Gesellschaft zum Zeitpunkt der Insolvenzreife über Aktiva mit dem Betrag 70 Mill. Euro und Passiva von 100 Mio. Euro verfügt (sodass eine Soll-Quote von 70 % gezahlt werden kann) und bei Verfahrenseröffnung 40 Mill. Euro Aktiva einer Passivmasse von 150 Mill. Euro gegenüberstehen, was eine Quote von 26,6 % ergibt.[1325] Um den Gläubigern auch zum Zeitpunkt der Verfahrenseröffnung eine Quote von 70 % zahlen zu können, müssten die Geschäftsleiter einen Betrag von 65 Mill. Euro in die Masse zahlen.[1326] Daran zeigt sich, dass bei der Figur des Gesamtgläubigerschadens die Befriedigungsaussichten aller zum Zeitpunkt der Insolvenzreife vorhandenen Gläubiger (der Altgläubiger) den Befriedigungsaussichten aller bei Verfahrenseröffnung vorhandener Gläubiger (Altgläubiger und seit Insolvenzreife hinzugetretene Neugläubiger) gegenübergestellt werden. Es muss unterstellt werden, dass die Neugläubiger bereits bei Eintritt der Insolvenzreife die Gläubigerstellung innehatten, sodass sich ihre Quote – ebenso wie diejenige der Altgläubiger – über den Verschleppungszeitraum hinweg von 70 % auf 26,6 % verringert hat. Zum Zeitpunkt der Insolvenzreife standen die Neugläubiger aber noch nicht in Rechtsbeziehungen zur Gesellschaft. Will man einen einheitlichen Quotenschaden darstellen, so ist dies nur im Hinblick auf eine homogen zusammengesetzte Gläubigergruppe möglich, wie dies bei den Altgläubigern der Fall ist. Ein einheitlicher Quotenschaden aller, zu unterschiedlichen Zeitpunkten hinzugetretener Gläubiger existiert dagegen nicht. Im Ergebnis muss man die dogmatische Konstruktion des einheitlichen Quotenschadens in Zusammenhang mit dem damit verfolgten Zweck betrachten: Bei ihm geht es nicht um die Begründung eines am Schaden der Altgläubiger orientierten Quotenschadens der Neugläubiger i. S. einer schadensersatzrechtlichen Herleitung, sondern um eine teilweise Übertragung der Geltendmachung eines Teils des vollständigen Neugläubigerschadens auf den Insolvenzverwalter, und zu diesem Zweck wird die Konstruktion des einheitlichen Quotenschadens als „Vehikel“ verwendet.[1327]

(bb) Der Vorschlag von Altmeppen/Wilhelm

Der Vorschlag von *Altmeppen* bzw. *Altmeppen/Wilhelm,* den Erstattungsanspruch nach dem Zahlungsverbot als Verlustausgleichsanspruch zu sehen, unterscheidet sich deutlich vom Verständnis der Zahlungsverbote durch die h. M., die jeden Zahlungsvorgang isoliert betrachtet. Allerdings weist er insoweit gewisse Berührungspunkte mit der h. M. auf, als dass auch sie im Rahmen des Zahlungsverbotes Gegenleistungen zugunsten des Geschäftsleiters berücksichtigen will und damit auf die Masseschmälerung abstellt.[1328] Im Ergebnis entwickeln *Altmeppen/Wilhelm*

1325 So das Beispiel bei *G. Wagner,* in: FS K. Schmidt, 2009, S. 1665, 1687.

1326 *G. Wagner,* in: FS K. Schmidt, S. 1665, 1687.

1327 Siehe *K. Schmidt,* NZI 1998, 9, 14: „Es geht vielmehr um ein reines Zurechnungs- und Zuständigkeitsproblem ....“

1328 *G. Wagner,* in: FS K. Schmidt, S. 1665, 1670.

den sich aus dem Zahlungsverbot ergebenden Erstattungsanspruch nicht nur zu einem Verlustausgleichsanspruch, sondern zu einem Schadensersatzanspruch fort, der in der Konsequenz auch als „Schadensersatzanspruch besonderer Art" bezeichnet wird. Die Konzeption stellt nicht allein auf die Verkürzung der Aktivmasse ab, sondern bezieht durch die Betrachtung eines möglichen bilanziellen Verlusts unter Berücksichtigung der Neuverbindlichkeiten auch diese mit ein. Auch dieser Vorschlag weist den Vorteil für die Praxis auf, dass der Insolvenzverwalter sich auf die Geltendmachung eines Haftungstatbestandes in der Insolvenzsituation, des zum Verlustausgleichsanspruch umfunktionierten Anspruches auf den Ausgleich verbotener Zahlungen nach § 64 S. 1 GmbHG, 92 Abs. 2 S. 1 AktG beschränken kann.

Allerdings überzeugt das stellenweise im Schrifttum vorgebrachte Argument, dass § 64 S. 1 GmbHG schon seinem Wortlaut nach nicht als Haftungstatbestand für die Insolvenzverschleppung angesehen werden könne, da die Norm bereits ab Eintritt der Insolvenzreife greife und auch im Fall einer rechtzeitigen Antragstellung die verbotenen Zahlungen zu erstatten seien. Die Fortentwicklung des Erstattungsanspruches hin zu einem Verlustausgleichsanspruch gestaltet sich darüber hinaus in methodischer Hinsicht schwierig. Angesichts des insoweit eindeutigen Wortlauts der Normen („Zahlungen") wird die Grenze der möglichen Auslegung überschritten. Eine Erweiterung des Anwendungsbereiches einer Norm durch teleologische Extension ist möglich. Im Falle der teleologischen Extension werden vom Wortlaut der Norm nicht erfasste Lebenssachverhalte unter diese subsumiert, um dem Normzweck zur besseren Geltung zu verhelfen.[1329] Normzweck der Zahlungsverbote ist, wie bei Betrachtung des deutschen Rechts dargestellt, die Sicherung der Masse im Interesse der Gläubigergesamtheit. Letztlich werden durch den Ansatz *Altmeppen/Wilhelms* aber nicht zur Erreichung dieses Zwecks weitere Fälle in den Anwendungsbereich der Norm miteinbezogen, sondern es wird die Rechtsfolge des Zahlungsverbots (vom Anspruch auf Erstattung einzelner Zahlungen hin zum Verlustausgleichsanspruch bzw. einem Schadensersatzanspruch „besonderer Art") verändert. Um eine teleologische Extension des Tatbestandes würde es sich dagegen dann handeln, wenn man Vorgänge unter den Zahlungsbegriff subsumierte, die nicht von ihm erfasst werden (wie z. B. die Begründung von Verbindlichkeiten, die von einer a. A. ebenfalls als Zahlungen angesehen werden). Auch wenn diese methodischen Gründe der Realisierung des Vorschlages von *Altmeppen/Wilhelm* anhand der bestehenden Gesetzeslage entgegenstehen, so bedeutet dies doch nicht, dass der Ansatz nicht *de lege ferenda* aufgenommen werden kann.

(cc) Kongruenz der Gegenvorschläge hinsichtlich der Schadensberechnung

Es kann konstatiert werden, dass sich die Konzeptionen von *K. Schmidt* und von *Altmeppen/Wilhelm* hinsichtlich der Schadensberechnung nahestehen, da nach beiden Ansätzen eine Gesamtbetrachtung der Verschleppungsphase vorgenommen wird. Der nach *K. Schmidt* zu ersetzende Gesamtgläubigerschaden deckt sich im

---

1329 *Rüthers/Fischer/Birk*, Rechtstheorie, 7. Auflage 2013, Rn. 904.

Grundsatz mit dem bilanziell zu ermittelnden, in der Verschleppungsphase entstehenden Verlust.[1330] Die Gemeinsamkeit in den Rechtsfolgen zeigt sich nicht zuletzt darin, dass auch *K. Schmidt* bereits einen Vorschlag für einen Haftungstatbestand der Insolvenzverschleppung unterbreitet hat, der die Zahlungsverbote der § 64 S. 1, 2 GmbHG, 92 Abs. 2 S. 1, 2 AktG ablösen soll und der die Geschäftsleiter im Fall der Verletzung der Antragspflicht auf den während der Verschleppungsphase eingetretenen Verlust haften lässt.[1331] Die verbleibenden Unterschiede zwischen beiden Ansätzen liegen somit in der Frage der Anspruchsgrundlage, auf deren Grundlage der Verschleppungsschaden zu ersetzen ist, und darin, ob man den entstandenen Verschleppungsschaden als Gesamtgläubigerschaden bzw. einheitlichen Quotenschaden oder als (bilanziell ermittelten) Masseverlust beschreibt. Da sich also die Berechnung des Gesamtgläubigerschadens und des Masseverlustes decken, kann auch der Verlustausgleichsanspruch den Quotenschaden der Neugläubiger als Teil des Gesamtschadens nur in dem gleichen Maße ersetzen, in dem auch der Quotenschaden der Altgläubiger ausgeglichen wird.[1332]

Im Fall der Geltendmachung des Schadensersatzes auf der Grundlage eines einheitlichen Quotenschadens müsste der Geschäftsleiter, der das negative Interesse eines Neugläubigers bereits befriedigt hat, einen Teil dieses negativen Interesses zunächst zweimal zahlen, da der befriedigte Neugläubiger wie alle anderen Insolvenzgläubiger vom eingeklagten Schadensersatzbetrag profitiert.[1333] Aufgrund der Rechtsprechung des BGH, der den Neugläubiger in analoger Anwendung des § 255 BGB zur Abtretung seiner Insolvenzforderung an den Geschäftsleiter verpflichtet, löst sich die Problematik der doppelten Entschädigung des Neugläubigers aber auf, denn der Geschäftsleiter erhält den Schadensersatzbetrag in Form der durch den geleisteten Schadensersatz im Wert gestiegenen Insolvenzforderung zurück.[1334]

1330 *K. Schmidt,* in Scholz, GmbHG, § 64 Rn. 195. Zur Überschneidung beider Ansätze in der Sache siehe auch *Wilhelm,* KapitalGesR, Rn. 495.

1331 *K. Schmidt,* ZIP 2009, 1551, 1554.

1332 Dies zeigt sich deutlich bei *Altmeppen/Wilhelm,* NJW 1999, 673, 680: „... ein sogenannter „Quotenschaden" ist entweder gar nicht relevant ... oder aber er wird durch den Verlustausgleich ... kompensiert, und zwar in einer alle Insolvenzgläubiger gleichmäßig ... schützenden Weise." Damit stehen sich der Anspruch auf Ausgleich des Gesamtgläubigerschadens und derjenige auf Ausgleich des Masseverlustes auch hier näher, als es zunächst den Anschein hat. Nach *Altmeppen/Wilhelm* dient der Verlustausgleichsanspruch auch gerade dazu, einen Quotenschaden vertraglicher Neugläubiger im Hinblick auf das positive Interesse auszugleichen, wenn diese keinen Schaden i. S. d. negativen Interesses erleiden, siehe *Altmeppen/Wilhelm,* NJW 1999, 673, 677.

1333 *G. Wagner,* in: FS K. Schmidt, S. 1665, 1686.

1334 *G. Wagner,* in: FS K. Schmidt, S. 1665, 1687, der dem Geschäftsleiter in der Konsequenz in der Höhe des auf den befriedigten Neugläubigers entfallenden Betrages des Schadensersatzes unter Rückgriff auf die Regel *dolo agit qui petit quod statis redditurus* ein Leistungsverweigerungsrecht gegenüber dem Insolvenzverwalter einräumen will. Das gleiche Ergebnis erhält man beim Vorgehen über den

(dd) Ersatz des Verschleppungsgesamtschadens nach §§ 43 Abs. 2 GmbHG, 93 Abs. 2 AktG?

Wenn man – wie bei Darstellung der Verschleppungshaftung des deutschen Rechts erwähnt – davon ausgeht, dass eine Verschleppungshaftung auf der Grundlage der Innenhaftung in Betracht kommt, so stellt sich in der Konsequenz die Frage, ob der Gesamtschaden bzw. der Verlustausgleich nicht bereits auf dieser Grundlage zu ersetzen ist. Diese Frage wird – soweit ersichtlich – im Schrifttum nicht diskutiert. Was den Ansatz von *K. Schmidt* betrifft, so greift dieser trotz der an der Verschleppungshaftung auf der Grundlage der h. M. geäußerten Kritik ebenfalls auf § 823 Abs. 2 i. V. m. § 15a InsO als Anspruchsgrundlage zurück. Für die Möglichkeit, den Ersatz des Gesamtgläubigerschadens auch auf der Grundlage Innenhaftung zu erreichen, spricht, dass *K. Schmidt* diesen Gesamtgläubigerschaden über einen Ausgleich in das Gesellschaftsvermögen ersetzt sehen will. *Altmeppen/Wilhelm* greifen bereits auf eine Spezialnorm der Innenhaftung zurück, indem sie die Norm zu den Zahlungsverboten als Anspruchsgrundlage für den Ausgleich des in der Verschleppungsphase entstandenen Verlustes heranziehen. Dass hier nicht auf die allgemeine Innenhaftung zurückgegriffen wird, mag zum einen daran liegen, dass nach diesem Ansatz § 64 S. 1 GmbHG als zentrale, spezifische Norm der Insolvenzverschleppungshaftung anzusehen ist. Zum anderen wäre es wohl ungleich schwieriger, den Verlustausgleichsanspruch, der als der Gesellschaft zustehender, aber den Schaden der Gläubiger ersetzender „besonderer Schadensersatzanspruch" charakterisiert wird, auf § 43 Abs. 2 GmbHG als grundlegende Anspruchsgrundlage der Innenhaftung zu stützen.

(c) Bezugspunkte der Alternativkonzepte des deutschen Rechts zu Art. 172bis LC?

Berührungspunkte zwischen einem der Ansätze des spanischen Rechts zur Berechnung des zu ersetzenden Verschleppungsschadens und den beiden Alternativkonzepten des deutschen Rechts könnten in dogmatischer und/oder praktischer Hinsicht bestehen. Was den von *K. Schmidt* vorgebrachten Vorschlag eines Gesamtgläubigerschadens angeht, so sind Bezugspunkte hinsichtlich der Dogmatik nicht zu erkennen, da weder in den Berechnungsvorschlägen des spanischen Schrifttums noch in der Rechtsprechung die Figur eines einheitlichen Quoten- bzw. eines Gesamtgläubigerschadens aller Insolvenzgläubiger diskutiert wird. Dagegen bestehen Berührungspunkte in dogmatischer Hinsicht zwischen der Konstruktion des Verlustausgleichsanspruches nach *Altmeppen/Wilhelm* und dem Vorschlag aus dem spanischen Schrifttum, die Verwalter im Rahmen des Art. 172bis LC für die

---

Verlustausgleichsanspruch, denn auch hier kommt dem Geschäftsleiter, dem Zessionar der Neugläubigerforderung, der gezahlte Betrag zugute, siehe *Altmeppen*, in: Roth/Altmeppen, GmbHG, § 64 Rn. 55. Auch an dieser Stelle zeigt sich also wieder die Übereinstimmung der Haftungskonzepte.

Vergrößerung des Massedefizits in der Verschleppungsphase haften zu lassen, denn auch diese Lösung vergleicht – ähnlich einer bilanziellen Betrachtung – das am Anfang und am Ende der Verschleppungsphase bestehende Defizit.

Überdies ergibt sich eine Gemeinsamkeit der beiden alternativen Ansätze des deutschen Rechts mit dem genannten Berechnungsvorschlag des spanischen Schrifttums. Wie oben dargestellt, gelangt sowohl der Ansatz von *K. Schmidt* als auch derjenige von *Altmeppen/Wilhelm* in Bezug auf die Schadensberechnung mittels einer Gesamtbetrachtung der Verschleppungsphase zum gleichen Ergebnis. Berechnet man den zu ersetzenden Haftungsbetrag dadurch, dass man auf die Vergrößerung des Massedefizits bzw. auf die Differenz der Defizitbeträge zu beiden Zeitpunkten abstellt, so ist im von *G. Wagner* dargestellten Beispiel auch nach dem in Teilen des spanischen Schrifttums vertretenen Ansatz der Betrag von 65 Mill. Euro zu ersetzen. Bestehen zum Zeitpunkt des Eintritts der Insolvenzreife Aktiva in Höhe von 70 Mill. Euro und Passiva von 100 Mill. Euro, so weist das Massedefizit einen Wert von 30 % auf. Betragen die entsprechenden Werte zum Zeitpunkt der Verfahrenseröffnung 40 Mill. und 150 Mill. Euro, so ergibt sich ein Massedefizit von 73,33 %. Es hat also eine Vergrößerung des Defizits von 30 % auf 73,33 % stattgefunden. Will man das zum Zeitpunkt der Insolvenzreife bestehende Massedefizit von 30 % wiederherstellen, so müssen die Geschäftsleiter den Betrag von 65 Mill. Euro zahlen. Im Ergebnis ist somit immer der gleiche Betrag zu ersetzen, den man alternativ als Gesamtgläubigerschaden (nach *K. Schmidt*), als bilanziellen Masseverlust (i. S. von *Altmeppen/Wilhelm)* oder – im Hinblick auf den zur Schadensberechnung im Rahmen des Art. 172bis LC vertretenen Ansatz des spanischen Schrifttums – als vergrößertes Massedefizit bezeichnen kann. Keiner dieser drei Ansätze unterscheidet zwischen unterschiedlichen Gläubigergruppen. Es profitieren jeweils alle Insolvenzgläubiger vom zu leistenden Schadensersatz: vor Insolvenzreife vorhandene Gläubiger hinsichtlich ihres sich einheitlich über die Verschleppungsphase hinweg entwickelnden Quotenschadens ebenso wie die nach diesem Zeitpunkt hinzutretenden Gläubiger. Will man einen einheitlichen Haftungstatbestand für den Fall der Insolvenzverschleppung schaffen, so kann eine praktikable Geltendmachung des Schadens durch den Insolvenzverwalter auch nur dann erfolgen, wenn dieser einen allen Insolvenzgläubigern zugute kommenden Betrag in die Masse einklagt, da sowohl die Feststellung der Eigenschaft als Alt- oder Neugläubiger wie auch die Bestimmung der jeweiligen hypothetischen Quote erhebliche Schwierigkeiten aufweist.[1335] Die Ausgestaltung des zentralen spanischen Konkurshaftungstatbestandes in Art. 172bis LC als Verpflichtung zum Ausgleich des nach Abschluss der Liquidation bestehenden Massedefizits, von dem alle Konkursgläubiger profitieren, stützt diese Annahme. Da aber ein Gesamtgläubigerschaden i. S. eines sich einheitlich entwickelnden Quotenschadens aller Insolvenzgläubiger nicht besteht, erscheint es in dogmatischer Hinsicht vorzugswürdig, den der Gläubigergesamtheit entstandenen Schaden als bilanziellen Verlust der Gesellschaft (nach *Altmeppen/Wilhelm)* oder als

---

1335 *Casper*, in Ulmer, GmbHG Erg.-Band, § 64 Rn. 140.

Vergrößerung des Massedefizits im Verschleppungszeitraum (wie als Auffassung im spanischen Schrifttum vertreten) zu beschreiben.

c. Weitere Sanktionen

Beide Rechtsordnungen enthalten weitere Sanktionsmechanismen, die neben die Tatbestände der Verschleppungshaftung treten und bezüglich derer sich deutsches und spanisches Recht nicht unerheblich unterscheiden.

aa. Inhalte der Regelungen

Was die Maßnahmen zur Verhinderung masseloser Insolvenzen betrifft, so verfügt lediglich das deutsche Recht über eine entsprechende Regelung in Form der Vorschusspflicht des § 26 Abs. 4 InsO. Das spanische Recht enthält diesbezüglich keine spezifischen Regelungen. In beiden Rechtsordnungen wird aber das Problem erkannt, und das jeweilige Schrifttum diskutiert entsprechende Lösungsmöglichkeiten: für das deutsche Recht die Bereitstellung eines Insolvenzeröffnungskapitals auch durch die Geschäftsleiter, im spanischen Recht die Durchführung der Qualifizierungsphase auch für die Fälle, in denen das Konkursverfahren mangels Masse gar nicht erst eröffnet wird.

Sowohl das deutsche als auch das spanische Recht verfügen über Normen, die die Geschäftsleiterdisqualifikation bei Verletzung der Insolvenz- bzw. Konkursantragspflicht regeln. In beiden Rechtsordnungen findet sich die entsprechende Regelung im Gesellschaftsrecht: im deutschen Recht in den §§ 6 Abs. 2 Nr. 3 a) GmbHG, 76 Abs. 3 Nr. 3 a) AktG, im spanischen Recht in Art. 213 LSC. Hinsichtlich des Tatbestandes unterscheiden sich beide Rechtsordnungen insoweit, als dass die Disqualifikationsnorm des deutschen Rechts an die (rechtskräftige) strafrechtliche Verurteilung aufgrund der Insolvenzverschleppung anknüpft, die spanische Norm dagegen auf die Qualifizierungsphase des Konkurses und die in ihrem Rahmen ergangene richterliche Entscheidung zur Disqualifikation Bezug nimmt. Hier stellt die Geschäftsleiterdisqualifikation nach Art. 172 Abs. 2 Nr. LC eine (weitere) zwingende Konsequenz des Qualifizierungsurteils dar. Überdies divergieren deutsches und spanisches Recht hinsichtlich des möglichen Verbotszeitraums: Während das deutsche Recht im Falle der strafrechtlichen Verurteilung einen generellen Verbotszeitraum von fünf Jahren gesetzlich festschreibt, legt das spanische die Festlegung der konkreten Dauer der zwingenden Disqualifikation in die Hand des Konkursrichters und gibt dabei einen zeitlichen Rahmen mit einer Mindesthöhe von zwei und einer Höchstdauer von 15 Jahren vor.

Eine weitere Sanktion, die das deutsche Recht nicht kennt, liegt in der spanischen Regelung des Art. 172, aufgrund dessen die Geschäftsleiter alle ihnen zustehenden Rechte als Konkurs- oder Massegläubiger verlieren. Die praktische Konsequenz dieser Regelung zeigt sich v. a. im Zusammenhang mit der Haftung nach Art. 367 LSC, da die Geschäftsleiter bei Zahlung an den Gläubiger einen (nachrangigen) Regressanspruch gegen die Gesellschaft erwerben, den sie im Falle der

Insolvenzverschleppung wieder verlieren. Führte man eine solche Sanktionsregelung für den Fall der Verletzung der Antragspflicht im deutschen Recht ein, so hätte dies für die Geschäftsleiter die Folge, dass sie im Falle der Haftung gegenüber den Neugläubigern die ihnen in entsprechender Anwendung des § 255 BGB abgetretene Insolvenzforderung nicht mehr geltend machen könnten. Im spanischen Recht entsteht diese Problematik nicht, da der Ersatz des negativen Interesses der Neugläubiger keine Rolle spielt.

bb. Stellungnahme

In Bezug auf die Vorschriften zur Geschäftsleiterdisqualifikation lässt sich feststellen, dass das spanische Recht durch die Festlegung eines Zeitraums von zwei bis 15 Jahren, innerhalb dessen sich die Entscheidung des Konkursrichters bewegen muss, einen größeren Spielraum gewährt als das deutsche Recht. Damit werden je nach Urteil des im Einzelfall zuständigen Konkursrichters längere oder kürzere Zeiträume der Disqualifikation als nach deutschem Recht ermöglicht. Insoweit mag man dem deutschen Recht an dieser Stelle mehr Rechtssicherheit zuschreiben. Zu berücksichtigen ist aber, dass das spanische Recht mit der Begrenzung auf höchstens 15 Jahre eine gesetzliche Höchstgrenze aufstellt und darüber hinaus auch die Kriterien im Gesetz aufzählt, anhand derer sich der Richter bei Festlegung des Verbotszeitraums zu orientieren hat. Die spanischen Vorschriften lassen zu, dass ein nach den Umständen des Einzelfalls angemessener Zeitraum festgelegt wird. Dies wirft die Frage auf, ob auch das deutsche Recht in dieser Frage einen größeren Spielraum ermöglichen sollte, um den Verbotszeitraum am Einzelfall ausgerichtet festlegen zu können. Allerdings fehlt dem deutschen Recht die Qualifizierungsphase des Konkursverfahrens, in deren Rahmen der spanische Konkursrichter die Entscheidung über den Verbotszeitraum trifft. Daher müsste hier erst eine Entscheidungskompetenz des für das Insolvenzverfahren zuständigen Richters bzw. ein entsprechendes Verfahren geschaffen werden, das dem Richter eine Entscheidung über diese Frage ermöglicht. Momentan kommt die Entscheidungskompetenz (zumindest hinsichtlich des „Ob") indirekt den Strafrichtern zu, da die strafrechtliche Verurteilung wegen Insolvenzverschleppung die Disqualifikation für einen Zeitraum von fünf Jahren ab Rechtskraft des Urteils zur Folge hat.

Was die im Schrifttum beider Rechtsordnungen diskutierten Vorschläge zu masselosen Insolvenzen betrifft, so ist der Vorschlag für das spanische Recht, eine Qualifizierungsphase auch bei Nichteröffnung des Konkursverfahrens mangels Masse durchzuführen, im Zusammenhang mit der im spanischen Recht vorgesehenen Qualifizierungsphase zu sehen. Der Vorschlag im deutschen Schrifttum, die Gesellschafter und u. U. auch die Geschäftsleiter zur Bereitstellung eines Insolvenzeröffnungskapitals zu verpflichten, erscheint angesichts der bei Betrachtung des deutschen Rechts dargestellten Defizite der Vorschusspflicht nach § 26 Abs. 4 InsO sinnvoll. Mag ein solches Insolvenzeröffnungskapital auch als Substitut des Grundkapitals anzusehen und daher in erster Linie den Gesellschaftern aufzuerlegen sein, so spricht für seine Erstreckung auf die Geschäftsleiter, dass hierdurch ein zusätzlicher Anreiz zur rechtzeitigen Antragstellung geschaffen werden kann.

d. Strafrechtliche Verantwortlichkeit

Deutsches und spanisches Recht unterscheiden sich hinsichtlich der strafrechtlichen Verantwortlichkeit insoweit, als dass die Strafbarkeit sich im deutschen Recht nach § 15a Abs. 4 InsO im Gegensatz zum spanischen Recht als zwingende Folge der Insolvenzverschleppung darstellt, zu der eine Strafbarkeit nach den Normen des StGB hinzutreten kann. Im spanischen Recht konnte die Qualifizierung des Konkurses als schuldhaft bzw. die Verletzung der Konkursantragspflicht dagegen zwar strafrechtliche Folgen gemäß Art. 260 CP in seiner früheren Fassung nach sich ziehen. Dies kommt nach der Änderung der Vorschrift aber nicht mehr in Betracht.

e. Abschließende Bewertung für das dritte Krisenstadium

Die vergleichende Untersuchung für das dritte Krisenstadium hat gezeigt, dass beide Rechtsordnungen Defizite hinsichtlich der Insolvenzhaftung aufweisen. Im deutschen Recht betrifft dies in erster Linie die Schwierigkeiten des Verhältnisses zwischen Zahlungsverbot und deliktsrechtlicher Verschleppungshaftung und die für den Insolvenzverwalter bestehenden Anreize, die konkrete Schadensberechnung außer Acht zu lassen, um vorrangig den Erstattungsanspruch nach den §§ 64 S. 1 GmbHG, 92 Abs. 2 S. 1 AktG geltend zu machen. Beide vorgeschlagenen Alternativlösungen weisen in dogmatischer Hinsicht Schwächen auf. Das spanische Recht verfügt dagegen mit Art. 172bis LC über einen Haftungstatbestand zugunsten aller Gläubiger im Konkursrecht. Hier zeigen sich die Defizite in erster Linie in der offen gestalteten Rechtsfolgebestimmung des Art. 172bis LC, der aufgrund der Vielzahl der erfassten Tathandlungen nicht auf Fälle der Insolvenzverschleppung zugeschnitten ist, und der nicht vorhandenen höchstrichterlichen Rechtsprechung zur Schadensberechnung. Zudem muss das Koordinationsproblem zu Art. 367 LSC (und zwar hinsichtlich aller in der Norm erwähnten Pflichtverletzungen) und zur Individualhaftungsklage nach Art. 241 LSC bewältigt werden. Ein Vorteil der Institution der Qualifizierungsphase kann darin gesehen werden, dass alle die Geschäftsleiter im Fall der Insolvenzverschleppung treffenden Sanktionen durch den Konkursrichter in einem Urteil ausgesprochen werden: Haftung für den Ersatz der Verschleppungsschäden, Disqualifikation und Verlust der Gläubigerrechte im Konkursverfahren.

5. Rechtspolitische Überlegungen für die Verschleppungshaftung nach deutschem Recht

Im letzten Teil dieser Arbeit sollen einige kurze rechtspolitische Anmerkungen bezüglich der Verschleppungshaftung im deutschen Recht erfolgen. Die Untersuchung hat die Berechtigung der bereits mehrfach im Schrifttum erhobenen Forderung zur

Reform der Verschleppungshaftung bestätigt.[1336] Gerade angesichts des problematischen Verhältnisses von Zahlungsverbot und Verschleppungshaftung stellt sich für den Gesetzgeber die Aufgabe der einheitlichen Neuregelung der Insolvenzhaftung. Im Rahmen einer solchen Neuregelung sind die dargestellten Schwierigkeiten des geltenden Systems zu überwinden. Die Alternativvorschläge des deutschen Rechts zeigen deutlich auf, mit welchen Schwierigkeiten Versuche einer Zusammenführung von Zahlungsverbot und Verschleppungshaftung zu einem einheitlichen Haftungstatbestand *de lege lata* verbunden sind, da man entweder eine einheitliche Betrachtung der in den verschiedenen Gesetzen geregelten Zahlungsverbote und der in der InsO geregelten Antragspflicht vornehmen muss (so *K. Schmidt)* oder – zusätzlich zu dieser – noch eine Umgestaltung des Wortlautes der Zahlungsverbotsnormen vornehmen muss (so *Altmeppen/Wilhelm*). Soll ein einheitlicher Insolvenzhaftungstatbestand geschaffen werden, so kann dies daher nur *de lege ferenda* realisiert werden. Neben einem solchen Haftungstatbestand kann für das Zahlungsverbot kein Platz mehr sein. Dies ergibt sich aus zwei Erwägungen: Zum einen würden verbotene Zahlungen als Minderungen der Aktivmasse zukünftig von eben dieser neuen zentralen Verschleppungshaftung mit umfasst werden. Zum anderen hat in erster Linie die Darstellung des deutschen Rechts gezeigt, welche Koordinationsprobleme sich aus dem Nebeneinander von Zahlungsverbot und Verschleppungshaftung ergeben. Aber auch der Blick auf das spanische Recht, konkret auf die auch dort ein Zahlungsverbot herleitende Schrifttumsauffassung, weist auf das Problem hin: Da dort als Folge einer verbotenen Zahlung ein Schadensersatzanspruch der übrigen Gläubiger auf Ausgleich der infolge dieser Zahlung geminderten Quote angenommen wird, wird deutlich, wie sich die Bereiche Zahlungsverbot und Verschleppungshaftung überschneiden und wie fließend die Grenzen zwischen beiden verlaufen.

a. Kriterien für einen neu gefassten Haftungstatbestand

Anhand der in dieser Untersuchung dargestellten Probleme in beiden Rechtsordnungen können zunächst einige Kriterien für einen neu geregelten, einheitlichen Tatbestand der Verschleppungshaftung formuliert werden. Dieser Haftungstatbestand sollte sich auf eine Tathandlung – die Verletzung der Antragspflicht – konzentrieren. Er muss die Geschäftsleiter zum Ersatz des durch die Insolvenzverschleppung verursachten konkreten Schadens verpflichten. Daher muss der Haftungstatbestand alle negativen Einwirkungen auf das Gesellschaftsvermögen während der Verschleppungsphase erfassen, also sowohl Minderungen der Aktivmasse (und damit die bisher in erster Linie dem Zahlungsverbot, aber auch der Verschleppungshaftung zukommende Funktion) als auch die Erhöhung der

1336 Siehe bereits den Beschluss Nr. 24 der Abteilung Wirtschaftsrecht des 66. DJT, in: Verhandlungen des 66. DJT, Bd. II/1, 2006, S. P 292 und aus dem jüngsten Schrifttum die Forderung von *Bachmann,* Gutachten E zum 70. DJT, S. E 124.

Passivmasse durch die Begründung neuer Verbindlichkeiten bis zu ihrem Ende (wie sie die Konzeption des Quotenschadens jetzt schon hinsichtlich der Altgläubiger berücksichtigt) einbeziehen. Die Norm sollte den Insolvenzverwalter angesichts der ihn treffenden Haftungsrisiken davon befreien, eine Trennung in zwei unterschiedliche Gläubigergruppen (Alt- und Neugläubiger) vornehmen zu müssen, sodass er lediglich einen Schadensersatzbetrag für die Masse einklagen muss, wie dies in beiden Gegenvorschlägen des deutschen Rechts vorgesehen ist. Das spanische Recht, das diese Differenzierung bezüglich des Ausgleiches des Massedefizits über Art. 172bis LC nicht kennt, bestätigt diesen Gedanken. Auf diesem Wege wird sichergestellt, dass alle Insolvenzgläubiger von diesem Schadensersatzbetrag profitieren. Insoweit ist in dem zu schaffenden Haftungstatbestand der Gedanke der Gesamtbetrachtung der Verschleppungsphase aufzunehmen, der den Auffassungen von *K. Schmidt* und von *Altmeppen/Wilhelm* und auch dem spanischen Recht innewohnt. Die Normierung eines einheitlichen Haftungstatbestandes ist nicht mit der Aufgabe der Differenzierung der Gruppen der Alt- und Neugläubiger verbunden, sondern bedeutet nur die Aufgabe der Notwendigkeit dieser Differenzierung aus der Perspektive des Insolvenzverwalters, so wie von *K. Schmidt* vorgeschlagen. Die zu schaffende Vorschrift muss zudem auf der Rechtsfolgenseite präzise ausgestaltet sein und darf den Haftungsbetrag nicht in das Ermessen des Richters legen, wie dies im spanischen Recht im Rahmen des Art. 172bis LC geschieht. So wird die Entstehung von Rechtsunsicherheit vermieden. Dies kann dadurch geschehen, dass der Gesetzgeber den zu leistenden Schadensersatz in der Norm definiert.

b. Innen- oder Außenhaftungstatbestand?

Hinsichtlich der Frage, ob der Tatbestand der Verschleppungshaftung *de lege ferenda* als Innen- oder Außenhaftungstatbestand ausgestaltet werden sollte, sind nochmals die bestehenden gesetzlichen Regelungen hinsichtlich ihrer Tathandlungen und Rechtsfolgen gegenüberzustellen.

Die Gesetze des Kapitalgesellschaftsrechts enthalten mit § 64 S. 1 GmbHG und § 92 Abs. 2 S. 1 AktG Vorschriften, die nur eine Tathandlung erfassen (das Tätigen verbotener Zahlungen nach Eintritt der Insolvenzreife) und die in der Rechtsfolge einen Erstattungsanspruch der Gesellschaft vorsehen, mithin eine Innenhaftung festlegen. Für die Kapitalgesellschaft und Co. besagt § 130a Abs. 2 S. 1 HGB, dass bei Verletzung der Antragspflicht oder der Vornahme verbotener Zahlungen Schadensersatz an die Gesellschaft zu leisten ist. Im Unterschied zu den eben genannten Normen werden damit zwei Tathandlungen erfasst, wobei die einheitliche Rechtsfolge im Fall ihrer Verletzung in einer Innenhaftung liegt und ausdrücklich auf Schadensersatz, nicht auf die Erstattung einzelner Zahlungsbeträge ausgerichtet ist. Nach § 42 Abs. 2 S. 2 BGB aus dem Vereinsrecht schließlich ist bei Verzögerung der Antragstellung Schadensersatz an die Gläubiger zu lassen. Damit ergibt sich eine unübersichtliche Lage, der kein eindeutiges Ergebnis entnommen werden kann.[1337] Dies gilt gleichermaßen für die unterbreiteten Gegenvorschläge. Sowohl *K. Schmidt* als auch *Altmeppen/Wilhelm* konzipieren die Verschleppungshaftung als Innenhaftung und stützen sich dabei auf § 130a HGB, gehen aber auf § 42 Abs. 2 BGB nicht ein.[1338] Im Gegensatz dazu stützt *Poertzgen* seinen in der Sache dem Ansatz von *K. Schmidt* gleichenden Vorschlag zur Normierung eines Gesamtgläubigerschadens gerade auf § 42 Abs. 2 BGB, womit er verdeutlichen will, dass im Ergebnis die Gläubiger vom Schaden der Insolvenzverschleppung betroffen sind.[1339] Auch bei der Betrachtung des spanischen Rechts hat sich gezeigt, dass der Insolvenzverschleppungsschaden im Rahmen des Art. 172bis LC von den diese Norm als Schadensersatznorm einordnenden Stimmen im Schrifttum als direkter Schaden der Gesellschaft und daher nur als abgeleiteter bzw. indirekter Schaden der Gläubiger angesehen wird, während im Zusammenhang mit der Individualhaftungsklage teils eine Einordnung als direkter Gläubigerschaden (Quotenschaden aufgrund verbotener Zahlungen) stattfindet.

Will man einen einheitlichen Haftungstatbestand schaffen, so kommt der Frage der Regelung als Außen- oder Innenhaftungstatbestand aber dann insoweit keine Bedeutung zu, als dass auch im Fall der Innenhaftung in der Sache ein Schaden der Gläubiger ersetzt würde. Entscheidend ist, dass – im Sinne eines wirksamen Gläubigerschutzes – der Haftungstatbestand sowohl die Minderung der Aktiva als auch die Vergrößerung der Passivmasse und damit alle das Gläubigerinteresse betreffenden negativen Einwirkungen erfasst. Stellenweise wird im Schrifttum aber ausdrücklich der Konzeption der Außenhaftung der Vorzug eingeräumt, da anderenfalls im Fall der Geltendmachung des die Interessen der Altgläubiger betreffenden Anspruches außerhalb des Insolvenzverfahrens nicht gewährleistet werden könne, dass ausschließlich diese von ihm profitieren.[1340] Wegen der nicht erfolgten Eröffnung des Verfahrens entfalle die Möglichkeit der Bildung einer Sondermasse der Altgläubiger zugunsten des Insolvenzverwalters, so dass u. U. ein Neugläubiger diesen Anspruch geltend machen könnte.[1341] Im Falle der Regelung eines einheitlichen Haftungstatbestandes, der gerade nicht zwischen beiden Gläubigergruppen differenziert, dürfte diese Problematik aber entfallen.

Ob man hinsichtlich des negativen Interesses der (vertraglichen) Neugläubiger an der deliktsrechtlichen Verschleppungshaftung nach § 15a InsO i. V. m. § 823 BGB festhält oder die Neugläubiger auf die Haftung nach c.i.c. verweist, stellt sich aus

---

1337 So hinsichtlich der Gegenüberstellung von § 130a Abs. 2 S. 2 HGB und § 42 Abs. 2 S. 2 BGB schon *Bachmann*, Gutachten E zum 70. DJT, S. E 115.

1338 Bezüglich *Altmeppen* siehe bereits den Hinweis bei *Freitag*, NZG 2014, 447, 448.

1339 *Poertzgen*, NZG 2010, 772, 775 f. (§ 42 Abs. 2 BGB als „Grundnorm der organschaftlichen Insolvenzverschleppungshaftung").

1340 *Freitag*, NZG 2014, 447, 449 f., der allerdings nur den Anspruch der Altgläubiger auf den Ersatz des Quotenschadens behandelt und damit wohl der Anerkennung eines allen Insolvenzgläubigern zugute kommenden Anspruches ablehnend gegenüber steht.

1341 *Freitag*, NZG 2014, 447, 449.

Sicht der Neugläubiger wegen der jeweils darzulegenden und zu beweisenden Haftungsvoraussetzungen als großer Unterschied dar. Aus der Entscheidung für eines dieser beiden Haftungsinstitute ergeben sich aber keine Differenzen hinsichtlich der Höhe des ihnen zu ersetzenden Schadens (des negativen Interesses). Die entscheidende und im Rahmen der vergleichenden Betrachtung bereits aufgeworfene Frage lautet hier: Aus welchem Grund haften die Geschäftsleiter im Fall der Insolvenzverschleppung den Neugläubigern? Erfolgt die Haftung allein aufgrund der zumindest fahrlässig begangenen Verletzung der Antragspflicht nach § 823 Abs. 2 BGB i. V. m. § 15a InsO (so der BGH und die ganz h. M.), aufgrund der (zumindest fahrlässigen) Verletzung einer Informationspflicht hinsichtlich der Insolvenz der Gesellschaft (so einige Stimmen des spanischen Schrifttums) oder aufgrund der Tatsache, dass der Geschäftsleiter bei Vertragsabschluss besonderes Vertrauen i. S. des § 311 Abs. 3 (so *Altmeppen/Wilhelm*) in Anspruch genommen hat? Diese Frage bedarf der abschließenden Klärung.

c. Regelungsstandort des Haftungstatbestandes

Was den Regelungsstandort eines neu geschaffenen, einheitlichen Haftungstatbestandes betrifft, so sollte dieser rechtsformneutral in der InsO geregelt werden.[1342] Insoweit bietet sich eine Regelung im direkten Zusammenhang mit der Antragspflicht in § 15a InsO an.[1343] Eine solche Regelung würde auch der Diskussion ein Ende setzen, ob die §§ 64 S. 1, 92 Abs. 2 S. 1 AktG oder § 823 Abs. 2 BGB i. V. m. § 15a InsO die taugliche Anspruchsgrundlage der Verschleppungshaftung darstellen.

d. Berechnung des Schadensersatzes

Schließlich ist die Frage der Berechnung des der Masse bzw. der Gläubigergesamtheit zu ersetzenden Schadens zu klären, der auf Grundlage des einheitlichen Haftungstatbestandes ersetzt werden soll und den der Gesetzgeber in der Norm definieren sollte. Bei der Bewertung der Gegenvorschläge des deutschen Rechts hat sich gezeigt, dass hinsichtlich der Berechnung des zu ersetzenden Betrages kein Unterschied zwischen ihnen besteht. Beide Vorschläge berücksichtigen sowohl Minderungen der Aktiva als auch die Begründung von Neuverbindlichkeiten. Dies gilt gleichermaßen für den im spanischen Recht zu den Rechtsfolgen des Art. 172bis LC vertretenen Ansatz, die Geschäftsleiter bei Verurteilung zum Ausgleich des nach Abschluss der Liquidation bestehenden Massedefizits für die Vergrößerung des

---

1342 Siehe diesbezüglich schon den Beschluss Nr. 24 der Abteilung Wirtschaftsrecht des 66. DJT, in: Verhandlungen des 66. DJT, Bd. II/1, 2006, S. P 292.

1343 So bereits der Vorschlag von *Poertzgen*, Organhaftung, S. 374 f. (noch zu § 64 GmbHG a. F.). Für die Normierung eines an der Konzeption von *Altmeppen/Wilhelm* angelehnten Verlustausgleichsanspruches *de lege ferenda Biehl*, Geschäftsführer- und Gesellschafterhaftung, S. 208, der sich aber nicht zum konkreten Regelungsstandort des Haftungstatbestandes äußert.

zwischen Aktiv- und Passivmasse bestehenden Defizits in der Verschleppungsphase haftbar zu machen. Definiert der Gesetzgeber den zu ersetzenden Schaden in der Norm selbst, so sollte er, wie bereits dargestellt, den Schaden als den der Gesellschaft in der Verschleppungsphase entstandenen Verlust oder als die Vergrößerung des Defizit zwischen Aktiv- und Passivmasse in der Verschleppungsphase beschreiben. Daneben steht der Anspruch der Neugläubiger auf Ersatz ihres negativen Interesses. Im spanischen Recht kann man zum gleichen Ergebnis gelangen, wenn die alle Konkursgläubiger betreffende Vergrößerung des Defizits über Art. 172bis LC ausgeglichen und das negative Interesse der Neugläubiger als direkter Schaden i. S. des Art. 241 LSC angesehen wird, dessen Geltendmachung über die gesellschaftsrechtliche Individualhaftungsklage auch nach eröffnetem Konkursverfahren weiterhin möglich bleibt.

V. Zusammenfassung der Ergebnisse

Zum Abschluss dieser Untersuchung sollen die wesentlichen Ergebnisse nochmals in Form von Thesen zusammengefasst werden.

1. Sowohl das deutsche als auch das spanische Recht verfügen über eine Einberufungspflicht der Haupt- bzw. Gesellschafterversammlung bei Eintritt des hälftigen Kapitalverlustes. Dies wird bereits durch europäisches Recht vorgegeben.
2. Die Regelungen zur Einberufungspflicht divergieren in ihrer konkreten Ausgestaltung, insbesondere hinsichtlich des Begriffes des bei der Gegenüberstellung mit dem Grundkapital zu betrachtenden Gesellschaftsvermögens, der bei der Prüfung der Voraussetzungen zu berücksichtigenden Verluste und der unterschiedlichen Einberufungsfristen in beiden Rechtsordnungen. Für das deutsche Recht sollte ein Recht aller Gesellschafter erwogen werden, von den Geschäftsleitern die Einberufung der Versammlung zu verlangen, um der Einberufungspflicht mehr Bedeutung zu verleihen.
3. Deutlich unterscheiden sich deutsches und spanisches Recht dahingehend, dass der hälftige Kapitalverlust nach spanischem Recht im Gegensatz zum deutschen Recht einen gesetzlichen Auflösungsgrund für die Kapitalgesellschaft darstellt und die Einberufung damit grundsätzlich der Einleitung des Auflösungsprozesses dient. An dieser Stelle zeigt sich das Bestreben des spanischen Rechts, Kapitalgesellschaften bereits bei Eintreten des hälftigen Kapitalverlustes vom Markt zu entfernen.
4. Während sich das deutsche Recht auf eine Innenhaftung als Rechtsfolge der Verletzung der Einberufungspflicht beschränkt, sieht das spanische Recht eine Außenhaftung der Geschäftsleiter gegenüber denjenigen Gläubigern vor, die nach Eintritt des Auflösungsgrundes mit der Gesellschaft in Rechtsbeziehungen getreten sind. Damit kommt dem Gläubigerschutz (im Sinne eines Individualschutzes) nach spanischem Recht schon in diesem Krisenstadium Bedeutung zu. Die Regelung einer Außenhaftung als Folge der Verletzung der Einberufungspflicht ist abzulehnen.
5. Im spanischen Recht stellt das Verhältnis von Einberufungs- und Konkursantragspflicht bei gleichzeitigem Auftreten von hälftigem Kapitalverlust und Insolvenz aufgrund der unklar formulierten gesellschaftsrechtlichen Normen eine intensiv diskutierte Problematik dar. Die Verknüpfung von Gesellschafts- und Insolvenzrecht ist an dieser Stelle nicht gelungen.
6. An der Einberufungspflicht mit ihren derzeitigen Tatbestandsvoraussetzungen sollte festgehalten werden. Für die GmbH sollte das bei der AG nach § 91 Abs. 2 AktG erforderliche Frühwarnsystem für Krisensituationen ausdrücklich festgeschrieben werden.
7. Während der deutschen Rechtsordnung die Rekapitalisierungspflicht fremd ist, normiert das spanische Recht eine solche. Es empfiehlt sich ihre Übernahme

in das deutsche Recht, um eine Reaktion der Anteilseigner auf die Unternehmenskrise in allen Fällen sicherzustellen.

8. Die Insolvenzverursachungshaftung, deren Anwendungsbereich begrenzt ist und bezüglich derer das spanische Recht mit Art. 172bis LC über ein funktionales Äquivalent verfügt, sollte in ihrer jetzigen Form erhalten bleiben.
9. Für das Krisenstadium ab Eintritt eines Insolvenzgrundes verfügt das deutsche Recht über Zahlungsverbotsnormen, die einen Erhalt der Aktivmasse schon vor Eröffnung des Insolvenzverfahrens sicherstellen sollen und die durch die Festlegung eines Erstattungsanspruches erhebliche Haftungsrisiken für die Geschäftsleiter mit sich bringen. Diesen Vorschriften liegt das Verständnis zugrunde, jeden Zahlungsvorgang nach Insolvenzeintritt isoliert zu betrachten. Das spanische Recht kennt eine bereits vor Verfahrenseröffnung eingreifende gesetzliche Regelung im Gesellschafts- oder Insolvenzrecht nicht, adressiert das Problem aber über eine strafrechtliche Vorschrift. Vereinzelt wird im spanischen Schrifttum auch ein Zahlungsverbot aus dem Insolvenzrecht hergeleitet.
10. Beide Rechtsordnungen verfügen über eine Insolvenz- bzw. Konkursantragspflicht, wobei sich ihre Voraussetzungen und insbesondere die Antragsfrist deutlich unterscheiden. Das spanische Recht überdehnt an dieser Stelle den Sanierungsgedanken zulasten des Gläubigerschutzes.
11. In Bezug auf die Verschleppungshaftung zeigen sich Unterschiede hinsichtlich des dogmatischen Hintergrundes: Während das deutsche Recht diese auf das Deliktsrecht stützt, sanktioniert das spanische Recht die Verletzung der Konkursantragspflicht durch einen gesellschaftsrechtlichen und einen konkursrechtlichen Haftungstatbestand.
12. Die deliktsrechtliche Verschleppungshaftung unterscheidet in Bezug auf den Zeitpunkt der Insolvenzreife zwischen den Gruppen der Alt- und Neugläubiger, wobei ersteren der Quotenschaden, letzteren der Kontrahierungsschaden bzw. das negative Interesse zu ersetzen ist. Die Figur des Quotenschadens berücksichtigt im Gegensatz zur Masseverkürzung sowohl die Minderung der Aktiva als auch die Begründung von Neuverbindlichkeiten in der Verschleppungsphase.
13. Im spanischen Recht wird bei Verletzung der Konkursantragspflicht auf der Grundlage des gesellschaftsrechtlichen Haftungstatbestandes Art. 367 LSC zwischen vor Eintritt des Auflösungsgrundes vorhandenen und später hinzutretenden Gläubigern unterschieden. Gegenüber der ersten Gruppe wird nicht, gegenüber der zweiten Gruppe auf das positive Interesse in voller Höhe gehaftet. Mit der gesellschaftsrechtlichen Haftung gegenüber einzelnen Gläubigern in Höhe der ganzen Forderung aufgrund der Verletzung einer konkursrechtlichen Pflicht wird eine systemwidrige Rechtsfolge geschaffen. Zudem weist die Vorschrift hinsichtlich ihres Tatbestandes erhebliche Unklarheiten auf. Auch an dieser Stelle ist die Integration des Konkursrechts in das Kapitalgesellschaftsrecht nicht gelungen.
14. Das spanische verfügt im Gegensatz zum deutschen Recht über einen einheitlichen Haftungstatbestand im Konkursrecht (Art. 172bis LC), der in die dem deutschen Insolvenzrecht unbekannte Qualifizierungsphase integriert ist. Er

kennt keine Differenzierung zwischen bestimmten Gruppen von Insolvenzgläubigern und ist in seiner Rechtsfolge auf den Ausgleich eines bestimmten Teils des am Ende der Liquidation zwischen Aktivmasse und zu befriedigenden Gläubigerforderungen bestehenden Massedefizits gerichtet. Seine Rechtsnatur ist bis heute umstritten. Er erfasst neben der Verletzung der Konkursantragspflicht weitere Tathandlungen und ist hinsichtlich seiner Rechtsfolgen nicht auf die Verletzung der Konkursantragspflicht abgestimmt. Aufgrund des dem Richter eingeräumten Ermessens, der ungeklärten Frage der Aktivlegitimation und des Fehlens einer höchstrichterlichen Rechtsprechung zur Schadensberechnung im Fall der Insolvenzverschleppung besteht Rechtsunsicherheit.

15. Der Ersatz des Quotenschadens der Altgläubiger spielt in der spanischen Rechtsprechung und im weit überwiegenden Teil des spanischen Schrifttums im Hinblick auf den konkursrechtlichen Haftungstatbestand keine Rolle. Nur stellenweise findet der Begriff des Quotenschadens im spanischen Schrifttum im Zusammenhang mit der im spanischen Recht vorhandenen Individualhaftungsklage des Kapitalgesellschaftsrechts Erwähnung. Von diesen Stimmen wird der Quotenschaden in dem Sinne verstanden, dass er nur durch die Minderung der Aktivmasse, nicht aber durch die Begründung von Neuverbindlichkeiten entstehen kann. In der Sache handelt es sich damit um die Masseverkürzung.
16. Der Ersatz des negativen Interesses der Neugläubiger hat im spanischen Recht keine Bedeutung und wird ebenfalls nur stellenweise im spanischen Schrifttum im Rahmen der Individualhaftungsklage thematisiert. Diese Stimmen wollen den Geschäftsleiter in den Fällen der Verletzung der Konkursantragspflicht aufgrund der Verletzung einer Informationspflicht gegenüber den Neugläubigern haften lassen.
17. Sowohl im spanischen als auch im deutschen Recht treten erhebliche Koordinationsprobleme zwischen den parallel bestehenden Haftungsinstituten auf. Im deutschen Recht betrifft dies das Verhältnis von Zahlungsverbot und Verschleppungshaftung, im spanischen Recht das Verhältnis des Konkurshaftungstatbestandes zur speziellen gesellschaftsrechtlichen Haftung wegen Verletzung der Pflichten im Rahmen der Auflösung und zur ebenfalls im Gesellschaftsrecht geregelten Individualhaftungsklage.
18. Aufgrund dieser Koordinationsprobleme, den sich für den Insolvenzverwalter bei der Einteilung in Alt- und Neugläubiger ergebenden Haftungsrisiken und der Tatsache, dass sich die Geltendmachung verbotener Zahlungen im Vergleich zur Geltendmachung des Quotenschadens als einfacher darstellt, ergibt sich ein Reformbedarf der Insolvenzhaftung.
19. Die von *K. Schmidt* und *Altmeppen/Wilhelm* entwickelten Gegenvorschläge zur h. M. gehen in dogmatischer Hinsicht dezidiert entgegengesetzte Wege, decken sich aber insoweit, als dass sie eine Gesamtbetrachtung der Verschleppungsphase vornehmen. In dogmatischer Hinsicht ist die Figur eines einheitlichen Quotenschadens abzulehnen. Beide Ansätze zeigen, dass eine Umgestaltung der Verschleppungshaftung auf Grundlage der *lege lata* nur schwer zu realisieren ist.

20. Eine Reform der Insolvenzhaftung kann daher nur *de lege ferenda* umgesetzt werden. In diesem Rahmen sollte ein einheitlicher Haftungstatbestand in die InsO aufgenommen werden. Insoweit ist der Beschluss des 66. DJT aufzugreifen. Der über ihn zu ersetzende Schaden sollte aus Gründen der Rechtssicherheit in der Norm selbst definiert werden. Der Haftungstatbestand muss alle negativen Einwirkungen in der Verschleppungsphase erfassen, d.h. sowohl Schmälerungen des Aktivvermögens als auch die Begründung von Neuverbindlichkeiten, und sollte nicht mehr zwischen unterschiedlichen Gläubigern differenzieren. Insoweit muss eine allen Insolvenzgläubigern zugute kommende Gesamtbetrachtung der Verschleppungsphase stattfinden, die neben *K. Schmidt* und *Altmeppen/Wilhelm* auch von dem Ansatz im spanischen Schrifttum vorgenommen wird, der den im Rahmen des Konkurshaftungstatbestandes zu ersetzenden Haftungsbetrag anhand der Entwicklung des Defizits zwischen Aktiv- und Passivmasse während des Verschleppungszeitraums berechnen will. Dies stellt den einzig praktikablen Weg der Schadensgeltendmachung für den Insolvenzverwalter dar. Daneben ist die Frage zu klären, auf welcher Grundlage der Ersatz des negativen Interesses der Neugläubiger erfolgen soll.
21. Sowohl spanisches als auch deutsches Recht verfügen über einen Disqualifikationstatbestand für die Geschäftsleiter als Konsequenz der Verletzung der Antragspflicht. Während das deutsche Recht einen einheitlichen Verbotszeitraum festlegt, ermöglicht die Integration des Ausspruches über die Disqualifikation in das Qualifizierungsurteil der Qualifizierungsphase eine flexiblere Anwendung dieser Sanktion. Es ist zu überlegen, inwiefern auch im deutschen Recht Möglichkeiten geschaffen werden können, den Verbotszeitraum individueller festlegen zu können.
22. Im deutschen Recht besteht zur Verhinderung masseloser Insolvenzen das Instrument der Vorschusspflicht. Das spanische Recht enthält keine Regelungen zu dieser Problematik, sieht aber als weitere Konsequenz der Qualifizierung des Konkurses als schuldhaft bzw. der Verletzung der Konkursantragspflicht den Verlust aller Rechte des Geschäftsleiters als Konkurs- oder Massegläubiger vor.
23. Nach deutschem Recht hat die Insolvenzverschleppung im Gegensatz zum spanischen Recht zwingend eine Strafbarkeit zur Folge. Diese besteht unabhängig davon, ob sich die Verschleppung zum Nachteil der Gesellschaft ausgewirkt hat oder nicht.

Verzeichnis der Normen des spanischen Rechts

Dieser Anhang enthält ein Verzeichnis der in dieser Arbeit schwerpunktmäßig behandelten Normen des spanischen Rechts in spanischer Originalfassung sowie in deutscher Übersetzung. Die deutschen Fassungen entstammen – soweit nicht anders angegeben – eigener Übersetzung.

Código de Comercio (Handelsgesetzbuch):

Art. 36

1. Los elementos del balance son: ...

c) Patrimonio neto: constituye la parte residual de los activos de la empresa, una vez deducidos todos sus pasivos. Incluye las aportaciones realizadas, ya sea en el momento de su constitución o en otros posteriores, por sus socios o propietarios, que no tengan la consideración de pasivos, así como los resultados acumulados u otras variaciones que le afecten.

A los efectos .... de la disolución obligatoria por pérdidas de acuerdo con lo dispuesto en la regulación legal de las sociedades anónimas y sociedades de responsabilidad limitada, se considerará patrimonio neto el importe que se califique como tal conforme a los criterios para confeccionar las cuentas anuales, incrementado en el importe del capital social suscrito no exigido, así como en el importe del nominal y de las primas de emisión o asunción del capital social suscrito que esté registrado contablemente como pasivo. También a los citados efectos, los ajustes por cambios de valor originados en operaciones de cobertura de flujos de efectivo pendientes de imputar a la cuenta de pérdidas y ganancias no se considerarán patrimonio neto.

Artikel 36

1. Bestandteile der Bilanz sind: ...

c) Reinvermögen: Es handelt sich um den Restbetrag der Aktiva des Unternehmens, von denen alle Passiva abzuziehen sind. Es beinhaltet die durch die Anteilseigner im Moment der Gründung oder später erbrachten Einlagen, die nicht als Passiva behandelt werden, sowie die kumulierten Ergebnisse und andere Veränderungen, die seinen Wert beeinflussen.

In Bezug auf ... die obligatorische Auflösung wegen Verlusten gemäß der gesetzlichen Vorschriften für die Aktiengesellschaften und die Gesellschaften mit beschränkter Haftung wird als Reinvermögen der Betrag angesehen, der bei der Erstellung des Jahresabschlusses als Reinvermögen qualifiziert wird, erhöht um den Betrag des gezeichneten, aber nicht eingeforderten Grundkapitals und um den Nennwertbetrag und das Agio des gezeichneten Grundkapitals, das in bilanzieller Hinsicht als Passivposten behandelt wird. Für die vorgenannten Situationen werden Anpassungen für Wertveränderungen, die auf Vorgängen zur Absicherung von Zahlungsvorgängen beruhen und deren Verbuchung in der Gewinn- und Verlustrechnung noch aussteht, nicht als Reinvermögen angesehen.

Real Decreto-ley 10/2008 (Königliches Gesetzesdekret 10/2008):

Disposición adicional única. ***Cómputo de pérdidas en los supuestos de reducción obligatoria de capital social en la sociedad anónima y de disolución en las sociedades anónimas y de responsabilidad limitada***

1. A los solos efectos de la determinación de las pérdidas para la reducción obligatoria de capital....y para la disolución prevista en los artículos 260.1.4.° del citado texto refundido de la Ley de Sociedades Anónimas y 104.1.e) de la Ley 2/1995, de 23 de marzo, de Sociedades de Responsabilidad Limitada, no se computarán las pérdidas por deterioro reconocidas en las cuentas anuales, derivadas del Inmovilizado Material, las Inversiones Inmobiliarias y las Existencias.

2. Lo dispuesto en el apartado anterior únicamente será de aplicación excepcional en los dos ejercicios sociales que se cierren a partir de la entrada en vigor de la presente disposición.

Einzige Ergänzungsbestimmung. ***Berechnung der Verluste in den Fällen der zwingenden Kapitalherabsetzung bei der Aktiengesellschaft und der Auflösung der Aktiengesellschaften und der Gesellschaften mit beschränkter Haftung***

1. In Bezug auf die Bestimmung der Verluste für die zwingende Kapitalherabsetzung ... und die in den Artikeln 260.1.4.° des überarbeiteten Textes des Aktiengesetzes und 104.1.e) des Gesetzes 2/1995, vom 23. März, über die Gesellschaften mit beschränkter Haftung vorgesehene Auflösung werden die im Jahresabschluss festgestellten Verluste nicht berücksichtigt, die auf Wertminderungen des Anlagevermögens, der Immobilieninvestitionen und der Lagerbestände beruhen.

2. Das im vorstehenden Absatz Bestimmte findet nur und ausschließlich auf die beiden Geschäftsjahre Anwendung, die vom Inkrafttreten dieser Bestimmung an abgeschlossen werden.

Real Decreto-ley 5/2010 (Königliches Gesetzesdekret 5/2010):

Artículo 1. ***Cómputo de pérdidas en los supuestos de reducción obligatoria de capital social en la sociedad anónima y de disolución en las sociedades anónimas y de responsabilidad limitada***

Se renueva, sin solución de continuidad y a todos los efectos legales, durante los dos ejercicios sociales que se cierren a partir de la entrada en vigor del presente Real Decreto- ley, la aplicación de lo

Artikel 1. ***Berechnung der Verluste in den Fällen der zwingenden Kapitalherabsetzung bei der Aktiengesellschaft und der Auflösung der Aktiengesellschaften und der Gesellschaften mit beschränkter Haftung***

Die Anwendung des in Absatz 1 der einzigen Ergänzungsbestimmung des Königlichen Gesetzesdekrets10/2008, vom 12. Dezember, Bestimmten wird – ohne Unterbrechung und hinsichtlich aller gesetzlichen Effekte – in Bezug auf die

dispuesto en el apartado 1 de la disposición adicional única del Real Decreto-ley 10/2008, de 12 de diciembre.

zwei Geschäftsjahre ausgeweitet, die vom Inkrafttreten dieser Bestimmung an abgeschlossen werden.

Real Decreto-ley 2/2012 (Königliches Gesetzesdekret 2/2012):

Disposición adicional quinta. ***Cómputo de pérdidas en los supuestos de reducción obligatoria de capital social en la sociedad anónima y de disolución en las sociedades anónimas y de responsabilidad limitada***

Fünfte Zusatzbestimmung. ***Berechnung der Verluste in den Fällen der zwingenden Kapitalherabsetzung bei der Aktiengesellschaft und der Auflösung der Aktiengesellschaften und der Gesellschaften mit beschränkter Haftung***

Se renueva, sin solución de continuidad y a todos los efectos legales, durante el ejercicio social que se cierre a partir de la entrada en vigor del presente Real Decreto- ley, la aplicación de lo dispuesto en el apartado 1 de la disposición adicional única del Real Decreto-ley 10/2008, de 12 de diciembre.

Die Anwendung des in Absatz 1 der einzigen Ergänzungsbestimmung des Königlichen Gesetzesdekrets10/2008, vom 12. Dezember Bestimmten wird – ohne Unterbrechung und hinsichtlich aller gesetzlichen Effekte – in Bezug auf das Geschäftsjahr ausgeweitet, das vom Inkrafttreten dieser Bestimmung an abgeschlossen wird.

Real Decreto-ley 3/2013 (Königliches Gesetzesdekret 3/2013):

Die Hervorhebungen in kursiver Schrift erfolgten durch den Verfasser.

Disposición final tercera. Modificación del Real Decreto-ley 10/2008, de 12 de diciembre, por el que se adoptan medidas financieras para la mejora de la liquidez de las pequeñas y medianas empresas, y otras medidas económicas complementarias.

Dritte Schlussbestimmung. Änderung des Königlichen Gesetzesdekrets 10/2008, vom 12. Dezember, durch das finanzielle Maßnahmen zur Verbesserung der Liquidität kleiner und mittlerer Unternehmen sowie ergänzende wirtschaftliche Maßnahmen beschlossen werden.

La disposición adicional única queda redactada en los siguientes términos:

Die einzige Ergänzungsbestimmung wird wie folgt gefasst:

„1. A los solos efectos de la determinación de las pérdidas para la reducción obligatoria de capital....y para la disolución prevista en el artículo 363.1.e) del

„1. In Bezug auf die Bestimmung der Verluste für die zwingende Kapitalherabsetzung ... *und die Erfüllung der sachlichen Voraussetzungen des Konkurses*

citado texto refundido, *así como respecto del cumplimiento del presupuesto objetivo del concurso contemplado en el artículo 2 de la Ley 22/2003, de 9 de julio, Concursal,* no se computarán las pérdidas por deterioro reconocidas en las cuentas anuales, derivadas del Inmovilizado Material, las Inversiones Inmobiliarias y las Existencias.

2. Lo dispuesto en el apartado anterior únicamente será de aplicación excepcional en los ejercicios sociales que se cierren en el año 2013."

nach Artikel 2 des Gesetzes 22/2003, vom 9. Juli (Konkursgesetz) werden die im Jahresabschluss festgestellten Verluste nicht berücksichtigt, die auf Wertminderungen des Anlagevermögens, der Immobilieninvestitionen und der Lagerbestände beruhen.

2. Das im vorstehenden Absatz Bestimmte findet nur und ausschließlich auf das im Jahr 2013 abgeschlossene Geschäftsjahr Anwendung."

Real-Decreto Ley 4/2014 (Königliches Gesetzesdekret 4/2014):

Die Hervorhebungen in kursiver Schrift erfolgten durch den Verfasser.

Disposición final séptima. Modificación del Real Decreto-ley 10/2008, de 12 de diciembre, por el que se adoptan medidas financieras para la mejora de la liquidez de las pequeñas y medianas empresas, y otras medidas económicas complementarias.

La disposición adicional única del Real Decreto-ley 10/2008, de 12 de diciembre, por el que se adoptan medidas financieras para la mejora de la liquidez de las pequeñas y medianas empresas, y otras medidas económicas complementarias, queda redactada en los siguientes términos:

„1. A los solos efectos de la determinación de las pérdidas para la reducción obligatoria de capital ....y para la disolución prevista en el artículo 363.1.e) del citado texto refundido, así como respecto del cumplimiento del presupuesto objetivo del concurso contemplado en

Siebte Schlussbestimmung. Änderung des Königlichen Gesetzesdekrets 10/2008, vom 12. Dezember, durch das finanzielle Maßnahmen zur Verbesserung der Liquidität kleiner und mittlerer Unternehmen und ergänzende wirtschaftliche Maßnahmen beschlossen werden.

Die einzige Ergänzungsbestimmung des Königlichen Gesetzesdekrets 10/2008, vom 12. Dezember, durch das finanzielle Maßnahmen zur Verbesserung der Liquidität kleiner und mittlerer Unternehmen sowie ergänzende wirtschaftliche Maßnahmen beschlossen werden, wird wie folgt gefasst:

„1. In Bezug auf die Bestimmung der Verluste für die zwingende Kapitalherabsetzung ... und die in Artikel 363.1.e) des zitierten Gesetzes vorgesehene Auflösung und die Erfüllung der sachlichen Voraussetzungen des Konkurses nach Artikel 2 des Gesetzes 22/2003, vom

el artículo 2 de la Ley 22/2003, de 9 de julio, Concursal, no se computarán las pérdidas por deterioro reconocidas en las cuentas anuales, derivadas del Inmovilizado Material, las Inversiones Inmobiliarias y las Existencias *o de préstamos y partidas a cobrar.*

9. Juli (Konkursgesetz) werden die im Jahresabschluss festgestellten Verluste nicht berücksichtigt, die auf Wertminderungen des Anlagevermögens, der Immobilieninvestitionen und der Lagerbestände *oder von Darlehen und Forderungen* beruhen.

2. Lo dispuesto en el apartado anterior únicamente será de aplicación excepcional en los ejercicios sociales que se cierren en el año 2014"

2. Das im vorstehenden Absatz Bestimmte findet nur und ausschließlich auf das im Jahr 2014 abgeschlossene Geschäftsjahr Anwendung."

Ley de Sociedades Anónimas (Gesetz über die Aktiengesellschaften, in Kraft bis zum 1. September 2010):

Die Hervorhebungen in kursiver Schrift erfolgten durch den Verfasser.

Art. 260. Causas de disolución.

1. La Sociedad anónima se disolverá:....

4.º Por consecuencia de pérdidas que dejen reducido el patrimonio a una cantidad inferior a la mitad del capital social, a no ser que éste se aumente o se reduzca en la medida suficiente

Art. 260. Auflösungsgründe.

1. Die Aktiengesellschaft wird aufgelöst: ...

4.º Als Konsequenz aus Verlusten, die das Vermögen auf einen unter der Hälfte des Grundkapitals liegenden Betrag verringern, sofern dieses nicht in ausreichendem Maße erhöht oder herabgesetzt wird.

Art. 260. Causas de disolución.

1. La Sociedad anónima se disolverá:

4.º Por consecuencia de pérdidas que dejen reducido el patrimonio neto a una cantidad inferior a la mitad del capital social, a no ser que éste se aumente o se reduzca en la medida suficiente, y *siempre que no sea procedente solicitar la declaración de concurso conforme a lo dispuesto en la Ley 22/2007, de 9 de julio, Concursal.*

Art. 260. Auflösungsgründe. (ab 1.9.2004)

1. Die Aktiengesellschaft wird aufgelöst: ...

4.º Als Konsequenz aus Verlusten, die das Reinvermögen auf einen unter der Hälfte des Grundkapitals liegenden Betrag verringern, sofern dieses nicht in ausreichendem Maße erhöht oder herabgesetzt wird, *und vorausgesetzt, dass nicht die Stellung des Konkursantrages angebracht ist gemäß den Bestimmungen des Gesetzes 22/2003, vom 9. Juli 2003 (Konkursgesetz).*

Art. 262. Acuerdo social de disolución.

2. Los administradores deberán convocar Junta general en el plazo de dos meses para que adopte el acuerdo de disolución....

Art. 262. Auflösungsbeschluss.

2. Die Verwalter müssen die Hauptversammlung innerhalb einer Frist von zwei Monaten einberufen, damit sie den Auflösungsbeschluss fasst ...

Art. 262. Acuerdo social de disolución.

2. Los Administradores deberán convocar Junta general en el plazo de dos meses para que adopte el acuerdo de disolución.

Asimismo podrán solicitar la declaración de concurso por consecuencias de pérdidas que dejen reducido el patrimonio neto a una cantidad inferior a la mitad del capital social, a no ser que éste se aumente o se reduzca en la medida suficiente, siempre que la referida reducción determine la insolvencia de la sociedad, en los términos a que se refiere el artículo 2 de la Ley 22/2003, de 9 de julio, Concursal....

Art. 262. Auflösungsbeschluss. (ab 1.9.2004)

2. Die Verwalter müssen die Hauptversammlung innerhalb einer Frist von zwei Monaten einberufen, damit sie den Auflösungsbeschluss fasst.

Gleichermaßen können sie den Konkursantrag stellen infolge von Verlusten, die das Reinvermögen auf einen geringeren Betrag als die Hälfte des Grundkapitals reduzieren, es sei denn, dieses wird in ausreichendem Maße erhöht oder herabgesetzt, und vorausgesetzt, dass die angesprochene Reduzierung die Insolvenz der Gesellschaft verursacht gemäß der Bestimmungen, auf die sich Art. 2 des Gesetzes 22/2003 vom 9. Juli 2003 (Konkursgesetz) bezieht ...

Art. 262. Acuerdo social de disolución.

5. Responderán solidariamente de las obligaciones sociales los administradores que incumplan la obligación de convocar en el plazo de dos meses la Junta general, para que adopte, en su caso, el acuerdo de disolución o que no soliciten la disolución judicial de la Sociedad en el plazo de dos meses, a contar desde la fecha prevista para la celebración de la Junta, cuando ésta no se haya constituido, o desde el día de la Junta, cuando el acuerdo hubiera sido contrario a la disolución.

Art. 262. Auflösungsbeschluss

5. Es haften gesamtschuldnerisch für die Gesellschaftsverbindlichkeiten diejenigen Verwalter, die die Pflicht verletzen, die Hauptversammlung innerhalb einer Frist von zwei Monaten einzuberufen, damit sie gegebenenfalls den Auflösungsbeschluss fasst, oder die nicht die gerichtliche Auflösung der Gesellschaft innerhalb einer Frist von zwei Monaten beantragen, beginnend mit dem für die Abhaltung der Hauptversammlung vorgesehenen Datum, wenn diese nicht stattgefunden hat, oder beginnend mit dem Tag der Hauptversammlung, wenn der Beschluss sich gegen die Auflösung gestellt hat.

Art. 262. Acuerdo social de disolución.

5. Responderán solidariamente de las obligaciones sociales los administradores que incumplan la obligación de convocar en el plazo de dos meses la Junta General para que adopte, en su caso, el acuerdo de disolución, así como los administradores que no soliciten la disolución judicial *o, si procediere, el concurso de la sociedad,* en el plazo de dos meses a contar desde la fecha prevista para la celebración de la junta, cuando ésta no se haya constituido, o desde el día de la junta, cuando el acuerdo hubiera sido contrario a la disolución o al concurso.

Art. 262. Auflösungsbeschluss (ab 1.9.2004)

5. Es haften gesamtschuldnerisch für die Gesellschaftsverbindlichkeiten diejenigen Verwalter, die die Pflicht verletzen, die Hauptversammlung innerhalb einer Frist von zwei Monaten einzuberufen, damit sie gegebenenfalls den Auflösungsbeschluss fasst, ebenso wie die Geschäftsleiter, die die gerichtliche Auflösung nicht beantragen, *oder, wenn es angebracht ist, den Konkursantrag nicht stellen,* innerhalb einer Frist von zwei Monaten, beginnend mit dem für die Abhaltung der Versammlung vorgesehenen Datum, wenn diese nicht stattgefunden hat, oder beginnend mit dem Tag der Versammlung, wenn der Beschluss sich gegen die Auflösung gestellt hat.

Art. 262. Acuerdo social de disolución.

5. Responderán solidariamente de las obligaciones sociales *posteriores al acaecimiento de la causa legal de disolución* los administradores que incumplan la obligación de convocar en el plazo de dos meses la junta general para que adopte, en su caso, el acuerdo de disolución, así como los administradores que no soliciten la disolución judicial o, si procediere, el concurso de la sociedad, en el plazo de dos meses a contar desde la fecha prevista para la celebración de la junta, cuando ésta no se haya constituido, o desde el día de la junta, cuando el acuerdo hubiera sido contrario a la disolución.

Art. 262. Auflösungsbeschluss (ab 16.11. 2005)

5. Es haften gesamtschuldnerisch für die *nach Eintritt des gesetzlichen Auflösungsgrundes entstandenen* Gesellschaftsverbindlichkeiten diejenigen Verwalter, die die Pflicht, die Versammlung innerhalb einer Frist von zwei Monaten einzuberufen, verletzen, damit sie gegebenenfalls den Auflösungsbeschluss fasst, ebenso wie die Geschäftsleiter, die die gerichtliche Auflösung nicht beantragen, oder, wenn es angebracht ist, den Konkursantrag nicht stellen, innerhalb einer Frist von zwei Monaten, beginnend mit dem für die Abhaltung der Versammlung vorgesehenen Datum, wenn diese nicht stattgefunden hat, oder beginnend mit dem Tag der Versammlung, wenn der Beschluss sich gegen die Auflösung gestellt hat.

En estos casos las obligaciones sociales reclamadas se presumirán de fecha posterior al acaecimiento de la causa legal de disolución de la sociedad, salvo que los administradores acrediten que son de fecha anterior.

In diesen Fällen wird vermutet, dass die geltend gemachten Gesellschaftsverbindlichkeiten zu einem nach Eintritt des gesetzlichen Auflösungsgrundes der Gesellschaft liegenden Datum entstanden sind, es sei denn, die Verwalter beweisen, dass sie zu einem davor liegenden Datum entstanden sind.

Ley de Sociedades de Responsabilidad Limitada (Gesetz über die Gesellschaften mit beschränkter Haftung, in Kraft bis zum 1. September 2010):

Die Hervorhebungen in kursiver Schrift erfolgten durch den Verfasser.

Art. 104. Causas de disolución.

1. La sociedad de responsabilidad limitada se disolverá:

e) Por consecuencia de pérdidas que dejen reducido el patrimonio a una cantidad inferior a la mitad del capital social, a no ser que éste se aumente o se reduzca en la medida suficiente.

Art. 104. Auflösungsgründe.

1. Die Gesellschaft mit beschränkter Haftung wird aufgelöst: ...

e) Als Konsequenz aus Verlusten, die das Vermögen auf einen unter der Hälfte des Grundkapitals liegenden Betrag verringern, sofern dieses nicht in ausreichendem Maße erhöht oder herabgesetzt wird.

Art. 104. Causas de disolución.

1. La sociedad de responsabilidad limitada se disolverá:

e) Por consecuencia de pérdidas que dejen reducido el patrimonio a una cantidad inferior a la mitad del capital social, a no ser que éste se aumente o se reduzca en la medida suficiente, *y siempre que no sea procedente solicitar la declaración de concurso conforme a lo dispuesto en la Ley 22/2003, de 9 de julio, Concursal.*

Art. 104. Auflösungsgründe (ab 1.9.2004)

1. Die Gesellschaft mit beschränkter Haftung wird aufgelöst: ...

e) Als Konsequenz aus Verlusten, die das Reinvermögen auf einen unter der Hälfte des Grundkapitals liegenden Betrag verringern, sofern dieses nicht in ausreichendem Maße erhöht oder herabgesetzt wird, *und vorausgesetzt, dass nicht die Stellung des Konkursantrages angebracht ist gemäß den Bestimmungen des Gesetzes 22/2003 vom 9. Juli 2003 (Konkursgesetz).*

Art. 105. Acuerdo de diolución

1. En los casos previstos en los párrafos c) a g) del apartado 1 del artículo anterior, la disolución, *o la solicitud de concurso,* requerirá acuerdo de la Junta General....Los administradores deberán convocar la Junta Generalen el plazo de dos meses para que adopte el acuerdo de disolución *o inste el concurso....*

Art. 105. Auflösungsbeschluss (ab. 1.9.2004)

1. In den in den Nummern c) bis g) des Absatzes 1 des vorherigen Artikels vorgesehenen Fällen erfordert die Auflösung *oder die Stellung des Konkursantrages* einen Beschluss der Gesellschafterversammlung.... Die Verwalter müssen die Gesellschafterversammlung innerhalb einer Frist von zwei Monaten einberufen, damit sie den Auflösungsbeschluss fasst *oder auf den Konkurs hinwirkt....*

Art. 105. Acuerdo de diolución

5. El incumplimiento de la obligación de convocar Junta General o de solicitar la disolución judicial determinará la responsabilidad solidaria de los administradores por todas las deudas sociales.

Art. 105. Auflösungsbeschluss

5. Die Verletzung der Pflicht zur Einberufung der Gesellschafterversammlung oder der Pflicht zur Beantragung der gerichtlichen Auflösung führt zur gesamtschuldnerischen Haftung der Verwalter für alle Gesellschaftsverbindlichkeiten.

Art. 105. Acuerdo de diolución

5. El incumplimiento de la obligación de convocar Junta General o de solicitar la disolución judicial *o, si procediera, el concurso de acreedores de la sociedad* determinará la responsabilidad solidaria de los administradores por todas las deudas sociales.

Art. 105. Auflösungsbeschluss (ab 1.9.2004)

5. Die Verletzung der Pflicht zur Einberufung der Gesellschafterversammlung oder der Pflicht zur Beantragung der gerichtlichen Auflösung, *oder, wenn es angebracht ist, zur Stellung des Konkursantrages der Gesellschaft* führt zur gesamtschuldnerischen Haftung der Verwalter für alle Gesellschaftsverbindlichkeiten.

Art. 105. Acuerdo de diolución

5. Responderán solidariamente de las obligaciones sociales *posteriores al acaecimiento de la causa legal de disolución* los administradores que incumplan la

Art. 105. Auflösungsbeschluss (ab 16.11. 2005)

5. Es haften gesamtschuldnerisch für die *nach Eintritt des gesetzlichen Auflösungsgrundes entstandenen* Gesellschaftsverbindlichkeiten diejenigen Verwalter, die

obligación de convocar en el plazo de dos meses la junta general para que adopte, en su caso, el acuerdo de disolución, así como los administradores que no soliciten la disolución judicial o, si procediere, el concurso de la sociedad, en el plazo de dos meses a contar desde la fecha prevista para la celebración de la junta, cuando ésta no se haya constituido, o desde el día de la junta, cuando el acuerdo hubiera sido contrario a la disolución.

die Pflicht, die Versammlung innerhalb einer Frist von zwei Monaten einzuberufen, verletzen, damit diese gegebenenfalls den Auflösungsbeschluss fasst, ebenso wie die Verwalter, die die gerichtliche Auflösung nicht beantragen, oder, wenn es angebracht ist, den Konkursantrag nicht stellen, innerhalb einer Frist von zwei Monaten, beginnend mit dem für die Abhaltung der Versammlung vorgesehenen Datum, wenn diese nicht stattgefunden hat, oder beginnend mit dem Tag der Versammlung, wenn der Beschluss sich gegen die Auflösung gestellt hat.

En estos casos las obligaciones sociales reclamadas se presumirán de fecha posterior al acaecimiento de la causa legal de disolución de la sociedad, salvo que los administradores acrediten que son de fecha anterior

In diesen Fällen wird vermutet, dass die geltend gemachten Gesellschaftsverbindlichkeiten zu einem nach Eintritt des gesetzlichen Auflösungsgrundes der Gesellschaft liegenden Datum entstanden sind, es sei denn, die Verwalter beweisen, dass sie zu einem davor liegenden Datum entstanden sind.

Ley de Sociedades de Capital (Gesetz über die Kapitalgesellschaften, in Kraft getreten zum 1. September 2010):

Artículo 236. Presupuestos y extensión subjetiva de la responsabilidad.

Artikel 236. Voraussetzungen und subjektiver Anwendungsbereich der Haftung

1. Los administradores responderán frente a la sociedad, frente a los socios y frente a los acreedores sociales, del daño que causen por actos u omisiones contrarios a la ley o a los estatutos o por los realizados incumpliendo los deberes inherentes al desempeño del cargo, siempre y cuando haya intervenido dolo o culpa....

1. Die Verwalter haften gegenüber der Gesellschaft, den Gesellschaftern und den Gläubigern für den Schaden, den sie durch dem Gesetz oder den Satzungen zuwiderlaufende Handlungen oder Unterlassungen oder durch Verletzungen der mit der Ausübung des Amtes verbundenen Pflichten verursachen, immer dann, wenn Vorsatz oder Fahrlässigkeit vorliegt.

Artículo 238. Acción social de responsabilidad

1. La acción de responsabilidad contra los administradores se entablará por la sociedad, previo acuerdo de la junta general, que puede ser adoptado a solicitud de cualquier socio aunque no conste en el orden del día.

Artículo 241. Acción individual de responsabilidad

Quedan a salvo las acciones de indemnización que puedan corresponder a los socios y a los terceros por actos de administradores que lesionen directamente los intereses de aquellos.

Artículo 363. Causas de disolución.

1. La sociedad de capital deberá disolverse:....

e) Por pérdidas que dejen reducido el patrimonio neto a una cantidad inferior a la mitad del capital social, a no ser que éste se aumente o se reduzca en la medida suficiente, y siempre que no sea procedente solicitar la declaración de concurso.

Artículo 364. Acuerdo de disolución.

En los casos previstos en el artículo anterior, la disolución de la sociedad requerirá acuerdo de la junta general....

Artículo 365. Deber de convocatoria.

1. Los administradores deberán convocar la junta general en el plazo de dos

Artikel 238. Gesellschaftsrechtliche Haftungsklage

1. Die Haftungsklage gegen die Verwalter wird durch die Gesellschaft erhoben nach vorherigem Beschluss der Versammlung, der auf Antrag jedes Anteilseigners gefasst werden kann, auch wenn er nicht auf der Tagesordnung steht.

Artikel 241. Individuelle Haftungsklage

Unbeschadet bleiben die Schadensersatzklagen, die den Anteilseignern oder Dritten wegen Handlungen der Verwalter zustehen, die direkt deren Interessen schädigen.

Artikel 363. Auflösungsgründe.

„1. Die Kapitalgesellschaft muss aufgelöst werden: ...

e) Aufgrund von Verlusten, die das Reinvermögen auf einen unter der Hälfte des Grundkapitals liegenden Betrag verringern, sofern dieses nicht in ausreichendem Maße erhöht oder herabgesetzt wird, und vorausgesetzt, dass nicht die Stellung des Konkursantrages angebracht ist."

Artikel 364. Auflösungsbeschluss.

In den im vorherigen Artikel vorgesehenen Fällen erfordert die Auflösung der Gesellschaft einen Beschluss der Versammlung....

Artikel 365. Einberufungspflicht.

1. Die Verwalter müssen die Versammlung innerhalb einer Frist von zwei

meses para que adopte el acuerdo de disolución o, si la sociedad fuera insolvente, ésta inste el concurso.

Monaten einberufen, damit sie den Auflösungsbeschluss fasst, oder, wenn die Gesellschaft insolvent ist, diese auf den Konkurs hinwirkt.

Cualquier socio podrá solicitar de los administradores la convocatoria si, a su juicio, concurriera alguna causa de disolución o la sociedad fuera insolvente.

Jeder Gesellschafter kann von den Verwaltern die Einberufung verlangen, wenn nach seiner Auffassung ein Auflösungsgrund vorliegt oder die Gesellschaft insolvent ist.

2. La junta general podrá adoptar el acuerdo de disolución o, si constare en el orden del día, aquél o aquéllos que sean necesarios para la remoción de la causa.

2. Die Versammlung kann den Auflösungsbeschluss oder, wenn dies auf der Tagesordnung aufgeführt ist, diejenigen Beschlüsse fassen, die zur Überwindung des Grundes notwendig sind.

Artículo 366. Disolución judicial.

Artikel 366. Gerichtliche Auflösung.

1. Si la junta no fuera convocada, no se celebrara, o no adoptara alguno de los acuerdos previstos en el artículo anterior, cualquier interesado podrá instar la disolución de la sociedad ante el juez de lo mercantil del domicilio social. La solicitud de disolución judicial deberá dirigirse contra la sociedad.

1. Wenn die Versammlung nicht einberufen wird, nicht stattfindet oder keinen der im vorherigen Artikel vorgesehenen Beschlüsse fasst, kann jeder Interessierte beim Handelsrichter des Gesellschaftssitzes die Auflösung der Gesellschaft beantragen. Der Antrag auf gerichtliche Auflösung muss sich gegen die Gesellschaft richten.

2. Los administradores están obligados a solicitar la disolución judicial de la sociedad cuando el acuerdo social fuese contrario a la disolución o no pudiera ser logrado.

2. Die Verwalter sind zur Beantragung der gerichtlichen Auflösung der Gesellschaft verpflichtet, wenn der Gesellschaftsbeschluss der Auflösung entgegensteht oder nicht erreicht werden kann.

La solicitud habrá de formularse en el plazo de dos meses a contar desde la fecha prevista para la celebración de la junta, cuando ésta no se haya constituido, o desde el día de la junta, cuando el acuerdo hubiera sido contrario a la disolución o no se hubiera adoptado.

Der Antrag ist innerhalb einer Frist von zwei Monaten zu stellen, beginnend mit dem vorgesehenen Datum zur Abhaltung der Versammlung, wenn diese nicht stattgefunden hat, oder vom Tag der Versammlung an, wenn der Beschluss der Auflösung entgegengestanden hat oder nicht gefasst worden ist.

Artículo 367. Responsabilidad solidaria de los administradores.

1. Responderán solidariamente de las obligaciones sociales posteriores al acaecimiento de la causa legal de disolución los administradores que incumplan la obligación de convocar en el plazo de dos meses la junta general para que adopte, en su caso, el acuerdo de disolución, así como los administradores que no soliciten la disolución judicial o, si procediere, el concurso de la sociedad, en el plazo de dos meses a contar desde la fecha prevista para la celebración de la junta, cuando ésta no se haya constituido, o desde el día de la junta, cuando el acuerdo hubiera sido contrario a la disolución.

2. En estos casos las obligaciones sociales reclamadas se presumirán de fecha posterior al acaecimiento de la causa legal de disolución de la sociedad, salvo que los administradores acrediten que son de fecha anterior.

Artikel 367. Gesamtschuldnerische Verantwortlichkeit der Verwalter.

1. Es haften gesamtschuldnerisch für die nach Eintreten des Auflösungsgrundes entstandenen Verbindlichkeiten diejenigen Verwalter, die die Pflicht, die Versammlung innerhalb einer Frist von zwei Monaten einzuberufen, verletzen, damit diese gegebenenfalls den Auflösungsbeschluss fasst, ebenso wie die Verwalter, die die gerichtliche Auflösung nicht beantragen, oder, wenn es angebracht ist, den Konkursantrag nicht stellen, innerhalb einer Frist von zwei Monaten, beginnend mit dem für die Abhaltung der Versammlung vorgesehenen Datum, wenn diese nicht stattgefunden hat, oder beginnend mit dem Tag der Versammlung, wenn der Beschluss sich gegen die Auflösung gestellt hat.

2. In diesen Fällen wird vermutet, dass die geltend gemachten Gesellschaftsverbindlichkeiten zu einem Datum nach dem Eintritt des gesetzlichen Auflösungsgrundes der Gesellschaft entstanden sind, es sei denn, die Verwalter beweisen, dass sie zu einem davor liegenden Datum entstanden sind.

<u>Anteproyecto de Ley del Código Mercantil (Gesetzentwurf für das Handelsgesetzbuch, Stand: 30. Mai 2014):</u>

Artículo 272–8. ***Causas de disolución.***

1. Son causas legales de disolución de las sociedades mercantiles: ....

2. En las sociedades de capital es, además, causa legal de disolución la existencia de pérdidas que dejen reducido

Artíkel 272–8. ***Auflösungsgründe.***

1. Auflösungsgründe für die Handelsgesellschaften sind ...

2. Für die Kapitalgesellschaften liegt überdies ein Auflösungsgrund vor, wenn Verluste existieren, die das Reinvermögen

el patrimonio neto a un valor inferior a la mitad del capital social, a menos que la sociedad hubiera sido declarada en concurso de acreedores.

auf einen unter der Hälfte des Grundkapitals liegenden Betrag verringern, es sei denn, dass über die Gesellschaft das Konkursverfahren eröffnet worden ist.

Artículo 272–11. ***Deberes de los administradores en caso de pérdidas de la mitad del capital.***

1. En el caso de que concurra causa legal de disolución por pérdidas, una vez que los administradores hayan formulado las cuentas anuales de las que se desprendan tales pérdidas, deberán incluir en el orden del día de la junta que haya de aprobarlas la propuesta de aumentar, reducir o reintegrar el capital social o de disolver la sociedad.

2. Los administradores deberán solicitar la disolución judicial de la sociedad cuando el acuerdo social fuese contrario a la disolución o no pudiera ser logrado y tampoco se aumente, se reduzca o se reintegre el capital. La solicitud habrá de formularse en el plazo de un mes a contar de los hechos mencionados o de la expiración del término para inscribir en el Registro Mercantil la ejecución del acuerdo de aumento, de reducción o de reintegración del capital social.

Artikel 272–11. ***Pflichten der Verwalter im Fall des hälftigen Kapitalverlustes.***

1. Im Falle des Vorliegens des gesetzlichen Auflösungsgrundes des Verlustes müssen die Verwalter, wenn sie den Jahresabschluss erstellt haben, aus dem sich diese Verluste ergeben, den Vorschlag zur Erhöhung, Herabsetzung oder Wiederherstellung des Grundkapitals oder zur Auflösung der Gesellschaft auf die Tagesordnung der Versammlung setzen, die den Jahresabschluss feststellen muss.

2. Die Verwalter müssen die gerichtliche Auflösung der Gesellschaft beantragen, wenn der Beschluss der Auflösung zuwiderläuft oder nicht erreicht werden kann und falls auch nicht das Grundkapital erhöht, herabgesetzt oder wiederhergestellt wird. Der Antrag muss innerhalb der Frist eines Monats gestellt werden, beginnend ab den erwähnten Tatsachen oder ab Ablauf der Frist zur Einschreibung der Durchführung des Beschlusses über die Erhöhung, Herabsetzung oder Wiederherstellung des Grundkapitals.

Artículo 272–12. ***Responsabilidad solidaria de los administradores por infracción de los deberes legales en orden a la disolución por pérdidas.***

1. Cuando concurra causa legal de disolución por pérdidas, los administradores responderán personal y solidariamente, entre ellos y con la propia sociedad, de las deudas sociales

Artikel 272–12. ***Gesamtschuldnerische Haftung der Verwalter wegen Verletzung der gesetzlichen Pflichten in Bezug auf die Auflösung wegen Verlusten.***

1. Wenn der gesetzliche Auflösungsgrund der Verluste eintritt, haften die Verwalter persönlich und – sowohl untereinander als auch mit der Gesellschaft – gesamtschuldnerisch für die

posteriores a la concurrencia de la causa de disolución en los casos siguientes:

nach Eintritt des Auflösungsgrundes begründeten Verbindlichkeiten in den folgenden Fällen:

a) Cuando no hubieran formulado dentro de plazo las cuentas del ejercicio social anterior.

a) Wenn sie den Jahresabschluss für das vorherige Geschäftsjahr nicht fristgemäß erstellt haben.

b) Cuando no hubieran convocado la junta de socios en el plazo legalmente establecido incluyendo en el orden del día las propuestas a que se refiere el artículo anterior.

b) Wenn sie die Versammlung nicht in der gesetzlich festgelegten Frist einberufen haben und die Vorschläge, auf die sich der vorherige Artikel bezieht, nicht in der Tagesordnung enthalten sind.

c) Cuando, debiendo hacerlo, no hubieran solicitado la disolución judicial de la sociedad.

c) Wenn sie nicht die gerichtliche Auflösung der Gesellschaft beantragt haben.

2. A los administradores corresponderá la prueba de que la causa de disolución no concurría en el momento del nacimiento de la obligación social reclamada.

2. Den Verwaltern obliegt der Beweis, dass der Auflösungsgrund nicht in dem Moment bestand, zu dem die geltend gemachte Verbindlichkeit begründet wurde.

3. El cumplimiento tardío por los administradores de los deberes a que se refiere el apartado segundo del artículo anterior extinguirá la responsabilidad legal de éstos frente a aquellos acreedores que no hubieran exigido judicialmente esa responsabilidad.

3. Die verspätete Erfüllung der Pflichten durch die Verwalter, auf die sich der zweite Absatz des vorherigen Artikels bezieht, bewirkt das Erlöschen der Haftung gegenüber denjenigen Gläubigern, die diese Haftung nicht gerichtlich geltend gemacht haben.

4. La acción de reclamación contra los administradores prescribirá a los dos años desde el día en que pudiera ejercitarse

4. Der Anspruch gegen die Verwalter verjährt in zwei Jahren gerechnet von dem Tag an, zu dem er geltend gemacht werden kann.

<u>Ley Concursal (Konkursgesetz, Inkrafttreten zum 1. September 2004):</u>

Die Übersetzungen der Artikel 2 Abs. 4 Nr. 4, 5 Abs. 2, 8, 43, 44, 48quáter, 50, 51, 165 Abs. 1 Nr. 1–3, 167 Abs. 2, 168, 169, 170, 172bis Abs. 2 und 3 LC sind *Fries, Michael/ Mateo, Iván/Wolffersdorff, Philipp von,* Ley Concursal – Spanisches Konkursgesetz, Heidelberg 2013 entnommen.

Artículo 2. Presupuesto objetivo.

Artikel 2. Sachliche Voraussetzung.

1. La declaración de concurso procederá en caso de insolvencia del deudor común.

1. Das Konkursverfahren wird im Fall der Insolvenz des Gemeinschuldners eröffnet.

2. Se encuentra en estado de insolvencia el deudor que no puede cumplir regularmente sus obligaciones exigibles.

2. Es befindet sich derjenige Schuldner im Zustand der Insolvenz (Zahlungsunfähigkeit), der seine fälligen und einklagbaren Zahlungspflichten nicht ordentlich erfüllen kann.

3. Si la solicitud de declaración de concurso la presenta el deudor, deberá justificar su endeudamiento y su estado de insolvencia, que podrá ser actual o inminente. Se encuentra en estado de insolvencia inminente el deudor que prevea que no podrá cumplir regular y puntualmente sus obligaciones.

3. Wenn der Schuldner den Konkursantrag stellt, muss er seine Verschuldung und seinen Zustand der Insolvenz (Zahlungsunfähigkeit) beweisen, die bereits eingetreten sein oder drohen kann. Es befindet sich derjenige Schuldner im Zustand drohender Zahlungsunfähigkeit, der voraussehen kann, dass er seine Zahlungspflichten nicht ordentlich und pünktlich wird erfüllen können.

4. Si la solicitud de declaración de concurso la presenta un acreedor, deberá fundarla en.... o en la existencia de alguno de los siguientes hechos:

4. Wird die Konkurseröffnung von einem Gläubiger beantragt, muss er diese auf ... oder auf das Vorliegen einer der folgenden Tatsachen stützen:

1° El sobreseimiento general en el pago corriente de las obligaciones del deudor.

1° Die generelle Einstellung laufender Zahlungen durch den Schuldner.

2° La existencia de embargos por ejecuciones pendientes que afecten de una manera general al patrimonio del deudor.

2° Das Bestehen von Pfändungen wegen laufender Vollstreckungen, die das Vermögen des Schuldners im Allgemeinen betreffen.

3° El alzamiento o la liquidación apresurada o ruinosa de sus bienes por el deudor.

3° Die Vermögensverschiebung oder die übereilte oder ruinöse Liquidation der Vermögensgegenstände durch den Schuldner.

4° El incumplimiento generalizado de obligaciones de alguna de las clases siguientes: las de pago de obligaciones tributarias exigibles durante los tres

4° Die allgemeine Nichterfüllung der folgenden Arten von Verpflichtungen: Zahlung von fälligen und durchsetzbaren öffentlichen Abgaben in den drei

meses anteriores a la solicitud de concurso; las de pago de cuotas de la Seguridad Social, y demás conceptos de recaudación conjunta durante el mismo período; las de pago de salarios e indemnizaciones y demás retribuciones derivadas de las relaciones de trabajo correspondientes a las tres últimas mensualidades.

Monaten vor dem Antrag auf Eröffnung des Konkurses; Zahlung der Beiträge zur Sozialversicherung oder sonstiger Verpflichtungen, die sich aus staatlicher Erhebung während desselben Zeitraumes ergeben; Zahlung von Löhnen, Entschädigungen oder sonstigen Vergütungen aufgrund von Arbeitsverhältnissen, die sich auf den Zeitraum der letzten drei Monate beziehen.

Artículo 3. Legitimación.

1. Para solicitar la declaración de concurso están legitimados el deudor....

Si el deudor fuera persona jurídica, será competente para decidir sobre la solicitud el órgano de administración o de liquidación.

3. Para solicitar la declaración de concurso de una persona jurídica, están también legitimados los socios, miembros o integrantes que sean personalmente responsables, conforme a la legislación vigente, de las deudas de aquélla.

Artikel 3. Berechtigung.

1. Zur Stellung des Konkursantrages berechtigt sind der Schuldner....

Wenn der Schuldner eine juristische Person ist, ist das Verwaltungs- oder Liquidationsorgan zur Entscheidung über den Antrag zuständig.

3. Zur Stellung des Konkursantrages der juristischen Person sind auch die Anteilseigner und Mitglieder berechtigt, die nach der geltenden Gesetzgebung persönlich für deren Schulden haften.

Artículo 5. Deber de solicitar la declaración de concurso.

1. El deudor deberá solicitar la declaración de concurso dentro de los dos meses siguientes a la fecha en que hubiera conocido o debido conocer su estado de insolvencia.

2. Salvo prueba en contrario, se presumirá que el deudor ha conocido su estado de insolvencia cuando haya acaecido alguno de los hechos que pueden servir de fundamento a una solicitud de concurso necesario conforme al apartado

Artikel 5. Pflicht zur Stellung des Konkursantrages.

1. Der Schuldner muss den Konkursantrag innerhalb der zwei auf das Datum folgenden Monate stellen, an dem er Kenntnis von seiner Insolvenz erlangt hat oder hätte erlangen müssen.

2. Vorbehaltlich des Gegenbeweises wird vermutet, dass der Schuldner den Eintritt der Zahlungsunfähigkeit gekannt hat, wenn einer der Gründe für die Antragstellung auf notwendigen Konkurs gemäß Artikel 2 Absatz 4 eingetreten ist

4 del artículo 2 y, si se trata de alguno de los previstos en su párrafo 4.º, haya transcurrido el plazo correspondiente.

Artículo 5 bis. Comuniación de negociaciones y efectos.

1. El deudor podrá poner en conocimiento del juzgado competene para la declaración de su concurso que ha iniciado negociaiones para alcanzar in acuerdo de refinanciación de los previstos en el artículo 71 bis.1 y en la Disposición adicional cuarta o para obtener adhesiones a una propuesta anticipada de convencio en los términos pevistos en esta Ley....

2. Esta comuniación podrá formularse en cualquier momento antes del vencimiento del plazo establecido en el artículo 5. Formulada la comuniación antes de ese momento, no será exigible el deber de solicitar la declaración de concurso voluntario....

5. Transcurridos tres meses desde la comunación al juzgado, el deudor, haya o no haya alcanzado un acuerdo de refinaciación, o un acuerdo extrajudicial de pago o a las adhesiones necesarias para la admisión al trámite de una propuesta anticipada de convenio, deberá solicitar la delaración de concurso dentro del mes hábil siguiente, a menos que ya lo hubiera solicitado el mediador concursal o no se encontrara en estado de insolvencia.

und, sofern es sich dabei um einen der Antragsgründe aus der Nummer 4 der genannten Vorschrift handelt, zudem die jeweilige Frist abgelaufen ist.

Artikel 5 bis. Mitteilung über Verhandlungen und Effekte.

1. Der Schuldner kann dem für die Eröffnung des Konkursverfahrens zuständigen Gericht mitteilen, dass er Verhandlungen zum Abschluss einer Refinanzierungsvereinbarung i. S. des Artikels 71bis Abs. 1 und der vierten Zusatzbestimmung oder zum Erhalt von Beitritten zu einem vorgezogenen Vorschlag über einen Konkursvergleich nach den Bestimmungen dieses Gesetzes aufgenommen hat....

2. Diese Mitteilung kann zu jedem Zeitpunkt vor Ablauf der in Artikel 5 bestimmten Frist erfolgen. Erfolgt die Mitteilung vor diesem Zeitpunkt, kann die Erfüllung der Pflicht zur Stellung des Konkursantrages nicht verlangt werden....

5. Sind seit der Mitteilung an das Gericht drei Monate vergangen, so muss der Schuldner – unabhängig davon, ob er eine Refinanzierungsvereinbarung, eine außergerichtliche Zahlungsvereinbarung oder die notwendigen Beitritte für die Zulassung eines vorgezogenen Vorschlages für einen Konkursvergleich erhalten hat – den Konkursantrag während des folgenden Kalendermonats stellen, es sei denn, der Mediator des Konkurses hat diesen schon gestellt oder er befindet sich nicht im Zustand der Insolvenz.

6. Formulada la comuniación prevista en este artículo no podrá formularse otra por el mismo deudor en el plazo de un año.

6. Ist die in diesem Artikel vorgesehene Mitteilung erfolgt, kann innerhalb einer Frist eines Jahres keine weitere durch den gleichen Schuldner erfolgen.

Artículo 43. Conservación y administración de la masa activa.

Artikel 43. Erhalt und Verwaltung der Aktivmasse.

1. En el ejercicio de las facultades de administración y disposición sobre la masa activa, se atenderá a su conservación del modo más conveniente para los intereses del concurso....

1. Bei der Ausübung der Verwaltungs- und Verfügungsbefugnisse bezüglich der Aktivmasse gilt es, diese in der für die Interessen des Konkurses am besten geeigneten Weise zu erhalten....

Artículo 44. Continuación del ejercicio de la actividad profesional o empresarial.

Artikel 44. Fortsetzung der beruflichen oder geschäftlichen Tätigkeit des Schuldners.

2. En caso de intervención, y con el fin de facilitar la continuación de la actividad profesional o empresarial del deudor, la administración concursal podrá determinar los actos u operaciones propios del giro o tráfico de aquella actividad que, por razón de su naturaleza o cuantía, quedan autorizados con carácter general.

2. Im Falle der Intervention und zur Ermöglichung der Fortsetzung der beruflichen oder geschäftlichen Tätigkeit kann die Konkursverwaltung Handlungen und Geschäfte bestimmen, die dem Betrieb oder der Durchführung der Tätigkeit eigen sind, und diese aufgrund ihrer Art oder ihres Umfanges allgemein genehmigen.

No obstante lo establecido en el apartado anterior, y sin perjuicio de las medidas cautelares que hubiera adoptado el juez al declarar el concurso, hasta la aceptación de los administradores concursales el deudor podrá realizar los actos propios de su giro o tráfico que sean imprescindibles para la continuación de su actividad, siempre que se ajusten a las condiciones normales del mercado.

Unbeschadet der in dem vorangehenden Absatz enthaltenen Regelung und unbeachtlich der vorläufigen Maßnahmen, welche der Richter bei der Konkurseröffnung angeordnet hat, kann der Schuldner bis zur Annahme ihres Amtes durch die Konkursverwalter die Handlungen vornehmen, die dem Betrieb oder der Durchführung der Tätigkeit eigen und die zwingend erforderlich sind zur Fortsetzung der Tätigkeit, sofern sie zu marktüblichen Bedingungen erfolgen.

Artículo 48ter. Embargo de bienes.

1. Desde la declaración de concurso de persona jurídica, el juez del concurso, de oficio o a solicitud razonada de la administración concursal, podrá acordar, como medida cautelar, el embargo de bienes y derechos de sus administradores o liquidadores, de hecho y de derecho, apoderados generales y de quienes hubieran tenido esta condición dentro de los dos años anteriores a la fecha de aquella declaración, cuando de lo actuado resulte fundada la posibilidad de que en la sentencia de calificación las personas a las que afecte el embargo sean condenadas a la cobertura del déficit resultante de la liquidación en los términos previstos en esta ley.

El embargo se acordará por la cuantía que el juez estime y podrá ser sustituido, a solicitud del interesado, por aval de entidad de crédito.

Artikel 48ter. Vermögenspfändung.

1. Von der Eröffnung des Konkursverfahrens einer juristischen Person an kann der Konkursrichter von Amts wegen oder nach begründetem Antrag der Konkursverwaltung als Sicherungsmaßnahme die Pfändung der Güter und Rechte ihrer faktischen und rechtlichen Verwalter oder Liquidatoren, Generalbevollmächtigten und derjenigen, die diese Ämter innerhalb von zwei Jahren vor dem Datum der Eröffnung innehatten, anordnen, wenn die begründete Möglichkeit dafür besteht, dass von der Pfändung betroffene Personen zum Ausgleich des nach der Liquidation bestehenden Defizits nach den Vorschriften dieses Gesetzes verurteilt werden.

Die Pfändung wird in der Höhe angeordnet, die der Richter für erforderlich hält, und kann auf Antrag des Betroffenen durch Bürgschaft einer Kreditanstalt ersetzt werden.

Artículo 48quáter. Efectos de la declaración de concurso sobre las acciones contra los administradores de la sociedad deudora.

Declarado el concurso, corresponderá exclusivamente a la administración concursal el ejercicio de las acciones de responsabilidad de la persona jurídica concursada contra sus administradores, auditores o liquidadores.

Artikel 48quáter. Folgen der Konkurseröffnung bezüglich der Klagen gegen die Verwalter der Gesellschaft, die Konkursschuldnerin ist.

Nach Konkurseröffnung ist allein die Konkursverwaltung für die Erhebung der Haftungsklagen der Gesellschaft, die Konkursschuldnerin ist, gegen ihre Verwalter, Wirtschaftsprüfer oder Abwickler zuständig.

Artículo 48. Efectos sobre el deudor persona jurídica.

2. Sin perjuicio del ejercicio de las acciones de responsabilidad que, conforme a

Artikel 48. Auswirkungen auf den Schuldner, der juristische Person ist. (a. F.)

2. Unbeschadet der Geltendmachung der Haftungsklagen, die der juristischen

lo establecido en otras leyes, asistan a la persona jurídica deudora contra sus administradores, auditores o liquidadores, estarán también legitimados para ejercitar esas acciones los administradores concursales sin necesidad de previo acuerdo de la junta o asamblea de socios.

Person nach den Bestimmungen in anderen Gesetzen gegen ihre Verwalter, Wirtschaftsprüfer oder Liquidatoren zustehen, sind die Konkursverwalter ebenfalls zur Geltendmachung dieser Klagen berechtigt, ohne dass es eines vorherigen Beschlusses der Versammlung der Anteilseigner bedarf.

Corresponderá al juez del concurso la competencia para conocer de las acciones a que se refiere el párrafo anterior.

Die Zuständigkeit zur Entscheidung über die Klagen, auf die sich der vorherige Abschnitt bezieht, steht dem Konkursrichter zu.

La formación de la sección de calificación no afectará a las acciones de responsabilidad que se hubieran ejercitado.

Die Bildung der Qualifizierungsphase beeinflusst die Haftungsklagen, die bereits erhoben wurden, nicht.

Artículo 50. Nuevos juicios declarativos.

Artikel 50. Neue Erkenntnisverfahren.

2. Los jueces de lo mercantil no admitirán a trámite las demandas que se presenten desde la declaración del concurso hasta su conclusión, en las que se ejerciten acciones de reclamación de obligaciones sociales contra los administradores de las sociedades de capital concursadas que hubieran incumplido los deberes impuestos en caso de concurrencia de causa de disolución....

2. Die Handelsrichter lassen die Klagen, die ab der Konkurseröffnung bis zu seiner Beendigung eingereicht werden und in denen Ansprüche zur Erfüllung von Verbindlichkeiten der Gesellschaft gegen die Verwalter von Kapitalgesellschaften, die Konkursschuldnerin ist, wegen der Verletzung der vorgesehenen Pflichten zur Auflösung der Gesellschaft, erhoben werden, nicht zu.

Artículo 51. Continuación y acumulación de juicios declarativos pendientes.

Artikel 51. Fortsetzung und Verbindung anhängiger Erkenntnisverfahren.

1. Los juicios declarativos en que el deudor sea parte y que se encuentren en tramitación al momento de la declaración de concurso continuarán sustanciándose ante el mismo tribunal que estuviere conociendo de ellos hasta la firmeza de la sentencia.

1. Die bei Konkurseröffnung anhängigen Erkenntnisverfahren, in denen der Schuldner Partei ist, werden bis zum Eintritt der Rechtskraft des Urteils vor dem gleichen Gericht, bei dem sie anhängig sind, fortgesetzt.

Por excepción se acumularán de oficio al concurso, siempre que se encuentren en primera instancia y no haya finalizado el acto de juicio o la vista, todos los juicios por reclamación de daños y perjuicios a la persona jurídica concursada contra sus administradores o liquidadores, de hecho o de derecho, y contra los auditores.

Ausnahmsweise werden Verfahren mit dem Konkursverfahren verbunden, wenn es sich um erstinstanzliche Verfahren handelt und das Verfahren oder der Termin nicht abgeschlossen sind, alle Verfahren wegen Ersatz von Schäden und Nachteilen der juristischen Person, die Konkursschuldnerin ist, gegen ihre rechtlichen oder tatsächlichen Verwalter oder Liquidatoren und gegen die Wirtschaftsprüfer.

Los juicios acumulados continuarán su tramitación ante el juez del concurso, por los trámites del procedimiento por el que viniera sustanciándose la reclamación, incluidos los recursos que procedan contra la sentencia....

Die zusammengefassten Verfahren werden vor dem Konkursrichter fortgesetzt in den Verfahrensarten, mit denen der Anspruch geltend gemacht wurde, einschließlich der Rechtsmittel, die gegen das Urteil zulässig sind.

Artículo 51 bis. Suspensión de juicios declarativos pendientes.

Artikel 51 bis. Aussetzung anhängiger gerichtlicher Verfahren.

1. Declarado el concurso y hasta su conclusión, quedarán en suspenso los procedimientos iniciados antes de la declaración de concurso en los que se hubieran ejercitado acciones de reclamación de obligaciones sociales contra los administradores de las sociedades de capital concursadas que hubieran incumplido los deberes impuestos en caso de concurrencia de causa de disolución....

1. Von der Eröffnung des Konkursverfahrens an bis zu seiner Beendigung werden die vor der Eröffnung des Konkursverfahrens begonnenen Verfahren, in denen Ansprüche zur Erfüllung der Gesellschaftsverbindlichkeiten gegen die Verwalter von in Konkurs gegangenen Kapitalgesellschaften geltend gemacht werden, die die ihnen für den Fall des Auftretens eines Auflösungsgrundes auferlegten Pflichten nicht erfüllt haben, ausgesetzt....

Artículo 163. Calificación del concurso.

Artikel 163. Qualifizierung des Konkurses.

1. El concurso se calificará como fortuito o como culpable.

1. Der Konkurs wird als nicht schuldhaft oder schuldhaft qualifiziert.

2. La calificación no vinculará a los jueces y tribunales del orden jurisdiccional penal que, en su caso, entiendan de

2. Die Qualifizierung bindet die Strafrichter und -gerichte nicht, die gegebenenfalls über Handlungen des

actuaciones del deudor que pudieran ser constitutivas de delito.

Schuldners zu entscheiden haben, die strafbar sein können.

Artículo 164. Concurso culpable.

1. El concurso se calificará como culpable cuando en la generación o agravación del estado de insolvencia hubiera mediado dolo o culpa grave del deudor o, si los tuviere, de sus representantes legales y, en caso de persona jurídica, de sus administradores o liquidadores, de hecho y de derecho, apoderados generales, y de quienes hubieren tenido cualquiera de estas condiciones dentro de los dos años anteriores a la fecha de declaración del concurso....

2. En todo caso, el concurso se calificará como culpable cuando concurra cualquiera de los siguientes supuestos:....

Artikel 164. Schuldhafter Konkurs.

1. Der Konkurs wird als schuldhaft qualifiziert, wenn in Bezug auf die Verursachung oder Vertiefung des Zustandes der Insolvenz Vorsatz oder grobe Fahrlässigkeit des Schuldners oder, falls vorhanden, seiner gesetzlichen Vertreter, und im Fall der juristischen Person, ihrer faktischen oder rechtlichen Verwalter oder Liquidatoren, Generalbevollmächtigten, und derjenigen, die eine dieser Positionen innerhalb eines Zeitraums von zwei Jahren vor dem Datum der Eröffnung des Konkursverfahrens innehatten, vorliegt....

2. Der Konkurs wird in jedem Fall als schuldhaft qualifiziert, wenn einer der folgenden Fälle auftritt....

Artículo 165. Presunciones de culpabilidad.

El concurso se presume culpable, salvo prueba en contrario, cuando el deudor o, en su caso, sus representantes legales, administradores o liquidadores:

1.° Hubieran incumplido el deber de solicitar la declaración del concurso.

2.° Hubieran incumplido el deber de colaboración con el juez del concurso y la administración concursal, no les hubieran facilitado la información necesaria o conveniente para el interés del concurso o no hubiesen asistido, por sí o por medio de apoderado, a la junta de

Artikel 165. Die Vermutung der Schuldhaftigkeit.

Vorbehaltlich des Gegenbeweises wird die Schuldhaftigkeit des Konkurses vermutet, wenn der Schuldner oder im jeweiligen Fall, seine gesetzlichen Vertreter, Verwalter oder Liquidatoren:

1.° Wenn sie ihrer Pflicht zur Beantragung der Konkurseröffnung nicht nachgekommen sind.

2.° Wenn sie ihre Pflicht zur Zusammenarbeit mit dem Konkursrichter und der Konkursverwaltung nicht erfüllt, diesen die notwendigen oder für den Zweck des Konkursverfahrens nützlichen Informationen nicht gegeben oder nicht selbst oder durch einen Bevollmächtigten

acreedores, siempre que su participación hubiera sido determinante para la adopción del convenio.

an der Gläubigerversammlung teilgenommen haben, vorausgesetzt, ihre Teilnahme wäre ausschlaggebend für den Abschluss eines Konkursvergleiches gewesen.

3.º Si el deudor obligado legalmente a la llevanza de contabilidad, no hubiera formulado las cuentas anuales, no las hubiera sometido a auditoría, debiendo hacerlo, o, una vez aprobadas, no las hubiera depositado en el Registro Mercantil en alguno de los tres últimos ejercicios anteriores a la declaración de concurso.

3.º Wenn der gesetzlich zur Buchführung verpflichtete Schuldner keinen Jahresabschluss aufgestellt oder diesen nicht einer Buchprüfung unterzogen hat, obwohl er dazu verpflichtet gewesen wäre, oder die aufgestellten und geprüften Jahresabschlüsse in einem der drei der Konkurseröffnung vorangehenden Jahre nicht beim Handelsregister eingereicht hat.

2. El concurso se presume culpable, salvo prueba en contrario, cuando los socios o administradores se hubiesen negado sin causa razonable a la capitalización de créditos o una emisión de valores o instrumentos convertibles y ello hubiera frustrado la consecución de un acuerdo de refinanciación de los previstos en el artículo 71 bis.1 o en la Disposición adicional cuarta o de un acuerdo extrajudicial de pagos....

2.Vorbehaltlich des Gegenbeweises wird die Schuldhaftigkeit des Konkurses vermutet, wenn sich die Anteilseigner oder Verwalter ohne vernünftigen Grund der Kapitalisierung von Forderungen oder der Ausgabe von Werten oder wandelbaren Instrumenten verweigert haben, sodass der Abschluss einer in Artikel 71bis.1 oder der vierten Zusatzbestimmung vorgesehenen Refinanzierungsvereinbarung oder einer außergerichtlichen Zahlungsvereinbarung nicht erreicht werden kann....

Artículo 167. Formación de la sección sexta.

1. La formación de la sección sexta se ordenará en la misma resolución judicial por la que se apruebe el convenio, el plan de liquidación o se ordene la liquidación conforme a las normas legales supletorias.

Artikel 167. Bildung der sechsten Phase.

1. Die Bildung der sechsten Phase wird mit der gleichen gerichtlichen Entscheidung angeordnet, durch die der Konkursvergleich oder der Liquidationsplan genehmigt oder die Liquidation gemäß den ergänzenden gesetzlichen Regelungen angeordnet wird.

Por excepción a lo establecido en el apartado anterior, no procederá la formación de la sección de calificación del concurso cuando tenga lugar la aprobación judicial de un convenio en el que se establezca, para todos los acreedores o para los de una o varias clases, entendiendo igualmente por tales las establecidas en el artículo 94.2, una quita inferior a un tercio del importe de sus créditos o una espera inferior a tres años, salvo que resulte incumplido.....

Als Ausnahme zum im vorherigen Absatz Bestimmten findet die Bildung der Qualifizierungsphase des Konkurses nicht statt, wenn es zur gerichtlichen Genehmigung eines Konkursvergleiches kommt, in dem für alle Gläubiger oder für diejenigen einer oder mehrerer Klassen, zu denen gleichermaßen die in Artikel 94.2 festgelegten zählen, ein Schulderlass von weniger als einem Drittel des Betrages ihrer Forderungen oder eine Stundung von weniger als als drei Jahren festgelegt ist, es sei denn, er wird nicht erfüllt....

2. En caso de reapertura de la sección de calificación por incumplimiento de convenio, se procederá del siguiente modo, a los efectos de determinar las causas del incumplimiento y las responsabilidades a que hubiere lugar:

2. Im Falle der Wiedereröffnung der Verfahrensabteilung über die Qualifizierung wegen Nichterfüllung eines Konkursvergleiches, sind in der folgenden Weise die Gründe für die Nichterfüllung und die sich hieraus ergebenden Verantwortlichkeiten festzustellen:

1.º Si se hubiere dictado auto de archivo o sentencia de calificación, en la misma resolución judicial que acuerde la apertura de la liquidación por razón del incumplimiento del convenio se ordenará la reapertura de la sección, con incorporación a ella de las actuaciones anteriores y de la propia resolución.

1.º Soweit der Beschluss über die Verfahrenseinstellung oder das Urteil über die Qualifizierung erlassen wurde, wird die Wiedereröffnung der Verfahrensabteilung im gleichen Beschluss, mit dem die Liquidation wegen der Nichterfüllung des Konkursvergleiches verfügt wird, angeordnet und die vorangegangenen Verfahrenshandlungen und die Verfügung selber beigeschlossen.

2.º En otro caso, la referida resolución judicial ordenará la formación de una pieza separada dentro de la sección de calificación que se hallare abierta, para su tramitación de forma autónoma y conforme a las normas establecidas en este capítulo que le sean de aplicación.

2.º Anderenfalls wird durch die erwähnte Gerichtsentscheidung ein getrennter Verfahrensteil innerhalb der eröffneten Verfahrensabteilung über die Qualifizierung angelegt, der unabhängig und gemäss den anwendbaren Regelungen dieses Kapitels verhandelt wird.

Artículo 168. Personación y condición de parte.

1. Dentro de los diez días siguientes a la última publicación que se hubiera dado a la resolución que acuerde la formación de la sección sexta, cualquier acreedor o persona que acredite interés legítimo podrá personarse y ser parte en la sección, alegando por escrito cuanto considere relevante para la calificación del concurso como culpable.

2. En los casos a que se refiere el apartado 2 del artículo precedente, los interesados podrán personarse y ser parte en la sección o en la pieza separada dentro del mismo plazo contado desde la última publicación que se hubiera dado a la resolución que acuerde la reapertura de la sección de calificación, pero sus escritos se limitarán a determinar si el concurso debe ser calificado como culpable en razón de incumplimiento del convenio por causa imputable al concursado.

Artículo 169. Informe de la administración concursal y dictamen del Ministerio Fiscal.

1. Dentro de los quince días siguientes al de expiración de los plazos para personación de los interesados, la administración concursal presentará al juez un informe razonado y documentado sobre los hechos relevantes para la calificación del concurso, con propuesta de resolución.

Artikel 168. Verfahrenseinlassung und Verfahrenspartei.

1. Innerhalb einer Frist von 10 Tagen seit der letzten amtlichen Veröffentlichung der Entscheidung, durch die der sechste Verfahrensabschnitt angelegt wurde, kann sich jeder Gläubiger oder Dritte, der ein berechtigtes Interesse nachweist, im Verfahren einlassen und Partei in diesem Verfahrensabschnitt sein, um schriftlich all das vorzutragen, was dieser in Bezug auf die Qualifizierung des Konkurses als verschuldet für relevant betrachtet.

2. In den Fällen, auf die der zweite Absatz des vorangehenden Artikels Bezug nimmt, können sich die Interessierten innerhalb der gleichen Frist seit der letzten amtlichen Veröffentlichung, durch die die Wiedereröffnung des Verfahrensabschnitts über die Qualifizierung angeordnet wurde, im Verfahren einlassen und im Verfahrensabschnitt oder dem getrennten Verfahrensteil Partei sein. Allerdings haben sich ihre Schriftsätze darauf zu beschränken, darzustellen, inwieweit der Konkurs aufgrund der vom Schuldner zu vertretenden Nichterfüllung des Konkursvergleiches als verschuldet zu qualifizieren ist.

Artikel 169. Bericht der Konkursverwaltung und Stellungnahme der Staatsanwaltschaft.

1. Innerhalb von fünfzehn Tagen nach Ablauf der Einlassungsfrist für Interessierte legt die Konkursverwaltung dem Richter einen begründeten und mit einschlägigen Unterlagen versehenen Bericht über die für die Qualifizierung des Konkurses wesentlichen Tatsachen

Si propusiera la calificación del concurso como culpable, el informe expresará la identidad de las personas a las que deba afectar la calificación…, justificando la causa, así como la determinación de los daños y perjuicios que, en su caso, se hayan causado por las personas anteriores.

vor und unterbreitet einen Entscheidungsvorschlag. Schlägt sie die Qualifizierung des Konkurses als schuldhaft vor, hat ihr Bericht diejenigen Personen, welche von der Qualifizierung betroffen sind, … den Qualifizierungsgrund zu begründen und die durch die vorgenannten Personen verursachen Schäden zu bestimmen.

2. Una vez unido el informe de la administración concursal, el Secretario judicial dará traslado del contenido de la sección sexta al Ministerio Fiscal para que emita dictamen en el plazo de diez días. El Juez, atendidas las circunstancias, podrá acordar la prórroga de dicho plazo por un máximo de diez días más. Si el Ministerio Fiscal no emitiera dictamen en ese plazo, seguirá su curso el proceso y se entenderá que no se opone a la propuesta de calificación.

2. Ist der Bericht der Konkursverwaltung zur Akte genommen, wird der Inhalt der Akte der sechsten Verfahrensabteilung der Staatsanwaltschaft zugeleitet, damit diese innerhalb einer Frist von zehn Tagen eine Stellungnahme abgibt. Der Richter kann unter Beachtung der Umstände des Einzelfalles diese Frist um höchstens zehn Tage verlängern. Gibt die Staatsanwaltschaft innerhalb der genannten Frist keine Stellungnahme ab, wird das Verfahren fortgesetzt und vermutet, dass sie gegen die vorgeschlagene Qualifizierung keine Einwände erhebt.

3. En los casos a que se refiere el apartado 2 del artículo 167, el informe de la administración concursal y, en su caso, el dictamen del Ministerio Fiscal se limitarán a determinar las causas del incumplimiento y si el concurso debe ser calificado como culpable.

3. In den Fällen des Artikels 167 Absatz 2 beschränken sich sowohl der Bericht der Konkursverwaltung als auch gegebenenfalls die Stellungnahme der Staatsanwaltschaft auf die Bestimmung der Gründe der Nichterfüllung und ob der Konkurs als schuldhaft zu qualifizieren ist.

Artículo 170. Tramitación de la sección.

Artikel 170. Der Verfahrensablauf der Abteilung.

1. Si el informe de la administración concursal y el dictamen que, en su caso, hubiera emitido el Ministerio Fiscal coincidieran en calificar el concurso como fortuito, el juez, sin más trámites, ordenará el archivo de las actuaciones mediante auto, contra el que no cabrá recurso alguno.

1. Qualifizieren sowohl der Bericht der Konkursverwaltung als auch die gegebenenfalls von der Staatsanwaltschaft vorgelegte Stellungnahme den Konkurs als nicht zurechenbar, ordnet der Richter unmittelbar durch Beschluss die Beendigung des Verfahrens an. Gegen diesen Beschluss findet kein Rechtsmittel statt.

2. En otro caso, el juez dará audiencia al deudor por plazo de diez días y ordenará emplazar a todas las personas que, según resulte de lo actuado, pudieran ser afectadas por la calificación del concurso o declaradas cómplices, a fin de que, en plazo de cinco días, comparezcan en la sección si no lo hubieran hecho con anterioridad.

2. Anderenfalls gibt der Richter dem Schuldner die Gelegenheit, sich innerhalb einer Frist von zehn Tagen zur Sache zu äußern und ordnet die Beiladung derjenigen Personen an, die gemäß den Ergebnissen des bisherigen Verfahrens von der Qualifizierung des Konkurses betroffen sein können oder zu Gehilfen erklärt worden sind, damit sie sich innerhalb einer Frist von fünf Tagen in das Verfahren einlassen, sofern sie dies nicht bereits vorher getan haben.

Artículo 172. Sentencia de calificación.

1. La sentencia declarará el concurso como fortuito o como culpable. Si lo calificara como culpable, expresará la causa o causas en que se fundamente la calificación.

2. La sentencia que califique el concurso como culpable contendrá, además, los siguientes pronunciamientos:

1° La determinación de las personas afectadas por la calificación.... En caso de persona jurídica, podrán ser considerados personas afectadas por la calificación los administradores o liquidadores, de hecho o de derecho, apoderados generales, y quienes hubieren tenido cualquiera de estas condiciones dentro de los dos años anteriores a la fecha de la declaración de concurso, así como los socios que se hubiesen negado sin causa razonable a la capitalización de créditos o una emisión de valores o instrumentos convertibles en los términos previstos en el número 4.° del artículo 165, en función de su grado de contribución a la formación de la mayoría necesaria para el rechazo el acuerdo. Si alguna

Artikel 172. Qualifizierungsurteil.

1. Das Urteil erklärt den Konkurs für nicht schuldhaft oder schuldhaft. Wenn es ihn als schuldhaft qualifiziert, wird es den oder die Gründe, auf denen die Qualifizierung beruht, aufführen.

2. Das Urteil, das den Konkurs als schuldhaft qualifiziert, enthält darüber hinaus die folgenden Aussprüche:

1° Die Bestimmung der von der Qualifizierung betroffenen Personen.... Im Fall einer juristischen Person können die faktischen oder rechtlichen Verwalter oder Liquidatoren, die Generalbevollmächtigten und diejenigen, die irgendeine dieser Positionen innerhalb eines Zeitraums von zwei Jahren vor dem Datum der Eröffnung des Konkursverfahrens innehatten, ebenso wie die Anteilseigner, die sich ohne berechtigten Grund einer Kapitalisierung von Forderungen oder Ausgabe von Werten oder wandelbaren Instrumenten gemäß der Nummer 4 des Artikels 165 verweigern, je nach Grad ihrer Beteiligung an der Bildung der notwendigen Mehrheit zur Ablehnung des Beschlusses, als von

de las personas afectadas lo fuera como administrador o liquidador de hecho, la sentencia deberá motivar la atribución de esa condición.

La presunción contenida en el artículo 165.2 no resultará de aplicación a los administradores que hubieran recomendado la recapitalización basada en causa razonable, aun cuando ésta fuera posteriormente rechazada por los socios.

2° La inhabilitación de las personas afectadas por la calificación para administrar los bienes ajenos durante un período de dos a quince años, así como para representar a cualquier persona durante el mismo período, atendiendo, en todo caso, a la gravedad de los hechos y a la entidad del perjuicio, así como la declaración culpable en otros concursos.....

En el caso de que una misma persona sea inhabilitada en dos o más concursos, el período de inhabilitación será la suma de cada uno de ellos....

3° La pérdida de cualquier derecho que las personas afectadas por la calificación o declaradas cómplices tuvieran como acreedores concursales o de la masa y la condena a devolver los bienes o derechos que hubieran obtenido indebidamente del patrimonio del deudor o hubiesen recibido de la masa activa, así como a indemnizar los daños y perjuicios causados....

4. Quienes hubieran sido parte en la sección de calificación podrán interponer contra la sentencia recurso de apelación.

der Qualifizierung betroffene Personen angesehen werden. Wenn eine der betroffenen Personen als tatsächlicher Verwalter oder Liquidator betroffen ist, so muss das Urteil die Zuschreibung dieser Eigenschaft begründen.

Die in Artikel 165.2 enthaltene Vermutung findet keine Anwendung auf die Verwalter, die aus berechtigtem Grund eine Rekapitalisierung empfohlen haben, auch wenn diese später von den Anteilseignern abgelehnt wird.

2° Das Verbot für die von der Qualifizierung betroffenen Personen, während eines Zeitraumes von zwei bis 15 Jahren fremdes Vermögen zu verwalten, sowie während desselben Zeitraumes jede andere Person zu vertreten, wobei in jedem Fall die Schwere der Tatsachen, die Gewichtigkeit des Schadens sowie die schuldhafte Erklärung in anderen Konkursen zu berücksichtigen ist....

Für den Fall, dass für die gleiche Person in zwei oder mehr Konkursen ein Verbot ausgesprochen wird, liegt der Zeitraum des Verbotes in der Summe der jeweils festgelegten Verbotszeiträume.....

3° Den Verlust jeden Rechts, das den von der Qualifizierung betroffenen oder zu Teilnehmern erklärten Personen als Konkurs- oder Massegläubiger zusteht, und die Verurteilung zur Rückgabe der Güter und Rechte, die sie unberechtigt aus dem Vermögen des Schuldners oder der Aktivmasse erhalten haben, sowie die Verurteilung zum Ersatz der verursachten Schäden....

4. Diejenigen, die Partei der Qualifizierungsphase gewesen sind, können gegen das Urteil Berufung einlegen.

Artículo 172. Sentencia de calificación.

1. La sentencia declarará el concurso como fortuito o como culpable. Si lo calificara como culpable, expresará la causa o causas en que se fundamente la calificación.

2. La sentencia que califique el concurso como culpable contendrá, además, los siguientes pronunciamientos:....

3.º La pérdida de cualquier derecho que las personas afectadas por la calificación o declaradas cómplices tuvieran como acreedores concursales o de la masa y la condena a devolver los bienes o derechos que hubieran obtenido indebidamente del patrimonio del deudor o hubiesen recibido de la masa activa, así como a indemnizar los daños y perjuicios causados.

3. Si la sección de calificación hubiera sido formada o reabierta como consecuencia de la apertura de la fase de liquidación, la sentencia podrá, además, condenar a los administradores o liquidadores, de derecho o de hecho, de la persona jurídica cuyo concurso se califique como culpable, y a quienes hubieren tenido esta condición dentro de los dos años anteriores a la fecha de la declaración de concurso, a pagar a los acreedores concursales, total o parcialmente, el importe que de sus créditos no perciban en la liquidación de la masa activa.

4. Quienes hubieran sido parte en la sección de calificación podrán interponer contra la sentencia recurso de apelación.

Artikel 172. Qualifizierungsurteil. (a. F.)

1. Das Urteil erklärt den Konkurs für nicht schuldhaft oder schuldhaft. Wenn es ihn als schuldhaft qualifiziert, wird es den oder die Gründe, auf denen die Qualifizierung beruht, aufführen.

2. Das Urteil, das den Konkurs als schuldhaft qualifiziert, enthält darüber hinaus die folgenden Aussprüche: ...

3° Den Verlust jeden Rechts, das den von der Qualifizierung betroffenen oder zu Teilnehmern erklärten Personen als Konkurs- oder Massegläubiger zusteht, und die Verurteilung zur Rückgabe der Güter und Rechte, die sie unberechtigt aus dem Vermögen des Schuldners oder der Aktivmasse erhalten haben, sowie die Verurteilung zum Ersatz der verursachten Schäden.

3. Wenn die Qualifizierungsphase als Konsequenz aus der Eröffnung der Liquidationsphase gebildet oder wiedereröffnet wurde, kann das Urteil außerdem die rechtlichen oder tatsächlichen Verwalter oder Liquidatoren der juristischen Person, deren Konkurs als schuldhaft qualifiziert wird, und diejenigen, die diese Position innerhalb eines Zeitraums von zwei Jahren vor dem Datum der Eröffnung des Konkursverfahrens innehatten, dazu verurteilen, an die Konkursgläubiger ganz oder teilweise den Betrag ihrer Forderungen zu zahlen, den sie bei der Liquidation der Aktivmasse nicht erhalten haben.

4. Diejenigen, die Partei der Qualifizierungsphase gewesen sind, können gegen das Urteil Berufung einlegen.

Artículo 172bis. Responsabilidad concursal.

1. Cuando la sección de calificación hubiera sido formada o reabierta como consecuencia de la apertura de la fase de liquidación, el juez podrá condenar a todos o a algunos de los administradores, liquidadores, de derecho o de hecho, o apoderados generales, de la persona jurídica concursada, así como los socios que se hayan negado sin causa razonable a la capitalización de créditos o una emisión de valores o instrumentos convertibles en los términos previstos en el número 4.º del artículo 165, que hubieran sido declarados personas afectadas por la calificación a la cobertura, total o parcial, del déficit, en la medida que la conducta que ha determinado la calificación culpable haya generado o agravado la insolvencia.

Si el concurso hubiera sido ya calificado como culpable, en caso de reapertura de la sección sexta por incumplimiento del convenio, el juez atenderá para fijar la condena al déficit del concurso tanto a los hechos declarados probados en la sentencia de calificación como a los determinantes de la reapertura.

En caso de pluralidad de condenados, la sentencia deberá individualizar la cantidad a satisfacer por cada uno de ellos, de acuerdo con la participación en los hechos que hubieran determinado la calificación del concurso.

Artikel 172bis. Konkursrechtliche Haftung

1. Wenn die Qualifizierungsphase als Konsequenz aus der Eröffnung der Liquidationsphase gebildet oder wiedereröffnet wurde, kann der Richter alle oder einige der rechtlichen oder tatsächlichen Verwalter oder Liquidatoren oder Generalbevollmächtigten der sich in Konkurs befindlichen juristischen Person, ebenso wie die Anteilseigner, die sich ohne berechtigten Grund einer Kapitalisierung von Forderungen oder Ausgabe von Werten oder wandelbaren Instrumenten gemäß der Nummer 4 des Artikels 165 verweigert haben, die zu von der Qualifizierung betroffenen Personen erklärt wurden, zur vollständigen oder teilweisen Begleichung des Defizits verurteilen in dem Maße, in dem das Verhalten, das zur Qualifizierung als schuldhaft geführt hat, die Insolvenz verursacht oder vertieft hat.

Wenn der Konkurs bereits als schuldhaft qualifiziert worden ist, im Falle der Wiedereröffnung der sechsten Phase wegen Nichterfüllung des Konkursvergleichs, wird der Richter bei der Verurteilung zum Ausgleich des Defizits sowohl die im Qualifizierungsurteil bewiesenen als auch die für die Wiedereröffnung bestimmenden Tatsachen berücksichtigen.

Im Falle mehrerer Verurteilter muss das Urteil den von jedem einzelnen zu zahlenden Betrag unter Berücksichtigung der Beteiligung an den für die Qualifizierung des Konkurses bestimmenden Tatsachen individualisieren.

2. La legitimación para solicitar la ejecución de la condena corresponderá a la administración concursal. Los acreedores que hayan instado por escrito de la administración concursal la solicitud de la ejecución estarán legitimados para solicitarla si la administración concursal no lo hiciere dentro del mes siguiente al requerimiento.

2. Die Konkursverwaltung ist zur Beantragung der Urteilsvollstreckung befugt. Diejenigen Gläubiger, die die Konkursverwaltung schriftlich zur Urteilsvollstreckung aufgefordert haben, sind zur Stellung des Vollstreckungsantrages befugt, wenn die Konkursverwaltung hierfür nicht innerhalb einer Frist von einem Monat seit Aufforderung Sorge trägt.

3. Todas las cantidades que se obtengan en ejecución de la sentencia de calificación se integrarán en la masa activa del concurso.

3. Sämtliche durch die Vollstreckung des Qualifizierungsurteils erlösten Beträge werden der Konkursmasse zugeführt.

4. Quienes hubieran sido parte en la sección de calificación podrán interponer contra la sentencia recurso de apelación.

4. Diejenigen, die Partei der Qualifizierungsphase waren, können gegen das Urteil Berufung einlegen.

Literaturverzeichnis zum deutschen Recht

Ahrens, Martin/Gehrlein, Markus/Ringstmeier, Andreas (Hrsg.), Fachanwaltskommentar Insolvenzrecht, 2. Auflage, Köln 2014 (zitiert als: *Bearbeiter,* in: Ahrens/Gehrlein/Ringstmeier, Fachanwaltskommentar InsolvenzR).

Altmeppen, Holger, Die rätselhafte Haftung von Geschäftsleitern für insolvenzbegründende „Zahlungen" an Gesellschafter, in: Festschrift für Uwe Hüffer zum 70. Geburtstag, hrsg. v. Kindler, Peter/Koch, Jens/Ulmer, Peter/Winter, Martin, München 2010, S. 1–14 (zitiert als: *Altmeppen,* in: FS Hüffer).

– Insolvenzverschleppungshaftung Stand 2001, in: ZIP 2001, S. 2201–2211.

– Was bleibt von den masseschmälernden Zahlungen? – Zugleich Besprechung BGH v. 18.11.2014 – II ZR 231/13, ZIP 2015, 71, in: ZIP 2015, S. 949–956.

Altmeppen, Holger/Wilhelm, Jan, Quotenschaden, Individualschaden und Klagebefugnis bei der Verschleppung des Insolvenzverfahrens über das Vermögen der GmbH, in: NJW 1999, S. 673–681.

Andres, Dirk/Leithaus, Rolf (Hrsg.), InsO, 3. Auflage, München 2014 (zitiert als: *Bearbeiter,* in: Andres/Leithaus, InsO).

Bachmann, Gregor, Organhaftung in der Eigenverwaltung, in: ZIP 2015, S. 101–109.

– Organhaftung in Europa – Die Ergebnisse der LSE-Studie 2013, in: ZIP 2013, S. 1946–1952.

– Reform der Organhaftung? – Materielles Haftungsrecht und seine Durchsetzung in privaten und öffentlichen Unternehmen – Gutachten E zum 70. Deutschen Juristentag, München 2014 (zitiert als: *Bachmann,* Gutachten E zum 70. DJT).

Baumbach, Adolf/Hueck, Alfred (Hrsg.), GmbHG, 20. Auflage, München 2013 (zitiert als: *Bearbeiter,* in: Baumbach/Hueck, GmbHG).

Bayer, Walter/Schmidt, Jessica, Die Insolvenzantragspflicht der Geschäftsführung nach §§ 92 Abs. 2 AktG, 64 Abs. 1 GmbHG – Zugleich Anmerkung zu OLG Koblenz v. 5.11.2004–5 U 875/04, AG 2005, 446 –, in: AG 2005, S. 644–653.

Beck'scher Online-Kommentar GmbHG, hrsg. v. Ziemons, Hildegard/Jaeger, Carsten, 22. Edition (Stand: 15.3.2015), München 2015 (zitiert als: Bearbeiter, in: BeckOK GmbHG).

Beck'sches Handbuch der GmbH, hrsg. v. *Prinz, Ulrich/Winkeljohann, Norbert,* 5. Auflage, München 2014 (zitiert als: Bearbeiter, in: Beck'sches Hdb GmbH).

Beck, Rainer, Die Haftung des Geschäftsführers nach § 64 Abs. 2 GmbHG, § 823 Abs. 2 BGB i. V. m. § 64 Abs. 1 GmbHG, in: ZInsO 2007, S. 1233–1240.

Biehl, Björn, Geschäftsführer- und Gesellschafterhaftung wegen Insolvenzverschleppung bei der GmbH, Frankfurt am Main 2014 (zitiert als: *Biehl,* Geschäftsführer- und Gesellschafterhaftung).

Bitter, Georg, Flurschäden im Gläubigerschutzrecht durch „Centros & Co."? – Eine Zwischenbilanz, in: WM 2004, S. 2190–2200.

– Haftung von Gesellschaftern und Geschäftsführern in der Insolvenz ihrer GmbH – Teil 1, in: ZInsO 2010, S. 1505–1524.

– Zur Haftung des Geschäftsführers aus § 64 Abs. 2 GmbHG für „Zahlungen" nach Insolvenzreife – Konzeptionelle Überlegungen aus Anlass der BGH-Urteile vom 29. November 1999 = WM 2000, 242 und vom 11. September 2000 = WM 2000, 2158, in: WM 2001, S. 666–672.

Bleisteiner, Uli, Deutsche Insolvenzordnung und spanisches Konkursgesetz (Ley Concursal) in rechtsvergleichender Betrachtung, Hamburg 2014 (zitiert als: *Bleisteiner,* Deutsche Insolvenzordnung und spanisches Konkursgesetz).

Böcker, Philipp/Poertzgen, Christoph, Kausalität und Verschulden beim künftigen § 64 Satz 3 GmbHG, in: WM 2007, S. 1203–1208.

Bork, Reinhard, Gesamt(schadens)liquidation im Insolvenzverfahren, in: Kölner Schrift zur Insolvenzordnung, hrsg. v. Arbeitskreis für Insolvenzwesen Köln e. V., 3. Auflage 2009, S. 1021–1036, Kapitel 31 (zitiert als: *Bork,* in: Kölner Schrift InsO).

– Haftung des GmbH-Geschäftsführers wegen verspäteten Konkursantrags – Besprechung der Entscheidung BGHZ 126, 181 –, in: ZGR 1995, S. 505–528.

– Zum Beginn des Zahlungsverbots gem. § 92 II 1 AktG, in: NZG 2009, S. 775–776.

Brand, Marco, § 64 Satz 3 GmbHG im Spannungsfeld von aufsteigenden Kreditsicherheiten, in: ZIP 2012, S. 1010–1014.

– Insolvenzverursachungshaftung bei aufsteigenden Kreditsicherheiten, in: NZG 2012, S. 1374–1376.

Brinkmann, Moritz, Haftungsrisiken im Schutzschirmverfahren und in der Eigenverwaltung (Teil 2), in: DB 2012, S. 1369–1372.

Budde, Wolfgang Dieter/Förschle, Gerhart/Winkeljohann, Norbert (Hrsg.), Sonderbilanzen, 4. Auflage, München 2008 (zitiert als: *Bearbeiter,* in: Budde/Förschle/Winkeljohann, Sonderbilanzen).

Bunnemann, Jan/Zirngibl, Nikolas u.a., Die Gesellschaft mit beschränkter Haftung in der Praxis, 2. Auflage, München 2011 (zitiert als: *Bearbeiter,* in: Bunnemann/Zirngibl, Die GmbH in der Praxis).

Bürgers, Tobias/Körber, Torsten (Hrsg.), Heidelberger Kommentar zum Aktiengesetz, 3. Auflage, Heidelberg u. a. 2014 (zitiert als: *Bearbeiter,* in: Bürgers/Körber, AktG).

Cahn, Andreas, Das Zahlungsverbot nach § 92 Abs. 2 Satz 3 AktG – aktien- und konzernrechtliche Aspekte des neuen Liquiditätsschutzes, in: Der Konzern 2009, S. 7–17.

Dahl, Michael/Schmitz, Jan, Probleme von Überschuldung und Zahlungsunfähigkeit nach FMStG und MoMiG, in: NZG 2009 S. 567–570.

Dauner-Lieb, Barbara, Die Berechnung des Quotenschadens – Besprechung des Urteils BGH ZIP 1997, 1542 –, in: ZGR 1998, S. 617–631.

Desch, Wolfram, Haftung des Geschäftsführers einer GmbH nach § 64 S. 3 GmbHG bei Rückzahlung von Gesellschafterdarlehen, in: BB 2010, S. 2586–2590.

Desch, Wolfram/Bunnemann, Jan, BB-Kommentar: „§ 64 S. 3 GmbHG findet grundsätzlich keine Anwendung auf die Rückzahlung eines fälligen und durchsetzbaren Gesellschafterdarlehens", in: BB 2010, S. 1882.

Eckhoff, Frank, Die Haftung der Geschäftsleiter gegenüber den Gläubigern der Gesellschaft wegen Insolvenzverschleppung, Baden-Baden 2010 (zitiert als: *Eckhoff,* Die Haftung der Geschäftsleiter wegen Insolvenzverschleppung).

Ekkenga, Jens, Die Insolvenzhaftung gegenüber dem „Neugesellschafter" nach GmbH- und Aktienrecht, in: Festschrift für Walter Hadding zum 70. Geburtstag, hsrg. v. Häuser, Franz/Hammen, Horst/Hennrichs, Joachim/Steinbeck, Anja/Siebel, Ulf R./Welter, Reinhard, Berlin 2004, S. 343–364 (zitiert als: *Ekkenga,* in: FS Hadding).

Emde, Raimond, Der Einwand der „Sowieso-Zahlung" gegen den Schadensersatzanspruch nach § 64 Abs. 2 GmbHG, in: GmbHR 1995, S. 558–560.

Esser, Robert/Keuten, Nils Christian, Strafbarkeit nach § 266a Abs. 1 StGB und zivilrechtliche Haftung des GmbH-Geschäftsführers bei Teilzahlungen von Gesamtsozialversicherungsbeiträgen – zugleich eine Anmerkung zu BGH, Urteil vom 8. 6. 2009 – II ZR 147/08 –, in: wistra 2010, S. 161–164.

Fleischer, Holger (Hrsg.), Handbuch des Vorstandsrechts, München 2006 (zitiert als: *Bearbeiter,* in: Fleischer, Hdb VorstandsR).

– Aktuelle Entwicklungen der Managerhaftung, in: NJW 2009, S. 2337–2343.

– Erweiterte Außenhaftung der Organmitglieder im Europäischen Gesellschafts- und Kapitalmarktrecht – Insolvenzverschleppung, fehlerhafte Kapitalmarktinformation, Tätigkeitsverbote, in: ZGR 2004, S. 437–479.

Flume, Werner, Die Haftung des GmbH-Geschäftsführers bei Geschäften nach Konkursreife der GmbH, in: ZIP 1994, S. 337–342.

Foerste, Ulrich, § 26 Abs. 4 InsO – Ein Zwischenruf, in: ZInsO 2012, S. 532–533.

– Insolvenzrecht, 6. Auflage, München 2014 (zitiert als: *Foerste,* InsolvenzR).

Frankfurter Kommentar zur Insolvenzordnung, hrsg. v. Wimmer, Klaus, 8. Auflage, Köln 2015 (zitiert als: *Bearbeiter,* in: FK-InsO).

Freitag, Robert, Insolvenzverschleppungshaftung als ausschließliche Außenhaftung – Zur Ökonomik der § 92 InsO, § 42 II 2 BGB, § 130 a II 1 Var. 1 HGB –, in: NZG 2014, S. 447–452.

– Upstream-Sicherheiten in der GmbH nach dem MoMiG – Sieg der Kautelarpraxis über den Gesetzgeber ?, in: Der Konzern 2011, S. 330–337.

Geißler, Markus, Die gesetzlichen Veranlassungen zur Einberufung einer GmbH-Gesellschafterversammlung, in: GmbHR 2010, S. 457–461.

– Verhaltensmaßnahmen und Rechtspflichten des Geschäftsführers in der Krise der GmbH, in: DZWIR 2011, S. 309–317.

– Wertgedeckte und nicht wertgedeckte Zahlungen bei Insolvenzreife der GmbH, in: GmbHR 2011, S. 907–912.

Gerner-Beuerle, Carsten/Paech, Philipp/Schuster, Edmund Philipp, Study on Directors' Duties and Liability, London 2013, abrufbar unter http://ec.europa.eu/internal_market/company/docs/board/2013-study-analysis_en.pdf, letzter Abruf 7. Februar 2016 (zitiert als: *Gerner-Beuerle/Paech/Schuster,* LSE-Studie).

Glozbach, Pierre, Die Haftung des GmbH-Geschäftsführers nach § 64 Abs. 2 GmbHG für Zahlungen nach Insolvenzreife, Aachen 2004 (zitiert als: *Glozbach,* Die Haftung des GmbH-Geschäftsführers).

Göb, Marc Alexander, Das Gesetz zur weiteren Erleichterung der Sanierung von Unternehmen (ESUG) – Ein Überblick –, in: NZG 2012, S. 371–377.

Göcke, Torsten, Die Absage einer zur Anzeige eines Verlustes der Hälfte des Grundkapitals einberufenen Hauptversammlung, in: AG 2014, S. 119–123.

Goette, Wulf, Aktuelle Rechtsprechung zur GmbH – Kapitalschutz und Organhaftung, in: DStR 2003, S. 887–895.

– Anmerkung zu BGH, Urt. v. 14.5.2007, II ZR 48/06, in: DStR 2007, S. 1176–1177.

– Einführung in das neue GmbH-Recht, München 2008 (zitiert als: *Goette,* GmbH-Recht).

– Haftung des Geschäftsführers in Krise und Insolvenz der GmbH, in: ZInsO 2001, S. 529–537.

– Zur systematischen Einordnung des § 64 Abs. 2 GmbHG, in: Festschrift für Gerhart Kreft zum 65. Geburtstag, hrsg. v. Haarmeyer, Hans/Hirte, Heribert/Kirchhof, Hans-Peter/Graf von Westphalen, Friedrich, 2004, S. 53–64 (zitiert als: *Goette,* in: FS Kreft).

Görg, Klaus Hubert, Zum Spannungsverhältnis zwischen § 30 Abs. 1 Satz 3 GmbHG und § 64 Satz 3 GmbHG, in: Festschrift für Michael Streck, hrsg. v. Binnewies, Burkhard/Spatscheck, Rainer, Köln 2011, S. 823–832 (zitiert als: *Görg,* in: FS Streck).

Gottwald, Peter (Hrsg.), Insolvenzrechts-Handbuch, 5. Auflage, München 2015 (zitiert als: *Bearbeiter,* in: Gottwald, InsolvenzR-Hdb).

Greulich, Sven/Bunnemann, Jan, Geschäftsführerhaftung für zur Zahlungsunfähigkeit führende Zahlungen an die Gesellschafter nach § 64 II 3 GmbHG-RefE – Solvenztest im deutschen Recht?, in: NZG 2006, S. 681–687.

Greulich, Sven/Rau Thomas, Zur Insolvenzverursachungshaftung des Geschäftsleiters einer Auslandsgesellschaft mit Inlandsverwaltungssitz, in: NZG 2008, S. 565–569.

– Zur partiellen Insolvenzverursachungshaftung des GmbH-Geschäftsführers nach § 64 S. 3 GmbHG-RegE, in: NZG 2008, S. 284–289.

Grigoleit, Hans Christoph (Hrsg.), Aktiengesetz Kommentar, München 2013 (zitiert als: *Bearbeiter,* in: Grigoleit, AktG).

– Gesellschafterhaftung für interne Einflussnahme im Recht der GmbH – Dezentrale Gewinnverfolgung als Leitprinzip des dynamischen Gläubigerschutzes –, München 2006 (zitiert als: *Grigoleit,* Gesellschafterhaftung).

Grigoleit, Hans Christoph/Rieder, Markus S., GmbH-Recht nach dem MoMiG – Analyse – Strategie – Gestaltung – Mit Bezügen zum Aktienrecht und zum Insolvenzrecht –, München 2009 (zitiert als: *Grigoleit/Rieder,* GmbH-Recht nach dem MoMiG).

Gross, Bernd/Schork, Alexander, Der GmbHG-Geschäftsführer im Spannungsverhältnis des Zahlungsverbots nach § 64 II 1 GmbHG und der Strafbarkeit wegen Vorenthaltens von Sozialversicherungsbeiträgen, in: NZI 2004, S. 358–362.

Großkommentar zum Aktiengesetz, hrsg. v. Hirte, Heribert/Mülbert, Peter O./Roth, Markus, Bd. 4/2, 5. Auflage, Berlin u. a. 2015 (zitiert als: *Bearbeiter,* in: Großkomm AktG).

Grundmann, Stefan, Europäisches Gesellschaftsrecht, 2. Auflage, Heidelberg 2011 (zitiert als: *Grundmann,* Europäisches GesR).

Gundlach, Ulf/Müller, Udo, Die Verurteilung wegen Insolvenzverschleppung als Hindernis der Geschäftsführerbestellung, in: NZI 2011, S. 480–482.

Haas, Ulrich, „Flankierende Maßnahmen" für eine Reform des Gläubigerschutzes in der GmbH, in: GmbHR 2006, S. 505–513.

– Aktuelle Fragen zur Krisenhaftung des GmbH-Geschäftsführers nach § 64 GmbHG, in: GmbHR 2010, S. 1–8.

– Anmerkung zu BGH, Urt. v. 16.3.2009 – II ZR 32/08, in: NZI 2009, S. 489–490.

– Der Erstattungsanspruch nach § 64 II GmbHG, in: NZG 2004, S. 737–745.

– Die Berücksichtigung der Insolvenzquote im Rahmen des Haftungsanspruchs nach § 64 Abs. 2 GmbHG, in: Festschrift für Gero Fischer zum 65. Geburtstag, hrsg. v. Ganter, Hans Gerhard/Gottwald, Peter/Lwowski, Hans-Jürgen, München 2008, S. 209–222 (zitiert als: *Haas,* in FS G. Fischer).

– Die maßgebende Verjährungsfrist für den Schadensersatzanspruch wegen Insolvenzverschleppung, in: NZG 2009, S. 976–978.

– Die Verjährung von Insolvenzverschleppungsansprüchen, in: NZG 2011, S. 691–693.

– Fragen zur Insolvenzverschleppungshaftung des GmbH-Geschäftsführers, in: NZG 1999, S. 373–381.

– Krisenhaftungsansprüche und Verjährung, in: Festschrift für Klaus J. Hopt zum 70. Geburtstag, hrsg. v. Grundmann, Stefan/Haar, Brigitte/Merkt, Hanno/Mülbert,

Peter O./Wellenhofer, Marina sowie Baum, Harald/von Hein, Jan/von Hippel, Thomas/Pistor, Katharina/Roth, Markus/Schweitzer, Heike, Berlin/New York 2010, S. 703–724 (zitiert als: *Haas,* in: FS Hopt).

Habersack, Mathias, Die Erstreckung des Rechts der Gesellschafterdarlehen auf Dritte, insbesondere im Unternehmensverbund – Überlegungen im Anschluss an BGH ZIP 2008, 1230 und OLG Brandenburg ZIP 2006, 184, in: ZIP 2008, S. 2385–2392.

Habersack, Mathias/Foerster, Max, Austauschgeschäfte der insolvenzreifen Gesellschaft – Zur Reichweite der Zahlungsverbote und zu den Folgen verbotener Zahlungen –, in: ZHR 178 (2014), S. 387–418.

Habersack, Mathias/Verse, Dirk A., Europäisches Gesellschaftsrecht, 4. Auflage, München 2011 (zitiert als: *Habersack/Verse,* Europäisches GesR).

Hartmann, Beatrice Maria, Die Insolvenzantragspflicht des faktischen Organs – Im Vergleich zu den insolvenzrechtlichen Pflichten des *de facto director* und des *shadow director* im englischen Recht –, Frankfurt am Main 2005 (zitiert als: *Hartmann,* Die Insolvenzantragspflicht des faktischen Organs).

Hefendehl, Roland, Der Straftatbestand der Insolvenzverschleppung und die unstete Wirtschaft: Ausländische Gesellschaftsformen – faktische Organe – Führungslosigkeit, in: ZIP 2011, S. 601–607.

Henssler, Martin/Dedek, Helge, Gesamtschaden wegen verspäteter Antragstellung, in: Festschrift für Wilhelm Uhlenbruck zum 70. Geburtstag, hrsg. v. Prütting, Hanns/Vallender, Heinz, Köln 2000, S. 175–197 (zitiert als: *Henssler/Dedek,* in FS Uhlenbruck).

Henssler, Martin/Strohn, Lutz (Hrsg.), Gesellschaftsrecht, 2. Auflage, München 2014 (zitiert als: *Bearbeiter,* in: Henssler/Strohn, GesR).

Hirte, Heribert, Die „Große GmbH-Reform" – Ein Überblick über das Gesetz zur Modernisierung des GmbH-Rechts und zur Bekämpfung von Missbräuchen (MoMiG), in: NZG 2008, S. 761–766.

– Neuregelungen mit Bezug zum gesellschaftsrechtlichen Gläubigerschutz und im Insolvenzrecht durch das Gesetz zur Modernisierung des GmbH-Rechts und zur Bekämpfung von Missbräuchen (MoMiG), in: ZInsO 2008, S. 689–702.

– Ökonomische Überlegungen zur zwingenden Insolvenzantragspflicht des deutschen Rechts, in: Festschrift für Hans-Bernd Schäfer zum 65. Geburtstag, hrsg. v. Eger, Thomas/Bigus, Jochen/Ott, Claus/von Wangenheim, Georg, Wiesbaden 2008, S. 605–618 (zitiert als: *Hirte,* in: FS H.-B. Schäfer).

Hoffmann, Ralf, Kommentar zu LG Berlin, Beschl. v. 16. 12. 2009–100 O 75/09, in: GmbHR 2010, S. 203–204.

Hollinderbäumer, Jens, Der Könner macht masselos „Konkurs" – Hintergründe und Lösungen, in: BB 2013, S. 1223–1232.

Hölters, Wolfgang (Hrsg.), Aktiengesetz Kommentar, 2. Auflage, München 2014 (**zitiert als:** Bearbeiter, in: Hölters, AktG).

Hölzle, Gerrit, Gesellschafterfremdfinanzierung und Kapitalerhaltung im Regierungsentwurf des MoMiG, in: GmbHR 2007, S. 729–736.

Huber, Herwart, Die „geplant beschlußlose" Hauptversammlung, in: ZIP 1995, 1740–1745.

Hüffer, Uwe, Aktiengesetz, 11. Auflage, München 2014 (zitiert als: *J. Koch,* in: Hüffer, AktG).

Kallmeyer, Harald, Bereinigung der Finanzverfassung der GmbH – Vorschlag für eine GmbH-Reform, in: GmbHR 2004, S. 377–383.

Klappstein, Verena, Directors' Duties and Liability in Germany, in: Annex to Study on Directors' Duties and Liability, hrsg. v. Gerner-Beuerle, Carsten/Paech, Philipp/Schuster, Edmund Philipp, London 2013, S. A323 – A354, abrufbar unter http://ec.europa.eu/internal_market/company/docs/board/2013-study-reports_en.pdf, letzter Abruf 7. Februar 2016 (zitiert als: *Klappstein,* in Gerner-Beuerle/Paech/Schuster, Annex zur LSE-Studie).

Kleindiek, Detlef, BB-Kommentar: „§ 64 S. 3 GmbHG: Ausnahmetatbestand mit engem Anwendungsbereich", in BB 2013, S. 19.

– Die Geschäftsführerhaftung nach § 64 Satz 3 GmbHG – eine Zwischenbilanz, in: GWR 2010, S. 75–77.

– Geschäftsführerhaftung in der Krise, in: Festschrift für Uwe H. Schneider zum 70. Geburtstag, hrsg. v. Burgard, Ulrich/Hadding, Walther/Mülbert, Peter O./Nietsch, Michael/Welter, Reinhard, Köln 2011, S. 617–631 (zitiert als: *Kleindiek,* in: FS U. H. Schneider).

– Geschäftsführerhaftung nach der GmbH-Reform, in: Festschrift für Karsten Schmidt zum 70. Geburtstag, hrsg. v. Bitter, Georg/Lutter, Marcus/Priester, Hans-Joachim/Ulmer, Peter, Köln 2009, S. 893–907 (zitiert als: *Kleindiek,* in: FS K. Schmidt)

Klick, Fabian, Die Geschäftsführerhaftung nach § 64 Satz 1 GmbHG im Eigenverwaltungs(eröffnungs)-verfahren, in DB 2014, S. 938–942.

Klöhn, Lars, Der individuelle Insolvenzverschleppungsschaden – Schadensermittlung und sachlicher Schutzbereich der Haftung nach § 823 Abs. 2 BGB iVm § 15a InsO –, in: KTS 2012, S. 133–165.

Knapp, Christoph, Auswirkungen des MoMiG auf Aktiengesellschaften und ihre Organmitglieder, in: DStR 2008, S. 2371–2375.

Knebel, Andreas/Schmidt, Thomas, Gestaltungen zur Eigenkapital-Optimierung vor dem Hintergrund der Finanzkrise, in: BB 2009, S. 430–434.

Knof, Béla, Die neue Insolvenzverursachungshaftung nach § 64 Satz 3 RegE-GmbHG (Teil I), in: DStR 2007, S. 1536–1542.

– Die neue Insolvenzverursachungshaftung nach § 64 Satz 3 RegE-GmbHG (Teil II), in: DStR 2007, S. 1580–1586.

Koch, Harald/Magnus, Ulrich/Winkler von Mohrenfels, Peter, IPR und Rechtsvergleichung, 4. Auflage, München 2010 (zitiert als: *H. Koch/Magnus/von Mohrenfels,* IPR und Rechtsvergleichung).

Kollmorgen, Alexander/Santelmann, Matthias/Weiß, Olaf, Upstream-Besicherung und Limitation Language nach Inkrafttreten des MoMiG, in: BB 2009, S. 1818–1822.

Kölner Kommentar zum Aktiengesetz, hrsg. v. Zöllner, Wolfgang/Noack, Bd. 2/1, 3. Auflage, Köln 2010 (zitiert als: Bearbeiter, in: Kölner Komm AktG).

Komo, Daniel, Vermeidung von Haftungsrisiken für Geschäftsführer bei Gewährung von Upstream Securities, in: GmbHR 2010, S. 230–236.

Kreft, Gerhart (Hrsg.), Heidelberger Kommentar zur Insolvenzordnung, 7. Auflage, Heidelberg 2014 (zitiert als: *Bearbeiter,* in: Kreft, InsO).

Kübler, Bruno M., Die Konkursverschleppungshaftung des GmbH-Geschäftsführers nach der „Wende" des Bundesgerichtshofes – Bedeutung für die Praxis –, – Besprechung der Entscheidung BGHZ 126, 181 –, in: ZGR 1995, S. 481–504.

Kühnberger, Manfred, Verlustanzeigebilanz – zu Recht kaum beachteter Schutz für Eigentümer?, in: DB 2000, S. 2077–2085.

Leinekugel, Rolf/Skauradszun, Dominik, Geschäftsführerhaftung bei eigenmächtig gestelltem Insolvenzantrag wegen bloß drohender Zahlungsunfähigkeit – Das Spannungsfeld zwischen Sanierungspflicht und Insolvenzantragspflicht –, in: GmbHR 2011, S. 1121–1128.

Liebs, Rüdiger, Die Nichtbeachtung des Zahlungsverbots in der Krise des Unternehmens – zur Haftung der Geschäftsleitung und des Aufsichtsrates, in: Festschrift für Fritz Rittner zum 70. Geburtstag, hrsg. v. Löwisch, Manfred/Schmidt-Leithoff, Christian/Schmiedel, Burkhard, München 1991, S. 369–379 (zitiert als: *Liebs,* in: FS Rittner).

Liebscher, Marc, Wider die Privilegierung von Abführungspflichten gegenüber der Massesicherungspflicht in der Insolvenz – Anmerkungen zum Urteil des BFH v. 23.9.2008 – VII R 27/07, ZInsO 2009, 151, in: ZInsO 2009, S. 1386–1391.

Linnertz, Jörn H./Sacherer, Monique, Masseschaden nach § 64 II GmbHG: Begleichung von Altverbindlichkeiten durch Kreditaufnahme, in: MDR 1996, S. 12–15.

Lutter, Marcus, Finanzierungsmaßnahmen zur Krisenabwehr in der Aktiengesellschaft, in: BB 1980, S. 737–750.

Lutter, Marcus/Hommelhoff, Peter (Hrsg.), GmbH-Gesetz Kommentar, 18. Auflage, Köln 2012 (zitiert als: *Bearbeiter,* in: Lutter/Hommelhoff, GmbHG).

Mahler, Franziska, Verstoß gegen § 64 S. 3 GmbHG bei „Upstream-Securities" – Gleichlaufende Strafbarkeit des Geschäftsführers nach § 266 StGB? –, in: GmbHR 2012, S. 504–508.

Martens, Klaus-Peter, Die Anzeigepflicht des Verlustes des Garantiekapitals nach dem AktG und dem GmbHG – Zur Informationspolitik in den Kapitalgesellschaften –, in: ZGR 1972, S. 254–288.

Mertens, Hans-Joachim, Anwendbarkeit von § 92 Abs. 1 AktG im Vergleichsverfahren?, in: AG 1983, 173–178.

– Kapitalverlust und Überschuldung bei eigenkapitalersetzenden Darlehen, in: Festschrift für Karl-Heinz Forster zum 65. Geburtstag, hrsg. v. Moxter, Adolf/Müller, Hans-Peter/Windmöller, Rolf/v. Wysocki, Klaus, Düsseldorf 1992, S. 415–426 (zitiert als: *Mertens,* in: FS Forster).

Meyer-Landrut, Joachim/Miller, Georg F./Niehus, Rudolf J. (Hrsg.), GmbHG, Berlin New York 1987 (zitiert als: *Bearbeiter,* in: Meyer-Landrut/Miller/Niehus, GmbHG).

Meyer, Susanne, Die Verantwortlichkeit des Geschäftsführers für Gläubigerinteressen – Veränderungen durch das MoMiG, in: BB 2008, S. 1742–1748.

Michalski, Lutz (Hrsg.), Kommentar zum Gesetz betreffend die Gesellschaften mit beschränkter Haftung (GmbH-Gesetz), Bd. 2, 2. Auflage, München 2010 (zitiert als: *Bearbeiter,* in: Michalski, GmbHG).

Müller, Gerd, Die Haftung des GmbH-Geschäftsführers aus § 64 GmbHG bei unterlassener Konkursanfechtung – Eine Besprechung des Urteils des Bundesgerichtshofs vom 18. Dezember 1995, ZIP 1996, 420, in: ZIP 1996, S. 1153–1157.

– Geschäftsführerhaftung für Neugläubigerschäden – Eine kritische Nachbetrachtung zur Änderung der Rechtsprechung des BGH bezüglich der Haftung aus § 64 GmbHG, in: GmbHR 1996, S. 393–400.

Müller, Hans-Friedrich, Die steuerrechtliche Haftung des GmbH-Geschäftsführers in der Krise, in: GmbHR 2003, S. 389–394.

Müller, Welf, Der Geschäftsführer der GmbH und das Gesellschafterdarlehen in der Krise, in: Liber amicorum für Martin Winter, Köln 2011, S. 487–498 (zitiert als: *W. Müller,* in: Liber amicorum Winter).

– Der Verlust der Hälfte des Grund- oder Stammkapitals – Überlegungen zu den §§ 92 Abs. 1 AktG und 49 Abs. 3 GmbHG –, in: ZGR 1985, S. 191–213.

Münchener Handbuch des Gesellschaftsrechts, Bd. 4 (Aktiengesellschaft), hrsg. v. Hoffmann-Becking, Michael, 3. Auflage, München 2007 (zitiert als: Bearbeiter, in: MünchHdb AG).

Münchener Kommentar zum Aktiengesetz, hrsg. v. Goette, Wulf/Habersack, Matthias, Bd. 2, 4. Auflage, München 2014 (zitiert als: *Bearbeiter,* in: MünchKommAktG).

Münchener Kommentar zum Bürgerlichen Gesetzbuch, hrsg. v. Säcker, Franz Jürgen/Rixecker, Roland/Oetker, Hartmut, Bd. 5, 6. Auflage, München 2013 (zitiert als: Bearbeiter, in MünchKommBGB).

Münchener Kommentar zum GmbH-Gesetz, hrsg. v. Fleischer, Holger/Goette, Wulf, Bd. 2, München 2012 (zitiert als: *Bearbeiter,* in: MünchKommGmbHG).

– Bd. 3, München 2011 (zitiert als: *Bearbeiter,* in: MünchKommGmbHG).

Münchener Kommentar zur Insolvenzordnung, hrsg. v. Kirchhof, Hans-Peter/Eidenmüller, Horst/Stürner, Rolf, Bd. 1, 3. Auflage, München 2013 (zitiert als: *Bearbeiter*, in: MünchKommInso).

– Bd. 3, 3. Auflage, München 2013 (zitiert als: *Bearbeiter*, in: MünchKommInso).

Nentwig, Martin, Erstattungspflicht für während der Insolvenzantragsfrist geleistete Sozialversicherungsbeiträge?, in: GmbHR 2011, S. 346–350.

Niesert, Burkhard/Hohler, Anne, Die Haftung des Geschäftsführers für die Rückzahlung von Gesellschafterdarlehen und ähnliche Leistungen – Zugleich ein Beitrag zur Auslegung des § 64 S. 3 GmbHG, in: NZI 2009, S. 345–351.

Nolting-Hauff, Wilhelm/Greulich, Sven, Was von der Insolvenzverursachungshaftung des Geschäftsführers bleibt – Zugleich Besprechung von BGH v. 9.10.2012 – II ZR 298/11 –, in: GmbHR 2013, S. 169–176.

Nowotny, Christian, Verlust des halben Stammkapitals – Ein „kleiner“ Unterschied zwischen deutschem und österreichischem GmbH-Recht –, in: Festschrift für Johannes Semler zum 70. Geburtstag, hrsg. v. Bierich, Marcus/Hommelhoff, Peter/Kropff, Bruno, Berlin/New York 1993, S. 231–260 (zitiert als: *Nowotny*, in: FS Semler).

Oepen, Klaus, Massefremde Masse, Tübingen 1999 (zitiert als: *Oepen*, Massefremde Masse).

Olk, Sebastian/Nikoleyczik, Tobias, Rückzahlbarkeit eines vor Inkrafttreten des MoMiG fällig gewordenen Gesellschafterdarlehens – Kein Leistungsverweigerungsrecht aus § 64 S. 3 GmbHG, in: GWR 2010, S. 271.

Pape, Gerhard, Persönliche Haftung des GmbH-Geschäftsführers für masseschädigende Auszahlungen nach Eintritt der Insolvenzreife – zugleich eine Anmerkung zu BGH, Urt. v. 8.1.2001 – II ZR 88/99, ZInso 2001, 260 –, in: ZInsO 2001, S. 397–404.

Petrovicki, Kolja, Masseschmälerungsverbot begründet ein Leistungsverweigerungsrecht, IN: GWR 2010, S. 274.

Plagemann, Nikolaus, Beseitigung des Verlusts gem. § 92 I AktG vor Durchführung der Hauptversammlung, in: NZG 2014, S. 207–209.

Poertzgen, Christoph, Der 3-Wochen-Zeitraum im Rahmen der Antragspflicht (§ 15a InsO), in: ZInsO 2008, S. 944–952.

– Die Haftung des Geschäftsführers gegenüber Neugläubigern (§ 15a InsO) – zugleich Anmerkung zu BGH, Urt. v. 27. 4. 2009 – II ZR 253/07, ZInsO 2009, 1159 ff., in: ZInsO 2009, S. 1833–1839.

– Die rechtsformneutrale Insolvenzantragspflicht (§ 15a InsO), in: ZInsO 2007, S. 574–578.

– Geschäftsführerhaftung aus § 64 Satz 1 GmbHG – Anwendungspraxis und rechtspolitische Kritik, in: ZInsO 2011, S. 305–313.

– Gesetzliche Neuverbindlichkeiten im Verschleppungszeitraum – Insoweit zugleich Anmerkung zu BGHZ 164, 50 ff. = ZInsO 2005, 1043 ff. –, in: ZInsO 2007, S. 285–292.

– Neues zur Insolvenzverschleppungshaftung – der Regierungsentwurf des MoMiG, in: NZI 2008, S. 9–12.

– Organhaftung während des 3-Wochenzeitraums (§ 15a Abs. 1 InsO), in: ZInsO 2008, S. 1196–1199.

– Organhaftung wegen Insolvenzverschleppung, Baden-Baden, 2006 (zitiert als: *Poertzgen*, Organhaftung).

– Vorstandshaftung wegen Insolvenzverschleppung (§ 42 II BGB), NZG 2010, S. 772–776.

Poertzgen, Christoph/Meyer, Benedikt, Aktuelle Probleme des § 64 Satz 3 GmbHG, in: ZInsO 2012, S. 249–258.

Priester, Hans-Joachim, Verlustanzeige und Eigenkapitalersatz – Zur Funktion der §§ 92 Abs. 1 AktG, 49 Abs. 3 GmbHG, in: ZGR 1999, S. 533–547.

Radtke, Henning, Nichtabführen von Arbeitnehmerbeiträgen (§ 266a StGB) in der Krise des Unternehmens – Beitragsstrafrecht zwischen Zivilrechts- und Sozialrechtsakzessorietät –, in: GmbHR 2009, S. 673–679.

Reiff, Peter/Arnold, Arnd, Unbeschränkte Konkursverschleppungshaftung des Geschäftsführers einer GmbH auch gegenüber gesetzlichen Neugläubigern?, in: ZIP 1998, S. 1893–1899.

Reischl, Klaus, Insolvenzrecht, 3. Auflage, Heidelberg u.a. 2014 (zitiert als: *Reischl*, InsolvenzR).

Reuter, Alexander, „Krisenrecht" im Vorfeld der Insolvenz – das Beispiel der börsennotierten AG, in: BB 2003, S. 1797–1804.

Rodewald, Jörg, Alte und neue Haftungsrisiken für GmbH-Geschäftsführer vor und in der Krise oder Insolvenz, in: GmbHR 2009, S. 1301–1307.

Röhricht, Volker, Insolvenzrechtliche Aspekte im Gesellschaftsrecht, in: ZIP 2005, S. 505–516.

Rokas, Alexandros N., Die „neue" Legaldefinition der Überschuldung, in: ZInsO 2009, S. 18–22.

Römermann, Volker, Aktuelles zur Insolvenzantragspflicht nach § 15a InsO, in: NZI 2010, S. 241–244.

– Insolvenzrecht im MoMiG, in: NZI 2008, S. 641–646.

Rösner, Tobias, Verlust des Stammkapitals und Geschäftsführerhaftung in der GmbH – Ein deutsch-spanischer Rechtsvergleich, Frankfurt am Main 2009 (zitiert als: *Rösner*, Verlust des Stammkapitals und Geschäftsführerhaftung in der GmbH).

Roth, Günther H./Altmeppen, Holger, Gesetz betreffend die Gesellschaften mit beschränkter Haftung (GmbHG), 8. Auflage, München 2015 (zitiert als: *Bearbeiter,* in: Roth/Altmeppen, GmbHG).

Roth, Jürg, Reform des Kapitalersatzrechts durch das MoMiG – Der Verzicht auf das Krisenkriterium und seine Folgen, in: GmbHR 2008, S. 1184–1192.

Rüthers, Bernd/Fischer, Christian/Birk, Axel, Rechtstheorie, 7. Auflage, München 2013.

Saenger, Ingo/Inhester, Michael (Hrsg.), GmbHG Handkommentar, 2. Auflage, Baden-Baden 2013 (zitiert als: *Bearbeiter,* in: Saenger/Inhester, GmbHG).

Sandberger, Andreas, Die Außenhaftung des GmbH-Geschäftsführers, Baden-Baden, 1997 (zitiert als: *Sandberger,* Die Außenhaftung).

Schall, Alexander, Kapitalgesellschaftsrechtlicher Gläubigerschutz – Grund und Grenzen der Haftungsbeschränkung nach Kapitaldebatte, MoMiG und Trihotel –, München 2009 (zitiert als: *Schall,* Kapitalgesellschaftsrechtlicher Gläubigerschutz).

Schmidt, Andreas/Poertzgen, Christoph, Geschäftsführerhaftung (§ 64 S. 1 GmbHG) in Zeiten des ESUG, in: NZI 2013, S. 369–377.

Schmidt, Karsten (Hrsg.), Insolvenzordnung, 18. Auflage, München 2013 (zitiert als: *Bearbeiter,* in: K. Schmidt, InsO).

– Debitorisches Bankkonto und Insolvenzverschleppungshaftung: Ist Geben seliger denn Nehmen? – Bemerkungen zum Urteil des BGH vom 26.3.2007 – II ZR 310/05, ZIP 2007, 1006, und zur Zukunft der § 64 GmbHG, § 130a HGB –, in: ZIP 2008, S. 1401–1409.

– Ersatzpflicht bei „verbotenen Zahlungen“ aus insolventen Gesellschaften: Ist der haftungsrechtliche Kampfhund zähmbar? – Bemerkungen zum Urteil des BGH vom 18.11.2014 – II ZR 231/13-, in: NZG 2015, S. 129–133.

– Geschäftsführerhaftung gemäß § 64 Abs. 2 GmbHG bei masseloser Insolvenz – Bemerkungen zum Urteil des Bundesgerichtshofs vom 11.9.2000 – II ZR 370/99, GmbHR 2000, 1149, in: GmbHR 2000, S. 1225–1229.

– Gesellschafterdarlehen im GmbH- und Insolvenzrecht: Was hat sich geändert?, in: Liber amicorum für Martin Winter, hrsg. v. Hoffmann-Becking, Michael/Hüffer, Uwe/Reichert, Jochem, Köln 2011, S. 601–626 (zitiert als: *K. Schmidt,* in: Liber amicorum Winter).

– Gesetzlicher Handlungsbedarf im Insolvenzverschleppungsrecht – eine Depesche an das Bundesjustizministerium, in: ZIP 2009, S. 1551–1554.

– GmbH-Reform auf Kosten der Geschäftsführer ? – Zum (Un-)gleichgewicht zwischen Gesellschafterrisiko und Geschäftsführerrisiko im Entwurf eines MoMiG und in der BGH-Rechtsprechung, in: GmbHR 2008, S. 449–458.

– GmbH-Reform, Solvenzgewährleistung und Insolvenzpraxis – Gedanken zum MoMiG-Entwurf –, in: GmbHR 2007, S. 1–11.

– Haftungsrealisierung in der Gesellschaftsinsolvenz – Funktion und Aufgaben des Verwalters nach Gesellschafts- und Insolvenzrecht –, in: KTS 2001, S. 373–394.

- Insolvenzeröffnung mit Massekostenvorschuss – Vor einer neuerlichen Änderung des § 26 InsO, in: NJW 2011, S. 1255–1259.
- Kein Abschied vom „Quotenschaden" bei der Insolvenzverschleppungshaftung! – Altgläubigerschutz, Neugläubigerschutz und § 92 InsO, in: NZI 1998, S. 9–14.
- Konkursantragspflichten bei der GmbHG und bürgerliches Deliktsrecht, in: JZ 1978, S. 661–666.
- Konkursverschleppungshaftung und Konkursverursachungshaftung, in: ZIP 1988, S. 1497–1508.
- Reform der Kapitalsicherung und Haftung in der Krise nach dem Regierungsentwurf des MoMiG – Sechs Leitsätze zu § 30 GmbHG-E, § 64 GmbHG-E und § 1 a InsO-E, in: GmbHR 2007, S. 1072–1080.
- Übermäßige Geschäftsführerrisiken aus § 64 Abs. 2 GmbHG, § 130 a Abs. 3 HGB? – Eine Kritik der Praxis zu den Zahlungsverboten bei Insolvenz einer GmbH oder GmbH & Co KG, in: ZIP 2005, S. 2177–2185.
- Überschuldung und Unternehmensfortführung oder: per aspera ad astra – Grundsatz- und Praxisfragen um § 19 Abs. 2 InsO, in: ZIP 2013, S. 485–493.
- Verbotene Zahlungen in der Krise von Handelsgesellschaften und die daraus resultierenden Ersatzpflichten – Insolvenzrechtliche Brotvermehrung durch Klagen nach § 64 Abs. 2 GmbHG (§§ 92 AktG, 130 a, 177 a HGB, 99 GenG)? –, in: ZHR 168 (2004), S. 637–672.
- Weg mit den „Zahlungsverboten" in Insolvenzverschleppungsfällen!, in: ZHR 175 (2011), S. 433–443.

Schmidt, Karsten/Lutter, Marcus (Hrsg.), Aktiengesetz Kommentar, Bd. I, 2. Auflage, Köln 2010 (zitiert als: *Bearbeiter,* in: Schmidt/Lutter, AktG).

Schmidt, Karsten/Uhlenbruck, Wilhelm (Hrsg.), Die GmbH in Krise, Sanierung und Insolvenz, 4. Auflage Köln 2009 (zitiert als: *Bearbeiter,* in: K. Schmidt/Uhlenbruck, Die GmbH in Krise).

Schmittmann, Jens M./Dannemann, Dirk, Massesicherungs- versus Steuerzahlungspflicht im Schutzschirmverfahren nach § 270B InsO – Einen Tod muss der Geschäftsführer sterben, in: ZIP 2014, S. 1405–1414.

Schneider, Uwe H., Die Pflichten des Geschäftsführers in der Krise der GmbH – Zwölf Handlungsanweisungen an den Geschäftsführer zur Haftungsvermeidung, in: GmbHR 2010, 57–63.

Schneider, Uwe H./Brouwer, Tobias, Die straf- und zivilrechtliche Verantwortlichkeit des Geschäftsführers für die Abführung der Arbeitnehmeranteile zur Sozialversicherung – Eine Herausforderung für die höchstrichterliche Rechtsprechung, in: ZIP 2007, S. 1033–1042.

Scholz, Franz, Kommentar zum GmbHG, Bd. II, 11. Auflage, Köln 2014 (zitiert als: *Bearbeiter,* in: Scholz, GmbHG).

– Kommentar zum GmbHG, Bd. III, 11. Auflage, Köln 2015 (zitiert als: *Bearbeiter*, in: Scholz, GmbHG).

Schön, Wolfgang, GmbH-Geschäftsführerhaftung für Steuerschulden – zur Konkurrenz zwischen dem Fiskus und den privatrechtlichen Gläubigern einer GmbH –, in: Festschrift für Harm Peter Westermann zum 70. Geburtstag, hrsg. v. Aderhold, Lutz/Grunewald, Barbara/Klingberg, Dietgard/Paefgen, Walter G., Köln 2008, S. 1469–1485 (zitiert als: *Schön*, in: FS Westermann).

Schult, Ludger, Insolvenzverursachungshaftung des Geschäftsführers: BGH schafft Klarheit, in: GWR 2012, S. 549–551.

Schulze-Osterloh, Joachim, § 64 Abs. 1 GmbHG als Schutzgesetz i. S. d. § 823 Abs. 2 BGB, in: Festschrift für Marcus Lutter zum 70. Geburtstag, hrsg. v. Schneider, Uwe H./Hommelhoff, Peter/Schmidt, Karsten/Timm, Wolfram/Grunewald, Barbara/Drygala, Tim, Köln 2000, S. 707–720 (zitiert als: *Schulze-Osterloh,* in: FS Lutter).

– Grenzen des Gläubigerschutzes bei fahrlässiger Konkursverschleppung, in: AG 1984, S. 141–147.

– Zahlungen nach Eintritt der Insolvenzreife (§ 64 Abs. 2 GmbHG; §§ 92 Abs. 3, 93 Abs. 3 Nr. 6 AktG), in: Festschrift für Gerold Bezzenberger zum 70. Geburtstag, hrsg. v. Westermann, Harm Peter/Mock, Klaus, Berlin/New York 2000, S. 415–426 (zitiert als: *Schulze-Osterloh,* in: FS Bezzenberger).

Seulen, Günter/Osterloh, Falk, Die Haftung des Geschäftsführers für Zahlungen an den Gesellschafter – zur Reichweite von § 64 Satz 3 GmbHG, in: ZInsO 2010, S. 881–889.

Spindler, Gerald, Der Gläubigerschutz zwischen Gesellschafts- und Insolvenzrecht, in: JZ 2006, S. 839–850.

Spindler, Gerald/Stilz, Eberhard (Hrsg.), Kommentar zum Aktiengesetz, Bd. 1, 3. Auflage, München 2015 (zitiert als: *Bearbeiter,* in: Spindler/Stilz, AktG).

– Kommentar zum Aktiengesetz, Bd. 2, 3. Auflage, München 2015 (zitiert als: Bearbeiter, in: Spindler/Stilz, AktG).

Spliedt, Jürgen D., MoMiG in der Insolvenz – ein Sanierungsversuch, in: ZIP 2009, S. 149–161.

Strohn, Lutz, Existenzvernichtungshaftung, §§ 30, 31, 43 GmbHG und § 64 S. 3 GmbHG – Koordinierungsbedarf?, in: ZHR 173 (2009), S. 589–595.

– Geschäftsführerhaftung als Innen- und Außenhaftung, in: ZInsO 2009, S. 1417–1425.

– Organhaftung im Vorfeld der Insolvenz, in: NZG 2011, S. 1161–1169.

Theiselmann, Rüdiger/Redeker, Rouven, Die Geschäftsführer-Haftung für Zahlungen nach Insolvenzreife – Analyse des BGH-Urteils vom 5. 5. 2008 – II ZR 38/07 und Empfehlungen für die Praxis, in: GmbHR 2008, S. 961–968.

Theusinger, Ingo/Kapteina, Matthias, Upstream-Sicherheiten und Limitation Language, in: NZG 2011, S. 881–887.

Thiessen, Jan, Insolvenzeröffnungskapital statt Mindestkapital – ein Vorschlag zur GmbH-Reform, in: ZIP 2006, S. 1892–1898.

Thole, Christoph/Brünkmans, Christian, Die Haftung des Eigenverwalters und seiner Organe, in: ZIP 2013, S. 1097–1107.

Thümmel, Roderich C./Burkhardt, Anastasia, Neue Haftungsrisiken für Vorstände und Aufsichtsräte aus § 57 Abs. 1 AktG und § 92 Abs. 2 Satz 3 AktG in der Neufassung des MoMiG, in: AG 2009, S. 885–894.

Tiedtke, Klaus/Peterek, Jörg, Zu den Pflichten des organschaftlichen Vertreters einer Kapitalgesellschaft, trotz Insolvenzreife der Gesellschaft Sozialabgaben und Lohnsteuer abzuführen – Zugleich Besprechung des BGH-Urteils vom 14.5.2007 – II ZR 48/06 sowie der BFH-Urteile vom 27.2.2007 – VII R 67/05 und vom 5.6.2007 – VII R 65/05, in: GmbHR 2008, S. 617–626.

Uhlenbruck, Wilhelm, Die Legitimation zur Geltendmachung von Neugläubigerschäden wegen Konkursverschleppung, in: ZIP 1994, S. 1153–1156.

Uhlenbruck, Wilhelm/Hirte, Heribert/Vallender, Heinz (Hrsg.), Insolvenzordnung Kommentar, 13. Auflage, München 2010 (zitiert als: *Bearbeiter,* in: Uhlenbruck, InsO).

Ulmer, Peter/Habersack, Mathias/Löbbe, Marc (Hrsg.), GmbHG Großkommentar, Bd. 2, 2. Auflage, Tübingen 2014 (zitiert als: *Bearbeiter,* in: Ulmer, GmbHG).

Ulmer, Peter/Habersack, Mathias/Winter, Martin (Hrsg.), GmbHG Großkommentar, Ergänzungsband MoMiG, Tübingen 2010 (zitiert als: *Bearbeiter,* in Ulmer, GmbHG Erg.-Band).

Utsch Guido/Utsch, Nadja, Die Haftung des Geschäftsführers nach § 64 GmbHG, in: ZInsO 2009, S. 2271–2276.

Veil, Rüdiger, Krisenbewältigung durch Gesellschaftsrecht – Verlust des halben Kapitals, Pflicht zu ordnungsgemäßer Liquidation und Unterkapitalisierung –, in: ZGR 2006, 374–397.

Veit, Klaus-Rüdiger/Grünberg, Tobias, Wesen und Funktion der obligatorischen Verlustanzeige, in: DB 2006, S. 2644–2647.

Wackerbarth, Ulrich, Überschuldung und Fortführungsprognose, in: NZI 2009, S. 145–149.

Wagner, Gerhard, Deliktshaftung und Insolvenzrecht, in: Festschrift für Walter Gerhardt zum 70. Geburtstag, hrsg. v. Schilken, Eeberhard/Kreft, Gerhart/Wagner, Gerhard/Eckardt, Diederich, Köln, 2004, S. 1043–1075 (zitiert als: *G. Wagner,* in: FS Gerhardt).

– Insolvenzverschleppungshaftung nach der GmbH-Reform, in: Festschrift für Karsten Schmidt zum 70. Geburtstag, hrsg. v. Bitter, Georg/Lutter, Marcus/Priester, Hans-Joachim/Schön, Wolfgang/Ulmer, Peter, Köln 2009, S. 1665–1692 (zitiert als: *G. Wagner,* in: FS K. Schmidt).

Wagner, Magnus/Zabel, Karsten, Insolvenzverschleppungshaftung nach § 64 II GmbHG wegen Überschuldung – Anreicherung der Masse durch Haftungsverlagerung auf den Steuerberater?, in: NZI 2008, S. 660–667.

Weiß, Udo, Strafbarkeit der Geschäftsführer wegen Untreue bei Zahlungen „entgegen" § 64 GmbHG?, in: GmbHR 2011, S. 350–358.

Wenzler, Mathias, Der GmbHR-Kommentar zu BGH, Urt v. 9. 10. 2012 – II ZR 298/11, in: GmbHR 2013, S. 33–34.

Wicke, Hartmut, Gesetz betreffend die Gesellschaften mit beschränkter Haftung (GmbHG) Kommentar, 3. Auflage, München 2016 (zitiert als: *Wicke*, GmbHG).

Wilhelm, Jan, Kapitalgesellschaftsrecht, 3. Auflage, Berlin 2009 (zitiert als: *Wilhelm*, KapitalGesR).

– Konkursantragspflicht des GmbH-Geschäftsführers und Quotenschaden, in: ZIP 1993, S. 1833–1837.

– Verbot der Zahlung, aber Strafdrohung bei Nichtzahlung gegen den Geschäftsführer einer insolvenzrefen GmbH? – Zugleich Besprechung BGH v. 14. 5. 2007 – II ZR 48/06, ZIP 2007, 1265, in: ZIP 2007, S. 1781–1786.

Willemsen Reinhard/Rechel, Janine, Erweiterte Geschäftsführerhaftung beim Cash-Pooling – Ausweitung der Insolvenzpräventionspflichten in § 64 GmbHG, in: GmbHR 2010, S. 349–355.

Windbichler, Christine, Gesellschaftsrecht, 23. Auflage, München 2013 (zitiert als: *Windbichler*, GesR).

Windel, Peter A., Zur persönlichen Haftung von Organträgern für Insolvenzverschleppungsschäden, in: KTS 1991, S. 477–520.

Winkler, Christoph/Becker, Roman A., Die Limitation Language bei Akquisitions- und Konzernfinanzierungen unter Berücksichtigung des MoMiG, in: ZIP 2009, S. 2361–2368.

Winstel, Marc, Anmerkung zu OLG München, Urt. vom 6.5.2010–23 U 1564/10, in: DZWIR 2010, S. 438–440.

Winstel, Marc/Skauradszun, Dominik, Zahlungen an mehrere Gesellschafter in der Krise – Verteilungsmaßstäbe im Rahmen des § 64 S. 3 GmbHG–, in: GmbHR 2011, S. 185–190.

Wübbelsmann, Stephan, Streitschrift gegen die Insolvenzverschleppungshaftung – Zugleich Erwiderung auf das Urteil des OLG Saarbrücken v. 6.5.2008–4 U 484/07–165-, in: GmbHR 2008, S. 1303–1306.

Zitzmann, Axel, Die Vorlagepflichten des GmbH-Geschäftsführers, Heidelberg 1991 (zitiert als: Zitzmann, Vorlagepflichten).

Zweigert, Konrad/Kötz, Hein, Einführung in die Rechtsvergleichung, 3. Auflage, Tübingen 1996 (zitiert als: *Zweigert/Kötz,* Rechtsvergleichung).

Literaturverzeichnis zum spanischen Recht

Alcover Garau, Guillermo, Aproximación a la naturaleza jurídica de la responsabilidad concursal de los administradores de las sociedades de capital, in: RCP 2007, Nr. 7, S. 91–108.

– El ámbito de la responsabilidad de los administradores en los nuevos artículos 262.5 de la Ley de Sociedad Anónima y 105.5 de la Ley de Sociedades de Responsabilidad Limitada, in: RdS 2006, Nr. 26, S. 85–93.

– Introducción al Régimen Jurídico de la Calificación Concursal, in: Derecho Concursal – Estudio Sistemático de la Ley 22/2003 y de la Ley 8/2003, para la Reforma Concursal -, hrsg. v. García Villaverde, Rafael/Alonso Ureba, Alberto/Pulgar Ezquerra, Juana, Paracuellos del Jarama (Madrid) 2003, S. 487–503 (zitiert als: *Alcover Garau,* in: García Villaverde/Alonso Ureba/Pulgar Ezquerra, Derecho Concursal).

– La doble reforma de la responsabilidad de los administradores de las sociedades de capital, in: RCP 2006, Nr. 4, S. 81–90.

– La responsabilidad de los administradores de la sociedad anónima por las deudas sociales ex artículo 262.5 y los procedimientos concursales, in: RdS 1997, Nr. 8, S. 265–271

Alfaro Águila-Real, Jesús, La llamada acción individual de responsabilidad o responsabilidad „externa"de los administradores sociales, in: InDret 2007, Nr. 1, S. 1–18, abrufbar unter http://www.indret.com/pdf/413_es_1.pdf, letzter Abruf 7. Februar 2016.

Alonso Ureba, Alberto, La responsabilidad concursal de los administradores de una sociedad de capital en situación concursal (el art. 172.3 de la Ley Concursal y sus relaciones con las acciones societarias de responsablidad), in: Derecho Concursal – Estudio Sistemático de la Ley 22/2003 y de la Ley 8/2003, para la Reforma Concursal -, hrsg. v. García Villaverde, Rafael/Alonso Ureba, Alberto/Pulgar Ezquerra, Juana, Paracuellos del Jarama (Madrid) 2003, S. 505–576 (zitiert als *Alonso Ureba,* in: García Villaverde/Alonso Ureba/Pulgar Ezquerra, Derecho Concursal).

Álvarez Sousa, Begoña, Algunas cuestiones sobre la responsabilidad de los administradores de SA por daños y por deudas sociales (STS de 14 de noviembre de 2002 [RJ 2002, 9762], in: RdS 2005, Nr. 25, S. 373–385.

Antón Guijarro, Javier, Acerca de la coordinación entre la declaración de concurso y el ejercicio de las acciones generales de responsabilidad de los administradores sociales, in: Órganos de las sociedades de capital, Tomo I (Junta general e impugnación de acuerdos, los administradores y su responsablidad), hrsg v. Gimeno-Bayón Cobos, Rafael/Garrido Espa, Luis, Valencia 2008, S. 1183–1199, Capítulo XVI (zitiert als: *Antón Guijarro,* in: Gimeno-Bayón Cobos/Garrido Espa, Órganos).

Arribas Hernández, Alberto, Calificación del concurso, in: Enciclopedia de derecho concursal, Tomo I, hsrg v. Beltrán, Emilio/García-Cruces, José Antonio, Cizur Menor (Navarra) 2012, S. 387–409 (zitiert als: *Arribas Herández,* in: Beltrán/García-Cruces, Enciclopedia).

– La responsabilidad de los administradores sociales y personas afectadas por la calificación, in: RCP 2011, Nr. 14, S. 97–105.

Arroyo, Ignacio/Embid, José Miguel/Górriz, Carlos (Hrsg.), Comentarios a la Ley de Sociedades Anónimas, Volumen III, Segunda edición, Madrid 2009 (zitiert als: *Bearbeiter,* in: Arroyo/Embid/Górriz, Comentarios LSA).

– Comentarios a la Ley de Sociedades de Responsabilidad Limitada, Segunda edición, Madrid 2009 (zitiert als: *Bearbeiter,* in: Arroyo/Embid/Górriz, Comentarios LSRL).

Bataller, Juan, La disolución, in: Disolución y liquidación de sociedades mercantiles, hrsg. v. Rojo, Ángel/Beltrán, Emilio M., Valencia 2009, S. 21–89 (zitiert als: *Bataller,* in: Rojo/Beltrán, Disolución y liquidación).

Bello Martín-Crespo, María Pilar, Responsabilidad civil de administradores de sociedades de capital y Ley Concursal, in: Estudios sobre la Ley Concursal: Libro Homenaje a Manuel Olivencia, Tomo II, 2005, S. 1679–1736 (zitiert als: *Bello Martín-Crespo,* in: LH Olivencia).

Beltrán Sánchez, Emilio, De nuevo sobre la „naturaleza" de la responsabilidad concursal (Comentario SAP Barcelona 23.4.2012. Ponente: Juan F. Garnica Martín), in: RdS 2012, Nr. 39, S. 355–375.

– En torno a la „naturaleza" de la responsabilidad concursal (Comentario de la sentencia de la Sección 28ª de la Audiencia Provincial de Madrid de 5 de febrero de 2008), in: ADCo 2008, Nr. 14, S. 329–372.

– La responsabilidad concursal, in: Insolvencia y responsabilidad, hrsg. v. García-Cruces, José Antonio, Cizur Menor (Navarra) 2012, S. 227–246, Capítulo VI (zitiert als: *Beltrán,* in: García-Cruces, Insolvencia y responsabilidad).

– La responsabilidad de los administradores por obligaciones sociales, in: La responsabilidad de los administradores de las sociedades mercantiles, hsrg. v. Rojo, Ángel/Beltrán, Emilio, 5ª Edición, Valencia 2013, S. 249–293, Capítulo 6 (zitiert als: *Beltrán,* in: Rojo/Beltrán, La responsabilidad de los administradores).

– Las pérdidas y la responsabilidad de los administradores por las deudas sociales – Comentario a la sentencia del Tribunal Supremo de 16 de diciembre de 2004, in: ADCo 2005, Nr. 4, S. 407–423.

Beltrán Sánchez, Emilio/García-Cruces González, José Antonio, Responsabilidad concursal, in: Enciclopedia de derecho concursal, Tomo II, hrsg. von Beltrán, Emilio/García-Cruces, José Antonio, Cizur Menor (Navarra) 2012, S. 2625–2641 (zitiert als: *Beltrán/García-Cruces,* in: Beltrán/García-Cruces, Enciclopedia).

Benavides Velasco, Patricia/Guerrero Palomares, Salvador, La calificación jurídica de las previsiones de los artículos 164 y 165 de la Ley Concursal y sus relaciones con el concurso culpable, in: RCP 2010, Nr. 13, S. 175–199.

Beneyto, José María, Die Haftung der Mitglieder des Verwaltungsorgans einer AG nach spanischem Recht, in: EuZW 1997, S. 682–687.

Bercovitz Rodríguez-Cano, Rodrigo (Hrsg.), Comentarios a la Ley Concursal, Volumen I, Madrid 2004 (zitiert als: *Bearbeiter,* in Bercovitz Rodríguez-Cano, Comentarios LC).

– Comentarios a la Ley Concursal, Volumen II, Madrid 2004 (zitiert als: *Bearbeiter,* in Bercovitz Rodríguez-Cano, Comentarios LC).

Blanco Buitrago, Ramón, Consecuencias del incumplimiento del deber de solicitar la declaración de concurso: La calificación culpable del concurso, in: Estudios sobre la Ley Concursal – Libro Homenaje a Manuel Olivencia, Tomo V, Madrid/Barcelona 2005, S. 4895–4911 (zitiert als *Blanco Buitrago,* in: LH Olivencia).

Broseta Pont, Manuel/Martínez Sanz, Fernando, Manual de Derecho Mercantil, Volumen I, 18.ª edición, Madrid 2011 (zitiert als: *Broseta Pont/Martínez Sanz,* Manual de Derecho Mercantil).

Carbajo Cascón, Fernando, Comentario a la sentencia de 4 de julio de 2007 (RJ 2007, 4957), in: CCJC, 2008, S. 595–643.

– Responsabilidad de administradores por no promover la disolución o el concurso y responsablidad por déficit concursal: naturaleza, delimitación y coordinación, in: Cuestiones actuales sobre Derecho Concursal – Responsablidad concursal del deudor, responsabilidad de los administradores y acuerdo extrajudicial de pago – III Congreso concursal y mercantil de Salamanca, hsrg. v. Ruiz de Iza, Pablo/Barber Marrero, Luis, Cizur Menor (Navarra) 2014, S. 41–65 (zitiert als: *Carbajo Cascón,* in: Ruiz de Iza/Barber Marrero, Cuestiones actuales sobre Derecho Concursal).

– Tutela de acreedores mediante la responsabilidad de administradores por no disolver o declarar el concurso de la sociedad de capital. Notas del ordenamiento jurídico español, in DSR 2013, Vol. 10, S. 145–199.

Cerdá Albero, Fernando, Administradores, insolvencia y disolución por pérdidas, Valencia 2000 (zitiert als: *Cerdá Albero,* Administradores).

– La responsabilidad de los administradores sociales por el déficit concursal, in: Estudios de derecho mercantil – Liber amicorum Profesor Dr. Francisco Vicent Chuliá, hrsg. v. Cuñat Edo, Vicente/Massaguer, José/Alonso Espinosa, Francisco José/Gallego Sánchez, Esperanza, Valencia 2013, S. 1563–1611 (zitiert als: *Cerdá Albero,* in: Liber amicorum Vicent Chuliá).

Cohnen, Sebastian, Der Konkurs der Kapitalgesellschaft in Spanien, Frankfurt am Main 2007 (zitiert als: *Cohnen,* Der Konkurs der Kapitalgesellschaft).

Cordón Moreno, Faustino (Hrsg.), Comentarios a la Ley Concursal, Cizur Menor (Navarra) 2004 (zitiert als: *Bearbeiter,* in: Cordón Moreno, Comentarios LC).

Díaz Arias, José Manuel, Ley comentada de Sociedades Anónimas – Concordancia, jurisprudenciaconsultas tributarias y doctrina, Barcelona 2007 (zitiert als: *Díaz Arias,* LSA).

Díaz Echegaray, José Luis, Calificación del concurso – Doctrina y jurisprudencia, Cizur Menor (Navarra) 2015 (zitiert als: *Díaz Echegaray,* Calificación del concurso).

– La discutida naturaleza jurídica de la responsabilidad concursal a la luz de la última jurisprudencia, in: ADCo 2013, Nr. 29, S. 153–202.

– Manual práctico de derecho concursal – La Ley Concursal tras la reforma de la Ley 38/2011, El Masnou (Barcelona) 2012 (zitiert als: *Díaz Echegaray,* Manual práctico).

Esteban Velasco, Gaudencio, Algunas reflexiones sobre la responsabilidad de los administradores frente a los socios y terceros: Acción individual y acción por no promoción o remoción de la disolución, in: RdS 1995, Nr. 5, S. 47–78.

– La acción individual de responsabilidad, in: La responsablidad de los administradores de las sociedades mercantiles, hrsg. v. Rojo, Ángel/Beltrán, Emilio, 5ª Edición, Valencia 2013, S. 161–247 (zitiert als: *Esteban Velasco,* in: Rojo/Beltrán, La responsabilidad de los administradores).

Etxarandio Herrera, Edorta J., Manual de derecho concursal, 2.ª edición, Las Rozas (Madrid) 2009 (zitiert als: *Etxarandio Herrera,* Manual de derecho concursal).

Farias Batlle, Mercedes, La calificación del concurso: Presupuestos objetivos, sanciones y presunciones legales, in: RDM 2004, S. 67–137.

Fernández-Ballesteros, Miguel Ángel, Algunas cuestiones sobre la apertura del concurso, in: La nueva Ley Concursal, hrsg. v. Garnica Martín, Juan Francisco, Madrid 2004, S. 21–125 (zitiert als: *Fernández-Ballesteros,* in: Garnica Martín, La nueva Ley Concursal).

Fernández de la Gándara, Luis, Derecho de sociedades, Volumen I, Valencia 2010 (zitiert als: *Fernández de la Gándara,* Derecho de sociedades).

Fernández de la Gándara, Luis/Sánchez Álvarez, Manuel María (Hrsg.), Comentarios a la Ley Concursal, Madrid/Barcelona 2004 (zitiert als: *Bearbeiter,* in: Fernández de la Gándara/Sánchez Álvarez, Comentarios LC).

Frau i Gaià, Sebastiá, La calificación en el concurso de acreedores – Una visión crítica, Valencia 2014 (zitiert als: *Frau i Gaiá,* La calificación en el concurso de acreedores).

Fries, Michael/Mateo, Iván/von Wolffersdorff, Philipp, Ley Concursal – Spanisches Konkursgesetz – Spanisch-deutsche Textausgabe mit Erläuterungen, Heidelberg 2013 (zitiert als: *Fries/Mateo/von Wolffersdorff,* Ley Concursal).

Gallego Sánchez, Esperanza (Hrsg.), Ley Concursal – Comentarios, jurisprudencia y formularios (Artículos 1 a 97), Las Rozas (Madrid) 2005 (zitiert als: *Bearbeiter,* in: Gallego Sánchez, Comentarios LC).

– Ley Concursal – Comentarios, jurisprudencia y formularios (Artículos 98 a final), Las Rozas (Madrid) 2005 (zitiert als: *Bearbeiter,* in: Gallego Sánchez, Comentarios LC).

– Responsabilidad de los administradores, in: Enciclopedia de derecho concursal, Tomo II, hrsg. v. Beltrán, Emilio/García-Cruces, José Antonio, Cizur Menor (Navarra) 2012, S. 2643–2658 (zitiert als: *Gallego Sánchez,* in: Beltrán/García-Cruces, Enciclopedia).

García Vidal, Ángel, La legitimación para solicitar la declaración de concurso de las sociedades mercantiles, in: Estudios sobre la Ley Concursal – Libro Homenaje a Manuel Olivencia, Tomo I, Madrid 2005, S. 1017–1039 (zitiert als: *García Vidal,* in: LH Olivencia).

García-Cruces González, José Antonio, Declaración de concurso y acciones societarias de responsabilidad frente a los administradores de la sociedad concursada, in: ADCo 2013, Nr. 28, S. 31–68.

– La calificación del concurso, Cizur Menor (Navarra) 2004 (zitiert als: *García-Cruces,* La calificación).

– La calificación del concurso tras la reforma de la Ley Concursal, in Estudios de Derecho Mercantil – Liber amicorum Profesor Dr. Francisco Vicent Chuliá, hrsg. von Cuñat Edo, Vicente/Massaguer, José/Alonso Espinosa, Francisco José/Gallego Sánchez, Esperanza, Valencia 2013, S. 1629–1653 (zitiert als *García-Cruces,* in: Liber amicorum Vicent Chuliá).

– La responsabilidad concursal, in: La responsabilidad de los administradores de las sociedades mercantiles, hrsg. v. Rojo, Ángel/Beltrán, Emilio, 5ª Edición, Valencia 2013, S. 295–357, Capítulo 7 (zitiert als: *García-Cruces,* in: Rojo/Beltrán, La responsabilidad de los administradores).

– Los efectos de los acuerdos de refinanciación en el concurso consecutivo: la calificación, in: ADCo 2014, Nr. 33, S. 181–200.

García Marrero, Javier, La sección de calificación del concurso, in: Derecho Concursal, hrsg. v. Nieto Delgado, Carlos, Valencia 2012, S. 629–661, Capítulo 21 (zitiert als: *García Marrero,* in: Nieto Delgado, Derecho Concursal).

Garnacho Cabanillas, Lourdes, Naturaleza jurídica de la responsabilidad concursal, in: RCP 2014, Nr. 20, S. 215–235.

Gimeno-Bayón Cobos, Rafael, Algunos aspectos conflictivos de la responsabilidad de los administradores por no promover la disolución de las scoiedades anónimas concurriendo causa, in: Derecho de sociedades II, hrsg. v. Gimeno-Bayón Cobos, Rafael, Madrid 1998, S. 25–142 (zitiert als: *Gimeno-Bayón Cobos,* in: Gimeno-Bayón Cobos, Derecho de sociedades II).

Gómez Martín, Fernando, La calificación del concurso en la nueva ley, in: EdD 2003, Nr. 51/2, S. 115–151.

González Cabrera, Inmaculada, Breves consideraciones acerca de la calificación como culpable del concurso de persona jurídica en el anteproyecto de ley de reforma de la Ley Concursal, in: RCP 2011, Nr. 14, S. 297–304.

– La responsabilidad concursal de los administradores sociales *ex* Art. 172 bis del proyecto de reforma de la Ley Concursal, in: RCP 2011, Nr. 15, S. 355–365.

– La responsabilidad concursal del administrador de hecho (A propósito del auto del Juzgado de lo Mercantil n.°1 de Granada de 30 de septiembre de 2011), in: RCP 2012, Nr. 16, S. 249–264.

– Primeras reflexiones sobre la responsabilidad de los administradores sociales en la propuesta de Código Mercantil, in: RdS 2013, Nr. 41, S. 331–377.

González Fernández, Juan Carlos, Directors' duties and liability in Spain, in: Annex to Study on Directors' Duties and Liability, hrsg. v. Gerner-Beuerle, Carsten/Paech, Philipp/Schuster, Edmund Philipp, London 2013, S. A 807 – A 836, abrufbar unter http://ec.europa.eu/internal_market/company/docs/board/2013-study-reports_en.pdf, letzter Abruf 7. Februar 2016 (zitiert als: *González Fernández,* in: Gerner-Beuerle/Paech/Schuster, Annex zur LSE-Studie).

Grimaldos García, María Isabel, Disolución, liquidación y extinción, in: Introducción al derecho de sociedades de capital – Estudio de la Ley de sociedades de capital y legislación complemetaria, hrsg. v. Embid Irujo, José Miguel, Madrid 2013, S. 349–370, Capítulo XV (zitiert als: *Grimaldos García,* in: Embid Irujo, Introducción al derecho de sociedades de capital).

Guerrero Lebrón/Gómez Porrua, La responsabilidad de los administradores de las sociedades de capital en situación concursal, in: in: Estudios sobre la Ley Concursal: Libro Homenaje a Manuel Olivencia, Tomo II, 2005, S. 1965–1988 (zitiert als: *Guerrero Lebrón/Gómez Porrúa,* in: LH Olivencia).

Hernando Mendívil, Javier, Calificación del concurso y coexistencia de las responsabilidades concursal y societaria – La Ley 38/2011, de 10 de octubre, y la primera jurisprudencia del Tribunal Supremo, Barcelona 2013 (zitiert als: *Hernando Mendívil,* Calificación del concurso).

Hierro Anibarro, Santiago, La sociedad de responsabilidad limitada, in: Lecciones de Derecho Mercantil, hsrg. v. Jiménez Sánchez, Guillermo J./Díaz Moreno, Alberto, Decimosexta edición, Madrid 2013, S. 284–323, Lección 11.ª (zitiert als: *Hierro Anibarro,* in: Jiménez Sánchez/Díaz Moreno, Lecciones de Derecho Mercantil).

Huerta Viesca/Rodríguez Ruiz de Villa, Daniel, La responsabilidad concursal de los administradores (A propósito del voto particular a la STS 21.5.2012), in: ADCo 2013, Nr. 28, S. 207–220.

Iglesias Prada, Juan Luis/García de Enterría, Javier, La disolución y liquidación de las sociedades mercantiles, in: Lecciones de Derecho Mercantil, Volumen I, hrsg. v. Menéndez, Aurelio/Rojo, Ángel, Novena edición, Cizur Menor (Navarra) 2011,

S. 595–614 (zitiert als: *Iglesias Prada/García de Enterría,* in: Menéndez/Rojo, Lecciones de Derecho Mercantil, Vol. I).

Juste Mencía, Javier/Puyol Martínez-Ferrando, Blanca, Ejercicio de la acción de responsabilidad por las deudas sociales contrario a la buena fe (STS 942/2003, Sala de lo Civil de 16 de octubre), in: RdS 2004, Nr. 23, S. 257–264.

López López, Enrique/Macías Castillo, Agustín (Hrsg.), Comentario práctico a la nueva Ley Concursal (E-Book-Ausgabe), Madrid 2012 (zitiert als: *Bearbeiter,* in: López López/Macías Castillo, Comentario práctico LC).

Lotz, Christian Martinho, Haftung des Vorstandes der Aktiengesellschaft: eine Untersuchung zum argentinischen, brasilianischen, deutschen und spanischen Recht, Hamburg 2013 (zitiert als: *Lotz,* Haftung des Vorstandes der Aktiengesellschaft).

Lozano Saigí, Miriam, Aproximación jurídica a la figura y régimen de responsabilidad del administrador de hecho, in: RJCat 2005, S. 1057–1083.

Machado Plazas, Algunas consideraciones sobre aspectos procesales de la calificación del concurso (A propósito de la Sentencia del Tribunal Supremo de 22 de abril de 2010 sobre calificación del concurso. Recurso 76/2009, resolución 227/2010), in: RCP 2010, Nr. 13, S. 235–241.

- El concurso de acreedores culpable – Calificación y Responsabilidad Concursal, Cizur Menor (Navarra), 2006 (zitiert als: *Machado Plazas,* El concurso de acreedores culpable).
- La naturaleza jurídica de la responsabilidad por las deudas sociales y la cuestión relativa a la aplicación retroactiva del artículo 367 LSC, in: Estudios de Derecho Mercantil – En memoria del Profesor Anibal Sánchez Andrés, hrsg. von Sáenz García de Albizu, Juan Carlos/Oleo Banet, Fernando/Martínez Flórez, Aurora, Cizur Menor (Navarra) 2010, S. 785–797 (zitiert als: *Machado Plazas,* in: Sáenz García de Albizu/Oleo Banet/Martínez Flórez).
- La sentencia de calificación, in: Derecho Concursal, hrsg. v. Nieto Delgado, Carlos, Valencia 2012, S. 663–686, Capítulo 22 (zitiert als: *Machado Plazas,* in: Nieto Delgado, Derecho Concursal).
- Pérdida del capital social y responsabilidad de los administradores por las deudas sociales, Madrid 1997 (zitiert als: *Machado Plazas,* Pérdida del capital social).

Mairata Laviña, Jaime, Responsabilidad de los administradores y situaciones concursales, in: Derecho de sociedades – Libro Homenaje al profesor Fernando Sánchez Calero, Voumen II, Aravaca (Madrid) 2002, S. 1383–1410, Capítulo 48 (zitiert als: *Mairata Laviña,* in: LH Sánchez Calero).

Marín de la Bárcena Garcimartín, Fernando, Deberes y responsabilidad de los administradores ante la insolvencia de las Sociedades de Capital, in: RdS 2005, Nr. 24, S. 91–120.

- La acción individual de responsabilidad frente a los administradores de sociedades de capital, Madrid 2005 (zitiert als: *Marín de la Bárcena,* La acción individual).

- Naturaleza jurídica de la responsabilidad concursal (Comentario a la STS 1.ª de 23 de febrero de 2011), in: RCP 2011, Nr. 15, S. 463–473.
- Reformas en materia de calificación concursal, in: RCP 2012, Nr. 16, S. 97–102.
- Responsabilidad concursal, in: ADCo 2013, Nr. 28, S. 103–157.
- Responsabilidad de los administradores de sociedades de capital por no promoción de la disolución o el concurso (sobre la retroactividad de la reforma de los arts. 262.5 LSA y 105.5 LSRL) – STS 1ª, 9 de enero de 2006 (RJ 2006, 199), in: RdS 2006, Nr. 26, S. 455–473.
- Responsabilidad por deudas y derecho de daños – STS (Sala de lo Civil) de 5 de diciembre de 2007 (RJ 2007, 8899), in: RdS 2008, Nr. 31, S. 397–410.

Martín Alonso, Olga, El concurso voluntario, in: Derecho Concursal, hrsg. v. Nieto Delgado, Carlos, Valencia 2012, S. 57–93, Capítulo 2 (zitiert als: *Martín Alonso,* in: Nieto Delgado, Derecho Concursal).

Martín Reyes, María Ángeles, La concurrencia de acciones en orden a la exigencia de responsabilidad a los administradores sociales, in: ADCo 2012, Nr. 26, S. 177–204.
- La insolvencia de las sociedades de capital y la exigencia de responsabilidad a sus administradores, in: RDM 2010, S. 835–898.

Martínez Sanz, Fernando, Los administradores responsables, in: La responsabilidad de los administradores de las sociedades mercantiles, hsrg. v. Rojo, Ángel/Beltrán, Emilio, 5ª Edición, Valencia 2013, S. 55–87, Capítulo 3 (zitiert als: *Martínez Sanz,* in: Rojo/Beltrán, La responsabilidad de los administradores).

Meyer, Stefan, Persönliche Haftung der Geschäftsführer/Verwalter einer spanischen GmbH, in: RIW 1998, S. 450–453.

Molina López, Florencio, La sentencia de calificación, in: El procedimiento concursal en toda su dimensión, hrsg. v. Martín Molina, Pedro B./del Carre Díaz-Gálvez, Jose Mª/Lopo López, Mª Antonia, Madrid 2014, S. 196–213 (zitiert als: *Molina López,* in: Martín Molina/del Carre Díaz-Gálvez/Lopo López, El procedimiento concursal).

Morales Barceló, Judith, La responsabilidad de los administradores de sociedades mercantiles en situación de pérdidas y de insolvencia, Valencia, 2013 (zitiert als: *Morales Barceló,* La responsabilidad de los administradores).

Morillas Jarillo, María José, Responsabilidad concursal de administradores y liquidadores: Balance del primer bienio de vigencia de la Ley Concursal (Y II), in: RCP 2007, Nr. 7, S. 53–88.

Moya Ballester, Jorge, La conclusión de los concursos sin masa de las sociedades de capital, in: ADCo 2013, Nr. 29, S. 121–149.
- La responsabilidad de los administradores de sociedades en situaciones de crisis (E-Book- Ausgabe), Madrid 2010 (zitiert als: *Moya Ballester,* La responsabilidad de los administradores).

Moya Jiménez, Antonio, La responsabilidad de los administradores de empresas insolventes, 8.ª edición, Barcelona 2012 (zitiert als: *Moya Jiménez,* La responsabilidad de los administradores).

Muñoz García, Alfredo, La causa disolutoria por pérdidas graves, en las sociedades de capital, tras las últimas modificaciones normativas aprobadas por la Ley 16/2007 de 4 de julio y el Real Decreto Ley 10/2008, de 12 de diciembre, in: RDM 2008, S. 1435–1473.

Muñoz Paredes, Alfonso, La calificación del concurso. Sentencia de calificación y responsabilidad concursal, in: Tratado judicial de la insolvencia, Tomo II, hrsg. v. Prendes Carril, Pedro/Muñoz Paredes, Alfonso, Cizur Menor (Navarra) 2012, S. 595–722, Capítulo 23 (zitiert als: *A. Muñoz Paredes,* in: Prendes Carril/A. Muñoz Paredes, Tratado judicial de la insolvencia).

Muñoz Planas, José María/Muñoz Paredes, José María, Repercusiones del concurso de la sociedad sobre la responsabilidad de los administradores, in: RDM 2003, S. 1341–1383

Navarro Lérida, M.ª Sagrario, El problema de la competencia para decidir sobre la solicitud del concurso en las sociedades de capital. La necesidad del acuerdo de junta general, in: Gobierno corporativo y crisis empresariales (II Seminario Harvard-Complutense de Derecho Mercantil), hrsg. v. Departamento de Derecho Mercantil Universidad Complutense, Madrid 2006, S. 177–197 (zitiert als: *Navarro Lérida,* in: Gobierno corporativo y crisis empresariales).

Neila Neila, Jose Maria, La responsabilidad de los administradores en las sociedades de capital (mercantil, civil, penal, administrativa), Madrid 1995 (zitiert als: *Neila Neila,* La responsabilidad de los administradores).

Nieto Delgado, Carlos, Soluciones societarias ante la insolvencia: el aumento y la reducción del capital social. La operación acordeón como mecanismo de reestructuración empresarial, in: Tratado judicial de la insolvencia, Tomo I, hrsg. v. Prendes Carril, Pedro/Muñoz Paredes, Alfonso, Cizur Menor (Navarra) 2012, S. 113–157 (zitiert als: *Nieto Delgado,* in: Prendes Carril/A. Muñoz Paredes, Tratado judicial de la insolvencia).

Pablo-Romero Gil-Delgado, Mª Concepción, La responsabilidad de de los administradores de sociedades por no haber instado el concurso – un supuesto asegurable?, in: RdS 2006, Nr. 26, S. 311–332.

Parejo Ballesteros, Daniel, Existe obligación de convocar junta general de una sociedad en caso de concurrencia de causa legal de disolución por pérdidas estando la misma en concurso?, in: RdS 2012, Nr. 38, S. 333–340.

Peñas Moyano, Maria Jesús, De nuevo sobre la responsabilidad de los administradores por no disolución de la sociedad. STS de 22 de diciembre de 1999 (RJ 1999, 9749), in: RdS 2000, Nr. 15, S. 247–257.

Perdices Hueto, Antonio, La responsabilidad de los administradores por deudas sociales a la luz de la Ley Concursal, in: InDret 2005, Nr. 3, S. 1–11, abrufbar unter http://www.indret.com/pdf/295_es.pdf, letzter Abruf 7. Februar 2016.

Pérez Millán, David, Causa de disolución por pérdidas y presupuesto objetivo de la declaración de concurso de sociedades de capital, in: Gobierno corporativo y crisis empresariales (II Seminario Harvard-Complutense de Derecho mercantil), hrsg. v. Departamento de Derecho Mercantil Universidad Complutense, Madrid 2006, S. 199–209 (zitiert als: *Pérez Millán,* in: Gobierno corporativo y crisis empresariales).

Prades Cutillas, Daniel, La conclusión del concurso de acreedores: Liquidadición y calificación, in: Fundamentos de derecho empresarial, Tomo IV – Derecho concursal-, hrsg. v. Sebastián Quetglas, Rafel, Cizur Menor (Navarra) 2012, S. 197–228 (zitiert als: *Prades Cutillas,* in: Sebastián Quetglas, Fundamentos de derecho empresarial, Tomo IV).

Prendes Carril, Pedro, La responsablidad civil de los administradores de sociedades capitalistas. Armonización con el sistema de responsablidad concursal, in: Tratado judicial de la insolvencia, Tomo I, hrsg. v. Prendes Carril, Pedro/Muñoz Paredes, Alfonso, Cizur Menor (Navarra), 2012, S. 343–492 (zitiert als: *Prendes Carril,* in: Prendes Carril/A. Muñoz Paredes, Tratado judicial de la insolvencia).

– Naturaleza jurídica de la responsabilidad concursal de los administradores sociales (art. 172.3 LC): déficit concursal e imputación objetiva, in: AJA 2007, Nr. 731, S. 1 und 11–15.

Pulgar Ezquerra, Juana, A propósito del órgano legitimado en las Sociedades de Capital para decidir sobre la solicitud de concurso de acreedores, in: RdS 2005, Nr. 24, S. 257–270.

– El deber y la responsabilidad de los administradores de sociedades de capital por la solicitud del concurso de acreedores, in: Gobierno Corporativo y Derecho Penal – Mesas redondas derecho y economía, hrsg. v. Bajo Fernández, Miguel, Madrid 2008, S. 103–120 (zitiert als: *Pulgar Ezquerra,* in: Bajo Fernández, Gobierno Corporativo y Derecho Penal).

– El presupuesto objetivo de la apertura del concurso de acreedores, in: Derecho Concursal – Estudio Sistemático de la Ley 22/2003 y de la Ley 8/2003, para la Reforma Concursal -, hrsg. v. García Villaverde, Rafael/Alonso Ureba, Alberto/Pulgar Ezquerra, Juana, Paracuellos del Jarama (Madrid) 2003, S. 55–135 (zitiert als: *Pulgar Ezquerra,* in: García Villaverde/Alonso Ureba/Pulgar Ezquerra, Derecho Concursal).

– La responsabilidad concursal de los administradores sociales, in: La responsabilidad de los administradores de sociedades de capital, hrsg. v. Guerra Martín, Guillermo, Madrid 2011, S. 333–390 (zitiert als: *Pulgar Ezquerra,* in: Guerra Martín, La responsabilidad de los administradores).

Pulgar Ezquerra, Juana/Alonso Ledesma, Carmen/Alonso Ureba, Alberto/Alcover Garau, Guillermo (Hrsg.), Comentarios a la legislación concursal (Ley 22/2003 y 8/2003 para la Reforma Concursal), Tomo I, Madrid 2004 (zitiert als: *Bearbeiter*, in: Pulgar Ezquerra/Alonso Ledesma/Alonso Ureba/Alcover Garau, Comentarios).

– Comentarios a la legislación concursal (Ley 22/2003 y 8/2003 para la Reforma Concursal), Tomo II, Madrid 2004 (zitiert als: Bearbeiter, in: Pulgar Ezquerra/Alonso Ledesma/Alonso Ureba/Alcover Garau, Comentarios).

Puyol Martínez-Ferrando, Blanca, La responsabilidad concursal de los administradores, in: Gobierno corporativo y crisis empresariales (II Seminario Harvard-Complutense de Derecho mercantil), hrsg. v. Departamento de Derecho Mercantil Universidad Complutense, Madrid 2006, S. 277–286 (zitiert als: *Puyol Martínez-Ferrando,* in: Gobierno corporativo y crisis empresariales).

Quijano González, Jesús, Coordinación de acciones societarias (social, individual, y por deudas) y concursales de responsabilidad, in: RCP 2015, Nr. 22, S. 43–50.

– La responsabilidad concursal tras la Ley 38/2011 de reforma de la Ley Concursal, in: RCP 2013, Nr. 18, S. 51–66.

– La responsabilidad de los administradores por la no disolución de la sociedad y las causas de exoneración, in: RdS 2002, Nr. 19, S. 73–87.

– Responsabilidad de los administradores por no disolución de la sociedad (Art. 262.5, TRLSA [RCL 1989, 2737]) (Sentencia de la Audiencia Provincial de Burgos de 24 de julio 1995), in: RdS 1995, Nr. 5, S. 265–282.

– Responsabilidad societaria y concursal de administradores: De nuevo sobre la coordinación y el marco de relaciones, in: RCP 2009, Nr. 10, S. 19–48.

Rodríguez Artigas, Fernando/Marín de la Bárcena Garcimartín, Fernando, Algunas cuestiones sobre la responsabilidad de los administradores de Sociedad Anónima por no promoción de la disolución en caso de pérdidas (art. 262.5 LSA) – STS 1ª de 16 de diciembre de 2004, in: RdS 2005, Nr. 24, S. 295–314.

Rodríguez Ruiz de Villa, Daniel, Por una mejor reforma de la responsabilidad de los administradores por no disolución o no concurso de las sociedades de capital, in: AJA 2005, Nr. 691, S. 1–6.

– Primeros pronunciamientos del Tribunal Supermo sobre la naturaleza jurídica de la responsabilidad concursal de los administradores sociales (Arts. 172.3, originario, y 172bis LC, reformado), in: Insolvencia y responsabilidad, hrsg. von García-Cruces, José Antonio, Cizur Menor (Navarra) 2012, S. 401–420 (zitiert als: *Rodrígue Ruiz de Villa,* in: García-Cruces, Insolvencia y responsabilidad).

Rodríguez Ruiz de Villa, Daniel/Huerta Viesca, María Isabel, Artículos 262.5 LSA y 105.5 LSRL „versión 2005", in: RdS 2006, Nr. 26, S. 647–654.

– La responsabilidad concursal tras el Real-Decreto Ley 4/2014, de 7 de marzo, in: ADCo 2015, Nr. 36, S. 171–195.

– Responsabilidades de los administradores de las sociedades de capital en crisis, Cizur Menor (Navarra) 2012 (zitiert als: *Rodríguez Ruiz de Villa/Huerta Viesca,* Responsabilidades de los administradores).

Rojo Fernández-Río, Ángel, Los deberes legales de los administradores en orden a la disolución de la sociedad de capital como consecuencia de pérdidas, in: Derecho de sociedades – Libro Homenaje al profesor Fernando Sánchez Calero, Volumen II, Aravaca (Madrid) 2002, S. 1437–1484, Capítulo 50 (zitiert als: *Rojo,* in: LH Sánchez Calero).

Rojo Fernández-Río, Àngel/Beltrán Sánchez, Emilio M. (Hrsg.), Comentario de la Ley Concursal, Tomo I, Madrid 2004 (zitiert als: *Bearbeiter,* in: Rojo/Beltrán, Comentario LC).

– Comentario de la Ley Concursal, Tomo II, Madrid 2004 (zitiert als: *Bearbeiter,* in: Rojo/Beltrán, Comentario LC).

– Comentario de la Ley de Sociedades de Capital, Tomo II, Cizur Menor (Navarra) 2011 (zitiert als: *Bearbeiter,* in: Rojo/Beltrán, Comentario LSC).

Roncero Sánchez, Antonio, Naturaleza y caracteres de la responsabilidad concursal de los administradores de sociedades de capital (A propósito de la Sentencia de la Sección 15.ª de la Audiencia Provincial de Barcelona de 19 de marzo de 2007), in: RCP 2007, Nr. 7, S. 143–165.

– Reforma en concurso del régimen de responsabilidad de los administradores sociales por no promoción tempestiva de la disolución o el concurso de la sociedad, in: RCP 2005, Nr. 3, S. 485–489.

Rubio, Javier, El deber legal de solicitud de concurso y el patrón de conducta de los administradores de la sociedad insolvente, in: ADCo 2010, Nr. 21, S. 81–129.

Ruiz Muñoz, Miguel, Fundamento y naturaleza jurídica de la responsabilidad de los administradores del artículo 262.5 LSA (Atz. 105.5 LSRL): Análisis contractual-representativo, in: RDM 2002, S. 468–568.

Saavedra López, Juan Pedro/Sánchez Hernández, Raquel, Es la acción individual de responsabilidad frente a los administradores una herramienta real de protección del acreedor de una sociedad de capital en concurso?, in: RdS 2014, Nr. 43, S. 303–331.

Sacristán Bergia, Fernando, La naturaleza de la responsabilidad de los administradores por no promoción de la disolución (SAP de Zaragoza de 8 de julio de 1995), in: RdS 1996, Nr. 6, S. 268–275.

– La responsablidad de los administradores por no promover la disolución en las sociedades de capital, in: La responsabilidad de los administradores de sociedades de capital, hrsg. v. Guerra Martín, Guillermo, Madrid 2011, S. 223–272, Capítulo VI (zitiert als: *Sacristán Bergia,* in: Guerra Martín, La responsabilidad de los administradores).

Sánchez Calero, Fernando (Hrsg.), Comentarios a la Ley de Sociedades Anónimas, Tomo VIII, Madrid 1993 (zitiert als: *Bearbeiter,* in: Sánchez Calero, Comentarios LSA).

– Evolución de la responsabilidad de los administradores por deudas sociales por falta de promover la declaración de disolución de la sociedad, in: Estudios de derecho de sociedades y derecho concursal – Libro homenaje al Profesor Rafael García Villaverde, Tomo II, Madrid 2007, S. 1175–1214 (zitiert als: *Sánchez Calero,* in: LH García Villaverde).

– Los administradores en las sociedades de capital, Segunda edición, Cizur Menor (Navarra) 2007 (zitiert als: *F. Sánchez Calero,* Los administradores).

Sánchez Calero, Fernando/Sánchez-Calero Guilarte, Juan, Instituciones de Derecho Mercantil, Voumen. I, 33.ª edición, Cizur Menor (Navarra) 2010 (zitiert als: *Sánchez Calero/Sánchez-Calero Guilarte,* Instituciones de Derecho Mercantil, Vol. I).

Sánchez-Calero Guilarte, Juan/Guilarte Gutiérrez, Vicente (Hrsg.), Comentarios a la legislación concursal, Tomo I, Valladolid 2004 (zitiert als: *Bearbeiter,* in: Sánchez-Calero Guilarte/Guilarte Gutiérrez, Comentarios).

– Comentarios a la legislación concursal, Tomo III, Valladolid 2004 (zitiert als: *Bearbeiter,* in: Sánchez-Calero Guilarte/Guilarte Gutiérrez, Comentarios LC).

– Comentarios a la legislación concursal, Tomo IV, Valladolid 2004 (zitiert als: *Bearbeiter,* in: Sánchez-Calero Guilarte/Guilarte Gutiérrez, Comentarios LC).

Sánchez Graells, Albert, Extinción de las sociedades de capital, in: Fundamentos de derecho empresarial, Tomo II, hrsg. v. Ibáñez Jiménez, Javier, Segunda edición, Cizur Menor (Navarra) 2013, S. 311–342, Tema 12 (zitiert als: *Sánchez Graells,* in: Ibáñez Jiménez, Fundamentos de derecho empresarial, Tomo II).

Sancho Gargallo, Ignacio, La responsablidad de los administradores por las deudas de la sociedad, derivada del incumplimiento de los deberes legales de promover la disolución (artículos 262 TRLSA Y 105 LSRL), in: Órganos de las sociedades de capital – Tomo I (Junta general e impugnación de acuerdos, los administradores y su responsablidad), hrsg v. Gimeno-Bayón Cobos, Rafael/Garrido Espa, Luis, Valencia 2008, S. 1151–1182, Capítulo XV (zitiert als: *Sancho Gargallo,* in: Gimeno-Bayón Cobos/Garrido Espa, Órganos).

Sequeira Martín, Adolfo/Sacristán Bergia, Fernando/Muñoz García, Alfredo, La relación entre el concurso y la situación de pérdidas patrimoniales graves como causa disolutoria en la sociedad anónima, in: Estudios de derecho de sociedades y derecho concursal – Libro Homenaje al Profesor Rafael García Villaverde, Tomo III, Madrid 2007, S. 2185–2219 (zitiert als: *Sequeira Martín/Sacristán Bergia/Muñoz García,* in: LH García Villaverde)

– La responsabilidad de los administradores de las sociedades anónimas en situaciones de crisis económica (La sentencia del Juzgado de lo Mercantil núm. 5 de Madrid de 16 de febrero de 2006 como pretexto), in: RCP 2006, Nr. 5, S. 199–228.

Torrubia Chalmeta, Blanca, La responsabilidad concursal en la Ley 38/2011: Carácter sancionador y encaje con las acciones societarias, in: RDM 2013, S. 211–234.

Usón Duch, Luis (Hrsg.), La nueva Ley Concursal – Comentarios y formularios a la Ley 22/2003 de 9 de julio Concursal, Volumen I, Barcelona 2003 (zitiert als: *Bearbeiter,* in: Usón Duch, La nueva Ley Concursal).

Valenzuela Garach, Javier, La responsabilidad de los administradores en la disolución y el concurso de las sociedades capitalistas, Madrid 2007 (zitiert als: *Valenzuela Garach,* La responsabilidad de los administradores).

Valpuesta Gastaminza, Eduardo, Comentarios a la Ley de Sociedades de Capital – Estudio legal y jurisprudencial, Hospitalet de Llobregat (Barcelona) 2013 (zitiert als: *Valpuesta Gastaminza,* Comentarios LSC).

Vázquez Albert, Daniel, El concurso de las personas jurídicas: La responsabilidad de los administradores sociales, in:RJCat, 2004, S. 1055–1075.

Verdú Cañete, María José, Algunos aspectos relativos a la responsabilidad concursal de administradores sociales tras la reforma de la Ley Concursal de 2011, in Estudios de Derecho Mercantil – Liber amicorum Profesor Dr. Francisco Vicent Chuliá, hrsg. von Cuñat Edo, Vicente/ Massaguer, José/Alonso Espinosa, Francisco José/Gallego Sánchez, Esperanza, Valencia 2013, S. 1865–1884 (zitiert als: *Verdú Cañete,* in: Liber amicorum Vicent Chuliá).

– La responsabilidad civil del administrador de sociedad de capital en el concurso de acreedores, Madrid 2008 (zitiert als: *Verdú Cañete,* La responsabilidad civil del administrador).

Vicent Chuliá, Francisco, La responsabilidad de los administradores en el concurso, in: RCP 2006, Nr. 4, S. 15–64.

– Tres años de Ley Concursal: Temas de reforma, in: RCP 2008, Nr. 8, S. 113–132.

Vilata Menadas, Salvador, La responsabilidad de los administradores sociales dentro y fuera del concurso: in: Tratado práctico del derecho concursal y su reforma, hrsg. v. Martínez Sanz, Fernando, Madrid 2012, S. 932–966, Capítulo 27 (zitiert als: *Vilata Menadas,* in: Martínez Sanz, Tratado práctico del derecho concursal).

Viñuelas Sanz, Margarita, El problema de la naturaleza de la condena a la cobertura del déficit, in: ADCc 2005, Nr. 4, S. 265–291.

– La modificación del ámbito objetivo de la responsabilidad de los administradores por las deudas sociales, in: RDM 2007, S. 995–1036.

– Responsabilidad por obligaciones sociales y responsabilidad concursal, Valencia 2011 (zitiert als: *Viñuelas Sanz,* Responsabilidad).

Vizcaino, Pedro Luis/Ruiz Muñoz, Miguel, Crisis económica y responsabilidad concursal de los administradores sociales a la luz de las últimas resoluciones judiciales, in: ADCo 2015, Nr. 36, S. 197–235.

Schriften der Deutsch-Spanischen Juristenvereinigung

Band 1 Santiago Gonzáles-Varas: Die Verwaltung in Privatrechtsform in Spanien und Deutschland. 2002.

Band 2 Eva Romanski: Sozialstaatlichkeit und soziale Grundrechte im Grundgesetz der Bundesrepublik Deutschland und in der spanischen Verfassung. 2000.

Band 3 Alexander von Kuhlberg: Änderung und Revision der spanischen Verfassung vom 29. Dezember 1978. 2000.

Band 4 Kai Christian Fischer: Verbraucherschutz im spanischen Vertragsrecht im Lichte der europäischen Rechtsangleichung. Eine Studie mit rechtsvergleichenden Bezügen zum deutschen Recht. 2000.

Band 5 Miguel Félix Rodríguez y Rowinski: Die Haftung für Hilfspersonen im spanischen Recht. 2001.

Band 6 Ole Brühl: Immissionsschutzrechtliche Vorhabengenehmigung in Deutschland und Spanien. Eine rechtsvergleichende Untersuchung unter besonderer Berücksichtigung der Rechtslage in den Autonomen Gemeinschaften Spaniens. 2001.

Band 7 Florian Pagenkemper: Die Mängelhaftung des Bauunternehmers in Spanien nach der *Ley de Ordenación de la Edificación* und dem *Código civil.* Eine Untersuchung der vertraglichen und gesetzlichen Haftung mit rechtsvergleichenden Bemerkungen zum deutschen Recht. 2002.

Band 8 Daniel Friedrich Berg: Die Rückabwicklung gescheiterter Verträge im spanischen und deutschen Recht. Eine rechtsvergleichende Untersuchung unter besonderer Berücksichtigung des Einheitsrechts. 2002.

Band 9 Maria Isabel Haas: Der Durchgriff im deutschen und spanischen Gesellschaftsrecht. Eine rechtsvergleichende Analyse. 2003.

Band 10 Sonja Kohtes: Das Recht der vorformulierten Vertragsbedingungen in Spanien. Die Umsetzung der Richtlinie 93/13/EWG über missbräuchliche Klauseln in Verbraucherverträgen. 2004.

Band 11 Markus Artz: Kollisionsrecht und ausländisches Recht in spanischen und deutschen Zivilverfahren. Eine rechtsvergleichende Untersuchung. 2004.

Band 12 Johannes F.K. Rheinheimer: Arbeitsrechtliche Fragen nationaler und internationaler Telearbeit in der Europäischen Union an den Beispielen Deutschland und Spanien. 2004.

Band 13 Julia B. Spaethe: Spaniens Abstammungsrecht in Geschichte und Gegenwart. Unter besonderer Berücksichtigung der Nichtehelichkeit. 2004.

Band 14 Thomas Reineke: Das Recht der Arbeitnehmerüberlassung in Spanien und Deutschland und sein Verhältnis zu der geplanten europäischen Regelung. 2004.

Band 15 Christian Gohm: Maßnahmen zur Beschleunigung und Konzentration im neuen spanischen und deutschen Zivilprozess.Eine rechtsvergleichende Analyse im Lichte der Europäisierung des Zivilprozessrechts. 2004.

Band 16 Till Pense: Das spanische Schwurgericht. Die Jury im Spannungsfeld von Rechtsstaat und Demokratie. 2006.

Band 17 Jan Hückel: Persönlichkeitsschutz und Geldersatz im deutschen und spanischen Zivilrecht. 2006.

Band 18 Ilja I. Selenkewitsch: Spanisches Tarifrecht. Mit spezieller Betrachtung der arbeitszeitrechtlichen Regelungen. 2006.

Band 19 Sven Klaiber: Mitwirkungsbefugnisse des Bürgers auf Seiten der Strafverfolgungsorgane in Deutschland und in Spanien im Rechtsvergleich. 2006.

Band 20 Raimundo Baglietto Bergmann: Der einstweilige Rechtsschutz nach der neuen spanischen Zivilprozeßordnung und der deutschen Zivilprozeßordnung. Eine rechtsvergleichende Untersuchung der Art. 721–747 LEC und der §§ 916–945 ZPO für den Bereich des Zivilprozeßrechts. 2007.

Band 21 Holger Dierkes: Sicherungspflichten des Bauträgers in Spanien und Deutschland. Insbesondere aus Art. 19 Ley de Ordenación de la Edificación und aus §§ 3 und 7 Makler- und Bauträgerverordnung. 2007.

Band 22 Nele Rades: Die *Sociedad Limitada Nueva Empresa*. Eine Diskussion des spanischen Gesetzes Nr. 7/2003 im Kontext des spanischen und deutschen GmbH-Rechts. 2008

Band 23 Peter Stadler: Das interregionale Recht in Spanien. Darstellung unter besonderer Berücksichtigung des Ehegüter- und Erbrechts. 2008.

Band 24 Christian Ochs: Die Haftung des GmbH-Geschäftsführers im deutschen und spanischen Recht. 2008.

Band 25 Janire Mimentza: Der Auskunftsanspruch im deutschen und spanischen Markenrecht. Vor dem Hintergrund der europäischen Richtlinie 2004/48/EG zur Durchsetzung der Rechte des geistigen Eigentums. 2008.

Band 26 Thomas Kaiser: Steuerliche Gewinnermittlung in Spanien und Deutschland. 2008.

Band 27 Thomas M. Mannsdorfer / Susana Navas Navarro: Spanisches Haftungs- und Versicherungsrecht. 2008.

Band 28 Annemarie Hofedank: Arbeitsmarkt und Kündigungsschutz in Spanien. 2009.

Band 29 Tobias Rösner : Verlust des Stammkapitals und Geschäftsführerhaftung in der GmbH. Ein deutsch-spanischer Rechtsvergleich. 2009.

Band 30 Sebastian Schalk: Deutsche Präjudizien und spanische „Jurisprudencia" des Zivilrechts. Eine vergleichende Gegenüberstellung. 2009.

Band 31 Anna-Maja Schaefer: Das autonome internationale Insolvenzrecht Spaniens im Vergleich zum deutschen Recht. 2009.

Band 32 Volkart Tresselt: Die Rechtsstellung des Verwalters einer spanischen Sociedad de Responsabilidad Limitada und des Geschäftsführers einer deutschen GmbH im Rechtsvergleich. 2009.

Band 33 Festschrift 25 Jahre Deutsch-Spanische Juristenvereinigung. Conmemoración de la Asociación Hispano-Alemana de Juristas. Herausgegeben von Marc André Gimmy und der Deutsch-Spanischen Juristenvereinigung. Editado por Marc André Gimmy y la Asociación Hispano-Alemana de Juristas. 2009.

Band 34 Alexander Tacer: Die territoriale Struktur Spaniens. Der Weg zum asymmetrischen Föderalismus. 2010.

Band 35 Hendrik R. Bott: Absicherung der Mängelrechte im spanischen Bauvertragsrecht unter rechtsvergleichenden Aspekten. Eine Untersuchung der Rechtsverhältnisse zwischen Besteller und Unternehmer. 2010.

Band 36 Ingo R. Müller: Spanisches Anwaltshaftungsrecht. 2010.

Band 37 Katharina Grüter: Kapitalaufbringung und Kapitalerhaltung bei der spanischen Sociedad de Responsabilidad Limitada und der deutschen Gesellschaft mit beschränkter Haftung. 2010.

Band 38 Florian Michallik: Instrumentarien zur Steuerung von Einzelhandel in Deutschland und Spanien. Ein Beitrag zu nachhaltiger Raum- und Stadtentwicklung. 2010.

Band 39 Franziska Hohlers: Der Vertragsschluss im e-Commerce nach deutschem und spanischem Recht. Unter besonderer Berücksichtigung der europarechtlichen Vorgaben zu den Informationspflichten. 2010.

Band 40 Kristina Orthmann: Kapitalmarktinformationshaftung der Vorstände von Aktiengesellschaften in Deutschland und Spanien. 2011.

Band 41 Bettina Janka: Corporate Governance in Deutschland und Spanien. 2011.

Band 42 Stefanie Espitalier: Die innerstaatliche Haftung für Unionsrechtsverstöße in Spanien. Eine Untersuchung der Verantwortungs- und Haftungsbeziehungen zwischen dem spanischen Zentralstaat und den Autonomen Gemeinschaften im Falle finanzwirksamer Entscheidungen der Europäischen Union. 2012.

Band 43 Hannah Rau: Strafrechtliche Vergangenheitsbewältigung am Beispiel Spanien. 2014.

Band 44 Christian Schönwandt: Wirkungsschwächen der Schenkung in Spanien und Deutschland. 2015.

Band 45 Benedikt Leffers: Die Einführung eines Präsenzbonus in Deutschland unter Berücksichtigung der *prima de asistencia* in Spanien. 2015.

Band 46 Britta Nietfeld: Mediation als Verfahren der konsensualen Konfliktbeilegung bei Trennung und Scheidung. Eine rechtsvergleichende Betrachtung des deutschen, spanischen und katalanischen Rechts. 2015.

Band 47 Jessika Henke: Die vorgerichtliche Beweisermittlung im gewerblichen Rechtsschutz vor dem Hintergrund der europäischen Rechtsangleichung. Eine vergleichende Betrachtung des deutschen und spanischen Rechts nach Umsetzung der »Enforcement«-Richtlinie. 2016.

Band 48 Karl Felix Oppermann: Die Unteranknüpfung nach der EuErbVO im Mehrrechtsstaat Spanien. 2016.

Band 49 Sven Hendrik Haumesser: Geschäftsleiterpflichten und -haftung in der Insolvenz im deutschen und spanischen Recht. 2016.

www.peterlang.com

www.ingramcontent.com/pod-product-compliance
Ingram Content Group UK Ltd.
Pitfield, Milton Keynes, MK11 3LW, UK
UKHW021125041026
8980IPUK00026B/421